- 손주에게 사 줘야 할 책

손부조 孫父祖 공학 共學
한영일중 동시 학습서

손주 · 부모 · 조부모가 함께 배우는
한국어, 영어, 일본어, 중국어
4개 국어 동시 학습서

공동저자 (정익학당 편찬위원)
김민지 민병홍 신백훈 조수민 최대희

북포럼

신백훈정익학당 교양시리즈 14

손부조孫父祖 공학共學
한영일중 동시 학습서
(3대가 함께 배우는 4개 국어 동시학습서)

초판인쇄	2025년 07월 08일
초판발행	2025년 07월 19일
지은이	김민지, 민병홍, 신백훈, 조수민, 최대희
발행인	韓仁培
출판사	도서출판 북포럼
주　소	04559 서울시 중구 마른내로12길 7-4, 1002호
전　화	010 6537 6869
팩　스	02)2277 6869
E-mail	938437@naver.com
등　록	725-09-02963
ISBN	979-11-989342-7-7　11700
정　가	35,000원

- 이 책의 저작권은 책 저자에게 있으므로 무단 전재 및 복제를 금합니다.
- 파본은 구입하신 서점에서 교환하여 드립니다.

저자 소개

▶ 정익학당의 교재 편찬위원으로서 한영일중 사전 편집 공동저자 5인.

▼ 김민지

정익학당 교재편찬위원
삼성전기근무, 교육보험설계사
장애인활동지원사, 고대구로병원 간호사
(사)HWPL 08지부 경서연구위원

▼ 민병홍

정익학당 교재편찬위원 공군사관학교, 국방대학원졸업,
공군사관학교 교수, 예비역 공군대령(전투기조종사)
롯데물산 이사(롯데타워건축사업 근무)
글로밥상 발행인, K전국기자협회 회장

▼ 신백훈

제주농고, 방송대, 성균관대, 성균관대대학원
성균관대 유학과(儒學科) 철학박사. 현 정익학당 대표.
'73농협입사, 농협 교육원 교수 근무, 2014 명강사 선정
『호연지기 연구』, 『대동사상 연구』, 『부자사용 파자사전』

▼ 조수민

정익학당 교재편찬위원.
숭신대전산원(2년), 인공지능활용 활동
어린이집 교사,
장애아활동지원사, 평화활동 단체 참여

▼ 최대희

70년농협입사 정년,새마을 연수원 농협지도자교육원
전주.안성교육원 교수 부원장, 창녕교육원장 역임
흙살리기참여연대이사, 농협조합원 교육 명강의 3000회
『농업으로성공한사람』, 『농협경영관리』.

저자 서문

모든 언어의 발음을 한글로 표기하는 세상을 꿈꾸며

지금 우리는 다국어가 일상이 된 시대에 살고 있습니다.
지하철, 공항, 주요 공공장소의 안내판들은 이미 네 개 국어로 표기되고 있으며, 영어·일본어·중국어를 모르면 일상에서 소외될 정도로 언어의 벽은 높아졌습니다.

디지털 정보화 시대에 우리 아이들과 손주들에게 필요한 최소한의 역량은 바로 한국어, 영어, 일본어, 중국어, 이 네 언어를 두루 접하며 성장하는 것입니다.

우리말은 소리글자인 한글과 뜻글자인 한자를 함께 사용하는 세계적으로 드문 언어문명의 유산을 지닌 자랑스러운 문자 체계입니다.

이제는 한자도, 영어도, 일본어와 중국어도 익숙하게 다루는 **'언어 달인'**이 진정한 지식인이 되어야 하는 시대입니다.

그러나 안타깝게도 오랜 세월 동안 획일화된 교육과 편향된 이념 교육으로 인해 우리 자녀들의 언어 감각은 깊이 멍들어 있습니다.
정익학당은 이러한 교육 현실을 바로잡고자 밝고 건강한 언어 교육의 **출발점으로, 4개 국어 동시학습이라는 새로운 방향을 제시합니다.**

그 첫 결실로 『동시학습 한영일중 사전』을 인류 역사상 처음으로 편찬하게 되었습니다.
이 사전은 국립국어원 지정 5,966개 표제어를 기준으로, 각 단어에 대응하는 **한자漢字, 영어English, 일본어日本語, 중국어中文**를 함께 수록하고, **모든 발음을 한글로 병기倂記**하여 우리 아이들이 자연스럽게 익힐 수 있도록 구성하였습니다.

이번 작업은 인공지능과 함께 협업하여 진행하였으며, 4개 국어를 한눈에 익히고 발음까지 한글로 이해할 수 있는 세계 최초의 동시 학습 사전이라는 의미를 담고 있습니다.

우리의 언어는 진화하고 있습니다. 발음은 점점 더 쉬운 쪽으로, 그리고 공통된 형태로 변화할 것이며, 그 변화의 중심에는 모든 소리를 표기할 수 있는 한글이 서게 될 것입니다.

이 학습서는 그런 미래를 향한 한 걸음이자, **홍익인간弘益人間**의 이념을 실천하는 국민 교육의 한 토대가 되기를 바랍니다.

나아가 자유시장 체제 안에서 공산주의를 극복하고 인류 공영에 기여하는 국민이 자라나기를 바라는 마음을 담아, 우리 모두 이 사전을 사랑의 유산으로 손주들에게 남깁시다.

2025년 5월 가정의 달에

손부조孫父祖(손주, 부모, 조부모) 공학共學(함께 배우는)
『한영일중 동시 학습서』를 세상에 내보냅니다.

공동 저자 일동 올림

정익학당 교재 편찬위원
김민지·민병홍·신백훈·조수민·최대희

추 천 사

우리민족의 귀중한 보고寶庫가 될 것이다.

하늘이 인간에게 내린 가장 귀중한 재산은 언어다. 언어는 사회적 존재인 인간이 살아가는데서 가장 필요한 수단이자 도구이며 또 강력한 무기이기도 하다. 그래서 어떤 민족이 얼마나 문명하고 발전된 민족인가를 결정 짓는 잣대가 그 민족의 언어가 얼마나 발전했고 타 민족의 언어교육을 얼마나 시켰는가가 제일 중요한 조건이다.

인간 개개인도 다르지 않다. 그래서 우리 속담에도 말 못하고 벙어리는 서울을 못 가도 말을 하는 사람은 서울을 찾아간다 했으며 또 힘센 자식보다 말 잘하는 자식을 낳으라 했다.

대한민국은 이제는 세계가 부러워하는 선진국 대열에 우뚝 선 나라다. 지금부터 대한민국에서 사는 사람이라면 외국어 한두 개 이상은 해야 대한민국 국민자격이 있다 하겠다.

영어는 물론 우리나라와 인접한 일본과 중국어도 자유롭게 관광을 할 정도는 알아야 할 때가 되었다고 본다. 외국어를 공부하는 사람에게서 사전은 필수품이다.

나는 자유수호정익학당 대표 신백훈 선생께서 집필하신 한·영·일·중 동시학습서는 사전과 같아서 외국어 공부를 하는 학생들에게 큰 도움이 될 것이라는 것을 확신하며 적극 추천하는 바이다.

특히 이 학습서는 한권의 책으로 한·영·일·중 4개 국어를 동시에 볼 수 있는 매우 효과적이며 특색 있는 사전으로서 외국어를 공부하는 외국인들에게도 매우 좋은 평판을 받을 것이다.

이 책은 우리 민족의 후대 교육과 사전 출판역사에 큰 공로로 남을 것임을 확신한다.

김 태 산

(트루스코리아 상임대표·前 체코주재북한무역 대표)

『한영일중 동시 학습서』 책 소개

① 부제 : 손부조孫父祖 공학共學 4개 국어 학습서

- 3대가 함께 외국어 공부하는 신新행복幸福창조 풍속 만들기
- 바야흐르 4개국어 사인판 시대에서 4개 국어 문맹자 벗어나기
- 외국어 발음을 한글로 병기하여, 앞으로 지구촌 모든 언어 발음 한글표기하는 세상만들기

② 주요 특징

- 초·중·고·대학생 및 한글 배우고자 하는 외국인 대상, 실용 어휘 5,699개 수록 (국립국어원 선정)
- 자기주도형 4개국어 학습 사전
- 최초의 AI 기반 4개국어 사전
- 한국어·영어·일본어·중국어 동시 비교 학습
- 직관적 구성으로 모든 연령대가 쉽게 학습 가능

③ 향후 계획

- 전용 앱(APP) 및 유튜브 콘텐츠 개발
- 교육부 기증 및 학교 도서관 비치, 추천도서 선정 추진
- 손주 과외 노인 교사 양성하기 운동 추진 (노인회와 협동)

④ 학습서 발간 이유 및 기대효과

- 초고령화·AI 시대에 필수적인 '언어'와 '소통' 능력 강화
- 세대 간 소통과 공감을 위한 가족 단위 언어 학습
- 외국어 학습 통한 인지 능력 향상 및 치매 예방 효과
- 소리글자(한글), 뜻글자(한자), 성조 등 전뇌全腦 활성화
- 세대공감형 학습을 통한 언어 감각 증진 및 뇌 건강 유지

『한영일중 동시 학습서』 어휘 5,966

- 다국어 시대, 언어는 생존의 힘.
- 『한영일중 동시 학습서』는 한국어·영어·일본어·중국어를 한눈에 익히고 모든 발음을 한글로 함께 표기한 세계 최초의 사전.
- 한글의 우수성과 홍익인간 사상을 바탕으로 인류공영에 기여.
- 한국어는 소리글자 한글과 뜻글자 한자로 되어 있어 최고의 언어 문명을 향유하는 국민임을 자긍심으로 한자어 익히기.
  (한자어 훈 음 표시)

사전 설명 구성 기본 서식

① 한자어가 없는 경우

- 가게 (명사) :
  英=store (stɔːr) [스토어], shop (ʃɑːp) [샵].
  日=店 (みせ, mise) [미세].
  中=商店 (shāngdiàn) [상뗸].

② 한자어가 있는 경우

- 가격 價格 값 가, 격식 격. (명사) :
  英=price (praɪs) [프라이스].
  日=価格 (かかく, kakaku) [카카쿠].
  中=价格 (jiàgé) [찌아거].

- 목차 -

- 저자소개 ·· 1
- 저자 서문 ··· 2
- 추천사 ··· 4
- 『한영일중 동시 학습서』 책 소개 ······························ 5
- 『한영일중 동시 학습서』 어휘 5,966 ························ 6

가. 가 부 ·· 9
나. 나 부 ··· 89
다. 다 부 ··· 109
라. 라 부 ··· 149
마. 마 부 ··· 153
바. 바 부 ··· 181
사. 사 부 ··· 221
아. 아 부 ··· 287
자. 자 부 ··· 373
차. 차 부 ··· 443
카. 카 부 ··· 469
타. 타 부 ··· 475
파. 파 부 ··· 487
하. 하 부 ··· 501

- 부록 ··· 535

가. 영어 발음 기호표 ·· 536
나. 일본어 오십음도표 ·· 538
다. 중국어 병음 발음표 ·· 539

가. 가 부

弘益홍익(널리 이로울) 광고란
신백훈 정익학당 추천 국민필독서
[메리의 결혼이야기] 양메리 저

♣♣♣
- 가게 (명사) ㊀=store (stɔːr) [스토에], shop (ʃɑːp) [샵].
  ㊁=店 (みせ, mise) [미세]. ㊂=商店 (shāngdiàn) [상뗸].
- 가격 價格 값 가, 격식 격. (명사). ㊀=price (praɪs) [프라이스].
  ㊁=価格 (かかく, kakaku) [카카쿠]. ㊂=价格 (jiàgé) [찌아거].
- 가구 家具 집 가, 갖출 구. (명사) ㊀=furniture (fɜːrnɪtʃər) [퍼니쳐].
  ㊁=家具 (かぐ, kagu) [카구]. ㊂=家具 (jiājù) [찌아쥐].
- 가구 家口 집 가, 입 구.(명사) ㊀=household (ˈhaʊshoʊld) [하우스홀드].
  ㊁=世帯 (せたい, setai) [세타이]. ㊂=家庭 (jiātíng) [찌아팅].
- 가까워지다 (동사) ㊀=get closer (ɡet ˈkloʊsər) [겟 클로서].
  ㊁=近づく (ちかづく, chikazuku) [치카즈쿠].
  ㊂=变近 (biàn jìn) [삐앤진].
- 가까이 (명사) ㊀=vicinity (vəˈsɪnəti) [버시니티].
  ㊁=近く (ちかく, chikaku) [치카쿠]. ㊂=附近 (fùjìn) [푸진].
- 가까이 (부사) ㊀=closely (ˈkloʊsli) [클로슬리].
  ㊁=近く (ちかく, chikaku) [치카쿠]. ㊂=靠近地 (kàojìn de) [카오진 데].
- 가깝다 (형용사) ㊀=close (kloʊs) [클로스].
  ㊁=近い (ちかい, chikai) [치카이]. ㊂=近 (jìn) [진].
- 가꾸다 (동사) ㊀=cultivate (ˈkʌltɪveɪt) [컬티베이트].
  ㊁=育てる (そだてる, sodateru) [소다테루]. ㊂=栽培 (zāipéi) [짜이페이].
- 가끔 (부사) ㊀=sometimes (ˈsʌmtaɪmz) [섬타임즈].
  ㊁=時々 (ときどき, tokidoki) [토키도키]. ㊂=偶尔 (ǒu'ěr) [오우얼].
- 가난 (명사) ㊀=poverty (ˈpɑːvərti) [파버티].
  ㊁=貧しさ (まずしさ, mazushisa) [마즈시사]. ㊂=贫穷 (pínqióng) [핀충].
- 가난하다 (형용사) ㊀=poor (pʊər) [푸어].
  ㊁=貧しい (まずしい, mazushii) [마즈시이].
  ㊂=贫穷的 (pínqióng de) [핀충 더].
- 가늘다 (형용사)
  ㊀=thin (θɪn) [씬], slender (ˈslendər) [슬렌더].
  ㊁=細い (ほそい, hosoi) [호소이]. ㊂=细 (xì) [씨].
- 가능 可能 가히 가, 능할 능. (명사)
  ㊀=possibility (ˌpɑːsəˈbɪləti) [파서빌러티].
  ㊁=可能 (かのう, kanō) [카노오]. ㊂=可能 (kěnéng) [커넝].

- 가능성 可能性 가히 가, 능할 능, 성품 성. (명사)
  - 영=possibility (ˌpɑːsəˈbɪləti) [파서빌러티],
    probability (ˌprɑːbəˈbɪləti) [프라버빌러티].
  - 일=可能性 (かのうせい, kanōsei) [카노오세이].
  - 중=可能性 (kěnéngxìng) [커넝씽].
- 가능하다 可能 가히 가, 능할 능. (형용사)
  - 영=possible (ˈpɑːsəbl) [파서블].
  - 일=可能だ (かのうだ, kanōda) [카노오다].중=可能的 (kěnéng de) [커넝 더].
- 가능해지다 可能 가히 가, 능할 능. (동사)
  - 영=become possible (bɪˈkʌm ˈpɑːsəbl) [비컴 파서블].
  - 일=可能になる (かのうになる, kanō ni naru) [카노오 니 나루].
  - 중=变得可能 (biàndé kěnéng) [삐앤더 커넝].
- 가다 (동사) 영=go (goʊ) [고우].
  - 일=行く (いく, iku) [이쿠]. 중=去 (qù) [취].
- 가다 (보조동사)
  - 영=continue (kənˈtɪnjuː) [컨티뉴], go on (goʊ ɑːn) [고우 안].
  - 일=～ていく (～ていく, ~te iku) [테 이쿠].중=下去 (xiàqù) [씨아취].
- 가득 (부사), ~ 차다 영=fully (ˈfʊli) [풀리], filled (fɪld) [필드].
  - 일=いっぱい (ippai) [입빠이].중=满满地 (mǎnmǎn de) [만만 더].
- 가득하다 (형용사)
  - 영=full (fʊl) [풀], be filled with (biː fɪld wɪθ) [비 필드 위드].
  - 일=いっぱいだ (ippai da) [입빠이 다].중=充满 (chōngmǎn) [충만].
- 가득히 (부사)
  - 영=fully (ˈfʊli) [풀리], abundantly (əˈbʌndəntli) [어번던틀리].
  - 일=たっぷりと (tappuri to) [탑푸리 토].
  - 중=满满地 (mǎnmǎn de) [만만 더], 充满地 (chōngmǎn de) [충만 더].
- 가라앉다 (동사)
  - 영=sink (sɪŋk) [싱크], subside (səbˈsaɪd) [섭사이드].
  - 일=沈む (しずむ, shizumu) [시즈무].중=下沉 (xiàchén) [씨아천].
- 가려지다 (동사) 영=be covered (biː ˈkʌvərd) [비 커버드],
  be hidden (biː ˈhɪdn) [비 히든].
  - 일=隠れる (かくれる, kakureru) [카쿠레루].
  - 중=被遮盖 (bèi zhēgài) [뻬이 쩌까이].

• 가령 假令 거짓 가, 하여금 령. (부사)
   영=for example (fər ɪgˈzæmpl) [퍼 이그잼플], supposing (səˈpoʊzɪŋ) [서포징].
   일=仮に (かりに, karini) [카리니].   중=假如 (jiǎrú) [찌아루]..
• 가로 (명사), ~와 세로
   영=width (wɪdθ) [위드스], horizontal (ˌhɔːrɪˈzɑːntl) [호리존틀].
   일=横 (よこ, yoko) [요코]. 중=横向 (héngxiàng) [헝씨앙].
• 가로등 街路燈 거리 가, 길 로, 등불 등. (명사)
   영=streetlight (ˈstriːtlaɪt) [스트릿라이트],
      streetlamp (ˈstriːtlæmp) [스트릿램프].
   일=街灯 (がいとう, gaitō) [가이토오]   중=路灯 (lùdēng) [루떵].
• 가로막다 (동사)
   영=block (blɑːk) [블락], obstruct (əbˈstrʌkt) [업스트럭트]
   일=遮る (さえぎる, saegiru) [사에기루].   중=阻挡 (zǔdǎng) [주당].
• 가로수 街路樹 거리 가, 길 로, 나무 수. (명사) 영=street tree
      (striːt triː) [스트릿 트리].roadside tree (ˈroʊdsaɪd triː) [로드사이드 트리].
   일=街路樹 (がいろじゅ, gairoju) [가이로주].
   중=行道树 (xíngdàoshù) [씽다오슈].
• 가루 (명사) 영=powder (ˈpaʊdər) [파우더].
   일=粉 (こな, kona) [코나].   중=粉末 (fěnmò) [펀모].
• 가르다 (동사) 영=divide (dɪˈvaɪd) [디바이드].
   일=分ける (わける, wakeru) [와케루].   중=分开 (fēnkāi) [펀카이].
• 가르치다 (동사) 영=teach (tiːtʃ) [티치].
   일=教える (おしえる, oshieru) [오시에루].   중=教 (jiāo) [찌아오].
• 가르침 (명사) 영=teaching (ˈtiːtʃɪŋ) [티칭].
   일=教え (おしえ, oshie) [오시에]   중=教导 (jiàodǎo) [찌아오다오].
• 가리다 (시비를 ~) (동사) 영=distinguish (dɪˈstɪŋgwɪʃ) [디스팅귀시].
   일=見分ける (みわける, miwakeru) [미와케루]. 중=分辨 (fēnbiàn) [펀비앤].
• 가리다 (시야를 ~) (동사) 영=cover (ˈkʌvər) [커버].
   일=遮る (さえぎる, saegiru) [사에기루].   중=遮住 (zhēzhù) [쩌주].
• 가리키다 (동사) 영=point (pɔɪnt) [포인트].
   일=指す (さす, sasu) [사스].   중=指 (zhǐ) [즈].
• 가만 (부사) 영=still (stɪl) [스틸], quietly (ˈkwaɪətli) [콰이엇리].
   일=じっと (jitto) [짓토]   .중=静静地 (jìngjìng de) [징징 더].

- 가만있다 (동사) ㉢=stay still (steɪ stɪl) [스테이 스틸].
  ㉥=じっとしている (jitto shiteiru) [짓토 시테이루].
  ㉣=呆着不动 (dāizhe bú dòng) [따이저 부 똥].
- 가만히 (부사) ㉢=quietly (ˈkwaɪətli) [콰이엇리].
  ㉥=静かに (しずかに, shizukani) [시즈카니].
  ㉣=安静地 (ān jìng de) [안징 더].
- 가뭄 (명사) ㉢=drought (draʊt) [드라우트].
  ㉥=干ばつ (かんばつ, kanbatsu) [칸바츠]. ㉣=旱灾 (hànzāi) [한짜이].
- 가방 (명사) ㉢=bag (bæg) [백].
  ㉥=かばん (kaban) [카반]. ㉣=包 (bāo) [빠오].
- 가볍다 (형용사) ㉢=light (laɪt) [라이트].
  ㉥=軽い (かるい, karui) [카루이]. ㉣=轻 (qīng) [칭].
- 가사 歌詞 (명사) ㉢=lyrics (ˈlɪrɪks) [리릭스].
  ㉥=歌詞 (かし, kashi) [카시]. ㉣=歌词 (gēcí) [꺼츠].
- 가상 假想 (명사) ㉢=imagination (ɪˌmædʒɪˈneɪʃən) [이매지네이션], virtual (vɜːrtʃuəl) [버추얼].
  ㉥=仮想 (かそう, kasō) [카소]. ㉣=假想 (jiǎxiǎng) [찌아샹].
- 가수 歌手 (명사) ㉢=singer (ˈsɪŋər) [싱어].
  ㉥=歌手 (かしゅ, kashu) [카슈]. ㉣=歌手 (gēshǒu) [꺼쇼우].
- 가스 (명사) ㉢=gas (gæs) [개스].
  ㉥=ガス (gasu) [가스]. ㉣=煤气 (méiqì) [메이치].
- 가슴 (명사) ㉢=chest (tʃest) [체스트].
  ㉥=胸 (むね, mune) [무네]. ㉣=胸 (xiōng) [숑].
- 가슴속 (명사) ㉢=heart (hɑːrt) [하트], mind (maɪnd) [마인드].
  ㉥=胸の内 (むねのうち, mune no uchi) [무네노우치].
  ㉣=心中 (xīnzhōng) [신중].
- 가요 歌謠 (명사)
  ㉢=song (sɔːŋ) [송], popular song (pɑːpjələr sɔːŋ) [파퓰러 송].
  ㉥=歌謠 (かよう, kayō) [카요]. ㉣=歌谣 (gēyáo) [꺼야오].
- 가운데 (명사) ㉢=center (ˈsentər) [센터].
  ㉥=中央 (ちゅうおう, chūō) [추우오오]. ㉣=中间 (zhōngjiān) [중지앤].
- 가위 (명사) ㉢=scissors (ˈsɪzərz) [시저스].
  ㉥=はさみ (hasami) [하사미]. ㉣=剪刀 (jiǎndāo) [지앤따오].

- 가을 (명사) ㉠=autumn ('ɔːtəm) [오텀], fall (fɔːl) [폴].
  ㉡=秋 (あき, aki) [아키].　　㉢=秋天 (qiūtiān) [치우티앤].
- 가이드 (명사) ㉠=guide (gaɪd) [가이드].
  ㉡=ガイド (がいど, gaido) [가이도].　㉢=导游 (dǎoyóu) [다오요우].
- 가입 加入 더할 가, 들 입. (명사)
  ㉠=enrollment (ɪn'roʊlmənt) [인롤먼트], joining ('dʒɔɪnɪŋ) [조이닝].
  ㉡=加入 (かにゅう, kanyū) [카뉴우].　㉢=加入 (jiārù) [찌아루].
- 가입자 加入者 더할 가, 들 입, 놈 자. (명사) ㉠=member ('mɛmbər)
  　　　　　　　　　[멤버], subscriber (səb'skraɪbər) [섭스크라이버].
  ㉡=加入者 (かにゅうしゃ, kanyūsha) [카뉴우샤].
  ㉢=加入者 (jiārùzhě) [찌아루저].
- 가입하다 加入- 더할 가, 들 입. (동사)
  ㉠=join (dʒɔɪn) [조인], enroll (ɪn'roʊl) [인롤].
  ㉡=加入する (かにゅうする, kanyū suru) [카뉴우 스루].
  ㉢=加入 (jiārù) [찌아루].
- 가장 (부사) ㉠=most (moʊst) [모스트].
  ㉡=最も (もっとも, mottomo) [못토모]. ㉢=最 (zuì) [쮜].
- 가장 家長 집 가, 어른 장. (명사)
  ㉠=head of household (hɛd əv 'haʊshoʊld) [헤드 오브 하우스홀드].
  ㉡=家長 (かちょう, kachō) [카초오].　　㉢=家长 (jiāzhǎng) [찌아장].
- 가정 假定 거짓 가, 정할 정. (명사) ㉠=assumption (ə'sʌmpʃən)
  　　　　　　　　　[어섬프션]. supposition (ˌsʌpə'zɪʃən) [써퍼지션].
  ㉡=仮定 (かてい, katei) [카테이]　　㉢=假定 (jiǎdìng) [지아딩].
- 가정 家庭 집 가, 뜰 정. (명사)
  ㉠=family ('fæməli) [패밀리], home (hoʊm) [홈].
  ㉡=家庭 (かてい, katei) [카테이].　　㉢=家庭 (jiātíng) [찌아팅].
- 가정교사 家庭教師 집 가, 뜰 정, 가르칠 교, 스승 사. (명사)
  ㉠=tutor ('tuːtər) [튜터], home teacher (hoʊm 'tiːtʃər) [홈 티처].
  ㉡=家庭教師 (かていきょうし, katei kyōshi) [카테이쿄시].
  ㉢=家庭教师 (jiātíng jiàoshī).지아팅 지아오스
- 가져가다 (동사)㉠=take (teɪk) [테이크], carry away ('kæri ə'weɪ) [캐리 어웨이].
  ㉡=持っていく (もっていく, motte iku) [못떼이쿠].
  ㉢=带走 (dàizǒu) [따이조우]

- 가져다주다 (동사) 영=bring (brɪŋ) [브링], deliver (dɪ'lɪvər) [딜리버].
  일=持ってきてあげる (もってきてあげる, motte kite ageru) [못떼 키테 아게루]. 중=拿来给 (nálái gěi) [나라이 께이].
- 가져오다 (동사) 영=bring (brɪŋ) [브링].
  일=持ってくる (もってくる, motte kuru) [못떼 쿠루].
  중=带来 (dàilái) [따이라이].
- 가족 家族 집 가, 겨레 족. (명사) 영=family ('fæməli) [패밀리].
  일=家族 (かぞく, kazoku) [카조쿠]. 중=家族 (jiāzú) [찌아주].
- 가죽 (명사) 영=leather ('lɛðər) [레더], skin (skɪn) [스킨].
  일=革 (かわ, kawa) [카와]. 중=皮革 (pígé) [피거].
- 가지 (명사) 영=branch (bræntʃ) [브랜치].
  일=枝 (えだ, eda) [에다]. 중=树枝 (shùzhī) [슈즈].
- 가지 (의존명사) 영=kind (kaɪnd) [카인드], sort (sɔːrt) [소트].
  일=種類 (しゅるい, shurui) [슈루이]. 중=种类 (zhǒnglèi) [쫑레이].
- 가지 茄子 가지 가, 아들 자. (명사) 영=eggplant ('ɛgplænt) [에그플랜트].
  일=ナス (なす, nasu) [나스]. 중=茄子 (qiézi) [치에쯔].
- 가지다 (동사) 영=have (hæv) [해브], hold (hoʊld) [홀드].
  일=持つ (もつ, motsu) [모츠]. 중=拥有 (yǒngyǒu) [용요우].
- 가지다 (보조 동사) 영=keep, have (kiːp, hæv) [킵, 해브].
  일=持つ (もつ, motsu) [모츠]. 중=持有 (chíyǒu) [츠요우].
- 가짜 假- 거짓 가. (명사)
  영=fake (feɪk) [페이크], counterfeit ('kaʊntərfɪt) [카운터핏].
  일=偽物 (にせもの, nisemono) [니세모노]. 중=假货 (jiǎhuò) [지아후어].
- 가치 價値 값 가, 값 치. (명사)
  영=value ('væljuː) [밸류], worth (wɜːrθ) [워쓰].
  일=価値 (かち, kachi) [카치]. 중=价值 (jiàzhí) [찌아즈르].
- 가치관 價値觀 값 가, 값 치, 볼 관. (명사)
  영=value system ('væljuː 'sɪstəm) [밸류 시스템].
  일=価値観 (かちかん, kachikan) [카치칸].
  중=价值观 (jiàzhíguān) [찌아즈꽌].
- 가톨릭 (명사) 영=Catholic ('kæθlɪk) [캐쓸릭].
  일=カトリック (katorikku) [카토릭쿠].
  중=天主教 (tiānzhǔjiào) [티엔주지아오].

•가하다 加 더할 가. (동사) ㉢=add (æd) [애드], apply (ə'plaɪ) [어플라이].
   ㉥=加える (くわえる, kuwaeru) [쿠와에루].   ㉠=加 (jiā) [찌아].
•각 各 각각 각. (관형사)   ㉢=each (iːtʃ) [이치].
   ㉥=各 (かく, kaku) [카쿠].   ㉠=各 (gè) [꺼].
•각각 各各 각각 각, 각각 각. (부사)
   ㉢=each, respectively (rɪ'spɛktɪvli) [리스펙티블리].
   ㉥=それぞれ (sorezore) [소레조레].   ㉠=各自 (gèzì) [꺼쯔].
•각국 各國 각각 각, 나라 국. (명사) ㉢=each country, various nations
   ㉥=各国 (かっこく, kakkoku) [캇코쿠].   ㉠=各国 (gèguó) [꺼궈].
•각기 各其 각각 각, 그 기. (부사)
   ㉢=each, respectively (iːtʃ, rɪ'spɛktɪvli) [이치, 리스펙티블리].
   ㉥=おのおの (おのおの, onoono) [오노오노].   ㉠=各自 (gèzì) [꺼쯔].
•각오 覺悟 깨달을 각, 깨달을 오. (명사) ㉢=resolution (ˌrɛzə'luːʃən) [레절루션].
   ㉥=覚悟 (かくご, kakugo) [카쿠고].   ㉠=觉悟 (juéwù) [쥐에우].
•각자 各自 각각 각, 스스로 자. (명사)
   ㉢==each, individually (iːtʃ, ˌɪndɪ'vɪdʒuəli) [이치, 인디비주얼리].
   ㉥=各自 (かくじ, kakuji) [카쿠지].   ㉠=各自 (gèzì) [꺼쯔].
•각자 各自 각각 각, 스스로 자. (부사)
   ㉢=each (iːtʃ) [이치], individually (ˌɪndɪ'vɪdʒuəli) [인디비주얼리].
   ㉥=各自 (かくじ, kakuji) [카쿠지], それぞれ (sorezore) [소레조레].
   ㉠=各自 (gèzì) [꺼쯔].
•각종 各種 각각 각, 종류 종. (명사)
   ㉢=various kinds ('vɛərɪəs kaɪndz) [베어리어스 카인즈].
   ㉥=各種 (かくしゅ, kakushu) [카쿠슈].   ㉠=各种 (gèzhǒng) [꺼쫑].
•간 (명사) , 음식의 ~을 보다   ㉢=seasoning ('siːzənɪŋ) [시즈닝],
   ㉥=塩加減 (しおかげん, shiokagen) [시오카겐].㉠=咸淡 (xiándàn) [시앤딴].
•간 肝 간 간. (명사)   ㉢=liver ('lɪvər) [리버].
   ㉥=肝臓 (かんぞう, kanzō) [칸조오] .   ㉠=肝脏 (gānzàng) [깐짱].
•간 間 사이 간. (의존명사)   ㉢=interval ('ɪntərvəl) [인터벌],
   ㉥=間 (あいだ, aida) [아이다]   ㉠=之间 (zhījiān) [쯔지앤].
•간격 間隔 사이 간, 사이 뜰 격. (명사)
   ㉢=interval, spacing ('ɪntərvəl, 'speɪsɪŋ) [인터벌, 스페이싱].
   ㉥=間隔 (かんかく, kankaku) [칸카쿠].   ㉠=间隔 (jiāngé) [찌앤거].

- 간단하다 簡單- 간략할 간, 단순할 단. (형용사)
   영=simple ('sɪmpl) [심플], easy ('iːzi) [이지].
   일=簡単だ (かんたんだ, kantanda) [칸탄다]. 중=简单 (jiǎndān) [지앤딴].
- 간단히 簡單- 간략할 간, 단순할 단. (부사)
   영=simply ('sɪmpli) [심플리], briefly ('briːfli) [브리플리].
   일=簡単に (かんたんに, kantan ni) [칸탄니].
   중=简单地 (jiǎndān de) [지앤딴 데].
- 간부 幹部 줄기 간, 떼 부. (명사)
   영=executive (ɪɡˈzɛkjʊtɪv) [이그제큐티브], leader.
   일=幹部 (かんぶ, kanbu) [칸부]. 중=干部 (gànbù) [깐뿌].
- 간섭 干涉 방해할 간, 간섭할 섭. (명사)
   영=interference (ˌɪntərˈfɪərəns) [인터피어런스], intervention.
   일=干渉 (かんしょう, kanshō) [칸쇼오]. 중=干涉 (gānshè) [간서].
- 간식 間食 사이 간, 먹을 식. (명사)   영=snack (snæk) [스낵].
   일=間食 (かんしょく, kanshoku) [칸쇼쿠]. 중=零食 (língshí) [링스].
- 간신히 艱辛- 어렵고 고생할 간, 매울 신. (부사)
   영=barely ('bɛərli) [베얼리], narrowly ('nærəʊli) [내로우리].
   일=辛うじて (かろうじて, karōjite) [카로오지테].
   중=好不容易 (hǎobùróngyì) [하오부롱이].
- 간장 -醬 (명사) : 영=soy sauce (sɔɪ sɔːs) [소이 소스].
   일=醬油 (しょうゆ, shōyu) [쇼유]. 중=酱油 (jiàngyóu) [찌앙요우].
- 간접 間接 사이 간, 닿을 접. (명사)
   영=indirectness (ˌɪndɪˈrɛktnəs) [인디렉트니스].
   일=間接 (かんせつ, kansetsu) [칸세츠]. 중=间接 (jiànjiē) [찌앤지에]
- 간접적 間接的 사이 간, 닿을 접, 과녁 적. (명사)
   영=indirect (ˌɪndəˈrɛkt) [인더렉트].
   일=間接的 (かんせつてき, kansetsuteki) [칸세츠테키].
   중=间接的 (jiànjiē de) [찌앤지에 더].
- 간판 看板 볼 간, 널빤지 판. (명사) 영=signboard ('saɪnbɔːrd) [사인보드],
   일=看板 (かんばん, kanban) [칸반].   중=招牌 (zhāopái) [짜오파이].
- 간편하다 簡便- 간략할 간, 편할 편. (형용사)
   영=convenient (kənˈviːniənt) [컨비니언트], simple.
   일=簡便だ (かんべんだ, kanbenda) [칸벤다]. 중=简便 (jiǎnbiàn) [지앤삐엔]

•간호 看護 돌볼 간, 보호할 호. (명사) [영]=nursing (ˈnɜːrsɪŋ) [너씽].
[일]=看護 (かんご, kango) [칸고]. [중]=看护 (kànhù) [칸후].
•간호사 看護師 돌볼 간, 보호할 호, 스승 사. (명사)
[영]=nurse (nɜːrs) [너스].
[일]=看護師 (かんごし, kangoshi) [칸고시]. [중]=护士 (hùshi) [후스].
•간혹 間或 사이 간, 혹시 혹. (부사)
[영]=occasionally (əˈkeɪʒənəli) [어케이저널리], sometimes.
[일]=時おり (ときおり, tokiori) [토키오리]. [중]=偶尔 (ǒuˈěr) [오우얼].
•갇히다 (동사) [영]=be confined (bi kənˈfaɪnd) [비 컨파인드], be locked up.
[일]=閉じ込められる (とじこめられる, tojikomerareru) [토지코메라레루].
[중]=被关住 (bèi guānzhù) [뻬이 꽌쭈].
•갈다 (동사) : 문지르다 [영]=grind (ɡraɪnd) [그라인드], sharpen.
[일]=研ぐ (とぐ, togu) [토구]. [중]=磨 (mó) [모].
•갈다 (동사) : 바꾸다 [영]=replace (rɪˈpleɪs) [리플레이스], change.
[일]=取り替える (とりかえる, torikaeru) [토리카에루].
[중]=更换 (gēnghuàn) [껑환].
•갈등 葛藤 칡 갈, 등나무 등. (명사) [영]=conflict (ˈkɒnflɪkt) [컨플릭트],
[일]=葛藤 (かっとう, kattō) [캇토오]. [중]=矛盾 (máodùn) [마오뚠].
•갈비 (명사) [영]=rib (rɪb) [립].
[일]=あばら骨 (あばらぼね, abarabone) [아바라보네]. [중]=肋骨 (lèigǔ) [레이구].
•갈비탕 -湯 (명사) [영]=short rib soup (ʃɔːt rɪb suːp) [숏 립 수프].
[일]=カルビタン (karubitang) [카루비탕]. [중]=牛骨汤 (niúgǔ tāng) [뉴구 탕]
•갈색 褐色 밤색 갈, 빛 색. (명사) [영]=brown (braʊn) [브라운].
[일]=茶色 (ちゃいろ, chairo) [차이로] [중]=棕色 (zōngsè) [쫑써]
•갈수록 (부사).
[영]=increasingly (ɪnˈkriːsɪŋli) [인크리싱리].
[일]=ますます (ますます, masumasu) [마스마스].
[중]=越来越 (yuèláiyuè) [위에라이위에].
•갈아입다 (동사) [영]=change clothes (tʃeɪndʒ kləʊðz) [체인지 클로우즈].
[일]=着替える (きがえる, kigaeru) [키가에루]. [중]=换衣服 (huàn yīfu) [환 이푸]
•갈아타다 (동사) [영]=transfer (trænsˈfɜːr) [트랜스퍼],
[일]=乗り換える (のりかえる, norikaeru) [노리카에루].
[중]=换乘 (huànchéng) [환청]

- 갈증 渴症 목마를 갈, 증세 증. (명사) 영=thirst (θɜːrst) [서스트].
  일=渇き (かわき, kawaki) [카와키] 중=口渴 (kǒukě) [코우커]
- 감 (명사) (과일-柿 감나무 시) 영=persimmon (pərˈsɪmən) [퍼시먼].
  일=柿 (かき, kaki) [카키]. 중=柿子 (shìzi) [스쯔]
- 감 感 느낄 감. (명사) 영=feeling (fiːlɪŋ) [필링].
  일=感 (かん, kan) [칸]. 중=感 (gǎn) [간].
- 감각 感覺 느낄 감, 느낄 각. (명사)
  영=sensation (sɛnˈseɪʃən) [센세이션], sense.
  일=感覚 (かんかく, kankaku) [칸카쿠]. 중=感觉 (gǎnjué) [간쥐에].
- 감기 感氣 느낄 감, 기운 기. (명사) 영=cold (koʊld) [콜드].
  일=風邪 (かぜ, kaze) [카제]. 중=感冒 (gǎnmào) [간마오]
- 감다 (동사) 눈을 ~ 영=close (one's) eyes (kloʊz aɪz) [클로즈 아이즈].
  일=目を閉じる (めをとじる, me o tojiru) [메오 토지루].
  중=闭眼 (bì yǎn) [삐얀].
- 감다 (동사) : 실을 ~ 영=wind (waɪnd) [와인드], reel.
  일=巻く (まく, maku) [마쿠]. 중=缠 (chán) [찬], 卷 (juǎn) [쥐안].
- 감독 監督 살필 감, 감독할 독. (명사)
  영=director (dəˈrɛktər) [디렉터], supervisor.
  일=監督 (かんとく, kantoku) [칸토쿠]. 중=监督 (jiāndū) [지앤두].
- 감동 感動 느낄 감, 움직일 동. (명사)
  영=emotion (ɪˈmoʊʃən) [이모션], being moved.
  일=感動 (かんどう, kandō) [칸도오]. 중=感动 (gǎndòng) [간똥].
- 감동적 感動的 느낄 감, 움직일 동, 과녁 적. (명사)
  영=touching (ˈtʌtʃɪŋ) [터칭], emotional.
  일=感動的 (かんどうてき, kandōteki) [칸도오테키].
  중=感人的 (gǎnrén de) [간런더].
- 감사 感謝 느낄 감, 사례할 사. (명사) 영=thanks (θæŋks) [땡크스],
  일=感謝 (かんしゃ, kansha) [칸샤]. 중=感谢 (gǎnxiè) [간시에].
- 감사하다 感謝- 느낄 감, 사례할 사. (동사) 영=thank (θæŋk) [땡크].
  일=感謝する (かんしゃする, kansha suru) [칸샤스루]
  중=感谢 (gǎnxiè) [간시에].
- 감사하다 感謝- 느낄 감, 사례할 사. (형용사) 영=grateful (ˈgreɪtfəl) [그레이트풀].
  일=ありがたい (arigatai) [아리가타이] 중=感激的 (gǎnjī de) [간지더].

- 감상 鑑賞 거울 감, 상줄 상. (명사)
  - ㉢=appreciation (əˌpriːʃiˈeɪʃən) [어프리시에이션].
  - ㉤=鑑賞 (かんしょう, kanshō) [칸쇼오]   ㉥=欣赏 (xīnshǎng) [신샹].
- 감상하다 鑑賞- 거울 감, 상줄 상. (동사)
  - ㉢=appreciate (əˈpriːʃieɪt) [어프리시에이트]
  - ㉤=鑑賞する (かんしょうする, kanshō suru) [칸쇼오스루].
  - ㉥=欣赏 (xīnshǎng) [신샹].
- 감소 減少 덜 감, 적을 소. (명사)
  - ㉢=decrease (ˈdiːkriːs) [디크리스], reduction.
  - ㉤=減少 (げんしょう, genshō) [겐쇼오]. ㉥=减少 (jiǎnshǎo) [지앤샤오].
- 감소되다 減少- 덜 감, 적을 소. (동사)
  - ㉢=decrease (dɪˈkriːs) [디크리스], be reduced.
  - ㉤=減少される (げんしょうされる, genshō sareru) [겐쇼오 사레루].
  - ㉥=减少 (jiǎnshǎo) [지앤샤오].
- 감소하다 減少- 줄 감, 적을 소 (동사) ㉢=decrease (ˈdiːkriːs) [디크리스]
  - ㉤=減少する (げんしょうする, genshō suru) [겐쇼-스루]
  - ㉥=减少 (jiǎnshǎo) [지앤샤오]
- 감수성 感受性 느낄 감, 받을 수, 성품 성 (명사)
  - ㉢=sensitivity (ˌsɛnsəˈtɪvəti) [센서티버티].
  - ㉤=感受性 (かんじゅせい, kanjusei) [칸쥬세이].
  - ㉥=感受性 (gǎnshòuxìng) [간쇼우싱].
- 감싸다 (동사) ㉢=cover (ˈkʌvər) [커버], wrap (ræp) [랩].
  - ㉤=包む (つつむ, tsutsumu) [츠츠무]. ㉥=包裹 (bāoguǒ) [빠오꿔]
- 감옥 監獄 볼 감, 옥 옥 (명사)   ㉢=prison (ˈprɪzn) [프리즌].
  - ㉤=監獄 (かんごく, kangoku) [칸고쿠].   ㉥=监狱 (jiānyù) [지앤위].
- 감자 甘藷 달 감, 감자 저. (명사) ※ '감저 甘藷'는 고구마를 뜻하기도 하지만, 전통적으로 감자와 고구마 모두를 지칭했던 한자, 현대 중국어에서 '감자'는 '土豆'로 표기 :
  - ㉢=potato (pəˈteɪtoʊ) [포테이토]
  - ㉤=ジャガイモ (じゃがいも, jagaimo) [자가이모].㉥=土豆 (tǔdòu) [투더우].
- 감정 感情 느낄 감, 뜻 정 (명사)   ㉢=emotion (ɪˈmoʊʃn) [이모션].
  - ㉤=感情 (かんじょう, kanjō) [칸죠-].
  - ㉥=感情 (gǎnqíng) [간칭]

- 감정적 感情的 느낄 감, 뜻 정, 과녁 적 (명사)
  - 영=emotional (ɪˈmoʊʃənl) [이모셔널].
  - 일=感情的 (かんじょうてき, kanjōteki) [칸죠테키].
  - 중=感情的 (gǎnqíng de) [간칭 더].
- 감추다 (동사) 영=hide (haɪd) [하이드], conceal (kənˈsiːl) [컨실].
  - 일=隠す (かくす, kakusu) [카쿠스]. 중=隐藏 (yǐncáng) [인창].
- 감히 敢- 감히 감 (부사) 영=dare to (der tuː) [데어 투].
  - 일=あえて (aete) [아에테]. 중=敢于 (gǎnyú) [간위].
- 갑 匣 상자 갑 (명사)
  - 영=case (keɪs) [케이스], box (bɑːks) [박스].
  - 일=匣 (はこ, hako) [하코]. 중=匣子 (xiázi) [시아즈].
- 갑자기 (부사) 영=suddenly (ˈsʌdənli) [서든리]..
  - 일=突然 (とつぜん, totsuzen) [토츠젠]. 중=突然 (tūrán) [투란].
- 갑작스럽다 (형용사)
  - 영=abrupt (əˈbrʌpt) [어브럽트], sudden (ˈsʌdn) [서든].
  - 일=急な (きゅうな, kyūna) [큐우나]. 중=突然的 (tūránde) [투란더].
- 값 (명사) 영=price (praɪs) [프라이스], cost (kɔːst) [코스트].
  - 일=値段 (ねだん, nedan) [네단]. 중=价格 (jiàgé) [찌아거].
- 값싸다 (형용사) 영=cheap (tʃiːp) [칩].
  - 일=安い (やすい, yasui) [야스이]. 중=便宜 (piányi) [피앤이].
- 강 江 물 강 (명사) 영=river (ˈrɪvər) [리버].
  - 일=川 (かわ, kawa) [카와]. 중=江 (jiāng) [지앙].
- 강남 江南 강 강, 남녘 남 (명사) 영=Gangnam [강남].
  - 일=江南 (こうなん, kōnan) [코난]. 중=江南 (Jiāngnán) [지앙난] .
- 강당 講堂 익힐 강, 집 당 (명사)
  - 영=auditorium (ˌɔːdɪˈtɔːriəm) [오디토리엄], lecture hall [렉처 홀].
  - 일=講堂 (こうどう, kōdō) [코도-]. 중=讲堂 (jiǎngtáng) [지앙탕].
- 강도 強盗 강할 강, 도둑 도 (명사)
  - 영=robber (ˈrɒbər) [라버], robbery (ˈrɒbəri) [라버리].
  - 일=強盗 (ごうとう, gōtō) [고-토-]. 중=强盗 (qiángdào) [치앙따오].
- 강도 強度 강할 강, 법도 도 (명사)
  - 영=intensity (ɪnˈtensəti) [인텐서티].
  - 일=強度 (きょうど, kyōdo) [쿄-도]. 중=强度 (qiángdù) [치앙두].

•강력하다 强力- 강할 강, 힘 력 (형용사) [영]=powerful (ˈpaʊərfl) [파워풀].
[일]=強力だ (きょうりょくだ, kyōryokuda) [쿄-료쿠다].
[중]=强力的 (qiánglì de) [치앙리 더].
•강력히 强力 강할 강, 힘 력. (부사) [영]=strongly (ˈstrɒŋli) [스트롱리].
[일]=強力に (きょうりょくに, kyōryokuni) [쿄료쿠니].
[중]=强力地 (qiánglì de) [치앙리 더].
•강렬하다 强烈- 강할 강, 세찰 렬. (형용사)
[영]=intense (ɪnˈtɛns) [인텐스], strong [스트롱].
[일]=強烈だ (きょうれつだ, kyōretsu da) [쿄-레츠다].
[중]=强烈的 (qiángliè de) [치앙리에 더].
•강물 江- 강 강. 물 수. (명사) [영]=river water [리버 워터].
[일]=川の水 (かわのみず, kawa no mizu) [카와노미즈].
[중]=江水 (jiāngshuǐ) [지앙슈에이].
•강변 江邊 강 강, 가 변. (명사)
[영]=riverside (ˈrɪvərsaɪd) [리버사이드].
[일]=川辺 (かわべ, kawabe) [카와베]. [중]=江边 (jiāngbiān) [지앙비앤].
•강북 江北 강 강, 북녘 북. (명사)
[영]=North of the river [노스 오브 더 리버].
[일]=江北 (こうほく, kōhoku) [코-호쿠]. [중]=江北 (Jiāngběi) [지앙베이].
•강사 講師 익힐 강, 스승 사. (명사)
[영]=lecturer (ˈlɛktʃərər) [렉처러], instructor [인스트럭터].
[일]=講師 (こうし, kōshi) [코-시]. [중]=讲师 (jiǎngshī)
•강수량 降水量 내릴 강, 물 수, 헤아릴 량. (명사)
[영]=precipitation (prɪˌsɪpɪˈteɪʃən) [프리시피테이션].
[일]=降水量 (こうすいりょう, kōsuiryō) [코-스이료-].
[중]=降水量 (jiàngshuǐliàng) [지앙슈에이량].
•강아지 (명사) [영]=puppy (ˈpʌpi) [퍼피].
[일]=子犬 (こいぬ, koinu) [코이누].
[중]=小狗 (xiǎogǒu) [샤오거우].
•강요하다 强要 강할 강, 요구할 요. (동사)
[영]=force (fɔːrs) [포스], compel (kəmˈpel) [컴펠].
[일]=強要する (きょうようする, kyōyō suru) [쿄요- 스루].
[중]==强迫 (qiǎngpò) [치앙포].

- 강원도 江原道 강 강, 근원 원, 길 도. (고유명사)
  - 영=Gangwon Province [강원 프로빈스].
  - 일=江原道(こうげんどう, kōgendō)[코겐도-].
  - 중=江原道 (Jiāngyuándào) [지앙위안따오].
- 강의 講義 익힐 강, 의논할 의. (명사) 영=lecture ('lɛktʃər) [렉처].
  - 일=講義 (こうぎ, kōgi) [코-기]. 중=讲义 (jiǎngyì) [찌앙이].
- 강의하다 講義- 익힐 강, 의논할 의. (동사)
  - 영=give a lecture (ɡɪv ə 'lɛktʃər) [기브 어 렉처].
  - 일=講義する (こうぎする, kōgi suru) [코-기 스루].
  - 중=讲课 (jiǎngkè) [찌앙커].
- 강제 強制 강할 강, 절제할 제. (명사) 영=coercion (koʊˈɜːʃən) [코어션].
  - 일=強制 (きょうせい, kyōsei) [쿄-세이]. 중=强制 (qiángzhì) [치앙쯔].
- 강조 強調 강할 강, 고를 조. (명사) 영=emphasis ('ɛmfəsɪs) [엠퍼시스].
  - 일=強調 (きょうちょう, kyōchō) [쿄-초-].
  - 중=强调 (qiángdiào) [치앙띠아오]
- 강조하다 強調- 강할 강, 고를 조. (동사)
  - 영=emphasize ('ɛmfəsaɪz) [엠퍼사이즈].
  - 일=強調する (きょうちょうする, kyōchō suru) [쿄-초- 스루].
  - 중=强调 (qiángdiào) [치앙띠아오].
- 강하다 強- 강할 강. (형용사) 영=strong (strɔːŋ) [스트롱].
  - 일=強い (つよい, tsuyoi) [츠요이]. 중=强 (qiáng) [치앙].
- 강화하다 強化- 강할 강, 될 화. (동사)
  - 영=strengthen ('strɛŋθən) [스트렝슨].
  - 일=強化する (きょうかする, kyōka suru) [쿄-카 스루].
  - 중=强化 (qiánghuà) [치앙화].
- 갖가지 (명사) 영=various ('vɛəriəs) [베어리어스].
  - 일=いろいろ (いろいろ, iroiro) [이로이로]. 중=各种 (gè zhǒng) [꺼 쭝].
- 갖다 (동사) 소유하다 의미 영=have (hæv) [해브].
  - 일=持つ (もつ, motsu) [모츠]. 중=拥有 (yōngyǒu) [용요우].
- 갖다 (동사) 손에 들고 있다 의미: 영=have (hæv) [해브], hold (hoʊld) [홀드].
  - 일=持つ (もつ, motsu) [모츠]. 중=拿 (ná) [나].
- 갖추다 (동사). 영=prepare (prɪˈper) [프리페어], equip (ɪˈkwɪp) [이큅].
  - 일=整える (ととのえる, totonoeru) [토토노에루]. 중=具备 (jùbèi) [쥐베이].

• 같다 (형용사).   영=same (seɪm) [세임], equal ('iːkwəl) [이퀄].
  일=同じだ (おなじだ, onajida) [오나지다]. 중=一样 (yíyàng) [이양].
• 같이 (부사),   영=together (tə'geðər) [투게더],
  일=一緒に (いっしょに, isshoni) [잇쇼니].   중=一起 (yìqǐ) [이치].
• 같이하다 (동사)   영=do together (du tə'geðər) [두 투게더].
  일=共にする (ともにする, tomoni suru) [토모니 스루].
  중=共同进行 (gòngtóng jìnxíng) [꽁퉁 진싱].ㅊ
• 갚다 (동사)   영=repay (rɪ'peɪ) [리페이], pay back.
  일=返す (かえす, kaesu) [카에스].   중=偿还 (chánghuán) [창환].
• 개 (명사) 동물   영=dog (dɔːg) [도그].
  일=犬 (いぬ, inu) [이누].   중=狗 (gǒu) [거우].
• 개 個 (의존명사 낱 개)   영=piece (piːs) [피스], unit ('juːnɪt) [유닛].
  일=個 (こ, ko) [코].   중=个 (gè) [꺼].
• 개개인 個個人 (명사 낱 개, 낱 개, 사람 인)
  영=each individual (iːtʃ ˌɪndɪ'vɪdʒuəl) [이치 인디비주얼].
  일=個人個人 (こじんこじん, kojinkojin) [코진코진].
  중=每个人 (měi ge rén) [메이 거 런].
• 개구리 (명사)   영=frog (frɔːg) [프로그].
  일=蛙 (かえる, kaeru) [카에루].   중=青蛙 (qīngwā) [칭와].
• 개국 個國 (의존명사 낱 개, 나라 국)
  영=country ('kʌntri) [컨트리] (used for counting).
  일=か国 (かこく, kakoku) [카코쿠]. 중=个国家 (gè guójiā) [꺼 궈지아].
• 개나라 (명사)
  영=insignificant country (ɪnˌsɪgnɪfɪkənt 'kʌntri) [인시그니피컨트 컨트리].
  일=小国 (しょうこく, shōkoku) [쇼코쿠]. 중=小国 (xiǎoguó) [샤오궈].
• 개나리 (명사)
  영=forsythia (fɔː'sɪθiə) [포어시씨아].
  일=レンギョウ (れんぎょう, rengyō) [렝교-].중=连翘 (liánqiáo) [리엔치아오].
• 개다 (동사) : 날이~
  영=clear up (klɪər ʌp) [클리어 업].
  일=晴れる (はれる, hareru) [하레루].   중=放晴 (fàngqíng) [팡칭].
• 개미 (명사) 곤충   영=ant (ænt) [앤트].
  일=蟻 (あり, ari) [아리].   중=蚂蚁 (mǎyǐ) [마이].

- 개발되다 開發 될 개, 필 발. (동사)
  - 영=be developed (bi dɪ'vɛləpt) [비 디벨럽트].
  - 일=開発される (かいはつされる, kaihatsu sareru) [카이하츠 사레루].
  - 중==被开发 (bèi kāifā) [뻬이 카이파].
- 개발하다 開發- 열 개, 필 발. (동사) 영=develop (dɪ'vɛləp) [디벨럽].
  - 일=開発する (かいはつする, kaihatsu suru) [카이하츠 스루].
  - 중=开发 (kāifā) [카이파].
- 개방 開放 열 개, 놓을 방. (명사)
  - 영=opening ('əʊpənɪŋ) [오우퍼닝], openness ('əʊpənnəs) [오우픈너스].
  - 일=開放 (かいほう, kaihō) [카이호-].   중=开放 (kāifàng) [카이팡].
- 개방되다 開放- 열 개, 놓을 방. (동사)
  - 영=be opened (bi 'əʊpənd) [비 오우펀드].
  - 일=開放される (かいほうされる, kaihō sareru) [카이호- 사레루].
  - 중=被开放 (bèi kāifàng) [뻬이 카이팡].
- 개방하다 開放- 열 개, 놓을 방. (동사) 영=open ('əʊpən) [오우픈].
  - 일=開放する (かいほうする, kaihō suru) [카이호- 스루].
  - 중=开放 (kāifàng) [카이팡].
- 개별 個別 낱 개, 나눌 별. (명사)
  - 영=individual (ˌɪndɪ'vɪdʒuəl) [인디비쥬얼].
  - 일=個別 (こべつ, kobetsu) [코베츠].   중=个别 (gèbié) [꺼비에].
- 개선 改善 고칠 개, 착할 선. (명사)
  - 영=improvement (ɪm'pruːvmənt) [임프루브먼트].
  - 일=改善 (かいぜん, kaizen) [카이젠].   중=改善 (gǎishàn) [까이산].
- 개선되다 改善- 고칠 개, 착할 선. (동사)
  - 영=be improved (bi ɪm'pruːvd) [비 임프루브드].
  - 일=改善される (かいぜんされる, kaizen sareru) [카이젠 사레루].
  - 중=被改善 (bèi gǎishàn) [뻬이 까이산].
- 개선하다 改善- 고칠 개, 착할 선. (동사) 영=improve (ɪm'pruːv) [임프루브].
  - 일=改善する (かいぜんする, kaizen suru) [카이젠 스루].
  - 중=改善 (gǎishàn) [까이산].
- 개성 個性 낱 개, 성품 성. (명사)
  - 영=individuality (ˌɪndɪvɪdʒu'æləti) [인디비쥬앨러티].
  - 일=個性 (こせい, kosei) [코세이].   중=个性 (gèxìng) [꺼싱].

•개월 個月 낱 개, 달 월. (의존명사) [영]=month(s) (mʌnθs) [먼쓰].
[일]=か月 (かげつ, kagetsu) [카게츠]. [중]=个月 (gè yuè) [꺼 위에].
•개인 個人 낱 개, 사람 인. (명사) [영]=individual (ˌɪndɪ'vɪdʒuəl) [인디비쥬얼].
[일]=個人 (こじん, kojin) [코진]. [중]=个人 (gèrén) [꺼런]
•개인적 個人的 낱 개, 사람 인, 과녁 적. (명사)
[영]=personal ('pɜːsənəl) [퍼서널].
[일]=個人的 (こじんてき, kojinteki) [코진테키].
[중]=个人的 (gèrén de) [꺼런 더].
•객관적 客觀的 손님 객, 볼 관, 과녁 적. (명사)
[영]=objective (əb'dʒɛktɪv) [업젝티브].
[일]=客観的 (きゃっかんてき, kyakkanteki) [캬칸테키].
[중]=客观的 (kèguān de) [커관 더].
•걔 (불완전 품사) [영]=he/she (hi / ʃiː) [히 / 쉬].
[일]=あの子 (あのこ, anoko) [아노코]. [중]=那孩子 (nà háizi) [나 하이즈].
•거 (대명사) [영]=that (ð æt) [댓].
[일]=それ (それ, sore) [소레]. [중]=那个 (nàgè) [나거].
•거 (의존명사) [영]=thing (θɪ ŋ) [씽].
[일]=こと (こと, koto) [코토]. [중]=事情 (shìqing) [스칭].
•거기 (대명사) [영]=there (ð ɛr) [데어].
[일]=そこ (そこ, soko) [소코]. [중]=那里 (nàlǐ) [나리].
•거꾸로 (부사) [영]=upside down ('ʌpsaɪd daʊn) [업사이드 다운].
[일]=逆さまに (さかさまに, sakasama ni) [사카사마니].
[중]=颠倒地 (diāndǎo de) [뗀따오 더].
•거대하다 巨大- 클 거, 큰 대. (형용사) [영]=huge (hjuːdʒ) [휴지].
[일]=巨大だ (きょだいだ, kyodai da) [쿄다이다]. [중]=巨大 (jùdà) [쥐다].
•거두다 (동사) [영]=to gather ('gæ ð ər) [개더].
[일]=収める (おさめる, osameru) [오사메루]. [중]=收集 (shōují) [쇼우지].
•거들다 (동사) [영]=to assist (ə'sɪst) [어시스트].
[일]=手伝う (てつだう, tetsudau) [테츠다우]. [중]=帮忙 (bāngmáng) [빵망].
•거듭 (부사) [영]=repeatedly (rɪ'piːtɪdli) [리피티들리].
[일]=再三 (さいさん, saisan) [사이산]. [중]=反复地 (fǎnfù de) [판푸 더].
•거리 (명사) [영]=street (striːt) [스트리트].
[일]=通り (とおり, tōri) [토-리]. [중]=街道 (jiēdào) [찌에따오].

- 거리 (의존명사) : 반찬거리 예, ㉢=things for (dish) (θɪŋz fɔː) [띵즈 포].
  ㉡=おかずの材料 (おかずのざいりょう, okazu no zairyō)[오카즈노 자이료].
  ㉢=配菜 (pèicài) [페이차이].
- 거리 距離 떨어질 거, 멀 리. (명사) ㉢=distance ('dɪstəns) [디스턴스].
  ㉡=距離 (きょり, kyori) [쿄리].   ㉢=距离 (jùlí) [쥐리].
- 거부하다 拒否- 막을 거, 아닐 부. (동사) ㉢=to refuse (rɪ'fjuz) [리퓨즈].
  ㉡=拒否する (きょひする, kyohi suru) [쿄히스류]. ㉢=拒绝 (jùjué) [쥐쥐에].
- 거실 居室 살 거, 집 실. (명사) ㉢=living room ('lɪvɪŋ ruːm) [리빙룸].
  ㉡=居間 (いま, ima) [이마].   ㉢=客厅 (kètīng) [커팅].
- 거액 巨額 클 거, 액수 액. (명사) ㉢=large sum (lɑːrdʒ sʌm) [라지 썸].
  ㉡=巨額 (きょがく, kyogaku) [쿄가쿠].   ㉢=巨额 (jù'é) [쥐어].
- 거울 (명사) ㉢=mirror ('mɪrər) [미러].
  ㉡=鏡 (かがみ, kagami) [카가미].   ㉢=镜子 (jìngzi) [찡쯔].
- 거의 (부사) ㉢=almost ('ɔːlmoʊst) [올모스트].
  ㉡=ほとんど (ほとんど, hotondo) [호톤도].   ㉢=几乎 (jīhū) [지후].
- 거절하다 拒絶- 막을 거, 끊을 절. (동사) ㉢=to reject (rɪ'dʒɛkt) [리젝트].
  ㉡=拒絶する (きょぜつする, kyozetsu suru) [쿄제쓰스루].
  ㉢=拒绝 (jùjué) [쥐쥐에].
- 거짓 (명사) ㉢=falsehood ('fɔːlshʊd) [폴스후드].
  ㉡=嘘 (うそ, uso) [우소].   ㉢=虚假 (xūjiǎ) [쉬지아].
- 거짓말 (명사) ㉢=lie (laɪ) [라이].
  ㉡=嘘 (うそ, uso) [우소].   ㉢=谎言 (huǎngyán) [황옌].
- 거치다 (동사) ㉢=to pass through (pæs θruː) [패스 쓰루].
  ㉡=経る (へる, heru) [헤루].   ㉢=经过 (jīngguò) [징궈].
- 거칠다 (형용사) ㉢=rough (rʌf) [러프].
  ㉡=荒い (あらい, arai) [아라이].   ㉢=粗糙 (cūcāo) [추차오].
- 거품 (명사) ㉢=bubble ('bʌbəl) [버블].
  ㉡=泡 (あわ, awa) [아와].   ㉢=泡沫 (pàomò) [파오모].
- 걱정 (명사) ㉢=worry ('wɜːri) [워리].
  ㉡=心配 (しんぱい, shinpai) [신파이].   ㉢=担心 (dānxīn) [단신].
- 걱정되다 (동사) ㉢=to be worried (wɜːrid) [워리드].
  ㉡=心配される (しんぱいされる, shinpai sareru) [신파이 사례루].
  ㉢=担心 (dānxīn) [단신].

•걱정스럽다 (형용사)　영=worrisome (ˈwʌrisəm) [워리섬].
　일=心配そうだ (しんぱいそうだ, shinpai sō da) [신파이 소오다].
　중=令人担心的 (lìngrén dānxīn de) [링런 단신 더].
•걱정하다 (동사)　영=to worry (ˈwʌri) [워리].
　일=心配する (しんぱいする, shinpai suru) [신파이 스루].
　중=担心 (dānxīn) [단신].
•건 件 사건 건. (의존명사)　영=case (keɪs) [케이스].
　일=件 (けん, ken) [켄].　　중=件 (jiàn) [찌앤].
•건강 健康 굳셀 건, 편안할 강. (명사)　영=health (hɛlθ) [헬스].
　일=健康 (けんこう, kenkō) [켄코-].　중=健康 (jiànkāng) [찌앤캉].
•건강하다 健康- 굳셀 건, 편안할 강. (형용사)
　영=to be healthy (ˈhɛlθi) [헬시].
　일=健康だ (けんこうだ, kenkō da) [켄코-다].중=健康 (jiànkāng) [찌앤캉].
•건너 (명사) 영=across (əˈkrɒs) [어크로스].
　일=向こう側 (むこうがわ, mukōgawa) [무코-가와].
　중=对面 (duìmiàn) [뚜이미앤].
•건너가다 (동사) 영=to cross (krɔːs) [크로스].
　일=渡る (わたる, wataru) [와타루].　중=过去 (guòqù) [궈취].
•건너다 (동사)　영=to go over (gəʊ ˈəʊvə) [고 오버].
　일=渡る (わたる, wataru) [와타루].　중=穿过 (chuānguò) [츄안꾸어].
•건너다 渡 건널 도. (동사) : 영=cross (krɔːs) [크로스].
　일=渡る (わたる, wataru) [와타루].　중=过 (guò) [꾸어].
•건너오다 (동사) 영=to come across (tuː kʌm əˈkrɒs) [투 컴 어크로스].
　일=渡ってくる (わたってくる, watatte kuru) [와탓떼 쿠루].
　중=走过来 (zǒu guòlái) [조우 꾸어라이].
•건너편 -便 건널 건, 편할 편. (명사)
　영=the opposite side (ði ˈɒpəzɪt saɪd) [디 오퍼짓 사이드].
　일=向こう側 (むこうがわ, mukōgawa) [무코-가와].
　중=对面 (duìmiàn) [뚜이미앤].
•건넌방 -房 건널 건, 방 방. (명사)
　영=the room across (ðə ruːm əˈkrɒs) [더 룸 어크로스].
　일=向かいの部屋 (むかいのへや, mukai no heya) [무카이노 헤야].
　중=对面的房间 (duìmiàn de fángjiān) [뚜이미앤 더 팡지앤].

- 건네다 (동사) 영=to hand over (tuː hænd 'əʊvə) [투 핸드 오버].
  일=渡す (わたす, watasu) [와타스]. 중=递给 (dì gěi) [띠 께이].
- 건네주다 (동사) 영=to pass (tuː pɑːs) [투 파스].
  일=手渡す (てわたす, tewatasu) [테와타스]. 중=交给 (jiāogěi) [찌아오 께이].
- 건드리다 (동사) 영=to touch (tuː tʌtʃ) [투 터치].
  일=触る (さわる, sawaru) [사와루]. 중=碰 (pèng) [펑].
- 건물 建物 세울 건, 물건 물. (명사) 영=building ('bɪldɪŋ) [빌딩].
  일=建物 (たてもの, tatemono) [타테모노].
  중=建筑物 (jiànzhùwù) [찌앤쭈우].
- 건설 建設 세울 건, 세울 설. (명사)
  영=construction (kən'strʌkʃən) [컨스트럭션].
  일=建設 (けんせつ, kensetsu) [켄세츠]. 중=建设 (jiànshè) [찌앤셔].
- 건설되다 建設- 세울 건, 세울 설. (동사)
  영=to be constructed (tuː bi kən'strʌktɪd) [투 비 컨스트럭티드].
  일=建設される (けんせつされる, kensetsu sareru) [켄세츠 사레루].
  중=被建设 (bèi jiànshè) [뻬이 찌앤셔].
- 건설하다 建設- 세울 건, 세울 설. (동사)
  영=to construct (tuː kən'strʌkt) [투 컨스트럭트].
  일=建設する (けんせつする, kensetsu suru) [켄세츠 스루].
  중=建设 (jiànshè) [찌앤셔].
- 건전하다 健全- 튼튼할 건, 온전할 전. (형용사)
  영=healthy ('helθi) [헬씨],
  일=健全だ (けんぜんだ, kenzen da) [켄젠다].
  중=健康的 (jiànkāng de) [찌앤캉 더].
- 건조 乾燥 마를 건, 마를 조. (명사) 영=dryness ('draɪnəs) [드라이너스].
  일=乾燥 (かんそう, kansō) [칸소-]. 중=干燥 (gānzào) [깐짜오].
- 건조하다 乾燥- 마를 건, 마를 조. (형용사) 영=dry (draɪ) [드라이].
  일=乾燥している (かんそうしている, kansō shiteiru) [칸소-시테이루].
  중=干燥的 (gānzào de) [깐짜오 더].
- 건지다 (동사) 영=to rescue (tuː 'reskjuː) [투 레스큐],
  to scoop out(tuː skuːp aʊt) [투 스쿱 아웃].
  일=救い出す (すくいだす, sukuidasu) [스쿠이다스].
  중=捞起来 (lāo qǐlái) [라오 치라이].

•건축 建築 세울 건, 지을 축. (명사)   ❀=architecture
   ('ɑːkɪtektʃə)[아키텍처],construction (kənˈstrʌkʃən) [컨스트럭션].
   ❀=建築 (けんちく, kenchiku) [켄치쿠] .❀=建筑 (jiànzhù) [찌앤쭈].
•걷기 (명사)   ❀=walking (ˈwɔːkɪŋ) [워킹].
   ❀=歩くこと (あるくこと, aruku koto) [아루쿠 코토].
   ❀=步行 (bùxíng) [뿌싱].
•걷다 (동사: 느릿느릿 ~) ❀=to walk (tuː wɔːk) [투 워크].
   ❀=歩く (あるく, aruku) [아루쿠].   ❀=走 (zǒu) [조우].
•걷다 (동사: 빨래를 ~)   ❀=to collect (tuː kəˈlekt) [투 컬렉트].
   ❀=取り込む (とりこむ, torikomu) [토리코무].
   ❀=收衣服 (shōu yīfu) [쇼우 이푸].
•걷다 (동사: 소매를 ~)   ❀=to roll up (tuː rəʊl ʌp) [투 롤 업].
   ❀=まくる (makuru) [마쿠루].   ❀=卷起 (juǎn qǐ) [쥔 치].
•걸다 (동사: 옷을 ~)   ❀=to hang (tuː hæŋ) [투 행].
   ❀=かける (kakeru) [카케루].   ❀=挂上 (guà shàng) [꾸아 샹].
•걸리다 (동사) '걸다'의 피동사
   ❀=be caught (bi kɔːt) [비 콧], hang (hæŋ) [행].
   ❀=かかる (kakaru) [카카루].❀=被挂住 (bèi guà zhù) [뻬이 꽈 쭈].
•걸어가다 (동사)   ❀=walk (wɔːk) [워크].
   ❀=歩いて行く (あるいていく, aruite iku) [아루이테 이쿠].
   ❀=走着去 (zǒuzhe qù) [조우저 취].
•걸어오다 (동사) 집까지 ~ ❀=come walking (kʌm ˈwɔːkɪŋ) [컴 워킹].
   ❀=歩いて来る (あるいてくる, aruite kuru) [아루이테 쿠루].
   ❀=走着来 (zǒuzhe lái) [조우저 라이].
•걸음 (명사)   ❀=step (stɛp) [스텝].
   ❀=歩み (あゆみ, ayumi) [아유미].   ❀=步伐 (bùfá) [뿌파].
•걸치다 (동사)
   ❀=put on (pʊt ɒn) [풋 온], hang over (hæŋ ˈəʊvər) [행 오버].
   ❀=引っかける (ひっかける, hikkakeru) [힛카케루].❀=披上 (pī shàng) [피 샹].
•검다 (형용사) : 색깔이 ~   ❀=black (blæk) [블랙].
   ❀=黒い (くろい, kuroi) [쿠로이].   ❀=黑的 (hēi de) [헤이 더].
•검사 檢事 검사할 검, 일 사. (명사) ❀=prosecutor (prɑːsɪkjuːtər) [프라시큐터].
   ❀=検事 (けんじ, kenji) [켄지].   ❀=检察官 (jiǎncháguān) [지앤차관].

- 30 -

- 검사 檢查 검사할 검, 조사할 사. (명사) 영=inspection (ɪnˈspɛkʃən) [인스펙션].
  일=檢査 (けんさ, kensa) [켄사].　　중=检查 (jiǎnchá) [지앤차].
- 검은색 -色 검을 검, 빛 색. (명사) 영=black (blæk) [블랙].
  일=黒色 (くろいろ, kuroiro) [쿠로이로].　　중=黑色 (hēisè) [헤이써].
- 검정색 -色 검을 검, 정할 정, 빛 색. (명사) 영=black (blæk) [블랙].
  일=黒色 (くろいろ, kuroiro) [쿠로이로].　　중=黑色 (hēisè) [헤이써].
- 검토 檢討 검사할 검, 논의할 토. (명사)　영=review (rɪˈvjuː) [리뷰],
  　　　　　　　　　examination (ɪɡˌzæmɪˈneɪʃən) [이그재미네이션].
  일=検討 (けんとう, kentō) [켄토-].　　중=检讨 (jiǎntǎo) [지앤타오].
- 겁 怯 두려워할 겁. (명사)　영=fear (fɪr) [피어].
  일=恐怖 (きょうふ, kyōfu) [쿄-후].　　중=恐惧 (kǒngjù) [콩쥐].
- 겁나다 怯- 두려워할 겁. (동사)　영=be scared (bi skɛrd) [비 스케어드].
  일=怖がる (こわがる, kowagaru) [코와가루].　중=害怕 (hàipà) [하이파].
- 것 (의존명사)　영=thing (θɪŋ) [띵].
  일=こと (こと, koto) [코토].　　중=东西 (dōngxi) [똥시].
- 겉 (명사)　영=outside (ˈaʊtsaɪd) [아웃사이드], surface (ˈsɜːrfɪs) [서피스].
  일=外側 (そとがわ, sotogawa) [소토가와]. 중=外面 (wàimiàn) [와이미앤].
- 게 (명사)　영=crab (kræb) [크랩].
  일=カニ (かに, kani) [카니].　　중=螃蟹 (pángxiè) [팡셰].
- 게다가 (부사)
  영=besides (bɪˈsaɪdz) [비사이즈], moreover (mɔːˈroʊvər) [모어로버].
  일=その上 (そのうえ, sono ue) [소노우에].　중=而且 (érqiě) [얼치에].
- 게시판 揭示板 걸 게, 보일 시, 널 판. (명사)
  영=bulletin board (ˈbʊlətɪn bɔːrd) [불러틴 보드].
  일=掲示板 (けいじばん, keijiban) [케이지반].
  중=公告栏 (gōnggàolán) [꽁까오란].
- 게으르다 (형용사)　영=lazy (ˈleɪzi) [레이지].
  일=怠けている (なまけている, namakete iru) [나마케테이루].
  중=懒惰 (lǎnduò) [란뚜어].
- 게임 (명사)　영=game (ɡeɪm) [게임].
  일=ゲーム (げーむ, gēmu) [게무].　　중=游戏 (yóuxì) [요우시].
- 겨우 (부사)　영=barely (ˈbeəli) [베얼리], only just [온리 저스트].
  일=やっと (やっと, yatto) [얏토].　중=勉强 (miǎnqiǎng) [미앤치앙].

•겨울 (명사) [영]=winter ('wɪntər) [윈터].
[일]=冬 (ふゆ, fuyu) [후유]. [중]=冬天 (dōngtiān) [똥티앤].
•겨울철 (명사) [영]=winter season ('wɪntər 'siːzən) [윈터 시즌].
[일]=冬の時期 (ふゆのじき, fuyu no jiki) [후유노 지키].
[중]=冬季 (dōngjì) [똥찌].
•겨자 (명사) [영]=mustard ('mʌstərd) [머스터드].
[일]=からし (karashi) [카라시]. [중]=芥末 (jièmò) [지에모].
•겪다 (동사) [영]=experience (ɪk'spɪriəns) [익스피리언스],
undergo (ˌʌndər'goʊ) [언더고우].
[일]=経験する (けいけんする, keiken suru) [케이켄 스루].
[중]=经历 (jīnglì) [징리].
•견디다 (동사)
[영]=endure (ɪn'djʊər) [인듀어], tolerate ('tɒləreɪt) [톨러레이트].
[일]=耐える (たえる, taeru) [타에루]. [중]=忍耐 (rěnnài) [런나이].
•견해 見解 볼 견, 풀 해. (명사)
[영]=viewpoint ('vjuːpɔɪnt) [뷰포인트], opinion (ə'pɪnjən) [어피니언].
[일]=見解 (けんかい, kenkai) [켄카이]. [중]=见解 (jiànjiě) [지앤지에].
•결과 結果 맺을 결, 열매 과. (명사)
[영]=result (rɪ'zʌlt) [리절트].
[일]=結果 (けっか, kekka) [켓카]. [중]=结果 (jiéguǒ) [지에궈].
•결과적 結果的 맺을 결, 열매 과, 과녁 적. (명사)
[영]=resultant (rɪ'zʌltənt) [리절턴트], consequential (ˌkɒnsɪ'kwenʃəl) [컨시퀜셜].
[일]=結果的 (けっかてき, kekkateki) [켓카테키].
[중]=结果的 (jiéguǒ de) [지에궈 더].
•결국 結局 맺을 결, 판 국. (명사)
[영]=eventually (ɪ'ventʃuəli) [이벤추얼리], in the end [인 디 엔드].
[일]=結局 (けっきょく, kekkyoku) [켓쿄쿠].
[중]=结果 (jiéguǒ) [지에궈], 最终 (zuìzhōng) [쮀이중].
•결론 結論 맺을 결, 논할 론. (명사) [영]=conclusion (kən'kluːʒən) [컨클루전].
[일]=結論 (けつろん, ketsuron) [켓쯔롱]. [중]=结论 (jiélùn) [지에룬].
•결석 缺席 이지러질 결, 자리 석. (명사)
[영]=absence ('æbsəns) [앱센스].
[일]=欠席 (けっせき, kesseki) [켓세키]. [중]=缺席 (quēxí) [췌시].

- 결석하다 缺席- 이지러질 결, 자리 석. (동사)
  - 영=be absent (bi ˈæbsənt) [비 앱센트].
  - 일=欠席する (けっせきする, kesseki suru) [켓세키 스루].
  - 중=缺席 (quēxí) [췌시].
- 결승 決勝 결정할 결, 이길 승. (명사)
  - 영=final match (ˈfaɪnəl mætʃ) [파이널 매치].
  - 일=決勝 (けっしょう, kesshō) [켓쇼-]. 중=決賽 (juésài) [쥐에싸이].
- 결심 決心 결정할 결, 마음 심. (명사)
  - 영=determination (dɪˌtɜːrmɪˈneɪʃən) [디터미네이션].
  - 일=決心 (けっしん, kesshin) [켓신]. 중=決心 (juéxīn) [쥐에신].
- 결심하다 決心- 결정할 결, 마음 심. (동사) 영=make up one's mind (meɪk ʌp wʌnz maɪnd) [메이크 업 원즈 마인드].
  - 일=決心する (けっしんする, kesshin suru) [켓신 스루].
  - 중=下決心 (xià juéxīn) [시아 쥐에신].
- 결정 決定 결정할 결, 정할 정. (명사)
  - 영=decision (dɪˈsɪʒən) [디시전].
  - 일=決定 (けってい, kettei) [켓테이]. 중=決定 (juédìng) [쥐에띵].
- 결정되다 決定- 결정할 결, 정할 정. (동사)
  - 영=be decided (bi dɪˈsaɪdɪd) [비 디사이디드].
  - 일=決定される (けっていされる, kettei sareru) [켓테이 사레루].
  - 중=被決定 (bèi juédìng) [뻬이 쥐에띵].
- 결정하다 決定- 결정할 결, 정할 정. (동사)
  - 영=decide (dɪˈsaɪd) [디사이드].
  - 일=決定する (けっていする, kettei suru) [켓테이 스루].
  - 중=決定 (juédìng) [쥐에띵].
- 결코 決- 결정할 결. (부사)
  - 영=never (ˈnevər) [네버], by no means [바이 노 민즈].
  - 일=決して (けっして, kesshite) [켓시테]. 중=決不 (juébù) [쥐에뿌].
- 결혼 結婚 맺을 결, 혼인할 혼. (명사) 영=marriage (ˈmærɪdʒ) [매리지].
  - 일=結婚 (けっこん, kekkon) [켓콘]. 중=結婚 (jiéhūn) [지에훈].
- 결혼식 結婚式 맺을 결, 혼인할 혼, 법 식. (명사)
  - 영=wedding (ˈwedɪŋ) [웨딩].
  - 일=結婚式 (けっこんしき, kekkonshiki) [켓콘시키]. 중=婚礼 (hūnlǐ) [훈리].

•결혼하다 結婚- 맺을 결, 혼인할 혼 (동사) ㉠=to marry (tə ˈmæeri) [투 매리].
  ㉡=結婚する (けっこんする, kekkon suru) [켓콘 스루].
  ㉢=结婚 (jiéhūn) [지에훈].
•경계 境界 지경 경, 지경 계. (명사) ㉠=boundary (ˈbaʊndəri) [바운더리].
  ㉡=境界 (きょうかい, kyōkai) [쿄카이]].　㉢=边界 (biānjiè) [삐앤지에].
•경고 警告 경계할 경, 알릴 고. (명사) ㉠=warning (wɔːrnɪŋ) [워닝].
  ㉡=警告 (けいこく, keikoku) [케이코쿠].　㉢=警告 (jǐnggào) [징까오].
•경고하다 警告- 경계할 경, 알릴 고. (동사)
  ㉠=to warn (tə wɔːrn) [투 워른].
  ㉡=警告する (けいこくする, keikoku suru) [케이코쿠 스루].
  ㉢=警告 (jǐnggào) [징까오].
•경기 競技 겨룰 경, 재주 기. (명사)
  ㉠=game (ɡeɪm) [게임], match (mætʃ) [매치].
  ㉡=競技 (きょうぎ, kyōgi) [쿄-기]. ㉢=竞技 (jìngjì) [찡찌].
•경기 景氣 볕 경, 기운 기. (명사)　㉠=economy (ɪˈkɑːnəmi) [이카너미],
                                business conditions [비즈니스 컨디션스].
  ㉡=景気 (けいき, keiki) [케이키].
  ㉢=经济情况 (jīngjì qíngkuàng) [징지 칭쿠앙].
•경기도 京畿道 서울 경, 기슭 기, 길 도. (고유명사)
  ㉠=Gyeonggi Province (ˈgjʌŋɡi ˈprɑːvɪns) [경기 프로빈스].
  ㉡=京畿道 (けいきどう, keikidō) [케이키도-].
  ㉢=京畿道 (Jīngjīdào) [징지따오].
•경기장 競技場 겨룰 경, 재주 기, 마당 장. (명사)
  ㉠=stadium (ˈsteɪdiəm) [스테이디엄].
  ㉡=競技場 (きょうぎじょう, kyōgijō) [쿄-기죠-].
  ㉢=竞技场 (jìngjìchǎng) [찡찌창].
•경력 經歷 지날 경, 지날 력. (명사)
  ㉠=career (kəˈrɪr) [커리어].
  ㉡=経歴 (けいれき, keireki) [케이레키].　㉢=经历 (jīnglì) [징리].
•경복궁 景福宮 볕 경, 복 복, 궁궐 궁. (고유명사)
  ㉠=Gyeongbokgung Palace (ˈgjʌŋbʊkˌɡuːŋ ˈpælɪs) [경북궁 팰리스].
  ㉡=景福宮 (けいふくきゅう, keifukukyū) [케이후쿠큐-].
  ㉢=景福宫 (Jǐngfúgōng) [징푸궁].

- 경비 經費 날 경, 쓸 비. (명사)
  - 영=expense (ɪk'spens) [익스펜스], cost [코스트].
  - 일=経費 (けいひ, keihi) [케이히]. 중=经费 (jīngfèi) [징페이].
- 경상도 慶尙道 경사 경, 높을 상, 길 도. (고유명사)
  - 영=Gyeongsang Province (gjʌŋsaːŋ 'praːvɪns) [경상 프로빈스].
  - 일=慶尚道 (けいしょうどう, keishōdō) [케이쇼도-].
  - 중=庆尚道 (Qìngshàngdào) [칭샹따오].
- 경영 經營 날 경, 경영할 영. (명사)
  - 영=management ('mænɪdʒmənt) [매니지먼트].
  - 일=経営 (けいえい, keiei) [케이에이]. 중=经营 (jīngyíng) [징잉].
- 경영하다 經營- 날 경, 경영할 영. (동사)
  - 영=to manage (tə 'mænɪdʒ) [투 매니지].
  - 일=経営する (けいえいする, keiei suru) [케이에이 스루].
  - 중=经营 (jīngyíng) [징잉].
- 경우 境遇 지경 경, 만날 우. (명사)
  - 영=case (keɪs) [케이스], situation (sɪtʃu'eɪʃən) [시츄에이션].
  - 일=場合 (ばあい, baai) [바아이]. 중=情况 (qíngkuàng) [칭쿠앙].
- 경쟁 競爭 겨룰 경, 다툴 쟁. (명사)
  - 영=competition (kaːmpə'tɪʃən) [컴퍼티션].
  - 일=競争 (きょうそう, kyōsō) [쿄-소-].
  - 중=竞争 (jìngzhēng) [찡쩡].
- 경쟁력 競爭力 겨룰 경, 다툴 쟁, 힘 력. (명사)
  - 영=competitiveness (kəm'petətɪvnəs) [컴페터티브니스].
  - 일=競争力 (きょうそうりょく, kyōsōryoku) [쿄-소료쿠].
  - 중=竞争力 (jìngzhēnglì) [찡쩡리].
- 경제 經濟 날 경, 구제할 제. (명사)
  - 영=economy (ɪ'kaːnəmi) [이카너미].
  - 일=経済 (けいざい, keizai) [케이자이].
  - 중=经济 (jīngjì) [징지].
- 경제력 經濟力 날 경, 구제할 제, 힘 력. (명사)
  - 영=economic power (ˌiːkə'nɒmɪk 'paʊər) [이코노믹 파워].
  - 일=経済力 (けいざいりょく, keizairyoku) [케이자이료쿠].
  - 중=经济实力 (jīngjì shílì) [징지 스리].

- 경제적 經濟的 날 경, 구제할 제, 과녁 적. (명사)
    - ㉠=economic (ˌekəˈnɒmɪk) [이코노믹].
    - ㉡=経済的 (けいざいてき, keizaiteki) [케이자이테키].
    - ㉢=经济的 (jīngjì de) [징지 더].
- 경제학 經濟學 날 경, 구제할 제, 배울 학. (명사)
    - ㉠=economics (ˌiːkəˈnɒmɪks) [이코노믹스].
    - ㉡=経済学 (けいざいがく, keizaigaku) [케이자이가쿠].
    - ㉢=经济学 (jīngjìxué) [징지쉬에].
- 경주 慶州 경사 경, 고을 주. (고유명사) ㉠=Gyeongju (gjʌŋdʒuː) [경주].
    - ㉡=慶州 (けいしゅう, keishū) [케이슈우]. ㉢=庆州 (Qìngzhōu) [칭조우].
- 경찰 警察 경계할 경, 살필 찰. (명사) ㉠=police (pəˈliːs) [폴리스].
    - ㉡=警察 (けいさつ, keisatsu) [케이사츠]. ㉢=警察 (jǐngchá) [징차].
- 경찰관 警察官 경계할 경, 살필 찰, 벼슬 관. (명사)
    - ㉠=police officer (pəˈliːs ˈɒfɪsər) [폴리스 오피서].
    - ㉡=警察官 (けいさつかん, keisatsukan) [케이사츠칸].
    - ㉢=警察官 (jǐngcháguān) [징차관].
- 경찰서 警察署 경계할 경, 살필 찰, 마을 서. (명사)
    - ㉠=police station (pəˈliːs ˈsteɪʃən) [폴리스 스테이션].
    - ㉡=警察署 (けいさつしょ, keisatsusho) [케이사츠쇼].
    - ㉢=警察局 (jǐngchájú) [징차쥐].
- 경치 景致 볕 경, 이를 치. (명사) ㉠=scenery (ˈsiːnəri) [시너리],
    - landscape (ˈlændskeɪp) [랜드스케이프].
    - ㉡=景色 (けしき, keshiki) [케시키]. ㉢=风景 (fēngjǐng) [펑징].
- 경향 傾向 기울 경, 향할 향. (명사)
    - ㉠=tendency (ˈtɛndənsi) [텐던시], trend (trɛnd) [트렌드].
    - ㉡=傾向 (けいこう, keikō) [케이코-]. ㉢=倾向 (qīngxiàng) [칭시앙].
- 경험 經驗 날 경, 시험 험. (명사)
    - ㉠=experience (ɪkˈspɪəriəns) [익스피어리언스].
    - ㉡=経験 (けいけん, keiken) [케이켄]. ㉢=经验 (jīngyàn) [징옌].
- 경험하다 經驗- 날 경, 시험 험. (동사)
    - ㉠=experience (ɪkˈspɪəriəns) [익스피어리언스].
    - ㉡=経験する (けいけんする, keiken suru) [케이켄 스루].
    - ㉢=经历 (jīnglì) [징리].

- 곁 (명사)
  - 영=side (saɪd) [사이드], beside (bɪˈsaɪd) [비사이드].
  - 일=そば (そば, soba) [소바]. 중=旁边 (pángbiān) [팡비앤].
- 계곡 溪谷 시내 계, 골 곡. (명사)
  - 영=valley (ˈvæli) [밸리], ravine (rəˈviːn) [러빈].
  - 일=渓谷 (けいこく, keikoku) [케이코쿠]. 중=溪谷 (xīgǔ) [시구].
- 계단 階段 섬돌 계, 층계 단. (명사)
  - 영=stairs (steəz) [스테어즈], steps (stɛps) [스텝스].
  - 일=階段 (かいだん, kaidan) [카이단]. 중=楼梯 (lóutī) [로우티].
- 계란 鷄卵 닭 계, 알 란. (명사) 영=egg (ɛg) [에그].
  - 일=鷄卵 (けいらん, keiran) [케이란]. 중=鸡蛋 (jīdàn) [지딴].
- 계산 計算 셀 계, 셈 산. (명사) 영=calculation (ˌkælkjəˈleɪʃən) [캘큘레이션].
  - 일=計算 (けいさん, keisan) [케이산]. 중=计算 (jìsuàn) [지쭈안].
- 계산기 計算器 셀 계, 셈 산, 그릇 기. (명사)
  - 영=calculator (ˈkælkjəleɪtər) [캘큘레이터].
  - 일=計算機 (けいさんき, keisanki) [케이산키]. 중=计算器 (jìsuànqi) [지쭈안치].
- 계산하다 計算- 셀 계, 셈 산. (동사) 영=calculate (ˈkælkjəleɪt) [캘큘레이트].
  - 일=計算する (けいさんする, keisan suru) [케이산 스루].
  - 중=计算 (jìsuàn) [지쭈안].
- 계속 繼續 이을 계, 이을 속. (부사)
  - 영=continuously (kənˈtɪnjuəsli) [컨티뉴어슬리].
  - 일=継続して (けいぞくして, keizoku shite) [케이조쿠 시테].
  - 중=继续 (jìxù) [지쉬].
- 계속되다 繼續- 이을 계, 이을 속. (동사)
  - 영=continue (kənˈtɪnjuː) [컨티뉴].
  - 일=続く (つづく, tsuzuku) [츠즈쿠].. 중=继续 (jìxù) [지쉬].
- 계속하다 繼續- 이을 계, 이을 속. (동사) 영=continue (kənˈtɪnjuː) [컨티뉴].
  - 일=続ける (つづける, tsuzukeru) [츠즈케루]. 중=继续 (jìxù) [지쉬].
- 계시다 (동사) 영=stay (steɪ) [스테이] (honorific)
  - 일=いらっしゃる (いらっしゃる, irassharu) [이라샤루].
  - 중=在 (zài) [짜이] (敬語)
- 계시다 (보조동사) 영=be (biː) [비] (honorific)
  - 일=いらっしゃる (いらっしゃる, irassharu) [이라샤루]. 중=在 (zài) [짜이] (敬語)

- 계약 契約 맺을 계, 맺을 약. (명사) 영=contract ('kɒntrækt) [컨트랙트].
  일=契約 (けいやく, keiyaku) [케이야쿠]. 중=契约 (qìyuē) [치위에].
- 계절 季節 계절 계, 마디 절. (명사) 영=season ('siːzn) [시즌].
  일=季節 (きせつ, kisetsu) [키세츠]. 중=季节 (jìjié) [찌지에].
- 계좌 計座 셀 계, 자리 좌. (명사) 영=account (əˈkaʊnt) [어카운트].
  일=口座 (こうざ, kōza) [코-자]. 중=账户 (zhànghù) [쟝후].
- 계층 階層 섬돌 계, 층 층. (명사)
  영=class (klɑːs) [클래스], stratum (ˈstrɑːtəm) [스트라텀].
  일=階層 (かいそう, kaisō) [카이소-]. 중=阶层 (jiēcéng) [찌에청].
- 계획 計劃 셀 계, 꾀할 획. (명사) 영=plan (plæn) [플랜].
  일=計画 (けいかく, keikaku) [케이카쿠]. 중=计划 (jìhuà) [지화].
- 계획하다 計劃- 셀 계, 꾀할 획. (동사) 영=plan (plæn) [플랜].
  일=計画する (けいかくする, keikaku suru) [케이카쿠 스루].
  중=计划 (jìhuà) [지화].
- 고개 (명사 ~넘어) : 영=hill (hɪl) [힐], pass (pæs) [패스].
  일=峠 (とうげ, tōge) [토게]. 중=山岭 (shānlǐng) [산링].
- 고개 (명사) 영=neck (nɛk) [넥], head (hɛd) [헤드].
  일=首 (くび, kubi) [쿠비]. 중=头 (tóu) [토우].
- 고객 顧客 돌아볼 고, 손님 객. (명사) 영=customer (ˈkʌstəmər) [커스터머].
  일=顧客 (こきゃく, kokyaku) [코캬쿠]. 중=顾客 (gùkè) [꾸커].
- 고교 高校 높을 고, 학교 교 (명사) 영=high school (haɪ ˌskuːl) [하이 스쿨].
  일=高校 (こうこう, kōkō) [코-코-]. 중=高中 (gāozhōng) [까오중].
- 고구려 高句麗 높을 고, 글귀 구, 고울 려. (고유명사)
  영=Goguryeo (ˈɡoʊɡuːrjoʊ) [고구려].
  일=高句麗 (こうくり, Kōkuri) [코-쿠리]. 중=高句丽 (Gāogōulì) [까오고우리].
- 고구마 (명사)
  영=sweet potato (swiːt pəˈteɪtoʊ) [스위트 포테이토].
  일=さつまいも (satsumaimo) [사츠마이모]. 중=红薯 (hóngshǔ) [홍슈].
- 고궁 古宮 옛 고, 궁궐 궁. (명사)
  영=ancient palace (ˈeɪnʃənt ˈpæləs) [에인션트 팰리스].
  일=古宮 (こきゅう, kokyū) [코큐-]. 중=古宫 (gǔgōng) [구궁].
- 고급 高級 높을 고, 등급 급. (명사) 영=high-class (ˌhaɪˈklæs) [하이 클래스].
  일=高級 (こうきゅう, kōkyū) [코-큐-]. 중=高级 (gāojí) [까오지].

- 고급스럽다 高級- 높을 고, 등급 급. (형용사)
  - 영=luxurious (lʌɡˈʒʊəriəs) [럭쥬어리어스].
  - 일=高級だ (こうきゅうだ, kōkyū da) [코-큐-다].
  - 중=高级的 (gāojí de) [까오지 더].
- 고기 (명사) 영=meat (miːt) [밋].
  - 일=肉 (にく, niku) [니쿠]. 중=肉 (ròu) [러우].
- 고등학교 高等學校 높을 고, 같을 등, 배울 학, 학교 교. (명사)
  - 영=high school (ˈhaɪ ˌskuːl) [하이 스쿨].
  - 일=高等学校 (こうとうがっこう, kōtō gakkō) [코-토-각코-].
  - 중=高中 (gāozhōng) [까오중].
- 고등학생 高等學生 높을 고, 같을 등, 배울 학, 날 생. (명사)
  - 영=high school student (ˈhaɪ skuːl ˈstuːdənt) [하이 스쿨 스튜던트].
  - 일=高校生 (こうこうせい, kōkōsei) [코-코-세이].
  - 중=高中生 (gāozhōngshēng) [까오중셩].
- 고려 考慮 생각할 고, 생각할 려. (명사)
  - 영=consideration (kənˌsɪdəˈreɪʃən) [컨시더레이션].
  - 일=考慮 (こうりょ, kōryo) [코료]. 중=考虑 (kǎolǜ) [카오뤼]
- 고려하다 考慮- 생각할 고, 생각할 려. (동사)
  - 영=consider (kənˈsɪdər) [컨시더].
  - 일=考慮する (こうりょする, kōryo suru) [코-료 스루].
  - 중=考虑 (kǎolǜ) [카오뤼].
- 고르다 (동사) 뽑다. (동사) 영=select (sɪˈlekt) [실렉트].
  - 일=選ぶ (えらぶ, erabu) [에라부]. 중=选择 (xuǎnzé) [쉬앤저].
- 고르다 (형용사) 차이가 없다. (형용사) 영=even (ˈiːvən) [이븐].
  - 일=均等な (きんとうな, kintōna) [킨토-나].
  - 중=均匀的 (jūnyún de) [쥔윈 더].
- 고맙다 (형용사) 영=thankful (ˈθæŋkfəl) [땡크풀].
  - 일=ありがたい (arigatai) [아리가타이]. 중=感谢的 (gǎnxiè de) [간셰 더].
- 고모 姑母 시집 고, 어머니 모. (명사) 영=aunt (ɑːnt) [아운트].
  - 일=おば (oba) [오바]. 중=姑妈 (gūmā) [꾸마].
- 고모부 姑母夫 시집 고, 어머니 모, 지아비 부. (명사)
  - 영=uncle (ˈʌŋkl) [언클].
  - 일=おじ (oji) [오지]. 중=姑父 (gūfu) [꾸푸].

- 고무 고무. (명사)　영=rubber ('rʌbər) [러버].
　일=ゴム (gomu) [고무].　　　중=橡胶 (xiàngjiāo) [시앙지아오].
- 고무신 (명사)　영=rubber shoes ('rʌbər ʃuːz) [러버 슈즈].
　일=ゴム靴 (ゴムぐつ, gomugutsu) [고무구츠].　중=胶鞋 (jiāoxié) [자오시에].
- 고민 苦悶 쓸 고, 번민할 민. (명사)　영=agony ('ægəni) [애거니].
　일=苦悩 (くのう, kunō) [쿠노-].　　　중=苦闷 (kǔmèn) [쿠먼].
- 고민하다 苦悶- 쓸 고, 번민할 민. (동사)　영=worry ('wɜːri) [워리].
　일=悩む (なやむ, nayamu) [나야무].　중=苦恼 (kǔnǎo) [쿠나오].
- 고백 告白 알릴 고, 흰 백. (명사)　영=confession (kən'feʃən) [컨페션].
　일=告白 (こくはく, kokuhaku) [코쿠하쿠].중=告白 (gàobái) [까오바이].
- 고생 苦生 쓸 고, 날 생. (명사)　영=hardship ('hɑːrdʃɪp) [하드쉽].
　일=苦労 (くろう, kurō) [쿠로-].　　중=辛苦 (xīnkǔ) [신쿠].
- 고소 告訴 알릴 고, 하소연할 소. (명사)
　영=accusation (ˌækjuˈzeɪʃən) [애큐제이션].
　일=告訴 (こくそ, kokuso) [코쿠소].　중=控告 (kònggào) [콩까오].
- 고속도로 高速道路 높을 고, 빠를 속, 길 도, 길 로. (명사)
　영=expressway (ɪkˈsprɛsˌweɪ) [익스프레스웨이].
　일=高速道路 (こうそくどうろ, kōsokudōro) [코소쿠도오로].
　중=高速公路 (gāosù gōnglù) [까오쑤 꿍루].
- 고양이 (명사)　영=cat (kæt) [캣].
　일=猫 (ねこ, neko) [네코].　　　중=猫 (māo) [마오].
- 고장 (명사) (기계의 문제)
　영=breakdown ('breɪkdaʊn) [브레이크다운].
　일=故障 (こしょう, koshō) [코쇼-].　중=故障 (gùzhàng) [꾸쨩].
- 고장 (명사) (지역)　영=region ('riːdʒən) [리전].
　일=地方 (ちほう, chihō) [치호-].　중=地方 (dìfāng) [띠팡].
- 고전 古典 옛 고, 법 전. (명사)　영=classic ('klæsɪk) [클래식].
　일=古典 (こてん, koten) [코텐].　중=古典 (gǔdiǎn) [구디앤].
- 고전 古戰 옛 고, 싸움 전. (명사)
　영=hard fight (hɑːrd faɪt) [하드 파이트].
　일=苦戦 (くせん, kusen) [쿠센].　중=苦战 (kǔzhàn) [쿠쟌].
- 고전하다 苦戰- 쓸 고, 싸움 전. (동사)　영=struggle ('strʌgəl) [스트러글].
　일=苦戦する (くせんする, kusen suru) [쿠센 스루].중=苦战 (kǔzhàn) [쿠쟌].

- 고조되다 高調- 높을 고, 가락 조. (동사) 영=escalate ('eskəleɪt) [에스컬레이트].
  일=高まる (たかまる, takamaru) [타카마루]. 중=高涨 (gāozhǎng) [까오쟝].
- 고집 固執 굳을 고, 붙을 집. (명사)
  영=stubbornness ('stʌbərnnəs) [스터버넌스].
  일=固執 (こしゅう, koshū) [코슈-].　중=固执 (gùzhí) [꾸즈].
- 고집하다 固執- 굳을 고, 붙을 집. (동사) 영=insist (ɪn'sɪst) [인시스트].
  일=固執する (こしゅうする, koshū suru) [코슈- 스루].
  중=固执 (gùzhí) [꾸즈].
- 고추 (명사) 영=chili pepper ('tʃɪli 'pepər) [칠리 페퍼].
  일=唐辛子 (とうがらし, tōgarashi) [토-가라시]. 중=辣椒 (làjiāo) [라쟈오].
- 고추장 -醬 (명사 장 장) :
  영=gochujang ('goʊtʃu,dʒɑːŋ) [고추장], Korean red pepper paste.
  일=コチュジャン (こちゅじゃん, kochujan) [코추쟌].
  중=辣椒酱 (làjiāojiàng) [라지아오장].
- 고춧가루 (명사) :
  영=red pepper powder (red 'pepər 'paʊdər) [레드 페퍼 파우더].
  일=唐辛子粉 (とうがらしこ, tōgarashiko) [토가라시코].
  중=辣椒粉 (làjiāofěn) [라지아오펀].
- 고층 高層 높을 고, 층 층. (명사) 영=high-rise ('haɪˌraɪz) [하이라이즈].
  일=高層 (こうそう, kōsō) [코-소-]. 중=高层 (gāocéng) [까오청].
- 고치다 (동사) 영=fix (fɪks) [픽스], repair (rɪ'per) [리페어].
  일=直す (なおす, naosu) [나오스]. 중=修理 (xiūlǐ) [슈리].
- 고통 苦痛 쓸 고, 아플 통. (명사) 영=pain (peɪn) [페인].
  일=苦痛 (くつう, kutsū) [쿠츠-]. 중=痛苦 (tòngkǔ) [통쿠].
- 고통스럽다 苦痛- 쓸 고, 아플 통. (형용사)
  영=painful ('peɪnfəl) [페인풀].
  일=苦しい (くるしい, kurushii) [쿠루시이]. 중=痛苦的 (tòngkǔ de) [통쿠 더].
- 고풍 古風 옛 고, 바람 풍. (명사)
  영=antique style (æn'tiːk staɪl) [앤틱 스타일].
  일=古風 (こふう, kofū) [코후-]. 중=古风 (gǔfēng) [구펑].
- 고프다 (형용사) :
  영=hungry ('hʌŋgri) [헝그리].
  일=空腹だ (くうふくだ, kūfukuda) [쿠-후쿠다]. 중=饿 (è) [어].

- 고하다 告- 알릴 고. (동사) 영=announce (ə'naʊns) [어나운스].
  일=告げる (つげる, tsugeru) [츠게루]. 중=告知 (gàozhī) [까오즈].
- 고함 高喊 (명사 높을 고, 외칠 함) 영=shout (ʃaʊt) [샤우트], yell (jel) [옐]
  일=叫び声 (さけびごえ, sakebigoe) [사케비고에].
  중=喊叫 (hǎnjiào) [한지아오].
- 고향 故鄕 (명사 옛 고, 시골 향) 영=hometown ('hoʊmtaʊn) [홈타운].
  일=故郷 (こきょう, kokyō) [코쿄-]. 중=故乡 (gùxiāng) [꾸샹].
- 곡 曲 굽을 곡. (명사) 영=melody ('melədi) [멜러디] .
  일=曲 (きょく, kyoku) [쿄쿠]. 중=曲子 (qǔzi) [취쯔].
- 곡식 穀食 곡식 곡, 밥 식. (명사) 영=grain (greɪn) [그레인]
  일=穀物 (こくもつ, kokumotsu) [코쿠모츠]. 중=谷物 (gǔwù) [구우].
- 곤란 困難 곤란할 곤, 어려울 란. (명사) 영=difficulty ('dɪfɪkəlti) [디피컬티].
  일=困難 (こんなん, konnan) [콘난]. 중=困难 (kùnnan) [쿤난].
- 곤란하다 困難- 곤란할 곤, 어려울 란. (형용사)
  영=difficult ('dɪfɪkəlt) [디피컬트]
  일=困難だ (こんなんだ, konnan da) [콘난 다].
  중=困难的 (kùnnan de) [쿤난 더].
- 곧 (부사) 영=soon (suːn) [순. 일=すぐ (sugu) [스구. 중=马上 (mǎshàng) [마샹.
- 곧다 (형용사) :
  영=straight (streɪt) [스트레이트], upright ('ʌpraɪt) [업라이트].
  일=まっすぐだ (massugu da) [맛스구다]. 중=直 (zhí) [즈].
- 곧바로 (부사) 영=immediately (ɪ'miːdiətli) [이미디엇리].
  일=すぐに (sugu ni) [스구니]. 중=立刻 (lìkè) [리커].
- 곧이어 (부사) : 영=soon after (suːn 'æftər) [순 애프터],
  일=引き続いて (ひきつづいて, hikitsudzuite) [히키츠즈이테].
  중=紧接着 (jǐnjiēzhe) [진지에저].
- 곧잘 (부사) 능숙하게, 잘한다
  영=quite well (kwaɪt wel) [콰이트 웰], frequently.
  일=かなり上手に (かなりじょうずに, kanari jōzu ni) [카나리 죠즈니].
  중=相当好 (xiāngdāng hǎo) [샹당 하오].
- 곧잘 (부사) 자주, 흔히 한다 영=frequently ('friːkwəntli) [프리퀀틀리],
  quite well (kwaɪt wɛl) [콰잇 웰].
  일=よく (yoku) [요쿠]. 중=经常 (jīngcháng) [징창]..

•곧장 (부사) [영]=straight (streɪt) [스트레이트].
[일]=まっすぐ (massugu) [맛스구]. [중]=一直 (yìzhí) [이즈].
•골 (명사) [영]=goal (goʊl) [골].
[일]=ゴール (gōru) [고루]. [중]=进球 (jìnqiú) [진치우].
•골고루 (부사) [영]=evenly ('iːvənli) [이븐리].
[일]=まんべんなく (manben naku) [만벤나쿠]. [중]=均匀地 (jūnyún de) [쥔윈 데].
•골목 (명사) [영]=alley ('æli) [앨리].
[일]=路地 (ろじ, roji) [로지]. [중]=巷子 (xiàngzi) [시앙쯔].
•골목길 (명사) [영]=alley ('æli) [앨리].
[일]=路地 (ろじ, roji) [로지]. [중]=小巷 (xiǎoxiàng) [샤오샹].
•골짜기 谷- 골 곡. (명사) [영]=valley ('væli) [밸리].
[일]=谷間 (たにま, tanima) [타니마]. [중]=山谷 (shāngǔ) [산구].
•골치 (명사) [영]=headache ('hedeɪk) [헤드에이크], trouble.
[일]=頭痛の種 (ずつうのたね, zutsū no tane) [즈츠-노 타네].
[중]=头疼 (tóuténg) [터우텅].
•골프 (명사) [영]=golf (gɑːlf) [골프].
[일]=ゴルフ (gorufu) [고루후]. [중]=高尔夫 (gāo'ěrfū) [가오얼푸].
•골프장 golf場 (명사 골프, 마당 장)
[영]=golf course (gɑːlf kɔːrs) [골프 코스].
[일]=ゴルフ場 (ゴルフじょう, gorufujō) [고루후죠-].
[중]=高尔夫球场 (gāo'ěrfū qiúchǎng) [가오얼푸 치우창].
•곰 (명사 동물) [영]=bear (ber) [베어].
[일]=熊 (くま, kuma) [쿠마]. [중]=熊 (xióng) [슝].
•곱다 (형용사)
[영]=beautiful ('bjuːtəfəl) [뷰티풀], lovely ('lʌvli) [러블리].
[일]=美しい (うつくしい, utsukushii) [우츠쿠시이]. [중]=美丽 (měilì) [메이리].
•곳 (명사) : [영]=place (pleɪs) [플레이스].
[일]=所 (ところ, tokoro) [토코로]. [중]=地方 (dìfang) [띠팡].
•공 空 빌 공. (명사)
[영]=zero ('zɪəroʊ) [지어로우], air (ɛər) [에어].
[일]=空 (から, kara / くう, kū) [카라 / 쿠-]. [중]=空 (kōng) [콩].
•공간 空間 빌 공, 사이 간. (명사) [영]=space (speɪs) [스페이스].
[일]=空間 (くうかん, kūkan) [쿠칸]. [중]=空间 (kōngjiān) [콩지앤].

- 공감 共感 함께 공, 느낄 감. (명사)
  - 영=sympathy, empathy ('sɪmpəθi, 'ɛmpəθi) [심퍼시, 엠퍼시].
  - 일=共感 (きょうかん, kyōkan) [쿄-칸]. 중=共鸣 (gòngmíng) [꽁밍].
- 공개 公開 공평할 공, 열 개. (명사)
  - 영=disclosure (dɪsˈkloʊʒər) [디스클로저], \opening ('oʊpənɪŋ) [오우퍼닝].
  - 일=公開 (こうかい, kōkai) [코-카이] . 중=公开 (gōngkāi) [꽁카이].
- 공개하다 公開 (동사 공평할 공, 열 개)
  - 영=make public (meɪk 'pʌblɪk) [메이크 퍼블릭].
  - 일=公開する (こうかいする, kōkai suru) [코-카이 스루].
  - 중=公开 (gōngkāi) [꽁카이].
- 공격 攻擊 (명사 칠 공, 칠 격) 영=attack (əˈtæk) [어택].
  - 일=攻擊 (こうげき, kōgeki) [코-게키].
  - 중=攻击 (gōngjī) [꽁지].
- 공격하다 攻擊- (동사) 영=attack (əˈtæk) [어택].
  - 일=攻擊する (こうげきする, kōgeki suru) [코-게키 스루].
  - 중=攻击 (gōngjī) [꽁지].
- 공공 公共 (명사 공평할 공, 함께 공) 영=public ('pʌblɪk) [퍼블릭].
  - 일=公共 (こうきょう, kōkyō) [코-쿄-]. 중=公共 (gōnggòng) [꽁꽁].
- 공군 空軍 (명사 빌 공, 군사 군) 영=Air Force (er fɔːrs) [에어 포스].
  - 일=空軍 (くうぐん, kūgun) [쿠-군]. 중=空军 (kōngjūn) [콩쥔].
- 공급 供給 (명사 이바지할 공, 줄 급) 영=supply (səˈplaɪ) [서플라이].
  - 일=供給 (きょうきゅう, kyōkyū) [쿄-큐-]. 중=供给 (gōngjī) [꽁지].
- 공기 空器 (명사 빌 공, 그릇 기) 영=bowl (boʊl) [보울].
  - 일=茶碗 (ちゃわん, chawan) [차완]. 중=饭碗 (fànwǎn) [판완].
- 공기 空氣 빌 공, 기운 기. (명사) 영=air (ɛər) [에어].
  - 일=空気 (くうき, kūki) [쿠-키]. 중=空气 (kōngqì) [콩치].
- 공동 共同 함께 공, 함께 동. (명사) 영=cooperation (koʊˌɑːpəˈreɪʃən) [코어퍼레이션], joint (dʒɔɪnt) [조인트].
  - 일=共同 (きょうどう, kyōdō) [쿄-도-]. 중=共同 (gòngtóng) [꽁퉁].
- 공무원 公務員 공평할 공, 일 무, 인원 원. (명사)
  - 영=public servant ('pʌblɪk 'sɜːrvənt) [퍼블릭 서번트].
  - 일=公務員 (こうむいん, kōmuin) [코-무인].
  - 중=公务员 (gōngwùyuán) [꽁우위앤].

- 공부 工夫 장인 공, 지아비 부. (명사) 영=study ('stʌdi) [스터디].
  일=勉強 (べんきょう, benkyō) [벵쿄-]. 중=学习 (xuéxí) [쉬에시].
- 공부하다 工夫- 장인 공, 지아비 부. (동사) 영=study ('stʌdi) [스터디].
  일=勉強する (べんきょうする, benkyō suru) [벵쿄- 스루].
  중=学习 (xuéxí) [쉬에시].
- 공사 工事 장인 공, 일 사. (명사)
  영=construction (kən'strʌkʃən) [컨스트럭션].
  일=工事 (こうじ, kōji) [코-지]. 중=施工 (shīgōng) [스꺼웅].
- 공식 公式 공평할 공, 법 식. (명사)
  영=formula ('fɔːrmjələ) [포뮬러], official (ə'fɪʃəl) [어피셜].
  일=公式 (こうしき, kōshiki) [코-시키]. 중=公式 (gōngshì) [꽁스].
- 공식적 公式的 (명사 공평할 공, 법 식, 과녁 적) 영=official (ə'fɪʃəl) [어피셜].
  일=公式的 (こうしきてき, kōshikiteki) [코-시키테키].
  중=正式的 (zhèngshì de) [정스 더].
- 공업 工業 장인 공, 업 업. (명사) 영=industry ('ɪndəstri) [인더스트리].
  일=工業 (こうぎょう, kōgyō) [코-교-]. 중=工业 (gōngyè) [꽁예].
- 공연 公演 공평할 공, 펼 연. (명사)
  영=performance (pər'fɔːrməns) [퍼포먼스].
  일=公演 (こうえん, kōen) [코-엔]. 중=公演 (gōngyǎn) [꽁옌].
- 공연장 公演場 공평할 공, 펼 연, 마당 장. (명사)
  영=theater, venue ('θɪətər, 'vɛnjuː) [씨어터, 베뉴].
  일=公演会場 (こうえんかいじょう, kōenkaijō) [코-엔카이조-].
  중=剧场 (jùchǎng) [쥐창].
- 공연하다 公演 (동사 공평할 공, 펼 연) 영=perform (pər'fɔːrm) [퍼폼].
  일=公演する (こうえんする, kōen suru) [코-엔 스루].
  중=公演 (gōngyǎn) [꽁옌].
- 공연히 空然 (부사 빌 공, 그러할 연)
  영=needlessly ('niːdləsli) [니들리스리].
  일=無駄に (むだに, muda ni) [무다니]. 중=白白地 (báibáide) [바이바이더].
- 공원 公園 공평할 공, 동산 원. (명사) 영=park (pɑːrk) [파크].
  일=公園 (こうえん, kōen) [코-엔]. 중=公园 (gōngyuán) [꽁위앤].
- 공장 工場 장인 공, 마당 장. (명사) 영=factory (fæktri) [팩토리].
  일=工場 (こうじょう, kōjō) [코-조-]. 중=工厂 (gōngchǎng) [꽁창].

- 공주 公主 (명사 공평할 공, 임금 주)　영=princess ('prɪnses) [프린세스].
　　일=姬 (ひめ, hime) [히메].　　중=公主 (gōngzhǔ) [공주].
- 공중 空中 (명사 빌 공, 가운데 중)　영=air (er) [에어].
　　일=空中 (くうちゅう, kūchū) [쿠-츄-].　중=空中 (kōngzhōng) [콩중].
- 공중전화 公衆電話 (명사 공평할 공, 무리 중, 번개 전, 말씀 화)
　　영=public telephone ('pʌblɪk 'telɪfoʊn) [퍼블릭 텔리폰].
　　일=公衆電話 (こうしゅうでんわ, kōshū denwa) [코-슈- 덴와].
　　중=公用电话 (gōngyòng diànhuà) [공용 디엔화].
- 공짜 空- 빌 공. (명사)　영=free (friː) [프리],
　　　　free of charge (friː əv ʧɑːrdʒ) [프리 어브 차지].
　　일=ただ (tada) [타다], 無料 (むりょう, muryō) [무료-].
　　중=免费 (miǎnfèi) [미앤페이].
- 공책 空冊 빌 공, 책 책. (명사)　영=notebook ('noʊtbʊk) [노트북].
　　일=ノート (nōto) [노-토].　　중=笔记本 (bǐjìběn) [비지번].
- 공통 共通 (명사 함께 공, 통할 통)
　　영=commonality (ˌkɑːməˈnæləti) [커머낼러티].
　　일=共通 (きょうつう, kyōtsū) [쿄-츠-].　중=共同 (gòngtóng) [공통].
- 공통되다 共通- (동사)　영=be common (biː ˈkɑːmən) [비 커먼].
　　일=共通する (きょうつうする, kyōtsū suru) [쿄-츠- 스루].
　　중=共同 (gòngtóng) [공통].
- 공통적 共通的 (명사)　영=common ('kɑːmən) [커먼].
　　일=共通的 (きょうつうてき, kyōtsūteki) [쿄-츠-테키].
　　중=共同的 (gòngtóng de) [공통 더].
- 공통점 共通點 (명사 점 점)
　　영=common point ('kɑːmən pɔɪnt) [커먼 포인트].
　　일=共通点 (きょうつうてん, kyōtsūten) [쿄-츠-텐].
　　중=共同点 (gòngtóngdiǎn) [공통디엔].
- 공평하다 公平- 공평할 공, 공평할 평. (형용사)　영=fair (fer) [페어].
　　일=公平だ (こうへいだ, kōhei da) [코-헤이다]. 중=公平 (gōngpíng) [꽁핑].
- 공포 恐怖 (명사 두려울 공, 두려워할 포)　영=fear (fɪr) [피어].
　　일=恐怖 (きょうふ, kyōfu) [쿄-후]. 중=恐怖 (kǒngbù) [콩부].
- 공항 空港 빌 공, 항구 항. (명사)　영=airport ('ɛrˌpɔːrt) [에어포트].
　　일=空港 (くうこう, kūkō) [쿠-코-].　중=机场 (jīchǎng) [지창].

•공항버스 空港bus (명사 빌 공, 항구 항)
[영]=airport bus ('erpɔːrt bʌs) [에어포트 버스].
[일]=空港バス (くうこうバス, kūkō basu) [쿠-코- 바스].
[중]=机场巴士 (jīchǎng bāshì) [지창 바스].
•공휴일 公休日 공평할 공, 쉴 휴, 날 일. (명사)
[영]=public holiday ('pʌblɪk 'hɑːlədeɪ) [퍼블릭 할러데이].
[일]=祝日 (しゅくじつ, shukujitsu) [슈쿠지츠].
[중]=公共假期 (gōnggòng jiàqī) [꽁꽁 지아치].
•과 課 (명사 공부할 과) [영]=section ('sekʃən) [섹션].
[일]=課 (か, ka) [카]. [중]=课 (kè) [커].
•과 科 (명사 과목 과) [영]=department (dɪ'pɑːrtmənt) [디파트먼트].
[일]=科 (か, ka) [카]. [중]=科 (kē) [커].
•과거 科擧 (명사 시험 과, 들 거)
[영]=state exam in Joseon (historical).
[일]=科挙 (かきょ, kakyo) [카쿄]. [중]=科举 (kējǔ) [커쥐].
•과거 過去 지날 과, 갈 거. (명사) [영]=the past (ðə pæst) [더 패스트].
[일]=過去 (かこ, kako) [카코]. [중]=过去 (guòqù) [꾸어취]
•과목 科目 과목 과, 눈 목. (명사) [영]=subject ('sʌbdʒɪkt) [섭젝트].
[일]=科目 (かもく, kamoku) [카모쿠]. [중]=科目 (kēmù) [커무].
•과연 果然 (부사 실과 과, 그러할 연) [영]=indeed (ɪn'diːd) [인디드].
[일]=果たして (はたして, hatashite) [하타시테]. [중]=果然 (guǒrán) [궈란].
•과외 課外 (명사 공부할 과, 바깥 외)
[영]=private tutoring ('praɪvət 'tuːtərɪŋ) [프라이빗 튜터링].
[일]=課外 (かがい, kagai) [카가이].
[중]=课外辅导 (kèwài fǔdǎo) [커와이 푸다오].
•과일 (명사) : [영]=fruit (fruːt) [프루트].
[일]=果物 (くだもの, kudamono) [쿠다모노]. [중]=水果 (shuǐguǒ) [슈이궈].
•과자 菓子 과자 과, 아들 자. (명사) [영]=snack (snæk) [스낵],
confectionery (kən'fɛkʃəneri) [컨펙셔너리].
[일]=お菓子 (おかし, okashi) [오카시]. [중]=零食 (língshí) [링스].
•과장 課長 (명사 공부할 과, 우두머리 장)
[영]=section chief ('sekʃən tʃiːf) [섹션 치프].
[일]=課長 (かちょう, kachō) [카쵸-]. [중]=科长 (kēzhǎng) [커장].

- 과정 課程 (명사 공부할 과, 단위 정)　㉲=course (kɔːrs) [코스].
　㉥=課程 (かてい, katei) [카테이].　㊥=课程 (kèchéng) [커쳥].
- 과정 過程 (명사 지날 과, 길 정)　㉲=process (ˈprɑːses) [프로세스].
　㉥=過程 (かてい, katei) [카테이].　㊥=过程 (guòchéng) [귀쳥].
- 과제 課題 (명사 공부할 과, 제목 제)
　㉲=assignment (əˈsaɪnmənt) [어사인먼트], task.
　㉥=課題 (かだい, kadai) [카다이].　㊥=课题 (kètí) [커티].
- 과학 科學 과목 과, 배울 학. (명사)　㉲=science (ˈsaɪəns) [사이언스].
　㉥=科学 (かがく, kagaku) [카가쿠].　㊥=科学 (kēxué) [커쉬에].
- 과학자 科學者 (명사 과목 과, 배울 학, 사람 자)
　㉲=scientist (ˈsaɪəntɪst) [사이언티스트].
　㉥=科学者 (かがくしゃ, kagakusha) [카가쿠샤].
　㊥=科学家 (kēxuéjiā) [커쉐자].
- 과학적 科學的 (명사 과목 과, 배울 학, 과녁 적)
　㉲=scientific (ˌsaɪənˈtɪfɪk) [사이언티픽].
　㉥=科学的 (かがくてき, kagakuteki) [카가쿠테키].
　㊥=科学的 (kēxué de) [커쉐 더].
- 관객 觀客 (명사 볼 관, 손 객)　㉲=audience (ˈɔːdiəns) [오디언스].
　㉥=観客 (かんきゃく, kankyaku) [칸캬쿠].　㊥=观众 (guānzhòng) [관중].
- 관계 關係 관계할 관, 맬 계. (명사)　㉲=relation (rɪˈleɪʃən) [릴레이션],
　　　　　　　　　　　　relationship (rɪˈleɪʃənʃɪp) [릴레이션십].
　㉥=関係 (かんけい, kankei) [칸케이].　㊥=关系 (guānxì) [꽌시].
- 관계되다 關係- (동사 관계할 관, 맬 계)
　㉲=be related (biː rɪˈleɪtɪd) [비 릴레이티드].
　㉥=関係する (かんけいする, kankei suru) [칸케이 스루].
　㊥=有关联 (yǒu guānlián) [요우 관롄].
- 관계없이 關係- (부사)　㉲=regardless (rɪˈɡɑːrdləs) [리가들리스].
　㉥=関係なく (かんけいなく, kankeinaku) [칸케이나쿠].
　㊥=无关地 (wúguān de) [우관 더].
- 관계자 關係者 (명사 관계할 관, 맬 계, 사람 자)
　㉲=related person (rɪˈleɪtɪd ˈpɜːrsən) [릴레이티드 퍼슨].
　㉥=関係者 (かんけいしゃ, kankeisha) [칸케이샤].
　㊥=相关人员 (xiāngguān rényuán) [샹관 런위안].

- 관광 觀光 볼 관, 빛날 광. (명사)　영=tourism (ˈtʊrɪzəm) [투어리즘],
  sightseeing (ˈsaɪtˌsiːɪŋ) [사이트시잉].
  일=観光 (かんこう, kankō) [칸코-].　중=观光 (guānguāng) [꽌꽝].
- 관광객 觀光客 볼 관, 빛날 광, 손님 객. (명사)
  영=tourist (ˈtʊrɪst) [투어리스트].
  일=観光客 (かんこうきゃく, kankōkyaku) [칸코-캬쿠].
  중=游客 (yóukè) [요우커].
- 관광버스 觀光bus (명사)　영=tour bus (tʊr bʌs) [투어 버스].
  일=観光バス (かんこうバス, kankō basu) [칸코-바스].
  중=观光巴士 (guānguāng bāshì) [관광 바스].
- 관광지 觀光地 볼 관, 빛날 광, 땅 지. (명사)
  영=tourist attraction (ˈtʊrɪst əˈtrækʃən) [투어리스트 어트랙션].
  일=観光地 (かんこうち, kankōchi) [칸코-치].
  중=旅游胜地 (lǚyóu shèngdì) [뤼요우 셩띠].
- 관념 觀念 볼 관, 생각 념. (명사)
  영=notion (ˈnoʊʃən) [노션], idea (aɪˈdiːə) [아이디어].
  일=観念 (かんねん, kannen) [칸넨].　중=观念 (guānniàn) [꽌니앤].
- 관람 觀覽 (명사 볼 관, 볼 람) : 영=viewing (ˈvjuːɪŋ) [뷰잉].
  일=観覧 (かんらん, kanran) [칸란].　중=观览 (guānlǎn) [관란].
- 관련 關聯 (명사 관계할 관, 이을 련)
  영=relation (rɪˈleɪʃən) [릴레이션].
  일=関連 (かんれん, kanren) [칸렌].　중=关联 (guānlián) [관롄].
- 관련되다 關聯- (동사)
  영=be connected (biː kəˈnektɪd) [비 커넥티드].
  일=関連する (かんれんする, kanren suru) [칸렌 스루].
  중=有关联 (yǒu guānlián) [요우 관롄].
- 관련하다 關聯- (동사)　영=relate (rɪˈleɪt) [릴레이트].
  일=関連する (かんれんする, kanren suru) [칸렌 스루].
  중=关联 (guānlián) [관롄].
- 관리 管理 주관할 관, 다스릴 리. (명사)
  영=management (ˈmænɪdʒmənt) [매니지먼트].
  administration (ədˌmɪnɪˈstreɪʃən) [어드미니스트레이션.
  일=管理 (かんり, kanri) [칸리].　중=管理 (guǎnlǐ) [관리]

- 관리되다 管理- 주관할 관, 다스릴 리. (동사)
  - 영=be managed (bi ˈmænɪdʒd) [비 매니지드] .
  - 일=管理される (かんりされる, kanri sareru) [칸리 사례루] .
  - 중=被管理 (bèi guǎnlǐ) [뻬이 관리].
- 관리자 管理者 주관할 관, 다스릴 리, 사람 자. (명사)
  - 영=manager (ˈmænɪdʒər) [매니저],
    administrator (ədˈmɪnɪˌstreɪtər) [어드미니스트레이터].
  - 일=管理者 (かんりしゃ, kanrisha) [칸리샤].
  - 중=管理员 (guǎnlǐyuán) [관리위앤].
- 관리하다 管理- 주관할 관, 다스릴 리. (동사)
  - 영=manage (ˈmænɪdʒ) [매니지], administer (ədˈmɪnɪstər) [어드미니스터].
  - 일=管理する (かんりする, kanri suru) [칸리 스루].
  - 중=管理 (guǎnlǐ) [관리].
- 관습 慣習 (명사 익숙할 관, 익힐 습) 영=custom (ˈkʌstəm) [커스텀].
  - 일=慣習 (かんしゅう, kanshū) [칸슈-].   중=惯习 (guànxí) [관시].
- 관심 關心 관계할 관, 마음 심. (명사)
  - 영=interest (ˈɪntrəst) [인트러스트], concern (kənˈsɜːrn) [컨서언].
  - 일=関心 (かんしん, kanshin) [칸신].   중=关心 (guānxīn) [꽌신].
- 관심사 關心事 관계할 관, 마음 심, 일 사. (명사)
  - 영=interest (ˈɪntrəst) [인트러스트], concern (kənˈsɜːrn) [컨서언].
  - 일=関心事 (かんしんごと, kanshingoto) [칸신고토].
  - 중=关注的事 (guānzhù de shì) [꽌쭈 더 스].
- 관점 觀點 (명사 볼 관, 점 점) 영=viewpoint (ˈvjuːpɔɪnt) [뷰포인트].
  - 일=観点 (かんてん, kanten) [칸텐].   중=观点 (guāndiǎn) [관디엔].
- 관찰 觀察 (명사 볼 관, 살필 찰)
  - 영=observation (ˌɑːbzərˈveɪʃən) [옵저베이션].
  - 일=観察 (かんさつ, kansatsu) [칸사츠]. 중=观察 (guānchá) [관차].
- 관찰하다 觀察- (동사) 영=observe (əbˈzɜːrv) [업저브].
  - 일=観察する (かんさつする, kansatsu suru) [칸사츠 스루].
  - 중=观察 (guānchá) [관차].
- 관하다 關- 관계할 관. (동사)
  - 영=be related to (bi rɪˈleɪtɪd tuː) [비 릴레이티드 투].
  - 일=関する (かんする, kansuru) [칸스루]. 중=关于 (guānyú) [꽌위].

- 광경 光景 빛 광, 경치 경. (명사)
  ㉠=sight (saɪt) [사이트], spectacle ('spɛktəkəl) [스펙터클].
  ㉡=光景 (こうけい, kōkei) [코-케이]. ㉢=光景 (guāngjǐng) [꽝징].
- 광고 廣告 넓을 광, 알릴 고. (명사) ㉠=advertisement
  (ˌædvərˈtaɪzmənt) [애드버타이즈먼트], ad (æd) [애드].
  ㉡=広告 (こうこく, kōkoku) [코-코쿠]. ㉢=广告 (guǎnggào) [꽝까오].
- 광물 鑛物 쇳돌 광, 물건 물. (명사) ㉠=mineral ('mɪnərəl) [미너럴].
  ㉡=鉱物 (こうぶつ, kōbutsu) [코-부츠]. ㉢=矿物 (kuàngwù) [쿠앙우].
- 광범위 廣範圍 넓을 광, 두루 범, 둘레 위. (명사)
  ㉠=extensiveness (ɪkˈstɛnsɪvnəs) [익스텐시브니스].
    wide range (waɪd reɪndʒ) [와이드 레인지].
  ㉡=広範囲 (こうはんい, kōhan'i) [코-한이]. ㉢=广泛 (guǎngfàn) [꽝판].
- 광산 鑛山 쇳돌 광, 산 산. (명사) ㉠=mine (maɪn) [마인].
  ㉡=鉱山 (こうざん, kōzan) [코-잔]. ㉢=矿山 (kuàngshān) [쿠앙산].
- 광장 廣場 넓을 광, 마당 장. (명사)
  ㉠=square (skwɛər) [스퀘어], plaza ('plɑːzə) [플라자].
  ㉡=広場 (ひろば, hiroba) [히로바]. ㉢=广场 (guǎngchǎng) [꽝창].
- 광주 光州 (고유명사 빛 광, 고을 주) ㉠=Gwangju ('gwɑːŋdʒuː) [광주].
  ㉡=光州 (こうしゅう, kōshū) [코-슈-]. ㉢=光州 (Guāngzhōu) [광저우].
- 괜찮다 (형용사) ㉠=be okay (bi 'oʊkeɪ) [비 오케이],
  ㉡=大丈夫だ (だいじょうぶだ, daijōbu da) [다이죠-부 다].
  ㉢=没关系 (méi guānxì) [메이 꽌시].
- 괜히 (부사) ㉠=in vain (ɪn veɪn) [인 베인], for nothing.
  ㉡=わけもなく (wakemonaku) [와케모나쿠].
  ㉢=白白地 (báibáide) [바이바이더].
- 괴로움 (명사) ㉠=suffering ('sʌfərɪŋ) [서퍼링].
  ㉡=苦しみ (くるしみ, kurushimi) [쿠루시미]. ㉢=痛苦 (tòngkǔ) [통쿠].
- 괴로워하다 (동사) ㉠=suffer ('sʌfər) [서퍼], feel distressed.
  ㉡=苦しむ (くるしむ, kurushimu) [쿠루시무]. ㉢=难受 (nánshòu) [난쇼우].
- 괴롭다 (형용사)
  ㉠=painful ('peɪnfəl) [페인풀], distressing (dɪˈstrɛsɪŋ) [디스트레싱].
  ㉡=つらい (tsurai) [츠라이].
  ㉢=痛苦的 (tòngkǔ de) [통쿠 더].

- 괴롭히다 (동사)
  - 영=torment ('tɔːrment) [토먼트], harass (həˈræs) [허래스].
  - 일=苦しめる (くるしめる, kurushimeru) [쿠루시메루].
  - 중=折磨 (zhémó) [저모].
- 굉장하다 宏壯- 클 굉, 클 장. (형용사) 영=amazing (əˈmeɪzɪŋ) [어메이징].tremendous (trəˈmɛndəs) [트러멘더스].
  - 일=すごい (sugoi) [스고이].   중=了不起 (liǎobuqǐ) [리아오부치].
- 굉장히 宏壯- (부사 클 굉, 장할 장) 영=extremely (ɪkˈstriːmli) [익스트림리].
  - 일=非常に (ひじょうに, hijō ni) [히죠-니]. 중=非常 (fēicháng) [페이창].
- 교과서 教科書 가르칠 교, 과목 과, 글 서. (명사)
  - 영=textbook ('tɛkst,bʊk) [텍스트북].
  - 일=教科書 (きょうかしょ, kyōkasho) [쿄-카쇼].중=课本 (kèběn) [커번].
- 교내 校內 학교 교, 안 내. (명사)
  - 영=on campus (ɒn ˈkæmpəs) [온 캠퍼스].
  - 일=校内 (こうない, kōnai) [코-나이]. 중=校内 (xiàonèi) [샤오네이].
- 교대 交代 (명사 사귈 교, 대신할 대) : 영=shift (ʃɪft) [시프트], rotation.
  - 일=交代 (こうたい, kōtai) [코-타이]. 중=交替 (jiāotì) [쟈오티].
- 교대하다 交代- 사귈 교, 대신할 대. (동사) 영=take turns (teɪk tɜrnz) [테이크 턴즈], alternate (ˈɔːltəneɪt) [얼터네이트].
  - 일=交代する (こうたいする, kōtai suru) [코-타이 스루].
  - 중=交替 (jiāotì) [찌아오티].
- 교류 交流 사귈 교, 흐를 류. (명사) 영=exchange (ɪksˈtʃeɪndʒ) [익스체인지] interaction (ˌɪntərˈækʃən) [인터랙션].
  - 일=交流 (こうりゅう, kōryū) [코-류]. 중=交流 (jiāoliú) [찌아오리우].
- 교문 校門 학교 교, 문 문. (명사)
  - 영=school gate (skuːl ɡeɪt) [스쿨 게이트].
  - 일=校門 (こうもん, kōmon) [코-몬]. 중=校门 (xiàomén) [샤오먼].
- 교복 校服 (명사 학교 교, 옷 복)
  - 영=school uniform (skuːl ˈjuːnɪfɔːrm) [스쿨 유니폼].
  - 일=制服 (せいふく, seifuku) [세이후쿠]. 중=校服 (xiàofú) [샤오푸].
- 교사 敎師 가르칠 교, 스승 사. (명사)
  - 영=teacher (ˈtiːtʃər) [티처].
  - 일=教師 (きょうし, kyōshi) [쿄-시]. 중=教师 (jiàoshī) [찌아오스].

- 교사 校舍 학교 교, 집 사. (명사)
  영=school building (skuːl ˈbɪldɪŋ) [스쿨 빌딩].
  일=校舎 (こうしゃ, kōsha) [코-샤.   중=校舍 (xiàoshè) [샤오셔].
- 교수 教授 (명사 가르칠 교, 줄 수)   영=professor (prəˈfesər) [프로페서].
  일=教授 (きょうじゅ, kyōju) [쿄-쥬].   중=教授 (jiàoshòu) [쟈오쇼우].
- 교시 校時 (의존명사 학교 교, 때 시)
  영=class period (klæs ˈpɪriəd) [클래스 피리어드].
  일=校時 (こうじ, kōji) [코-지].   중=节课 (jié kè) [지에 커].
- 교실 教室 가르칠 교, 방 실. (명사)   영=classroom (ˈklæsˌruːm) [클래스룸].
  일=教室 (きょうしつ, kyōshitsu) [쿄-시츠.   중=教室 (jiàoshì) [찌아오스].
- 교양 教養 가르칠 교, 기를 양. (명사)
  영=culture (ˈkʌltʃər) [컬처], refinement (rɪˈfaɪnmənt) [리파인먼트].
  일=教養 (きょうよう, kyōyō) [쿄-요-].   중=教养 (jiàoyǎng) [찌아오양].
- 교외 郊外 시골 교, 바깥 외. (명사)
  영=suburb (ˈsʌbɜːrb) [서버브], outskirts (ˈaʊtskɜːrts) [아웃스커츠].
  일=郊外 (こうがい, kōgai) [코-가이].   중=郊外 (jiāowài) [찌아오와이].
- 교육 教育 가르칠 교, 기를 육. (명사)
  영=education (ˌɛdʒʊˈkeɪʃən) [에듀케이션].
  일=教育 (きょういく, kyōiku) [쿄-이쿠].   중=教育 (jiàoyù) [찌아오위].
- 교육비 教育費 가르칠 교, 기를 육, 쓸 비. (명사)
  영=education expenses (ˌɛdʒʊˈkeɪʃən ɪkˈspɛnsɪz) [에듀케이션 익스펜시스].
  일=教育費 (きょういくひ, kyōikuhi) [쿄-이쿠히].
  중=教育费 (jiàoyù fèi) [찌아오위 페이].
- 교육자 教育者 가르칠 교, 기를 육, 놈 자. (명사)
  영=educator (ˈɛdʒʊˌkeɪtər) [에듀케이터].
  일=教育者 (きょういくしゃ, kyōikusha) [쿄-이쿠샤].
  중=教育者 (jiàoyù zhě) [찌아오위 쩌].
- 교장 教長 가르칠 교, 길 장. (명사)   영=principal (ˈprɪnsəpəl) [프린서펄],
                                 headmaster (ˈhɛdˌmæstər) [헤드마스터].
  일=校長 (こうちょう, kōchō) [코-쵸-].   중=校长 (xiàozhǎng) [샤오장].
- 교재 教材 가르칠 교, 재료 재. (명사)
  영=teaching materials (ˈtiːtʃɪŋ məˈtɪəriəlz) [티칭 머티리얼즈].
  일=教材 (きょうざい, kyōzai) [쿄-자이].   중=教材 (jiàocái) [찌아오차이].

•교제 交際 사귈 교, 서로 제. (명사) [영]=association (əˌsoʊsiˈeɪʃən) [어쏘시에이션], dating (ˈdeɪtɪŋ) [데이팅].
[일]=交際 (こうさい, kōsai) [코-사이]. [중]=交际 (jiāojì) [찌아오찌].
•교직 教職 (명사 가르칠 교, 직분 직)
[영]=teaching profession (ˈtiːtʃɪŋ prəˈfeʃən) [티칭 프로페션].
[일]=教職 (きょうしょく, kyōshoku) [쿄-쇼쿠]. [중]=教职 (jiàozhí) [자오즈].
•교체 交替 (명사 사귈 교, 바꿀 체)
[영]=replacement (rɪˈpleɪsmənt) [리플레이스먼트].
[일]=交替 (こうたい, kōtai) [코-타이]. [중]=交替 (jiāotì) [자오티].
•교통 交通 사귈 교, 통할 통. (명사) [영]=transportation (ˌtrænspɔːrˈteɪʃən) [트랜스포테이션].traffic (ˈtræfɪk) [트래픽].
[일]=交通 (こうつう, kōtsū) [코-츠우]. [중]=交通 (jiāotōng) [찌아오통].
•교통사고 交通事故 사귈 교, 통할 통, 일 사, 옛 고. (명사)
[영]=traffic accident (ˈtræfɪk ˈæksɪdənt) [트래픽 액시던트].
[일]=交通事故 (こうつうじこ, kōtsūjiko) [코-츠우지코].
[중]=交通事故 (jiāotōng shìgù) [찌아오통 스꾸].
•교통편 交通便 사귈 교, 통할 통, 편할 편. (명사)
[영]=transportation method (trænspɔːrˈteɪʃən ˈmeθəd) [트랜스포테이션 메서드].
[일]=交通手段 (こうつうしゅだん, kōtsūshudan) [코-츠우슈단].
[중]=交通方式 (jiāotōng fāngshì) [찌아오통 팡스].
•교포 僑胞 나그네 교, 동포 포. (명사)
[영]=overseas Korean (ˌoʊvərˈsiːz ˈkɔːriən) [오버시즈 코리언].
[일]=在外同胞 (ざいがいどうほう, zaigaidōhō) [자이가이도호].
[중]=侨胞 (qiáobāo) [치아오빠오].
•교회 教會 가르칠 교, 모일 회. (명사)
[영]=church (ʧɜːrʧ) [처치].
[일]=教会 (きょうかい, kyōkai) [쿄-카이]..[중]=教会 (jiàohuì) [찌아오후이].
•교훈 教訓 (명사 가르칠 교, 가르칠 훈) [영]=lesson (ˈlesən) [레슨].
[일]=教訓 (きょうくん, kyōkun) [쿄-쿤]. [중]=教训 (jiàoxùn) [자오쉰].
•구 區 (명사 구역 구) [영]=district (ˈdɪstrɪkt) [디스트릭트].
[일]=区 (く, ku) [쿠]. [중]=区 (qū) [취].
•구 九 (수사 아홉 구) [영]=nine (naɪn) [나인].
[일]=九 (きゅう, kyū) [큐-]. [중]=九 (jiǔ) [지우].

- 구경 觀覽 볼 관, 볼 람. (명사)
  영=sightseeing ('saɪtsiːɪŋ) [사이트시잉], watching ('wɑːtʃɪŋ) [와칭].
  일=見物 (けんぶつ, kenbutsu) [켄부츠].　　중=观看 (guānkàn) [꽌칸].
- 구경하다 見物 볼 견, 물건 물. (동사) 가볍게 구경하는 의미.
  영=to look around (tu lʊk əˈraʊnd) [투 룩 어라운드].
  일=見物する (けんぶつする, kenbutsu suru) [켄붓스루].
  중=参观 (cānguān) [찬관].
- 구경하다 觀覽- 볼 관, 볼 람. (동사) 공연 등 집중해서 본다는 의미.
  영=to watch (tu wɑːtʃ) [투 와치],
  일=観覧する (かんらんする, kanran suru) [칸란 스루].
  중=观览 (guānlǎn) [관란]
- 구급차 救急車 구원할 구, 급할 급, 수레 차. (명사).
  영=ambulance ('æmbjələns) [앰뷸런스].
  일=救急車 (きゅうきゅうしゃ, kyūkyūsha) [큐큐샤].
  중=救护车 (jiùhùchē) [지우후처].
- 구내식당 構內食堂 얽을 구, 안 내, 밥 식, 집 당. (명사)
  영=company cafeteria ('kʌmpəni ˌkæfəˈtɪəriə) [컴퍼니 캐퍼테리아].
  일=社内食堂 (しゃないしょくどう, shanaishokudō) [샤나이쇼쿠도].
  중=公司食堂 (gōngsī shítáng) [꽁스 스탕].
- 구더기 (명사)　영=maggot ('mægət) [매겟].
  일=うじ虫 (うじむし, ujimushi) [우지무시].　중=蛆虫 (qūchóng) [취충].
- 구두 (명사)　영=shoes (ʃuːz) [슈즈].
  일=靴 (くつ, kutsu) [쿠츠].　　중=皮鞋 (píxié) [피시에].
- 구두쇠 (명사)
  영=cheapskate ('tʃiːpskeɪt) [칩스케잇], miser ('maɪzər) [마이저].
  일=けち (けち, kechi) [케치].　중=吝啬鬼 (lìnsèguǐ) [린써꾸이].
- 구르다 (동사)　영=roll (roʊl) [롤].
  일=転がる (ころがる, korogaru) [코로가루].　중=滚动 (gǔndòng) [군동].
- 구름 雲 구름 운. (명사)　영=cloud (klaʊd) [클라우드].
  일=雲 (くも, kumo) [쿠모]　　중=云 (yún) [윈].
- 구름다리 (명사)　영=overpass ('əʊvərˌpæs) [오버패스],
  　　　　　　　skybridge ('skaɪbrɪdʒ) [스카이브리지].
  일=歩道橋 (ほどうきょう, hodōkyō) [호도쿄].　중=天桥 (tiānqiáo) [티엔챠오].

- 구멍 (명사)　㉠=hole (houl) [홀].
　　㉡=穴 (あな, ana) [아나].　　　㉢=洞 (dòng) [뚱].
- 구별 區別 지경 구, 나눌 별. (명사)
　　㉠=distinction (dɪˈstɪŋkʃən) [디스팅크션].
　　　classification (ˌklæsɪfɪˈkeɪʃən) [클래시피케이션].
　　㉡=区別 (くべつ, kubetsu) [쿠베츠].　　㉢=区別 (qūbié) [취비에].
- 구별되다 區別- 지경 구, 나눌 별. (동사)
　　㉠=to be distinguished (tu bi dɪˈstɪŋgwɪʃt) [투 비 디스팅귀시트].
　　㉡=区別される (くべつされる, kubetsu sareru) [쿠베츠 사레루].
　　㉢=被区別 (bèi qūbié) [페이 취비에].
- 구별하다 區別- 지경 구, 나눌 별. (동사)
　　㉠=to distinguish (tu dɪˈstɪŋgwɪʃ) [투 디스팅귀시].
　　㉡=区別する (くべつする, kubetsu suru) [쿠베츠 스루].
　　㉢=区別 (qūbié) [취비에].
- 구보 (명사)
　　㉠=quick march (kwɪk mɑːtʃ) [퀵 마치], jogging (ˈdʒɒgɪŋ) [조깅].
　　㉡=駆け足 (かけあし, kakeashi) [카케아시].
　　㉢=快步走 (kuàibùzǒu) [콰이부조우].
- 구분 區分 지경 구, 나눌 분. (명사)　㉠=division (dɪˈvɪʒən) [디비전].
　　　　　　　　　　　　classification (ˌklæsɪfɪˈkeɪʃən) [클래시피케이션].
　　㉡=区分 (くぶん, kubun) [쿠분].　　㉢=区分 (qūfēn) [취펀].
- 구분되다 區分- 지경 구, 나눌 분. (동사)
　　㉠=to be classified (tu bi ˈklæsɪfaɪd) [투 비 클래시파이드].
　　㉡=区分される (くぶんされる, kubun sareru) [쿠분 사레루].
　　㉢=被区分 (bèi qūfēn) [페이 취펀].
- 구분하다 區分- 지경 구, 나눌 분. (동사)
　　㉠=to classify (tu ˈklæsɪfaɪ) [투 클래시파이].
　　㉡=区分する (くぶんする, kubun suru) [쿠분 스루].
　　㉢=区分 (qūfēn) [취펀].
- 구불구불 (부사)
　　㉠=windingly (ˈwaɪndɪŋli) [와인딩리], zigzag (ˈzɪgzæg) [지그재그].
　　㉡=くねくね (くねくね, kunekune) [쿠네쿠네].
　　㉢=弯弯曲曲 (wānwān qūqū) [완완 취취].

- 구석 (명사)　㉠=corner ('kɔːrnər) [코너], nook (nʊk) [눅].
　㉷=隅 (すみ, sumi) [스미].　　㊥=角落 (jiǎoluò) [찌아오루어].
- 구성 構成 얽을 구, 이룰 성. (명사)
　㉠=composition (ˌkɑːmpə'zɪʃən) [컴퍼지션],
　　　　structure ('strʌktʃər) [스트럭쳐].
　㉷=構成 (こうせい, kōsei) [코-세이].　㊥=构成 (gòuchéng) [꺼우청].
- 구성되다 構成- 얽을 구, 이룰 성. (동사)
　㉠=to be composed (tu bi kəm'poʊzd) [투 비 컴포우즈드].
　㉷=構成される (こうせいされる, kōsei sareru) [코-세이 사레루].
　㊥=被构成 (bèi gòuchéng) [뻬이 꺼우청].
- 구성하다 構成- 얽을 구, 이룰 성. (동사)
　㉠=to compose (tu kəm'poʊz) [투 컴포우즈].
　㉷=構成する (こうせいする, kōsei suru) [코-세이 스루].
　㊥=构成 (gòuchéng) [고우청].
- 구속 拘束 잡을 구, 묶을 속. (명사)
　㉠=restraint (rɪ'streɪnt) [리스트레인트],
　　　detention (dɪ'tenʃən) [디텐션].
　㉷=拘束 (こうそく, kōsoku) [코-소쿠].　㊥=拘束 (jūshù) [쥐슈].
- 구속되다 拘束- 잡을 구, 묶을 속. (동사)
　㉠=to be restrained (tu bi rɪ'streɪnd) [투 비 리스트레인드].
　　 to be detained (tu bi dɪ'teɪnd) [투 비 디테인드].
　㉷=拘束される (こうそくされる, kōsoku sareru) [코-소쿠 사레루].
　㊥=被拘束 (bèi jūshù) [뻬이 쥐슈].
- 구속하다 拘束- 잡을 구, 묶을 속. (동사)
　㉠=to restrain (tu rɪ'streɪn) [투 리스트레인].
　　 to detain (tu dɪ'teɪn) [투 디테인].
　㉷=拘束する (こうそくする, kōsoku suru) [코-소쿠 스루].
　㊥=拘束 (jūshù) [쥐슈].
- 구시가지 舊市街 옛 구, 저자 시, 거리 가, 지경 지. (명사)
　㉠=old town (oʊld taʊn) [올드 타운].
　　　historic district (hɪ'stɔːrɪk 'dɪstrɪkt) [히스토릭 디스트릭트] .
　㉷=旧市街 (きゅうしがい, kyūshigai) [큐-시가이].
　㊥=旧城区 (jiù chéngqū) [지우 청취].

- 구십 九十 아홉 구, 열 십. (수사) ㊀=ninety ('naɪnti) [나인티].
  ㊁=九十 (きゅうじゅう, kyūjū) [큐-쥬]. ㊂=九十 (jiǔshí) [지우스].
- 구약 旧約 옛 구, 맺을 약. (명사)
  ㊀=Old Testament (oʊld 'tɛstəmənt) [올드 테스터먼트].
  ㊁=旧約聖書 (きゅうやくせいしょ, kyūyaku seisho) [큐-야쿠 세이쇼].
  ㊂=旧约圣经 (jiùyuē shèngjīng) [지우위에 셩징].
- 구역 區域 지경 구, 지경 역. (명사) ㊀=zone (zoʊn) [죤], area ('ɛəriə) [에어리어].
  ㊁=区域 (くいき, kuiki) [쿠이키]. ㊂=区域 (qūyù) [취위].
- 구입 購入 살 구, 들 입. (명사)
  ㊀=purchase ('pɜːrtʃəs) [퍼처스], buying ('baɪɪŋ) [바잉].
  ㊁=購入 (こうにゅう, kōnyū) [코-뉴우]. ㊂=购买 (gòumǎi) [꺼우마이].
- 구입하다 購入- 살 구, 들 입. (동사) ㊀=to purchase (tu 'pɜːrtʃəs)
    [투 퍼처스], to buy (tu baɪ) [투 바이].
  ㊁=購入する (こうにゅうする, kōnyū suru) [코-뉴우 스루].
  ㊂=购买 (gòumǎi) [꺼우마이].
- 구절 句節 글귀 구, 마디 절. (명사)
  ㊀=phrase (freɪz) [프레이즈], passage ('pæsɪdʒ) [패시지].
  ㊁=句節 (くせつ, kusetsu) [쿠세츠]. ㊂=句节 (jùjié) [쥐지에].
- 구조 構造 (명사 얽을 구, 지을 조) ㊀=structure ('strʌktʃər) [스트럭처].
  ㊁=構造 (こうぞう, kōzō) [코-조-]. ㊂=结构 (jiégòu) [지에거우].
- 구청 區廳 (명사 구역 구, 관청 청)
  ㊀=District Office ('dɪstrɪkt 'ɔːfɪs) [디스트릭트 오피스].
  ㊁=区役所 (くやくしょ, kuyakusho) [쿠야쿠쇼]. ㊂=区厅 (qūtīng) [취팅].
- 구체적 具體的 갖출 구, 몸 체, 과녁 적. (명사)
  ㊀=concreteness ('kɑːnkriːtnəs) [콘크리트니스].
    specificity (ˌspesɪ'fɪsɪti) [스페시피시티].
  ㊁=具体的 (ぐたいてき, gutaiteki) [구타이테키].
  ㊂=具体的 (jùtǐ de) [쥐티 더].
- 구체적으로 具體的- 갖출 구, 몸 체, 과녁 적. (부사)
  ㊀=concretely ('kɑːnkriːtli) [콘크리틀리].
    pecifically (spə'sɪfɪkli) [스퍼시피클리].
  ㊁=具体的に (ぐたいてきに, gutaiteki ni) [구타이테키니].
  ㊂=具体地 (jùtǐ de) [쥐티 더].

- 구하다 求- 구할 구. (동사)
  - 영=to seek (tu siːk) [투 시크], to obtain (tu əbˈteɪn) [투 업테인].
  - 일=求める (もとめる, motomeru) [모토메루]. 중=寻找 (xúnzhǎo) [쉰자오].
- 국 國 나라 국. (명사)
  - 영=nation (ˈneɪʃən) [네이션], country (ˈkʌntri) [컨트리].
  - 일=国 (くに, kuni) [쿠니]. 중=国家 (guójiā) [궈지아].
- 국가 國歌 나라 국, 노래 가. (명사)
  - 영=national anthem (ˈnæʃnl ˈænθəm) [내셔널 앤썸].
  - 일=国歌 (こっか, kokka) [콧카]. 중=国歌 (guógē) [궈꺼].
- 국가 國家 나라 국, 집 가. (명사)
  - 영=state (steɪt) [스테이트], nation (ˈneɪʃən) [네이션].
  - 일=国家 (こっか, kokka) [콧카]. 중=国家 (guójiā) [궈지아].
- 국기 國旗 (명사 나라 국, 기 기)
  - 영=national flag (ˈnæʃənəl flæɡ) [내셔널 플래그].
  - 일=国旗 (こっき, kokki) [콧키]. 중=国旗 (guóqí) [궈치].
- 국내 國內 나라 국, 안 내. (명사)
  - 영=domestic (dəˈmestɪk) [도메스틱], internal (ɪnˈtɜːrnəl) [인터널].
  - 일=国内 (こくない, kokunai) [코쿠나이]. 중=国内 (guónèi) [궈네이].
- 국내선 國內線 나라 국, 안 내, 선 선. (명사)
  - 영=domestic line (dəˈmestɪk laɪn) [도메스틱 라인].
  - 일=国内線 (こくないせん, kokunaisen) [코쿠나이센].
  - 중=国内航线 (guónèi hángxiàn) [궈네이 항셴].
- 국내외 國內外 나라 국, 안 내, 바깥 외. (명사)
  - 영=home and abroad (hoʊm ənd əˈbrɔːd) [홈 앤 어브로드].
  - 일=国内外 (こくないがい, kokunaigai) [코쿠나이가이].
  - 중=国内外 (guónèiwài) [궈네이와이].
- 국립 國立 나라 국, 설 립. (명사) 영=national (ˈnæʃnl) [내셔널].
  - 일=国立 (こくりつ, kokuritsu) [코쿠리츠]. 중=国立 (guólì) [궈리].
- 국물 (명사) 영=broth (brɔːθ) [브로스], soup (suːp) [숩].
  - 일=汁 (しる, shiru) [시루]. 중=汤 (tāng) [탕].
- 국민 國民 나라 국, 백성 민. (명사)
  - 영=citizen (ˈsɪtɪzən) [시티즌], people (ˈpiːpl) [피플].
  - 일=国民 (こくみん, kokumin) [코쿠민]. 중=国民 (guómín) [궈민].

• 국민 國民 나라 국, 백성 민. (명사)
  ㉠=citizen ('sɪtɪzn) [시티즌], people ('piːpl) [피플].
  ㉡=国民 (こくみん, kokumin) [코쿠민].   ㉢=国民 (guómín) [궈민].
• 국민적 國民的 나라 국, 백성 민, 과녁 적. (명사)   ㉠=national (næʃənl) [내셔널].
  ㉡=国民的 (こくみんてき, kokuminteki) [코쿠민테키].
  ㉢=国民的 (guómíndì) [궈민띠].
• 국사 國史 나라 국, 역사 사. (명사)
  ㉠=Korean history (kəˈriːən ˈhɪstəri) [코리언 히스토리].
  ㉡=国史 (こくし, kokushi) [코쿠시].   ㉢=国史 (guóshǐ) [궈스].
• 국산 國産 나라 국, 낳을 산. (명사)
  ㉠=domestic product (dəˈmestɪk ˈprɒdʌkt) [도메스틱 프로덕트].
  ㉡=国産 (こくさん, kokusan) [코쿠산].   ㉢=国产 (guóchǎn) [궈찬].
• 국수 (명사)   ㉠=noodles ('nuːdlz) [누들스].
  ㉡=麺 (めん, men) [멘].   ㉢=面条 (miàntiáo) [미앤티아오].
• 국어 國語 나라 국, 말씀 어. (명사)   ㉠=Korean (kəˈriːən) [코리언].
     national language (ˈnæʃənl ˈlæŋgwɪdʒ) [내셔널 랭귀지].
  ㉡=国語 (こくご, kokugo) [코쿠고].   ㉢=国语 (guóyǔ) [궈위].
• 국왕 國王 나라 국, 임금 왕. (명사)   ㉠=king (kɪŋ) [킹].
  ㉡=国王 (こくおう, kokuō) [코쿠오-].   ㉢=国王 (guówáng) [궈왕].
• 국적 國籍 나라 국, 문서 적. (명사)
  ㉠=nationality (ˌnæʃəˈnæləti) [내셔낼러티].
     citizenship (ˈsɪtɪzənʃɪp) [시티즌쉽].
  ㉡=国籍 (こくせき, kokuseki) [코쿠세키].   ㉢=国籍 (guójí) [궈지].
• 국제 國際 나라 국, 사이 제. (명사)   ㉠=international (ˌɪntəˈnæʃənl) [인터내셔널].
  ㉡=国際 (こくさい, kokusai) [코쿠사이].   ㉢=国际 (guójì) [궈지].
• 국제선 國際線 나라 국, 사이 제, 선 선. (명사)
  ㉠=international line (ˌɪntəˈnæʃənl laɪn) [인터내셔널 라인].
  ㉡=国際線 (こくさいせん, kokusaisen) [코쿠사이센].
  ㉢=国际航线 (guójì hángxiàn) [궈지 항시앤].
• 국제적 國際的 나라 국, 사이 제, 과녁 적. (명사)
  ㉠=international (ˌɪntəˈnæʃənl) [인터내셔널].
  ㉡=国際的 (こくさいてき, kokusaiteki) [코쿠사이테키].
  ㉢=国际的 (guójìde) [궈지더].

- 국제화 國際化 나라 국, 사이 제, 될 화. (명사)
  - ㉢=globalization (ˌɡloʊbələɪˈzeɪʃən) [글로우벌라이제이션].
  - ㉣=国際化 (こくさいか, kokusaika) [코쿠사이카].
  - ㉥=国际化 (guójìhuà) [궈지화].
- 국회 國會 나라 국, 모일 회. (명사)
  - ㉢=National Assembly (ˈnæʃnl əˈsɛmbli) [내셔널 어셈블리]. parliament (ˈpɑːləmənt) [팔러먼트].
  - ㉣=国会 (こっかい, kokkai) [콧카이].　㉥=国会 (guóhuì) [궈후이].
- 국회의원 國會議員 나라 국, 모일 회, 의논할 의, 인원 원. (명사)
  - ㉢=member of parliament (mɛmbər əv ˈpɑːləmənt) [멤버 오브 팔러먼트].
  - ㉣=国会議員 (こっかいぎいん, kokkaigiin) [콕카이기인].
  - ㉥=国会议员 (guóhuì yìyuán) [궈후이 이위앤].
- 군 郡 고을 군. (명사)
  - ㉢=county (ˈkaʊnti) [카운티].
  - ㉣=郡 (ぐん, gun) [군].　㉥=郡 (jùn) [쥔].
- 군 軍 군사 군. (명사)
  - ㉢=military (ˈmɪlɪˌtɛri) [밀리터리], army (ˈɑːrmi) [아미].
  - ㉣=軍 (ぐん, gun) [군].　㉥=军队 (jūnduì) [쥔뚜이].
- 군 君 임금 군. (의존명사)　㉢=sir (sɜːr) [서어].
  - ㉣=君 (くん, kun) [군].　㉥=君 (jūn) [쥔].
- 군대 軍隊 군사 군, 무리 대. (명사)
  - ㉢=military (ˈmɪlɪtɛri) [밀리터리], army (ˈɑːrmi) [아르미].
  - ㉣=軍隊 (ぐんたい, guntai) [군타이].　㉥=军队 (jūnduì) [쥔뚜이].
- 군데 (의존명사)
  - ㉢=place (pleɪs) [플레이스], spot (spɒt) [스팟].
  - ㉣=箇所 (かしょ, kasho) [카쇼].　㉥=处所 (chùsuǒ) [추쑤어].
- 군사 軍士 군사 군, 선비 사. (명사)
  - ㉢=soldier (ˈsoʊldʒər) [솔져].
  - ㉣=軍人 (ぐんじん, gunjin) [군진].　㉥=军士 (jūnshì) [쥔스].
- 군사 軍事 군사 군, 일 사. (명사)
  - ㉢=military affairs (ˈmɪlɪtɛri əˈfɛərz) [밀리터리 어페어즈].
  - ㉣=軍事 (ぐんじ, gunji) [군지].　㉥=军事 (jūnshì) [쥔스].

- 군인 軍人 군사 군, 사람 인. (명사) 영=soldier ('səʊldʒər) [솔져].
  일=軍人 (ぐんじん, gunjin) [군진]. 중=军人 (jūnrén) [쥔런].
- 굳다 (형용사) 영=hard (hɑːrd) [하드], firm (fɜːm) [펌].
  일=硬い (かたい, katai) [카타이]. 중=坚硬的 (jiānyìng de) [지앤잉 더].
- 굳어지다 (동사) 영=harden ('hɑːdn) [하든].
  일=固まる (かたまる, katamaru) [카타마루] 중=变硬 (biànyìng) [변잉].
- 굳이 (부사)
  영=deliberately (dɪ'lɪbərətli) [딜리버럿리].
      intentionally (ɪn'tɛnʃənəli) [인텐셔널리]
  일=あえて (aete) [아에테]. 중=特意地 (tèyì de) [터이 더].
- 굳히다 (동사) 영=harden ('hɑːdn) [하든], solidify (sə'lɪdɪfaɪ) [설리디파이].
  일=固める (かためる, katameru) [카타메루].
  중=使变硬 (shǐ biàn yìng) [스 비앤 잉].
- 굵다 (형용사) 영=thick (θɪk) [띡], stout (staʊt) [스타우트].
  일=太い (ふとい, futoi) [후토이]. 중=粗的 (cū de) [추 더].
- 굶다 (동사)
  영=starve (stɑːrv) [스타브], go hungry (goʊ 'hʌŋɡri) [고 헝그리].
  일=飢える (うえる, ueru) [우에루]. 중=挨饿 (āi è) [아이 에].
- 굽다 (동사)
  영=roast (rəʊst) [로스트], bake (beɪk) [베이크].
  일=焼く (やく, yaku) [야쿠]. 중=烤 (kǎo) [카오].
- 굽히다 (동사) 영=bend (bend) [벤드], yield (jiːld) [일드].
  일=曲げる (まげる, mageru) [마게루]. 중=弯曲 (wānqū) [완취].
- 궁극적 窮極的 다할 궁, 다할 극, 과녁 적. (명사) 영=ultimate ('ʌltɪmət) [얼티밋].
  일=究極的 (きゅうきょくてき, kyūkyokuteki) [큐쿄쿠테키].
  중=最终的 (zuìzhōng de) [쥐중 더].
- 궁금하다 (형용사) 영=curious ('kjʊəriəs) [큐어리어스].
  일=気になる (きになる, ki ni naru) [키니나루].
  중=好奇的 (hàoqí de) [하오치 더].
- 권 卷 문서 권. (의존명사) 영=volume ('vɒljuːm) [볼륨]
  일=巻 (かん, kan) [칸]. 중=卷 (juàn) [쥐앤].
- 권리 權利 권세 권, 이로울 리. (명사) 영=right (raɪt) [라이트].
  일=権利 (けんり, kenri) [켄리]. 중=权利 (quánlì) [취앤리].

- 권위 權威 권세 권, 위엄 위. (명사)　영=authority (əˈθʊrəti) [어쏘러티].
  일=權威 (けんい, ken'i) [켄이].　중=权威 (quánwēi) [취앤웨이].
- 권투 拳鬪 주먹 권, 싸울 투. (명사)　영=boxing (ˈbɒksɪŋ) [복싱].
  일=ボクシング (ぼくしんぐ, bokushingu) [보쿠싱구].
  중=拳击 (quánjī) [취앤지].
- 권하다 勸- 권할 권. (동사)　영=recommend (ˌrekəˈmend) [레커멘드], advise (ədˈvaɪz) [어드바이즈].
  일=勧める (すすめる, susumeru) [스스메루].
  중=劝告 (quàngào) [취앤까오].
- 귀 (명사)　영=ear (ɪər) [이어].
  일=耳 (みみ, mimi) [미미].　중=耳朵 (ěrduo) [얼뚜어].
- 귀가 歸家 돌아갈 귀, 집 가. (명사)
  영=return home (rɪˈtɜːn həʊm) [리턴 홈].
  일=帰宅 (きたく, kitaku) [키타쿠].　중=回家 (huíjiā) [후이쨔].
- 귀가하다 歸家- 돌아갈 귀, 집 가. (동사)
  영=go home (gəʊ həʊm) [고우 홈].
  일=帰宅する (きたくする, kitaku suru) [키타쿠 스루].
  중=回家 (huíjiā) [후이쨔].
- 귀국 歸國 돌아갈 귀, 나라 국. (명사)　영=return to one's country (rɪˈtɜːn tu wʌnz ˈkʌntri) [리턴 투 원즈 컨트리].
  일=帰国 (きこく, kikoku) [키코쿠].　중=回国 (huíguó) [후이궈].
- 귀국하다 歸國- 돌아갈 귀, 나라 국. (동사)
  영=return to one's country [리턴 투 원즈 컨트리].
  일=帰国する (きこくする, kikoku suru) [키코쿠 스루].
  중=回国 (huíguó) [후이궈].
- 귀신 鬼神 귀신 귀, 귀신 신. (명사)　영=ghost (gəʊst) [고스트].
  일=幽霊 (ゆうれい, yūrei) [유-레이].　중=鬼神 (guǐshén) [꾸이션].
- 귀엽다 (형용사)　영=cute (kjuːt) [큐트].
  일=かわいい (kawaii) [카와이이].　중=可爱 (kě'ài) [커아이].
- 귀중하다 貴重- 귀할 귀, 무거울 중. (형용사)
  영=precious (ˈpreʃəs) [프레셔스], valuable (ˈvæljuəbl) [밸류어블].
  일=貴重だ (きちょうだ, kichō da) [키쵸다].
  중=贵重 (guìzhòng) [꾸이쭝].

- 귀찮다 (형용사) 영=annoying (əˈnɔɪŋ) [어노잉], troublesome (ˈtrʌblsəm) [트러블섬].
  일=面倒くさい (めんどうくさい, mendōkusai) [멘도우쿠사이]].
  중=麻烦 (máfan) [마판].
- 귀하다 貴- 귀할 귀. (형용사)
  영=precious (ˈpreʃəs) [프레셔스], noble (ˈnəʊbl) [노블].
  일=貴い (とうとい, tōtoi) [토-토이]. 중=贵重 (guìzhòng) [꾸이쭝].
- 귓속 (명사) 영=inside the ear (ɪnsaɪd ðɪ ɪə) [인사이드 디 이어].
  일=耳の中 (みみのなか, mimi no naka) [미미노 나카].
  중=耳朵里 (ěrduo li) [얼뚜어 리].
- 규모 規模 법 규, 본뜰 모. (명사)
  영=scale (skeɪl) [스케일], size (saɪz) [사이즈].
  일=規模 (きぼ, kibo) [키보]. 중=规模 (guīmó) [꾸이모].
- 규정 規定 법 규, 정할 정. (명사)
  영=regulation (ˌregjuˈleɪʃən) [레귤레이션], rule (ruːl) [룰].
  일=規定 (きてい, kitei) [키테이]. 중=规定 (guīdìng) [꾸이띵].
- 규칙 規則 법 규, 법칙 칙. (명사) 영=rule (ruːl) [룰].
  일=規則 (きそく, kisoku) [키소쿠]. 중=规则 (guīzé) [꾸이저].
- 규칙적 規則的 법 규, 법칙 칙, 과녁 적. (명사) 영=regular (regjələr) [레귤러].
  일=規則的 (きそくてき, kisokuteki) [키소쿠테키].
  중=规则性的 (guīzéxìng de) [꾸이저싱 더].
- 균형 均衡 고를 균, 평형 형. (명사) 영=balance (ˈbæləns) [밸런스].
  일=均衡 (きんこう, kinkō) [킨코-]. 중=均衡 (jūnhéng) [쥔헝].
- 귤 橘 귤 귤. (명사) : 영=tangerine (ˌtændʒəˈriːn) [탠저린], mandarin (ˈmændərɪn) [맨더린].
  일=みかん (mikan) [미캉]. 중=橘子 (júzi) [쥐즈].
- 그 (감탄사) 영=oh [오], wow [와우].
  일=ああ (aa) [아-], おお (oo) [오오]. 중=啊 (a) [아], 哦 (ó) [에].
- 그 (관형사) 영=that (ðæt) [댓].
  일=その (sono) [소노]. 중=那个 (nàge) [나거].
- 그 (대명사) 영=he (hiː) [히], that (ðæt) [댓].
  일=彼 (かれ, kare) [카레], それ (sore) [소레].
  중=他 (tā) [타], 那个 (nàge) [나거].

- 그간 -間 사이 간. (명사) 영=that period (ðæt ˈpɪərɪəd) [댓 피어리어드].
  일=この間 (このあいだ, kono aida) [코노 아이다].
  중=这段时间 (zhè duàn shíjiān) [쩌 뚜안 스지엔].
- 그거 (대명사) 영=that (thing) [댓].
  일=それ (sore) [소레].　　중=那个 (nàge) [나거].
- 그것 (대명사) 영=it (ɪt) [잇], that [댓].
  일=それ (sore) [소레] .　중=它 (tā) [타], 那个 (nàge) [나거].
- 그곳 (대명사) 영=that place (ðæt pleɪs) [댓 플레이스].
  일=そこ (soko) [소코].　　중=那里 (nàlǐ) [나리].
- 그나마 (부사) 영=even that (ˈiːvən ðæt) [이븐 댓].
  일=それでも (soredemo) [소레데모].　중=连那也 (lián nà yě) [롄 나 예].
- 그날 (명사) 영=that day (ðæt deɪ) [댓 데이].
  일=その日 (そのひ, sono hi) [소노 히].　중=那天 (nà tiān) [나티엔].
- 그냥 (부사)
  영=just (dʒʌst) [저스트], simply (ˈsɪmpli) [심플리].
  일=ただ (tada) [타다].　　중=只是 (zhǐshì) [즈스], 그냥 [그냥].
- 그녀 -女 계집 녀. (대명사) 영=she (ʃiː) [쉬], her (hɜːr) [허].
  일=彼女 (かのじょ, kanojo) [카노조].　　중=她 (tā) [타].
- 그놈 (대명사) 영=that guy (ðæt gaɪ) [댓 가이].
  일=あいつ (aitsu) [아이츠].　중=那家伙 (nà jiāhuo) [나 지아훠].
- 그늘 (명사) 영=shade (ʃeɪd) [셰이드], shadow (ˈʃædoʊ) [섀도우].
  일=陰 (かげ, kage) [카게].　　중=阴影 (yīnyǐng) [인잉].
- 그다음 (명사) 영=next (nekst) [넥스트].
  일=その次 (そのつぎ, sono tsugi) [소노 츠기].
  중=接着 (jiēzhe) [찌에져], 然后 (ránhòu) [란허우].
- 그다지 (부사) 영=not so much (nɒt soʊ mʌtʃ) [낫 쏘 머치].
  일=それほど (sorehodo) [소레호도].
  중=并不太 (bìng bù tài) [삥 부 타이].
- 그대 (대명사) 영=you (formal/literary) (juː) [유].
  일=あなた (anata) [아나타].　　중=你 (nǐ) [니] (文雅).
- 그대로 (부사) 영=as it is (æz ɪt ɪz) [애즈 잇 이즈].
  일=そのまま (sonomama) [소노마마].
  중=照原样 (zhào yuányàng) [자오 위안양].

- 그동안 (명사) 영=that period (ðæt 'pɪəriəd) [댓 피어리어드].
  일=その間 (そのあいだ, sono aida) [소노 아이다].
  중=这段时间 (zhè duàn shíjiān) [쩌 뚜안 스지엔].
- 그때 (명사) 영=that time (ðæt taɪm) [댓 타임].
  일=そのとき (sonotoki) [소노토키]. 중=那时候 (nà shíhou) [나 스허우].
- 그때그때 (부사) 영=case by case (keɪs baɪ keɪs) [케이스 바이 케이스].
  일=その都度 (そのつど, sono tsudo) [소노츠도].
  중=每当时 (měi dāng shí) [메이 땅 스].
- 그래 (감탄사) 영=okay (ˌoʊˈkeɪ) [오케이], yeah (jæ) [예].
  일=そう (sou) [소우], はい (hai) [하이]. 중=好 (hǎo) [하오].
- 그래 (불완전어) 영=so (soʊ) [쏘], then (ðen) [덴].
  일=だから (dakara) [다카라]. 중=所以 (suǒyǐ) [쑤어이].
- 그래도 (불완전어) 영=even so (ˈiːvən soʊ) [이븐 쏘].
  일=それでも (soredemo) [소레데모].
  중=即使这样 (jíshǐ zhèyàng) [지스 쩌양].
- 그래서 (부사) 영=therefore (ˈðeəfɔːr) [데어포어].
  일=それで (sorede) [소레데]. 중=所以 (suǒyǐ) [쑤어이].
- 그래서 (불완전어) 영=so that's why (soʊ ðæts waɪ) [쏘 댓츠 와이].
  일=だから (dakara) [다카라]. 중=于是 (yúshì) [위스].
- 그래야 (불완전어) 영=only then (ˈəʊnli ðen) [온리 덴].
  일=そうしてこそ (sō shite koso) [소- 시테 코소].
  중=只有那样 (zhǐyǒu nàyàng) [쯔요우 나양].
- 그래픽 (명사) 영=graphic (ˈɡræfɪk) [그래픽].
  일=グラフィック (ぐらふぃっく, gurafikku) [구라뮈끄].
  중=图形 (túxíng) [투싱].
- 그램 (의존명사) 영=gram (ɡræm) [그램].
  일=グラム (ぐらむ, guramu) [구라무]. 중=克 (kè) [커].
- 그러나 (부사) 영=however (haʊˈevə) [하우에버] .
  일=しかし (shikashi) [시카시]. 중=但是 (dànshì) [딴스].
- 그러니까 (부사) 영=so, therefore (soʊ, ˈðeəfɔːr) [쏘, 데어포어].
  일=だから (dakara) [다카라]. 중=所以说 (suǒyǐ shuō) [쑤어이 슈어].
- 그러다 (동사) 영=do like that (duː laɪk ðæt) [두 라익 댓].
  일=そうする (sō suru) [소- 스루]. 중=那样做 (nàyàng zuò) [나양 쭈어].

- 그러면 (부사)
  영=then (ðen) [덴], in that case (ɪn ðæt keɪs) [인 댓 케이스]
  일=それなら (それなら, sorenara) [소레나라]. 중=那么 (nàme) [나머].
- 그러므로 (부사)   영=therefore (ˈðɛəfɔːr) [데어포어].
  일=だから (だから, dakara) [다카라].   중=因此 (yīncǐ) [인츠].
- 그러하다 (형용사)   영=to be so (tə bi səʊ) [투 비 쏘우].
  일=そうである (そうである, sō de aru) [소-데 아루].
  중=是那样的 (shì nàyàng de) [스 나양 더].
- 그런 (관형사)   영=such (sʌtʃ) [서치].
  일=そんな (そんな, sonna) [손나]. 중=那样的 (nàyàng de) [나양 더].
- 그런대로 (부사)   영=after a fashion (ˈæftə ə ˈfæʃən) [애프터 어 패션].
  일=まあまあ (まあまあ, mā mā) [마아마아].
  중=还可以 (hái kěyǐ) [하이 커이].
- 그런데 (부사)   영=by the way (baɪ ðə weɪ) [바이 더 웨이],
  however (haʊˈevə) [하우에버].
  일=ところで (ところで, tokorode) [토코로데].   중=可是 (kěshì) [커스].
- 그럴듯하다 (형용사)   영=plausible (ˈplɔːzəbl) [플로저블],
  reasonable (ˈriːzənəbl) [리저너블].
  일=もっともらしい (もっともらしい, mottomorashii) [못토모라시이].
  중=似是而非 (sì shì ér fēi) [쓰 스 얼 페이].
- 그럼 (감탄사)   영=okay (əʊˈkeɪ) [오케이].
  일=よし (よし, yoshi) [요시].   중=好吧 (hǎo ba) [하오 바].
- 그럼 (부사)   영=then (ðen) [덴].
  일=じゃあ (じゃあ, jā) [쟈아].   중=那么 (nàme) [나머].
- 그렇게 (부사)   영=so (səʊ) [쏘우], like that (laɪk ðæt) [라이크 댓].
  일=そうやって (そうやって, sō yatte) [소-얏떼].
  중=那样的 (nàyàng de) [나양 더].
- 그렇다 (형용사)   영=to be so (tə bi səʊ) [투 비 쏘우].
  일=そうだ (そうだ, sō da) [소-다].
  중=是這样的 (shì zhèyàng de) [스 쩌양 더].
- 그렇지 (감탄사)
  영=right! (raɪt) [라잇], that's right (ðæts raɪt) [댓츠 라잇].
  일=そうだね (そうだね, sō da ne) [소-다네]. 중=对啊 (duì a) [뚜이 아].

- 그렇지만 (부사) 영=however (haʊ'evə) [하우에버], but (bʌt) [벗].
  일=でも (でも, demo) [데모]. 중=但是 (dànshì) [딴스].
- 그려지다 (동사) 영=to be drawn (tə bi drɔːn) [투 비 드론].
  일=描かれる (えがかれる, egakareru) [에가카레루].
  중=被画出來 (bèi huà chūlái) [뻬이 화 추라이].
- 그루 (의존명사) 영=counter for trees ('kaʊntə fə triːz) [카운터 포 트리즈].
  일=~本 (~ほん, ~hon) [혼]. 중=棵 (kē) [커].
- 그룹 group (명사) 영=group (gruːp) [그루프].
  일=グループ (ぐるーぷ, gurūpu) [구루푸]. 중=团体 (tuántǐ) [투안티].
- 그릇 (명사) 영=bowl (bəʊl) [보울].
  일=器 (うつわ, utsuwa) [우츠와]. 중=碗 (wǎn) [완].
- 그리 (부사) 영=so, like that (səʊ, laɪk ðæt) [쏘, 라이크 댓].
  일=それほど (それほど, sorehodo) [소레호도]. 중=那么 (nàme) [나머].
- 그리고 (부사) 영=and (ænd) [앤드], and then (ænd ðen) [앤드 덴].
  일=そして (そして, soshite) [소시테]. 중=而且 (érqiě) [얼치에].
- 그리다 (동사) 영=draw (drɔː) [드로], paint (peɪnt) [페인트].
  일=描く (えがく, egaku) [에가쿠]. 중=画画 (huà huà) [화화].
- 그리로 (부사) 영=to that place (tə ðæt pleɪs) [투 댓 플레이스].
  일=そこへ (そこへ, soko e) [소코에]. 중=那边 (nàbiān) [나비앤].
- 그리움 (명사) 영=longing ('lɒŋɪŋ) [롱잉], yearning ('jɜːnɪŋ) [여어닝].
  일=恋しさ (こいしさ, koishisa) [코이시사]. 중=思念 (sīniàn) [쓰니앤].
- 그리워하다 (동사) 영=to miss (tə mɪs) [투 미스].
  일=恋しく思う (こいしくおもう, koishiku omou) [코이시쿠 오모우].
  중=想念 (xiǎngniàn) [샹니앤].
- 그리하여 (부사) 영=thus (ðʌs) [더스], so (səʊ) [쏘우].
  일=それで (それで, sorede) [소레데]. 중=於是 (yúshì) [위스].
- 그림 (명사) 영=picture ('pɪktʃə) [픽쳐], painting ('peɪntɪŋ) [페인팅].
  일=絵 (え, e) [에]. 중=画 (huà) [화].
- 그림자 (명사) 영=shadow ('ʃædəʊ) [섀도우].
  일=影 (かげ, kage) [카게]. 중=影子 (yǐngzi) [잉쯔].
- 그립다 (형용사) 영=to be missed (tə bi mɪst) [투 비 미스트].
  일=恋しい (こいしい, koishii) [코이시이].
  중=想念的 (xiǎngniàn de) [샹니앤 더].

- 그만 (부사)　영=just that much (dʒʌst ðæt mʌtʃ) [저스트 댓 머치], stop (stʊp) [스탑].
  일=それまで (それまで, sore made) [소레마데].
  중=就此 (jiùcǐ) [지우츠].
- 그만두다 (동사)　영=quit (kwɪt) [큇], stop (stʊp) [스탑].
  일=やめる (やめる, yameru) [야메루].　중=停止 (tíngzhǐ) [팅즈].
- 그만큼 (부사)　영=that much (ðæt mʌtʃ) [댓 머치].
  일=それほど (それほど, sorehodo) [소레호도].
  중=那么多 (nàme duō) [나머 뚜어].
- 그만하다 (형용사)　영=moderate ('mɒdərət) [모더럿], not too much [낫 투 머치].
  일=それなりだ (それなりだ, sorenari da) [소레나리다].
  중=差不多 (chàbùduō) [차부뚜어]
- 그분 (대명사)　영=he/she (hi/ʃiː) [히/쉬], that person [댓 퍼슨].
  일=あの方 (あのかた, ano kata) [아노카타].　중=那位 (nà wèi) [나 웨이].
- 그사이 (명사)
  영=in the meantime (ɪn ðə 'miːntaɪm) [인 더 민타임].
  일=その間に (そのあいだに, sono aidani) [소노 아이다니].
  중=那段时间 (nà duàn shíjiān) [나 뚜안 스지앤].
- 그야말로 (부사)　영=truly ('truːli) [트루리], literally ('lɪtərəli) [리터럴리].
  일=まさに (まさに, masani) [마사니].　중=简直是 (jiǎnzhí shì) [지앤즈 스].
- 그이 (대명사)　영=he (hiː) [히], that man [댓 맨].
  일=彼 (かれ, kare) [카레].　중=他 (tā) [타].
- 그저 (부사)　영=just (dʒʌst) [저스트], merely ('mɪəli) [미얼리].
  일=ただ (ただ, tada) [타다].　중=只是 (zhǐshì) [즈스].
- 그저께 (명사)　영=the day before yesterday [더 데이 비포 예스터데이].
  일=一昨日 (おととい, ototoi) [오토토이].　중=前天 (qiántiān) [치앤티앤].
- 그전 前 앞 전. (명사)　영=before (bɪ'fɔːr) [비포].
  일=以前 (いぜん, izen) [이젠].　중=以前 (yǐqián) [이치앤].
- 그제서야 (부사)　영=only then ('əʊnli ðen) [온리 덴].
  일=その時になってやっと (そのときになってやっと, sono toki ni natte yatto) [소노 토키니 얏토].
  중=那時才 (nàshí cái) [나스 차이].

- 그제야 (부사) 영=only then ('oʊnli ðen) [온리 덴].
  일=ようやくその時に (ようやくそのときに, yōyaku sono toki ni) [요-야쿠 소노 토키니].
  중=那时才 (nàshí cái) [나스 차이].
- 그중 中 가운데 중. (명사) 영=among them (ə'mʌŋ ðəm) [어멍 덤].
  일=その中で (そのなかで, sono nakade) [소노 나카데].
  중=其中 (qízhōng) [치중].
- 그쪽 (대명사) 영=that side (ðæt saɪd) [댓 사이드], you (formal) [유]
  일=そちら (そちら, sochira) [소치라] 중=你那边 (nǐ nà biān) [니 나비앤].
- 그치다 (동사) 영=stop (stɒp) [스탑], cease (siːs) [시스].
  일=やむ (やむ, yamu) [야무].   중=停止 (tíngzhǐ) [팅즈].
- 그토록 (부사) 영=so much (soʊ mʌtʃ) [소 머치].
  일=あれほど (あれほど, arehodo) [아레호도]. 중=那么 (nàme) [나머].
- 그해 (명사) 영=that year (ðæt jɪə) [댓 이어].
  일=その年 (そのとし, sono toshi) [소노 토시]. 중=那年 (nà nián) [나니앤].
- 극 劇 심할 극. (명사) 영=drama ('drɑːmə) [드라마], play [플레이].
  일=劇 (げき, geki) [게키].   중=戏剧 (xìjù) [시쥐].
- 극복 克服 이길 극, 복종할 복. (명사)
  영=overcoming (ˌoʊvər'kʌmɪŋ) [오버커밍].
  일=克服 (こくふく, kokufuku) [코쿠후쿠]. 중=克服 (kèfú) [커푸].
- 극복하다 克服- 이길 극, 복종할 복. (동사)
  영=to overcome (tu ˌoʊvər'kʌm) [투 오버컴].
  일=克服する (こくふくする, kokufuku suru) [코쿠후쿠 스루].
  중=克服 (kèfú) [커푸].
- 극작가 劇作家 심할 극, 지을 작, 집 가. (명사)
  영=playwright ('pleɪraɪt) [플레이라잇].
  일=劇作家 (げきさっか, gekisakka) [게키삿카].
  중=剧作家 (jùzuòjiā) [쥐쭈어지아].
- 극장 劇場 심할 극, 마당 장. (명사)
  영=theater ('θɪətə) [씨어터].
  일=劇場 (げきじょう, gekijō) [게키죠]. 중=剧场 (jùchǎng) [쥐창].
- 극히 極- 다할 극. (부사) 영=extremely (ɪk'striːmli) [익스트림리].
  일=極めて (きわめて, kiwamete) [키와메테]. 중=极其 (jíqí) [지치].

- 근거 根據 뿌리 근, 근거 거. (명사)
  - 영=basis ('beɪsɪs) [베이시스], grounds [그라운즈].
  - 일=根拠 (こんきょ, konkyo) [콘쿄]. 중=根据 (gēnjù) [껀쥐].
- 근거하다 根據- 뿌리 근, 근거 거. (동사)
  - 영=to be based on (tə biː beɪst ɒn) [투 비 베이스트 온].
  - 일=根拠する (こんきょする, konkyo suru) [콘쿄 스루].
  - 중=根据 (gēnjù) [껀쥐].
- 근교 近郊 가까울 근, 시골 교. (명사)
  - 영=suburb ('sʌbɜːb) [서버브].
  - 일=近郊 (きんこう, kinkō) [킨코-]. 중=郊区 (jiāoqū) [짜오취].
- 근데 (부사) 영=but (bʌt) [벗], however [하우에버].
  - 일=でも (でも, demo) [데모]. 중=但是 (dànshì) [딴스].
- 근래 近來 가까울 근, 올 래. (명사)
  - 영=lately ('leɪtli) [레잇리], recently [리센틀리].
  - 일=近来 (きんらい, kinrai) [킨라이]. 중=近来 (jìnlái) [진라이].
- 근로 勤勞 부지런할 근, 일할 로. (명사)
  - 영=labor ('leɪbər) [레이버].
  - 일=勤労 (きんろう, kinrō) [킨로-]. 중=勤劳 (qínláo) [친라오].
- 근로자 勤勞者 부지런할 근, 일할 로, 놈 자. (명사)
  - 영=worker ('wɜːkər) [워커].
  - 일=勤労者 (きんろうしゃ, kinrōsha) [킨로샤].
  - 중=劳动者 (láodòngzhě) [라오똥저].
- 근무 勤務 부지런할 근, 맡을 무. (명사)
  - 영=duty ('djuːti) [듀티], work [워크].
  - 일=勤務 (きんむ, kinmu) [킨무]. 중=勤務 (gōngzuò) [궁쭈어].
- 근무하다 勤務- 부지런할 근, 맡을 무. (동사)
  - 영=to work (tu wɜːk) [투 워크].
  - 일=勤務する (きんむする, kinmu suru) [킨무 스루].
  - 중=工作 (gōngzuò) [궁쭈어].
- 근본 根本 뿌리 근, 근본 본. (명사)
  - 영=foundation (faʊn'deɪʃən) [파운데이션], root [루트].
  - 일=根本 (こんぽん, konpon) [콘폰].
  - 중=根本 (gēnběn) [껀번].

- 근본적 根本的 뿌리 근, 근본 본, 과녁 적. (명사)
  - 영=fundamental (ˌfʌndəˈmɛntəl) [펀더멘틀].
  - 일=根本的 (こんぽんてき, konponteki) [콘폰테키].
  - 중=根本的 (gēnběndí) [껀번디].
- 근원 根源 뿌리 근, 근원 원. (명사)
  - 영=source (sɔːrs) [소스], origin [오리진].
  - 일=根源 (こんげん, kongen) [콘겐]. 중=根源 (gēnyuán) [껀위앤].
- 근육 筋肉 힘줄 근, 고기 육. (명사) 영=muscle (ˈmʌsəl) [머슬].
  - 일=筋肉 (きんにく, kinniku) [킨니쿠]. 중=肌肉 (jīròu) [지로우].
- 근처 近處 가까울 근, 곳 처. (명사)
  - 영=vicinity (vəˈsɪnɪti) [버시니티], nearby area [니어바이 에어리어].
  - 일=近く (ちかく, chikaku) [치카쿠]. 중=附近 (fùjìn) [푸진].
- 글 (명사) 영=writing (ˈraɪtɪŋ) [라이팅], text [텍스트].
  - 일=文章 (ぶんしょう, bunshō) [분쇼]. 중=文章 (wénzhāng) [원장].
- 글쎄 (감탄사) 영=well... (wɛl) [웰], hmm... [흠].
  - 일=さあ (さあ, sā) [사아]. 중=这个嘛 (zhège ma) [쩌거 마].
- 글쎄요 (감탄사) 영=let me see... (lɛt mi siː) [렛 미 씨].
  - 일=そうですね (そうですね, sō desu ne) [소우 데스네].
  - 중=这个嘛 (zhège ma) [쩌거 마].
- 글쓰기 (명사) 영=writing (ˈraɪtɪŋ) [라이팅].
  - 일=作文 (さくぶん, sakubun) [사쿠분]. 중=写作 (xiězuò) [시에쭈어].
- 글씨 (명사)
  - 영=handwriting (ˈhændˌraɪtɪŋ) [핸드라이팅], letters [레터즈].
  - 일=文字 (もじ, moji) [모지]. 중=字 (zì) [쯔].
- 글자 字 글자 자. (명사) 영=letter (ˈlɛtər) [레터].
  - 일=文字 (もじ, moji) [모지]. 중=字 (zì) [쯔].
- 긁다 (동사)
  - 영=scratch (skrætʃ) [스크래치].
  - 일=ひっかく (hikkaku) [힛카쿠]. 중=抓 (zhuā) [쭈아].
- 금 (명사) 영=line (laɪn) [라인].
  - 일=線 (せん, sen) [센]. 중=线 (xiàn) [시엔].
- 금 金 쇠 금. (명사) 영=gold (goʊld) [골드].
  - 일=金 (きん, kin) [킨]. 중=金 (jīn) [진].

- 금강산 金剛山 쇠 금, 굳셀 강, 메 산. (고유명사)
  영=Mount Geumgang (maʊnt gʊmgɑːŋ) [마운트 금강].
  일=金剛山 (こんごうさん, kongōsan) [콘고-산].
  중=金刚山 (Jīngāngshān) [진깡산].
- 금고 金庫 쇠 금, 곳집 고. (명사) 영=safe (seɪf) [세이프], vault [볼트].
  일=金庫 (きんこ, kinko) [킨코]. 중=金库 (jīnkù) [진쿠].
- 금년 今年 이제 금, 해 년. (명사) . 영=this year (ðɪs jɪr) [디스 이어]
  일=今年 (ことし, kotoshi) [코토시]. 중=今年 (jīnnián) [진니앤].
- 금메달 金medal 쇠 금, 메달. (명사)
  영=gold medal (goʊld ˈmɛdəl) [골드 메달].
  일=金メダル (きんメダル, kin medaru) [킨 메다루].
  중=金牌 (jīnpái) [진파이].
- 금방 今方 이제 금, 모 방. (부사) 영=just now (dʒʌst naʊ) [저스트 나우].
  일=たった今 (たったいま, tatta ima) [탓타 이매]. 중=刚刚 (gānggāng) [깡깡].
- 금세 (부사) 영=soon (suːn) [순], in no time [인 노 타임].
  일=すぐに (sugu ni) [스구니]. 중=马上 (mǎshàng) [마샹].
- 금액 金額 쇠 금, 액수 액. (명사) 영=amount (əˈmaʊnt) [어마운트].
  일=金額 (きんがく, kingaku) [킨가쿠]. 중=金额 (jīn'é) [진어].
- 금연 禁煙 금할 금, 연기 연. (명사)
  영=no smoking (noʊ ˈsmoʊkɪŋ) [노 스모킹].
  일=禁煙 (きんえん, kin'en) [킨엔]. 중=禁烟 (jìnyān) [진옌].
- 금요일 金曜日 쇠 금, 요일 요, 날 일. (명사)
  영=Friday (ˈfraɪdeɪ) [프라이데이].
  일=金曜日 (きんようび, kinyōbi) [킨요비].중=星期五 (xīngqīwǔ) [싱치우].
- 금지 禁止 금할 금, 그칠 지. (명사)
  영=prohibition (proʊəˈbɪʃən) [프로어비션].
  일=禁止 (きんし, kinshi) [킨시]. 중=禁止 (jìnzhǐ) [진즈].
- 금지되다 禁止- 금할 금, 그칠 지. (동사)
  영=be prohibited (biː prəˈhɪbɪtɪd) [비 프로히비티드].
  일=禁止される (きんしされる, kinshi sareru) [킨시 사레루].
  중=被禁止 (bèi jìnzhǐ) [뻬이 진즈].
- 금지하다 禁止- 금할 금, 그칠 지. (동사) 영=prohibit (prəˈhɪbɪt) [프로히빗].
  일=禁止する (きんしする, kinshi suru) [킨시 스루]. 중=禁止 (jìnzhǐ) [진즈].

- 금하다 禁- 금할 금. (동사)　영=forbid (fərˈbɪd) [퍼비드].
  일=禁じる (きんじる, kinjiru) [킨지루].　중=禁止 (jìnzhǐ) [진즈].
- 급 級 등급 급. (명사)　영=level (ˈlevəl) [레벨], grade (ɡreɪd) [그레이드].
  일=級 (きゅう, kyū) [큐].　중=级 (jí) [지].
- 급격히 急激- 급할 급, 사나울 격. (부사)　영=rapidly (ˈræpɪdli) [래피들리].
  일=急激に (きゅうげきに, kyūgeki ni) [큐게키니].
  중=急剧地 (jújù de) [쥐쥐 더].
- 급속히 急速- 급할 급, 빠를 속. (부사)　영=swiftly (ˈswɪftli) [스위프트리].
  일=急速に (きゅうそくに, kyūsoku ni) [큐소쿠니].
  중=迅速地 (xùnsù de) [쉰쑤 더].
- 급증하다 急增- 급할 급, 더할 증. (동사)
  영=soar (sɔːr) [소어], surge (sɜːrdʒ) [서지].
  일=急増する (きゅうぞうする, kyūzō suru) [큐조 스루].
  중=激增 (jīzēng) [지쩡].
- 급하다 急- 급할 급. (형용사).　영=urgent (ˈɜːrdʒənt) [얼전트]
  일=急だ (きゅうだ, kyū da) [큐다].　중=紧急 (jǐnjí) [진지].
- 급히 急- 급할 급. (부사)　영=hastily (ˈheɪstɪli) [헤이스틸리].
  일=急いで (いそいで, isoide) [이소이데].
  중=急忙地 (jímáng de) [지망 더].
- 긋다 (동사)　영=draw a line (drɔː ə laɪn) [드로 어 라인].
  일=線を引く (せんをひく, sen o hiku) [센오히쿠].
  중=划线 (huàxiàn) [화시앤].
- 긍정적 肯定的 즐길 긍, 정할 정. (명사)　영=positive (ˈpɑːzətɪv) [퍼지티브].
  일=肯定的 (こうていてき, kōteiteki) [코테이테키] .
  중=肯定的 (kěndìng de) [컨딩 더].
- 기 旗 기 기. (명사)　영=flag (flæɡ) [플래그].
  일=旗 (はた, hata) [하다].　중=旗帜 (qízhì) [치즈].
- 기 氣 기운 기. (명사)　영=energy (ˈenərdʒi) [에너지].
  일=気 (き, ki) [키].　중=气 (qì) [치].
- 기간 期間 기약할 기, 사이 간. (명사)　영=period (ˈpɪriəd) [피리어드].
  일=期間 (きかん, kikan) [키칸].　중=期间 (qījiān) [치지앤].
- 기계 機械 틀 기, 기계 계. (명사)　영=machine (məˈʃiːn) [머신].
  일=機械 (きかい, kikai) [키카이].　중=機械 / 机械 (jīxiè) [지시에].

- 기관 機關 틀 기, 빗장 관. (명사)
    영=organization (ˌɔːrɡənaɪˈzeɪʃən) [오거나이제이션].
    일=機関 (きかん, kikan) [키칸]. 중=机关 (jīguān) [지관].
- 기구 器具 그릇 기, 갖출 구. (명사) 영=utensil (juːˈtensl) [유텐슬].
    일=器具 (きぐ, kigu) [키구]. 중=器具 (qìjù) [치쥐].
- 기구 機構 틀 기, 얽을 구. (명사)
    영=organization (ˌɔːrɡənaɪˈzeɪʃən) [오거나이제이션].
    일=機構 (きこう, kikō) [키코-]. 중=机构 (jīgòu) [지고우].
- 기기 機器 틀 기, 그릇 기. (명사)
    영=device (dɪˈvaɪs) [디바이스], equipment (ɪˈkwɪpmənt) [이퀴프먼트].
    일=機器 (きき, kiki) [키키]. 중=機器 / 机器 (jīqì) [지치].
- 기념 記念 기록할 기, 생각 념. (명사)
    영=commemoration (kəˌeməˈreɪʃən) [커메머레이션].
    일=記念 (きねん, kinen) [키넨]. 중=纪念 (jìniàn) [찌니앤].
- 기념일 記念日 기록할 기, 생각 념, (명사)
    영=anniversary (ˌænɪˈvɜːrsəri) [애너버서리] .
    일=記念日 (きねんび, kinenbi) [키넨비]. 중=纪念日 (jìniànrì) [찌니앤르].
- 기념품 記念品 기록할 기, 생각 념, 물건 품. (명사)
    영=souvenir (ˌsuːvəˈnɪr) [수버니어].
    일=記念品 (きねんひん, kinenhin) [키넨힌] .
    중=纪念品 (jìniànpǐn) [찌니앤핀].
- 기념하다 記念- 기록할 기, 생각 념. (동사)
    영=commemorate (kəˈeməreɪt) [커메머레이트].
    일=記念する (きねんする, kinen suru) [키넨 스루]. 중=纪念 (jìniàn) [찌니앤]
- 기능 技能 재주 기, 능할 능. (명사) 영=skill (skɪl) [스킬].
    일=技能 (ぎのう, ginō) [기노-]. 중=技能 (jìnéng) [찌넝].
- 기능 機能 틀 기, 능할 능. (명사) 영=function (ˈfʌŋkʃən) [펑크션].
    일=機能 (きのう, kinō) [키노-].
    중=機能 / 功能 (jīnéng / gōngnéng) [지넝 / 꿍넝].
- 기다 (동사) 영=wait (weɪt) [웨이트].
    일=待つ (まつ, matsu) [마츠]. 중=等 (děng) [덩].
- 기다리다 (동사) 영=wait for (weɪt fɔːr) [웨잇 포어].
    일=待つ (まつ, matsu) [마츠]. 중=等候 (děnghòu) [덩호우].

- 기대 期待 바랄 기, 기다릴 대. (명사)
  - ㉢=expectation (ˌekspekˈteɪʃən) [엑스펙테이션].
  - ㉡=期待 (きたい, kitai) [키타이].　㊥=期待 (qīdài) [치따이]].
- 기대다 (동사)　㉢=lean (liːn) [린].
  - ㉡=寄りかかる (よりかかる, yorikakaru) [요리카카루].　㊥=靠 (kào) [카오].
- 기대되다 期待- 바랄 기, 기다릴 대. (동사)
  - ㉢=be expected (bi ɪkˈspektɪd) [비 익스펙티드].
  - ㉡=期待される (きたいされる, kitai sareru) [키타이 사례루].
  - ㊥=被期待 (bèi qīdài) [뻬이 치따이]].
- 기대하다 期待- 바랄 기, 기다릴 대. (동사)　㉢=expect (ɪkˈspekt) [익스펙트].
  - ㉡=期待する (きたいする, kitai suru) [키타이 스루].　㊥=期待 (qīdài) [치따이]].
- 기도 祈禱 빌 기, 빌 도. (명사)　㉢=prayer (prɛər) [프레어].
  - ㉡=祈り (いのり, inori) [이노리].　㊥=祈祷 (qídǎo) [치따오].
- 기도하다 祈禱- 빌 기, 빌 도. (동사)　㉢=pray (preɪ) [프레이].
  - ㉡=祈る (いのる, inoru) [이노루].　㊥=祈祷 (qídǎo) [치따오].
- 기독교 基督敎 터 기, 벗 독, 가르칠 교. (명사)
  - ㉢=Christianity (ˌkrɪstʃiˈænəti) [크리스처내너티].
  - ㉡=キリスト教 (きりすときょう, kirisuto-kyō) [키리스토쿄-].
  - ㊥=基督教 (jīdūjiào) [지두지아오].
- 기둥 (명사)　㉢=pillar (ˈpɪlər) [필러].
  - ㉡=柱 (はしら, hashira) [하시라].　㊥=柱子 (zhùzi) [쭈쯔].
- 기록 記錄 기록할 기, 기록할 록. (명사)　㉢=record (ˈrekərd) [레커드].
  - ㉡=記録 (きろく, kiroku) [키로쿠].　㊥=记录 (jìlù) [찌루].
- 기록되다 記錄- 기록할 기, 기록할 록. (동사)
  - ㉢=be recorded (bi rɪˈkɔːrdɪd) [비 리코디드].
  - ㉡=記録される (きろくされる, kiroku sareru) [키로쿠 사례루].
  - ㊥=被记录 (bèi jìlù) [뻬이 찌루].
- 기록하다 記錄- 기록할 기, 기록할 록. (동사)
  - ㉢=record (rɪˈkɔːrd) [리코드].
  - ㉡=記録する (きろくする, kiroku suru) [키로쿠 스루].
  - ㊥=记录 (jìlù) [찌루].
- 기르다 (동사)　㉢=raise (reɪz) [레이즈], grow (groʊ) [그로우].
  - ㉡=育てる (そだてる, sodateru) [소다테루].　㊥=养育 (yǎngyù) [양위].

- 기름 (명사)　영=oil (ɔɪl) [오일].
　　일=油 (あぶら, abura) [아부라].　　중=油 (yóu) [여우].
- 기막히다 氣- 기운 기. (형용사)　영=absurd (əb'sɜːrd) [업서드],
　　　　　　　　　　　　　　unbelievable (ˌʌnbɪ'liːvəbl) [언빌리버블].
　　일=あきれる (akireru) [아키레루].　　중=荒唐 (huāngtáng) [황탕].
- 기법 技法 재주 기, 법 법. (명사)　영=technique (tek'niːk) [테크닉].
　　일=技法 (ぎほう, gihō) [기호-]　　중=技法 (jìfǎ) [찌파].
- 기본 基本 터 기, 근본 본. (명사)
　　영=foundation (faʊn'deɪʃən) [파운데이션], basis ('beɪsɪs) [베이시스].
　　일=基本 (きほん, kihon) [기혼].　중=基本 (jīběn) [지번].
- 기본적 基本的 터 기, 근본 본, 과녁 적. (명사)　영=basic ('beɪsɪk) [베이식].
　　일=基本的 (きほんてき, kihonteki) [기혼테키].중=基本的 (jīběn de) [지번 더].
- 기분 氣分 기운 기, 나눌 분. (명사)　영=mood (muːd) [무드].
　　일=気分 (きぶん, kibun) [기분].　중=气分 (qìfēn) [치펀].
- 기뻐하다 (동사)　영=be pleased (bi pliːzd) [비 플리즈드],
　　　　　　　　　　rejoice (rɪ'dʒɔɪs) [리조이스].
　　일=喜ぶ (よろこぶ, yorokobu) [요로코부].
　　중=高兴 (gāoxìng) [까오싱].
- 기쁘다 (형용사)
　　영=be glad (bi ɡlæd) [비 글래드], be happy (bi 'hæpi) [비 해피].
　　일=うれしい (ureshii) [우레시이].　중=高兴 (gāoxìng) [까오싱].
- 기쁨 (명사)
　　영=joy (dʒɔɪ) [조이], pleasure ('plɛʒər) [플레져].
　　일=喜び (よろこび, yorokobi) [요로코비].중=喜悦 (xǐyuè) [시유에].
- 기사 記事 기록할 기, 일 사. (명사)　영=article ('ɑːrtɪkl) [아티클],
　　　　　　　　　　　　　news story (njuːz 'stɔːri) [뉴스 스토리].
　　일=記事 (きじ, kiji) [키지].중=新闻报道 (xīnwén bàodào) [신원 빠오따오].
- 기사 技士 재주 기, 선비 사. (명사)　영=engineer (ˌɛndʒə'nɪr) [엔지니어],
　　　　　　　　　　　　　technician (tɛk'nɪʃən) [테크니션].
　　일=技士 (ぎし, gishi) [기시].　중=技士 (jìshì) [찌스].
- 기성 旣成 이미 기, 이룰 성. (명사)
　　영=establishment (ɪ'stæblɪʃmənt) [이스태블리시먼트].
　　일=旣成 (きせい, kisei) [키세이].　중=旣成 (jìchéng) [찌청].

•기성세대 旣成世代 이미 기, 이룰 성, 인간 세, 대신할 대. (명사)
[영]=older generation (ˈoʊldər ˌʤɛnəˈreɪʃən) [올더 제너레이션].
[일]=既成世代 (きせいせだい, kisei sedai) [키세이 세다이].
[중]=既成世代 (jìchéng shìdài) [찌청 스따이].
•기숙사 寄宿舍 부칠 기, 잘 숙, 집 사. (명사)
[영]=dormitory (ˈdɔːrmɪˌtɔːri) [도어미토리].
[일]=寮 (りょう, ryō) [료-]. [중]=宿舍 (sùshè) [쑤셔].
•기술 技術 재주 기, 재주 술. (명사)
[영]=technology (tɛkˈnɑːlədʒi) [테크놀로지], skill (skɪl) [스킬].
[일]=技術 (ぎじゅつ, gijutsu) [기쥬츠]. [중]=技术 (jìshù) [찌슈]
•기술자 技術者 재주 기, 재주 술, 놈 자. (명사)
[영]=technician (tɛkˈnɪʃən) [테크니션], engineer (ˌɛnʤəˈnɪr) [엔지니어].
[일]=技術者 (ぎじゅつしゃ, gijutsusha) [기쥬츠샤].
[중]=技术人员 (jìshù rényuán) [찌슈 런위앤].
•기술하다 記述- 기록할 기, 펼 술. (동사)
[영]=describe (dɪˈskraɪb) [디스크라이브].
[일]=記述する (きじゅつする, kijutsu suru) [키쥬츠 스루].
[중]=记述 (jìshù) [찌슈].
•기억 記憶 기록할 기, 생각할 억. (명사)
[영]=memory (ˈmɛməri) [메모리].
[일]=記憶 (きおく, kioku) [키오쿠]. [중]=记忆 (jìyì) [찌이].
•기억나다 記憶- 기록할 기, 생각할 억. (동사)
[영]=come to mind (kʌm tuː maɪnd) [컴 투 마인드].
[일]=思い出す (おもいだす, omoidasu) [오모이다스].
[중]=想起来 (xiǎng qǐlái) [샹치라이].
•기억되다 記憶- 기록할 기, 생각할 억. (동사)
[영]=be remembered (bi rɪˈmɛmbərd) [비 리멤버드].
[일]=記憶される (きおくされる, kioku sareru) [키오쿠 사레루].
[중]=被记住 (bèi jì zhù) [뻬이 찌 쭈].
•기억하다 記憶- 기록할 기, 생각할 억. (동사)
[영]=remember (rɪˈmɛmbər) [리멤버].
[일]=記憶する (きおくする, kioku suru) [키오쿠 스루].
[중]=记住 (jì zhù) [찌 쭈].

- 기업 企業 일 기, 업 업. (명사)　영=enterprise (ˈɛntərˌpraɪz) [엔터프라이즈], company (ˈkʌmpəni) [컴퍼니].
  일=企業 (きぎょう, kigyō) [키교-].　　중=企业 (qǐyè) [치예].
- 기업인 企業人 일 기, 업 업, 사람 인. (명사)
  영=businessperson (ˈbɪznɪsˌpɜːrsən) [비즈니스퍼슨].
  일=企業人 (きぎょうじん, kigyōjin) [키교진].　중=企业人 (qǐyè rén) [치예 런].
- 기여 寄與 부칠 기, 줄 여. (명사)
  영=contribution (ˌkɒntrɪˈbjuːʃnl) [컨트리뷰션].
  일=貢獻 (こうけん, kōken) [코-켄].　중=贡献 (gòngxiàn) [꽁시앤].
- 기여하다 寄與- 부칠 기, 줄 여. (동사)
  영=contribute (kənˈtrɪbjuːt) [컨트리뷰트].
  일=貢獻する (こうけんする, kōken suru) [코-켄 스루].
  중=贡献 (gòngxiàn) [꽁시앤].
- 기온 氣溫 기운 기, 따뜻할 온. (명사)
  영=temperature (ˈtɛmpərətʃər) [템퍼러처].
  일=気温 (きおん, kion) [키온].　중=气温 (qìwēn) [치웬].
- 기운 (명사)
  영=energy (ˈɛnərdʒi) [에너지], strength (strɛŋθ) [스트렝쓰].
  일=気力 (きりょく, kiryoku) [키료쿠], 元気 (げんき, genki) [겐키].
  중=气力 (qìlì) [치리].
- 기울다 (동사)　영=tilt (tɪlt) [틸트], lean (liːn) [린].
  일=傾く (かたむく, katamuku) [카타무쿠].　중=倾斜 (qīngxié) [칭시에].
- 기울이다 (동사)　영=tilt, incline (ɪnˈklaɪn) [인클라인].
  일=傾ける (かたむける, katamukeru) [카타무케루].　중=倾注 (qīngzhù) [칭쥐].
- 기원 起源 일어날 기, 근원 원. (명사)　영=origin (ˈɒrɪdʒɪn) [오리진].
  일=起源 (きげん, kigen) [키겐].　중=起源 (qǐyuán) [치위앤].
- 기원전 紀元前 기록할 기, 으뜸 원, 앞 전. (명사)
  영=BC (Before Christ) [비씨].
  일=紀元前 (きげんぜん, kigenzen) [키겐젠].
  중=公元前 (gōngyuánqián) [꽁위앤치앤].
- 기자 記者 기록할 기, 놈 자. (명사)　영=reporter (rɪˈpɔːrtər) [리포터], journalist (ˈdʒɜːrnəlɪst) [저널리스트].
  일=記者 (きしゃ, kisha) [키샤].　중=记者 (jìzhě) [찌쪄].

- 기적 奇跡 기이할 기, 발자국 적. (명사)
  영=miracle ('mɪrəkl) [미러클].
  일=奇跡 (きせき, kiseki) [키세키].　중=奇迹 (qíjì) [치지].
- 기준 基準 터 기, 법도 준. (명사)　영=standard ('stændərd) [스탠더드],
　　　　　　　　　　　　　criterion (kraɪ'tɪəriən) [크라이티어리언].
  일=基準 (きじゅん, kijun) [키쥰].　중=标准 (biāozhǔn) [뱌오쥔].
- 기차 汽車 수증기 기, 수레 차. (명사)
  영=train (treɪn) [트레인].
  일=汽車 (きしゃ, kisha) [키샤].　중=火车 (huǒchē) [휘처].
- 기초 基礎 터 기, 주춧돌 초. (명사)
  영=foundation (faʊn'deɪʃən) [파운데이션], basis ('beɪsɪs) [베이시스].
  일=基礎 (きそ, kiso) [키소].　중=基础 (jīchǔ) [지추].
- 기초적 基礎的 터 기, 주춧돌 초, 과녁 적. (명사) 영=basic ('beɪsɪk) [베이식].
  일=基礎的 (きそてき, kisoteki) [키소테키].　중=基础的 (jīchǔ de) [지추 데].
- 기초하다 基礎- 터 기, 주춧돌 초. (동사)
  영=base (on) (beɪs) [베이스], found (faʊnd) [파운드].
  일=基礎する (きそする, kiso suru) [키소스루].
  중=以…为基础 (yǐ…wéi jīchǔ) [이…웨이 지추].
- 기침 (명사)　영=cough (kɔːf) [코프].
  일=咳 (せき, seki) [세키].　중=咳嗽 (késou) [커서우].
- 기타 (명사)　영=guitar (gɪ'tɑːr) [기타].
  일=ギター (ぎたー, gitā) [기타-].　중=吉他 (jítā) [지타].
- 기타 其他 그 기, 다를 타. (명사)
  영=etcetera (et'setərə) [엣세터러], others ('ʌðəz) [어더즈].
  일=その他 (そのた, sonota) [소노타].　중=其他 (qítā) [치타].
- 기호 記號 기록할 기, 부를 호. (명사)　영=symbol ('sɪmbəl) [심벌].
  일=記号 (きごう, kigō) [키고-].　중=记号 (jìhào) [찌하오].
- 기혼 旣婚 이미 기, 혼인할 혼. (명사)
  영=married status ('mærid) [매리드].
  일=既婚 (きこん, kikon) [키콘].　중=已婚 (yǐhūn) [이훈].
- 기회 機會 틀 기, 만날 회. (명사)
  영=opportunity (ɒpə'tjuːnəti) [아퍼튜너티].
  일=機会 (きかい, kikai) [키카이].　중=机会 (jīhuì) [지후이].

- 기획 企劃 꾀할 기, 꾀할 획. (명사)
  - 영=planning ('plænɪŋ) [플래닝], project ('prɒdʒɛkt) [프로젝트].
  - 일=企画 (きかく, kikaku) [키카쿠]. 중=企划 (qǐhuà) [치화].
- 기후 氣候 기운 기, 때 후. (명사) 영=climate ('klaɪmət) [클라이멋].
  - 일=気候 (きこう, kikō) [키코-]. 중=气候 (qìhòu) [치호우].
- 긴급 緊急 팽팽할 긴, 급할 급. (명사) 영=emergency (ɪˈmɜːdʒənsi) [이머전시].
  - 일=緊急 (きんきゅう, kinkyū) [킨큐-]. 중=紧急 (jǐnjí) [진지].
- 긴장 緊張 팽팽할 긴, 당길 장. (명사) 영=tension ('tenʃən) [텐션].
  - 일=緊張 (きんちょう, kinchō) [킨초-] 중=紧张 (jǐnzhāng) [진장].
- 긴장감 緊張感 팽팽할 긴, 당길 장, 느낄 감. (명사)
  - 영=sense of tension (sens əv 'tenʃən) [센스 오브 텐션].
  - 일=緊張感 (きんちょうかん, kinchōkan) [킨초칸].
  - 중=紧张感 (jǐnzhāng gǎn) [진장 깐].
- 긴장되다 緊張- 팽팽할 긴, 당길 장. (동사)
  - 영=become nervous (bɪˈkʌm ˈnɜːvəs) [비컴 너버스].
  - 일=緊張する (きんちょうする, kinchō suru) [킨초스루] .
  - 중=紧张起来 (jǐnzhāng qǐlái) [진장 치라이].
- 긴장하다 緊張- 팽팽할 긴, 당길 장. (동사)
  - 영=be nervous (bi ˈnɜːvəs) [비 너버스].
  - 일=緊張する (きんちょうする, kinchō suru) [킨초스루].
  - 중=感到紧张 (gǎndào jǐnzhāng) [간다오 진장].
- 길 (명사) 영=road, way (roʊd, weɪ) [로드, 웨이].
  - 일=道 (みち, michi) [미치]. 중=路 (lù) [루].
- 길가 (명사) .영=roadside (roʊdˌsaɪd) [로드사이드]
  - 일=道端 (みちばた, michibata) [미치바타]. 중=路边 (lùbiān) [루비앤].
- 길거리 (명사) 영=street (striːt) [스트리트].
  - 일=通り (とおり, tōri) [토-리]. 중=街上 (jiēshàng) [지에샹].
- 길다 (형용사) 영=long (lɔːŋ) [롱].
  - 일=長い (ながい, nagai) [나가이]. 중=长 (cháng) [창].
- 길어지다 (동사)
  - 영=become longer (bɪˈkʌm ˈlɔːŋgə) [비컴 롱거].
  - 일=長くなる (ながくなる, nagaku naru) [나가쿠 나루].
  - 중=变长 (biàn cháng) [벤 창].

- 길이 (명사)　영=length (leŋθ) [렝스].
　　일=長さ (ながさ, nagasa) [나가사].　　중=长度 (chángdù) [창두].
- 김 (의존명사) 말이 나온 김에
　　영=opportunity, occasion (əˌkeɪʒən) [어케이전].
　　일=ついで (ついで, tsuide) [츠이데].　　중=趁 (chèn) [천].
- 김 蒸氣 찔 증, 기운 기. (명사) 김이 나다　영=steam (stiːm) [스팀].
　　일=湯気 (ゆげ, yuge) [유게].　　중=蒸汽 (zhēngqì) [쩡치].
- 김 海苔 (명사) 김을 먹다　영=laver ('leɪvər) [레이버].
　　일=海苔 (のり, nori) [노리].　　중=紫菜 (zǐcài) [쯔차이].
- 김밥 (명사)　영=gimbap ('gɪmbɑːp) [김밥].
　　일=キンパ (きんぱ, kinpa) [킨파].　중=紫菜包饭 (zǐcài bāofàn) [쯔차이 빠오판].
- 김치 (명사)　영=kimchi ('kɪmtʃi) [김치].
　　일=キムチ (きむち, kimuchi) [키무치].　중=泡菜 (pàocài) [파오차이]
- 김치찌개 (명사)　영=kimchi stew ('kɪmtʃi stuː) [김치 스튜].
　　일=キムチチゲ (きむちちげ, kimuchi chige) [키무치치게].
　　중=泡菜锅 (pàocài guō) [파오차이 꿔].
- 김포공항 金浦空港 쇠 금, 개보 금, 빌 공, 항구 항. (고유명사)
　　영=Gimpo Airport ('gɪmpoʊ 'ɛərpɔːrt) [김포 에어포트].
　　일=金浦空港 (きんぽくうこう, Kinpo kūkō) [킨포 쿠코].
　　중=金浦机场 (Jīnpǔ jīchǎng) [진푸 지창].
- 깊다 (형용사)　영=deep (diːp) [딥].
　　일=深い (ふかい, fukai) [후카이].　　중=深 (shēn) [션].
- 깊숙이 (부사)　영=deep inside (diːp ɪn'saɪd) [딥 인사이드].
　　일=奥深く (おくふかく, okufukaku) [오쿠후카쿠] .
　　중=深深地 (shēnshēn de) [션션 더].
- 깊이 (명사)　영=depth (depθ) [뎁스].
　　일=深さ (ふかさ, fukasa) [후카사].　　중=深度 (shēndù) [션두].
- 깊이 (부사)　영=deeply ('diːpli) [딥리].
　　일=深く (ふかく, fukaku) [후카쿠].　중=深入地 (shēnrù de) [션루 더].
- 까다 (동사)　영=to peel (piːl) [필].
　　일=皮をむく (かわをむく, kawa o muku) [카와오무쿠].중=剥 (bāo) [빠오].
- 까닭 (명사)　영=reason ('riːzn) [리즌].
　　일=理由 (りゆう, riyū) [리유].　　중=原因 (yuányīn) [위앤인].

- 까만색 (명사)　영=black (blæk) [블랙].
  - 일=黒色 (くろいろ, kuroi ro) [쿠로이로].　중=黑色 (hēisè) [헤이써].
- 까맣다 (형용사)　영=black (blæk) [블랙].
  - 일=真っ黒だ (まっくろだ, makkuro da) [맛쿠로다].
  - 중=黑黝黝的 (hēiyōuyōu de) [헤이요우요우 더].
- 까먹다 (동사)　영=to forget (fə'get) [퍼겟].
  - 일=忘れる (わすれる, wasureru) [와스레루].　중=忘记 (wàngjì) [왕지].
- 까치 (명사)　영=magpie ('mæg,paɪ) [매그파이].
  - 일=カササギ (かささぎ, kasasagi) [카사사기].　중=喜鹊 (xǐquè) [시췌].
- 깍두기 (명사)　영=kkakdugi (cubed radish kimchi) ('kɑːkduːgi) [깍두기].
  - 일=カクトゥギ (かくとぅぎ, kakutugi) [카쿠투기].
  - 중=萝卜泡菜 (luóbo pàocài) [뤄보 파오차이].
- 깎다 (동사)　영=to cut, to shave (ʃeɪv) [컷, 셰이브].
  - 일=削る (けずる, kezuru) [케즈루].　중=削 (xuē) [쉐].
- 깔끔하다 (형용사)　영=neat, tidy (niːt, 'taɪdi) [니트, 타이디].
  - 일=きちんとしている (kichinto shite iru) [키친토 시테 이루].
  - 중=整洁 (zhěngjié) [정제].
- 깔다 (동사)　영=to spread, to lay (leɪ) [레이].
  - 일=敷く (しく, shiku) [시쿠].　중=铺 (pū) [푸].
- 깔리다 (동사)
  - 영=be spread [spread] (sprɛd) [스프레드].
  - 일=敷かれる (しかれる, shikareru) [시카레루].　중=被铺 (bèi pū) [뻬이 푸].
- 깜빡 (부사)　영=momentarily, absentmindedly
  - (ˌmæmənˈtɛrəli, ˌæbsəntˈmaɪndɪdli) [맘먼태럴리, 앱선트마인딛리]
  - 일=うっかり (ukkari) [웃카리].　중=一时忘记 (yīshí wàngjì) [이스 왕지].
- 깜짝 (부사)　영=suddenly ('sʌdənli) [서든리].
  - 일=びっくり (bikkuri) [빗쿠리].　중=吓一跳 (xià yī tiào) [샤 이 티아오].
- 깡패 (명사)　영=gangster ('gæŋstər) [갱스터].
  - 일=ヤクザ (やくざ, yakuza) [야쿠자].　중=流氓 (liúmáng) [리우망].
- 깨끗이 (부사)　영=cleanly ('kliːnli) [클린리].
  - 일=きれいに (kirei ni) [키레이니].　중=干净地 (gānjìng de) [간징 더].
- 깨끗하다 (형용사)　영=clean (kliːn) [클린].
  - 일=きれいだ (きれいだ, kirei da) [키레이다].　중=干净 (gānjìng) [간징].

- 깨끗해지다 (동사) 영=to become clean [투 비컴 클린].
  일=きれいになる (kirei ni naru) [키레이니 나루].
  중=变干净 (biàn gānjìng) [비앤 간징].
- 깨다 (동사) 그릇을 ~ 영=to break (breɪk) [브레이크].
  일=壊す (こわす, kowasu) [코와스].　　중=打破 (dǎpò) [다포].
- 깨다 (동사) 술이 ~ 영=to sober up ('səʊbər ʌp) [소버럽].
  일=酔いがさめる (よいがさめる, yoi ga sameru) [요이가 사메루].
  중=酒醒 (jiǔxǐng) [지우싱].
- 깨닫다 (동사) 영=to realize (riːəlaɪz) [리얼라이즈].
  일=気づく (きづく, kizuku) [키즈쿠]. 중=意识到 (yìshí dào) [이스다오].
- 깨달음 (명사) 영=realization (riːələ'zeɪʃn) [리얼러제이션].
  일=悟り (さとり, satori) [사토리]. 중=领悟 (lǐngwù) [링우].
- 깨뜨리다 (동사) 영=to smash (smæʃ) [스매시].
  일=壊す (こわす, kowasu) [코와스]. 중=打碎 (dǎsuì) [다수이].
- 깨소금 (명사) 영=ground sesame with salt
            (graʊnd 'sesəmi wɪð sɔːlt) [그라운드 세서미 위드 솔트].
  일=すりごま塩 (すりごましお, surigoma shio) [스리고마시오].
  중=芝麻盐 (zhīma yán) [쯔마옌].
- 깨어나다 (동사) 영=to wake up (weɪk ʌp) [웨이크 업].
  일=目を覚ます (めをさます, me o samasu) [메오 사마스].
  중=醒来 (xǐnglái) [싱라이].
- 깨어지다 (동사) 영=to be broken ('brəʊkən) [브로큰].
  일=壊れる (こわれる, kowareru) [코와레루].
  중=被打破 (bèi dǎpò) [뻬이 다포].
- 깨우다 (동사) 영=to wake someone up (weɪk 'sʌmwʌn ʌp)
              [웨이크 썸원 업].
  일=起こす (おこす, okosu) [오코스].　　중=叫醒 (jiàoxǐng) [지아오싱].
- 깨지다 (동사)
  영=to crack, to be broken (kræk) [크랙].
  일=壊れる (こわれる, kowareru) [코와레루].
  중=破裂 (pòliè) [포리에].
- 꺼내다 (동사) 영=to take out (teɪk aʊt) [테이크 아웃].
  일=取り出す (とりだす, toridasu) [토리다스]. 중=拿出 (náchū) [나추].

- 꺼지다 (동사) 불이 ~ 영=to go out (fire) (gəʊ aʊt) [고우 아웃].
  일=消える (きえる, kieru) [키에루]. 중=熄灭 (xīmiè) [시미에].
- 꺾다 (동사) 영=to break (bent object) (brɛk) [브렉].
  일=折る (おる, oru) [오루]. 중=折断 (zhéduàn) [저돤].
- 껌 (명사) 영=chewing gum ('tʃuːɪŋ gʌm) [츄잉 검].
  일=ガム (がむ, gamu) [가무]. 중=口香糖 (kǒuxiāngtáng) [코우시앙탕].
- 껍질 (명사) 영=peel, skin (piːl) [필].
  일=皮 (かわ, kawa) [카와]. 중=皮 (pí) [피].
- 꼬리 (명사) 영=tail (teɪl) [테일].
  일=尾 (しっぽ, shippo) [싯포]. 중=尾巴 (wěiba) [웨이바].
- 꼬마 (명사) 영=child, kid (tʃaɪld, kɪd) [차일드, 키드].
  일=子供 (こども, kodomo) [고도모]. 중=小孩 (xiǎohái) [샤오하이].
- 꼭 (부사) 반드시 영=surely, certainly ('sɜːtənli) [서튼리].
  일=必ず (かならず, kanarazu) [카나라즈]. 중=一定 (yídìng) [이딩].
- 꼭 (부사) 힘을 주는 모양 영=tightly ('taɪtli) [타이틀리].
  일=しっかり (shikkari) [싯카리]. 중=紧紧地 (jǐn jǐn de) [진진 더].
- 꼭대기 (명사) 영=top, summit (tɑːp, 'sʌmɪt) [탑, 서밋].
  일=頂上 (ちょうじょう, chōjō) [쵸-죠-]. 중=顶端 (dǐngduān) [딩뚜안].
- 꼴 (명사) 모양새
  영=appearance, shape (ə'pɪərəns, ʃeɪp) [어피어런스, 셰이프].
  일=姿 (すがた, sugata) [스가타]. 중=模样 (múyàng) [무양].
- 꼼꼼하다 (형용사) 영=meticulous (mə'tɪkjələs) [머티큘러스].
  일=几帳面だ (きちょうめんだ, kichōmenda) [키쵸-멘다].
  중=细心的 (xìxīn de).
- 꼼짝 (부사) 영=budge, move slightly (bʌdʒ) [버지].
  일=身動き (みうごき, miugoki) [미우고키]. 중=动弹 (dòngtán) [뚱탄].
- 꼽히다 (동사) 영=to be counted (k'aʊntɪd) [카운티드].
  일=数えられる (かぞえられる, kazoerareru) [카조에라레루].
  중=被数在内 (bèi shǔ zàinèi) [뻬이 슈 짜이네이].
- 꽂다 (동사) 영=to stick in (stɪk) [스틱].
  일=差す (さす, sasu) [사스]. 중=插入 (chārù) [차루].
- 꽃 (명사) 영=flower ('flaʊər) [플라워].
  일=花 (はな, hana) [하나]. 중=花 (huā) [화].

- 꽃병 (명사) 영=vase (veɪs) [베이스].
  일=花瓶 (かびん, kabin) [카빈]. 중=花瓶 (huāpíng) [화핑].
- 꽃씨 (명사) 영=flower seed ('flaʊər siːd) [플라워 시드].
  일=花の種 (はなのたね, hana no tane) [하나노 타네]. 중=花种 (huāzhǒng) [화중].
- 꽃잎 (명사) 영=petal ('petl) [페틀].
  일=花びら (はなびら, hanabira) [하나비라]. 중=花瓣 (huābàn) [화반].
- 꽉 (부사) 영=tightly, firmly ('taɪtli, 'fɜːrmli) [타이틀리, 펌리].
  일=ぎゅっと (gyutto) [규톳]. 중=紧紧地 (jǐn jǐn de) [진진 데].
- 꽤 (부사) 꽤. 영=quite (kwaɪt) [콰잇].
  일=かなり (かなり, kanari) [카나리]. 중=相当 (xiāngdāng) [샹당].
- 꾸다 (동사) 꿈을 ~ 영=to dream (driːm) [드림].
  일=夢を見る (ゆめをみる, yume o miru) [유메오 미루].
  중=做梦 (zuòmèng) [쭈어멍].
- 꾸다 (동사) 돈을 ~ 영=to borrow ('bɒrəʊ) [보로우].
  일=借りる (かりる, kariru) [카리루]. 중=借 (jiè) [찌에].
- 꾸리다 (동사) 영=to pack, manage (pæk, 'mænɪdʒ) [팩, 매니지].
  일=まとめる (まとめる, matomeru) [마토메루]. 중=打理 (dǎlǐ) [따리].
- 꾸미다 (동사) 영=to decorate, fabricate ('dekəreɪt, 'fæbrɪkeɪt)
   [데커레이트, 패브리케이트].
  일=飾る (かざる, kazaru) [카자루]. 중=装饰 (zhuāngshì) [쫭스].
- 꾸준하다 (형용사)
  영=steady, constant ('stedi, 'kɒnstənt) [스테디, 콘스턴트].
  일=着実だ (ちゃくじつだ, chakujitsu da) [차쿠지츠다].
  중=持续的 (chíxù de) [츠쉬 데].
- 꾸준히 (부사) 영=steadily ('stɛdɪli) [스테딜리].
  일=着実に (ちゃくじつに, chakujitsu ni) [차쿠지츠니].
  중=持续的 (chíxù de) [츠쉬 데].
- 꾸중 (명사) 영=scolding ('skoʊldɪŋ) [스콜딩].
  일=叱責 (しっせき, shisseki) [싯세키]. 중=訓斥 (xùnchì) [쉰츠].
- 꿀 (명사) 영=honey ('hʌni) [허니].
  일=はちみつ (hachimitsu) [하치미츠]. 중=蜂蜜 (fēngmì) [펑미].
- 꿈 (명사) 영=dream (driːm) [드림].
  일=夢 (ゆめ, yume) [유메]. 중=夢 (mèng) [멍]..

- **꿈꾸다 (동사)** 영=to dream (driːm) [드림].
  일=夢見る (ゆめみる, yumemiru) [유메미루]. 중=做夢 (zuòmèng) [쭈어멍].
- **꿈속 (명사)** 영=in a dream (ɪn ə driːm) [인 어 드림].
  일=夢の中 (ゆめのなか, yume no naka) [유메노 나카].
  중=夢中 (mèng zhōng) [멍중].
- **끄다 (동사) 불을 ~** 영=to turn off, extinguish (ɪkˈstɪŋgwɪʃ) [익스팅귀쉬].
  일=消す (けす, kesu) [케스]
  중=关掉/熄灭 (guāndiào / xīmiè) [꽌띠아오 / 시미에].
- **끄덕이다 (동사)** 영=to nod (nɒd) [낫].
  일=うなずく (うなずく, unazuku) [우나즈쿠]. 중=点头 (diǎntóu) [뎬터우].
- **끈 (명사)** 영=string, strap (strɪŋ, stræp) [스트링, 스트랩].
  일=ひも (himo) [히모]. 중=绳子 (shéngzi) [셩쯔].
- **끊기다 (동사)** 영=to be cut off (kʌt ɔːf) [컷 오프].
  일=切れる (きれる, kireru) [키레루]. 중=中断 (zhōngduàn) [중똰].
- **끊다 (동사)** 영=to cut off, to quit (kʌt ɔːf, kwɪt) [컷 오프, 큇].
  일=切る (きる, kiru) [키루]. 중=切断 (qiēduàn) [치에똰].
- **끊어지다 (동사)** 영=to be disconnected (ˌdɪskəˈnɛktɪd) [디스커넥티드].
  일=切れる (きれる, kireru) [키레루]. 중=断开 (duànkāi) [두완카이].
- **끊임없다 (형용사)**
  영=ceaseless, constant (ˈsiːsləs, ˈkɒnstənt) [시슬리스, 콘스턴트].
  일=絶え間ない (たえまない, taemanai) [타에마나이].
  중=不断的 (búduàn de) [부똰 데].
- **끊임없이 (부사)** 영=ceaselessly (ˈsiːsləsli) [시슬슬리].
  일=絶えず (たえず, taezu) [타에즈]. 중=不断地 (búduàn de) [부두완 데].
- **끌다 (동사)** 영=to pull, drag (pʊl, dræg) [풀, 드래그].
  일=引く (ひく, hiku) [히쿠]. 중=拉 (lā) [라].
- **끌리다 (동사)**
  영=to be attracted, drawn (əˈtræktɪd, drɔːn) [어트랙티드, 드론].
  일=引かれる (ひかれる, hikareru) [히카레루].
  중=被吸引 (bèi xīyǐn) [뻬이 시인].
- **끌어당기다 (동사)** 영=to pull, draw toward (drɔː təˈwɔːd) [풀, 드로 토워드].
  일=引っ張る (ひっぱる, hipparu) [힛파루].
  중=拉过来 (lā guòlái) [라 꾸어라이].

- 끓다 (동사)　영=to boil (bɔɪl) [보일].
　일=沸く (わく, waku) [와쿠].　중=沸腾 (fèiténg) [페이텅].
- 끓이다 (동사)　영=to boil (something) (bɔɪl) [보일].
　일=沸かす (わかす, wakasu) [와카스].　중=煮沸 (zhǔfèi) [주페이].
- 끝 (명사)　영=end (ɛnd) [엔드].
　일=終わり (おわり, owari) [오와리].　중=结尾 (jiéwěi) [지에웨이].
- 끝나다 (동사)　영=to end, to finish (ɛnd, ˈfɪnɪʃ) [엔드, 피니시].
　일=終わる (おわる, owaru) [오와루].　중=结束 (jiéshù) [지에슈].
- 끝내 (부사)　영=finally (ˈfaɪnəli) [파이널리].
　일=とうとう (とうとう, tōtō) [토오토오].　중=终于 (zhōngyú) [중위].
- 끝내다 (동사)　영=to finish (ˈfɪnɪʃ) [피니시].
　일=終える (おえる, oeru) [오에루].　중=结束 (jiéshù) [지에슈].
- 끝없다 無盡 끝없을 무, 다할 진. (형용사)　영=endless (ˈɛndləs) [엔들리스].
　일=果てしない (はてしない, hateshinai) [하테시나이].
　중=无尽的 (wújìnde) [우진더].
- 끝없이 (부사)　영=endlessly (ˈɛndləsli) [엔들슬리].
　일=限りなく (かぎりなく, kagirinaku) [카기리나쿠].
　중=无止尽地 (wú zhǐjìn de) [우 즈진 더].
- 끼 (명사)　영=meal (when referring to a meal) (miːl) [밀].
　일=食事 (しょくじ, shokuji) [쇼쿠지].　중=餐 (cān) [찬].
- 끼다 (동사)　영=to cloud over, to be jammed
　　　　　　　　(klaʊd ˈoʊvər, dʒæmd)[클라우드 오우버, 잼드].
　일=かかる / 挟まる (かかる, kakaru / はさまる, hasamaru) [카카루 / 하사마루].
　중=笼罩 / 卡住 (lǒngzhào / kǎzhù) [룽자오 / 카쥬].
- 끼어들다 (동사)
　영=to interrupt (ˌɪntəˈrʌpt) [인터럽트].
　일=割り込む (わりこむ, warikomu) [와리코무].
　중=插嘴 (chāzuǐ) [차쮀이].
- 끼우다 (동사)　영=to insert (ɪnˈsɜːrt) [인서트].
　일=挟む (はさむ, hasamu) [하사무].　중=插入 (chārù) [차루].

나. 나 부

弘益홍익(널리 이로울) 광고란

신백훈 정익학당 추천 국민필독서
[청동에 새길 이름 이승만] 복거일 지음

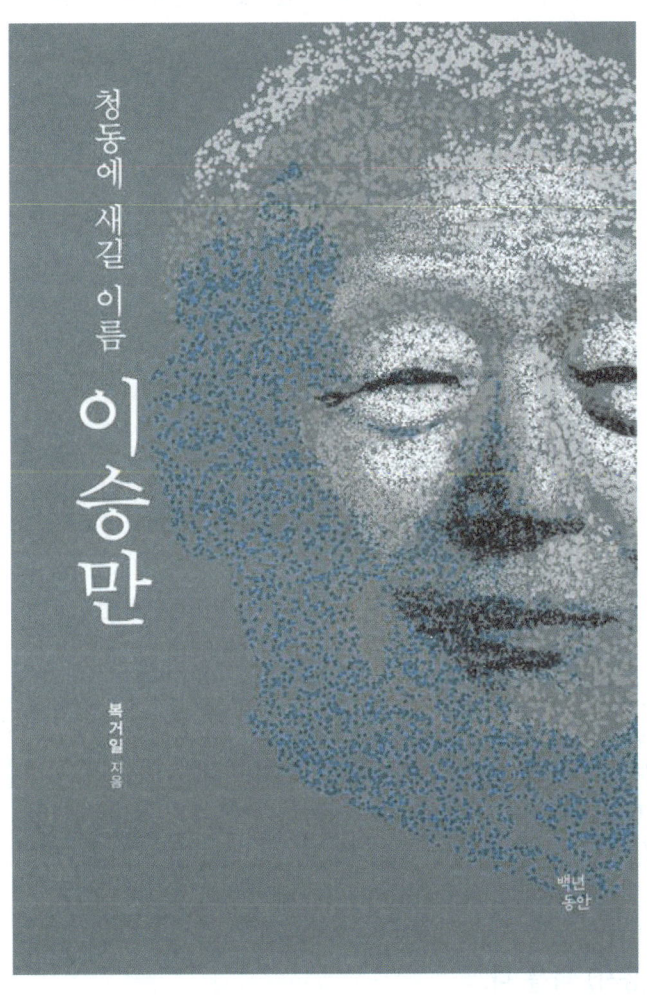

♣♣♣
- 나 (대명사) 영=I (aɪ) [아이].
 일=私 (わたし, watashi) [와타시].　　중=我 (wǒ) [워].
- 나가다 (동사) 나갈 나, 갈 가.　영=to go out (goʊ aʊt) [고우 아웃].
 일=出て行く (でていく, dete iku) [데테이쿠].　중=出去 (chūqù) [추취].
- 나가다 (보조동사)　영=to keep ~ing (as auxiliary) [~을 계속하다].
 일=~し続ける (~しつづける, ~shi tsuzukeru) [시츠즈케루].
 중=持续做 (chíxù zuò) [츠쉬 쭈어].
- 나누다 (동사)　영=to divide (dɪˈvaɪd) [디바이드].
 일=分ける (わける, wakeru) [와케루].　중=分开 (fēnkāi) [펀카이].
- 나누어지다 (동사) 나눌 나, 갈라질 지.
 영=to be divided (dɪˈvaɪdɪd) [디바이디드].
 일=分かれる (わかれる, wakareru) [와카레루].
 중=分开 (fēnkāi) [펀카이].
- 나뉘다 (동사)　영=to be divided (dɪˈvaɪdɪd) [디바이디드].
 일=分かれる (わかれる, wakareru) [와카레루].
 중=分成 (fēnchéng) [펀청].
- 나다 (동사) 날 나.
 영=to occur, to appear (əˈkɜːr, əˈpɪr) [어컬, 어피어].
 일=起こる (おこる, okoru) [오코루].　중=发生 (fāshēng) [파셩].
- 나다 (보조동사)
 영=to get, to become (auxiliary) [투 게트, 투 비컴].
 일=~なる (~naru) [나루].　중=变得 (biànde) [삔더].
- 나들이 (명사)　영=outing (ˈaʊtɪŋ) [아우팅].
 일=お出かけ (おでかけ, odekake) [오데카케].　중=郊游 (jiāoyóu) [쟈오요우].
- 나라 (명사)　영=country (ˈkʌntri) [컨트리].
 일=国 (くに, kuni) [쿠니].　중=国家 (guójiā) [궈지아].
- 나란히 (부사)　영=side by side (saɪd baɪ ˈsaɪd) [사이드 바이 사이드].
 일=並んで (ならんで, narande) [나란데].
 중=并排 (bìngpái) [빙파이].
- 나르다 (동사) 나를 나.
 영=to carry, to transport (ˈkæri, ˈtrænspɔːrt) [캐리, 트랜스포트].
 일=運ぶ (はこぶ, hakobu) [하코부].　중=搬运 (bānyùn) [반윈].

- 나름 (의존명사) 영=depending on; one's own [디펜딩 온; 원즈 오운].
  일=それぞれの (~それぞれの, sorezore no) [소레조레노].
  중=依…而定 (yī... ér dìng) [이...얼딩].
- 나머지 (명사) 영=the rest, remainder (rɪˈmeɪndər) [리메인더].
  일=残り (のこり, nokori) [노코리].   중=其余 (qíyú) [치위].
- 나무 (명사) 영=tree (triː) [트리].
  일=木 (き, ki) [키].   중=树 (shù) [슈].
- 나물 (명사)
  영=vegetable (used esp. for seasoned greens) (ˈvedʒtəbl) [베저터블].
  일=ナムル (namuru) [나무루].   중=拌菜 (bàncài) [반차이].
- 나뭇가지 (명사) 나무 나, 가지 지. 영=branch (bræntʃ) [브랜치].
  일=枝 (えだ, eda) [에다].   중=树枝 (shùzhī) [슈즈].
- 나뭇잎 (명사) 나무 나, 잎 엽. 영=leaf (liːf) [리프].
  일=木の葉 (このは, konoha) [코노하].   중=树叶 (shùyè) [슈예].
- 나비 (명사) 영=butterfly (ˈbʌtərflaɪ) [버터플라이].
  일=蝶 (ちょう, chō) [쵸-].   중=蝴蝶 (húdié) [후디에].
- 나빠지다 (동사) 영=to get worse (gɛt wɜːrs) [겟 워스].
  일=悪くなる (わるくなる, waruku naru) [와루쿠나루].
  중=变差 (biàn chà) [변차].
- 나쁘다 (형용사) 영=bad (bæd) [배드].
  일=悪い (わるい, warui) [와루이].   중=坏的 (huài de) [화이 더].
- 나서다 (동사) 영=to step forward (stɛp ˈfɔːrwərd) [스텝 포워드].
  일=出る (でる, deru) [데루].   중=出面 (chūmiàn) [추미엔].
- 나아가다 (동사) 영=to advance, go forward (ədˈvæns) [어드밴스].
  일=進む (すすむ, susumu) [스스무].   중=前進 (qiánjìn) [치앤진].
- 나아지다 (동사) 영=to improve (ɪmˈpruːv) [임프루브].
  일=よくなる (yokunaru) [요쿠나루].   중=变好 (biàn hǎo) [변 하오].
- 나오다 (동사) 영=to come out (kʌm aʊt) [컴 아웃].
  일=出てくる (でてくる, detekuru) [데테쿠루].   중=出來 (chūlái) [출라이].
- 나이 (명사) 영=age (eɪdʒ) [에이지].
  일=年齢 (ねんれい, nenrei) [넨레이].   중=年龄 (niánlíng) [니엔링].
- 나중 (명사) 영=the future (ðə ˈfjuːtʃər) [더 퓨처].
  일=後 (のち, nochi) [노치].   중=以后 (yǐhòu) [이호우].

- 나중에 (부사) ㉢=later ('leɪtər) [레이터].
  ㉣=あとで (あとで, atode) [아토데].　㉠=以后 (yǐhòu) [이호우].
- 나침반 羅針盤 새길 나, 바늘 침, 쟁반 반. (명사)
  ㉢=compass ('kʌmpəs) [컴퍼스].
  ㉣=羅針盤 (らしんばん, rashinban) [라신반].　㉠=指南针 (zhǐnánzhēn) [즈난쩐].
- 나타나다 (동사)　㉢=to appear (ə'pɪə) [어피어].
  ㉣=現れる (あらわれる, arawareru) [아라와레루].　㉠=出现 (chūxiàn) [추셴].
- 나타내다 (동사)　㉢=to show, to express (ʃoʊ, ɪk'sprɛs) [쇼, 익스프레스].
  ㉣=表す (あらわす, arawasu) [아라와스].　㉠=表现 (biǎoxiàn) [뱌오셴].
- 나흘 (명사)　㉢=four days (fɔːr deɪz) [포 데이즈].
  ㉣=四日間 (よっかかん, yokkakan) [욧카칸].　㉠=四天 (sì tiān) [쓰 톈].
- 낙엽 落葉 떨어질 낙, 잎 엽. (명사)
  ㉢=fallen leaves ('fɔːlən liːvz) [폴런 리브즈].
  ㉣=落ち葉 (おちば, ochiba) [오치바].　㉠=落叶 (luòyè) [루어예].
- 낚시 (명사)　㉢=fishing ('fɪʃɪŋ) [피싱].
  ㉣=釣り (つり, tsuri) [츠리].　㉠=钓鱼 (diàoyú) [땨오위].
- 낚시꾼 (명사)　㉢=angler, fisherman ('æŋɡlər) [앵글러].
  ㉣=釣り人 (つりびと, tsuribito) [츠리비토].
  ㉠=钓鱼者 (diàoyú zhě) [땨오위 져].
- 낚싯대 (명사)　㉢=fishing rod ('fɪʃɪŋ rɑːd) [피싱 라드].
  ㉣=釣り竿 (つりざお, tsurizao) [츠리자오].
  ㉠=钓鱼竿 (diàoyú gān) [땨오위 깐].
- 난리 亂離 어지러울 난, 떠날 리. (명사)
  ㉢=chaos, riot ('keɪɒs, 'raɪət) [케이어스, 라이엇].
  ㉣=騒動 (そうどう, sōdō) [소-도-].　㉠=乱事 (luànshì) [루안스].
- 난방 暖房 따뜻할 난, 방 방. (명사)　㉢=heating ('hiːtɪŋ) [히팅].
  ㉣=暖房 (だんぼう, danbō) [단보-].　㉠=暖氣 (nuǎnqi) [누안치].
- 날 (명사)　㉢=day (deɪ) [데이].
  ㉣=日 (ひ, hi) [히].　㉠=日子 (rìzi) [르쯔].
- 날개 (명사)　㉢=wing (wɪŋ) [윙].
  ㉣=翼 (つばさ, tsubasa) [츠바사].　㉠=翅膀 (chìbǎng) [츠빵].
- 날다 (동사)　㉢=to fly (flaɪ) [플라이].
  ㉣=飛ぶ (とぶ, tobu) [토부].　㉠=飞 (fēi) [페이].

- 날리다 (동사)
  - 영=to make fly (meɪk flaɪ) [메이크 플라이].
  - 일=飛ばす (とばす, tobasu) [토바스]. 중=使…飞 (shǐ...fēi) [스...페이].
- 날씨 (명사) 영=weather ('wɛðə) [웨더].
  - 일=天気 (てんき, tenki) [텐키]. 중=天气 (tiānqi) [텐치].
- 날아가다 (동사) 영=to fly away (flaɪ ə'weɪ) [플라이 어웨이].
  - 일=飛んで行く (とんでいく, tonde iku) [톤데 이쿠].
  - 중=飞走 (fēizǒu) [페이조우].
- 날아다니다 (동사) 영=to fly around (flaɪ ə'raʊnd) [플라이 어라운드].
  - 일=飛び回る (とびまわる, tobimawaru) [토비마와루].
  - 중=飞來飞去 (fēi lái fēi qù) [페이 라이 페이 취].
- 날아오다 (동사) 영=to fly in (flaɪ ɪn) [플라이 인].
  - 일=飛んで来る (とんできる, tonde kuru) [톤데 쿠루].
  - 중=飞來 (fēilái) [페이라이].
- 날짜 (명사) 영=date (deɪt) [데이트].
  - 일=日付 (ひづけ, hizuke) [히즈케]. 중=日期 (rìqī) [르치].
- 날카롭다 (형용사) 영=sharp (ʃɑːp) [샤프].
  - 일=鋭い (するどい, surudoi) [스루도이]. 중=锋利 (fēnglì) [펑리].
- 낡다 (형용사) 영=old, worn-out (oʊld, 'wɔːn aʊt) [올드, 원아웃].
  - 일=古い (ふるい, furui) [후루이]. 중=破旧 (pòjiù) [포쥬].
- 남 (명사) 영=others, stranger ('ʌðərz, 'streɪndʒər) [아더즈, 스트레인저].
  - 일=他人 (たにん, tanin) [타닌]. 중=他人 (tārén) [타런].
- 남 南 남녘 남. (명사) 영=south (saʊθ) [사우스].
  - 일=南 (みなみ, minami) [미나미]. 중=南方 (nánfāng) [난팡].
- 남 男 사내 남. (명사) 영=man (mæn) [맨].
  - 일=男 (おとこ, otoko) [오토코]. 중=男人 (nánrén) [난런].
- 남기다 (동사) 영=to leave behind (liːv bɪ'haɪnd) [리브 비하인드].
  - 일=残す (のこす, nokosu) [노코스]. 중=留下 (liúxià) [리우샤].
- 남녀 男女 사내 남, 계집 녀. (명사)
  - 영=men and women (men ənd 'wɪmɪn) [멘 앤드 위민].
  - 일=男女 (だんじょ, danjo) [단조]. 중=男女 (nánnǚ) [난뉘].
- 남다 (동사) 영=to remain (rɪ'meɪn) [리메인].
  - 일=残る (のこる, nokoru) [노코루]. 중=剩下 (shèngxià) [셩샤].

- 남대문 南大門 남녘 남, 큰 대, 문 문. (고유명사)
  - 영=Namdaemun Gate ('næm.deɪ.muːn geɪt) [남대문 게이트].
  - 일=南大門 (なんだいもん, nandaimon) [난다이몬].
  - 중=南大门 (Nándàmén) [난따먼].
- 남대문시장 南大門市場 남녘 남, 큰 대, 문 문, 시장 시, 장터 장. (고유명사)
  - 영=Namdaemun Market ('næm.deɪ.muːn 'mɑːrkɪt) [남대문 마켓].
  - 일=南大門市場 (なんだいもんいちば, nandaimon ichiba) [난다이몬 이치바].
  - 중=南大门市场 (Nándàmén Shìchǎng) [난따먼 스창].
- 남동생 男- 사내 남. (명사)
  - 영=younger brother ('jʌŋgər 'brʌðər) [영거 브러더].
  - 일=弟 (おとうと, otōto) [오토오토]. 중=弟弟 (dìdi) [띠디].
- 남매 男妹 사내 남, 누이 매. (명사)
  - 영=brother and sister ('brʌðər ənd 'sɪstər) [브러더 앤 시스터].
  - 일=兄妹 (けいまい, keimai) [케이마이].
  - 중=兄妹 (xiōngmèi) [시옹메이].
- 남미 南美 남녘 남, 아름다울 미. (고유명사)
  - 영=South America (saʊθ əˈmerɪkə) [사우스 어메리카].
  - 일=南米 (なんべい, nanbei) [난베이].
  - 중=南美洲 (Nánměi Zhōu) [난메이 저우].
- 남부 南部 남녘 남, 떼 부. (명사)
  - 영=southern region ('sʌðərn 'riːdʒən) [서던 리전].
  - 일=南部 (なんぶ, nambu) [난부]. 중=南部 (nánbù) [난부].
- 남북 南北 남녘 남, 북녘 북. (명사)
  - 영=South and North (saʊθ ənd nɔːrθ) [사우스 앤 노스].
  - 일=南北 (なんぼく, nanboku) [난보쿠]. 중=南北 (nánběi) [난베이].
- 남산 南山 남녘 남, 뫼 산. (고유명사)
  - 영=Namsan Mountain ('nɑːm,sɑːn 'maʊntən) [남산 마운틴].
  - 일=南山 (なんざん, nanzan) [난잔]. 중=南山 (Nánshān) [난산].
- 남성 男性 사내 남, 성품 성. (명사) 영=male (meɪl) [메일].
  - 일=男性 (だんせい, dansei) [단세이]. 중=男性 (nánxìng) [난싱].
- 남자 男子 사내 남, 아들 자. (명사)
  - 영=man, boy (mæn, bɔɪ) [맨, 보이].
  - 일=男子 (だんし, danshi) [단시]. 중=男子 (nánzǐ) [난쯔].

- 남쪽 南- 남녘 남. (명사) ㉢=south (saʊθ) [사우스].
  ㉤=南の方 (みなみのほう, minami no hō) [미나미노 호-].
  ㉨=南方 (nánfāng) [난팡].
- 남편 男便 사내 남, 편할 편. (명사) ㉢=husband ('hʌzbənd) [허즈번드].
  ㉤=夫 (おっと, otto) [옷또].   ㉨=丈夫 (zhàngfu) [장푸].
- 남학생 男學生 사내 남, 배울 학, 날 생. (명사)
  ㉢=male student (meɪl 'stjuːdənt) [메일 스튜던트].
  ㉤=男子学生 (だんしがくせい, danshi gakusei) [단시 가쿠세이].
  ㉨=男学生 (nánxuéshēng) [난쉐셩].
- 납득하다 納得- 들일 납, 얻을 득. (동사)
  ㉢=understand, accept (ˌʌndərˈstænd, əkˈsept) [언더스탠드, 억셉트].
  ㉤=納得する (なっとくする, nattoku suru) [낫토쿠 스루].
  ㉨=接受 (jiēshòu) [지에쇼우].
- 낫다 (동사) 병이 ~. (동사) ㉢=get better (get 'betər) [겟 베러].
  ㉤=治る (なおる, naoru) [나오루].   ㉨=痊愈 (quányù) [취안위].
- 낫다 (형용사) 더 좋다.   ㉢=better ('betər) [베러].
  ㉤=ましだ (ましだ, mashida) [마시다].
  ㉨=更好 (gèng hǎo) [껑 하오].
- 낭비 浪費 물결 랑, 쓸 비. (명사)   ㉢=waste (weɪst) [웨이스트].
  ㉤=浪費 (ろうひ, rōhi) [로-히].   ㉨=浪费 (làngfèi) [랑페이].
- 낮 (명사)   ㉢=daytime (deɪtaɪm) [데이타임].
  ㉤=昼 (ひる, hiru) [히루].   ㉨=白天 (báitiān) [바이티앤].
- 낮다 (형용사)   ㉢=low (loʊ) [로우].
  ㉤=低い (ひくい, hikui) [히쿠이].   ㉨=低 (dī) [디].
- 낮아지다 (동사)   ㉢=become lower (bɪˈkʌm ˈloʊər) [비컴 로우어].
  ㉤=低くなる (ひくくなる, hikuku naru) [히쿠쿠 나루].
  ㉨=变低 (biàn dī) [볜 디].
- 낮추다 (동사)
  ㉢=lower, reduce (ˈloʊər, rɪˈduːs) [로우어, 리듀스].
  ㉤=下げる (さげる, sageru) [사게루].   ㉨=降低 (jiàngdī) [지앙디].
- 낯설다 (형용사)   ㉢=unfamiliar (ˌʌnfəˈmɪliər) [언퍼밀리어].
  ㉤=見慣れない (みなれない, minarenai) [미나레나이].
  ㉨=陌生 (mòshēng) [모셩].

• 낱말 (명사) 단 하나의 말. (명사) 영=word (wɜːrd) [워드].
  일=単語 (たんご, tango) [탄고]. 중=词语 (cíyǔ) [츠위].
• 낳다 (동사) 영=give birth (gɪv bɜːrθ) [기브 벌쓰].
  일=産む (うむ, umu) [우무]. 중=生 (shēng) [셩].
• 내 内 안 내. (의존명사) 영=inside (ɪnˈsaɪd) [인사이드].
  일=内 (ない, nai) [나이]. 중=内 (nèi) [네이].
• 내과 内科 안 내, 과목 과. (명사)
  영=internal medicine (ɪnˈtɜːrnəl ˈmɛdɪsɪn) [인터널 메디슨].
  일=内科 (ないか, naika) [나이카]. 중=内科 (nèikē) [네이커].
• 내내 (부사) 영=throughout, all the time
        (θruːˈaʊt, ɔːl ðə taɪm) [쓰루아웃, 올 더 타임].
  일=ずっと (zutto) [즛토]. 중=始终 (shǐzhōng) [스중].
• 내년 來年 올 래, 해 년. (명사) 영=next year (nekst jɪr) [넥스트 이어].
  일=来年 (らいねん, rainen) [라이넨]. 중=明年 (míngnián) [밍니앤].
• 내놓다 (동사) 영=put out, present (pʊt aʊt, prɪˈzent) [풋 아웃, 프리젠트].
  일=出す (だす, dasu) [다스]. 중=拿出 (náchū) [나추].
• 내다 (동사) 길을 ~. (동사)
  영=make, pay, create (meɪk, peɪ, kriˈeɪt) [메이크, 페이, 크리에이트].
  일=出す (だす, dasu) [다스]. 중=付出, 开 (fùchū, kāi) [푸추, 카이].
• 내다 (보조동사) 참아 ~. 영=manage to (ˈmænɪdʒ tuː) [매니지 투].
  일=やり遂げる (やりとげる, yaritogeru) [야리토게루]. 중=设法 (shèfǎ) [셔퍄].
• 내다보다 (동사) 영=look out, foresee (lʊk aʊt, fɔːrˈsiː) [룩 아웃, 포어시].
  일=見渡す (みわたす, miwatasu) [미와타스].
  중=往外看 (wǎng wài kàn) [왕 와이 칸].
• 내달 來- 올 래, 달 달. (명사) 영=next month (nekst mʌnθ) [넥스트 먼쓰].
  일=来月 (らいげつ, raigetsu) [라이게츠].
  중=下个月 (xià ge yuè) [시아 거 위에].
• 내려가다 (동사) 영=go down (goʊ daʊn) [고우 다운].
  일=下りる (おりる, oriru) [오리루]. 중=下去 (xià qù) [시아 취].
• 내려놓다 (동사) 영=put down (pʊt daʊn) [풋 다운].
  일=置く (おく, oku) [오쿠]. 중=放下 (fàngxià) [퐝샤].
• 내려다보다 (동사) 영=look down (lʊk daʊn) [룩 다운].
  일=見下ろす (みおろす, miorosu) [미오로스]. 중=俯视 (fǔshì) [푸스].

•내려오다 (동사)　영=come down (kʌm daʊn) [컴 다운].
　일=降りてくる (おりてくる, orite kuru) [오리테 쿠루].
　중=下来 (xiàlái) [시아라이].
•내려지다 (동사)　영=be lowered (bi 'loʊərd) [비 로어드].
　일=下される (くだされる, kudasareru) [쿠다사레루].
　중=被放下 (bèi fàngxià) [베이 팡샤].
•내리다 (동사) 눈이 ~영=fall (fɔːl) [폴].
　일=降る (ふる, furu) [후루].　중=下 (xià) [시아].
•내밀다 (동사)
　영=stick out, extend (stɪk aʊt, ɪk'stɛnd) [스틱 아웃, 익스텐드].
　일=差し出す (さしだす, sashidasu) [사시다스]. 중=伸出 (shēnchū) [션추].
•내버리다 (동사)　영=throw away, abandon
　　　　　　　　　(θroʊ ə'weɪ, ə'bændən) [쓰로우 어웨이, 어밴던].
　일=捨てる (すてる, suteru) [스테루].　중=丢弃 (diūqì) [띠우치].
•내보내다 (동사)
　영=send out, let out (sɛnd aʊt, lɛt aʊt) [센드 아웃, 렛 아웃].
　일=出す (だす, dasu) [다스].　　중=送出 (sòngchū) [쏭추].
•내부 內部 안 내, 부분 부. (명사)
　영=interior, inside (ɪn'tɪriər, ˌɪn'saɪd) [인티리어, 인사이드].
　일=内部 (ないぶ, naibu) [나이부].　중=内部 (nèibù) [네이뿌].
•내쉬다 (동사)　영=exhale (ɛks'heɪl) [엑스헤일].
　일=吐き出す (はきだす, hakidasu) [하키다스]. 중=呼出 (hūchū) [후추].
•내외 內外 남녀 (명사)
　영=husband and wife ('hʌzbənd ənd waɪf) [허즈번드 앤 와이프].
　일=夫婦 (ふうふ, fūfu) [후우후].　중=夫妇 (fūfù) [푸푸].
•내외 內外 안 내, 바깥 외. (명사)
　영=inside and outside (ˌɪn'saɪd ənd 'aʊtsaɪd) [인사이드 앤 아웃사이드].
　일=内外 (ないがい, naigai) [나이가이].　중=内外 (nèiwài) [네이와이].
•내용 內容 안 내, 얼굴 용. (명사)　영=content ('kɑːntɛnt) [컨텐트].
　일=内容 (ないよう, naiyō) [나이요-].　중=内容 (nèiróng) [네이롱].
•내용물 內容物 안내 얼굴 용, 물건 물. (명사) 영=contents ('kɑːntɛnts) [컨텐츠].
　일=内容物 (ないようぶつ, naiyōbutsu) [나이요-부츠].
　중=内容物 (nèiróngwù) [네이롱우].

- 내일 來日 올 래, 날 일. (명사)　영=next day (nekst deɪ) [넥스트 데이].
    일=翌日 (よくじつ, yokujitsu) [요쿠지츠].　중=次日 (cìrì) [츠르].
- 내일 來日 올 래, 날 일. (부사)　영=tomorrow (tə'mɑːroʊ) [터마로우].
    일=明日 (あした, ashita) [아시타].　중=明天 (míngtiān) [밍티엔].
- 내적 內的 안 내, 과녁 적. (명사)　영=inner ('ɪnər) [이너].
    일=内的 (ないてき, naiteki) [나이테키].　중=内在的 (nèizàidì) [네이짜이띠].
- 내주다 (동사)
    영=give out, hand over (gɪv aʊt, hænd 'oʊvər) [기브 아웃, 핸드 오버].
    일=渡す (わたす, watasu) [와타스].　중=交出 (jiāochū) [지아오추].
- 내지 乃至 어조사 내, 이를 지. (부사)　영=or, up to (ɔːr, ʌp tuː) [오어, 업 튀].
    일=乃至 (ないし, naishi) [나이시].　중=乃至 (nǎizhì) [나이즈].
- 내후년 來後年 올 래, 뒤 후, 해 년. (명사)
    영=the year after next (ðə jɪr 'æftər nekst) [더 이어 애프터 넥스트].
    일=再来年 (さらいねん, sarainen) [사라이넨].　중=后年 (hòunián) [호우니앤].
- 냄비 (명사)　영=pot (pɑːt) [팟].
    일=鍋 (なべ, nabe) [나베].　중=锅 (guō) [꾸어].
- 냄새 (명사)　영=smell, odor (smɛl, 'oʊdər) [스멜, 오우더].
    일=におい (nioi) [니오이].　중=气味 (qìwèi) [치웨이].
- 냇물 (명사)　영=stream water (striːm 'wɔːtər) [스트림 워터].
    일=小川の水 (おがわのみず, ogawa no mizu) [오가와노미즈].
    중=溪水 (xīshuǐ) [시쉐이].
- 냉동 冷凍 찰 냉, 얼 동. (명사)　영=freezing, refrigeration
                ('friːzɪŋ, ˌrɛfrɪ'dʒeɪʃən) [프리징, 레프리제이션].
    일=冷凍 (れいとう, reitō) [레이토-].　중=冷冻 (lěngdòng) [렁똥].
- 냉면 冷麵 찰 냉, 국수 면. (명사) :
    영=cold noodles (koʊld 'nuːdəlz) [콜드 누들스].
    일=冷麺 (れいめん, reimen) [레이멘].　중=冷面 (lěngmiàn) [렁미앤].
- 냉방 冷房 찰 냉, 방 방. (명사)
    영=air conditioning ('ɛr kəndɪʃənɪŋ) [에어 컨디셔닝].
    일=冷房 (れいぼう, reibō) [레이보-].　중=冷气 (lěngqì) [렁치].
- 냉장고 冷藏庫 찰 냉, 감출 장, 곳집 고. (명사)
    영=refrigerator (rɪ'frɪdʒəˌreɪtər) [리프리저레이터].
    일=冷蔵庫 (れいぞうこ, reizōko) [레이조-코].　중=冰箱 (bīngxiāng) [빙샹].

•너 (대명사) [영]=you (juː) [유].
[일]=あなた (anata) [아나타]. [중]=你 (nǐ) [니].
•너머 (명사) [영]=beyond, over (bɪˈjɑːnd, ˈoʊvər) [비욘드, 오우버].
[일]=向こう側 (むこうがわ, mukōgawa) [무코-가와].
[중]=那边 (nàbiān) [나비앤].
•너무 (부사) [영]=too, very (tuː, ˈveri) [투, 베리].
[일]=とても (totemo) [토테모]. [중]=太 (tài) [타이].
•너무나 (부사)
[영]=so much, extremely (soʊ mʌtʃ, ɪkˈstriːmli) [쏘 머치, 익스트림리].
[일]=あまりにも (amarini mo) [아마리니모]. [중]=非常 (fēicháng) [페이창].
•너희 (대명사) [영]=you (plural) (juː) [유].
[일]=あなたたち (anata-tachi) [아나타타치]. [중]=你们 (nǐmen) [니먼].
•넉 (관형사) [영]=four (months, etc.) (fɔːr) [포어].
[일]=四 (し, shi / よっつ, yottsu) [욧츠]. [중]=四个 (sì ge) [쓰거].
•넉넉하다 (형용사)
[영]=plentiful, sufficient (ˈplɛntɪfəl, səˈfɪʃənt) [플렌티풀, 서피션트].
[일]=十分だ (じゅうぶんだ, jūbun da) [쥬붕다].
[중]=充足的 (chōngzú de) [충쭈 더].
•널리 (부사) [영]=widely (ˈwaɪdli) [와이들리].
[일]=広く (ひろく, hiroku) [히로쿠]. [중]=广泛地 (guǎngfàn de) [광판 더].
•넓다 (형용사) [영]=wide, broad (waɪd, brɔːd) [와이드, 브로드].
[일]=広い (ひろい, hiroi) [히로이]. [중]=宽的 (kuān de) [콴 더].
•넓어지다 (동사)
[영]=to widen, expand (ˈwaɪdən, ɪkˈspænd) [와이든, 익스팬드].
[일]=広がる (ひろがる, hirogaru) [히로가루].
[중]=变宽 (biàn kuān) [벤콴].
•넓히다 (동사)
[영]=to widen, to broaden (ˈwaɪdən, ˈbrɔːdən) [와이든, 브로드은].
[일]=広げる (ひろげる, hirogeru) [히로게루]. [중]=扩大 (kuòdà) [쿠어따].
•넘겨주다 (동사) [영]=to hand over, to transfer
(hænd ˈoʊvər, ˈtrænsfər) [핸드 오우버, 트랜스퍼].
[일]=引き渡す (ひきわたす, hikiwatasu) [히키와타스].
[중]=交给 (jiāogěi) [쟈오게이].

- 넘기다 (동사) 영=to pass over, to hand over
  ('pæs 'oʊvər, hænd 'oʊvər) [패스 오우버, 핸드 오우버].
  일=渡す (わたす, watasu) [와타스]. 중=递交 (dìjiāo) [띠지아오].
- 넘다 (동사)
  영=to exceed, to go over (ɪk'siːd, goʊ 'oʊvər) [익시드, 고 오우버].
  일=越える (こえる, koeru) [코에루]. 중=超过 (chāoguò) [차오궈].
- 넘어가다 (동사) 영=to cross, to skip (krɔːs, skɪp) [크로스, 스킵].
  일=渡る (わたる, wataru) [와타루]. 중=越过去 (yuèguòqù) [웨궈취].
- 넘어뜨리다 (동사)
  영=to knock down, to topple (nɑːk daʊn, 'tɑːpəl) [낙 다운, 타플].
  일=倒す (たおす, taosu) [타오스]. 중=推倒 (tuīdǎo) [투이다오].
- 넘어서다 (동사) 영=to go beyond, to transcend
  (goʊ bɪ'jɑːnd, træn'sɛnd) [고우 비욘드, 트랜센드].
  일=乗り越える (のりこえる, norikoeru) [노리코에루].
  중=跨越 (kuàyuè) [콰위에].
- 넘어오다 (동사) 영=to come over, to cross (kʌm 'oʊvər, krɔːs)
  [컴 오우버, 크로스].
  일=渡って来る (わたってくる, watatte kuru) [와탓떼 쿠루].
  중=过来 (guòlái) [궈라이].
- 넘어지다 (동사) 영=to fall down (fɔːl daʊn) [폴 다운].
  일=転ぶ (ころぶ, korobu) [코로부]. 중=跌倒 (diēdǎo) [띠에다오].
- 넘치다 (동사) 영=to overflow, to be full (ˌoʊvər'floʊ, bɪ fʊl)
  [오우버플로우, 비 풀].
  일=あふれる (afureru) [아후레루]. 중=溢出 (yìchū) [이추].
- 넣다 (동사) 영=to put in, to insert (pʊt ɪn, ɪn'sɜːrt) [풋 인, 인서트].
  일=入れる (いれる, ireru) [이레루]. 중=放进 (fàngjìn) [팡진].
- 네 (감탄사) 영=yes (jɛs) [예스].
  일=はい (hai) [하이]. 중=是的 (shì de) [스더].
- 네 (관형사) 영=your (jʊr) [유어].
  일=あなたの (anata no) [아나타노]. 중=你的 (nǐ de) [니 더].
- 네거리 (명사) 영=crossroads ('krɒsˌroʊdz) [크로스로드즈].
  일=交差点 (こうさてん, kōsaten) [코-사텐].
  중=十字路口 (shízì lùkǒu) [스즈 루커우].

- 넥타이 (명사) 영=necktie ('nɛkˌtaɪ) [네타이].
  일=ネクタイ (nekutai) [네쿠타이]. 중=领带 (lǐngdài) [링따이].
- 넷 (수사) 영=four (fɔːr) [포어].
  일=四つ (よっつ, yottsu) [욧츠]. 중=四 (sì) [쓰].
- 넷째 (관형사) 영=fourth (fɔːrθ) [포어쓰].
  일=第四の (だいよんの, daiyon no) [다이욘노]. 중=第四 (dì sì) [띠 쓰].
- 넷째 (수사) 영=fourth (fɔːrθ) [포어쓰].
  일=四番目 (よんばんめ, yonbanme) [욘반메]. 중=第四个 (dì sì gè) [띠 쓰 거].
- 녀석 (의존명사) 영=guy, fellow (gaɪ, 'fɛloʊ) [가이, 펠로우].
  일=やつ (yatsu) [야츠]. 중=家伙 (jiāhuo) [지아후어].
- 년 (의존명사) 영=year (jɪr) [이어].
  일=年 (ねん, nen) [넨]. 중=年 (nián) [녠].
- 년대 (의존명사) 영=decade ('dɛkeɪd) [데케이드].
  일=年代 (ねんだい, nendai) [넨다이]. 중=年代 (niándài) [녠따이].
- 년도 (의존명사) 영=fiscal year, academic year
       ('fɪskəl jɪr, ˌækə'dɛmɪk jɪr) [피스컬 이어, 아카데믹 이어].
  일=年度 (ねんど, nendo) [넨도]. 중=年度 (niándù) [녠뚜].
- 년생 年生 (의존명사)
  영=year of birth ('jɪr əv bɜːrθ) [이어브 벌스].
  일=年生まれ (としうまれ, toshi-umare) [토시우마레].
  중=某年出生 (mǒunián chūshēng) [모우녠 추셩].
- 노동 勞動 (명사) 영=labor ('leɪbər) [레이버].
  일=労働 (ろうどう, roudou) [로-도-]. 중=劳动 (láodòng) [라오뚱].
- 노동자 勞動者 (명사) 영=worker ('wɜːrkər) [워커].
  일=労働者 (ろうどうしゃ, roudousha) [로-도-샤].
  중=劳动者 (láodòngzhě) [라오뚱저].
- 노란색 -色 (명사) 영=yellow ('jɛloʊ) [옐로우].
  일=黄色 (きいろ, kiiro) [키이로]. 중=黄色 (huángsè) [후앙써].
- 노랗다 (형용사) 영=be yellow (bi 'jɛloʊ) [비 옐로우].
  일=黄色い (きいろい, kiiroi) [키이로이].
  중=黄色的 (huángsè de) [후앙써 더].
- 노래 (명사) 영=song (sɔːŋ) [송].
  일=歌 (うた, uta) [우타]. 중=歌曲 (gēqǔ) [꺼취].

- 노래방 -房 (명사)
  - 영=karaoke room (ˌkæriˈoʊki ruːm) [캐리오키 룸].
  - 일=カラオケルーム (karaoke ruumu) [카라오케 루-무].
  - 중=练歌房 (liàngēfáng) [리앤거팡].
- 노래하다 (동사) 영=sing (sɪŋ) [싱].
  - 일=歌う (うたう, utau) [우타우]. 중=唱歌 (chànggē) [창꺼].
- 노랫소리 (명사)
  - 영=sound of singing (saʊnd əv ˈsɪŋɪŋ) [사운드 오브 싱잉].
  - 일=歌声 (うたごえ, utagoe) [우타고에]. 중=歌声 (gēshēng) [꺼셩].
- 노력 努力 (명사) 영=effort (ˈɛfərt) [에퍼트].
  - 일=努力 (どりょく, doryoku) [도료쿠]. 중=努力 (nǔlì) [누리].
- 노력하다 努力- (동사)
  - 영=make an effort (meɪk ən ˈɛfərt) [메이크 언 에퍼트].
  - 일=努力する (どりょくする, doryoku-suru) [도료쿠 스루].
  - 중=努力 (nǔlì) [누리].
- 노선 路線 (명사) 영=line, route (laɪn, ruːt) [라인, 루트].
  - 일=路線 (ろせん, rosen) [로센]. 중=路线 (lùxiàn) [루시앤].
- 노인 老人 (명사) 영=elderly person (ˈɛldərli ˈpɜːrsən) [엘덜리 퍼슨].
  - 일=老人 (ろうじん, roujin) [로-진]. 중=老人 (lǎorén) [라오런].
- 노트 note (명사) 영=note (noʊt) [노트].
  - 일=ノート (nōto) [노-토]. 중=笔记 (bǐjì) [비지].
- 녹다 (동사) 영=melt (mɛlt) [멜트].
  - 일=溶ける (とける, tokeru) [토케루]. 중=融化 (rónghuà) [룽화].
- 녹색 綠色 (명사) 영=green (ɡriːn) [그린].
  - 일=緑色 (みどりいろ, midoriiro) [미도리이로]. 중=绿色 (lǜsè) [뤼쎄].
- 녹음 錄音 (명사) 영=recording (rɪˈkɔːrdɪŋ) [리코딩].
  - 일=録音 (ろくおん, rokuon) [로쿠온]. 중=录音 (lùyīn) [루인].
- 녹음하다 錄音- (동사) 영=record (rɪˈkɔːrd) [리코드].
  - 일=録音する (ろくおんする, rokuon-suru) [로쿠온 스루].
  - 중=录音 (lùyīn) [루인].
- 녹이다 (동사)
  - 영=make (something) melt (meɪk mɛlt) [메이크 멜트].
  - 일=溶かす (とかす, tokasu) [토카스]. 중=融化 (rónghuà) [룽화].

- 녹차 綠茶 (명사)　영=green tea (ɡriːn tiː) [그린 티].
  일=綠茶 (りょくちゃ, ryokucha) [료쿠차].　　중=绿茶 (lǜchá) [뤼차].
- 녹화 錄畵 (명사)　영=video recording (ˈvɪdioʊ rɪˈkɔːrdɪŋ) [비디오 리코딩].
  일=錄画 (ろくが, rokuga) [로쿠가].　　중=录像 (lùxiàng) [루시앙].
- 논 (명사)　영=rice paddy (raɪs ˈpædi) [라이스 패디].
  일=田んぼ (たんぼ, tanbo) [탄보].　　중=稻田 (dàotián) [따오톈].
- 논리 論理 (명사)　영=logic (ˈlɒdʒɪk) [로직].
  일=論理 (ろんり, ronri) [론리].　　중=逻辑 (luóji) [뤄지].
- 논리적 論理的 (명사)　영=logical (ˈlɒdʒɪkəl) [로지컬].
  일=論理的 (ろんりてき, ronriteki) [론리테키].　중=逻辑的 (luójí de) [뤄지 더].
- 논문 論文 (명사)　영=thesis, paper (ˈθiːsɪs, ˈpeɪpər) [씨시스, 페이퍼].
  일=論文 (ろんぶん, ronbun) [론분].　　중=论文 (lùnwén) [룬원].
- 논의하다 論議- (동사)　영=discuss (dɪˈskʌs) [디스커스].
  일=議論する (ぎろんする, giron-suru) [기론 스루].　중=讨论 (tǎolùn) [타오룬].
- 논쟁 論爭 (명사)
  영=debate, argument (dɪˈbeɪt, ˈɑːɡjumənt) [디베이트, 아규먼트].
  일=論争 (ろんそう, ronsou) [론소].　　중=争论 (zhēnglùn) [정룬].
- 논하다 論- (동사)　영=argue, discuss (ˈɑːɡjuː, dɪˈskʌs) [아규, 디스커스].
  일=論じる (ろんじる, ronjiru) [론지루].　　중=论述 (lùnshù) [룬슈].
- 놀다 (동사)　영=play (pleɪ) [플레이].
  일=遊ぶ (あそぶ, asobu) [아소부].　　중=玩 (wán) [완].
- 놀라다 (동사)　영=be surprised (bi səˈpraɪzd) [비 서프라이즈드].
  일=驚く (おどろく, odoroku) [오도로쿠].　중=惊讶 (jīngyà) [징야].
- 놀랍다 (형용사)　영=surprising (sərˈpraɪzɪŋ) [서프라이징].
  일=驚くべき (おどろくべき, odorokubeki) [오도로쿠베키].
  중=惊人的 (jīngrén de) [징런 더].
- 놀리다 (동사)　영=tease, mock (tiːz, mɑk) [티즈, 마크].
  일=からかう (karakau) [카라카우].　중=取笑 (qǔxiào) [취샤오].
- 놀이 (명사)　영=play, game (pleɪ, ɡeɪm) [플레이, 게임].
  일=遊び (あそび, asobi) [아소비].　　중=游戏 (yóuxi) [여우시].
- 놀이터 (명사)　영=playground (ˈpleɪɡraʊnd) [플레이그라운드].
  일=遊び場 (あそびば, asobiba) [아소비바].
  중=游乐场 (yóulèchǎng) [여우러창].

- 놈 (의존명사)　㉭=guy, fellow (gaɪ, ˈfɛloʊ) [가이, 펠로우].
　㉜=やつ (yatsu) [야츠].　　㊥=家伙 (jiāhuo) [자후어].
- 농구 籠球 (명사)　㉭=basketball (ˈbæskɪtbɔːl) [배스킷볼].
　㉜=バスケットボール (basukettobōru) [바스켓토보루].
　㊥=篮球 (lánqiú) [란치우].
- 농담 弄談 (명사)　㉭=joke (dʒoʊk) [조크].
　㉜=冗談 (じょうだん, jōdan) [죠단].　　㊥=玩笑 (wánxiào) [완샤오].
- 농민 農民 (명사)　㉭=farmer, peasant (ˈfɑːrmər, ˈpɛzənt) [파머, 페전트].
　㉜=農民 (のうみん, nōmin) [노우민].　　㊥=农民 (nóngmín) [농민].
- 농부 農夫 (명사)　㉭=farmer (ˈfɑːrmər) [파머].
　㉜=農夫 (のうふ, nōfu) [노우후].　　㊥=农夫 (nóngfū) [농푸].
- 농사 農事 (명사)　㉭=farming, agriculture (ˈfɑːrmɪŋ, ˈæɡrɪkʌltʃər)
　　　　　　　　　　[파밍, 애그리컬쳐].
　㉜=農事 (のうじ, nōji) [노우지].　　㊥=农事 (nóngshì) [농스].
- 농사일 農事- (명사)　㉭=farm work (fɑːrm wɜːrk) [팜 워크].
　㉜=農作業 (のうさぎょう, nousagyō) [노우사교오].　㊥=农活 (nónghuó) [농훠].
- 농사짓다 農事- (동사)
　㉭=farm, cultivate (fɑːrm, ˈkʌltɪveɪt) [팜, 컬티베이트].
　㉜=農業をする (のうぎょうをする, nōgyō o suru) [노우교오 오 스루].
　㊥=种田 (zhòngtián) [중톈].
- 농산물 農産物 (명사)　㉭=agricultural product
　　　　　　　　　　　(ˌæɡrɪˈkʌltʃərəl ˈprɒdʌkt) [애그리컬쳐럴 프로덕트].
　㉜=農産物 (のうさんぶつ, nōsanbutsu) [노우산부츠].
　㊥=农产品 (nóngchǎnpǐn) [농찬핀].
- 농업 農業 (명사)　㉭=agriculture (ˈæɡrɪkʌltʃər) [애그리컬쳐].
　㉜=農業 (のうぎょう, nōgyō) [노우교오].　㊥=农业 (nóngyè) [농예].
- 농장 農場 (명사)　㉭=farm (fɑːrm) [팜].
　㉜=農場 (のうじょう, nōjō) [노우조오].
　㊥=农场 (nóngchǎng) [농창].
- 농촌 農村 (명사)　㉭=rural village (ˈrʊrəl ˈvɪlɪdʒ) [루럴 빌리지].
　㉜=農村 (のうそん, nōson) [노우손].　　㊥=农村 (nóngcūn) [농춘].
- 높다 (형용사)　㉭=high (haɪ) [하이].
　㉜=高い (たかい, takai) [타카이].　　㊥=高 (gāo) [까오].

- 높아지다 (동사)　영=rise, become higher (raɪz, bɪˈkʌm ˈhaɪər) [라이즈, 비컴 하이어].
  일=高くなる (たかくなる, takakunaru) [타카쿠나루].
  중=变高 (biàn gāo) [비엔 까오].
- 높이 (명사)　영=height (haɪt) [하이트].
  일=高さ (たかさ, takasa) [타카사].　중=高度 (gāodù) [까오두].
- 높이 (부사)　영=highly (ˈhaɪli) [하일리].
  일=高く (たかく, takaku) [타카쿠].　중=高高地 (gāogāo de) [까오까오 더].
- 높이다 (동사)　영=raise, elevate (reɪz, ˈelɪveɪt) [레이즈, 엘리베이트].
  일=高める (たかめる, takameru) [타카메루].　중=提高 (tígāo) [티까오].
- 놓다 (동사)　영=put, place (pʊt, pleɪs) [풋, 플레이스].
  일=置く (おく, oku) [오쿠].　중=放 (fàng) [팡].
- 놓다 (보조동사)　영=do and leave (du ənd liːv) [두 앤 리브].
  일=～ておく (～ておく, ~te oku) [떼 오쿠].　중=放着 (fàngzhe) [팡져].
- 놓아두다 (동사)　영=leave something (liːv ˈsʌmθɪŋ) [리브 섬씽].
  일=そのまま置く (そのままおく, sonomama oku) [소노마마 오쿠].
  중=放着 (fàngzhe) [팡져].
- 놓이다 (동사)　영=be placed (bi pleɪst) [비 플레이스트].
  일=置かれる (おかれる, okareru) [오카레루].
  중=被放置 (bèi fàngzhì) [뻬이 팡즈].
- 놓치다 (동사)　영=miss, lose (mɪs, luːz) [미스, 루즈].
  일=逃す (のがす, nogasu) [노가스].　중=错过 (cuòguò) [추어꾸어].
- 놔두다 (동사)　영=leave as is (liːv æz ɪz) [리브 애즈 이즈].
  일=放っておく (ほっておく, hōtte oku) [호옷떼 오쿠].
  중=放着 (fàngzhe) [팡져].
- 뇌 腦 (명사)　영=brain (breɪn) [브레인].
  일=脳 (のう, nō) [노우].　중=脑 (nǎo) [나오].
- 누구 (대명사)　영=who (huː) [후].
  일=誰 (だれ, dare) [다레].　중=谁 (shéi) [쉐이].
- 누나 (명사)　영=older sister (for males) (ˈoʊldər ˈsɪstər) [올더 시스터].
  일=姉さん (ねえさん, nēsan) [네에상].　중=姐姐 (jiějie) [지에지에].
- 누르다 (동사)　영=press, push (pres, pʊʃ) [프레스, 푸시].
  일=押す (おす, osu) [오스].　중=按 (àn) [안].

•눈 (명사, 날씨) [영]=snow (snoʊ) [스노우].
[일]=雪 (ゆき, yuki) [유키]. [중]=雪 (xuě) [쉬에].
•눈 (명사, 신체) [영]=eye (aɪ) [아이].
[일]=目 (め, me) [메]. [중]=眼睛 (yǎnjing) [앤징].
•눈가 (명사) [영]=area around the eyes (ˈɛəriə əˈraʊnd ði aɪz) [에어리어 어라운드 디 아이즈].
[일]=目元 (めもと, memoto) [메모토]. [중]=眼角 (yǎnjiǎo) [앤자오].
•눈감다 (동사) [영]=close one's eyes (kloʊz wʌnz aɪz) [클로즈 원즈 아이즈].
[일]=目を閉じる (めをとじる, me o tojiru) [메오 토지루].
[중]=闭眼 (bìyǎn) [삐얀].
•눈길 (명사) [영]=gaze, glance (ɡeɪz, ɡlæns) [게이즈, 글랜스].
[일]=視線 (しせん, shisen) [시센]. [중]=目光 (mùguāng) [무광].
•눈동자 瞳子 (명사) [영]=pupil (ˈpjuːpəl) [퓨필].
[일]=瞳 (ひとみ, hitomi) [히토미]. [중]=瞳孔 (tóngkǒng) [퉁콩].
•눈뜨다 (동사) [영]=open one's eyes (ˈəʊpən wʌnz aɪz) [오픈 원즈 아이즈].
[일]=目を覚ます (めをさます, me o samasu) [메오 사마스].
[중]=睁开眼睛 (zhēngkāi yǎnjing) [쩡카이 앤징].
•눈물 (명사) [영]=tear (tɪə(r)) [티어].
[일]=涙 (なみだ, namida) [나미다]. [중]=眼泪 (yǎnlèi) [앤레이].
•눈병 -病 (명사) [영]=eye disease (aɪ dɪˈziːz) [아이 디지즈].
[일]=眼の病気 (めのびょうき, me no byōki) [메노 뵤오키].
[중]=眼病 (yǎnbìng) [앤빙].
•눈부시다 (형용사) [영]=dazzling (ˈdæzlɪŋ) [대즐링].
[일]=まぶしい (mabushii) [마부시이]. [중]=刺眼 (cìyǎn) [츠얀].
•눈빛 (명사) [영]=look in one's eyes, glare (lʊk ɪn wʌnz aɪz, ɡlɛə) [룩 인 원즈 아이즈, 글레어].
[일]=目つき (めつき, metsuki) [메츠키]. [중]=眼神 (yǎnshén) [앤션].
•눈썹 (명사) [영]=eyebrow (ˈaɪbraʊ) [아이브라우].
[일]=眉 (まゆ, mayu) [마유]. [중]=眉毛 (méimáo) [메이마오].
•눈앞 (명사) [영]=before one's eyes, in front of (bɪˈfɔːr wʌnz aɪz) [비포어 원즈 아이즈].
[일]=目の前 (めのまえ, me no mae) [메노마에].
[중]=眼前 (yǎnqián) [앤치엔].

- 눕다 (동사) 영=lie down (laɪ daʊn) [라이 다운].
  일=横になる (よこになる, yoko ni naru) [요코니 나루].
  중=躺下 (tǎngxià) [탕샤].
- 뉴스 (명사) 영=news (njuːz) [뉴스].
  일=ニュース (nyūsu) [뉴스]. 중=新闻 (xīnwén) [신원].
- 뉴욕 (고유명사) 영=New York (nuː ˈjɔːrk) [뉴욕].
  일=ニューヨーク (nyūyōku) [뉴요오쿠]. 중=纽约 (Niǔyuē) [뉴위에].
- 느껴지다 (동사) 영=be felt (bi fɛlt) [비 펠트].
  일=感じられる (かんじられる, kanjirareru) [칸지라레루].
  중=被感觉到 (bèi gǎnjué dào) [뻬이 간쥐에 다오].
- 느끼다 (동사) 영=feel (fiːl) [필].
  일=感じる (かんじる, kanjiru) [칸지루]. 중=感觉 (gǎnjué) [간쥐에].
- 느낌 (명사) 영=feeling (ˈfiːlɪŋ) [필링].
  일=感じ (かんじ, kanji) [칸지]. 중=感觉 (gǎnjué) [간쥐에].
- 느리다 (형용사) 영=slow (sloʊ) [슬로우].
  일=遅い (おそい, osoi) [오소이]. 중=慢 (màn) [만].
- 늑대 (명사) 영=wolf (wʊlf) [울프].
  일=オオカミ (ōkami) [오오카미]. 중=狼 (láng) [랑].
- 늘 (부사) 영=always (ˈɔːlweɪz) [올웨이즈].
  일=いつも (itsumo) [이츠모]. 중=总是 (zǒngshì) [쭝스].
- 늘다 (동사) 영=increase, grow (ɪnˈkriːs, groʊ) [인크리스, 그로우].
  일=増える (ふえる, fueru) [후에루]. 중=增加 (zēngjiā) [쩡지아].
- 늘리다 (동사) 영=expand, extend (ɪkˈspænd, ɪkˈstɛnd) [익스팬드, 익스텐드].
  일=伸ばす (のばす, nobasu) [노바스]. 중=扩大 (kuòdà) [쿠어따].
- 늘어나다 (동사) 영=stretch, be extended (strɛtʃ) [스트레치].
  일=伸びる (のびる, nobiru) [노비루]. 중=变长 (biàncháng) [벤창].
- 늘어놓다 (동사) 영=spread out, lay out (sprɛd aʊt) [스프레드 아웃].
  일=並べる (ならべる, naraberu) [나라베루]. 중=变长 (tānkāi) [탄카이].
- 늘어서다 (동사) 영=stand in a row (stænd ɪn ə roʊ) [스탠드 인 어 로우].
  일=並ぶ (ならぶ, narabu) [나라부].
  중=排成一列 (páichéng yīliè) [파이청 이리에].
- 늘어지다 (동사) 영=be limp, droop (lɪmp, druːp) [림프, 드루프].
  일=たるむ (tarumu) [타루무]. 중=松弛 (sōngchí) [쏭츠].

- 늙다 (동사) 영=age, grow old (eɪdʒ, grəʊ əʊld) [에이지, 그로우 올드].
  일=老いる (おいる, oiru) [오이루].   중=老 (lǎo) [라오].
- 능동적 能動的 (명사) 영=active ('æktɪv) [액티브].
  일=能動的 (のうどうてき, nōdōteki) [노우도우테키].
  중=能动的 (néngdòng de) [넝뚱 더].
- 능력 能力 (명사) 영=ability (ə'bɪləti) [어빌리티].
  일=能力 (のうりょく, nōryoku) [노우료쿠]. 중=能力 (nénglì) [넝리].
- 늦가을 (명사) 영=late autumn (leɪt 'ɔːtəm) [레이트 오텀].
  일=晩秋 (ばんしゅう, banshū) [반슈우].   중=深秋 (shēnqiū) [션추우].
- 늦다 (동사) 영=be late (biː leɪt) [비 레이트].
  일=遅れる (おくれる, okureru) [오쿠레루]. 중=迟到 (chídào) [츠다오].
- 늦다 (형용사) 영=late (leɪt) [레이트].
  일=遅い (おそい, osoi) [오소이]. 중=迟 (chí) [츠].
- 늦어지다 (동사)
  영=be delayed (bi dɪ'leɪd) [비 딜레이드].
  일=遅くなる (おそくなる, osokunaru) [오소쿠나루].
  중=变晚 (biàn wǎn) [볜 완].

다. 다 부

弘益홍익(널리 이로울) 광고란
신백훈 정익학당 추천 애국민 필독서
[새마을운동 왜 노벨상 감인가] 좌승희 저

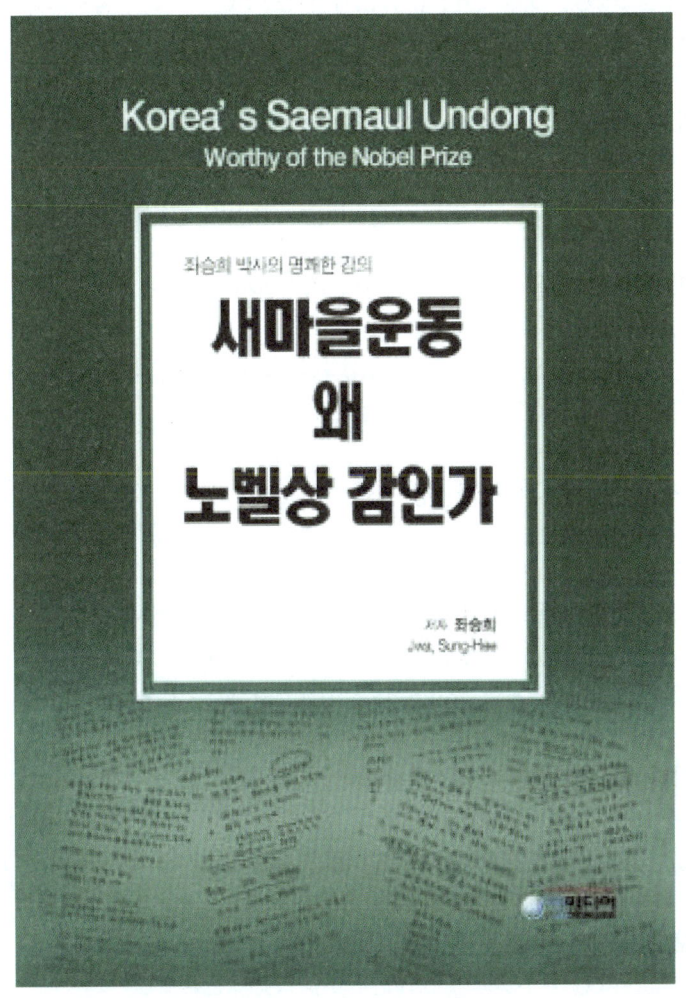

♣♣♣
- 다 (명사)　영=all things, everything [올 씽스].
  일=すべて (subete) [스베테].　　중=一切 (yīqiè) [이치에].
- 다 (부사)　영=all (ɔːl) [올].
  일=全部 (ぜんぶ, zenbu) [젠부].　중=全部 (quánbù) [취앤부].
- 다가가다 (동사)　영=approach (əˈprəʊtʃ) [어프로치].
  일=近づく (ちかづく, chikazuku) [치카즈쿠].　중=走近 (zǒujìn) [조우진].
- 다가서다 (동사)　영=step closer, go nearer [스텝 클로저].
  일=近寄る (ちかよる, chikayoru) [치카요루].　중=靠近 (kàojìn) [카오진].
- 다가오다 (동사)
  영=come near (kʌm nɪəɹ) [컴 니어].
  일=近づいてくる (ちかづいてくる, chikadzuite kuru)
  　[치카즈이테 쿠루].　중=走近来 (zǒu jìnlái) [조우 진라이].
- 다각적 多角的 많을 다, 뿔 각, 과녁 적 (명사·관형사) :
  영=multilateral, multifaceted
  　　(ˌmʌltiˈlætərəl, ˌmʌltiˈfæsɪtɪd) [멀티래터럴, 멀티패시티드].
  일=多角的 (たかくてき, takakuteki) [타카쿠테키].
  중=多角度的 (duōjiǎodù de) [뚜어쟈오두 더].
- 다과 茶菓 차 다, 과자 과 (명사)
  영=refreshments, tea and snacks (rɪˈfrɛʃmənts) [리프레시먼츠].
  일=茶菓 (ちゃか, chaka) [차카].　중=茶点 (chádiǎn) [차뗀].
- 다국적 多國籍 많을 다, 나라 국, 문서 적 (명사·관형사)
  영=multinational (ˌmʌltiˈnæʃənəl) [멀티내셔널].
  일=多国籍 (たこくせき, takokuseki) [타코쿠세키].
  중=多国籍 (duōguójí) [뚜어궈지].
- 다녀가다 (동사)
  영=drop by (drɒp baɪ) [드롭 바이].
  일=立ち寄っていく (たちよっていく, tachiyotte iku) [타치욧테 이쿠].
  중=顺便来过 (shùnbiàn láiguò) [쉰삔 라이꿔].
- 다녀오다 (동사)
  영=go and come back (gəʊ ənd kʌm bæk) [고우 앤 컴 백].
  일=行ってくる (いってくる, ittekuru) [잇떼쿠루].
  중=去一趟回来 (qù yī tàng huílái) [취 이 탕 후이라이].

- 다년간 多年間 많을 다, 해 년, 사이 간 (명사)
  영=for many years (fər 'mɛni jɪərz) [퍼 매니 이어즈].
  일=多年にわたり (たねんにわたり, tanen ni watari) [타넨니와타리].
  중=多年间 (duōniánjiān) [뚜어녠지앤].
- 다니다 (동사) 영=attend, go regularly (ə'tɛnd) [어텐드].
  일=通う (かよう, kayou) [카요우]. 중=上 (shàng) [샹].
- 다다익선 多多益善 많을 다, 많을 다, 더할 익, 착할 선 (명사)
  영=the more, the better (ðə mɔːr ðə 'bɛtər) [더 모어 더 베터].
  일=多多益善 (たたえきぜん, tataekizen) [타타에키젠].
  중=多多益善 (duōduōyìshàn) [뚜어뚜어이샨].
- 다듬다 (동사) 영=trim (trɪm) [트림].
  일=整える (ととのえる, totonoeru) [토토노에루]. 중=修整 (xiūzhěng) [슈정].
- 다락 樓樓 층 누 (명사) 영=attic, loft ('ætɪk, lɔːft) [애틱, 로프트].
  일=屋根裏部屋 (やねうらべや, yaneurabeya) [야네우라베야].
  중=阁楼 (gélóu) [거러우].
- 다량 多量 많을 다, 헤아릴 량 (명사)
  영=large amount (lɑːrdʒ ə'maʊnt) [라지 어마운트].
  일=多量 (たりょう, taryō) [타료우]. 중=大量 (dàliàng) [따량].
- 다루다 (동사) 영=handle, deal with ('hændl, diːl wɪð) [핸들, 딜 윋].
  일=扱う (あつかう, atsukau) [아츠카우]. 중=处理 (chǔlǐ) [추리].
- 다르다 (형용사) 영=be different ('dɪfərənt) [비 디퍼런트].
  일=違う (ちがう, chigau) [치가우]. 중=不同 (bùtóng) [부퉁].
- 다른 (관형사)
  영=another, different (ə'nʌðər) [어나더].
  일=別の (べつの, betsuno) [베츠노]. 중=別的 (biéde) [비에더].
- 다름없다 (형용사) 영=be no different, be the same
        (bi noʊ 'dɪfrənt, bi ðə seɪm) [비 노 디프런트, 비 더 세임]
  일==違いがない (ちがいがない, chigai ga nai) [치가이가 나이].
  중=没有两样 (méiyǒu liǎngyàng) [메이요우 량양].
- 다리 (명사) 영=bridge (brɪdʒ) [브리지].
  일=橋 (はし, hashi) [하시]. 중=桥 (qiáo) [치아오].
- 다리 (명사) 영=leg (lɛg) [레그].
  일=脚 (あし, ashi) [아시]. 중=腿 (tuǐ) [퉈이].

•다리 橋 다리 교 (명사) [영]=bridge (brɪdʒ) [브리지].
[일]=橋 (はし, hashi) [하시]. [중]=桥 (qiáo) [치아오].
•다만 (부사) [영]=only, just ('əʊnli, dʒʌst) [온리, 저스트].
[일]=ただ (ただ, tada) [타다]. [중]=只是 (zhǐshì) [즈스].
•다문화 多文化 많을 다, 글월 문, 될 화 (명사·관형사)
[영]=multicultural (ˌmʌlti'kʌltʃərəl) [멀티컬처럴].
[일]=多文化 (たぶんか, tabunka) [타분카]. [중]=多文化 (duōwénhuà) [뚜어원화].
•다발 束 묶을 속 (명사)
[영]=bundle, bunch ('bʌndl, bʌntʃ) [번들, 번치].
[일]=束 (たば, taba) [타바]. [중]=一束 (yíshù) [이스].
•다방 (명사) [영]=teahouse, café ('tiːhaʊs, 'kæfeɪ) [티하우스, 카페이].
[일]=喫茶店 (きっさてん, kissaten) [킷사텐]. [중]=茶馆 (cháguǎn) [차관].
•다방 茶房 차 다, 방 방 (명사) [영]=teahouse, coffee shop
('tiːhaʊs, 'kɔːfi ʃɑːp) [티하우스, 커피숍].
[일]=喫茶店 (きっさてん, kissaten) [킷사텐]. [중]=茶馆 (cháguǎn) [차관].
•다섯 (수사) [영]=five (faɪv) [파이브].
[일]=五つ (いつつ, itsutsu) [이츠츠]. [중]=五 (wǔ) [우].
•다섯째 第五 차례 제, 다섯 오. (관형사. 수사)
[영]=fifth (fɪfθ) [피프스].
[일]=五番目の (ごばんめの, gobanme no) [고반메노].
[중]=第五的 (dì wǔ de) [띠 우 더].
•다소 (부사) [영]=somewhat ('sʌmwɒt) [섬왓].
[일]=多少 (たしょう, tashou) [타쇼우]. [중]=多少 (duōshǎo) [뚜어샤오].
•다소 多少 많을 다, 적을 소 (부사·명사)
[영]=somewhat ('sʌmwʌt) [썸왓].
[일]=多少 (たしょう, tashō) [타쇼우]. [중]=多少 (duōshǎo) [뚜어샤오].
•다수 (명사) [영]=majority (mə'dʒɒrɪti) [머조러티].
[일]=多数 (たすう, tasū) [타수우]. [중]=多数 (duōshù) [뚜어슈].
•다수 多數 많을 다, 셀 수 (명사) :
[영]=majority, many (mə'dʒɔːrəti, 'mɛni) [머조러티, 메니].
[일]=多数 (たすう, tasū) [타스우]. [중]=多数 (duōshù) [뚜어슈].
•다시 (부사) [영]=again (ə'gɛn) [어겐].
[일]=また (また, mata) [마타]. [중]=再次 (zàicì) [짜이츠].

- 다양성 多樣性 많을 다, 모양 양, 성품 성 (명사)
  - 영=diversity (daɪˈvɜːrsəti) [다이버서티].
  - 일=多様性 (たようせい, tayousei) [타요우세이].
  - 중=多样性 (duōyàngxìng) [뚜어양싱].
- 다양하다 多樣- (형용사) 영=various (ˈveəriəs) [베어리어스].
  - 일=多様だ (たようだ, tayou da) [타요우다].
  - 중=多样的 (duōyàng de) [뚜어양 더].
- 다양해지다 多樣- (동사)
  - 영=diversify (daɪˈvɜːrsɪfaɪ) [다이버서파이].
  - 일=多様になる (たようになる, tayou ni naru) [타요우니나루].
  - 중=变得多样 (biàn de duōyàng) [삐앤 더 뚜어양]
- 다음 (명사) 영=next (nekst) [넥스트].
  - 일=次 (つぎ, tsugi) [츠기]. 중=下一个 (xià yí ge) [시아 이거]
- 다이어트 diet (명사) 영=diet (ˈdaɪət) [다이어트].
  - 일=ダイエット (だいえっと, daietto) [다이에또]. 중=减肥 (jiǎnféi) [지앤페이].
- 다정하다 多情- (형용사) 영=affectionate (əˈfɛkʃənət) [어펙셔넛].
  - 일=情が深い (なさけがふかい, nasake ga fukai) [나사케가후카이].
  - 중=多情的 (duōqíng de) [뚜어칭 더].
- 다지다 (동사) 영=solidify (səˈlɪdɪfaɪ) [설리더파이].
  - 일=固める (かためる, katameru) [카타메루]. 중=打牢 (dǎláo) [따라오]
- 다짐 (명사) 영=determination, resolution
  - (dɪˌtɜːrmɪˈneɪʃən, ˌrɛzəˈluːʃən) [디터미네이션, 레절루션].
  - 일=決意 (けつい, ketsui) [케츠이]. 중=决心 (juéxīn) [쥐에신].
- 다짐하다 (동사) 영=pledge (plɛdʒ) [플레지].
  - 일=誓う (ちかう, chikau) [치카우].
  - 중=誓言 (shìyán) [스이옌] 下决心 (xià juéxīn) [샤쥐에신]
- 다채롭다 多彩— 많을 다, 채색 채 (형용사)
  - 영=colorful, varied (ˈkʌlərfəl, ˈvɛərid) [컬러풀, 베어리드].
  - 일=多彩だ (たさいだ, tasaida) [타사이다]. 중=多彩 (duōcǎi) [뚜어차이].
- 다치다 (동사)
  - 영=get hurt (gɛt hɜːt) [겟 헐트].
  - 일=けがをする (けがをする, kega o suru) [케가오스루].
  - 중=受伤 (shòushāng) [쇼우샹]

- 다투다 (동사)　영=argue (ˈɑːgjuː) [아규].
  일=言い争う (いいあらそう, iiarasou) [이이아라소우].
  중=争吵 (zhēngchǎo) [쩡차오]
- 다투다 爭 싸울 쟁 (동사)
  영=quarrel, argue (ˈkwɔːrəl, ˈɑːrgjuː) [쿼럴, 아규].
  일=争う (あらそう, arasō) [아라소우]. 중=争吵 (zhēngchǎo) [쩡차오].
- 다툼 (명사)　영=conflict (ˈkɒn.flɪkt) [컨플릭트].
  일=争い (あらそい, arasoi) [아라소이]. 중=争执 (zhēngzhí) [쩡즈].
- 다하다 盡 다할 진 (동사)　영=run out, exhaust, fulfill (rʌn aʊt, ɪgˈzɔːst, fʊlˈfɪl) [런아웃, 이그조스트, 풀필].
  일=尽くす (つくす, tsukusu) [츠쿠스]. 중=尽力 (jìnlì) [진리].
- 다행 (명사)　영=relief (rɪˈliːf) [릴리프].
  일=幸い (さいわい, saiwai) [사이와이].　　중=幸运 (xìngyùn) [싱윈].
- 다행히 (부사)　영=fortunately (ˈfɔː.tʃən.ət.li) [포춘어틀리].
  일=幸運にも (こううんにも, kōun ni mo) [코운니모].
  중=幸好 (xìnghǎo) [싱하오].
- 닥치다 (동사)
  영=approach (əˈproʊtʃ) [어프로우치].
  일=近づく (ちかづく, chikazuku) [치카즈쿠]. 중=临近 (línjìn) [린진].
- 닦다 (동사)　영=wipe (waɪp) [와이프].
  일=拭く (ふく, fuku) [후쿠].　　중=擦 (cā) [차].
- 단 (관형사)　영=single (ˈsɪŋgl) [싱글].
  일=単一の (たんいつの, tanitsu no) [탄이츠노].　중=单 (dān) [딴].
- 단 (명사)　영=level (ˈlevl) [레블].
  일=段 (だん, dan) [단].　　중=段 (duàn) [뚜안].
- 단계 (명사)　영=stage (steɪdʒ) [스테이지].
  일=段階 (だんかい, dankai) [단카이]. 중=阶段 (jiēduàn) [찌에뚜안].
- 단골 (명사)　영=regular customer (ˈregjələr ˈkʌstəmər) [레귤러 커스터머].
  일=常連客 (じょうれんきゃく, jōrenkyaku) [죠렌캬쿠]. 중=常客 (chángkè) [창케].
- 단단하다 (형용사)　영=solid (ˈsɒlɪd) [쏠리드].
  일=固い (かたい, katai) [카타이].　　중=坚固 (jiāngù) [지앤꾸].
- 단독 (명사)　영=independence (ˌɪndɪˈpendəns) [인디펜던스].
  일=単独 (たんどく, tandoku) [탄도쿠].　중=单独 (dāndú) [딴두].

- 단맛 (명사)   영=sweetness ('swiːtnəs) [스위트니스].
  일=甘味 (あまみ, amami) [아마미].   중=甜味 (tiánwèi) [톈웨이].
- 단순 (명사)   영=simplicity (sɪm'plɪs.ə.ti) [심플리서티].
  일=単純 (たんじゅん, tanjun) [탄쥰].   중=单纯 (dānchún) [딴춘].
- 단순하다 (형용사)   영=be simple ('sɪmpl) [심플].
  일=単純だ (たんじゅんだ, tanjunda) [탄쥰다].
  중=单纯的 (dānchún de) [딴춘더].
- 단순히 (부사)   영=simply ('sɪm.pli) [심플리].
  일=単に (たんに, tan ni) [탄니].   중=仅仅 (jǐnjǐn) [진진].
- 단어 (명사)   영=word (wɜːd) [워드].
  일=単語 (たんご, tango) [탄고].   중=单词 (dāncí) [딴츠].
- 단위 (명사)   영=unit (juːnɪt) [유닛].
  일=単位 (たんい, tan'i) [탄이].   중=单位 (dānwèi) [딴웨이].
- 단점 (명사)   영=weakness ('wiːk.nəs) [위크니스].
  일=短所 (たんしょ, tansho) [탄쇼].   중=短处 (duǎnchù) [뚜안추].
- 단지 但只 다만 단, 다만 지. (명사)   영=just (dʒʌst) [저스트].
  일=ただ (tada) [타다].   중=只是 (zhǐshì) [즈스].
- 단지 團地 둥글 단, 땅 지 (명사)   영=complex ('kɒmpleks) [콤플렉스].
  일=団地 (だんち, danchi) [단치].   중=小区 (xiǎoqū) [샤오추].
- 단체 團體 둥글 단, 몸 체 (명사)
  영=organization (ˌɔːɡənaɪˈzeɪʃən) [오거나이제이션].
  일=団体 (だんたい, dantai) [단타이].   중=团体 (tuántǐ) [투안티].
- 단추 團錐 둥글 단, 송곳 추 (명사)
  영=button ('bʌtn) [버튼].
  일=ボタン (ぼたん, botan) [보탄].   중=纽扣 (niǔkòu) [니우커우].
- 단편 短篇 짧을 단, 책 편 (명사)
  영=short story (ʃɔːrt 'stɔːri) [쇼트 스토리].
  일=短編 (たんぺん, tanpen) [탄펜].   중=短篇 (duǎnpiān) [뚜안피앤].
- 단풍 丹楓 붉을 단, 단풍나무 풍 (명사)
  영=autumn leaves ('ɔːtəm liːvz) [오텀 리브즈].
  일=紅葉 (こうよう, kōyō) [코요오].   중=红叶 (hóngyè) [홍예].
- 닫다 (동사)   영=close (kləʊz) [클로즈].
  일=閉める (しめる, shimeru) [시메루].   중=关 (guān) [꽌].

- 닫히다 (동사) 영=be closed (bi kləʊzd) [비 클로즈드].
  일=閉まる (しまる, shimaru) [시마루].
  중=被关上 (bèi guānshàng) [뻬이 꽌샹].
- 달 (명사) 하늘의 달 영=moon (muːn) [문].
  일=月 (つき, tsuki) [츠키]. 중=月亮 (yuèliang) [위에량].
- 달 (명사) 영=moon (muːn) [문].
  일=月 (つき, tsuki) [츠키]. 중=月亮 (yuèliang) [위에량].
- 달 (의존명사) 영=month (mʌnθ) [먼씨].
  일=月 (がつ, gatsu) [가츠]. 중=月份 (yuèfèn) [위에펀].
- 달걀 (명사) 영=egg (eg) [에그].
  일=卵 (たまご, tamago) [타마고]. 중=鸡蛋 (jīdàn) [지단].
- 달다 (동사) 단추를 ~ 영=attach (əˈtætʃ) [어태치].
  일=付ける (つける, tsukeru) [츠케루]. 중=钉 (dìng) [띵].
- 달다 (동사) 돈을 다오 영=ask for (æsk fɔːr) [아스크 포어].
  일=金をくれ (かねをくれ, kane o kure) [카네오 쿠레].
  중=要钱 (yào qián) [야오치앤].
- 달다 (동사) 무게를 ~ 영=weigh (weɪ) [웨이].
  일=量る (はかる, hakaru) [하카루]. 중=称 (chēng) [청].
- 달다 (동사) 영=attach (əˈtætʃ) [어태치].
  일=付ける (つける, tsukeru) [츠케루]. 중=钉 (dìng) [띵].
- 달다 (보조동사) 빌려 다오 영=give me (gɪv miː) [기브 미].
  일=くれ (kure) [쿠레]. 중=给我 (gěi wǒ) [게이워].
- 달다 (형용사) 맛 영=sweet (swiːt) [스위트].
  일=甘い (あまい, amai) [아마이]. 중=甜 (tián) [톈].
- 달라지다 (동사) 영=change (tʃeɪndʒ) [체인지].
  일=変わる (かわる, kawaru) [카와루]. 중=变了 (biàn le) [삐앤러].
- 달래다 (동사) 영=soothe (suːð) [수드].
  일=なだめる (nadameru) [나다메루]. 중=安慰 (ānwèi) [안웨이].
- 달러 (명사) 영=dollar (ˈdɒlər) [달러].
  일=ドル (どる, doru) [도루]. 중=美元 (měiyuán) [메이위앤].
- 달러 (의존명사) 영=dollar (ˈdɒlər) [달러].
  일=ドル (どる, doru) [도루]. 중=美元 (měiyuán) [메이위앤].
  두 표현은 표면적으로는 동일하지만,

-명사는 "달러가 강세다"처럼 자립적으로 쓰일 수 있는 말,
-의존명사는 "5달러, 100달러"처럼 수량과 결합되어 쓰는 단위 명사.
- 달려가다 (동사) 영=run to (rʌn tuː) [런 투].
  일=走って行く (はしっていく, hashitte iku) [하시떼이쿠].
  중=跑过去 (pǎo guòqù) [파오꾸어취].
- 달려들다 (동사) 영=rush at (rʌʃ æt) [러쉬 앳].
  일=飛びかかる (とびかかる, tobikakaru) [토비카카루].
  중=扑上来 (pū shànglái) [푸샹라이].
- 달려오다 (동사) 영=run toward (rʌn təˈwɔːrd) [런 투워드].
  일=走って来る (はしってくる, hashitte kuru) [하시떼 쿠루].
  중=跑过来 (pǎo guòlái) [파오꾸어라이].
- 달력 曆 날 짜, 책력 력 (명사) 영=calendar (ˈkælɪndər) [캘린더].
  일=カレンダー (karendā) [카렌다].   중=日历 (rìlì) [르리].
- 달리 (부사) 영=differently (ˈdɪfərəntli) [디퍼런틀리].
  일=違って (ちがって, chigatte) [치갓떼]. 중=不同地 (bùtóng de) [부퉁디].
- 달리기 (명사) 영=running (ˈrʌnɪŋ) [러닝].
  일=走ること (はしること, hashiru koto) [하시루 고토].
  중=跑步 (pǎobù) [파오부].
- 달리다 (동사) 말을 ~ 영=run (rʌn) [런].
  일=走る (はしる, hashiru) [하시루].   중=奔跑 (bēnpǎo) [뻔파오].
- 달리다 (동사) 문에 종이 ~ 영=be hung (biː hʌŋ) [비 헝].
  일=掛かる (かかる, kakaru) [카카루].   중=挂着 (guàzhe) [과저].
- 달리하다 (동사) 영=do differently (duː ˈdɪfərəntli) [두 디퍼런틀리].
  일=別にする (べつにする, betsu ni suru) [베츠니 스루].
  중=有所不同 (yǒu suǒ bùtóng) [여우쑤어 부퉁].
- 달빛 (명사) 영=moonlight (ˈmuːnlaɪt) [문라잇].
  일=月明かり (つきあかり, tsukiakari) [츠키아카리].
  중=月光 (yuèguāng) [위에광].
- 달아나다 (동사)
  영=run away (rʌn əˈweɪ) [런 어웨이].
  일=逃げる (にげる, nigeru) [니게루].   중=逃跑 (táopǎo) [타오파오].
- 닭 (명사) 영=chicken (ˈtʃɪkɪn) [치킨].
  일=鶏 (にわとり, niwatori) [니와토리].   중=鸡 (jī) [지].

•닭고기 (명사) [영]=chicken meat ('tʃɪkɪn miːt) [치킨 밋].
[일]=鶏肉 (とりにく, toriniku) [토리니쿠]. [중]=鸡肉 (jīròu) [지로우].
•닮다 (동사) [영]=resemble (rɪ'zembl) [리젬블].
[일]=似る (にる, niru) [니루]. [중]=像 (xiàng) [시앙].
•담 (명사) ~을 쌓다 [영]=wall (wɔːl) [월].
[일]=塀 (へい, hei) [헤이]. [중]=围墙 (wéiqiáng) [웨이창].
•담그다 (동사) [영]=soak (səʊk) [소크].
[일]=漬ける (つける, tsukeru) [츠케루]. [중]=浸泡 (jìnpào) [진파오].
•담기다 (동사) 담다 [영]=be filled (biː fɪld) [비 필드].
[일]=入る (はいる, hairu) [하이루]. [중]=装有 (zhuāng yǒu) [좡여우].
•담다 (동사) 넣다 [영]=put in (pʊt ɪn) [풋 인].
[일]=入れる (いれる, ireru) [이레루]. [중]=装进 (zhuāng jìn) [좡진].
•담당 擔當 맡을 담, 맡을 당 (명사) [영]=charge (tʃɑːrdʒ) [차지].
[일]=担当 (たんとう, tantou) [탄토우]. [중]=担当 (dāndāng) [단당].
•담당자 擔當者 맡을 담, 맡을 당, 놈 자 (명사)
[영]=person in charge ('pɜːsən ɪn tʃɑːrdʒ) [퍼슨 인 차지].
[일]=担当者 (たんとうしゃ, tantousha) [탄토우샤].
[중]=负责人 (fùzérén) [푸쩌런].
•담당하다 擔當- (동사) [영]=take charge (teɪk tʃɑːrdʒ) [테이크 차지].
[일]=担当する (たんとうする, tantou suru) [탄토우 스루].
[중]=担当 (dāndāng) [단당].
•담배 (명사) [영]=cigarette (ˌsɪgə'ret) [시거렛].
[일]=たばこ (tabako) [타바코]. [중]=香烟 (xiāngyān) [시앙옌].
•담요 (명사) [영]=blanket ('blæŋkɪt) [블랭킷].
[일]=毛布 (もうふ, moufu) [모우후]. [중]=毛毯 (máotǎn) [마오탄].
•담임 擔任 맡을 담, 맡길 임 (명사)
[영]=homeroom teacher ('həʊmˌruːm 'tiːtʃə) [홈룸 티처].
[일]=担任 (たんにん, tannin) [탄닌]. [중]=担任 (dānrèn) [단런].
•답 答 대답 답 (명사) [영]=answer ('ɑːnsə) [안서].
[일]=答え (こたえ, kotae) [고타에]. [중]=答案 (dá'àn) [다안].
•답답하다 (형용사) [영]=stifling ('staɪflɪŋ) [스타이플링].
[일]=息苦しい (いきぐるしい, ikigurushii) [이키구루시이].
[중]=憋闷 (biēmèn) [뼈먼].

- 답변 答辯 대답 답, 말씀 변 (명사)　영=response (rɪˈspɒns) [리스폰스].
　일=答弁 (とうべん, tōben) [토우벤].　중=答辯 (dábiàn) [다뼨].
- 답장 答狀 대답 답, 문서 장 (명사)
　영=reply letter (rɪˈplaɪ ˈletə) [리플라이 레터].
　일=返事の手紙 (へんじのてがみ, henji no tegami) [헨지노 테가미].
　중=回信 (huíxìn) [후이신].
- 답하다 答- 대답 답 (동사)　영=answer (ˈɑːnsə) [안서].
　일=答える (こたえる, kotaeru) [고타에루].　중=回答 (huídá) [후이다].
- 닷새 (명사)　영=five days (faɪv deɪz) [파이브 데이즈].
　일=五日間 (いつかかん, itsukakan) [이츠카캔].　중=五天 (wǔ tiān) [우 톈].
- 당근 (명사)　영=carrot (ˈkærət) [캐럿].
　일=にんじん (ninjin) [닌진].　중=胡萝卜 (húluóbo) [후뤄보].
- 당기다 (동사)　영=pull (pʊl) [풀].
　일=引く (ひく, hiku) [히쿠].　중=拉 (lā) [라].
- 당당하다 (형용사)　영=confident (ˈkɒnfɪdənt) [컨피던트].
　일=堂々としている (どうどうとしている,
　dōdō to shite iru) [도우도우 토 시테 이루].
　중=理直气壮 (lǐzhí qìzhuàng) [리즈 치좡].
- 당분간 當分間 마땅 당, 나눌 분, 사이 간 (부사)
　영=for the time being (fə ðə taɪm ˈbiːɪŋ) [퍼 더 타임 비잉].
　일=当分の間 (とうぶんのあいだ, tōbun no aida) [토우분노 아이다].
　중=暂时 (zànshí) [잔스].
- 당시 當時 마땅 당, 때 시 (명사)　영=at that time (æt ðæt taɪm) [앳 댓 타임].
　일=当時 (とうじ, tōji) [토우지].　중=当时 (dāngshí) [당스].
- 당신 當身 마땅 당, 몸 신 (대명사)　영=you (juː) [유].
　일=あなた (anata) [아나타].　중=你 (nǐ) [니].
- 당연하다 當然- 마땅 당, 그러할 연 (형용사)　영=natural (ˈnætʃrəl) [내추럴].
　일=当然だ (とうぜんだ, tōzen da) [토우젠다].　중=当然 (dāngrán) [당롼].
- 당연히 當然- 마땅 당, 그러할 연 (부사)　영=of course (əv kɔːs) [어브 코스].
　일=当然に (とうぜんに, tōzen ni) [토우젠니].
　중=当然地 (dāngrán de) [당롼더].
- 당장 當場 마땅 당, 마당 장 (명사)　영=right now (raɪt naʊ) [라잇 나우].
　일=今すぐ (いますぐ, ima sugu) [이마 스구].　중=立刻 (likè) [리커].

•당하다 當- 마땅 당 (동사) [영]=suffer ('sʌfə) [서퍼].
[일]=遭う (あう, au) [아우]. [중]=遭到 (zāodào) [짜오따오].
•당황하다 唐慌- 당나라 당, 황급할 황 (동사) [영]=panic ('pænɪk) [패닉].
[일]=慌てる (あわてる, awateru) [아와테루]. [중]=慌张 (huāngzhāng) [황장].
•닿다 (동사) [영]=reaches ('riːtʃɪz) [리치즈].
[일]=届く (とどく, todoku) [토도쿠]. [중]=触及 (chùjí) [추지].
•대 (명사) [영]=stem (stɛm) [스템].
[일]=茎 (くき, kuki) [쿠키]. [중]=茎 (jīng) [징].
•대 (의존명사) 담배 한 ~ [영]=stick (stɪk) [스틱].
[일]=本 (ほん, hon) [혼]. [중]=支 (zhī) [즈].
•대 臺 대 대 (의존명사) [영]=platform ('plætfɔːm) [플래트폼].
[일]=台 (だい, dai) [다이]. [중]=台 (tái) [타이].
•대 代 대신할 대 (의존명사) [영]=generation (ˌdʒɛnə'reɪʃən) [제너레이션].
[일]=代 (だい, dai) [다이]. [중]=代 (dài) [따이].
•대 對 대할 대 (의존명사) [영]=versus ('vɜːsəs) [버서스].
[일]=対 (たい, tai) [타이]. [중]=对 (duì) [뚜이].
•대가 代價 대신할 대, 값 가 (명사) [영]=price (praɪs) [프라이스].
[일]=代価 (だいか, daika) [다이카]. [중]=代价 (dàijià) [따이자].
•대강 大綱 클 대, 벼리 강 (부사) [영]=roughly ('rʌfli) [러플리].
[일]=大まかに (おおまかに, ōmakani) [오오마카니]. [중]=大致 (dàzhì) [따즈].
•대개 大概 클 대, 대개 개 (명사) [영]=generality (ˌdʒɛnə'rælɪti) [제너랠리티].
[일]=大概 (たいがい, taigai) [타이가이]. [중]=大概 (dàgài) [따까이].
•대개 大概 클 대, 대개 개 (부사) [영]=mostly ('məʊstli) [모스틀리].
[일]=たいてい (taitei) [타이테이]. [중]=大多 (dàduō) [따뚜어].
•대구 大邱 클 대, 언덕 구 (고유명사) [영]=Daegu [대구].
[일]=テグ (てぐ, tegu) [테구]. [중]=大邱 (Dàqīu) [따치우].
•대규모 大規模 클 대, 법 규, 모양 모 (명사)
[영]=large-scale ('lɑːrdʒ skeɪl) [라지 스케일].
[일]=大規模 (だいきぼ, daikibo) [다이키보].
[중]=大规模 (dà guīmó) [따 꾸이모].
•대기 大氣 클 대, 기운 기 (명사)
[영]=atmosphere ('ætməsfɪə) [앳머스피어].
[일]=大気 (たいき, taiki) [타이키]. [중]=大气 (dàqì) [따치].

- 대기업 大企業 클 대, 꾀할 기, 업 업 (명사)
  영=conglomerate (kənˈɡlɒmərət) [컨글로머럿].
  일=大企業 (だいきぎょう, daikigyō) [다이키교오].
  중=大企业 (dà qǐyè) [따치예].
- 대기하다 待機 기다릴 대, 틀 기 (동사)
  영=stand by (stænd baɪ) [스탠드 바이].
  일=待機する (たいきする, taiki suru) [타이키 스루].
  중=待机 (dàijī) [따이지].
- 대낮 (명사) 영=broad daylight (brɔːd ˈdeɪlaɪt) [브로드 데이라잇].
  일=真昼 (まひる, mahiru) [마히루].
  중=白天 (báitiān) [바이티엔].
- 대다 (동사) 귀에 ~ 영=bring close (brɪŋ kləʊs) [브링 클로스].
  일=近づける (ちかづける, chikazukeru) [치카즈케루].
  중=靠近 (kàojìn) [카오진].
- 대다수 大多數 클 대, 많을 다, 셀 수 (명사)
  영=majority (məˈdʒɒrəti) [머조러티].
  일=大多数 (だいたすう, daitasū) [다이타스우].
  중=大多数 (dàduōshù) [따뚜어슈].
- 대단하다 (형용사) 영=great (ɡreɪt) [그레잇].
  일=すごい (sugoi) [스고이]. 중=了不起 (liǎobuqǐ) [랴오부치].
- 대단히 (부사) 영=extremely (ɪkˈstriːmli) [익스트리플리].
  일=非常に (ひじょうに, hijōni) [히조오니]. 중=非常 (fēicháng) [페이챵].
- 대답 對答 대할 대, 대답 답 (명사) 영=answer (ˈænsə) [앤서].
  일=返事 (へんじ, henji) [헨지]. 중=回答 (huídá) [후이다].
- 대답하다 對答- 대할 대, 대답 답 (동사)
  영=reply (rɪˈplaɪ) [리플라이].
  일=答える (こたえる, kotaeru) [고타에루]. 중=回答 (huídá) [후이다].
- 대도시 大都市 클 대, 도읍 도, 시장 시 (명사)
  영=metropolis (məˈtrɒpəlɪs) [머트로폴리스].
  일=大都市 (だいとし, daitoshi) [다이토시]. 중=大都市 (dà dūshì) [따 두스].
- 대략 大略 클 대, 간략할 략 (부사)
  영=approximately (əˈprɒksɪmətli) [어프록시멋리].
  일=大略 (たいりゃく, tairyaku) [타이랴쿠]. 중=大约 (dàyuē) [따위에].

•대량 大量 클 대, 양 양 (명사) [영]=mass (mæs) [매스].
[일]=大量 (たいりょう, tairyou) [타이료]. [중]=大量 (dàliàng) [따량].
•대로 (의존명사) [영]=as, like (æz, laɪk) [애즈, 라이크].
[일]=とおり (通り, toori) [토오리]. [중]=照…样 (zhào…yàng) [짜오양].
•대륙 大陸 클 대, 뭍 륙 (명사) [영]=continent ('kɒntɪnənt) [콘티넌트].
[일]=大陸 (たいりく, tairiku) [타이리쿠]. [중]=大陆 (dàlù) [따루].
•대문 大門 클 대, 문 문 (명사) [영]=main gate (meɪn geɪt) [메인 게이트].
[일]=正門 (せいもん, seimon) [세이몬]. [중]=大门 (dàmén) [따먼].
•대부분 大部分 클 대, 떼 부, 나눌 분 (명사)
[영]=majority (mə'dʒɒrəti) [머조러티].
[일]=大部分 (だいぶぶん, daibubun) [다이부분].
[중]=大部分 (dà bùfèn) [따 뿌펀].
•대비 對備 대할 대, 갖출 비 (명사)
[영]=preparation (ˌprɛpə'reɪʃən) [프레퍼레이션].
[일]=対備 (たいび, taibi) [타이비]. [중]=对备 (duìbèi) [뚜이뻬이].
•대비하다 對備- 대할 대, 갖출 비 (동사)
[영]=prepare (prɪ'peə) [프리페어].
[일]=備える (そなえる, sonaeru) [소나에루]. [중]=准备 (zhǔnbèi) [준뻬이].
•대사 臺詞 대 대, 말 사 (명사) [영]=line (laɪn) [라인].
[일]=せりふ (台詞, serifu) [세리후]. [중]=台词 (táicí) [타이츠].
•대사 大使 큰 대, 하사할 사 (명사)
[영]=ambassador (æm'bæsədər) [앰배서더].
[일]=大使 (たいし, taishi) [타이시]. [중]=大使 (dàshǐ) [따스].
•대사관 大使館 큰 대, 하사할 사, 집 관 (명사)
[영]=embassy ('embəsi) [엠버시].
[일]=大使館 (たいしかん, taishikan) [타이시칸].
[중]=大使馆 (dàshǐguǎn) [따스관].
•대상자 對象者 대할 대, 코끼리 상, 놈 자 (명사)
[영]=subject ('sʌbdʒɪkt) [서브젝트].
[일]=対象者 (たいしょうしゃ, taishousha) [타이쇼우샤].
[중]=对象者 (duìxiàng zhě) [뚜이시앙저].
•대신 代身 대신할 대, 몸 신 (명사) [영]=substitute ('sʌbstɪtjuːt) [섭스티튜트].
[일]=代わり (かわり, kawari) [카와리]. [중]=代替 (dàitì) [따이티].

- 대신하다 代身- 대신할 대, 몸 신 (동사)
  - ㉠=substitute (ˈsʌbstɪtjuːt) [섭스티튜트].
  - ㉡=代わる (かわる, kawaru) [카와루]. ㉢=代替 (dàitì) [따이티].
- 대여섯 (관형사) ㉠=five or six (faɪv ɔː sɪks) [파이브 오 식스].
  - ㉡=五つ六つ (いつつむっつ, itsutsumuttsu) [이츠츠묻츠].
  - ㉢=五六个 (wǔ liù gè) [우 류 께].
- 대응 對應 대할 대, 응할 응 (명사) ㉠=response (rɪˈspɒns) [리스폰스].
  - ㉡=対応 (たいおう, taiou) [타이오우]. ㉢=対応 (duìyìng) [뚜이잉].
- 대응하다 對應- 대할 대, 응할 응 (동사) ㉠=respond (rɪˈspɒnd) [리스폰드].
  - ㉡=対応する (たいおうする, taiou suru) [타이오우 스루].
  - ㉢=対应 (duìyìng) [뚜이잉].
- 대입 大入 큰 대, 들 입 (명사) ㉠=university entrance
  - (juːnɪˈvɜːsəti ˈɛntrəns) [유니버서티 엔트런스].
  - ㉡=大学入試 (だいがくにゅうし, daigaku nyuushi) [다이가쿠 뉴우시].
  - ㉢=高考/大学入学 (gāokǎo / dàxué rùxué) [까오카오 / 따쉐 루쉐].
- 대전 大田 큰 대, 밭 전 (고유명사) ㉠=Daejeon (deɪˌdʒʌn) [데이젼].
  - ㉡=大田 (テジョン, Tejon) [테죤]. ㉢=大田 (Dàtián) [따톈].
- 대접 待接 기다릴 대, 이을 접 (명사) ㉠=treatment (ˈtriːtmənt) [트리트먼트].
  - ㉡=もてなし (motenashi) [모테나시]. ㉢=款待 (kuǎndài) [콴따이].
- 대접하다 待接- 기다릴 대, 이을 접 (동사) ㉠=treat (triːt) [트리트].
  - ㉡=もてなす (もてなす, motenasu) [모테나스].
  - ㉢=招待 (zhāodài) [자오따이].
- 대중 大衆 큰 대, 무리 중 (명사) ㉠=public (ˈpʌblɪk) [퍼블릭].
  - ㉡=大衆 (たいしゅう, taishuu) [타이슈우]. ㉢=大众 (dàzhòng) [따중].
- 대중교통 大衆交通 큰 대, 무리 중, 사귈 교, 통할 통 (명사)
  - ㉠=public transportation (ˈpʌblɪk ˌtrænspɔːˈteɪʃən)
    - [퍼블릭 트랜스포테이션].
  - ㉡=公共交通 (こうきょうこうつう, koukyou koutsuu) [코쿄코우츠우].
  - ㉢=公共交通 (gōnggòng jiāotōng) [꽁꽁 지아오퉁].
- 대중문화 大衆文化 큰 대, 무리 중, 글월 문, 될 화 (명사)
  - ㉠=pop culture (pɒp ˈkʌltʃər) [팝 컬쳐].
  - ㉡=大衆文化 (たいしゅうぶんか, taishuu bunka) [타이슈우분카].
  - ㉢=大众文化 (dàzhòng wénhuà) [따중 원화].

- 대중적 大衆的 큰 대, 무리 중, 과녁 적 (명사/형용사적 용법)
  - 영=popular (ˈpɒpjələr) [파퓰러].
  - 일=大衆的 (たいしゅうてき, taishuu-teki) [타이슈우테키].
  - 중=大众化的 (dàzhòng huà de) [따중 화 더].
- 대책 對策 대할 대, 꾀 책 (명사)   영=measure (ˈmeʒər) [메저].
  - 일=対策 (たいさく, taisaku) [타이사쿠].   중=対策 (duìcè) [뚜이처].
- 대처하다 對處- 대할 대, 곳 처 (동사)   영=cope (kəʊp) [코프].
  - 일=対処する (たいしょする, taisho suru) [타이쇼 스루].
  - 중=应对 (yìngduì) [잉뚜이].
- 대체 大體 큰 대, 몸 체 (부사)   영=generally (ˈdʒenərəli) [제너럴리].
  - 일=だいたい (daitai) [다이타이].   중=大致 (dàzhì) [따즈].
- 대체로 大體- 큰 대, 몸 체 (부사)   영=generally (ˈdʒenərəli) [제너럴리].
  - 일=大体 (だいたい, daitai) [다이타이].   중=大体 (dàtǐ) [따티].
- 대출 貸出 빌릴 대, 낼 출 (명사)   영=loan (ləʊn) [로운].
  - 일=貸し出し (かしだし, kashidashi) [카시다시].   중=贷款 (dàikuǎn) [따이퀀].
- 대충 (부사)   영=roughly (rʌfli) [러플리].
  - 일=だいたい (daitai) [다이타이].   중=大致 (dàzhì) [따즈].
- 대통령 大統領 큰 대, 거느릴 통, 거느릴 령 (명사)
  - 영=president (ˈprezɪdənt) [프레지던트].
  - 일=大統領 (だいとうりょう, daitouryou) [다이토료].
  - 중=总统 (zǒngtǒng) [쭝퉁].
- 대표 代表 대신할 대, 나타낼 표 (명사)
  - 영=representative (ˌreprɪˈzentətɪv) [레프리젠터티브].
  - 일=代表 (だいひょう, daihyou) [다이효].
  - 중=代表 (dàibiǎo) [따이뱌오].
- 대표적 代表的 대신할 대, 나타낼 표, 과녁 적 (명사/형용사적 용법)
  - 영=typical (ˈtɪpɪkəl) [티피컬].
  - 일=代表的 (だいひょうてき, daihyouteki) [다이효테키].
  - 중=代表性的 (dàibiǎoxìng de) [따이뱌오싱 더].
- 대표하다 代表- 대신할 대, 나타낼 표 (동사)
  - 영=represent (ˌreprɪˈzent) [레프리젠트].
  - 일=代表する (だいひょうする, daihyou suru) [다이효 스루].
  - 중=代表 (dàibiāo) [따이뱌오].

- 대하다 對- 대할 대 (동사)
  - 영=deal with (diːl wɪð) [딜 윋].
  - 일=対する (たいする, taisuru) [타이스루]. 중=对待 (duìdài) [뚜이따이].
- 대학 大學 큰 대, 배울 학 (명사)
  - 영=university (juːnɪ'vɜːsəti) [유니버서티].
  - 일=大学 (だいがく, daigaku) [다이가쿠]. 중=大学 (dàxué) [따쉬에].
- 대학교 大學校 큰 대, 배울 학, 학교 교 (명사)
  - 영=university (ˌjuːnɪ'vɜːsəti) [유니버서티].
  - 일=大学校 (だいがっこう, daigakkou) [다이가꼬]. 중=大学 (dàxué) [따쉬에].
- 대학교수 大學教授 큰 대, 배울 학, 가르칠 교, 줄 주 (명사)
  - 영=university professor (juːnɪ'vɜːsəti prə'fesə) [유니버서티 프로페서].
  - 일=大学教授 (だいがくきょうじゅ, daigaku kyouju) [다이가쿠 쿄우쥬].
  - 중=大学教授 (dàxué jiàoshòu) [따쉬에 지아오쇼우].
- 대학로 大學路 큰 대, 배울 학, 길 로 (고유명사)
  - 영=University Street [유니버서티 스트리트].
  - 일=大学路 (だいがくろ, daigakuro) [다이가쿠로].
  - 중=大学路 (dàxué lù) [따쉬에 루].
- 대학생 大學生 큰 대, 배울 학, 날 생 (명사)
  - 영=university student (juːnɪ'vɜːsəti 'stjuːdənt) [유니버서티 스튜던트].
  - 일=大学生 (だいがくせい, daigakusei) [다이가쿠세이].
  - 중=大学生 (dàxuéshēng) [따쉬에셩].
- 대학원 大學院 큰 대, 배울 학, 집 원 (명사)
  - 영=graduate school ('grædʒuət skuːl) [그래쥬엇 스쿨].
  - 일=大学院 (だいがくいん, daigakuin) [다이가쿠인].
  - 중=研究生院 (yánjiūshēngyuàn) [옌지우셩위앤].
- 대한민국 大韓民國 클 대, 한국 한, 백성 민, 나라 국 (고유명사)
  - 영=Republic of Korea [리퍼블릭 오브 코리아].
  - 일=大韓民国 (だいかんみんこく, daikanminkoku) [다이칸민코쿠].
  - 중=大韩民国 (dàhánmínguó) [따한민궈].
- 대합실 待合室 기다릴 대, 합할 합, 집 실 (명사)
  - 영=waiting room (weɪtɪŋ ruːm) [웨이팅 룸].
  - 일=待合室 (まちあいしつ, machiaishitsu) [마치아이시츠].
  - 중=候车室 (hòuchēshì) [호우처스].

•대형 大型 큰 대, 거푸집 형 (명사) [영]=large size (lɑːdʒ saɪz) [라지 사이즈].
[일]=大型 (おおがた, oogata) [오오가타]. [중]=大型 (dàxíng) [따싱].
•대화 對話 대할 대, 말씀 화 (명사)
[영]=conversation (ˌkɒnvəˈseɪʃən) [컨버세이션].
[일]=会話 (かいわ, kaiwa) [카이와]. [중]=对话 (duìhuà) [뚜이화].
•대화하다 對話- 대할 대, 말씀 화 (동사)
[영]=converse (kənˈvɜːs) [컨버스].
[일]=会話する (かいわする, kaiwa suru) [카이와 스루].
[중]=对话 (duìhuà) [뚜이화].
•대회 大會 큰 대, 모일 회 (명사) [영]=competition (ˌkɒmpəˈtɪʃən) [컴퍼티션].
[일]=大会 (たいかい, taikai) [타이카이]. [중]=大会 (dàhuì) [따후이].
•댁 宅 집 택 (명사) [영]=home (hoʊm) [홈].
[일]=お宅 (おたく, otaku) [오타쿠]. [중]=府上 (fǔshàng) [푸상].
•댐 (명사) [영]=dam (dæm) [댐].
[일]=ダム (だむ, damu) [다무]. [중]=水坝 (shuǐbà) [슈이빠].
•다듬다. (동사) [영]=trim (trɪm) [트림].
[일]=整える (ととのえる, totonoeru) [토토노에루]. [중]=修整 (xiūzhěng) [슈정].
•더 (부사) [영]=more (mɔːr) [모어].
[일]=もっと (motto) [못토]. [중]=更 (gèng) [껑].
•더구나 (부사) [영]=moreover (mɔːrˈəʊvə) [모어로버].
[일]=その上 (そのうえ, sono ue) [소노우에]. [중]=况且 (kuàngqiě) [쾅치에].
•더더욱 (부사) [영]=even more (ˈiːvən mɔːr) [이븐 모어].
[일]=いっそう (issou) [잇소우]. [중]=更加 (gèngjiā) [껑지아].
•더러워지다 (동사) [영]=become dirty (bɪˈkʌm ˈdɜːti) [비컴 더티].
[일]=汚くなる (きたなくなる, kitanaku naru) [키타나쿠 나루].
[중]=变脏 (biàn zāng) [삐엔쨍].
•더럽다 (형용사) [영]=dirty (ˈdɜːti) [더티].
[일]=汚い (きたない, kitanai) [키타나이]. [중]=脏 (zāng) [쨍].
•더불다 (동사) [영]=join with (dʒɔɪn wɪð) [조인 위드].
[일]=共にする (ともにする, tomo ni suru) [토모니 스루].
[중]=一同 (yìtóng) [이통].
•더욱 (부사) [영]=still more (stɪl mɔːr) [스틸 모어].
[일]=なおさら (naosara) [나오사라]. [중]=更加 (gèngjiā) [껑지아].

- 더욱더 (부사) 영=all the more (ɔːl ðə mɔːr) [올 더 모어].
  일=ますます (masumasu) [마스마스].　중=越发 (yuèfā) [위에파].
- 더욱이 (부사) 영=besides (bɪˈsaɪdz) [비사이즈].
  일=その上に (そのうえに, sono ueni) [소노우에니].
  중=再加上 (zàijiāshàng) [짜이쨔샹].
- 더위 (명사) 영=heat (hiːt) [히트].
  일=暑さ (あつさ, atsusa) [아츠사].　중=炎热 (yánrè) [옌르어].
- 더하다 (동사) 영=add (æd) [애드].
  일=加える (くわえる, kuwaeru) [쿠와에루].　중=加 (jiā) [지아].
- 덕 德 큰 덕 (명사) 영=virtue (ˈvɜːtʃuː) [버츄].
  일=徳 (とく, toku) [토쿠].　중=美德 (měidé) [메이더].
- 덕분 德分 큰 덕, 나눌 분 (명사) 영=thanks to (θæŋks tuː) [땡스 투].
  일=おかげで (okagede) [오카게데].　중=多亏 (duōkuī) [뚜어쿠이].
- 덕수궁 德壽宮 큰 덕, 목숨 수, 궁궐 궁 (고유명사)
  영=Deoksugung Palace (ˈdʌksuːˌɡʊŋ ˈpælɪs) [덕수궁 팰리스].
  일=徳寿宮 (とくじゅきゅう, tokujukyuu) [토쿠쥬큐].
  중=德寿宫 (Déshòugōng) [더쇼우궁].
- 던지다 (동사) 영=throw (θrəʊ) [스로우].
  일=投げる (なげる, nageru) [나게루].　중=扔 (rēng) [렁].
- 덜 (부사) 영=less (les) [레스].
  일=より少なく (よりすくなく, yori sukunaku) [요리스쿠나쿠].
  중=较少 (jiàoshǎo) [지아오샤오].
- 덜다 (동사) 영=reduce (rɪˈdjuːs) [리듀스].
  일=減らす (へらす, herasu) [헤라스].　중=减少 (jiǎnshǎo) [지앤샤오].
- 덥다 (형용사) 영=hot (hɑːt) [핫].
  일=暑い (あつい, atsui) [아츠이].　중=热 (rè) [르어].
- 덧붙이다 (동사) 영=add (æd) [애드].
  일=付け加える (つけくわえる, tsukekuwaeru) [츠케쿠와에루].
  중=附加 (fùjiā) [푸지아].
- 덩어리 (명사) 영=chunk (tʃʌŋk) [청크].
  일=塊 (かたまり, katamari) [카타마리].　중=块 (kuài) [콰이].
- 덮다 (동사). 영=cover (ˈkʌvər) [커버].
  일=覆う (おおう, oou) [오오우].　중=盖 (gài) [까이].

- 덮이다 (동사)　영=be covered (bi ˈkʌvərd) [비 커버드].
  일=覆われる (おおわれる, oowareru) [오오와레루].
  중=被盖住 (bèi gàizhù) [뻬이 까이쭈].
- 데 (의존명사)　영=place (pleɪs) [플레이스].
  일=ところ (tokoro) [토코로].　중=处 (chù) [추].
- 데려가다 (동사)　영=take (someone) along (teɪk əˈlɒŋ) [테이크 얼롱].
  일=連れて行く (つれていく, tsureteiku) [츠레테이쿠].
  중=带去 (dàiqù) [따이취].
- 데려오다 (동사)　영=bring (brɪŋ) [브링].
  일=連れて来る (つれてくる, tsuretekuru) [츠레테쿠루].
  중=带来 (dàilái) [따이라이].
- 데리다 (동사)　영=accompany (əˈkʌmpəni) [어컴퍼니].
  일=伴う (ともなう, tomonau) [토모나우].　중=带着 (dàizhe) [따이저].
- 데우다 (동사)　영=warm up (wɔːm ʌp) [웜 업].
  일=温める (あたためる, atatameru) [아타타메루].　중=加热 (jiārè) [지아르어].
- 데이트 (명사)　영=date (deɪt) [데이트].
  일=デート (でーと, deeto) [데에토].　중=约会 (yuēhuì) [위에후이].
- 도 (의존명사) 정도 도 (의존명사)　영=degree (dɪˈɡriː) [디그리].
  일=度 (ど, do) [도].　　중=度 (dù) [뚜].
- 도 道 길 도 (명사)　영=way (weɪ) [웨이].
  일=道 (どう, dō) [도오].　　중=道路 (dàolù) [따오루].
- 도 道 지방 도 (명사)　영=province (ˈprɒvɪns) [프라빈스].
  일=道 (どう, dō) [도오].　　중=道 (dào) [따오].
- 도구 道具 길 도, 갖출 구 (명사)　영=tool (tuːl) [툴].
  일=道具 (どうぐ, dōgu) [도구].　중=工具 (gōngjù) [꽁쥐].
- 도달하다 到達 이를 도, 다다를 달 (동사)　영=reached (riːʃt) [리치드].
  일=到達する (とうたつする, tōtatsusuru) [토오타츠스루].
  중=到达 (dàodá) [따오다].
- 도대체 都大體 도읍 도, 큰 대, 몸 체 (부사)　영=on earth (ɒn ɜːθ) [온 어스].
  일=一体全体 (いったいぜんたい, ittai zentai) [잇타이 젠타이].
  중=到底 (dàodǐ) [따오디].
- 도덕 道德 길 도, 덕 덕 (명사)　영=morality (məˈræləti) [머래러티].
  일=道徳 (どうとく, dōtoku) [도오토쿠].　중=道德 (dàodé) [따오데].

- 128 -

- 도둑 (명사) 영=thief (θiːf) [씨프].
  일=泥棒 (どろぼう, dorobō) [도로보우]. 중=小偷 (xiǎotōu) [샤오토우].
- 도로 (부사) 영=again (əˈgen) [어겐].
  일=もとどおりに (motodōrini) [모토도오리니]. 중=重新 (chóngxīn) [충신].
- 도로 道路 길 도, 길 로 (명사) 영=road (rəud) [로드].
  일=道路 (どうろ, dōro) [도오로]. 중=道路 (dàolù) [따오루].
- 도리어 (부사) 영=rather (ˈrɑːðə) [라더].
  일=かえって (kaette) [카엣테]. 중=反而 (fǎnˈér) [판얼].
- 도마 (명사) 영=cutting board (ˈkʌtɪŋ bɔːd) [커팅 보드].
  일=まないた (manaita) [마나이타]. 중=砧板 (zhēnbǎn) [쩐반].
- 도망 逃亡 달아날 도, 망할 망 (명사) 영=escape (ɪˈskeɪp) [이스케이프].
  일=逃亡 (とうぼう, tōbō) [토우보오]. 중=逃亡 (táowáng) [타오왕].
- 도망가다 逃亡- 달아날 도, 망할 망 (동사)
  영=run away (rʌn əˈweɪ) [런 어웨이].
  일=逃げる (にげる, nigeru) [니게루]. 중=逃跑 (táopǎo) [타오파오].
- 도망치다 逃亡- 달아날 도, 망할 망 (동사) 영=flee (fliː) [플리].
  일=逃げ出す (にげだす, nigedasu) [니게다스]. 중=逃走 (táozǒu) [타오조우].
- 도서관 圖書館 그림 도, 책 서, 집 관 (명사) 영=library (ˈlaɪbrəri) [라이브러리].
  일=図書館 (としょかん, toshokan) [토쇼칸].
  중=图书馆 (túshūguǎn) [투슈관].
- 도시 都市 도읍 도, 저자 시 (명사) 영=city (ˈsɪti) [시티].
  일=都市 (とし, toshi) [토시]. 중=城市 (chéngshì) [청스].
- 도시락 (명사) 영=lunchbox (ˈlʌntʃˌbɒks) [런치박스].
  일=弁当 (べんとう, bentō) [벤토]. 중=便当 (biàndāng) [벤당].
- 도심 都心 도읍 도, 마음 심 (명사) 영=downtown (ˌdaʊnˈtaʊn) [다운타운].
  일=都心 (としん, toshin) [토신]. 중=市中心 (shì zhōngxīn) [스중신].
- 도와주다 (동사) 영=help (help) [헬프].
  일=手伝う (てつだう, tetsudau) [테츠다우]. 중=帮助 (bāngzhù) [빵주].
- 도움 (명사) 영=help (hɛlp) [헬프].
  일=助け (たすけ, tasuke) [타스케]. 중=帮助 (bāngzhù) [빵주].
- 도움말 (명사) 영=help message (help ˈmesɪdʒ) [헬프 메시지].
  일=ヘルプメッセージ (herupu messēji) [헤루푸 멧세지].
  중=帮助信息 (bāngzhù xìnxī) [빵주 신시].

•도입 導入 이끌 도, 들 입 (명사) [영]=introduction (ˌɪntrəˈdʌkʃən) [인트러덕션].
[일]=導入 (どうにゅう, dōnyū) [도뉴우]. [중]=导入 (dǎorù) [다오루].
•도자기 陶瓷器 질그릇 도, 자기 자, 그릇 기 (명사)
[영]=ceramic (səˈræmɪk) [서래믹].
[일]=陶磁器 (とうじき, tōjiki) [토우지키]. [중]=陶瓷 (táocí) [타오츠].
•도장 圖章 그림 도, 도장 장 (명사) [영]=stamp (stæmp) [스탬프].
[일]=印鑑 (いんかん, inkan) [인칸]. [중]=图章 (túzhāng) [투장].
•도저히 到底 이를 도, 밑 저 (부사)
[영]=absolutely not (ˈæbsəluːtli nɒt) [앱설루틀리 낫].
[일]=どうしても (dōshitemo) [도시테모].
[중]=无论如何也不 (wúlùn rúhé yě bù) [우룬 루허 예 뿌].
•도전 挑戰 돋울 도, 싸움 전 (명사) [영]=challenge (ˈtʃælɪndʒ) [챌린지].
[일]=挑戦 (ちょうせん, chōsen) [쵸센]. [중]=挑战 (tiǎozhàn) [톄오잔].
•도중 途中 길 도, 가운데 중 (명사)
[영]=in the middle (ɪn ðə ˈmɪdl) [인 더 미들].
[일]=途中 (とちゅう, tochū) [토츄우]. [중]=途中 (túzhōng) [투중].
•도착 到着 이를 도, 이를 착 (명사) [영]=arrival (əˈraɪvəl) [어라이벌].
[일]=到着 (とうちゃく, tōchaku) [토우차쿠]. [중]=到达 (dàodá) [따오다].
•도착하다 到着- 이를 도, 이를 착 (동사) [영]=arrive (əˈraɪv) [어라이브].
[일]=到着する (とうちゃくする, tōchakusuru) [토우차쿠스루].
[중]=到达 (dàodá) [따오다].
•도쿄 東京 동녘 동, 서울 경 (고유명사) [영]=Tokyo (ˈtəʊkiəʊ) [토우키오].
[일]=東京 (とうきょう, Tōkyō) [도쿄]. [중]=东京 (Dōngjīng) [동징].
•독감 毒感 독할 독, 느낄 감 (명사) [영]=flu (fluː) [플루].
[일]=インフルエンザ (infuruenza) [인후루엔자]. [중]=流感 (liúgǎn) [류간].
•독립 獨立 홀로 독, 설 립 (명사) [영]=independence (ˌɪndɪˈpendəns) [인디펜던스].
[일]=独立 (どくりつ, dokuritsu) [도쿠리츠]. [중]=独立 (dúlì) [두리].
•독립하다 獨立- 홀로 독, 설 립 (동사)
[영]=become independent (bɪˈkʌm ˌɪndɪˈpendənt) [비컴 인디펜던트].
[일]=独立する (どくりつする, dokuritsusuru) [도쿠리츠스루].
[중]=独立 (dúlì) [두리].
•독서 讀書 읽을 독, 글 서 (명사) [영]=reading (ˈriːdɪŋ) [리딩].
[일]=読書 (どくしょ, dokusho) [도쿠쇼]. [중]=读书 (dúshū) [두슈].

- 독일 獨逸 홀로 독, 뛰어날 일 (고유명사) 영=Germany (ˈdʒɜːməni) [저머니].
  일=ドイツ (doitsu) [도이츠]. 중=德国 (Déguó) [더구어].
- 독일어 獨逸語 홀로 독, 뛰어날 일, 말씀 어 (명사)
  영=German (ˈdʒɜːmən) [저먼].
  일=ドイツ語 (どいつご, doitsugo) [도이츠고]. 중=德语 (Déyǔ) [더위].
- 독창적 獨創的 홀로 독, 비롯할 창, 과녁 적 (명사)
  영=original (əˈrɪdʒənl) [어리저널].
  일=独創的 (どくそうてき, dokusōteki) [도쿠소우테키].
  중=独创性 (dúchàngxìng) [두창싱].
- 독특하다 獨特- 홀로 독, 특별할 특 (형용사) 영=unique (juˈniːk) [유닉].
  일=独特だ (どくとくだ, dokutokuda) [도쿠토쿠다]. 중=独特 (dútè) [두터].
- 독하다 毒- 독할 독 (형용사)
  영=strong/pungent (strɔːŋ / ˈpʌndʒənt) [스트롱 / 펀전트].
  일=きつい (kitsui) [기츠이]. 중=烈 (liè) [리에].
- 돈 (명사) 영=money (ˈmʌni) [머니].
  일=お金 (おかね, okane) [오카네]. 중=钱 (qián) [첸].
- 돌 (명사) ~멩이 영=stone (stəʊn) [스톤].
  일=石 (いし, ishi) [이시]. 중=石头 (shítou) [스더우].
- 돌다 (동사) 영=turn (tɜːn) [턴].
  일=回る (まわる, mawaru) [마와루]. 중=转 (zhuǎn) [쭈안].
- 돌려주다 (동사) 영=return (rɪˈtɜːn) [리턴].
  일=返す (かえす, kaesu) [카에스]. 중=归还 (guīhuán) [꾸이환].
- 돌리다 (동사) 팽이를 ~ 영=spin (spɪn) [스핀].
  일=回す (まわす, mawasu) [마와스]. 중=旋转 (xuánzhuǎn) [쉬앤쭈안].
- 돌멩이 (명사) 영=pebble (ˈpɛbl) [페블].
  일=小石 (こいし, koishi) [코이시]. 중=小石子 (xiǎo shízǐ) [샤오 스즈].
- 돌보다 (동사) 영=take care of (teɪk keəʳ əv) [테이크 케어럽].
  일=世話する (せわする, sewa suru) [세와 스루]. 중=照顾 (zhàogù) [짜오꾸].
- 돌아가다 (동사) 영=go back (gəʊ bæk) [고우 백].
  일=戻る (もどる, modoru) [모도루]. 중=回去 (huíqù) [후이취].
- 돌아다니다 (동사) 영=wander around (ˈwɒndə əˈraʊnd) [원더 어라운드].
  일=歩き回る (あるきまわる, arukimawaru) [아루키마와루].
  중=到处走 (dàochù zǒu) [따오추 조우].

•돌아보다 (동사) [영]=look back (lʊk bæk) [룩 백].
[일]=振り返る (ふりかえる, furikaeru) [후리카에루].
[중]=回头看 (huítóu kàn) [후이토우 칸].
•돌아서다 (동사) [영]=turn away (tɜːn əˈweɪ) [턴 어웨이].
[일]=背を向ける (せをむける, se wo mukeru) [세오 무케루].
[중]=转身离开 (zhuǎnshēn líkāi) [쭈안션 리카이].
•돌아오다 (동사) [영]=come back (kʌm bæk) [컴 백].
[일]=戻ってくる (もどってくる, modotte kuru) [모돗테 쿠루].
[중]=回来 (huílái) [후이라이].
•돕다 (동사) [영]=help (hɛlp) [헬프].
[일]=助ける (たすける, tasukeru) [타스케루]. [중]=帮助 (bāngzhù) [빵쭈].
•동 同 (관형사) 함께 할 동 [영]=same (seɪm) [세임].
[일]=同じ (おなじ, onaji) [오나지]. [중]=同样 (tóngyàng) [퉁양].
•동 棟 (의존명사) 마룻대 동 [영]=building (ˈbɪldɪ ŋ) [빌딩].
[일]=棟 (とう, tō) [토우]. [중]=栋 (dòng) [뚱].
•동그라미 (명사) [영]=circle (ˈsɜːkl) [서클].
[일]=丸 (まる, maru) [마루]. [중]=圆圈 (yuánquān) [위앤취앤].
•동그랗다 (형용사) [영]=round (raʊnd) [라운드].
[일]=丸い (まるい, marui) [마루이]. [중]=圆的 (yuán de) [위앤 더].
•동기 同期 (명사) 같을 동, 기약할 기
[영]=same period (seɪm ˈpɪəriəd) [세임 피어리어드].
[일]=同期 (どうき, dōki) [도우키]. [중]=同期 (tóngqī) [퉁치].
•동기 動機 (명사) 움직일 동, 틀 기 [영]=motive (ˈməʊtɪv) [모티브].
[일]=動機 (どうき, dōki) [도우키]. [중]=动机 (dòngjī) [뚱지].
•동네 洞- (명사) 골 동 [영]=neighborhood (ˈneɪbəhʊd) [네이버후드].
[일]=町内 (ちょうない, chōnai) [초우나이]. [중]=社区 (shèqū) [셔추].
•동대문 東大門 (고유명사) [영]=Dongdaemun (ˈdɔː ŋˌdeɪˈmuːn) [동대문].
[일]=東大門 (とうだいもん, tōdaimon) [토우다이몬].
[중]=东大门 (Dōngdàmén) [동따먼].
•동대문시장 東大門市場 동녘 동, 큰 대, 문 문, 저자 시, 마당 장 (고유명사)
[영]=Dongdaemun Market (ˈdɔː ŋˌdeɪˈmuːn ˈmɑːrkɪt) [동대문 마켓].
[일]=東大門市場 (とうだいもんいちば, tōdaimon ichiba) [토우다이몬 이치바].
[중]=东大门市场 (Dōngdàmén shìchǎng) [동따먼 스창].

- 동료 同僚 한가지 동, 벼슬아치 료 (명사)
  영=colleague ('kɒliːg) [컬리그].
  일=同僚 (どうりょう, dōryō) [도료].　중=同事 (tóngshì) [퉁스].
- 동물 動物 움직일 동, 만물 물 (명사)　영=animal ('ænɪml) [애니멀].
  일=動物 (どうぶつ, dōbutsu) [도부츠].　중=动物 (dòngwù) [뚱우].
- 동물원 動物園 움직일 동, 만물 물, 동산 원 (명사)　영=zoo (zuː) [주].
  일=動物園 (どうぶつえん, dōbutsuen) [도부츠엔].
  중=动物园 (dòngwùyuán) [뚱우위앤].
- 동부 東部 동녘 동, 떼 부 (명사)　영=eastern part ('iːstən pɑːt) [이스턴 파트].
  일=東部 (とうぶ, tōbu) [토우부].　중=东部 (dōngbù) [동부].
- 동생 (명사)　영=younger sibling ('jʌŋgər 'sɪblɪŋ) [영거 씹블링].
  일=弟や妹 (おとうと や いもうと, otōto ya imōto) [오토오토 야 이모오토].
  중=弟弟或妹妹 (dìdi huò mèimei) [띠디 후어 메이메이].
- 동서 東西 동녘 동, 서녘 서 (명사)
  영=east and west (iːst ənd west) [이스트 앤드 웨스트].
  일=東西 (とうざい, tōzai) [토우자이].　중=东西 (dōngxi) [동시].
- 동서남북 東西南北 동녘 동, 서녘 서, 남녘 남, 북녘 북 (명사)
  영=the four directions (ðə fɔː dɪ'rɛkʃənz) [더 포 디렉션즈].
  일=東西南北 (とうざいなんぼく, tōzai nanboku) [토우자이 난보쿠].
  중=东西南北 (dōngxī nánběi) [똥시 난베이].
- 동시 同時 한가지 동, 때 시 (명사)
  영=simultaneity (ˌsɪməl'teɪnɪəti) [시멀테이니어티].
  일=同時 (どうじ, dōji) [도우지].　중=同时 (tóngshí) [퉁스].
- 동아리 (명사)　영=club (klʌb) [클럽].
  일=サークル (さーくる, sākaru) [사아쿠루].　중=社团 (shètuán) [셔투안].
- 동안 (명사)　영=period ('pɪəriəd) [피어리어드].
  일=間 (あいだ, aida) [아이다].　중=期间 (qījiān) [치지앤].
- 동양 東洋 동녘 동, 큰 바다 양 (명사)　영=the East (ði iːst) [디 이스트].
  일=東洋 (とうよう, tōyō) [토우요오].　중=东洋 (dōngyáng) [동양].
- 동양인 東洋人 동녘 동, 큰 바다 양, 사람 인 (명사)
  영=Asian ('eɪʒn) [에이전].
  일=東洋人 (とうようじん, tōyōjin) [토우요오진].
  중=东洋人 (dōngyángrén) [동양런].

•동의 同意 한가지 동, 옳을 의 (명사)
[영]=agreement (əˈgriːmənt) [어그리먼트].
[일]=同意 (どうい, dōi) [도이]. [중]=同意 (tóngyì) [퉁이].
•동의하다 同意- 한가지 동, 옳을 의 (동사) [영]=agree (əˈgriː) [어그리].
[일]=同意する (どういする, dōisuru) [도이스루]. [중]=同意 (tóngyì) [퉁이].
•동일하다 同一- 한가지 동, 한 일 (형용사)
[영]=identical (aɪˈdentɪkl) [아이덴티컬].
[일]=同一だ (どういつだ, dōitsu da) [도우이츠다]. [중]=相同 (xiāngtóng) [시앙퉁].
•동작 動作 움직일 동, 지을 작 (명사) [영]=movement (ˈmuːvmənt) [무브먼트].
[일]=動作 (どうさ, dōsa) [도우사]. [중]=动作 (dòngzuò) [뚱쭈어].
•동전 銅錢 구리 동, 돈 전 (명사) [영]=coin (kɔɪn) [코인].
[일]=硬貨 (こうか, kōka) [코우카]. [중]=硬币 (yìngbì) [잉삐].
•동쪽 東- 동녘 동 (명사) [영]=east (iːst) [이스트].
[일]=東 (ひがし, higashi) [히가시]. [중]=东边 (dōngbiān) [동비앤].
•동창 同窓 한가지 동, 창문 창 (명사) [영]=alumnus (əˈlʌmnəs) [어럼너스].
[일]=同窓生 (どうそうせい, dōsōsei) [도우소우세이]. [중]=同窗 (tóngchuāng) [퉁추앙].
•동포 同胞 한가지 동, 배 포 (명사) [영]=compatriot (kəmˈpætriət) [컴패트리엇].
[일]=同胞 (どうほう, dōhō) [도호오]. [중]=同胞 (tóngbāo) [퉁빠오].
•동행 同行 한가지 동, 갈 행 (명사) [영]=companion (kəmˈpænjən) [컴패년].
[일]=同行 (どうこう, dōkō) [도우코우]. [중]=同行 (tóngxíng) [퉁싱].
•동화 童話 아이 동, 말씀 화 (명사) [영]=fairy tale (ˈfeəri teɪl) [페어리 테일].
[일]=童話 (どうわ, dōwa) [도우와]. [중]=童话 (tónghuà) [퉁화].
•동화책 童話冊 아이 동, 말씀 화, 책 책 (명사)
[영]=storybook (ˈstɔːribʊk) [스토리북].
[일]=絵本 (えほん, ehon) [에혼]. [중]=童话书 (tónghuàshū) [퉁화슈].
•돼지 (명사) [영]=pig (pɪg) [피그].
[일]=豚 (ぶた, buta) [부타]. [중]=猪 (zhū) [쥬].
•돼지고기 (명사) [영]=pork (pɔːk) [포크].
[일]=豚肉 (ぶたにく, butaniku) [부타니쿠]. [중]=猪肉 (zhūròu) [쥬러우].
•되게 (부사) [영]=very (ˈveri) [베리].
[일]=とても (totemo) [토테모]. [중]=非常 (fēicháng) [페이창].
•되다 (동사) 어른이 ~ [영]=become (bɪˈkʌm) [비컴].
[일]=なる (naru) [나루]. [중]=成为 (chéngwéi) [청웨이].

- 되돌리다 (동사) 영=reverse (rɪˈvɜːs) [리버스].
  일=戻す (もどす, modosu) [모도스]. 중=恢复 (huīfù) [후이푸].
- 되돌아가다 (동사) 영=go back (gəʊ bæk) [고우 백].
  일=戻って行く (もどっていく, modotte iku) [모돗떼 이쿠].
  중=回去 (huíqù) [후이취].
- 되돌아보다 (동사) 영=look back (lʊk bæk) [룩 백].
  일=振り返る (ふりかえる, furikaeru) [후리카에루].
  중=回顾 (huígù) [후이꾸].
- 되돌아오다 (동사) 영=return (rɪˈtɜːn) [리턴].
  일=戻ってくる (もどってくる, modotte kuru) [모돗떼 쿠루].
  중=回来 (huílái) [후이라이].
- 되살리다 (동사) 영=revive (rɪˈvaɪv) [리바이브].
  일=生き返らせる (いきかえらせる, ikikaeraseru) [이키카에라세루].
  중=使复活 (shǐ fùhuó) [스 푸후오].
- 되찾다 (동사) 영=reclaim (rɪˈkleɪm) [리클레임].
  일=取り戻す (とりもどす, torimodosu) [토리모도스].
  중=夺回 (duóhuí) [뚜오후이].
- 되풀이되다 (동사) 영=be repeated (bi rɪˈpiːtɪd) [비 리피티드].
  일=繰り返される (くりかえされる, kurikaesareru) [쿠리카에사레루].
  중=被重复 (bèi chóngfù) [뻬이 총푸].
- 되풀이하다 (동사) 영=repeat (rɪˈpiːt) [리피트].
  일=繰り返す (くりかえす, kurikaesu) [쿠리카에스]. 중=重复 (chóngfù) [총푸].
- 된장 醬 발효될 된, 장 장 (명사)
  영=soybean paste (ˈsɔɪbiːn peɪst) [소이빈 페이스트].
  일=味噌 (みそ, miso) [미소]. 중=大酱 (dàjiàng) [따지앙].
- 된장찌개 醬 발효된장, 찌개 (명사)
  영=soybean paste stew (stjuː) [소이빈 페이스트 스튜].
  일=味噌チゲ (みそちげ, miso chige) [미소치게].
  중=大酱汤 (dàjiàng tāng) [따지앙 탕].
- 두 (관형사) 영=two (tuː) [투].
  일=二つの (ふたつの, futatsuno) [후타쓰노]. 중=两 (liǎng) [량].
- 두껍다 (형용사) 영=thick (θɪk) [θ익].
  일=厚い (あつい, atsui) [아츠이]. 중=厚 (hòu) [허우].

- 두께 (명사)　영=thickness (θɪknəs) [θ익니스].
　　일=厚さ (あつさ, atsusa) [아츠사].　　중=厚度 (hòudù) [허우두].
- 두뇌 頭腦 머리 두, 뇌 뇌 (명사)　영=brain (breɪn) [브레인].
　　일=頭脳 (ずのう, zunou) [즈노우].　　중=头脑 (tóunǎo) [토우나오].
- 두다 (동사)　영=put (pʊt) [풋].
　　일=置く (おく, oku) [오쿠].　　중=放 (fàng) [펑].
- 두다 (보조동사)　영=leave as is (liːv æz ɪz) [리브 애즈 이즈].
　　일=~しておく (~しておく, shite oku) [시테 오쿠].　중=留着 (liúzhe) [리우제].
- 두드러지다 (형용사)　영=stand out (stænd aʊt) [스탠드 아웃].
　　일=目立つ (めだつ, medatsu) [메다츠].　중=突出 (tūchū) [투추].
- 두드리다 (동사)　영=knock (nɒk) [낙].
　　일=叩く (たたく, tataku) [타타쿠].　　중=敲 (qiāo) [챠오].
- 두려움 (명사)　영=fear (fɪər) [피어].
　　일=恐れ (おそれ, osore) [오소레].　　중=恐惧 (kǒngjù) [콩쥐].
- 두려워하다 (동사)　영=fear (fɪər) [피어].
　　일=恐れる (おそれる, osoreru) [오소레루].　중=害怕 (hàipà) [하이파].
- 두렵다 (형용사)　영=fearful (fɪəfl) [피어풀].
　　일=怖い (こわい, kowai) [코와이].　　중=可怕 (kěpà) [커파].
- 두르다 (동사)　영=wrap (ræp) [뢥].
　　일=巻く (まく, maku) [마쿠].　　중=围 (wéi) [웨이].
- 두리번거리다 (동사)　영=look around (lʊk əˈraʊnd) [룩 어라운드].
　　일=きょろきょろする (kyorokyoro suru) [쿄로쿄로 스루].
　　중=东张西望 (dōngzhāngxīwàng) [둥장시왕].
- 두부 豆腐 콩 두, 썩힐 부 (명사)　영=tofu (ˈtəʊfuː) [토푸].
　　일=豆腐 (とうふ, tōfu) [토우후].　중=豆腐 (dòufu) [또우푸].
- 두세 (관형사)　영=two or three [투 오어 쓰리].
　　일=二三の (にさんの, nisan no) [니산노].　중=两三 (liǎngsān) [량산].
- 두어 (관형사)　영=a few [어 퓨].
　　일=二、三の (に、さんの, ni, san no) [니, 산노].　중=几个 (jǐ ge) [지거].
- 두통 頭痛 머리 두, 아플 통 (명사)　영=headache (ˈhedeɪk) [헤데이크].
　　일=頭痛 (ずつう, zutsū) [즈츠우].　중=头痛 (tóutòng) [토우통].
- 둘 (수사)　영=two (tuː) [투].
　　일=二 (に, ni) [니].　　중=二 (èr) [얼].

•둘러보다 (동사)　영=look around (lʊk əˈraʊnd) [룩 어라운드].
　　일=見回す (みまわす, mimawasu) [미마와스].　중=环顾 (huángù) [환꾸].
•둘러싸다 (동사)　영=surround (səˈraʊnd) [서라운드].
　　일=囲む (かこむ, kakomu) [카코무].　　중=包围 (bāowéi) [빠오웨이].
•둘러싸이다 (동사)　영=be surrounded (bi səˈraʊndɪd) [비 서라운디드].
　　일=囲まれる (かこまれる, kakomareru) [카코마레루].
　　중=被包围 (bèi bāowéi) [뻬이 빠오웨이].
•둘째 (관형사)　영=second (ˈsekənd) [세컨드].
　　일=第二の (だいにの, daini no) [다이니노].　중=第二个 (dì-èr ge) [띠얼거].
•둘째 (수사)　영=second (ˈsekənd) [세컨드].
　　일=二番目 (にばんめ, nibanme) [니반메].　　중=第二 (dì-èr) [띠얼].
•둥글다 (형용사)　영=round (raʊnd) [라운드].
　　일=丸い (まるい, marui) [마루이].　　중=圆的 (yuán de) [위앤더].
•둥지 (명사)　영=nest (nest) [네스트].
　　일=巣 (す, su) [스].　　중=鸟窝 (niǎowō) [냐오워].
•뒤 (명사)　영=back (bæk) [백].
　　일=後ろ (うしろ, ushiro) [우시로].　중=后面 (hòumiàn) [호우미앤].
•뒤늦다 (형용사)　영=belated (bɪˈleɪtɪd) [빌레이티드].
　　일=今さらの (いまさらの, imasara no) [이마사라노].
　　중=迟来的 (chílái de) [츠라이더].
•뒤따르다 (동사)　영=follow (ˈfɒləʊ) [팔로우].
　　일=後に従う (あとにしたがう, ato ni shitagau) [아토니 시타가우].
　　중=跟随 (gēnsuí) [껀수이].
•뒤지다 (동사) 가방을 ~　영=search (sɜːtʃ) [서치].
　　일=探る (さぐる, saguru) [사구루].　중=翻找 (fānzhǎo) [판자오].
•뒤집다 (동사)　영=turn over (tɜːn ˈəʊvə) [턴 오버].
　　일=ひっくり返す (ひっくりかえす, hikkurikaesu) [힛쿠리카에스].
　　중=翻过来 (fānguòlái) [판꾸어라이].
•뒤쪽 (명사)　영=rear side (rɪə saɪd) [리어 사이드].
　　일=後ろ側 (うしろがわ, ushirogawa) [우시로가와].
　　중=后方 (hòufāng) [호우팡].
•뒤편 (명사)　영=rear side (ˈrɪə saɪd) [리어 사이드].
　　일=裏側 (うらがわ, uragawa) [우라가와].　중=后边 (hòubiān) [호우비엔].

- 뒷골목 (명사)　영=alleyway ('æliweɪ) [앨리웨이].
　일=裏通り (うらどおり, uradōri) [우라도오리].　중=后巷 (hòuxiàng) [호우시앵].
- 뒷모습 (명사)　영=back view ('bæk vjuː) [백 뷰].
　일=後ろ姿 (うしろすがた, ushirosugata) [우시로스가타].
　중=背影 (bèiyǐng) [뻬이잉].
- 뒷문 (명사)　영=back door (ˌbæk 'dɔː) [백 도어].
　일=裏口 (うらぐち, uraguchi) [우라고치].　중=后门 (hòumén) [호우먼].
- 뒷산 (명사)　영=hill behind (hɪl bɪ'haɪnd) [힐 비하인드].
　일=裏山 (うらやま, urayama) [우라야마].　중=后山 (hòushān) [호우산].
- 드디어 (부사)　영=at last (ət lɑːst) [앳 라스트].
　일=ついに (tsuini) [츠이니].　중=终于 (zhōngyú) [쭝위].
- 드라마 (명사)　영=drama ('drɑːmə) [드라마].
　일=ドラマ (どらま, dorama) [도라마].　중=电视剧 (diànshìjù) [띠앤스쥐].
- 드러나다 (동사)　영=be revealed (rɪ'viːld) [비 리빌드].
　일=現れる (あらわれる, arawareru) [아라와레루].　중=显露 (xiǎnlù) [시앤루].
- 드리다 (동사) 인사를 ~　영=offer ('ɒfə) [오퍼].
　일=差し上げる (さしあげる, sashiageru) [사시아게루].
　중=致上 (zhì shàng) [쯔샹].
- 드리다 (보) 도와 ~　영=do for (duː fɔː) [두 포].
　일=〜てあげる (〜てあげる, te ageru) [테 아게루].
　중=替…做 (tì…zuò) [티쭈어].
- 드물다 (형용사)　영=rare (reə(r)) [레어].
　일=珍しい (めずらしい, mezurashii) [메즈라시이].　중=稀少 (xīshǎo) [시샤오].
- 듣다 (동사) 소리를 ~　영=hear (hɪə(r)) [히어].
　일=聞く (きく, kiku) [키쿠].　중=听 (tīng) [팅].
- 들 (명사)　영=field (fiːld) [필드].
　일=野原 (のはら, nohara) [노하라].　중=原野 (yuányě) [위안예].
- 들다 (동사) 꽃을 ~　영=hold (həʊld) [홀드].
　일=持つ (もつ, motsu) [모츠].　중=拿 (ná) [나].
- 들다 (동사) 여관에 ~　영=enter ('entə(r)) [엔터].
　일=入る (はいる, hairu) [하이루].　중=进入 (jìnrù) [진루].
- 들다 (보) 따지고 ~　영=take (teɪk) [테이크].
　일=挙げる (あげる, ageru) [아게루].　중=提出 (tí chū) [티추].

- 들려오다 (동사)　영=be heard (bi hɜːd) [비 허드].
  - 일=聞こえてくる (きこえてくる, kikoetekuru) [키코에테쿠루].
  - 중=传来 (chuánlái) [촨라이].
- 들려주다 (동사)　영=let someone hear (let 'sʌmwʌn hɪə) [렛 썸원 히어].
  - 일=聞かせる (きかせる, kikaseru) [키카세루].　중=让听 (ràng tīng) [랑 팅].
- 들르다 (동사)　영=stop by (stɒp baɪ) [스탑 바이].
  - 일=立ち寄る (たちよる, tachiyoru) [타치요루].
  - 중=顺道去 (shùndào qù) [쉰다오 취].
- 들리다 (동사) 소리가 ~　영=be heard (bi hɜːd) [비 허드].
  - 일=聞こえる (きこえる, kikoeru) [키코에루].
  - 중=被听见 (bèi tīngjiàn) [뻬이 팅지앤].
- 들어가다 (동사)　영=enter ('entə(r)) [엔터].
  - 일=入る (はいる, hairu) [하이루].　중=进去 (jìnqù) [진취].
- 들어서다 (동사)　영=step in (step ɪn) [스텝 인].
  - 일=入り込む (はいりこむ, hairikomu) [하이리코무].
  - 중=走进 (zǒujìn) [조우진].
- 들어오다 (동사)　영=come in (kʌm ɪn) [컴 인].
  - 일=入ってくる (はいってくる, haittekuru) [하잇떼쿠루].
  - 중=进来 (jìnlái) [진라이].
- 들어주다 (동사)　영=listen to ('lɪs.ən tuː) [리슨 투].
  - 일=聞いてやる (きいてやる, kiiteyaru) [키이테야루].
  - 중=听取 (tīngqǔ) [팅취].
- 들여놓다 (동사)　영=bring in (brɪŋ ɪn) [브링 인].
  - 일=持ち込む (もちこむ, mochikomu) [모치코무].
  - 중=带进来 (dài jìnlái) [따이 진라이].
- 들여다보다 (동사)　영=peek in (piːk ɪn) [피크 인].
  - 일=覗く (のぞく, nozoku) [노조쿠].　중=往里看 (wǎng lǐ kàn) [왕리칸].
- 들이다 (동사) '들다'의 사동사　영=let in (let ɪn) [렛 인].
  - 일=入れさせる (いれさせる, iresaseru) [이레사세루].
  - 중=让进来 (ràng jìnlái) [랑 진라이].
- 들이마시다 (동사) 숨을 ~　영=inhale (ɪn'heɪl) [인헤일].
  - 일=吸い込む (すいこむ, suikomu) [스이코무].
  - 중=吸入 (xīrù) [시루].

- 들이켜다 (동사) 영=gulp (gʌlp) [걸프].
  일=飲み干す (のみほす, nomihosu) [노미호스].
  중=仰头喝 (yǎngtóu hē) [양터우 허].
- 듯 (의존명사) 영=as if (æz ɪf) [애즈 이프].
  일=ように (yō ni) [요우니].   중=似乎 (sìhū) [쓰후].
- 듯싶다 (보조 형용사) 영=seem to be (siːm tuː biː) [심 투 비].
  일=~ように思える (~yō ni omoeru) [요우니 오모에루].
  중=好像是 (hǎoxiàng shì) [하오시앙 스].
- 듯이 (의존명사) 영=as if (æz ɪf) [애즈 이프].
  일=ように (ように, yō ni) [요우니].   중=如同 (rútóng) [루퉁].
- 듯하다 (보조 형용사) 영=seem (siːm) [심].
  일=~ようだ (~yōda) [요우다].   중=似乎是 (sìhū shì) [쓰후 스].
- 등 (명사) 신체의 일부 영=back (bæk) [백].
  일=背中 (せなか, senaka) [세나카].   중=背 (bèi) [뻬이].
- 등 (의존명사) 等 영=etc. (ˌetˈsetərə) [엣세터러].
  일=等 (とう, tō) [토오].   중=等 (děng) [덩].
- 등 (의존명사) 等. 1~ 영=etc. (ˌetˈsetərə) [엣세터러].
  일=など (nado) [나도].   중=等 (děng) [덩].
- 등등 (의존명사) 等等 영=and so on (ænd səʊ ɒn) [앤드 쏘 온].
  일=等々 (とうとう, tōtō) [토토오].   중=等等 (děngděng) [덩덩].
- 등록 登錄 오를 등, 기록할 록 (명사)
  영=registration (ˌredʒɪˈstreɪʃn) [레지스트레이션].
  일=登録 (とうろく, tōroku) [토오로쿠].   중=登录 (dēnglù) [덩루].
- 등록금 登錄金 오를 등, 기록할 록, 쇠 금 (명사)
  영=tuition fee (tjuːˈɪʃn fiː) [튜이션 피].
  일=登録金 (とうろくきん, tōrokukin) [토오로쿠킨].   중=学费 (xuéfèi) [쉐페이].
- 등록증 登錄證 오를 등, 기록할 록, 증거 증 (명사) :
  영=registration certificate (sɜːˈtɪfɪkət) [레지스트레이션 서티피킷].
  일=登録証 (とうろくしょう, tōrokushō) [토오로쿠쇼].
  중=登记证 (dēngjìzhèng) [덩지쩡].
- 등록하다 登錄- 오를 등, 기록할 록 (동사) 영=register (ˈredʒɪstər) [레지스터].
  일=登録する (とうろくする, tōroku suru) [토오로쿠 스루].
  중=登录 (dēnglù) [덩루].

- 등산 登山 오를 등, 메 산 (명사) 영=hiking ('haɪkɪŋ) [하이킹].
  일=登山 (とざん, tozan) [토잔]. 중=登山 (dēngshān) [떵샨].
- 등산로 登山路 오를 등, 메 산, 길 로 (명사) 영=trail (treɪl) [트레일].
  일=登山路 (とざんろ, tozanro) [토잔로]. 중=登山路 (dēngshānlù) [떵샨류].
- 등장 登場 오를 등, 마당 장 (명사) 영=appearance (ə'pɪərəns) [어피어런스].
  일=登場 (とうじょう, tōjō) [토죠오]. 중=登场 (dēngchǎng) [떵창].
- 등장하다 登場- 오를 등, 마당 장 (동사) 영=appear (ə'pɪə) [어피어].
  일=登場する (とうじょうする, tōjō suru) [토죠오 스루].
  중=登场 (dēngchǎng) [떵창].
- 디스크 (명사) 영=disk (dɪsk) [디스크].
  일=ディスク (でぃすく, disuku) [디스쿠]. 중=光盘 (guāngpán) [꽝판].
- 디자이너 (명사) 영=designer (dɪ'zaɪnər) [디자이너].
  일=デザイナー (でざいなー, dezainā) [데자이나]. 중=设计师 (shèjìshī) [셔지스].
- 디자인 (명사) 영=design (dɪ'zaɪn) [디자인].
  일=デザイン (でざいん, dezain) [데자인]. 중=设计 (shèjì) [셔지].
- 따님 (명사) 영=daughter ('dɔːtər) [도터].
  일=お嬢さん (おじょうさん, ojōsan) [오죠산].
  중=令爱 (lìng'ài) [링아이].
- 따다 (동사) 떼다 영=pick (pɪk) [픽].
  일=取る (とる, toru) [토루]. 중=摘 (zhāi) [짜이].
- 따뜻하다 (형용사) 영=warm (wɔːrm) [웜].
  일=暖かい (あたたかい, atatakai) [아타타카이]. 중=温暖 (wēnnuǎn) [원누안].
- 따라가다 (동사) 영=follow ('fɒləʊ) [팔로우].
  일=ついて行く (ついていく, tsuite iku) [츠이테 이쿠].
  중=跟着去 (gēnzhe qù) [껀저 취].
- 따라다니다 (동사) 영=tag along (tæg ə'lɔːŋ) [태그 어롱].
  일=つきまとう (つきまとう, tsukimatou) [츠키마토우].
  중=跟着转 (gēnzhe zhuàn) [껀저 쪼안].
- 따라서 (부사) 영=therefore ('ðeəfɔː) [데어포어].
  일=したがって (したがって, shitagatte) [시타갓테]. 중=因此 (yīncǐ) [인츠].
- 따라오다 (동사) 영=come along (kʌm ə'lɒŋ) [컴 어롱].
  일=ついて来る (ついてくる, tsuite kuru) [츠이테 쿠루].
  중=跟着来 (gēnzhe lái) [껀저 라이].

- 따로 (부사) 영=separately ('seprətli) [세퍼럴리].
  일=別々に (べつべつに, betsubetsu ni) [베츠베츠니].
  중=单独地 (dāndú de) [단두 더].
- 따로따로 (부사) 영=individually (ˌɪndɪˈvɪdʒuəli) [인디비주얼리].
  일=それぞれ (それぞれ, sorezore) [소레조레]. 중=各自 (gèzì) [꺼쯔].
- 따르다 (동사) 뒤를 ~ 영=follow ('fɒləʊ) [팔로우].
  일=従う (したがう, shitagau) [시타가우]. 중=跟随 (gēnsuí) [껀쒜이].
- 따르다 (동사) 물을 ~ 영=pour (pɔːr) [포어].
  일=注ぐ (そそぐ, sosogu) [소소구]. 중=倒 (dào) [따오].
- 따스하다 (형용사) 영=warm (wɔːm) [웜].
  일=暖かい (あたたかい, atatakai) [아타타카이].
  중=暖和 (nuǎnhuo) [누안후어].
- 딱 (부사) 멎는 모양 영=exactly (ɪgˈzæktli) [이그재틀리].
  일=ぴったり (ぴったり, pittari) [핏타리]. 중=正好 (zhènghǎo) [정하오].
- 딱 (부사) 바라진 모양 영=perfectly ('pɜːfɪktli) [퍼펙틀리].
  일=ちょうど (ちょうど, choudo) [초우도]. 중=恰好 (qiàhǎo) [치아하오].
- 딱딱하다 (형용사) 굳다 영=hard (hɑːrd) [하드].
  일=固い (かたい, katai) [카타이]. 중=坚硬 (jiānyìng) [지앤잉].
- 딴 (관형사) ~ 일 영=other (ˈʌðər) [어더].
  일=別の (べつの, betsu no) [베츠노]. 중=別的 (biéde) [비에더].
- 딸 (명사) 영=daughter ('dɔːtər) [도터].
  일=娘 (むすめ, musume) [무스메]. 중=女儿 (nǚ'ér) [뉘얼].
- 딸기 (명사) 영=strawberry ('strɔːbəri) [스트로베리].
  일=いちご (ichigo) [이치고]. 중=草莓 (cǎoméi) [차오메이].
- 딸아이 (명사) 영=girl (gɜːrl) [걸].
  일=女の子 (おんなのこ, onnanoko) [온나노코].
  중=女孩子 (nǚ háizi) [뉘 하이쯔].
- 땀 (명사) 영=sweat (swet) [스웻].
  일=汗 (あせ, ase) [아세]. 중=汗 (hàn) [한].
- 땅 (명사) 영=land (lænd) [랜드].
  일=土地 (とち, tochi) [토치]. 중=土地 (tǔdì) [투띠].
- 땅바닥 (명사) 영=ground (graʊnd) [그라운드].
  일=地面 (じめん, jimen) [지멘]. 중=地面 (dìmiàn) [띠미앤].

- 땅속 (명사)   영=underground (ˌʌndəˈgraʊnd) [언더그라운드].
  일=地中 (ちちゅう, chichuu) [치츄우].   중=地下 (dìxià) [띠샤].
- 땅콩 (명사)   영=peanut (ˈpiːnʌt) [피넛].
  일=ピーナッツ (pīnattsu) [피낫츠].   중=花生 (huāshēng) [화셩].
- 때 (명사) 더러운 물질   영=grime (graɪm) [그라임].
  일=垢 (あか, aka) [아카].   중=垢 (gòu) [꺼우].
- 때 (명사) 시간   영=time (taɪm) [타임].
  일=時 (とき, toki) [토키].   중=时候 (shíhou) [스허우].
- 때때로 (부사)   영=occasionally (əˈkeɪʒənəli) [어케이저널리].
  일=時々 (ときどき, tokidoki) [토키도키].   중=有时 (yǒushí) [여우스].
- 때로 (부사)   영=sometimes (ˈsʌmtaɪmz) [썸타임즈].
  일=時には (ときには, toki ni wa) [토키니와].
  중=有时候 (yǒu shíhou) [여우 스허우].
- 때리다 (동사)   영=hit (hɪt) [힛].
  일=殴る (なぐる, naguru) [나구루].   중=打 (dǎ) [따].
- 때문 (의존명사)   영=because of (bɪˈkəz əv) [비커즈 오브].
  일=ために (ために, tameni) [타메니].   중=因为 (yīnwèi) [인웨이].
- 땜 (의존명사) 때문   영=due to (djuː tuː) [듀 투].
  일=せいで (せいで, seide) [세이데].   중=由于 (yóuyú) [요우위].
- 떠나가다 (동사)   영=leave (liːv) [리브].
  일=去っていく (さっていく, satte iku) [삿테이쿠].
  중=离开 (líkāi) [리카이].
- 떠나다 (동사)   영=leave (liːv) [리브].
  일=去る (さる, saru) [사루].   중=离开 (líkāi) [리카이].
- 떠나오다 (동사)   영=come away (kʌm əˈweɪ) [컴 어웨이].
  일=出てくる (でてくる, detekuru) [데테쿠루].
  중=离开出来 (líkāi chūlái) [리카이 추라이].
- 떠들다 (동사) 말하다   영=chatter (ˈtʃætə) [채터].
  일=騒ぐ (さわぐ, sawagu) [사와구].   중=喧哗 (xuānhuá) [쉬안화].
- 떠들썩하다 (형용사) 떠들다
  영=boisterous (ˈbɔɪstərəs) [보이스터러스].
  일=騒がしい (さわがしい, sawagashii) [사와가시이].
  중=吵闹 (chǎonào) [차오나오].

- 떠오르다 (동사) 영=rise (raɪz) [라이즈].
  일=浮かぶ (うかぶ, ukabu) [우카부]. 중=浮现 (fúxiàn) [푸셴].
- 떠올리다 (동사) 영=recall (rɪˈkɔːl) [리콜].
  일=思い出す (おもいだす, omoidasu) [오모이다스]. 중=想起 (xiǎngqǐ) [샹치].
- 떡 (명사) 영=rice cake (raɪs keɪk) [라이스 케이크].
  일=餅 (もち, mochi) [모치]. 중=年糕 (niángāo) [니엔가오].
- 떡국 (명사) 영=rice cake soup (raɪs keɪk suːp) [라이스 케이크 수프].
  일=餅スープ (もちスープ, mochi suupu) [모치 스푸].
  중=年糕汤 (niángāo tāng) [니엔가오 탕].
- 떡볶이 (명사) 영=spicy rice cakes (ˈspaɪsi raɪs keɪks)
                [스파이시 라이스 케이크스].
  일=トッポッキ (とっぽっき, toppokki) [톳폿끼].
  중=辣炒年糕 (là chǎo niángāo) [라 차오 니엔가오].
- 떨다 (동사) 영=shake (ʃeɪk) [셰이크].
  일=震える (ふるえる, furueru) [후루에루]. 중=发抖 (fādǒu) [파또우].
- 떨리다 (동사) 흔들리다 영=tremble (ˈtrɛmbl) [트렘블].
  일=震える (ふるえる, furueru) [후루에루]. 중=颤抖 (chàndǒu) [찬또우].
- 떨어뜨리다 (동사) 영=drop (drɒp) [드롭].
  일=落とす (おとす, otosu) [오토스]. 중=掉落 (diàoluò) [띠아오루오].
- 떨어지다 (동사) 영=fall (fɔːl) [폴].
  일=落ちる (おちる, ochiru) [오치루]. 중=掉下 (diàoxià) [띠아오시아].
- 떼 (명사) 양 ~ 영=swarm (swɔːm) [스왐].
  일=群れ (むれ, mure) [무레]. 중=群 (qún) [췬].
- 떼다 (동사) 영=detach (dɪˈtætʃ) [디태치].
  일=はがす (hagasu) [하가스]. 중=撕下 (sīxià) [쓰시아].
- 또 (부사) 영=again (əˈgɛn) [어겐].
  일=また (mata) [마타]. 중=又 (yòu) [요우].
- 또는 (부사) 영=or (ɔːr) [오어].
  일=または (matawa) [마타와]. 중=或者 (huòzhě) [훠저].
- 또다시 (부사) 영=once again (wʌns əˈgɛn) [원스 어겐].
  일=再び (ふたたび, futatabi) [후타타비]. 중=再度 (zàidù) [짜이두].
- 또한 (부사) 영=also (ˈɔːlsəʊ) [올소우].
  일=また (mata) [마타]. 중=也 (yě) [예].

•똑같다 (형용사) ㉢=identical (aɪˈdentɪkl) [아이덴티컬].
  ㉠=全く同じ (まったくおなじ, mattaku onaji) [맛타쿠 오나지].
  ㉢=一模一样 (yīmú yíyàng) [이무 이양].
•똑같이 (부사) ㉢=equally (ˈiːkwəli) [이꿀얼리].
  ㉠=同じように (おなじように, onajiyōni) [오나지요오니].
  ㉢=一样地 (yíyàng de) [이양 더].
•똑똑하다 (형용사) ㉢=smart (smɑːrt) [스마트].
  ㉠=賢い (かしこい, kashikoi) [카시코이]. ㉢=聪明 (cōngmíng) [총밍].
•똑바로 (부사) ㉢=straight (streɪt) [스트레이트].
  ㉠=まっすぐに (massugu ni) [맛스구니]. ㉢=直直地 (zhízhí de) [즈즈 더].
•뚜껑 (명사) ㉢=lid (lɪd) [리드].
  ㉠=ふた (futa) [후타].   ㉢=盖子 (gàizi) [까이쯔].
•뚫다 (동사) ㉢=pierce (pɪəs) [피어스].
  ㉠=突き抜く (つきぬく, tsukinuku) [츠키누쿠]. ㉢=穿 (chuān) [츄안].
•뚱뚱하다 (형용사) ㉢=fat (fæt) [팻].
  ㉠=太っている (ふとっている, futotteiru) [후톳테이루]. ㉢=胖 (pàng) [팡].
•뛰놀다 (동사) ㉢=romp (rɒmp) [롬프].
  ㉠=跳ね回る (はねまわる, hanemawaru) [하네마와루].
  ㉢=蹦跳玩耍 (bèngtiào wánshuǎ) [뻥티아오 완슈아].
•뛰다 (동사) 빨리 나아가다 ㉢=run (rʌn) [런].
  ㉠=走る (はしる, hashiru) [하시루]. ㉢=奔跑 (bēnpǎo) [번파오].
•뛰다 (동사) 심장이 ~ ㉢=beat (biːt) [비트].
  ㉠=鼓動する (こどうする, kodōsuru) [고도오스루].
  ㉢=跳动 (tiàodòng) [티아오뚱].
•뛰어가다 (동사) ㉢=run to (rʌn tuː) [런 투].
  ㉠=走っていく (はしっていく, hashitte iku) [하싯떼 이쿠].
  ㉢=跑过去 (pǎo guòqù) [파오 꾸어취].
•뛰어나가다 (동사) ㉢=run out (rʌn aʊt) [런 아웃].
  ㉠=飛び出す (とびだす, tobidasu) [토비다스].
  ㉢=跑出去 (pǎochūqù) [파오추취].
•뛰어나다 (형용사) ㉢=excellent (ˈeksələnt) [엑설런트].
  ㉠=優れている (すぐれている, sugureteiru) [스구레테이루].
  ㉢=出色 (chūsè) [추써어].

- 뛰어나오다 (동사) 영=come running out (kʌm 'rʌnɪŋ aʊt) [컴 러닝 아웃].
  일=飛び出してくる (とびだしてくる, tobidasite kuru) [토비다시테 쿠루].
  중=跑出来 (pǎochūlái) [파오추라이].
- 뛰어내리다 (동사) 영=jump down (dʒʌmp daʊn) [점프 다운].
  일=飛び降りる (とびおりる, tobioriru) [토비오리루].
  중=跳下来 (tiàoxiàlái) [티아오샤라이].
- 뛰어넘다 (동사) 영=leap over (liːp 'əʊvə) [립 오우버].
  일=飛び越える (とびこえる, tobikoeru) [토비코에루].
  중=跳过 (tiàoguò) [티아오꾸어].
- 뛰어놀다 (동사) 영=romp around (rɒmp ə'raʊnd) [롬프 어라운드].
  일=駆け回る (かけまわる, kakemawaru) [카케마와루].
  중=奔跑玩耍 (bēnpǎo wánshuǎ) [번파오 완슈아].
- 뛰어다니다 (동사) 영=run around (rʌn ə'raʊnd) [런 어라운드].
  일=走り回る (はしりまわる, hashirimawaru) [하시리마와루].
  중=到处跑 (dàochù pǎo) [따오추 파오].
- 뛰어들다 (동사)
  영=jump into (dʒʌmp 'ɪntuː) [점프 인투].
  일=飛び込む (とびこむ, tobikomu) [토비코뮈]. 중=跳进 (tiàojìn) [티아오진].
- 뛰어오다 (동사) 영=come running (kʌm 'rʌnɪŋ) [컴 러닝].
  일=駆け寄ってくる (かけよってくる, kakeyotte kuru) [카케욧테 쿠루].
  중=跑过来 (pǎoguòlái) [파오꾸어라이].
- 뛰어오르다 (동사) 영=leap up (liːp ʌp) [립 업].
  일=跳び上がる (とびあがる, tobiagaru) [토비아가루].
  중=跳起来 (tiàoqǐlái) [티아오치라이].
- 뜨겁다 (형용사) 영=hot (hɒt) [핫].
  일=熱い (あつい, atsui) [아쓰이]. 중=热的 (rè de) [르 데].
- 뜨다 (동사) 눈을 ~ 영=open ('əʊpən) [오픈].
  일=目を開ける (めをあける, me o akeru) [메오 아케루].
  중=睁开 (zhēngkāi) [쩡카이].
- 뜨다 (동사) 떠나다 영=leave (liːv) [리브].
  일=旅立つ (たびだつ, tabidatsu) [타비다츠]. 중=离开 (líkāi) [리카이].
- 뜨다 (동사) 솟아오르다 영=rise (raɪz) [라이즈].
  일=昇る (のぼる, noboru) [노보루]. 중=升起 (shēngqǐ) [성치].

- 뜯다 (동사) 영=tear off (teə ɔːf) [테어 오프].
  일=ちぎる (chigiru) [치기루]. 중=撕开 (sīkāi) [쓰카이].
- 뜰 (명사) 영=yard (jɑːd) [야드].
  일=庭 (にわ, niwa) [니와]. 중=庭院 (tíngyuàn) [팅위앤].
- 뜻 (명사) 영=meaning ('miːnɪŋ) [미닝].
  일=意味 (いみ, imi) [이미]. 중=意思 (yìsi) [이쓰].
- 뜻대로 (부사) 영=as one wishes (æz wʌn 'wɪʃɪz) [애즈 원 위시즈].
  일=思い通りに (おもいどおりに, omoidōrini) [오모이도오리니].
  중=如愿地 (rúyuàn de) [루위앤 더].
- 뜻밖 (명사) 영=surprise (sə'praɪz) [서프라이즈].
  일=意外 (いがい, igai) [이가이]. 중=意外 (yìwài) [이와이].
- 뜻밖에 (부사) 영=unexpectedly (ˌʌnɪk'spektɪdli) [언익스펙티들리].
  일=意外に (いがいに, igaini) [이가이니].
  중=意外地 (yìwàide) [이와이더].
- 뜻하다 (동사) 영=mean (miːn) [민].
  일=意味する (いみする, imisuru) [이미스루].
  중=意味着 (yìwèizhe) [이웨이저].
- 띄다 (동사) 눈에 ~
  영=stand out (stænd aʊt) [스탠드 아웃].
  일=目立つ (めだつ, medatsu) [메다츠].
  중=显眼 (xiǎnyǎn) [시앤앤].
- 띄우다 (동사) 배를 ~ 영=launch (lɔːntʃ) [론치].
  일=浮かべる (うかべる, ukaberu) [우카베루].
  중=使…漂浮 (shǐ... piāofú) [스...피아오푸].

라. 라 부

弘益홍익(널리 이로울) 광고란
신백훈 정익학당 추천 애국민 필독서
[누가 위대한 지도자인가] 최 광 저

누가 위대한 지도자인가

헌신과 열정의 파노라마

최 광 지음

위대한 지도자의 출현을 대망한다

이승만 | 조지 워싱턴 | 콘라트 아데나워 | 리콴유 | 사카모토 료마
에이브러햄 링컨 | 윈스턴 처칠 | 마거릿 대처 | 키스 조셉 | 로널드 레이건
박정희 | 전두환 | 김재익 | 루트비히 에르하르트 | 덩샤오핑 | 토머스 제퍼슨
프랭클린 루스벨트 | 당 태종 이세민 | 요시다 쇼인 | 후쿠자와 유키치 | 관중

북앤피플

♣♣♣
- 라디오 (명사) 영=radio (ˈreɪdiəʊ) [라디오].
  일=ラジオ (らじお, rajio) [라지오]. 중=收音机 (shōuyīnjī) [쇼우인지].
- 라면 (명사) 영=ramen (rɑːmən) [라멘].
  일=ラーメン (らーめん, rāmen) [라멘]. 중=拉面 (lāmiàn) [라미엔].
- 라운드 (명사) 영=round (raʊnd) [라운드].
  일=ラウンド (らうんど, raundo) [라운도]. 중=回合 (huíhé) [후이허].
- 라이벌 (명사) 영=rival (raɪvəl) [라이벌].
  일=ライバル (らいばる, raibaru) [라이바루].
  중=对手 (duìshǒu) [뚜이쇼우].
- 라이터 (명사) 영=lighter (ˈlaɪtə) [라이터].
  일=ライター (らいたー, raitā) [라이타].
  중=打火机 (dǎhuǒjī) [다후어지].
- 라인 (명사) 영=line (laɪn) [라인].
  일=ライン (らいん, rain → line) [라인]. 중=线路 (xiànlù) [시앤루].
- 라켓 (명사) 영=racket (rækɪt) [래킷].
  일=ラケット (らけっと, raketto) [라켓토]. 중=球拍 (qiúpāi) [치우파이].
- 러시아 (고유명사) 영=Russia (rʌʃə) [러시아].
  일=ロシア (ろしあ, Roshia) [로시아].
  중=俄罗斯 (Éluósī) [어뤄쓰].
- 런던 (고유명사) 영=London (ˈlʌndən) [런던].
  일=ロンドン (ろんどん, Rondon) [론돈]. 중=伦敦 (Lúndūn) [룬둔].
- 레몬 (명사) 영=lemon (ˈlemən) [레먼].
  일=レモン (れもん, remon) [레몬]. 중=柠檬 (níngméng) [닝멍].
- 레스토랑 (명사) 영=restaurant (ˈrest(ə)rɒnt) [레스토랑].
  일=レストラン (れすとらん, resutoran) [레스또랑].
  중=餐厅 (cāntīng) [찬팅].
- 레이저 (명사) 영=laser (ˈleɪzə) [레이저].
  일=レーザー (れーざー, rēzā) [레자]. 중=激光 (jīguāng) [지광].
- 레저 (명사) 영=leisure (ˈleʒə) [레져].
  일=レジャー (れじゃー, rejā) [레자]. 중=休闲 (xiūxián) [시오우시엔].
- 렌즈 (명사) 영=lens (lenz) [렌즈].
  일=レンズ (れんず, renzu) [렌즈]. 중=镜头 (jìngtóu) [징터우].

- 로봇 (명사)　영=robot ('rəʊbɒt) [로봇].
　일=ロボット (ろぼっと, robotto) [로봇토].
　중=机器人 (jīqìrén) [지치런].
- 로터리 (명사)　영=rotary ('rəʊtəri) [로터리].
　일=ロータリー (ろーたりー, rōtarī) [로타리].
　중=环形交叉路 (huánxíng jiāochālù) [환싱자오차루].
- 리 里 마을 리 (의존명사)　영=ri (li) [리].
　일=里 (り, ri) [리].　중=里 (lǐ) [리].
- 리그 (명사)　영=league (liːg) [리그].
　일=リーグ (りーぐ, rīgu) [리구].
　중=联赛 (liánsài) [롄싸이].
- 리듬 (명사)　영=rhythm ('rɪðəm) [리듬].
　일=リズム (りずむ, rizumu) [리즈무].
　중=节奏 (jiézòu) [제조우].
- 리터 (의존명사)　영=liter ('liːtə) [리터].
　일=リットル (りっとる, rittoru) [릿토루].
　중=升 (shēng) [셩].

마. 마 부

弘益홍익(널리 이로울) 광고란
신백훈 정익학당 추천 애국민 필독서
[박정희 살아있는 경제학] 좌승희 저

♣♣♣

- 마구 (부사)　영=recklessly ('rekləsli) [레클리슬리].
  일=むやみに (muyamini)[무야미니]. 중=胡乱地 (húluàn de)[후루안 더].
- 마누라 (명사)　영=wife (waɪf) [와이프].
  일=女房 (にょうぼう, nyōbō) [뇨보]. 중=老婆 (lǎopo) [라오포].
- 마늘 (명사)　영=garlic ('gɑːlɪk) [가알릭].
  일=にんにく (ninniku) [닌니쿠]. 중=大蒜 (dàsuàn) [다쒼].
- 마당 (명사)　영=yard (jɑːd) [야드].
  일=庭 (にわ, niwa) [니와]. 중=院子 (yuànzi) [위앤즈].
- 마당 (의존명사)　영=scene/chance [씬/찬스].
  일=場面 (ばめん, bamen) [바멘]. 중=场合 (chǎnghé) [창허].
- 마디 (명사)　영=knot/joint (nɒt/dʒɔɪnt) [낫/조인트].
  일=節 (ふし, fushi) [후시]. 중=节 (jié) [제].
- 마땅하다 (형용사)　영=appropriate (ə'prəʊpriət) [어프로우프리엇].
  일=ふさわしい (fusawashii)[후사와시이]. 중=适当 (shìdàng)[스땅].
- 마라톤 (명사)　영=marathon ('mærəθən) [매러선].
  일=マラソン(まらそん, marason)[마라손]. 중=马拉松(mǎlāsōng) [마라쑹].
- 마련 (명사)　영=preparation (ˌprepə'reɪʃən) [프레퍼레이션].
  일=準備 (じゅんび, junbi) [쥰비]. 중=准备 (zhǔnbèi) [쭌베이].
- 마련 (의존명사)　영=preparation (ˌprepə'reɪʃən) [프레퍼레이션].
  일=用意 (ようい, yōi) [요오이]. 중=准备 (zhǔnbèi) [쭌베이].
- 마련되다 (동사)　영=be prepared (bi prɪ'peəd) [비 프리페어드].
  일=用意される (よういされる, yōi sareru) [요오이 사레루].
  중=被准备 (bèi zhǔnbèi) [뻬이 쭌베이].
- 마련하다 (동사)　영=prepare (prɪ'peə) [프리페어].
  일=準備する(じゅんびする, junbi suru)[쥰비 스루].
  중=准备 (zhǔnbèi)[쭌베이].
- 마루 (명사)　영=floor (flɔː) [플로어].
  일=板の間 (いたのま, itanoma) [이타노마]. 중=地板 (dìbǎn)[띠반].
- 마르다 (동사)　영=dry up (draɪ ʌp) [드라이 업].
  일=乾く (かわく, kawaku) [카와쿠]. 중=干 (gān) [깐].
- 마리 (의존명사)　영=counter for animals [카운터 포 애니멀스].
  일=～匹 (～ひき, hiki) [히키]. 중=只 (zhī) [즈].

- 마무리 (명사)　㉠=wrap-up (ræpʌp) [래뻡].
　㉡=仕上げ (しあげ, shiage)[시아게].　㉢=收尾 (shōuwěi)[쇼우웨이].
- 마사지 (명사)　㉠=massage (ˈmæsɑːʒ) [마싸쥐].
　㉡=マッサージ (まっさーじ, massāji)[맛사지].　㉢=按摩(ànmó) [안모].
- 마시다 (동사)　㉠=drink (drɪŋk) [드링크].
　㉡=飲む (のむ, nomu) [노무].　㉢=喝 (hē) [허].
- 마약 麻藥 (명사) 아플 마, 약 약　㉠=drug (drʌg) [드러그].
　㉡=麻薬 (まやく, mayaku) [마야쿠].　㉢=毒品 (dúpǐn) [두핀].
- 마요네즈 (명사)　㉠=mayonnaise (ˌmeɪəˈneɪz) [메이오네이즈].
　㉡=マヨネーズ (まよねーず, mayonēzu) [마요네즈].
　㉢=蛋黄酱 (dànhuángjiàng) [딴황지앙].
- 마을 (명사)　㉠=village (ˈvɪlɪdʒ) [빌리지].
　㉡=村 (むら, mura) [무라].　㉢=村庄 (cūnzhuāng) [춘좡].
- 마음 (명사)　㉠=heart/mind (hɑːt / maɪnd) [하트/마인드].
　㉡=心 (こころ, kokoro) [코코로].　㉢=心 (xīn) [신].
- 마음가짐 (명사)　㉠=mindset (ˈmaɪndset) [마인드셋].
　㉡=心構え (こころがまえ, kokorogamae) [코코로가마에].
　㉢=心态 (xīntài) [신타이].
- 마음껏 (부사)　㉠=to one's heart's content[투 원즈 하츠 컨텐트].
　㉡=思う存分 (おもうぞんぶん, omouzonbun) [오모우존분].
　㉢=尽情地 (jìnqíng de) [진칭더].
- 마음대로 (부사)　㉠=as one pleases [애즈 원 플리시즈].
　㉡=勝手に (かってに, katte ni)[캇떼니].　㉢=随便 (suíbiàn)[쒜비엔].
- 마음먹다 (동사)　㉠=make up one's mind (meɪk ʌp wʌnz maɪnd)
　　　　　　　　　[메이크 업 원즈 마인드].
　㉡=決心する (けっしんする, kesshin suru) [켓신 스루].
　㉢=下决心 (xià juéxīn) [샤 쥐에신].
- 마음속 (명사)　㉠=in one's heart (ɪn wʌnz hɑːt) [인 원즈 하트].
　㉡=心の中(こころのなか, kokoro no naka)[코코로노 나카].
　㉢=心里(xīnlǐ) [신리].
- 마음씨 (명사)　㉠=temperament (ˈtɛmpərəmənt) [템퍼러먼트].
　㉡=気立て (きだて, kidate) [키다테].
　㉢=心地善良 (xīndì shànliáng) [신띠 산량].

•마이크 (명사) [영]=microphone (ˈmaɪkrəˌfəʊn) [마이크로폰].
[일]=マイク (まいく, maiku)[마이크].
[중]=麦克风 (màikèfēng)[마이커펑].
•마주 (부사) [영]=face to face (feɪs tu feɪs) [페이스 투 페이스].
[일]=向かい合って (むかいあって, mukaiaatte) [무카이앗떼].
[중]=面对面 (miàn duì miàn) [미앤 뚜이 미앤].
•마주치다 (동사) [영]=encounter (ɪnˈkaʊntə) [인카운터].
[일]=出会う (であう, deau) [데아우]. [중]=碰见 (pèngjiàn) [펑지앤].
•마중 (명사) [영]=welcome (ˈwɛlkəm) [웰컴].
[일]=出迎え(でむかえ, demukae)[데무카에]. [중]=迎接(yíngjiē)[잉지에].
•마지막 (명사) [영]=end/last (ɛnd/læst) [엔드/라스트].
[일]=最後 (さいご, saigo) [사이고]. [중]=最后 (zuìhòu) [쮜호우].
•마찬가지 (명사) [영]=same (seɪm) [세임].
[일]=同じ (おなじ, onaji) [오나지]. [중]=一样 (yíyàng) [이양].
•마찰 摩擦 (명사) 갈 마, 비빌 찰 [영]=friction (ˈfrɪkʃən) [프릭션].
[일]=摩擦 (まさつ, masatsu) [마사츠]. [중]=摩擦 (mócā) [모차].
•마치 (부사) [영]=as if (æz ɪf) [애즈 이프].
[일]=まるで (marude) [마루데]. [중]=仿佛 (fǎngfú) [팡푸].
•마치다 (동사) [영]=finish (ˈfɪnɪʃ) [피니시].
[일]=終える (おえる, oeru) [오에루]. [중]=结束 (jiéshù) [지에슈].
•마침 (부사) [영]=just in time (ˌdʒʌst ɪn taɪm) [저스트 인 타임].
[일]=ちょうど (chōdo) [초오도]. [중]=正好 (zhènghǎo) [정하오].
•마침내 (부사) [영]=finally (ˈfaɪnəli) [파이널리].
[일]=ついに (tsuini) [츠이니]. [중]=终于 (zhōngyú) [쭝위].
•마크 (명사) [영]=mark (mɑːk) [마크].
[일]=マーク (まーく, māku) [마아쿠]. [중]=标记 (biāojì) [뱌오지].
•마흔 (수사) [영]=forty (ˈfɔːti) [포티].
[일]=四十 (しじゅう, shijū) [시쥬우]. [중]=四十 (sìshí) [쓰스].
•막 (부사) 마구 [영]=randomly (ˈrændəmli) [랜덤리].
[일]=むやみに (muyamini) [무야미니]. [중]=胡乱 (húluàn) [후루안].
•막 (부사) 바로 지금 [영]=just now (ˈdʒʌst naʊ) [저스트 나우].
[일]=たった今(たったいま, tatta ima)[탓타 이마].
[중]=刚才(gāngcái)[깡차이].

- 막걸리 (명사) ㉢=makgeolli (ˈmɑːkɡʌli) [막걸리].
  ㉥=マッコリ (まっこり, makkori) [맛코리]. ㉤=马格利酒 (mǎgélìjiǔ) [마거리쥬].
- 막내 (명사) ㉢=youngest (jʌŋgɪst) [영기스트].
  ㉥=末っ子 (すえっこ, suekko)[스엣코]. ㉤=老幺 (lǎoyāo)[라오야오].
- 막다 (동사) ㉢=block (blɒk) [블락].
  ㉥=ふさぐ (fusagu) [후사가]. ㉤=阻挡 (zǔdǎng) [주당].
- 막상 (부사)
  ㉢=when it comes to it (wɛn ɪt kʌmz tu ɪt) [웬 잇 컴즈 투 잇].
  ㉥=いざとなると(izatonaruto)[이자토나루토]. ㉤=一旦(yídàn)[이딴].
- 막히다 (동사) ㉢=be blocked (bi blɒkt) [비 블락트].
  ㉥=ふさがる(ふさがる, fusagaru)[후사가루]. ㉤=堵塞(dǔsè)[두쎄].
- 만 (의존명사) 십 년 ~에 ㉢=full (fʊl) [풀].
  ㉥=満 (まん, man) [만]. ㉤=满 (mǎn) [만].
- 만 (의존명사) 화를 낼 ~도 하다 ㉢=even (ˈiːvən) [이븐].
  ㉥=さえ (sae) [사에]. ㉤=甚至 (shènzhì) [션즈].
- 만 滿 (관형사) ㉢=full (fʊl) [풀].
  ㉥=満 (まん, man) [만]. ㉤=满 (mǎn) [만].
- 만 萬 (관형사) ㉢=ten thousand (ˈten ˌθaʊzənd) [텐 싸우즌드].
  ㉥=一万の (いちまんの, ichiman no)[이치만노]. ㉤=万(wàn) [완].
- 만 萬 (수사) ㉢=ten thousand (ten ˈθaʊzənd) [텐 싸우즌드].
  ㉥=一万 (いちまん, ichiman) [이치만]. ㉤=万 (wàn) [완].
- 만나다 (동사) ㉢=meet (miːt) [밋].
  ㉥=会う (あう, au) [아우]. ㉤=见面 (jiànmiàn) [지엔미엔].
- 만남 (명사) ㉢=meeting (ˈmiːtɪŋ) [미팅].
  ㉥=出会い (であい, deai) [데아이]. ㉤=相遇 (xiāngyù) [시앙위].
- 만두 饅頭 (명사) 찰 만, 머리 두 ㉢=dumpling (ˈdʌmplɪŋ)[덤플링].
  ㉥=餃子 (ぎょうざ, gyōza) [교우자]. (한국 만두는 일본의 교자와 비슷하며, 饅頭(만주)는 팥소를 넣은 빵류로 다름.). ㉤=饺子 (jiǎozi) [자오쯔].
- 만들다 (동사) ㉢=make (meɪk) [메이크].
  ㉥=作る (つくる, tsukuru) [츠쿠루]. ㉤=制作 (zhìzuò) [쯔쭈어].
- 만들어지다 (동사) ㉢=be made (bi meɪd) [비 메이드].
  ㉥=作られる (つくられる, tsukurareru) [츠쿠라레루].
  ㉤=被制作 (bèi zhìzuò) [뻬이 쯔쭈어].

- 만만하다 (형용사) 대적할 만함
  - ㉠=easy to deal with ('iːzi tə diːl wɪð) [이지 투 딜 윋].
  - ㉡=侮れる (あなどれる, anadoreru) [아나도레루].
  - ㉢=好对付 (hǎo duìfu) [하오 뚜이푸].
- 만세 萬歲 (명사) 일만 만, 해 세 ㉠=hurrah (huˈrɑː) [후라].
  - ㉡=万歳 (ばんざい, banzai) [반자이]. ㉢=万岁 (wànsuì) [완쑤이].
- 만약 萬若 (명사) 일만 만, 같을 약 ㉠=if (ɪf) [이프].
  - ㉡=もし (moshi) [모시]. ㉢=如果 (rúguǒ) [루궈].
- 만일 萬一 (명사) 일만 만, 한 일 ㉠=in case(ɪn keɪs)[인 케이스].
  - ㉡=万一 (まんいち, man'ichi) [만이치]. ㉢=万一 (wànyī)[완이].
- 만점 滿點 (명사) 찰만 점점 ㉠=perfect score ('pɜːrfɪkt skɔːr)[퍼펙트 스코어].
  - ㉡=満点 (まんてん, manten) [만텐]. ㉢=满分 (mǎnfēn) [만펀].
- 만족 滿足 (명사) 찰만, 족할 족 ㉠=satisfaction (ˌsætɪsˈfækʃn) [새티스팩션].
  - ㉡=満足 (まんぞく, manzoku) [만조쿠]. ㉢=满足 (mǎnzú) [만주].
- 만족스럽다 滿足- (형용사) ㉠=satisfactory (ˌsætɪsˈfæktəri) [새티스팩터리].
  - ㉡=満足だ (まんぞくだ, manzokuda) [만조쿠다].
  - ㉢=令人满意 (lìng rén mǎnyi) [링런 만이].
- 만족하다 (동사) ㉠=to be satisfied (tə bi ˈsætɪsfaɪd) [투 비 새티스파이드].
  - ㉡=満足する (まんぞくする, manzoku suru) [만조쿠 스루].
  - ㉢=感到满足 (gǎndào mǎnzú) [간다오 만주].
- 만족하다 滿足- (형용사) ㉠=satisfied (ˈsætɪsfaɪd)[새티스파이드].
  - ㉡=満足している (まんぞくしている, manzoku shite iru) [만조쿠 시테 이루].
  - ㉢=满意的 (mǎnyì de) [만이 더].
- 만지다 (동사) ㉠=touch (tʌtʃ) [터치].
  - ㉡=触る (さわる, sawaru) [사와루]. ㉢=摸 (mō) [모].
- 만큼 (의존명사) ㉠=as much as (əz mʌtʃ æz) [어즈 머치 애즈].
  - ㉡=〜ほど (ほど, hodo) [호도]. ㉢=像…那样 (xiàng… nàyàng) [샹… 나양].
- 만하다 (보조형용사) ㉠=worth (wɜːrθ) [워스].
  - ㉡=〜に値する (〜にあたいする, ataisuru) [아타이스루].
  - ㉢=值得 (zhídé) [즈더].
- 만화 漫畫 (명사) 흩어질 만, 그림 화
  - ㉠=cartoon (kɑːrˈtuːn) [카툰].
  - ㉡=漫画 (まんが, manga) [만가]. ㉢=漫画 (mànhuà) [만화].

- 만화가 漫畵家 (명사) 흩어질 만, 그림 화, 집 가
  - 영=cartoonist (kɑːrˈtuːnɪst) [카툰니스트].
  - 일=漫画家 (まんがか, mangaka) [만가카]. 중=漫画家 (mànhuàjiā) [만화지아].
- 많다 (형용사) 영=many (ˈmeni) [매니].
  - 일=多い (おおい, ooi) [오오이]. 중=多 (duō) [뚜어].
- 많아지다 (동사) 영=increase (ɪnˈkriːs) [인크리스].
  - 일=増える (ふえる, fueru) [후에루]. 중=变多 (biàn duō) [삐앤 뚜어].
- 많이 (부사) 영=a lot (ə lɒt) [어 롯].
  - 일=たくさん (takusan) [타쿠산]. 중=很多 (hěn duō) [헌 뚜어].
- 말 (명사) ~과 글 영=speech (spiːtʃ) [스피치].
  - 일=言葉 (ことば, kotoba) [고토바]. 중=语言 (yǔyán) [위옌].
- 말 (명사) 동물 영=horse (hɔːrs) [호스].
  - 일=馬 (うま, uma) [우마]. 중=马 (mǎ) [마].
- 말 末 (의존명사) 끝 말 영=end (ɛnd) [엔드].
  - 일=末 (すえ, sue) [스에]. 중=末 (mò) [모].
- 말기 末期 (명사) 끝 말, 기약할 기
  - 영=last stage (læst steɪdʒ) [라스트 스테이지].
  - 일=末期 (まっき, makki) [맛끼]. 중=末期 (mòqī) [모치].
- 말다 (동사) 감다 영=roll (roʊl) [롤].
  - 일=巻く (まく, maku) [마쿠]. 중=卷 (juǎn) [쥔].
- 말다 (동사) 그만두다 영=stop (stɑːp) [스탑].
  - 일=やめる (yameru) [야메루]. 중=停止 (tíngzhǐ) [팅즈].
- 말다 (보조동사) 영=don't (doʊnt) [돈트].
  - 일=〜ないで (〜ないで, naide)[나이데]. 중=不要(bùyào)[부야오].
- 말리다 (동사) 빨래를 ~ 영=dry (draɪ) [드라이].
  - 일=干す (ほす, hosu) [호스]. 중=晾干 (liànggān) [량깐].
- 말리다 (동사) 싸움을 ~ 영=dispute stop (dɪˈspjuːt stɑːp) [디스퓨트 스탑].
  - 일=止める (とめる, tomeru)[토메루]. 중=劝架(quànjià)[취앤지아].
- 말씀 (명사) 영=words (wɜːrdz) [워즈].
  - 일=お言葉 (おことば, okotoba)[오코토바]. 중=话语(huàyǔ)[화위].
- 말씀드리다 (동사) 영=tell/say (tel/seɪ) [텔/세이].
  - 일=申し上げる (もうしあげる, mōshiageru) [모우시아게루].
  - 중=禀告 (bǐnggào) [빙까오].

- 말씀하다 (동사) ㉠=speak (spiːk) [스피크].
  ㉡=おっしゃる (ossharu) [옷샤루]. ㉢=说话 (shuōhuà) [슈어화].
- 말없이 (부사) ㉠=silently ('saɪləntli) [사일런틀리].
  ㉡=黙って(だまって, damatte)[다맛떼]. ㉢=默默地(mòmò de)[모모더].
- 말투 套(명사) 말할 말, 꾸밀 투
  ㉠=way of speaking (weɪ əv 'spiːkɪŋ) [웨이 어브 스피킹].
  ㉡=話し方 (はなしかた, hanashikata) [하나시카타].
  ㉢=语气 (yǔqì) [위치].
- 말하다 (동사) ㉠=speak (spiːk) [스피크].
  ㉡=話す (はなす, hanasu) [하나스]. ㉢=说 (shuō) [슈어].
- 맑다 (형용사) ㉠=clear (klɪər) [클리어].
  ㉡=澄む (すむ, sumu) [스무]. ㉢=清澈 (qīngchè) [칭처].
- 맘 (명사) 마음의 준말 ㉠=heart (hɑːrt) [하트].
  ㉡=気持ち (きもち, kimochi) [키모치]. ㉢=心情 (xīnqíng) [신칭].
- 맘대로 (부사) 마음대로 ㉠=as one likes (æz wʌn laɪks)[애즈 원 라이크스].
  ㉡=勝手に (かってに, katte ni) [캇떼니]. ㉢=随便 (suíbiàn) [쒜비앤].
- 맛 (명사) ㉠=taste (teɪst) [테이스트].
  ㉡=味 (あじ, aji) [아지]. ㉢=味道 (wèidào) [웨이다오].
- 맛보다 (동사) ㉠=try/taste (traɪ/teɪst) [트라이/테이스트].
  ㉡=味わう(あじわう, ajiwau)[아지와우]. ㉢=品尝(pǐncháng)[핀창].
- 맛없다 (형용사) ㉠=tasteless (teɪstləs) [테이스트리스].
  ㉡=まずい (mazui) [마즈이]. ㉢=难吃 (nánchī) [난츠].
- 맛있다 (형용사) ㉠=delicious (dɪˈlɪʃəs) [딜리셔스].
  ㉡=おいしい (oishii) [오이시이]. ㉢=好吃 (hǎochī) [하오츠].
- 망설이다 (동사) ㉠=hesitate (ˈhezɪteɪt) [헤지테이트].
  ㉡=ためらう (tamerau) [타메라우]. ㉢=犹豫 (yóuyù) [요우위].
- 망원경 望遠鏡 (명사) 바랄 망, 멀 원, 거울 경
  ㉠=telescope (ˈtelɪskəʊp) [텔레스코우프].
  ㉡=望遠鏡 (ぼうえんきょう, bōenkyō) [보우엔쿄].
  ㉢=望远镜 (wàngyuǎnjìng) [왕위앤징].
- 망치다 (동사) ㉠=ruin (ˈruːɪn) [루인].
  ㉡=台無しにする (だいなしにする, dainashi ni suru) [다이나시니 스루].
  ㉢=搞砸 (gǎozá) [가오자].

- 망하다 亡 (동사) 망할 망 영=perish ('perɪʃ) [페리시].
  일=滅びる(ほろびる, horobiru)[호로비루]. 중=灭亡(mièwáng)[미에왕].
- 맞다 (동사) 답이 ~ 영=be correct (bi kəˈrekt) [비 커렉트].
  일=正しい(ただしい, tadashii)[타다시이]. 중=正确(zhèngquè)[정췌].
- 맞다 (동사) 매를 ~ 영=be hit (bi hɪt) [비 힛].
  일=殴られる(なぐられる, nagurareru)[나구라레루]. 중=挨打(áidǎ) [아이따].
- 맞다 (동사) 손님을 ~ 영=receive (rɪˈsiːv) [리시브].
  일=迎える(むかえる, mukaeru)[무카에루]. 중=迎接(yíngjiē)[잉지에].
- 맞서다 (동사) 영=confront (kənˈfrʌnt) [컨프런트].
  일=立ち向かう (たちむかう, tachimukau) [타치무카우].
  중=对抗 (duìkàng) [뚜이캉].
- 맞은편 便 (명사) 맞을 맞, 편할 편
  영=opposite side ('ɒpəzɪt saɪd) [오퍼짓 사이드].
  일=向かい側 (むかいがわ, mukaigawa) [무카이가와].
  중=对面 (duìmiàn) [뚜이미엔].
- 맞이하다 (동사) 영=welcome ('welkəm) [웰컴].
  일=迎える (むかえる, mukaeru) [무카에루]. 중=迎接 (yíngjiē) [잉지에].
- 맞추다 (동사) 영=match (mætʃ) [매치].
  일=合わせる(あわせる, awaseru)[아와세루]. 중=配合(pèihé)[페이허].
- 맡기다 (동사) 영=entrust (ɪnˈtrʌst) [인트러스트].
  일=預ける (あずける, azukeru) [아즈케루]. 중=托付 (tuōfù) [투어푸].
- 맡다 (동사) 냄새를 ~ 영=smell (smel) [스멜].
  일=嗅ぐ (かぐ, kagu) [카구]. 중=闻 (wén) [원].
- 맡다 (동사) 담임을 ~
  영=take charge of (teɪk tʃɑːrdʒ əv) [테이크 차지 오브].
  일=引き受ける (ひきうける, hikiukeru) [히키우케루].
  중=承担 (chéngdān) [청단].
- 매 (명사) ~를 맞다 영=beating ('biːtɪŋ) [비팅].
  일=むち打ち (むちうち, muchiuchi) [무치우치]. 중=鞭打 (biāndǎ) [삐앤다].
- 매너 (명사) 영=manner ('mænər) [매너].
  일=マナー (マナー, manā) [마나]. 중=礼仪 (lǐyí) [리이].
- 매년 每年 (부사) 매양 매, 해 년 영=every year ('evri jɪr) [에브리 이어].
  일=毎年 (まいとし, maitoshi) [마이토시]. 중=每年 (měinián) [메이니앤].

- 매다 (동사) 끈을 ~　영=tie (taɪ) [타이].
　일=結ぶ (むすぶ, musubu) [무스부].　　중=系 (jì) [지].
- 매달 每- (부사) 매양 매　영=every month ('evri mʌnθ)[에브리 먼스].
　일=毎月 (まいつき, maitsuki) [마이츠키].　중=每月 (měiyuè) [메이위에].
- 매달다 (동사)　영=hang (hæŋ) [행].
　일=吊るす (つるす, tsurusu)[츠루스].　　중=悬挂(xuánguà)[쉬앤꽈].
- 매달리다 (동사)　영=cling (klɪŋ) [클링].
　일=しがみつく (shigamitsuku)[시가미츠쿠].　중=紧贴 (jǐntiē)[진톄].
- 매력 魅力 매혹할 매, 힘 력 (명사)
　영=charm/attraction (tʃɑːm/əˈtrækʃn) [참/어트랙션].
　일=魅力 (みりょく, miryoku) [미료쿠].　중=魅力 (mèilì)[메일리].
- 매번 每番 매양 매, 차례 번(부사)　영=every time ('evri taɪm) [에브리 타임].
　일=毎回 (まいかい, maikai) [마이카이].　　중=每次 (měicì) [메이츠].
- 매스컴 (명사)　영=mass communication (ˌmæs kəˌmjuːnɪˈkeɪʃən)
　　　　　　　　　　　　[매스 커뮤니케이션].
　일=マスコミ (ますこみ, masukomi) [마스코미].
　중=大众传媒 (dàzhòng chuánméi) [다중 촤안메이].
- 매우 (부사)　영=very ('veri) [베리].
　일=非常に (ひじょうに, hijouni) [히조우니].
　중=非常 (fēicháng)[페이창]. 很 (hěn)[헌](일상 대화에서 자주 쓰임.).
- 매일 每日 매양 매, 날 일 (명사)　영=every day ('evri deɪ) [에브리 데이].
　일=毎日 (まいにち, mainichi) [마이니치].　중=每日 (měirì) [메이르].
- 매일 每日 매양 매, 날 일 (부사)　영=daily ('deɪli) [데일리].
　일=毎日 (まいにち, mainichi)[마이니치].　중=每天(měitiān)[메이톈].
- 매장 賣場 팔 매, 마당 장 (명사)　영=store (stɔːr) [스토어].
　일=売り場 (うりば, uriba) [우리바].　중=卖场 (màichǎng)[마이창].
- 매주 每週 매양 매, 주일 주 (부사)
　영=every week ('evri wiːk) [에브리 위크].
　일=毎週 (まいしゅう, maishuu) [마이슈우].중=每周 (měizhōu) [메이조우].
- 매체 媒體 중매 매, 몸 체 (명사)　영=media ('miːdiə) [미디어].
　일=媒体 (ばいたい, baitai) [바이타이].　중=媒体 (méitǐ) [메이티].
- 맥주 麥酒 보리 맥, 술 주 (명사)　영=beer (bɪər) [비어].
　일=ビール (びーる, bīru) [비루].　중=啤酒 (píjiǔ) [피지우].

- 맨 (관형사) 영=bare (beəʳ) [베어].
  일=むき出しの (むきだしの, mukidashino) [무키다시노].
  중=光着的 (guāngzhe de) [광저 더].
- 맵다 (형용사) 영=spicy ('spaɪsi) [스파이시].
  일=辛い (からい, karai) [카라이]. 중=辣 (là) [라].
- 맺다 (동사) 영=form (fɔːm) [폼].
  일=結ぶ (むすぶ, musubu) [무스부]. 중=結 (jié) [지에].
- 머리 (명사) 영=head (hed) [헤드].
  일=頭 (あたま, atama) [아타마]. 중=头 (tóu) [토우].
- 머리말 (명사) 영=preface ('prefɪs) [프레퍼스].
  일=前書き (まえがき, maegaki)[마에가키]. 중=前言(qiányán)[치엔옌].
- 머리카락 (명사) 영=hair (heəʳ) [헤어].
  일=髪の毛 (かみのけ, kaminoke)[카미노케]. 중=头发 (tóufa)[토우파].
- 머리칼 (명사) 영=strand of hair (strænd əv heəʳ) [스트랜드 어브 헤어].
  일=髪 (かみ, kami) [카미]. 중=发丝 (fàsī) [파쓰].
- 머릿속 (명사)
  영=inside one's head (ɪn'saɪd wʌnz hed) [인사이드 원즈 헤드].
  일=頭の中 (あたまのなか, atama no naka) [아타마노나카].
  중=脑海里 (nǎohǎilǐ) [나오하이리].
- 머무르다 (동사) 영=stay (steɪ) [스테이].
  일=滞在する (たいざいする, taizaisuru) [타이자이 스루].
  중=停留 (tíngliú) [팅류].
- 머물다 (동사) 영=stay (steɪ) [스테이].
  일=とどまる (todomaru) [토도마루]. 중=停留 (tíngliú) [팅류].
- 먹고살다 (동사)
  영=make a living (meɪk ə 'lɪvɪŋ) [메이크 어 리빙].
  일=食べて暮らす (たべてくらす, tabete kurasu) [타베테 쿠라스].
  중=糊口 (húkǒu) [후코우].
- 먹다 (동사) 귀를 ~ 영=go deaf (gəʊ def) [고우 데프].
  일=耳が遠くなる (みみがとおくなる, mimi ga tookunaru) [미미가 토오쿠나루].
  중=耳背 (ěrbèi) [얼베이].
- 먹다 (동사) 밥을 ~ 영=eat (iːt) [잇].
  일=食べる (たべる, taberu) [타베루]. 중=吃 (chī) [츠].

- 먹다 (보조동사) 잊어~ ㉢=end up forgetting (ɛnd ʌp fəˈgɛtɪŋ) [엔드 업 퍼게팅].
  ㉥=忘れてしまう (わすれてしまう, wasurete shimau) [와스레테 시마우].
  ㊥=忘掉 (wàngdiào) [왕띠아오].
- 먹이 (명사) ㉢=feed (fiːd) [피드].
  ㉥=餌 (えさ, esa) [에사].   ㊥=饲料 (sìliào) [쓰랴오].
- 먹이다 (동사) ㉢=feed (fiːd) [피드].
  ㉥=食べさせる (たべさせる, tabesaseru) [타베사세루]. ㊥=喂 (wèi) [웨이].
- 먹히다 (동사) ㉢=be eaten (biː ˈiːtn) [비 이튼].
  ㉥=食べられる (たべられる, taberareru) [타베라레루].
  ㊥=被吃 (bèi chī) [뻬이츠].
- 먼저 (부사) ㉢=first (fɜːst) [퍼스트].
  ㉥=まず (mazu) [마즈].   ㊥=首先 (shǒuxiān) [쇼우시앤].
- 먼지 (명사) ㉢=dust (dʌst) [더스트].
  ㉥=ほこり (hokori) [호코리].   ㊥=灰尘 (huīchén) [후이천].
- 멀다 (형용사) 갈 길이 ~ ㉢=far (fɑːr) [파].
  ㉥=遠い (とおい, tooi) [토오이].   ㊥=远 (yuǎn) [위앤].
- 멀리 (부사) ㉢=far away (fɑːr əˈweɪ) [파 어웨이].
  ㉥=遠く (とおく, tooku) [토오쿠]. ㊥=远远 (yuǎnyuǎn) [위앤위앤].
- 멀어지다 (동사) ㉢=become distant (bɪˈkʌm ˈdɪstənt) [비컴 디스턴트].
  ㉥=遠ざかる (とおざかる, toozakaru) [토오자카루].
  ㊥=疏远 (shūyuǎn) [슈위앤].
- 멈추다 (동사) ㉢=stop (stɒp) [스탑].
  ㉥=止まる (とまる, tomaru) [토마루]. ㊥=停止 (tíngzhǐ) [팅즈].
- 멋 (명사) ㉢=style (staɪl) [스타일].
  ㉥=おしゃれ (oshare) [오샤레].   ㊥=风格 (fēnggé) [펑거].
- 멋있다 (형용사) ㉢=stylish (ˈstaɪlɪʃ) [스타일리쉬].
  ㉥=かっこいい (kakkoii) [캇코이이]. ㊥=帅气 (shuàiqì) [슈아이치].
- 멋지다 (형용사) ㉢=cool (kuːl) [쿨].
  ㉥=素敵だ (すてきだ, sutekida) [스테키다]. ㊥=精彩 (jīngcǎi) [징차이].
- 멍멍 (부사) ㉢=woof (wʊf) [우프].
  ㉥=ワンワン (wanwan) [완완].   ㊥=汪汪 (wāngwāng) [왕왕].
- 멎다 (동사) ㉢=cease (siːs) [시스].
  ㉥=止む (やむ, yamu) [야무].   ㊥=停止 (tíngzhǐ) [팅즈].

- 메뉴 (명사) 영=menu ('menjuː) [메뉴].
  일=メニュー (menyū) [메뉴].　　중=菜单 (càidān) [차이단].
- 메다 (동사) 총을 ~ : 영=sling (slɪŋ) [슬링].
  일=担ぐ (かつぐ, katsugu) [카츠구].　　중=扛 (káng) [캉].
- 메모 (명사) : 영=memo ('meməʊ) [메모].
  일=メモ (memo) [메모].　　중=便条 (biàntiáo) [비엔티아오].
- 메시지 (명사) : 영=message ('mesɪdʒ) [메시지].
  일=メッセージ (めっせーじ, mesēji) [멧세에지].　중=信息 (xìnxī) [신시].
- 메우다 (동사) '메다'의 사동사 : 영=fill up (fɪl ʌp) [필 업].
  일=埋める (うめる, umeru) [우메루].　　중=填补 (tiánbǔ) [톈부].
- 메일 (명사) : 영=mail (meɪl) [메일].
  일=メール (mēru) [메에루].　　중=邮件 (yóujiàn) [여우지앤].
- 며느리 (명사) : 영=daughter-in-law ('dɔːtər ɪn lɔː) [도터 인 로].
  일=嫁 (よめ, yome) [요메].　　중=儿媳 (érxí) [얼시].
- 며칠 (명사) : 영=how many days (haʊ 'meni deɪz) [하우 메니 데이즈].
  일=何日 (なんにち, nannichi) [난니치].　　중=几天 (jǐ tiān) [지톈].
- 면 (명사) 綿 : 영=cotton ('kɒtn) [코튼].
  일=綿 (めん, men) [멘].　　중=棉花 (miánhua) [미앤화].
- 면 (명사) 面. 양쪽 ~ : 영=side (saɪd) [사이드].
  일=面 (めん, men) [멘].　　중=方面 (fāngmiàn) [팡미엔].
- 면 (명사) 面. 행정 단위 : 영=township ('taʊnʃɪp) [타운쉽].
  일=面 (めん, men) [멘].　　중=面 (miàn) [미엔].
- 면담 面談 얼굴 면, 말씀 담 (명사) : 영=interview ('ɪntəvjuː) [인터뷰].
  일=面談 (めんだん, mendan) [멘단].　　중=面谈 (miàntán) [미앤탄].
- 면적 面積 얼굴 면, 쌓을 적 (명사) : 영=area ('eəriə) [에어리어].
  일=面積 (めんせき, menseki)[멘세키].　중=面积 (miànjī)[미앤지].
- 면접 面接 얼굴 면, 접할 접 (명사) : 영=interview ('ɪntəvjuː) [인터뷰].
  일=面接 (めんせつ, mensetsu) [멘세쓰].　중=面试 (miànshì) [미앤스].
- 면하다 免- 면할 면 (동사) : 영=avoid (ə'vɔɪd) [어보이드].
  일=免れる (まぬがれる, manugareru) [마누가레루].
  중=免除 (miǎnchú) [미앤추].
- 멸치 (명사) : 영=anchovy ('æntʃəvi) [앤초비].
  일=煮干し (にぼし, niboshi) [니보시].　　중=鳀鱼 (tíyú) [티위].

- 명 名. 한 ~ 이름 명 (의존명사) ㉡=person ('pɜːsən) [퍼슨].
  ㉠=名 (めい, mei) [메이]. ㉢=名 (míng) [밍].
- 명단 名單 이름 명, 낱 낱 (명사)
  ㉡=list of names (lɪst əv neɪmz) [리스트 어브 네임즈].
  ㉠=名簿 (めいぼ, meibo) [메이보]. ㉢=名单 (míngdān) [밍단].
- 명령 命令 목숨 명, 하여금 령 (명사) ㉡=command (kəˈmɑːnd) [커맨드].
  ㉠=命令 (めいれい, meirei) [메이레이]. ㉢=命令 (mìnglìng) [밍링].
- 명령어 命令語 목숨 명, 하여금 령, 말씀 어 (명사)
  ㉡=command word (kəˈmɑːnd wɜːd) [커맨드 워드].
  ㉠=命令語(めいれいご,meireigo)[메이레이고].
  ㉢=命令词 (mìnglìngcí)[밍링츠].
- 명예 名譽 이름 명, 기릴 예 (명사)
  ㉡=honor ('ɒnə) [아너].
  ㉠=名誉 (めいよ, meiyo) [메이요]. ㉢=名誉 (míngyù) [밍위].
- 명의 名義 이름 명, 뜻 의 (명사) ㉡=ownership ('əʊnəʃɪp) [오우너쉽].
  ㉠=名義 (めいぎ, meigi) [메이기]. ㉢=名义 (míngyì) [밍이].
- 명절 名節 이름 명, 마디 절 (명사) ㉡=holiday ('hɒlədeɪ) [할러데이].
  ㉠=名節 (めいせつ, meisetsu) [메이세츠]. ㉢=节日 (jiéri) [지에르].
- 명칭 名稱 이름 명, 일컬을 칭 (명사) ㉡=name (neɪm) [네임].
  ㉠=名称 (めいしょう, meishou) [메이쇼우].
  ㉢=名称 (míngchēng) [밍청].
- 명함 名銜 이름 명, 벼슬 함 (명사)
  ㉡=business card ('bɪznəs kɑːd) [비즈니스 카드].
  ㉠=名刺 (めいし, meishi) [메이시]. ㉢=名片 (míngpiàn)[밍피앤].
- 명확하다 明確- 밝을 명, 뚜렷할 확 (형용사) ㉡=clear (klɪə) [클리어].
  ㉠=明確だ (めいかくだ, meikaku da) [메이카쿠다].
  ㉢=明确 (míngquè) [밍취에].
- 몇 (관형사) ㉡=some (sʌm) [섬].
  ㉠=いくつかの (ikutsuka no)[이쿠츠카노]. ㉢=几个 (jǐ gè)[지거].
- 몇 (수사) ㉡=how many ('haʊ 'meni) [하우 매니].
  ㉠=いくつ (ikutsu) [이쿠츠]. ㉢=几 (jǐ) [지].
- 몇몇 (관형사) ㉡=several ('sevərəl) [세버럴].
  ㉠=いくつかの (ikutsuka no)[이쿠츠카노]. ㉢=一些 (yīxiē)[이셰].

- 몇십 (관형사)　영=tens of (tɛnz əv) [텐즈 어브].
  　일=数十の (すうじゅうの, sūjū no)[스우쥬노]. 중=几十 (jǐ shí) [지스].
- 모 某 아무 모 (관형사)　영=certain ('sɜːtn) [서튼].
  　일=某 (ぼう, bō) [보우].　중=某 (mǒu) [모우].
- 모 某 아무 모 (대명사)　영=certain ('sɜːtn) [서튼].
  　일=某 (ぼう, bō) [보우].　중=某 (mǒu) [모우].
- 모금 (의존명사)　영=a sip (ə sɪp) [어 십].
  　일=一口 (ひとくち, hitokuchi)[히토쿠치]. 중=一口 (yīkǒu)[이커우].
- 모기 (명사)　영=mosquito (məˈskiːtəʊ) [머스키토].
  　일=蚊 (か, ka) [카].　중=蚊子 (wénzi) [원쯔].
- 모니터 (명사)　영=monitor ('mɒnɪtə) [모니터].
  　일=モニター (monitā) [모니타].　중=显示器 (xiǎnshìqi) [셴스치].
- 모델 (명사)　영=model ('mɒdl) [모델].
  　일=モデル (moderu) [모데루].　중=模特 (mótè) [모터].
- 모두 (명사)　영=everyone ('evriwʌn) [에브리원].
  　일=みんな (minna) [민나].　중=大家 (dàjiā) [따지아].
- 모두 (부사)　영=all (ɔːl) [올].
  　일=すべて (subete) [스베테]. 중=都 (dōu) [또우].
- 모든 (관형사)　영=every ('evri) [에브리].
  　일=すべての (subete no) [스베테노]. 중=所有的 (suǒyǒu de)[쑤어요우 더].
- 모래 (명사)　영=sand (sænd) [샌드].
  　일=砂 (すな, suna) [스나].　중=沙子 (shāzi) [샤쯔].
- 모레 (명사)　영=the day after tomorrow
  　　　　　　(ðə deɪ 'ɑːftə təˈmɒrəʊ) [더 데이 아프터 터모로우].
  　일=あさって (asatte) [아삿떼].　중=后天 (hòutiān) [호우톈].
- 모르다 (동사)　영=not know (nɒt nəʊ) [낫 노우].
  　일=知らない (しらない, shiranai) [시라나이].
  　중=不知道 (bù zhīdào) [뿌즈다오].
- 모범 模範 본뜰 모, 법 범 (명사)　영=example (ɪgˈzɑːmpl) [이그잼플].
  　일=模範 (もはん, mohan) [모한].　중=模范 (mófàn) [모판].
- 모색하다 摸索- 더듬을 모, 찾을 색 (동사)　영=seek (siːk)[씨크].
  　일=模索する (もさくする, mosaku suru) [모사쿠 스루].
  　중=摸索 (mōsuǒ) [모쒀].

- 모습 (명사)　영=appearance (əˈpɪərəns) [어피어런스].
  일=姿 (すがた, sugata) [스가타].　중=模样 (múyàng) [무양].
- 모시다 (동사)　영=serve (sɜːv) [서브].
  일=お仕えする (おつかえする, otsukae suru) [오츠카에 스루].
  중=侍奉 (shìfèng) [스펑].
- 모양 模様 본뜰 모, 모양 양 (명사)
  영=shape (ʃeɪp) [셰이프].
  일=形 (かたち, katachi) [카타치].　중=模样 (múyàng) [무양].
- 모양 模様 본뜰 모, 모양 양 (의존명사)
  영=as if (æz ɪf)[애즈 이프].
  일=ように (yō ni) [요우니].　중=似乎 (sìhū) [쓰후].
- 모여들다 (동사)　영=gather (ˈɡæðə) [개더].
  일=集まってくる (あつまってくる, atsumatte kuru) [아츠맛떼 쿠루].
  중=聚集过来 (jùjí guòlái) [쥐지 구어라이].
- 모으다 (동사)　영=collect (kəˈlekt) [컬렉트].
  일=集める (あつめる, atsumeru)[아츠메루].　중=收集 (shōují)[쇼우지].
- 모이다 (동사)　영=gather (ˈɡæðə) [개더].
  일=集まる (あつまる, atsumaru)[아츠마루].　중=聚集 (jùjí)[쥐지].
- 모임 (명사)　영=gathering (ˈɡæðərɪŋ) [개더링].
  일=集まり (あつまり, atsumari) [아츠마리].　중=聚会 (jùhuì) [쥐후이].
- 모자 帽子 모자 모, 아들 자 (명사)　영=hat (hæt) [햇].
  일=帽子 (ぼうし, bōshi) [보우시].　중=帽子 (màozi) [마오쯔].
- 모자라다 (동사)　영=be lacking (bi ˈlækɪŋ) [비 래킹].
  일=足りない (たりない, tarinai)[타리나이].　중=不足 (bùzú)[부쭈].
- 모조리 (부사)　영=entirely (ɪnˈtaɪəli) [인타이어리].
  일=すべて (subete) [스베테].　중=全部 (quánbù) [취안부].
- 모집 募集 모집할 모, 모을 집 (명사)
  영=recruitment (rɪˈkruːtmənt) [리크루트먼트].
  일=募集 (ぼしゅう, boshū) [보슈우].　중=募集 (mùjí) [무지].
- 모집하다 募集- 모집할 모, 모을 집 (동사)
  영=recruit (rɪˈkruːt) [리크루트].
  일=募集する (ぼしゅうする, boshū suru) [보슈우 스루].
  중=招募 (zhāomù) [자오무].

- 모처럼 (부사)
  - 영=after a long time ('æftə ə lɒŋ taɪm) [애프터 어 롱 타임].
  - 일=せっかく (sekkaku) [셋카쿠]. 중=难得 (nándé) [난더].
- 모퉁이 (명사) 영=corner ('kɔːnə) [코너].
  - 일=角 (かど, kado) [카도]. 중=拐角 (guǎijiǎo) [꾸아이자오].
- 목 (명사) 영=neck (nek) [넥].
  - 일=首 (くび, kubi) [쿠비]. 중=脖子 (bózi) [보쯔].
- 목걸이 (명사) 영=necklace ('nekləs) [네클리스].
  - 일=ネックレス (ねっくれす, nekkuresu) [넥쿠레스].
  - 중=项链 (xiàngliàn) [시앙리앤].
- 목록 目錄 눈 목, 기록할 록 (명사) 영=list (lɪst) [리스트].
  - 일=目録 (もくろく, mokuroku) [모쿠로쿠]. 중=目录 (mùlù) [무루].
- 목사 牧師 칠 목, 스승 사 (명사) 영=pastor ('pæstər) [패스터].
  - 일=牧師 (ぼくし, bokushi) [보쿠시]. 중=牧师 (mùshī) [무스].
- 목소리 (명사) 영=voice (vɔɪs) [보이스].
  - 일=声 (こえ, koe) [코에]. 중=嗓音 (sǎngyīn) [상인].
- 목숨 (명사) 영=life (laɪf) [라이프].
  - 일=命 (いのち, inochi) [이노치]. 중=生命 (shēngmìng) [셩밍].
- 목요일 木曜日 나무 목, 요일 요, 날 일 (명사)
  - 영=Thursday ('θɜːrzdeɪ) [떨스데이].
  - 일=木曜日 (もくようび, mokuyōbi) [모쿠요비]. 중=星期四 (xīngqīsì) [싱치쓰].
- 목욕 沐浴 머리를 감을 목, 목욕할 욕 (명사) 영=bath (bɑːθ) [바쓰].
  - 일=入浴 (にゅうよく, nyūyoku) [뉴요쿠]. 중=沐浴 (mùyù) [무위].
- 목욕탕 沐浴湯 머리를 감을 목, 목욕할 욕, 끓일 탕 (명사)
  - 영=bathhouse ('bɑːθhaʊs) [바스하우스].
  - 일=銭湯 (せんとう, sentō) [센토]. 중=澡堂 (zǎotáng) [짜오탕].
- 목적 目的 눈 목, 과녁 적 (명사)
  - 영=purpose ('pɜːrpəs) [퍼퍼스].
  - 일=目的 (もくてき, mokuteki) [모쿠테키]. 중=目的 (mùdì)[무디].
- 목표 目標 눈 목, 표할 표 (명사) 영=goal (gəʊl) [골].
  - 일=目標 (もくひょう, mokuhyō) [모쿠효]. 중=目标 (mùbiāo) [무뱌오].
- 몰다 (동사) 영=drive (draɪv) [드라이브].
  - 일=追う (おう, ou) [오우]. 중=赶 (gǎn) [간].

- 몰래 (부사) : 영=secretly ('siːkrətli) [시크럿리].
  일=こっそり (kossori) [콧소리]. 중=偷偷地 (tōutōu de) [토우토우더].
- 몰려들다 (동사) : 영=flock (flɒk) [플락].
  일=押し寄せる (おしよせる, oshiyoseru) [오시요세루].
  중=涌入 (yǒngrù) [용루].
- 몰려오다 (동사) : 영=swarm in (swɔːm ɪn) [스왐 인].
  일=押しかける (おしかける, oshikakeru) [오시카케루].
  중=涌来 (yǒnglái) [용라이].
- 몸 (명사) : 영=body ('bɒdi) [바디].
  일=体 (からだ, karada) [카라다]. 중=身体 (shēntǐ) [션티].
- 몸매 (명사) : 영=figure ('fɪgjər) [피겨].
  일=スタイル (sutairu) [스타이루]. 중=身材 (shēncái) [션차이].
- 몸무게 (명사) : 영=body weight ('bɒdi weɪt) [바디 웨잇].
  일=体重 (たいじゅう, taijū) [타이쥬우]. 중=体重 (tǐzhòng) [티중].
- 몸살 (명사) : 영=body ache ('bɒdi eɪk) [바디 에이크].
  일=疲労感 (ひろうかん, hirōkan) [히로우칸].
  중=浑身酸痛 (húnshēn suāntòng) [훤션 쑤안통].
- 몸속 (명사) : 영=inside the body ('ɪnsaɪd ðə 'bɒdi) [인사이드 더 바디].
  일=体の中 (からだのなか, karada no naka) [카라다노 나카].
  중=体内 (tǐnèi) [티네이].
- 몸짓 (명사) : 영=gesture ('dʒestʃər) [제스쳐].
  일=身ぶり (みぶり, miburi) [미부리]. 중=动作 (dòngzuò) [똥쭈어].
- 몸통 (명사) : 영=torso ('tɔːrsəʊ) [토르소].
  일=胴体 (どうたい, dōtai) [도오타이]. 중=躯干 (qūgàn) [취간].
- 몹시 (부사) : 영=extremely (ɪk'striːmli) [익스트리믈리].
  일=ひどく (hidoku) [히도쿠]. 중=非常 (fēicháng) [페이창].
- 못 (명사) 벽에 ~을 박다 : 영=nail (neɪl) [네일].
  일=くぎ (kugi) [쿠기]. 중=钉子 (dīngzi) [딩쯔].
- 못 (부사) : 영=can't (kænt) [캔트].
  일=できない (dekinai) [데키나이]. 중=不能 (bùnéng) [뿌넝].
- 못되다 (형용사) : 영=mean (miːn) [민].
  일=意地悪い (いじわるい, ijiwarui) [이지와루이].
  중=坏 (huài) [화이].

- 못생기다 (형용사) : 영=ugly ('ʌgli) [어글리].
  일=不細工だ (ぶさいくだ, busaikuda) [부사이쿠다].
  중=长得丑 (zhǎng de chǒu) [장더초우].
- 못지않다 (형용사) :
  영=not inferior to (nɒt ɪnˈfɪərɪə tuː) [낫 인피어리어 투].
  일=劣らない (おとらない, otoranai) [오토라나이].
  중=不亚于 (bù yàyú) [뿌 야위].
- 못하다 (동사) : 영=be worse than (bi wɜːs ðæn) [비 워스 댄].
  일=劣る (おとる, otoru) [오토루]. 중=不如 (bùrú) [뿌루].
- 못하다 (보조 동사) : 영=fail to (feɪl tuː) [페일 투].
  일=〜しそこなう (~shisokonau) [시소코나우].
  중=没能 (méi néng) [메이넝].
- 못하다 (형용사) : 영=poor (pʊə) [푸에].
  일=できない (dekinai) [데키나이]. 중=做不好 (zuò bù hǎo) [쭈어 뿌 하오].
- 묘사 描寫 그릴 묘, 베낄 사 (명사) : 영=description (dɪˈskrɪpʃən) [디스크립션].
  일=描写 (びょうしゃ, byōsha) [뵤우샤].   중=描写 (miáoxiě) [먀오셰].
- 묘사하다 描寫 그릴 묘, 베낄 사 (동사) : 영=describe (dɪˈskraɪb) [디스크라이브].
  일=描写する (びょうしゃする, byōsha suru) [뵤우샤 스루].
  중=描写 (miáoxiě) [먀오셰].
- 무 (명사, 식물) : 영=radish (ˈrædɪʃ) [래디쉬].
  일=大根 (だいこん, daikon) [다이콘]. 중=萝卜 (luóbo) [루오보].
- 무 無 없을 무 (명사) : 영=nothing (ˈnʌθɪŋ) [너씽].
  일=無 (む, mu) [무]. 중=无 (wú) [우].
- 무겁다 (형용사) : 영=heavy (ˈhevi) [헤비].
  일=重い (おもい, omoi) [오모이]. 중=重 (zhòng) [쯍].
- 무게 (명사) : 영=weight (weɪt) [웨이트].
  일=重さ (おもさ, omosa) [오모사]. 중=重量 (zhòngliàng) [쯍량].
- 무관심 無關心 없을 무, 관계할 관, 마음 심 (명사) :
  영=indifference (ɪnˈdɪfrəns) [인디퍼런스].
  일=無関心 (むかんしん, mukanshin) [무칸신]. 중=冷漠 (lěngmò) [렁모].
- 무관심하다 無關心- (형용사) : 영=indifferent (ɪnˈdɪfərənt) [인디퍼런트].
  일=無関心だ (むかんしんだ, mukanshinda) [무칸신다].
  중=冷漠的 (lěngmò de) [렁모 더].

- 무궁화 無窮花 없을 무, 다할 궁, 꽃 화 (명사) :
  영=hibiscus (haɪˈbɪskəs) [하이비스커스].
  일=ムクゲ (むくげ, mukuge) [무쿠게]. 중=木槿花 (mùjǐnhuā) [무진화].
- 무기 武器 호반 무, 그릇 기 (명사) : 영=weapon (ˈwepən) [웨펀].
  일=武器 (ぶき, buki) [부키]. 중=武器 (wǔqì) [우치].
- 무너지다 (동사) : 영=collapse (kəˈlæps) [컬랩스].
  일=崩れる (くずれる, kuzureru) [쿠즈레루]. 중=倒塌 (dǎotā) [다오타].
- 무늬 (명사) : 영=pattern (ˈpætərn) [패턴].
  일=模樣 (もよう, moyou) [모요우]. 중=花纹 (huāwén) [화원].
- 무대 舞臺 춤출 무, 대 대 (명사) : 영=stage (steɪdʒ) [스테이지].
  일=舞台 (ぶたい, butai) [부타이]. 중=舞台 (wǔtái) [우타이].
- 무더위 (명사) : 영=sweltering heat (ˈswɛltərɪŋ hiːt) [스웰터링 힛].
  일=猛暑 (もうしょ, mōsho) [모우쇼]. 중=酷暑 (kùshǔ) [쿠슈].
- 무덤 (명사) : 영=grave (ɡreɪv) [그레이브].
  일=墓 (はか, haka) [하카]. 중=坟墓 (fénmù) [펀무].
- 무덥다 (형용사) : 영=hot and humid (hɑːt ənd ˈhjuːmɪd) [핫 앤 휴미드].
  일=蒸し暑い (むしあつい, mushiatsui) [무시아츠이]. 중=闷热 (mēnrè) [먼러].
- 무려 無慮 없을 무, 생각할 려 (부사) :
  영=as much as (æz mʌtʃ æz) [애즈 머치 애즈].
  일=なんと (nanto) [난토]. 중=足足 (zúzú) [주주].
- 무렵 (의존명사) : 영=around (əˈraʊnd) [어라운드].
  일=ころ (koro) [코로]. 중=时候 (shíhou) [스허우].
- 무료 無料 (명사) : 영=free of charge (friː əv tʃɑːrdʒ) [프리 어브 차지].
  일=無料 (むりょう, muryō) [무료]. 중=免费 (miǎnfèi) [먄페이].
- 무릎 (명사) : 영=knee (niː) [니].
  일=ひざ (hiza) [히자]. 중=膝盖 (xīgài) [시가이].
- 무리 (명사) : 영=group (ɡruːp) [그룹].
  일=群れ (むれ, mure) [무레]. 중=群体 (qúntǐ) [취언티].
- 무리 無理 (명사) : 영=excess (ɪkˈses) [익세스].
  일=無理 (むり, muri) [무리]. 중=勉强 (miǎnqiǎng) [먄치앙].
- 무리하다 無理- (형용사) : 영=overdo (ˌoʊvəˈduː) [오우버두].
  일=無理する (むりする, muri suru) [무리 스루].
  중=勉强 (miǎnqiǎng) [먄치앙].

- 무사하다 無事- (형용사) : 영=unharmed (ʌnˈhɑːmd) [언함드].
  - 일=無事だ (ぶじだ, buji da) [부지다].
  - 중=平安无事 (píngˈān wúshì) [핑안 우스].
- 무섭다 (형용사) : 영=scary (ˈskeəri) [스케어리].
  - 일=怖い (こわい, kowai) [코와이]. 중=可怕 (kěpà) [커파].
- 무슨 (관형사) : 영=what (wɒt) [왓].
  - 일=何の (なんの, nan no) [난노]. 중=什么 (shénme) [션머].
- 무시하다 無視- (동사) : 영=ignore (ɪgˈnɔːr) [이그노어].
  - 일=無視する (むしする, mushi suru) [무시 스루]. 중=无视 (wúshì) [우스].
- 무어 (대명사) : 영=what (wɒt) [왓].
  - 일=何 (なに, nani) [나니]. 중=什么 (shénme) [션머].
- 무엇 (대명사) : 영=what (wɒt) [왓].
  - 일=何 (なに, nani) [나니]. 중=什么 (shénme) [션머].
- 무역 貿易 (명사) : 영=trade (treɪd) [트레이드].
  - 일=貿易 (ぼうえき, bōeki) [보에키]. 중=贸易 (màoyì) [마오이].
- 무용 舞踊 (명사) : 영=dance (dɑːns) [댄스].
  - 일=舞踊 (ぶよう, buyō) [부요오]. 중=舞蹈 (wǔdǎo) [우따오].
- 무용가 舞踊家 (명사) : 영=dancer (ˈdɑːnsə) [댄서].
  - 일=舞踊家 (ぶようか, buyōka) [부요카]. 중=舞蹈家 (wǔdǎojiā) [우따오지아].
- 무의미하다 無意味- (형용사) : 영=meaningless (ˈmiːnɪŋləs) [미닝리스].
  - 일=無意味だ (むいみだ, muimida) [무이미다]. 중=无意义 (wú yìyi) [우이이].
- 무조건 無條件 (부사) : 영=unconditionally (ʌn.kənˈdɪʃ.ən.əl.i) [언컨디셔널리].
  - 일=無条件で (むじょうけんで, mujōken de) [무조켄 데].
  - 중=无条件地 (wú tiáojiàn de) [우톄아오지앤 더].
- 무지개 (명사) : 영=rainbow (ˈreɪnbəʊ) [레인보우].
  - 일=虹 (にじ, niji) [니지]. 중=彩虹 (cǎihóng) [차이홍].
- 무책임하다 無責任- (형용사) : 영=irresponsible (ˌɪrɪˈspɒnsəbl) [이리스판서블].
  - 일=無責任だ (むせきにんだ, musekinin da) [무세키닌다].
  - 중=不负责任 (bù fù zérèn) [부푸쩌런].
- 무척 (부사) : 영=very (veri) [베리].
  - 일=とても (totemo) [토테모]. 중=非常 (fēicháng) [페이창].
- 묵다 (동사) 머무르다 : 영=stay (steɪ) [스테이].
  - 일=泊まる (とまる, tomaru) [토마루]. 중=住宿 (zhùsù) [주쑤].

- 묵다 (동사) 오래된 상태 : 영=be old (bi əʊld) [비 올드].
  일=古くなる (ふるくなる, furuku naru) [후루쿠나루].
  중=陈旧 (chénjiù) [천지우].
- 묶다 (동사) : 영=tie (taɪ) [타이].
  일=縛る (しばる, shibaru) [시바루].   중=绑 (bǎng) [빵].
- 묶이다 (동사) : 영=be tied (bi taɪd) [비 타이드].
  일=縛られる (しばられる, shibarareru) [시바라레루].
  중=被绑 (bèi bǎng) [뻬이 빵].
- 문 門 문 문 (명사) : 영=door (dɔːr) [도어].
  일=門 (もん, mon) [몬].   중=门 (mén) [먼].
- 문구 文句 글월 문, 글귀 구 (명사) : 영=phrase (freɪz) [프레이즈].
  일=文句 (もんく, monku) [몬쿠].   중=词句 (cíjù) [츠쥐].
- 문득 (부사) : 영=suddenly (ˈsʌdənli) [서든리].
  일=ふと (futo) [후토].   중=猛然 (měngrán) [멍란].
- 문밖 門- 문 문 (명사) :
  영=outside the door (aʊtsaɪd ðə dɔːr) [아웃사이드 더 도어].
  일=門の外 (もんのそと, mon no soto) [몬노소토].
  중=门外 (ménwài) [먼와이].
- 문법 文法 글월 문, 법 법 (명사) : 영=grammar (ˈɡræmər) [그래머].
  일=文法 (ぶんぽう, bunpou) [분포].   중=语法 (yǔfǎ) [위퐈].
- 문서 文書 글월 문, 글 서 (명사) :
  영=document (ˈdɒkjʊmənt) [도큐먼트].
  일=文書 (ぶんしょ, bunsho) [분쇼].   중=文书 (wénshū) [원슈].
- 문자 文字 글월 문, 글자 자 (명사) : 영=letter (ˈletər) [레터].
  일=文字 (もじ, moji) [모지].   중=文字 (wénzi) [원쯔].
- 문장 文章 글월 문, 글 장 (명사) : 영=sentence (ˈsentəns) [센튼스].
  일=文章 (ぶんしょう, bunshō) [분쇼오].   중=文章 (wénzhāng) [원장].
- 문제 問題 물을 문, 제목 제 (명사) : 영=problem (ˈprɒbləm) [프라블럼].
  일=問題 (もんだい, mondai) [몬다이].   중=问题 (wèntí) [원티].
- 문제되다 問題- 물을 문, 제목 제 (동사) :
  영=become a problem (bɪˈkʌm ə ˈprɒbləm) [비컴 어 프라블럼].
  일=問題になる (もんだいになる, mondai ni naru) [몬다이니나루].
  중=成为问题 (chéngwéi wèntí) [청웨이 원티].

- 문제점 問題點 (명사) :
  - 영=problem point ('prɒbləm pɔɪnt) [프라블럼 포인트].
  - 일=問題点 (もんだいてん, mondaiten) [몬다이뗀].
  - 중=问题点 (wèntí diǎn)[원티뎬].
- 문학 文學 (명사) : 영=literature ('lɪtərətʃər) [리터러처].
  - 일=文学 (ぶんがく, bungaku) [분가쿠]. 중=文学(wénxué) [원쉐].
- 문학적 文學的 (명사) : 영=literary ('lɪtəreri) [리터래리].
  - 일=文学的 (ぶんがくてき, bungakuteki) [분가쿠테키].
  - 중=文学的 (wénxué de) [원쉐 더].
- 문화 文化 (명사) : 영=culture ('kʌltʃər) 컬처].
  - 일=文化 (ぶんか, bunka) [분카]. 중=文化 (wénhuà) [원화].
- 문화재 文化財 (명사) : 영=cultural asset ('kʌltʃərəl 'æset)[컬처럴 애셋].
  - 일=文化財 (ぶんかざい, bunkazai) [분카자이].
  - 중=文化财产 (wénhuà cáichǎn) [원화 차이찬].
- 문화적 文化的 (명사) : 영=cultural ('kʌltʃərəl) [컬처럴].
  - 일=文化的 (ぶんかてき, bunkateki) [분카테키].
  - 중=文化的 (wénhuà de) [원화 더].
- 묻다 (동사) 길을 ~ : 영=ask (æsk) [아스크].
  - 일=尋ねる (たずねる, tazuneru) [타즈네루]. 중=问 (wèn) [원].
- 묻다 (동사) 시체를 ~ : 영=bury ('beri) [베리].
  - 일=埋める (うめる, umeru) [우메루]. 중=埋葬 (máizàng)[마이쨩].
- 묻다 (동사) 옷에 흙이 ~ : 영=stain (steɪn) [스테인].
  - 일=汚れる(よごれる,yogoreru)[요고레루]. 중=沾上(zhānshàng)[잔샹].
- 묻히다 (동사) 땅에 ~ : 영=bury ('beri) [베리].
  - 일=埋められる (うめられる, umerareru) [우메라레루].
  - 중=被埋 (bèi mái) [뻬이 마이].
- 묻히다 (동사) 옷에 흙을 ~ :
  - 영=get stained (gɛt steɪnd) [겟 스테인드].
  - 일=汚す (よごす, yogosu) [요고스]. 중=弄脏 (nòngzāng) [농짱].
- 물 (명사) 바닷~ : 영=water ('wɔːtər) [워터].
  - 일=水 (みず, mizu) [미즈]. 중=水 (shuǐ) [쉐이].
- 물가 物價 (명사) : 영=price level ('praɪs ˌlevl) [프라이스 레블].
  - 일=物価 (ぶっか, bukka) [붓카]. 중=物价 (wùjià) [우지아].

- 물건 物件 (명사) : ㉢=thing/object (θɪŋ / ˈɒbdʒɛkt) [띵 / 옵젝트].
  ㉣=物 (もの, mono) [모노].   ㉥=物品 (wùpǐn) [우핀].
- 물결 (명사) : ㉢=wave (weɪv) [웨이브].
  ㉣=波 (なみ, nami) [나미].   ㉥=波浪 (bōlàng) [뽀랑].
- 물고기 (명사) : ㉢=fish (fɪʃ) [피시].
  ㉣=魚 (さかな, sakana) [사카나].   ㉥=鱼 (yú) [위].
- 물기 -氣 (명사) : ㉢=moisture (ˈmɔɪstʃər) [모이스쳐].
  ㉣=水気 (みずけ, mizuke) [미즈케].   ㉥=水气 (shuǐqi) [쉐이치].
- 물다 (동사) 담배를 ~ : ㉢=bite/hold (baɪt / hoʊld) [바이트 / 홀드].
  ㉣=くわえる (kawaeru) [쿠와에루].   ㉥=叼 (diāo) [띠아오].
- 물러나다 (동사) : ㉢=step back (stɛp bæk) [스텝 백].
  ㉣=退く (しりぞく, shirizoku)[시리조쿠].   ㉥=退下 (tuìxià)[투이샤].
- 물론 勿論 (명사) : ㉢=of course (əv kɔːrs) [오브 코스].
  ㉣=勿論 (もちろん, mochiron)[모치론].   ㉥=当然 (dāngrán)[당란].
- 물론 勿論 (부사) : ㉢=of course (əv kɔːrs) [오브 코스].
  ㉣=もちろん (mochiron) [모치론].   ㉥=当然 (dāngrán) [당란].
- 물리학 物理學 (명사) : ㉢=physics (ˈfɪzɪks) [피직스].
  ㉣=物理学 (ぶつりがく, butsuri-gaku) [부츠리가쿠].
  ㉥=物理学 (wùlǐxué) [우리쉐].
- 물속 (명사) : ㉢=underwater (ˌʌndəˈwɔːtə) [언더워터].
  ㉣=水中 (すいちゅう, suichū) [스이츄].   ㉥=水中 (shuǐzhōng) [쉐이중].
- 물어보다 (동사) : ㉢=ask (æsk) [아스크].
  ㉣=尋ねる (たずねる, tazuneru) [타즈네루].   ㉥=问问 (wènwen) [원원].
- 물음 (명사) : ㉢=question (ˈkwestʃən) [퀘스쳔].
  ㉣=問い (とい, toi) [토이].   ㉥=问题 (wèntí) [원티].
- 물질 物質 (명사) : ㉢=material (məˈtɪəriəl) [머티리얼].
  ㉣=物質 (ぶっしつ, busshitsu) [붓시츠].   ㉥=物质 (wùzhì) [우쯔].
- 물질적 物質的 (명사) :
  ㉢=materialistic (məˌtɪəriəˈlɪstɪk) [머티리얼리스틱].
  ㉣=物質的 (ぶっしつてき, busshitsuteki) [붓시츠테키].
  ㉥=物质的 (wùzhì de) [우쯔 더].
- 물체 物體 (명사) : ㉢=object (ˈɒbdʒɪkt) [옵젝트].
  ㉣=物体 (ぶったい, buttai) [붓타이].   ㉥=物体 (wùtǐ) [우티].

- 뭐 (감탄사) : 영=well (wɛl) [웰].
  일=さあ (saa) [사아]. 중=那 (nà) [나].
- 뭐 (대명사) : 영=what (wɒt) [왓].
  일=何 (なに, nani) [나니]. 중=什么 (shénme) [션머].
- 뭘 (감탄사) : 영=what (wɒt) [왓].
  일=何を (なにを, nani o) [나니오]. 중=什么 (shénme) [션머].
- 뭣 (대명사) : 영=what (wɒt) [왓].
  일=何 (なに, nani) [나니]. 중=什么 (shénme) [션머].
- 미 美 (명사) : 영=beauty ('bjuːti) [뷰티].
  일=美 (び, bi) [비]. 중=美 (měi) [메이].
- 미국 美國 (고유명사) :
  영=United States (juˈnaɪtɪd steɪts) [유나이티드 스테이츠].
  일=アメリカ (あめりか, amerika) [아메리카]. 중=美国 (Měiguó) [메이궈].
- 미끄러지다 (동사) : 영=slip (slɪp) [슬립].
  일=滑る (すべる, suberu) [스베루]. 중=滑倒 (huádǎo) [화다오].
- 미끄럽다 (형용사) : 영=slippery ('slɪpəri) [슬리퍼리].
  일=滑らかだ (なめらかだ, namerakada) [나메라카다].
  중=滑的 (huá de) [화 더].
- 미니 (명사) : 영=mini ('mɪni) [미니].
  일=ミニ (みに, mini) [미니]. 중=迷你 (mínǐ) [미니].
- 미디어 (명사) : 영=media ('miːdiə) [미디어].
  일=メディア (めでぃあ, media) [메디아]. 중=媒体 (méitǐ) [메이티].
- 미래 未來 (명사) : 영=future ('fjuːtʃər) [퓨쳐].
  일=未来 (みらい, mirai) [미라이]. 중=未来 (wèilái) [웨이라이].
- 미루다 (동사) : 영=postpone (pəʊstˈpəʊn) [포스트폰].
  일=延ばす (のばす, nobasu) [노바스]. 중=推迟 (tuīchí) [투이츠].
- 미리 (부사) : 영=in advance (ɪn ədˈvɑːns) [인 어드반스].
  일=前もって (まえもって, maemotte) [마에못테].
  중=预先 (yùxiān) [위셴].
- 미만 未滿 (명사) : 영=under (ˈʌndər) [언더].
  일=未満 (みまん, miman) [미만]. 중=未满 (wèimǎn) [웨이만].
- 미사일 (명사) : 영=missile ('mɪsaɪl) [미사일].
  일=ミサイル (みさいる, misairu) [미사이루]. 중=导弹 (dǎodàn) [다오딴].

- 미소 微笑 (명사) : 영=smile (smaɪl) [스마일].
  일=微笑み (ほほえみ, hohoemi) [호호에미].
  중=微笑 (wēixiào) [웨이샤오].
- 미술 美術 (명사) : 영=art (ɑːrt) [아트].
  일=美術 (びじゅつ, bijutsu) [비쥬츠]. 중=美术 (měishù) [메이슈].
- 미술관 美術館 (명사) : 영=art museum (ɑːrt mjuˈziːəm) [아트 뮤지엄].
  일=美術館 (びじゅつかん, bijutsukan) [비쥬츠칸].
  중=美术馆 (měishùguǎn) [메이슈관].
- 미스 Miss (명사) : 영=Miss (mɪs) [미스].
  일=ミス (みす, misu) [미스]. 중=小姐 (xiǎojiě) [샤오지에].
- 미안하다 未安- (형용사) : 영=be sorry (bi ˈsɒri) [비 쏘리].
  일=すまない (すまない, sumanai) [스마나이].
  중=对不起 (duìbuqǐ) [뚜이부치].
- 미역 (명사) : 영=seaweed (siːwiːd) [시위드].
  일=わかめ (wakame, わかめ) [와카메]. 중=海带 (hǎidài) [하이다이].
- 미용실 美容室 (명사) : 영=beauty salon (bjuːti ˈsælɒn) [뷰티 살롱].
  일=美容室 (びようしつ, biyōshitsu) [비요우시츠].
  중=美容院 (měiróngyuàn) [메이룽위안].
- 미움 (명사) : 영=hatred (ˈheɪtrɪd) [헤이트리드].
  일=憎しみ (にくしみ, nikushimi) [니쿠시미]. 중=憎恨 (zēnghèn) [쩡헌].
- 미워하다 (동사) : 영=to hate (heɪt) [헤잇].
  일=憎む (にくむ, nikumu) [니쿠무]. 중=憎恨 (zēnghèn) [쩡헌].
- 미인 美人 (명사) : 영=beautiful woman (ˈbjuːtɪfəl ˈwʊmən) [뷰티풀 우먼].
  일=美人 (びじん, bijin) [비진]. 중=美人 (měirén) [메이런].
- 미처 (부사) : 영=not yet (nɒt jet) [낫 옛].
  일=いまだ (未だ, imada) [이마다]. 중=尚未 (shàngwèi) [샹웨이].
- 미치다 (동사) 닿다 : 영=reaches (ˈriːtʃɪz) [리치즈].
  일=達する (たっする, tassuru) [탓스루]. 중=达到 (dádào) [다다오].
- 미치다 (동사) 정신에 이상이 생기다 :
  영=go crazy (ɡəʊ ˈkreɪzi) [고우 크레이지].
  일=狂う (くるう, kuruu) [쿠루우]. 중=发疯 (fāfēng) [파펑].
- 미터 (의존명사) : 영=meter (ˈmiːtər) [미터].
  일=メートル (めーとる, mētoru) [메토루]. 중=米 (mǐ) [미].

- 미팅 (명사) : 영=meeting ('miːtɪŋ) [미팅].
  일=ミーティング(みーてぃんぐ, mītingu)[미팅구]. 중=会议 (huìyì) [후이이].
- 미혼 未婚 (명사) : 영=unmarried (ʌn'mærid) [언매리드].
  일=未婚 (みこん, mikon) [미콘].   중=未婚 (wèihūn) [웨이훈].
- 민간 民間 (명사) : 영=private sector ('praɪvət 'sektər) [프라이벗 섹터].
  일=民間 (みんかん, minkan) [민칸]. 중=民间 (mínjiān) [민지앤].
- 민속 民俗 (명사) : 영=folklore ('fəʊklɔːr) [포클로어].
  일=民俗 (みんぞく, minzoku) [민조쿠]. 중=民俗 (mínsú) [민쑤].
- 민족 民族 (명사) : 영=ethnic group ('eθnɪk gruːp) [에스닉 그룹].
  일=民族 (みんぞく, minzoku) [민조쿠]. 중=民族 (mínzú) [민주].
- 민주 民主 (명사) : 영=democracy (dɪ'mɒkrəsi) [디모크러시].
  일=民主 (みんしゅ, minshu) [민슈]. 중=民主 (mínzhǔ) [민주].
- 민주주의 民主主義 (명사) : 영=democracy (dɪ'mɒkrəsi) [디모크러시].
  일=民主主義 (みんしゅしゅぎ, minshu shugi) [민슈슈기].
  중=民主主义 (mínzhǔ zhǔyi) [민주 주이].
- 민주화 民主化 (명사) :
  영=democratization (dɪˌmɒkrətaɪ'zeɪʃən) [디모크러타이제이션].
  일=民主化 (みんしゅか, minshuka) [민슈카].
  중=民主化 (mínzhǔhuà) [민주화].
- 믿다 (동사) : 영=to believe (bɪ'liːv) [빌리브].
  일=信じる (しんじる, shinjiru) [신지루]. 중=相信 (xiāngxìn) [시앙신].
- 믿어지다 (동사) : 영=to be believed (bi'liːvd) [빌리브드].
  일=信じられる (しんじられる, shinjirareru) [신지라레루].
  중=被相信 (bèi xiāngxìn) [뻬이 시앙신].
- 믿음 (명사) : 영=faith (feɪθ) [페이스].
  일=信頼 (しんらい, shinrai) [신라이].   중=信任 (xìnrèn) [신런].
- 밀가루 (명사) : 영=flour (flaʊər) [플라워].
  일=小麦粉 (こむぎこ, komugiko) [고무기코]. 중=面粉 (miànfěn) [미앤펀].
- 밀다 (동사) : 영=to push (pʊʃ) [푸시].
  일=押す (おす, osu) [오스].   중=推 (tuī) [투이].
- 밀리다 (동사) 방세가 ~ : 영=be overdue (ˌəʊvə'djuː) [오버듀].
  일=滞る (とどこおる, todokooru) [토도코오루].
  중=拖欠 (tuōqiàn) [투어치앤].

- 밀리미터 (의존명사) :
  영=millimeter (ˈmɪlɪˌmiːtə) [밀리미터].
  일=ミリメートル (mirimētoru) [미리메에토루].
  중=毫米 (háomǐ) [하오미].
- 밀접하다 密接- (형용사) :
  영=close, intimate (ɪn.tɪ.mət) [인티머트].
  일=密接だ (みっせつだ, missetsu da) [밋세츠다].
  중=密切 (mìqiè) [미치에].
- 밉다 (형용사) :
  영=hateful (ˈheɪtfəl) [헤이트풀].
  일=憎い (にくい, nikui) [니쿠이].   중=可恨 (kěhèn) [커헌].
- 및 (부사) :
  영=and [앤드].
  일=および (oyobi) [오요비]. 중=及 (jí) [지].
- 밑(명사) :
  영=bottom (ˈbɒtəm) [바텀].
  일=下 (した, shita) [시타]. 중=下 (xià) [샤].
- 밑바닥 (명사) :
  영=bottom, base (beɪs) [베이스].
  일=底 (そこ, soko) [소코].   중=底部 (dǐbù) [디뷰].

바. 바부

弘益홍익(널리 이로울) 광고란
신백훈 정익학당 추천 애국민 필독서
[반자본주의자들의 열 가지 거짓말]
라이너 지텔만 저

♣♣♣
- 바 (명사) : 영=bar (bɑːr) [바].
  일=バー (bā) [바아].　중=酒吧 (jiǔbā) [지우바].
- 바 (의존명사) : 영=the time when... [더 타임 웬].
  일=とき (toki) [토키].　중=時 (shí) [스].
- 바가지 (명사) : 영=overcharge (ˌəʊvəˈtʃɑːdʒ) [오버차지].
  일=ぼったくり (bottakuri) [봇타쿠리].
  중=敲竹杠 (qiāo zhúgàng) [챠오 주강].
- 바구니 (명사) : 영=basket (ˈbɑːskɪt) [바스킷].
  일=かご (kago) [카고].　중=篮子 (lánzi) [란쯔].
- 바깥 (명사) : 영=outside (ˌaʊtˈsaɪd) [아웃사이드].
  일=外 (そと, soto) [소토].　중=外面 (wàimiàn) [와이몐].
- 바깥쪽 (명사) : 영=outer side (ˈaʊtər saɪd) [아우터 사이드].
  일=外側 (そとがわ, sotogawa) [소토가와].　중=外侧 (wàicè) [와이처].
- 바꾸다 (동사) : 영=change (tʃeɪndʒ) [체인지].
  일=変える (かえる, kaeru) [카에루].　중=改变 (gǎibiàn) [까이볜].
- 바뀌다 (동사) : 영=be changed (tʃeɪndʒd) [비 체인즈드].
  일=変わる (かわる, kawaru) [카와루].　중=变了 (biànle) [볜러].
- 바나나 (명사) : 영=banana (bəˈnɑːnə) [버내너].
  일=バナナ (banana) [바나나].　중=香蕉 (xiāngjiāo) [샹지아오].
- 바늘 (명사) : 영=needle (ˈniːdl) [니들].
  일=針 (はり, hari) [하리].　중=针 (zhēn) [쩐].
- 바다 (명사) : 영=sea (siː) [씨].
  일=海 (うみ, umi) [우미].　중=海 (hǎi) [하이].
- 바닥 (명사) : 영=floor, bottom (flɔːr, ˈbɒtəm) [플로어, 바텀].
  일=床 (ゆか, yuka), 底 (そこ, soko) [유카, 소코].
  중=地板/底部 (dìbǎn/dǐbù) [띠반/디부].
- 바닷가 (명사) : 영=seashore (ˈsiːʃɔːr) [씨쇼어].
  일=海辺 (うみべ, umibe) [우미베].　중=海边 (hǎibiān) [하이비엔].
- 바닷물 (명사) : 영=seawater (ˈsiːˌwɔːtər) [시워터].
  일=海水 (かいすい, kaisui) [카이스이].　중=海水 (hǎishuǐ) [하이슈이].
- 바라다 (동사) : 영=wish (wɪʃ) [위시].
  일=願う (ねがう, negau) [네가우].　중=希望 (xīwàng) [시왕].

- 바라보다 (동사) : 영=look at (lʊk æt) [룩 앳].
  일=見つめる (みつめる, mitsumeru) [미츠메루].
  중=望着看 (wàngzhe kàn) [왕저 칸].
- 바람 (명사) ~이 불다 : 영=wind (wɪnd) [윈드].
  일=風 (かぜ, kaze) [카제].   중=风 (fēng) [펑].
- 바람 (명사) 소원 : 영=wish, desire (wɪʃ, dɪ'zaɪər) [위시, 디자이어].
  일=願い (ねがい, negai) [네가이].   중=愿望 (yuànwàng) [위앤왕].
- 바람 (의존명사) 눈이 오는 ~에: 영=on the occasion of (ə'keɪʒən) [어케이젼].
  일=折 (おり, ori) [오리].   중=時 (shí) [스].
- 바람직하다 (형용사) : 영=desirable (dɪ'zaɪərəbl) [디자이어러블].
  일=望ましい (のぞましい, nozomashii) [노조마시이].
  중=值得向往的 (zhídé xiàngwǎng de) [즈더 시앙왕 더].
- 바로 (부사) : 영=right away (ˌraɪt ə'weɪ) [라잇 어웨이].
  일=すぐに (sugu ni) [스구니].   중=立刻 (lìkè) [리커].
- 바로잡다 (동사) : 영=correct (kə'rekt) [커렉트].
  일=正す (ただす, tadasu) [타다스].   중=纠正 (jiūzhèng) [지우정].
- 바르다 (동사) 벽지를 ~ : 영=apply (ə'plaɪ) [어플라이].
  일=貼る (はる, haru) [하루].   중=贴 (tiē) [티에].
- 바르다 (형용사) 굽은 데가 없다 : 영=straight (streɪt) [스트레이트].
  일=まっすぐだ (massugu da) [맛스구 다].   중=端正 (duānzhèng) [뚜안정].
- 바보 (명사) : 영=fool (fuːl) [풀].
  일=ばか (baka) [바카].   중=傻瓜 (shǎguā) [샤과].
- 바쁘다 (형용사) : 영=busy ('bɪzi) [비지].
  일=忙しい (いそがしい, isogashii) [이소가시이].   중=忙碌 (mánglù) [망루].
- 바싹 (부사) : 영=closely ('kloʊsli) [클로슬리].
  일=ぴったりと (pittari to) [삣타리 토].
  중=紧贴地 (jǐn tiē de) [진 티에 더].
- 바위 (명사) : 영=rock (raːk) [락].
  일=岩 (いわ, iwa) [이와].   중=岩石 (yánshí) [옌스].
- 바이러스 (명사) : 영=virus (vaɪrəs) [바이러스].
  일=ウイルス (uirusu) [우이루스].   중=病毒 (bìngdú) [빙두].
- 바이올린 (명사) : 영=violin (ˌvaɪə'lɪn) [바이올린].
  일=バイオリン (baiorin) [바이오린].   중=小提琴 (xiǎotíqín) [샤오티친].

- 바지 (명사) : 영=pants (pænts) [팬츠].
  일=ズボン (zubon) [즈본].　중=裤子 (kùzi) [쿠쯔].
- 바치다 (동사) 드리다 : 영=offer (ˈɔːfər) [오퍼].
  일=捧げる (ささげる, sasageru) [사사게루].　중=奉献 (fèngxiàn) [펑셴].
- 바퀴 (명사) 수레 ~ : 영=wheel (wiːl) [휠].
  일=車輪 (しゃりん, sharin) [샤린].　중=车轮 (chēlún) [처룬].
- 바퀴 (의존명사) 네 ~ : 영=round (raʊnd) [라운드]. laps (læps) [랩스].
  일=クラス (くらす, kurasu) [쿠라스].　중=班级 (bānjí) [반지].
- 바탕 (명사) : 영=foundation (faʊnˈdeɪʃən) [파운데이션].
  일=基礎 (きそ, kiso) [기소].　중=基础 (jīchǔ) [지추].
- 박 (의존명사) 泊 머무를 박, 숙박을 셀 때 쓰임:
  영=overnight stay (ˌoʊvərˈnaɪt steɪ) [오버나잇 스테이].
  일=泊 (はく, haku) [하쿠].　중=宿 (sù) [쑤].
- 박다 (동사) : 영=drive in (draɪv ɪn) [드라이브 인].
  일=打ち込む (うちこむ, uchikomu) [우치코무].　중=钉入 (dìng rù) [딩루].
- 박물관 (명사) 博物館 : 영=museum (mjuˈziːəm) [뮤지엄].
  일=博物館 (はくぶつかん, hakubutsukan) [하쿠부츠칸].
  중=博物馆 (bówùguǎn) [보우우관].
- 박사 (명사) 博士 : 영=doctor (ˈdɒktər) [닥터].
  일=博士 (はくし / はかせ, hakushi / hakase) [하쿠시/하카세].
  중=博士 (bóshì) [보스].
- 박수 (명사) 拍手 : 영=applause (əˈplɔːz) [어플로즈].
  일=拍手 (はくしゅ, hakushu) [하쿠슈].　중=鼓掌 (gǔzhǎng) [구장].
- 박스 (명사) box : 영=box (bɑːks) [박스].
  일=箱 (はこ, hako) [하코].　중=盒子 (hézi) [허쯔].
- 박히다 (동사) :
  영=be embedded (ɪmˈbedɪd) [임베디드].
  일=打ち込まれる (うちこまれる, uchikomareru) [우치코마레루].
  중=被钉入 (bèi dìng rù) [뻬이 딩루].
- 밖 (명사) : 영=outside (ˌaʊtˈsaɪd) [아웃사이드].
  일=外 (そと, soto) [소토].　중=外面 (wàimiàn) [와이먠].
- 반 (명사) 班 나눌 반: 영=class (klæs) [클래스].
  일=クラス (くらす, kurasu) [쿠라스].　중=班 (bān) [반].

- 반 (명사) 半 반 반. : 영=half (hæf) [하프].
  일=半分 (はんぶん, hanbun) [한분]. 중=一半 (yíbàn) [이반].
- 반갑다 (형용사) : 영=glad (ɡlæd) [글래드].
  일=嬉しい (うれしい, ureshii) [우레시이]. 중=高兴 (gāoxìng) [가오싱].
- 반기다 (동사) : 영=welcome ('wɛlkəm) [웰컴].
  일=喜んで迎える (よろこんでむかえる, yorokonde mukaeru) [요로콘데 무카에루].
  중=欢迎 (huānyíng) [환잉].
- 반대 (명사) 反對 : 영=opposition (ˌɒpə'zɪʃən) [오퍼지션].
  일=反対 (はんたい, hantai) [한타이]. 중=反对 (fǎnduì) [판뚜이].
- 반대편 (명사) 反對便 : 영=opposite side ('ɒpəzɪt saɪd) [오퍼짓 사이드].
  일=反対側 (はんたいがわ, hantaigawa) [한타이가와].
  중=对面 (duìmiàn) [뚜이미앤].
- 반대하다 (동사) 反對- : 영=oppose (ə'pəʊz) [어포우즈].
  일=反対する (はんたいする, hantaisuru) [한타이스루].
  중=反对 (fǎnduì) [판뚜이].
- 반드시 (부사) : 영=definitely ('dɛfɪnətli) [데피닛리].
  일=必ず (かならず, kanarazu) [카나라즈]. 중=一定 (yīdìng) [이딩].
- 반말 (명사) 半- : 영=informal speech (ɪnˈfɔːml spiːtʃ) [인포멀 스피치].
  일=ため口 (ためぐち, tameguchi) [타메구치].
  중=非敬语 (fēi jìngyǔ) [페이 징위].
- 반면 (명사) 反面 : 영=the other side (ði 'ʌðər saɪd) [디 아더 사이드].
  일=反面 (はんめん, hanmen) [한멘]. 중=反面 (fǎnmiàn) [판미앤].
- 반발 (명사) 反撥 : 영=resistance (rɪ'zɪstəns) [리지스턴스].
  일=反発 (はんぱつ, hanpatsu) [한팟쓰]. 중=反抗 (fǎnkàng) [판캉].
- 반복되다 (동사) 反復- : 영=be repeated (rɪ'piːtɪd) [비 리피티드].
  일=繰り返す (くりかえす, kurikaesu) [쿠리카에스].
  중=重复 (chóngfù) [총푸].
- 반복하다 (동사) 反復- : 영=repeat (rɪ'piːt) [리피트].
  일=繰り返す (くりかえす, kurikaesu) [쿠리카에스].
  중=反复 (fǎnfù) [판푸].
- 반성 (명사) 反省 :
  영=self-reflection (ˌsɛlf rɪ'flɛkʃən) [셀프 리플렉션].
  일=反省 (はんせい, hansei) [한세이]. 중=反省 (fǎnxǐng) [판싱].

•반성하다 (동사) 反省- : [영]=reflect (rɪ'flɛkt) [리플렉트].
[일]=反映する (はんえいする, hanei suru) [한에이스루].
[중]=反映 (fǎnyìng) [판잉].
•반영하다 (동사) 反映- : [영]=reflect (rɪ'flɛkt) [리플렉트].
[일]=反応 (はんのう, hannō) [한노오]. [중]=反应 (fǎnyìng) [판잉].
•반응 (명사) 反應 : [영]=reaction (ri'ækʃən) [리액션].
[일]=反応 (はんのう, hannō) [한노오]. [중]=反应 (fǎnyìng) [판잉].
•반장 (명사) 班長 : [영]=class president (klæs 'prɛzɪdənt) [클래스 프레지던트].
[일]=班長 (はんちょう, hanchō) [한쵸오]. [중]=班长 (bānzhǎng) [반장].
•반죽 (명사) : [영]=dough (doʊ) [도우].
[일]=生地 (きじ, kiji) [키지]. [중]=面团 (miàntuán) [미앤투안].
•반지 (명사): [영]=ring (rɪŋ) [링]
[일]=指輪 (ゆびわ, yubiwa) [유비와]. [중]=戒指 (jièzhi) [지에즈].
•반짝거리다 (동사) : [영]=sparkle ('spɑːrkəl) [스파클].
[일]=きらきら光る (きらきらひかる, kirakira hikaru) [키라키라 히카루].
[중]=闪闪发光 (shǎnshǎn fāguāng) [산산 파광].
•반짝이다 (동사) : [영]=twinkle ('twɪŋkəl) [트윙클].
[일]=輝く (かがやく, kagayaku) [카가야쿠].
[중]=闪烁 (shǎnshuò) [산슈어].
•반찬 (명사) 飯饌 : [영]=side dish ('saɪd dɪʃ) [사이드 디쉬].
[일]=おかず (okazu) [오카즈]. [중]=小菜 (xiǎocài) [샤오차이].
•반하다 (동사) 反- : [영]=oppose, be contrary to
(ə'poʊz, bi 'kɑːntreri tuː) [어포우즈, 비 칸트레리 투].
[일]=反する (はんする, han suru) [한스루]. [중]=相反 (xiāngfǎn) [샹판].
•받다 (동사) 선물을 ~ : [영]=receive (rɪ'siːv) [리시브].
[일]=受け取る (うけとる, uketoru) [우케토루]. [중]=收到 (shōudào) [쇼우다오].
•받아들이다 (동사) : [영]=accept (ək'sept) [어셉트].
[일]=受け入れる (うけいれる, ukeireru) [우케이레루].
[중]=接受 (jiēshòu) [지에쇼우].
•받침 (명사) : [영]=support, base (sə'pɔːrt, beɪs) [서포트, 베이스].
[일]=支え (ささえ, sasae) [사사에]. [중]=支架 (zhījià) [즈지아
•발 (명사) 신체의 일부 : [영]=foot (fʊt) [풋].
[일]=足 (あし, ashi) [아시]. [중]=脚 (jiǎo) [지아오].

- 발가락 (명사) : 영=toe (toʊ) [토우].
  일=足の指 (あしのゆび, ashi no yubi) [아시노 유비].
  중=脚趾 (jiǎozhǐ) [지아오즈].
- 발걸음 (명사) : 영=step (stɛp) [스텝].
  일=足取り (あしどり, ashidori) [아시도리]. 중=步伐 (bùfá) [뿌파].
- 발견 發見 (명사) : 영=discovery (dɪˈskʌvəri) [디스커버리].
  일=発見 (はっけん, hakken) [핫켄]. 중=发现 (fāxiàn) [파셴].
- 발견되다 發見- (동사) : 영=be discovered (bi dɪˈskʌvərd) [비 디스커버드].
  일=発見される (はっけんされる, hakkensareru) [핫켄사레루].
  중=被发现 (bèi fāxiàn) [뻬이 파시앤].
- 발견하다 發見- (동사) : 영=discover (dɪˈskʌvər) [디스커버].
  일=発見する (はっけんする, hakkensuru) [핫켄스루]. 중=发现 (fāxiàn) [파셴].
- 발길 (명사) : 영=footstep (ˈfʊtstɛp) [풋스텝].
  일=足取り (あしどり, ashidori) [아시도리]. 중=脚步 (jiǎobù) [지아오부].
- 발끝 (명사) : 영=toe tip (toʊ tɪp) [토우 팁].
  일=つま先 (つまさき, tsumasaki) [츠마사키].
  중=脚尖 (jiǎojiān) [지아오지앤].
- 발달 發達 (명사) : 영=development (dɪˈvɛləpmənt) [디벨럽먼트].
  일=発達 (はったつ, hattatsu) [핫타츠]. 중=发达 (fādá) [파다].
- 발달되다 發達- (동사) : 영=be developed (bi dɪˈvɛləpt) [비 디벨럽트].
  일=発達する (はったつする, hattatsusuru) [핫타츠스루].
  중=被发达 (bèi fādá) [뻬이 파다].
- 발달하다 發達- (동사) : 영=develop (dɪˈvɛləp) [디벨럽].
  일=発達する (はったつする, hattatsusuru) [핫타츠스루].
  중=发达 (fādá) [파다].
- 발등 (명사) : 영=instep (ˈɪnˌstɛp) [인스텝].
  일=足の甲 (あしのこう, ashi no kō) [아시노 코우].
  중=脚背 (jiǎobèi) [지아오뻬이].
- 발레 (명사) &프ballet : 영=ballet (ˈbæleɪ) [발레].
  일=バレエ (baree) [바레에]. 중=芭蕾舞 (bālěiwǔ) [빠레이우].
- 발목 (명사) : 영=ankle (ˈæŋkəl) [앵클].
  일=足首 (あしくび, ashikubi) [아시쿠비].
  중=脚踝 (jiǎohuái) [지아오화이].

- 발바닥 (명사) : 영=sole (soʊl) [솔].
    일=足の裏 (あしのうら, ashi no ura) [아시노우라].
    중=脚掌 (jiǎozhǎng) [지아오장].
- 발생 發生 (명사) : 영=occurrence (əˈkɜːrəns) [어커런스].
    일=発生 (はっせい, hassei) [핫세이]. 중=发生 (fāshēng) [파셩].
- 발생하다 發生- (동사) : 영=occur (əˈkɜːr) [어컬].
    일=発生する (はっせいする, hasseisuru) [핫세이스루].
    중=发生 (fāshēng) [파셩].
- 발음 發音 (명사) : 영=pronunciation (prəˌnʌnsiˈeɪʃən) [프러넌시이에이션].
    일=発音 (はつおん, hatsuon) [하츠온]. 중=发音 (fāyīn) [파인].
- 발음하다 發音- (동사) : 영=pronounce (prəˈnaʊns) [프러나운스].
    일=発音する (はつおんする, hatsuonsuru) [하츠온스루].
    중=发音 (fāyīn) [파인].
- 발자국 (명사) : 영=footprint (ˈfʊtˌprɪnt) [풋프린트].
    일=足跡 (あしあと, ashiato) [아시아토]. 중=脚印 (jiǎoyìn) [지아오인].
- 발전 發電 (명사) :
    영=power generation (ˈpaʊər ˌdʒɛnəˈreɪʃən) [파워 제너레이션].
    일=発電 (はつでん, hatsuden) [하츠덴]. 중=发电 (fādiàn) [파디엔].
- 발전 發展 (명사) : 영=development (dɪˈvɛləpmənt) [디벨럽먼트].
    일=発展 (はってん, hatten) [핫텐]. 중=发展 (fāzhǎn) [파잔].
- 발전되다 發展- (동사) : 영=be developed (bi dɪˈvɛləpt) [비 디벨럽트].
    일=発展される (はってんされる, hattensareru) [핫텐사레루].
    중=被发展 (bèi fāzhǎn) [뻬이 파잔].
- 발전하다 發展- (동사) : 영=develop (dɪˈvɛləp) [디벨럽].
    일=発展する (はってんする, hattensuru) [핫텐스루].
    중=发展 (fāzhǎn) [파잔].
- 발톱 (명사) : 영=claw (klɔː) [클로].
    일=つめ (tsume) [츠메]. 중=爪子 (zhǎozi) [자오쯔].
- 발표 發表 (명사) : 영=presentation (ˌprɛzənˈteɪʃən) [프레젠테이션].
    일=発表 (はっぴょう, happyō) [핫뾰]. 중=发表 (fābiǎo) [파뱌오].
- 발표되다 發表- (동사) : 영=be announced (bi əˈnaʊnst) [비 어나운스트].
    일=発表される (はっぴょうされる, happyōsareru) [핫뾰사레루].
    중=被发表 (bèi fābiǎo) [뻬이 파뱌오].

•발표하다 發表- (동사) : [영]=announce (əˈnaʊns) [어나운스].
[일]=発表する (はっぴょうする, happyōsuru) [핫뾰스루].
[중]=发表 (fābiǎo) [파뱌오].
•발휘하다 發揮- (동사) : [영]=demonstrate (ˈdɛmənˌstreɪt) [데먼스트레이트].
[일]=発揮する (はっきする, hakkisuru) [핫키스루].
[중]=发挥 (fāhuī) [파후이].
•밝다 (동사) : [영]=dawn (dɔːn) [돈].
[일]=明ける (あける, akeru) [아케루]. [중]=亮起 (liàngqǐ) [량치].
•밝다 (형용사) : [영]=bright (braɪt) [브라잇].
[일]=明るい (あかるい, akarui) [아카루이]. [중]=明亮 (míngliàng) [밍량].
•밝아지다 (동사) : [영]=brighten (ˈbraɪtən) [브라이튼].
[일]=明るくなる (あかるくなる, akaruku naru) [아카루쿠 나루].
[중]=变亮 (biàn liàng) [삐엔 량].
•밝혀내다 (동사) : [영]=reveal (rɪˈviːl) [리빌].
[일]=明らかにする (あきらかにする, akiraka ni suru) [아키라카니스루].
[중]=揭示 (jiēshì) [지에스].
•밝혀지다 (동사) : [영]=be revealed (bi rɪˈviːld) [비 리빌드].
[일]=明らかになる (あきらかになる, akiraka ni naru) [아키라카니 나루].
[중]=被揭示 (bèi jiēshì) [뻬이 지에스].
•밝히다 (동사) : [영]=reveal (rɪˈviːl) [리빌].
[일]=明らかにする (あきらかにする, akiraka ni suru) [아키라카니 스루].
[중]=揭示 (jiēshì) [지에스].
•밟다 (동사) : [영]=step on (stɛp ɑn) [스텝 온].
[일]=踏む (ふむ, fumu) [후무]. [중]=踩 (cǎi) [차이].
•밤 (명사) 어두운 때 : [영]=night (naɪt) [나잇].
[일]=夜 (よる, yoru) [요루]. [중]=夜晚 (yèwǎn) [예완].
•밤 (명사) 열매 : [영]=chestnut (ˈʧɛsˌnʌt) [체스넛].
[일]=栗 (くり, kuri) [쿠리]. [중]=栗子 (lìzi) [리쯔].
•밤낮 (명사) : [영]=day and night (deɪ ənd naɪt) [데이 앤 나잇].
[일]=昼夜 (ちゅうや, chūya) [츄야]. [중]=昼夜 (zhòuyè) [저우예].
•밤늦다 (형용사) : [영]=late at night (leɪt æt naɪt) [레잇 앳 나잇].
[일]=夜遅い (よるおそい, yoru osoi) [요루 오소이].
[중]=深夜 (shēnyè) [션예].

- 밤새 (명사) ~안녕하셨습니까 : ㉠=overnight (ˌəʊvəˈnaɪt) [오버나잇].
  - ㉡=一晩中 (ひとばんじゅう, hitobanjū) [히토반쥬].
  - ㉢=通宵 (tōngxiāo) [퉁샤오].
- 밤새다 (동사) :
  - ㉠=stay up all night (steɪ ʌp ɔːl naɪt) [스테이 업 올 나잇].
  - ㉡=夜を明かす (よるをあかす, yoru o akasu) [요루 오 아카스].
  - ㉢=熬夜 (áoyè) [아오예].
- 밤새우다 (동사) :
  - ㉠=stay up all night (steɪ ʌp ɔːl naɪt) [스테이 업 올 나잇].
  - ㉡=夜更かしする (よふかしする, yofukashi suru) [요후카시 스루].
  - ㉢=熬夜 (áoyè) [아오예].
- 밤색 (명사) : ㉠=dark brown (dɑːrk braʊn) [다크 브라운].
  - ㉡=こげ茶色 (こげちゃいろ, kogechairo) [고게챠이로].
  - ㉢=褐色 (hèsè) [허써].
- 밤중 (명사) : ㉠=midnight (ˈmɪdnaɪt) [미드나잇].
  - ㉡=夜中 (よなか, yonaka) [요나카]. ㉢=深夜 (shēnyè) [션예].
- 밤하늘 (명사) : ㉠=night sky (naɪt skaɪ) [나잇 스카이].
  - ㉡=夜空 (よぞら, yozora) [요조라]. ㉢=夜空 (yèkōng) [예콩].
- 밥 (명사) ~을 먹다 : ㉠=rice/meal (raɪs / miːl) [라이스/밀].
  - ㉡=ご飯 (ごはん, gohan) [고항]. ㉢=饭 (fàn) [판].
- 밥그릇 (명사) :
  - ㉠=rice bowl (raɪs boʊl) [라이스 볼].
  - ㉡=茶碗 (ちゃわん, chawan) [차완]. ㉢=饭碗 (fànwǎn) [판완].
- 밥맛 (명사) : ㉠=appetite (ˈæpətaɪt) [애퍼타잇].
  - ㉡=食欲 (しょくよく, shokuyoku) [쇼쿠요쿠]. ㉢=食欲 (shíyù) [스위].
- 밥상 (명사) : ㉠=dining table (ˈdaɪnɪŋ ˈteɪbəl) [다이닝 테이블].
  - ㉡=食卓 (しょくたく, shokutaku) [쇼쿠타쿠].
  - ㉢=餐桌 (cānzhuō) [찬쭈어].
- 밥솥 (명사) : ㉠=rice cooker (raɪs ˈkʊkər) [라이스 쿠커].
  - ㉡=炊飯器 (すいはんき, suihanki) [스이한키].
  - ㉢=电饭锅 (diànfànguō) [디앤판꿔].
- 방 (명사) : ㉠=room (ruːm) [룸].
  - ㉡=部屋 (へや, heya) [헤야]. ㉢=房间 (fángjiān) [팡지앤].

- 방금 (부사) : 영=just now (ʤʌst naʊ) [저스트 나위].
  일=たった今 (たったいま, tatta ima) [탓타 이마].
  중=刚才 (gāngcái) [깡차이].
- 방면 方面 (명사) : 영=direction (dəˈrɛkʃən) [디렉션].
  일=方面 (ほうめん, hōmen) [호멘]. 중=方面 (fāngmiàn) [팡미엔].
- 방문 房門 집 방, 문 문 (명사) : 영=doorway (ˈdɔːr.weɪ) [도어웨이].
  일=戸口 (とぐち, toguchi) [토구치]. 중=房门 (fángmén) [팡먼].
- 방문 訪問 찾을 방, 물을 문 (명사) : 영=visit (ˈvɪzɪt) [비짓].
  일=訪問 (ほうもん, hōmon) [호몬]. 중=访问 (fǎngwèn) [팡웬].
- 방문하다 訪問- (동사) : 영=to visit (tə ˈvɪzɪt) [투 비짓].
  일=訪問する (ほうもんする, hōmon suru) [호몬 스루].
  중=访问 (fǎngwèn) [팡웬].
- 방바닥 房- 집 방 (명사) : 영=floor (flɔːr) [플로어].
  일=床 (ゆか, yuka) [유카]. 중=地板 (dìbǎn) [띠반].
- 방법 方法 법 방, 법 법 (명사) : 영=method (ˈmɛθəd) [메서드].
  일=方法 (ほうほう, hōhō) [호호]. 중=方法 (fāngfǎ) [팡파].
- 방송 放送 놓을 방, 보낼 송 (명사) :
  영=broadcast (ˈbrɔːdkæst) [브로드캐스트].
  일=放送 (ほうそう, hōsō) [호소]. 중=广播 (guǎngbò) [광뽀].
- 방송국 放送局 놓을 방, 보낼 송, 관청 국 (명사) :
  영=broadcasting station (ˈbrɔːdkæstɪŋ ˈsteɪʃnel) [브로드캐스팅 스테이션].
  일=放送局 (ほうそうきょく, hōsōkyoku) [호소쿄쿠].
  중=广播局 (guǎngbòjú) [광뽀쥐].
- 방송사 放送社 (명사) : 영=broadcasting company
  (ˈbrɔːdkæstɪŋ ˈkʌmpəni) [브로드캐스팅 컴퍼니].
  일=放送社 (ほうそうしゃ, hōsōsha) [호소샤].
  중=广播公司 (guǎngbò gōngsī) [광뽀꽁쓰].
- 방송하다 放送- (동사) :
  영=to broadcast (tə ˈbrɔːdkæst) [투 브로드캐스트].
  일=放送する (ほうそうする, hōsō suru) [호소 스루].
  중=广播 (guǎngbò) [광뽀].
- 방식 方式 모 방, 법 식 (명사) : 영=method (ˈmɛθəd) [메서드].
  일=方式 (ほうしき, hōshiki) [호시키]. 중=方式 (fāngshì) [팡스].

- 방안 方案 모 방, 책상 안 (명사) : 영=plan (plæn) [플랜].
  일=方案 (ほうあん, hōan) [호안]. 중=方案 (fāng'àn) [팡안].
- 방울 (명사, ~이 울리다) : 영=bell (bɛl) [벨].
  일=鈴 (すず, suzu) [스즈]. 중=铃铛 (língdang) [링당].
- 방울 (명사, 물~) : 영=drop (drɒp) [드롭].
  일=しずく (shizuku) [시즈쿠]. 중=水珠 (shuǐzhū) [슈이쭈].
- 방지 防止 막을 방, 그칠 지 (명사) : 영=prevention (prɪˈvɛnʃən) [프리벤션].
  일=防止 (ぼうし, bōshi) [보시]. 중=防止 (fángzhǐ) [팡즈].
- 방지하다 防止- (동사) : 영=to prevent (tə prɪˈvɛnt) [투 프리벤트].
  일=防止する (ぼうしする, bōshi suru) [보시 스루].
  중=防止 (fángzhǐ) [팡즈].
- 방학 放學 놓을 방, 배울 학 (명사) : 영=vacation (vəˈkeɪʃən) [버케이션].
  일=放学 (ほうがく, hōgaku) [호가쿠]. 중=放学 (fàngxué) [팡쉬에].
- 방해 妨害 방해할 방, 해할 해 (명사) :
  영=interference (ˌɪntəˈfɪərəns) [인터피어런스].
  일=妨害 (ぼうがい, bōgai) [보우가이]. 중=妨碍 (fáng'ài) [팡아이].
- 방해하다 妨害- (동사) : 영=to disturb (tə dɪˈstɜːb) [투 디스터브].
  일=妨害する (ぼうがいする, bōgai suru) [보우가이 스루].
  중=妨碍 (fáng'ài) [팡아이].
- 방향 方向 모 방, 향할 향 (명사) : 영=direction (dəˈrɛkʃən) [디렉션].
  일=方向 (ほうこう, hōkō) [호코]. 중=方向 (fāngxiàng) [팡시앙].
- 밭 (명사) : 영=field (fiːld) [필드].
  일=畑 (はたけ, hatake) [하타케]. 중=田地 (tiándì) [톈디].
- 배 (명사, ~를 띄우다) : 영=boat (bəʊt) [보우트].
  일=舟 (ふね, fune) [후네]. 중=船 (chuán) [추안].
- 배 (명사, 신체의 일부) : 영=belly (ˈbɛli) [벨리].
  일=腹 (はら, hara) [하라]. 중=肚子 (dùzi) [뚜쯔].
- 배 (명사, 열매) : 영=pear (peə) [페어].
  일=梨 (なし, nashi) [나시]. 중=梨 (lí) [리].
- 배 倍 배 배 (명사) : 영=times (taɪmz) [타임즈].
  일=倍 (ばい, bai) [바이]. 중=倍 (bèi) [뻬이].
- 배경 背景 등 배, 볕 경 (명사) : 영=background (ˈbækɡraʊnd) [백그라운드].
  일=背景 (はいけい, haikei) [하이케이]. 중=背景 (bèijǐng) [뻬이징].

- 배고프다 (형용사) : 영=hungry ('hʌŋgri) [헝그리].
  - 일=お腹がすく (おなかがすく, onaka ga suku) [오나카가 스쿠].
  - 중=肚子饿 (dùzi è) [뚜쯔 에].
- 배구 排球 물리칠 배, 공 구 (명사) : 영=volleyball ('vɒlibɔːl) [발리볼].
  - 일=バレーボール (barēbōru) [바레보루]. 중=排球 (páiqiú) [파이치우].
- 배꼽 (명사) : 영=navel ('neɪvəl) [네이벌].
  - 일=へそ (heso) [헤소] . 중=肚脐 (dùqí) [뚜치].
- 배다 (동사, 땀이 ~) : 영=to soak into (tə səʊk 'ɪntuː) [투 소크 인투].
  - 일=染み込む (しみこむ, shimikomu) [시미코무].
  - 중=渗透 (shèntòu) [션토우].
- 배달 配達 나를 배, 통달할 달 (명사) : 영=delivery (dɪ'lɪvəri) [딜리버리].
  - 일=配達 (はいたつ, haitatsu) [하이타츠]. 중=配達 (pèidá) [페이다].
- 배드민턴 (명사) : 영=badminton ('bædmɪntən) [배드민턴].
  - 일=バドミントン (badominton) [바도민톤].
  - 중=羽毛球 (yǔmáoqiú) [위마오치우].
- 배부르다 (형용사) : 영=full (fʊl) [풀].
  - 일=お腹がいっぱいだ (おなかがいっぱいだ, [오나카가 잇빠이다].
  - 중=饱了 (bǎole) [바오러].
- 배우 俳優 배우 배, 뛰어날 우 (명사) : 영=actor ('æktər) [액터].
  - 일=俳優 (はいゆう, haiyū) [하이유]. 중=演员 (yǎnyuán) [옌위안].
- 배우다 (동사) : 영=learn (lɜːn) [런].
  - 일=習う (ならう, narau) [나라우]. 중=学习 (xuéxí) [쉐시].
- 배우자 配偶者 짝 배, 짝 우, 놈 자 (명사) : 영=spouse (spaʊs) [스파우스].
  - 일=配偶者 (はいぐうしゃ, haigūsha) [하이구샤].
  - 중=配偶 (pèi'ǒu) [페이우].
- 배추 (명사) : 영=Chinese cabbage (tʃaɪ'niːz 'kæbɪdʒ) [차이니즈 캐비지].
  - 일=白菜 (はくさい, hakusai) [하쿠사이]. 중=白菜 (báicài) [바이차이].
- 배추김치 (명사) :
  - 영=kimchi with cabbage ('kɪmtʃi wɪð 'kæbɪdʒ) [김치 위드 캐비지].
  - 일=白菜キムチ (はくさいキムチ, hakusai kimuchi) [하쿠사이 키무치].
  - 중=白菜泡菜 (báicài pàocài) [바이차이 파오차이].
- 배치 配置 짝 배 둘치 (명사) : 영=arrangement (ə'reɪndʒmənt) [어레인지먼트].
  - 일=配置 (はいち, haichi) [하이치]. 중=配置 (pèizhi) [페이즈].

•백 百 일백 백 (관형사) : [영]=hundred ('hʌndrəd) [헌드러드].
[일]=百 (ひゃく, hyaku) [햐쿠]. [중]=百 (bǎi) [바이].
•백 百 일백 백 (수사) : [영]=hundred ('hʌndrəd) [헌드러드].
[일]=百 (ひゃく, hyaku) [햐쿠]. [중]=百 (bǎi) [바이].
•백두산 白頭山 흰 백, 머리 두, 메 산 (고유명사) :
[영]=Mount Baekdu (maʊnt 'bɛkduː) [마운트 백두].
[일]=白頭山 (はくとうさん, hakutōsan) [하쿠토산].
[중]=长白山 (Chángbáishān) [창바이산].
•백색 白色 흰 백, 빛 색 (명사) : [영]=white (waɪt) [와이트].
[일]=白色 (はくしょく, hakushoku) [하쿠쇼쿠]. [중]=白色 (báisè) [바이써].
•백성 百姓 일백 백, 성씨 성 (명사) : [영]=the people (ðə 'piːpəl) [더 피플].
[일]=百姓 (ひゃくしょう, hyakushō) [햐쿠쇼]. [중]=百姓 (bǎixìng) [바이싱].
•백인 白人 흰 백, 사람 인 (명사) : [영]=Caucasian (kɔː'keɪʒən) [코케이전].
[일]=白人 (はくじん, hakujin) [하쿠진]. [중]=白人 (báirén) [바이런].
•백제 百濟 일백 백, 건널 제 (고유명사) : [영]=Baekje ('bɛk.dʒeɪ) [백제].
[일]=百済 (くだら, Kudara) [쿠다라]. [중]=百济 (Bǎijì) [바이지].
•백화점 百貨店 일백 백, 재화 화, 가게 점 (명사) :
[영]=department store (dɪ'pɑːtmənt stɔːr) [디파트먼트 스토어].
[일]=百貨店 (ひゃっかてん, hyakkaten) [햐카텐].
[중]=百货商店 (bǎihuò shāngdiàn) [바이후어 샹뎬].
•뱀(명사) : [영]=snake (sneɪk) [스네이크].
[일]=蛇 (へび, hebi) [헤비]. [중]=蛇 (shé) [셔].
•뱃사람 (명사) : [영]=sailor ('seɪlər) [세일러].
[일]=船乗り (ふなのり, funanori) [후나노리].
[중]=船员 (chuányuán) [추안위앤].
•뱉다 (동사) : [영]=spit (spɪt) [스핏].
[일]=吐く (はく, haku) [하쿠]. [중]=吐出 (tǔchū) [투추].
•버려지다 (동사) :
[영]=be abandoned (ə'bændənd) [비 어밴던드].
[일]=捨てられる (すてられる, suterareru) [스테라레루].
[중]=被丢弃 (bèi diūqì) [뻬이 띠우치].
•버릇 (명사) : [영]=habit ('hæbɪt) [해빗].
[일]=癖 (くせ, kuse) [쿠세]. [중]= 习惯 (xíguàn) [시관].

•버리다 (동사) : ⓔ=throw away (θroʊ əˈweɪ) [스로어 어웨이].
ⓙ=捨てる (すてる, suteru) [스테루]. ⓒ=扔掉 (rēngdiào) [렁띠아오].
•버리다 (보조동사) : ⓔ=do completely (kəmˈpliːtli) [컴플리틀리].
ⓙ=~してしまう (~してしまう, ~shite shimau) [시테 시마우].
ⓒ=干掉 (gàn diào) [깐 띠아오].
•버섯 (명사) : ⓔ=mushroom (ˈmʌʃruːm) [머쉬룸].
ⓙ=きのこ (kinoko) [기노코]. ⓒ=蘑菇 (mógu) [모구].
•버스 (명사) : ⓔ=bus (bʌs) [버스].
ⓙ=バス (ばす, basu) [바스]. ⓒ=公交车 (gōngjiāo chē) [꽁지아오 처].
•버터 (명사) : ⓔ=butter (ˈbʌtər) [버터].
ⓙ=バター (ばたー, batā) [바타]. ⓒ=黄油 (huángyóu) [황요우].
•버튼 (명사) : ⓔ=button (ˈbʌtn) [버튼].
ⓙ=ボタン (ぼたん, botan) [보탄]. ⓒ=按钮 (ànniǔ) [안니우].
•버티다 (동사) : ⓔ=endure (ɪnˈdjʊr) [인듀어].
ⓙ=耐える (たえる, taeru) [타에루]. ⓒ=坚持 (jiānchí) [지엔츠].
•번 番 차례 번 (의존명사) : ⓔ=time (taɪm) [타임].
ⓙ=番 (ばん, ban) [반]. ⓒ=次 (cì) [츠].
•번개 (명사) : ⓔ=lightning (ˈlaɪtnɪŋ) [라잇닝].
ⓙ=稲妻 (いなずま, inazuma) [이나즈마]. ⓒ=闪电 (shǎndiàn) [산띠앤].
•번거롭다 (형용사) : ⓔ=troublesome (ˈtrʌblsəm) [트러블섬].
ⓙ=面倒だ (めんどうだ, mendou da) [멘도다].
ⓒ=繁琐 (fánsuǒ) [판수어].
•번역 飜譯 번역할 번, 옮길 역 (명사) :
ⓔ=translation (trænzˈleɪʃn) [트랜슬레이션].
ⓙ=翻訳 (ほんやく, honyaku) [혼야쿠]. ⓒ=翻译 (fānyì) [판이].
•번역하다 飜譯- 번역할 번, 옮길 역 (동사) :
ⓔ=translate (trænsˈleɪt) [트랜슬레이트].
ⓙ=翻訳する (ほんやくする, honyaku suru) [혼야쿠 스루].
ⓒ=翻译 (fānyì) [판이].
•번지 番地 차례 번, 땅 지 (명사) : ⓔ=lot number (lɑːt ˈnʌmbər) [랏 넘버].
ⓙ=番地 (ばんち, banchi) [반치]. ⓒ=门牌号 (ménpái hào) [먼파이 하오].
•번째 番- 차례 번 (의존명사) : ⓔ=th time (taɪm) [번째].
ⓙ=~番目 (ばんめ, banme) [반메]. ⓒ=第~次 (dìcì) [띠~츠].

•번호 番號 차례 번, 번호 호 (명사) : [영]=number (ˈnʌmbər) [넘버].
[일]=番号 (ばんごう, bangō) [방고]. [중]=号码 (hàomǎ) [하오마].
•벌 (명사) : [영]=bee (biː) [비].
[일]=蜂 (はち, hachi) [하치]. [중]=蜜蜂 (mìfēng) [미펑].
•벌 (의존명사) : [영]=set (sɛt) [셋].
[일]=着 (ちゃく, chaku) [차쿠]. [중]=套 (tào) [타오].
•벌 罰 벌 줄 벌 (명사) : [영]=punishment (ˈpʌnɪʃmənt) [퍼니시먼트].
[일]=罰 (ばつ, batsu) [바츠]. [중]=惩罚 (chéngfá) [청파].
•벌금 罰金 벌 줄 벌, 쇠 금 (명사) : [영]=fine (faɪn) [파인].
[일]=罰金 (ばっきん, bakkin) [밧낀]. [중]=罚金 (fá jīn) [파진].
•벌다 (동사) 돈을 ~ : [영]=earn (ɜːrn) [언].
[일]=稼ぐ (かせぐ, kasegu) [카세구]. [중]=赚钱 (zhuànqián) [쭈안치엔].
•벌떡 (부사) : [영]=suddenly (ˈsʌdənli) [서든리].
[일]=ぱっと (patto) [팟토]. [중]=猛地 (měngdì) [멍띠].
•벌레 (명사) : [영]=insect (ˈɪnsekt) [인섹트].
[일]=虫 (むし, mushi) [무시]. [중]=虫子 (chóngzi) [충쯔].
•벌리다 (동사) 입을 ~ : [영]=open (ˈəʊpən) [오픈].
[일]=開く (ひらく, hiraku) [히라쿠]. [중]=张开 (zhāngkāi) [장카이].
•벌써 (부사) : [영]=already (ɔːlˈredi) [올레디].
[일]=もう (mō, mou) [모우]. [중]=已经 (yǐjīng) [이징].
•벌어지다 (동사) 싸움이 ~ : [영]=break out (ˌbreɪk ˈaʊt) [브레이크 아웃].
[일]=起こる (おこる, okoru) [오코루]. [중]=爆发 (bàofā) [빠오파].
•벌어지다 (동사) 틈이 ~ : [영]=open up (ˈəʊpən ʌp) [오픈 업].
[일]=開く (ひらく, hiraku) [히라쿠]. [중]=裂开 (lièkāi) [리에카이].
•벌이다 (동사) : [영]=carry out (ˈkæri aʊt) [캐리 아웃].
[일]=始める (はじめる, hajimeru) [하지메루]. [중]=开展 (kāizhǎn) [카이잔].
•범위 範圍 법 범, 둘레 위 (명사) : [영]=scope (skəʊp) [스코프].
[일]=範囲 (はんい, han'i) [한이]. [중]=范围 (fànwéi) [판웨이].
•범인 犯人 범할 범, 사람 인 (명사) : [영]=criminal (ˈkrɪmɪnəl) [크리미널].
[일]=犯人 (はんにん, hannin) [한닌]. [중]=犯人 (fànrén) [판런].
•범죄 犯罪 범할 범, 허물 죄 (명사) :
[영]=crime (kraɪm) [크라임].
[일]=犯罪 (はんざい, hanzai) [한자이]. [중]=犯罪 (fànzuì) [판쭈이].

- 법 法 법 법 (명사) : 영=law (lɔː) [로].
  일=法律 (ほうりつ, hōritsu) [호리츠]. 중=法律 (fǎlǜ) [파뤼].
- 법 法 법 법 (의존명사) : 영=method ('meθəd) [메써드].
  일=法 (ほう, hō) [호우]. 중=方法 (fāngfǎ) [팡파].
- 법률 法律 법 법, 법률 률 (명사) : 영=law (lɔː) [로].
  일=法律 (ほうりつ, hōritsu) [호리츠]. 중=法律 (fǎlǜ) [파뤼].
- 법원 法院 법 법, 집 원 (명사) : 영=court (kɔːrt) [코트].
  일=裁判所 (さいばんしょ, saiban-sho) [사이반쇼].
  중=法院 (fǎyuàn) [파위앤].
- 법적 法的 법 법, 과녁 적 (명사) : 영=legal ('liːgəl) [리걸].
  일=法的 (ほうてき, hōteki) [호우테키]. 중=法的 (fǎdí) [파디].
- 법칙 法則 법 법, 법칙 칙 (명사) : 영=rule (ruːl) [룰].
  일=法則 (ほうそく, hōsoku) [호우소쿠]. 중=法则 (fǎzé) [파저].
- 벗기다 (동사) : 영=take off (teɪk ɔːf) [테이크 오프].
  일=脱がす (ぬがす, nugasu) [누가스]. 중=脱掉 (tuōdiào) [투어띠아오].
- 벗다 (동사) : 영=take off (teɪk ɔːf) [테이크 오프].
  일=脱ぐ (ぬぐ, nugu) [누구]. 중=脱 (tuō) [투어].
- 베개 (명사) : 영=pillow ('pɪləʊ) [필로우].
  일=枕 (まくら, makura) [마쿠라]. 중=枕头 (zhěntou) [전토우].
- 베다 (동사) 목을 ~ : 영=cut (kʌt) [컷].
  일=切る (きる, kiru) [키루]. 중=砍 (kǎn) [칸].
- 베이징(북경) 北京 북녘 북, 서울 경 (고유명사) : 영=Beijing (ˌbeɪˈdʒɪŋ) [베이징].
  일=北京 (ペキン, Pekin) [페킨]. 중=北京 (Běijīng) [베이징].
- 벤치 (명사) : 영=bench (bentʃ) [벤치].
  일=ベンチ (べんち, benchi) [벤치]. 중=长椅 (chángyǐ) [창이].
- 벨트 (명사) : 영=belt (belt) [벨트].
  일=ベルト (べると, beruto) [베루토]. 중=皮带 (pídài) [피따이].
- 벼 (명사) : 영=rice plant (raɪs plænt) [라이스 플랜트].
  일=稲 (いね, ine) [이네]. 중=稻子 (dàozi) [따오쯔].
- 벽 壁 담 벽 (명사) : 영=wall (wɔːl) [월].
  일=壁 (かべ, kabe) [카베]. 중=墙壁 (qiángbì) [창삐].
- 변경 變更 변할 변, 고칠 경 (명사) : 영=change (tʃeɪndʒ) [체인지].
  일=変更 (へんこう, henkō) [헹코]. 중=变更 (biàngēng) [삐앤껑].

- 변동 變動 변할 변, 움직일 동 (명사) :
  영=fluctuation (ˌflʌktʃuˈeɪʃən) [플럭추에이션].
  일=変動 (へんどう, hendō) [헨도우]. 중=变动 (biàndòng) [삐앤뚱].
- 변명 辨明 분별할 변, 밝을 명 (명사) : 영=excuse (ɪkˈskjuːs) [익스큐스].
  일=弁明 (べんめい, benmei) [벤메이]. 중=辩解 (biànjiě) [삐앤지에].
- 변신 變身 변할 변, 몸 신 (명사) :
  영=transformation (ˌtrænsfəˈmeɪʃən) [트랜스퍼메이션].
  일=変身 (へんしん, henshin) [헨신]. 중=变身 (biànshēn) [삐앤션].
- 변하다 變- 변할 변 (동사) : 영=change (tʃeɪndʒ) [체인지].
  일=変わる (かわる, kawaru) [카와루] 중=变化 (biànhuà) [삐앤화].
- 변호사 辯護士 말씀 변, 도울 호, 선생 사 (명사) : 영=lawyer (ˈlɔːjə) [로이어].
  일=弁護士 (べんごし, bengoshi) [벤고시]. 중=律师 (lǜshī) [뤼스].
- 변화 變化 변할 변, 될 화 (명사) : 영=change (tʃeɪndʒ) [체인지].
  일=変化 (へんか, henka) [헨카]. 중=变化 (biànhuà) [삐앤화].
- 변화되다 變化- 변할 변, 될 화 (동사) :
  영=be changed (biː tʃeɪndʒd) [비 체인지드].
  일=変化する (へんかする, henkasuru) [헨카스루].
  중=变化 (biànhuà) [삐앤화].
- 변화하다 變化- 변할 변, 될 화 (동사) : 영=change (tʃeɪndʒ) [체인지].
  일=変化する (へんかする, henkasuru) [헨카스루].
  중=变化 (biànhuà) [삐앤화].
- 별 (명사) : 영=star (stɑːr) [스타].
  일=星 (ほし, hoshi) [호시]. 중=星星 (xīngxing) [싱싱].
- 별 別 나눌 별 (관형사) : 영=other (ˈʌðə) [아더].
  일=別の (べつの, betsu no) [베츠노]. 중=别的 (biéde) [비에더].
- 별다르다 別- 나눌 별 (형용사) : 영=distinct (dɪˈstɪŋkt) [디스팅크트].
  일=特別だ (とくべつだ, tokubetsu da) [토쿠베츠다].
  중=特別 (tèbié) [터비에].
- 별도 別途 나눌 별, 길 도 (명사) : 영=separately (ˈsepərətli) [세퍼럿리].
  일=別途 (べっと, betto) [벳토]. 중=另计 (lìngjì) [링지].
- 별로 別- 나눌 별 (부사) :
  영=not particularly (ˌnɒt pəˈtɪkjʊləli) [낫 퍼티큘럴리].
  일=あまり (amari) [아마리]. 중=不怎么 (bù zěnme) [부 쩐머].

— 198 —

•별명 別名 나눌 별, 이름 명 (명사) : [영]=nickname (ˈnɪkneɪm) [닉네임].
[일]=あだ名 (あだな, adana) [아다나]. [중]=外号 (wàihào) [와이하오].

•별일 別- 나눌 별 (명사) :
[영]=unusual event (ʌnˈjuːʒuəl ɪˈvent) [언유주얼 이벤트].
[일]=特別なこと (とくべつなこと, tokubetsu na koto) [토쿠베츠나코토].
[중]=特别的事 (tèbié de shì) [터비에 더 스].

•병瓶병병(명사) : [영]=bottle (ˈbɒtl) [보틀].
[일]=瓶 (びん, bin) [빈]. [중]=瓶子 (píngzi) [핑쯔].

•병 病 병 병 (명사) : [영]=disease (dɪˈziːz) [디지즈].
[일]=病気 (びょうき, byouki) [뵤오키]. [중]=疾病 (jíbìng) [지빙].

•병들다 病- 병 병 (동사) : [영]=get sick (gɛt sɪk) [겟 식].
[일]=病気になる (びょうきになる, byouki ni naru) [뵤오키니나루].
[중]=生病 (shēngbìng) [성빙].

•병실 病室 병 병, 집 실 (명사) : [영]=ward (wɔːrd) [워드].
[일]=病室 (びょうしつ, byoushitsu) [뵤오시츠]. [중]=病房 (bìngfáng) [빙팡].

•병아리 (명사) : [영]=chick (ʧɪk) [칙].
[일]=ひよこ (hiyoko) [히요코]. [중]=小鸡 (xiǎojī) [샤오지].

•병원 病院 병 병, 집 원 (명사) : [영]=hospital (ˈhɒspɪtl) [하스피틀].
[일]=病院 (びょういん, byouin) [뵤오인]. [중]=医院 (yīyuàn) [이위앤].

•보고 報告 갚을 보, 고할 고 (명사) : [영]=report (rɪˈpɔːt) [리포트].
[일]=報告 (ほうこく, houkoku) [호우코쿠]. [중]=报告 (bàogào) [빠오까오].

•보고서 報告書 갚을 보, 고할 고, 글 서 (명사) :
[영]=report document (rɪˈpɔːrt ˈdɒkjʊmənt) [리포트 도큐먼트].
[일]=報告書 (ほうこくしょ, houkokusho) [호우코쿠쇼].
[중]=报告书 (bàogàoshū) [빠오까오슈].

•보고하다 報告- 갚을 보, 고할 고 (동사) : [영]=report (rɪˈpɔːrt) [리포트].
[일]=報告する (ほうこくする, houkoku suru) [호우코쿠 스루].
[중]=报告 (bàogào) [빠오까오].

•보관 保管 지킬 보, 맡길 관 (명사) : [영]=storage(ˈstɔːrɪdʒ)[스토리지].
[일]=保管 (ほかん, hokan) [호칸]. [중]=保管 (bǎoguǎn) [바오관].

•보관하다 保管- 지킬 보, 맡길 관 (동사) : [영]=store (stɔːr) [스토어].
[일]=保管する (ほかんする, hokan suru) [호칸스루].
[중]=保管 (bǎoguǎn) [바오관].

- 보내다 (동사) : 영=send (sɛnd) [센드].
  일=送る (おくる, okuru) [오쿠루]. 중=发送 (fāsòng) [파쏭].
- 보내오다 (동사) : 영=send over (sɛnd 'əʊvər) [센드 오버].
  일=送り寄こす (おくりよこす, okuriyokosu) [오쿠리요코스].
  중=寄过来 (jì guòlái) [지궈라이].
- 보너스 (명사) : 영=bonus ('bəʊnəs) [보너스].
  일=ボーナス (bōnasu) [보나스]. 중=奖金 (jiǎngjīn) [쟝진].
- 보다 (동사) : 영=see (siː) [씨].
  일=見る (みる, miru) [미루]. 중=看 (kàn) [칸].
- 보다 (보조용언) : 영=rather ('rɑːðə) [라더].
  일=〜より (yori) [요리]. 중=比 (bǐ) [비].
- 보다 (부사) : 영=more (mɔːr) [모어].
  일=よりいっそう (yori issō) [요리잇소]. 중=更加 (gèngjiā) [껑지아].
- 보도 報道 갚을 보, 이를 도 (명사) :
  영=report (rɪ'pɔːrt) [리포트].
  일=報道 (ほうどう, houdou) [호우도우]. 중=报道 (bàodào) [빠오따오].
- 보도되다 報道- 갚을 보, 이를 도 (동사) :
  영=be reported (bi rɪ'pɔːrtɪd) [비 리포티드].
  일=報道される (ほうどうされる, houdou sareru)[호우도우 사례루].
  중=被报道 (bèi bàodào) [뻬이 빠오따오].
- 보도하다 報道- 갚을 보, 이를 도 (동사) : 영=report (rɪ'pɔːrt)[리포트].
  일=報道する (ほうどうする, houdou suru) [호우도우 스루].
  중=报道 (bàodào) [빠오따오].
- 보라색 (명사) : 영=purple ('pɜːpl) [퍼플].
  일=紫色 (むらさきいろ, murasakiiro) [무라사키이로].
  중=紫色 (zǐsè) [쯔써].
- 보람 (명사) : 영=worthwhile result (wɜːθwaɪl rɪ'zʌlt) [워스와일 리절트].
  일=やりがい (yarigai) [야리가이]. 중=成就感 (chéngjiùgǎn) [청지우간].
- 보름 (명사) : 영=fifteen days (ˌfɪf'tiːn deɪz) [피프틴 데이즈].
  일=半月 (はんつき, hantsuki) [한츠키].
  중=半个月 (bàn ge yuè) [반거위에].
- 보리 (명사) : 영=barley ('bɑːli) [바얼리].
  일=大麦 (おおむぎ, oomugi)[오오무기]. 중=大麦 (dàmài)[따마이].

•보살피다 (동사) : [영]=take care of (teɪk keə əv)[테이크 케어 오브].
[일]=世話をする (せわをする, sewa o suru) [세와 오 스루].
[중]=照顾 (zhàogù) [짜오꾸].
•보상 補償 도울 보, 갚을 상 (명사) :
[영]=compensation (ˌkɒmpən'seɪʃən) [컴펀세이션].
[일]=補償 (ほしょう, hoshou) [호쇼우]. [중]=补偿 (bǔcháng) [부창].
•보수 補修 도울 보, 닦을 수 (명사) : [영]=repair (rɪ'peə) [리페어].
[일]=補修 (ほしゅう, hoshuu) [호슈우]. [중]=修补 (xiūbǔ) [슈부].
•보수 保守 지킬 보, 지킬 수 (명사) :
[영]=conservatism (kən'sɜːvətɪzəm) [컨서버티즘].
[일]=保守 (ほしゅ, hoshu) [호슈]. [중]=保守 (bǎoshǒu) [바오쇼우].
•보수적 保守的 지킬 보, 지킬 수, 과녁 적 (명사) :
[영]=conservative (kən'sɜːvətɪv) [컨서버티브].
[일]=保守的 (ほしゅてき, hoshuteki) [호슈테키].
[중]=保守的 (bǎoshǒu de) [바오쇼우 더].
•보안 保安 지킬 보, 편안할 안 (명사) : [영]=security (sɪ'kjʊərəti) [시큐러티].
[일]=保安 (ほあん, hoan) [호안]. [중]=保安 (bǎo'ān) [바오안].
•보완하다 補完- 도울 보, 완전할 완 (동사) :
[영]=supplement ('sʌplɪment) [서플리먼트].
[일]=補完する (ほかんする, hokan suru) [호칸 스루].
[중]=补充 (bǔchōng) [부충].
•보이다 (동사, '보다'의 사동사) :
[영]=make someone see (meɪk 'sʌmwʌn siː) [메이크 섬원 씨].
[일]=見せる (みせる, miseru) [미세루]. [중]=给…看 (gěi...kàn) [게이 칸].
•보이다 (동사, '보다'의 피동사) : [영]=be seen (bi siːn) [비 신].
[일]=見える (みえる, mieru) [미에루]. [중]=被看见 (bèi kànjiàn) [뻬이 칸지앤].
•보자기 褓- 싸개 보 (명사) : [영]=wrapping cloth ('ræpɪŋ klɒθ) [래핑 클로스].
[일]=風呂敷 (ふろしき, furoshiki) [후로시키]. [중]=包袱 (bāofu) [빠오푸].
•보장 保障 지킬 보, 막을 장 (명사) : [영]=guarantee (ˌɡærən'tiː) [개런티].
[일]=保障 (ほしょう, hoshou) [호쇼우]. [중]=保障 (bǎozhàng) [바오장].
•보장되다 保障- (동사) : [영]=be guaranteed (bi ˌɡærən'tiːd) [비 개런티드].
[일]=保障される (ほしょうされる, hoshou sareru) [호쇼우 사레루].
[중]=被保障 (bèi bǎozhàng) [뻬이 바오장].

- 보장하다 保障- 지킬 보, 막을 장 (동사) : 영=guarantee (ˌgærənˈtiː) [개런티].
  일=保障する (ほしょうする, hoshou suru) [호쇼우 스루].
  중=保障 (bǎozhàng) [바오장].
- 보전 保全 지킬 보, 온전할 전 (명사) :
  영=preservation (ˌprezəˈveɪʃən) [프레저베이션].
  일=保全 (ほぜん, hozen) [호젠]. 중=保全 (bǎoquán) [바오취안].
- 보조 補助 도울 보, 도울 조 (명사) : 영=assistance (əˈsɪstəns) [어시스턴스].
  일=補助 (ほじょ, hojo) [호조]. 중=补助 (bǔzhù) [부주].
- 보존 保存 지킬 보, 있을 존 (명사) :
  영=preservation (ˌprezəˈveɪʃən) [프레저베이션].
  일=保存 (ほぞん, hozon) [호존]. 중=保存 (bǎocún) [바오춘].
- 보존하다 保存- 지킬 보, 있을 존 (동사) : 영=preserve (prɪˈzɜːv) [프리저브].
  일=保存する (ほぞんする, hozon suru) [호존 스루].
  중=保存 (bǎocún) [바오춘].
- 보충하다 補充- 도울 보, 채울 충 (동사) : 영=replenish (rɪˈplenɪʃ) [리플레니시].
  일=補充する (ほじゅうする, hojū suru) [호쥬 스루].
  중=补充 (bǔchōng) [부충].
- 보통 普通 널리 보, 통할 통 (명사) : 영=average (ˈævərɪdʒ) [애버리지].
  일=普通 (ふつう, futsū) [후츠우]. 중=普通 (pǔtōng) [푸퉁].
- 보통 普通 널리 보, 통할 통 (부사) : 영=usually (ˈjuːʒuəli) [유주얼리].
  일=普通 (ふつう, futsū) [후츠우]. 중=通常 (tōngcháng) [퉁창].
- 보편적 普遍的 널리 보, 두루 편, 과녁 적 (명사) :
  영=universal (ˌjuːnɪˈvɜːsl) [유니버슬].
  일=普遍的 (ふへんてき, fuhenteki) [후헨테키].
  중=普遍的 (pǔbiàn de) [푸볜 더].
- 보험 保險 지킬 보, 위태할 험 (명사) : 영=insurance (ɪnˈʃʊərəns) [인슈어런스]. 일=保険 (ほけん, hoken) [호켄]. 중=保险 (bǎoxiǎn) [바오시앤].
- 보호 保護 지킬 보, 도울 호 (명사) : 영=protection (prəˈtekʃən) [프로텍션].
  일=保護 (ほご, hogo) [호고]. 중=保护 (bǎohù) [바오후].
- 보호되다 保護- 지킬 보, 도울 호 (동사) :
  영=be protected (bi prəˈtektɪd) [비 프로텍티드].
  일=保護される (ほごされる, hogosareru) [호고사레루].
  중=受到保护 (shòudào bǎohù) [쇼우따오 바오후].

•보호하다 保護 지킬 보, 도울 호 (동사) : [영]=protect (prə'tekt) [프로텍트].
[일]=保護する (ほごする, hogo suru) [호고스루]. [중]=保护 (bǎohù) [바오후].
•복 福 복 복 (명사) : [영]=blessing ('blesɪŋ) [블레싱].
[일]=福 (ふく, fuku) [후쿠]. [중]=福气 (fúqi) [푸치].
•복도 複道 겹칠 복, 길 도 (명사) : [영]=hallway ('hɔːlweɪ) [홀웨이].
[일]=廊下 (ろうか, rōka) [로우카]. [중]=走廊 (zǒuláng) [조우랑].
•복사 複寫 겹칠 복, 베낄 사 (명사) : [영]=copy ('kɒpi) [카피].
[일]=コピー (こぴー, kopī) [코피]. [중]=复印 (fùyìn) [푸인].
•복사기 複寫機 겹칠 복, 베낄 사, 틀 기 (명사) :
[영]=copy machine ('kɒpi məʃiːn) [카피머신].
[일]=コピー機 (こぴーき, kopīki) [코피키]. [중]=复印机 (fùyìnjī) [푸인지].
•복사하다 複寫 겹칠 복, 베낄 사 (동사) : [영]=copy ('kɒpi) [카피].
[일]=コピーする (こぴーする, kopī suru) [코피스루]. [중]=复印 (fùyìn) [푸인].
•복숭아 (명사) : [영]=peach (piːtʃ) [피치].
[일]=桃 (もも, momo) [모모]. [중]=桃子 (táozi) [타오쯔].
•복습 復習 다시 복, 익힐 습 (명사) : [영]=review (rɪ'vjuː) [리뷰].
[일]=復習 (ふくしゅう, fukushū) [후쿠슈우]. [중]=复习 (fùxí) [푸시].
•복습하다 復習 다시 복, 익힐 습 (동사) : [영]=review (rɪ'vjuː)[리뷰].
[일]=復習する (ふくしゅうする, fukushū suru) [후쿠슈우스루].
[중]=复习 (fùxí) [푸시].
•복잡하다 複雜 겹칠 복, 섞일 잡 (형용사) :
[영]=complicated ('kɒmplɪkeɪtɪd) [콤플리케이티드].
[일]=複雑だ (ふくざつだ, fukuzatsu da) [후쿠자츠다].
[중]=复杂的 (fùzáde) [푸자더].
•볶다 (동사) : [영]=stir-fry ('stɜːr fraɪ) [스터 프라이].
[일]=炒める (いためる, itameru) [이타메루]. [중]=炒 (chǎo) [차오].
•볶음 (명사) : [영]=stir-fried dish ('stɜːr fraɪd dɪʃ) [스터 프라이드 디시].
[일]=炒め物 (いためもの, itamemono) [이타메모노].
[중]=炒菜 (chǎocài) [차오차이].
•볶음밥 (명사) : [영]=fried rice (fraɪd raɪs) [프라이드 라이스].
[일]=チャーハン (ちゃーはん, chāhan) [챠항]. [중]=炒饭 (chǎofàn) [차오판].
•본 本 근본 본 (관형사) : [영]=this (ðɪs) [디스].
[일]=本 (ほん, hon) [혼]. [중]=本 (běn) [번].

•본격적 本格的 근본 본, 격식 격, 과녁 적 (명사) :
　영=full-scale ('fʊl skeɪl) [풀 스케일].
　일=本格的 (ほんかくてき, honkakuteki) [혼카쿠테키].
　중=正式的 (zhèngshì de) [정스 더].
•본래 本來 근본 본, 올 래 (명사) : 영=originally (ə'rɪdʒɪnəli) [오리저널리].
　일=本来 (ほんらい, honrai) [혼라이]. 중=本来 (běnlái) [번라이].
•본부 本部 근본 본, 떼 부 (명사) :
　영=headquarters (ˌhed'kwɔːtəz) [헤드쿼터즈].
　일=本部 (ほんぶ, hombu) [혼부]. 중=本部 (běnbù) [번부].
•본사 本社 근본 본, 모일 사 (명사) :
　영=head office (hed 'ɒfɪs) [헤드 오피스].
　일=本社 (ほんしゃ, honsha) [혼샤]. 중=本社 (běnshè) [번셔].
•본성 本性 근본 본, 성품 성 (명사) : 영=nature ('neɪtʃər) [네이쳐].
　일=本性 (ほんしょう, honshō) [혼쇼]. 중=本性 (běnxìng) [번싱].
•본인 本人 근본 본, 사람 인 (명사) : 영=oneself (wʌn'sɛlf) [원셀프].
　일=本人 (ほんにん, honnin) [혼닌]. 중=本人 (běnrén) [번런].
•본질 本質 근본 본, 바탕 질 (명사) : 영=essence ('ɛsəns) [에센스].
　일=本質 (ほんしつ, honshitsu) [혼시츠]. 중=本质 (běnzhi) [번즈].
•볼 (명사) : 영=cheek (tʃiːk) [칰].
　일=頬 (ほお, hoo) [호오]. 중=面颊 (miànjiá) [미앤지아].
•볼링 (명사) : 영=bowling ('bəʊlɪŋ) [보울링].
　일=ボウリング (ぼうりんぐ, bouringu) [보우링구].
　중=保龄球 (bǎolíngqiú) [바오링치우].
•볼일 (명사) : 영=business ('bɪznəs) [비즈니스].
　일=用事 (ようじ, yōji) [요지]. 중=事情 (shìqíng) [스칭].
•볼펜 (명사) : 영=ball pen (bɔːl pɛn) [볼펜].
　일=ボールペン (ぼーるぺん, bōrupen) [보루펜].
　중=圆珠笔 (yuánzhūbǐ) [위안주비].
•봄 (명사) : 영=spring (sprɪŋ) [스프링].
　일=春 (はる, haru) [하루]. 중=春天 (chūntiān) [춘톈].
•봉사 奉仕 받들 봉, 일 사 (명사) :
　영=service ('sɜːvɪs) [서비스].
　일=奉仕 (ほうし, hōshi) [호시]. 중=奉仕 (fèngshì) [펑스].

— 204 —

- 봉사하다 奉仕- 받들 봉, 일 사 (동사) : 영=to serve (sɜːv)[서브].
  일=奉仕する (ほうしする, hōshi suru) [호시 스루]. 중=奉仕 (fèngshì) [펑스].
- 봉지 封紙 봉할 봉, 종이 지 (명사) : 영=bag (bæɡ) [백].
  일=袋 (ふくろ, fukuro) [후쿠로]. 중=袋子 (dàizi) [따이쯔].
- 봉투 封套 봉할 봉, 덮을 투 (명사) : 영=envelope ('envə,ləʊp) [엔벌롭].
  일=封筒 (ふうとう, fūtō) [후우토우]. 중=信封 (xìnfēng) [신펑].
- 뵈다 (동사) 보이다 : 영=to be seen (siːn) [비 신].
  일=見える (みえる, mieru) [미에루]. 중=看见 (kànjiàn) [칸젠].
- 뵈다 (동사) 웃어른을 보다 : 영=to see (siː) [시].
  일=お目にかかる (おめにかかる, omenikakaru) [오메니카카루].
  중=拜见 (bàijiàn) [빠이젠].
- 뵙다 (동사) : 영=to see (honorific) (siː) [시].
  일=お目にかかる (おめにかかる, omenikakaru) [오메니카카루].
  중=拜见 (bàijiàn) [빠이젠].
- 부 部 떼 부 (명사) : 영=division (dɪ'vɪʒən) [디비전].
  일=部 (ぶ, bu) [부]. 중=部分 (bùfèn) [뿌펀].
- 부 部 떼 부 (의존명사) : 영=department(dɪ'pɑːtmənt)[디파트먼트].
  일=部 (ぶ, bu) [부]. 중=部门 (bùmén) [뿌먼].
- 부 富 부유할 부 (명사) : 영=wealth (wɛlθ) [웰스].
  일=富 (とみ, tomi) [토미]. 중=财富 (cáifù) [차이푸].
- 부근 附近 붙을 부, 가까울 근 (명사) : 영=vicinity (vɪ'sɪnəti)[버시니티].
  일=付近 (ふきん, fukin) [후킨]. 중=附近 (fùjìn) [푸진].
- 부끄러움 (명사) : 영=shame (ʃeɪm) [셰임].
  일=恥ずかしさ (はずかしさ, hazukashisa) [하즈카시사].
  중=羞耻心 (xiūchǐxīn) [슈츠신].
- 부끄럽다 (형용사) : 영=ashamed (ə'ʃeɪmd) [어쉐임드].
  일=恥ずかしい (はずかしい, hazukashii) [하즈카시이].
  중=害羞 (hàixiū) [하이쉬우].
- 부담 負擔 질 부, 멜 담 (명사) : 영=burden ('bɜːrdn) [버든].
  일=負担 (ふたん, futan) [후탄]. 중=负担 (fùdān) [푸단].
- 부담하다 負擔- 질 부, 멜 담 (동사) : 영=to bear (bɛər) [베어].
  일=負担する (ふたんする, futan suru) [후탄스루].
  중=承担 (chéngdān) [청단].

•부대 部隊 떼 부, 무리 대 (명사) : 영=troop (truːp) [트루프].
  일=部隊 (ぶたい, butai) [부타이]. 중=部队 (bùduì) [뿌뚜이].
•부동산 不動産 아닐 불, 움직일 동, 재물 산 (명사) :
  영=real estate (rɪəl ɪˌsteɪt) [리얼 이스테잇].
  일=不動産 (ふどうさん, fudōsan) [후도우산].
  중=不动产 (bùdòngchǎn) [뿌똥찬].
•부드럽다 (형용사) : 영=soft (sʊft) [소프트].
  일=柔らかい (やわらかい, yawarakai) [야와라카이].
  중=柔软的 (róuruǎn de) [로우루안 더].
•부딪치다 (동사) : 영=bump into (bʌmp ˈɪntuː) [범프 인투].
  일=ぶつかる (ぶつかる, butsukaru) [부츠카루].
  중=碰上 (pèngshàng) [펑샹].
•부딪히다 (동사) : 영=be bumped (biː bʌmpt) [비 범프트].
  일=ぶつけられる (ぶつけられる, butsukerareru) [부츠케라레루].
  중=被撞到 (bèi zhuàngdào) [베이 쫭따오].
•부러워하다 (동사) : 영=envy (ˈɛnvi) [엔비].
  일=うらやましがる (urayamashigaru) [우라야마시가루].
  중=羡慕 (xiànmù) [시앤무].
•부러지다 (동사) : 영=break (breɪk) [브레이크].
  일=折れる (おれる, oreru) [오레루]. 중=折断 (zhěduàn) [저뚜안].
•부럽다 (형용사) : 영=envious (ˈɛnviəs) [엔비어스].
  일=うらやましい (urayamashii) [우라야마시이].
  중=羡慕的 (xiànmù de) [시앤무 더].
•부르다 (동사) 이름을 ~ : 영=call (kɔːl) [콜].
  일=呼ぶ (よぶ, yobu) [요부]. 중=叫 (jiào) [지아오].
•부르다 (형용사) 배가 ~ : 영=full (fʊl) [풀].
  일=お腹がいっぱい (おなかがいっぱい, onaka ga ippai) [오나카가 잇파이].
  중=饱 (bǎo) [바오].
•부모 父母 아비 부, 어미 모 (명사) : 영=parents (ˈpeərənts)[페어런츠].
  일=両親 (りょうしん, ryōshin) [료신]. 중=父母 (fùmǔ) [푸무].
•부모님 父母- 아비 부, 어미 모 (명사) : 영=parents (ˈpeərənts) [페어런츠].
  일=ご両親 (ごりょうしん, goryōshin) [고료신].
  중=父母亲 (fùmǔqīn) [푸무친].

- 부문 部門 떼 부, 문 문 (명사) : 영=sector ('sektə) [섹터].
  일=部門 (ぶもん, bumon) [부몬].　　중=部门 (bùmén) [뿌먼].
- 부부 夫婦 지아비 부, 지어미 부 (명사) :
  영=married couple ('mærid 'kʌpl) [메리드 커플].
  일=夫婦 (ふうふ, fūfu) [후우후].　　중=夫妇 (fūfù) [푸푸].
- 부분 部分 떼 부, 나눌 분 (명사) : 영=part (pɑːt) [파트].
  일=部分 (ぶぶん, bubun) [부분].　　중=部分 (bùfen) [뿌펀].
- 부분적 部分的 떼 부, 나눌 분, 과녁 적 (명사) : 영=partial ('pɑːʃəl) [파셜].
  일=部分的 (ぶぶんてき, bubunteki) [부분테키].
  중=部分的 (bùfēn de) [뿌펀 더].
- 부산 釜山 솥 부, 뫼 산 (고유명사) : 영=Busan (buːˈsɑːn) [부산].
  일=釜山 (ぷさん, Pusan) [푸산].　　중=釜山 (Fǔshān) [푸산].
- 부상 負傷 질 부, 다칠 상 (명사) : 영=injury ('ɪndʒəri) [인저리].
  일=負傷 (ふしょう, fushō) [후쇼].　　중=负伤 (fùshāng) [푸샹].
- 부서 部署 떼 부, 벌일 서 (명사) : 영=department (dɪˈpɑːtmənt) [디파트먼트].
  일=部署 (ぶしょ, busho) [부쇼].　　중=部署 (bùshǔ) [뿌슈].
- 부서지다 (동사) : 영=break (breɪk) [브레이크].
  일=壊れる (こわれる, kowareru) [코와레루].　중=破碎 (pòsuì) [포쑤이].
- 부엌 (명사) : 영=kitchen ('kɪtʃɪn) [키친].
  일=台所 (だいどころ, daidokoro) [다이도코로].　중=厨房 (chúfáng) [추팡].
- 부위 部位 떼 부, 자리 위 (명사) : 영=part (pɑːt) [파트].
  일=部位 (ぶい, bui) [부이].　　중=部位 (bùwèi) [뿌웨이].
- 부인 婦人 며느리 부, 사람 인 (명사) : 영=woman ('wʊmən) [우먼].
  일=婦人 (ふじん, fujin) [후진].　　중=妇人 (fùrén) [푸런].
- 부인 夫人 지아비 부, 사람 인 (명사) : 영=wife (waɪf) [와이프].
  일=夫人 (ふじん, fujin) [후진].　　중=夫人 (fūrén) [푸런].
- 부자 富者 부유할 부, 놈 자 (명사) :
  영=rich person (rɪtʃ 'pɜːsən) [리치 퍼슨].
  일=金持ち (かねもち, kanemochi) [카네모치].　중=富人 (fùrén) [푸런].
- 부작용 副作用 버금 부, 지을 작, 쓸 용 (명사) :
  영=side effect ('saɪd ɪfekt) [사이드 이펙트].
  일=副作用 (ふくさよう, fukusayō) [후쿠사요].
  중=副作用 (fùzuòyòng) [푸쭈어융].

- 부잣집 富者- 부유할 부, 놈 자, 집 집 (명사) :

    ㉠=rich family (rɪtʃ 'fæməli) [리치 패밀리].

    ㉡=金持ちの家 (かねもちのいえ, kanemochi no ie) [카네모치노이에].

    ㉢=富人家 (fùrén jiā) [푸런 지아].
- 부장 部長 떼 부, 길 장 (명사) :

    ㉠=department head (dɪ'pɑːtmənt hed) [디파트먼트 헤드].

    ㉡=部長 (ぶちょう, buchō) [부초].   ㉢=部长 (bùzhǎng) [뿌장].
- 부재 不在 아닐 부, 있을 재. (명사) : ㉠=absence ('æbsəns)[앱슨스].

    ㉡=不在 (ふざい, fuzai) [후자이].   ㉢=不在 (bùzài) [부짜이].
- 부정 不正 아닐 부, 바를 정 (명사) : ㉠=wrongdoing (rɔːŋ,duːɪŋ) [롱두잉].

    ㉡=不正 (ふせい, fusei) [후세이].   ㉢=不正 (bùzhèng) [부정].
- 부정적 否定的 아닐 부, 정할 정, 과녁 적. (명사) :

    ㉠=negative ('nεɡətɪv) [네거티브].

    ㉡=否定的 (ひていてき, hiteiteki) [히테이테키].

    ㉢=否定的 (fǒudìng de) [포우띵 더].
- 부정하다 否定- 아닐 부, 정할 정. (동사) : ㉠=deny (dɪ'naɪ)[디나이].

    ㉡=否定する (ひていする, hitei suru) [히테이 스루].

    ㉢=否定 (fǒudìng) [포우띵].
- 부족 部族 떼 부, 겨레 족. (명사) : ㉠=tribe (traɪb) [트라이브].

    ㉡=部族 (ぶぞく, buzoku) [부조쿠].   ㉢=部族 (bùzú) [부주].
- 부족 不足 아닐 부, 발 족. (명사) : ㉠=shortage (ʃɔːrtɪdʒ) [쇼티지].

    ㉡=不足 (ふそく, fusoku) [후소쿠].   ㉢=不足 (bùzú) [부주].
- 부족하다 不足- 아닐 부, 발족 (형용사) : ㉠=insufficient (ɪnsə'fɪʃənt) [인서피션트].

    ㉡=不足だ (ふそくだ, fusoku da) [후소쿠다].   ㉢=不足 (bùzú) [부주].
- 부지런하다 (형용사) : ㉠=diligent ('dɪlɪdʒənt) [딜리전트].

    ㉡=勤勉だ (きんべんだ, kinben da) [킨벤다].   ㉢=勤奋 (qínfèn) [친펀].
- 부지런히 (부사) : ㉠=diligently (dɪlɪdʒəntli) [딜리전틀리].

    ㉡=勤勉に (きんべんに, kinben ni) [킨벤니].

    ㉢=勤奋地 (qínfèn de) [친펀 더].
- 부채 (명사) : ㉠=fan (fæn) [팬].

    ㉡=扇 (おうぎ, ōgi) [오오기].   ㉢=扇子 (shànzi) [산쯔].
- 부처 部處 떼 부, 곳 처 (명사) : ㉠=department (dɪ'pɑːtmənt) [디파트먼트].

    ㉡=部署 (ぶしょ, busho) [부쇼].   ㉢=部门 (bùmén) [부먼].

•부치다 (동사) : ㉠=send (send) [센드].
　㉣=送る (おくる, okuru) [오쿠루].　㉢=寄 (jì) [지].
•부친 父親 아버지 부, 어버이 친. (명사) : ㉠=father (fɑːðər) [파더].
　㉣=父親 (ちちおや, chichioya) [치치오야].　㉢=父亲 (fùqīn) [푸친].
•부탁 付託 줄 부, 부탁할 탁. (명사) : ㉠=request (rɪˈkwɛst) [리퀘스트].
　㉣=依頼 (いらい, irai) [이라이].　㉢=请求 (qǐngqiú) [칭치우].
•부탁하다 付託- 줄 부, 부탁할 탁. (동사) : ㉠=ask (æsk) [애스크].
　㉣=頼む (たのむ, tanomu) [타노무].　㉢=请求 (qǐngqiú) [칭치우].
•부품 部品 떼 부, 낱 낱 품. (명사) : ㉠=part (pɑːrt) [파트].
　㉣=部品 (ぶひん, buhin) [부힌].　㉢=部件 (bùjiàn) [부지엔].
•부피 (명사) : ㉠=volume (vɒljuːm) [벌륨].
　㉣=体積 (たいせき, taiseki) [타이세키].　㉢=体积 (tǐjī) [티지].
•부회장 副會長 버금 부, 모일 회, 장수 장. (명사) :
　㉠=vice president (vaɪs ˈprɛzɪdənt) [바이스 프레지던트].
　㉣=副会長 (ふくかいちょう, fuku kaichō) [후쿠카이쵸].
　㉢=副会长 (fù huìzhǎng) [푸 후이장].
•북 北 북녘 북. (명사) : ㉠=north (nɔːrθ) [노스].
　㉣=北 (きた, kita) [키타].　㉢=北方 (běifāng) [베이팡].
•북부 北部 북녘 북, 떼 부. (명사) :
　㉠=northern area (ˈnɔːðən ˈɛəriə) [노던 에어리어].
　㉣=北部 (ほくぶ, hokubu) [호쿠부].　㉢=北部 (běibù) [베이부].
•북쪽 北- 북녘 북. (명사) : ㉠=north side (nɔːrθ saɪd) [노스 사이드].
　㉣=北側 (きたがわ, kitagawa) [키타가와].㉢=北边 (běibiān) [베이비앤].
•북한 北韓 북녘 북, 한국 한. (고유명사) :
　㉠=North Korea (nɔːrθ kəˈriːə) [노스 코리아].
　㉣=北朝鮮 (きたちょうせん, kita chōsen) [키타쵸센].
　㉢=朝鲜 (Cháoxiǎn) [차오시앤].
•분 (의존명사, 10시 20) : ㉠=minute (ˈmɪnɪt) [미닛].
　㉣=分 (ふん, fun) [훈].　㉢=分钟 (fēnzhōng) [펀중].
•분 (의존명사, 한) : ㉠=person (ˈpɜːsən) [퍼슨].
　㉣=方 (かた, kata) [카타].　㉢=位 (wèi) [웨이].
•분노 憤怒 성낼 분, 성낼 노. (명사) : ㉠=anger (ˈæŋɡər) [앵거].
　㉣=憤怒 (ふんぬ, funnu) [훈누].　㉢=愤怒 (fènnù) [펀누].

- 분량 分量 나눌 분, 헤아릴 량. (명사) : 영=amount (əˈmaʊnt) [어마운트].
  일=分量 (ぶんりょう, bunryō) [분료]. 중=分量 (fènliàng) [펀량].
- 분리 分離 나눌 분, 떠날 리 (명사) : 영=separation (ˌsɛpəˈreɪʃən) [세퍼레이션].
  일=分離 (ぶんり, bunri) [분리]. 중=分离 (fēnlí) [펀리].
- 분리되다 分離- 나눌 분, 떠날 리. (동사) :
  영=be separated (bi ˈsɛpəreɪtɪd) [비 세퍼레이티드].
  일=分離される (ぶんりされる, bunri sareru) [분리 사레루].
  중=被分离 (bèi fēnlí) [뻬이 펀리].
- 분리하다 分離- 나눌 분, 떠날 리 (동사) : 영=separate (ˈsɛpəreɪt) [세퍼레이트].
  일=分離する (ぶんりする, bunri suru) [분리 스루]. 중=分离 (fēnlí) [펀리].
- 분명 分明 나눌 분, 밝을 명. (부사) : 영=clearly (ˈklɪərli) [클리얼리].
  일=明確に (めいかくに, meikaku ni) [메이카쿠니].
  중=分明 (fēnmíng) [펀밍].
- 분명하다 分明- 나눌 분, 밝을 명 (형용사) : 영=be clear (bi klɪər) [비 클리어].
  일=明確だ (めいかくだ, meikaku da) [메이카쿠다].
  중=分明 (fēnmíng) [펀밍].
- 분명해지다 分明- 나눌 분, 밝을 명. (동사) :
  영=become clear (bɪˈkʌm klɪər) [비컴 클리어].
  일=明確になる (めいかくになる, meikaku ni naru) [메이카쿠니나루].
  중=变得分明 (biàn de fēnmíng) [볜더 펀밍].
- 분명히 分明- 나눌 분, 밝을 명. (부사) : 영=clearly (ˈklɪərli) [클리얼리].
  일=明確に (めいかくに, meikaku ni) [메이카쿠니].
  중=明确地 (míngquè de) [밍췌 더].
- 분석 分析 나눌 분, 쪼갤 석. (명사) : 영=analysis (əˈnæləsɪs) [어낼러시스].
  일=分析 (ぶんせき, bunseki) [분세키]. 중=分析 (fēnxī) [펀시].
- 분석하다 分析- 나눌 분, 쪼갤 석 (동사) : 영=analyze (ˈænəlaɪz) [애널라이즈].
  일=分析する (ぶんせきする, bunseki suru) [분세키 스루].
  중=分析 (fēnxī) [펀시].
- 분야 分野 나눌 분, 들 야. (명사) : 영=field (fiːld) [필드].
  일=分野 (ぶんや, bunya) [분야]. 중=领域 (lǐngyù) [링위].
- 분위기 雰圍氣 기운 분, 둘레 위, 기운 기. (명사) :
  영=atmosphere (ˈætməsfɪə) [앳머스피어].
  일=雰囲気 (ふんいき, funˈiki) [훈이키]. 중=氛围 (fēnwéi) [펀웨이].

- 210 -

•분주하다 奔走- 달릴 분, 달릴 주. (형용사) : [영]=be busy (bi ˈbɪzi) [비 비지].
[일]=忙しい (いそがしい, isogashii) [이소가시이].
[중]=奔走 (bēnzǒu) [번조우].
•분포하다 分布- 나눌 분, 펼 부. (동사) :
[영]=be distributed (bi dɪˈstrɪbjuːtɪd) [비 디스트리뷰티드].
[일]=分布する (ぶんぷする, bunpu suru) [분푸 스루]. [중]=分布 (fēnbù) [펀부].
•분필 粉筆 가루 분, 붓 필. (명사) : [영]=chalk (tʃɔːk) [초크].
[일]=チョーク (ちょーく, chōku) [쵸크]. [중]=粉笔 (fěnbǐ) [펀비].
•분홍색 粉紅色 가루 분, 붉을 홍, 빛 색. (명사) : [영]=pink (pɪŋk) [핑크].
[일]=ピンク (ぴんく, pinku) [핑쿠]. [중]=粉红色 (fěnhóngsè) [펀훙써].
•불 (명사) : [영]=fire (ˈfaɪər) [파이어].
[일]=火 (ひ, hi) [히]. [중]=火 (huǒ) [훠].
•불가능하다 不可能- 아니 불, 능할 능. (형용사) :
[영]=impossible (ɪmˈpɒsəbl) [임파서블].
[일]=不可能だ (ふかのうだ, fukanō da) [후카노우다].
[중]=不可能 (bùkěnéng) [뿌커넝].
•불가피하다 不可避- 아니 불, 옳을 가, 피할 피. (형용사) :
[영]=inevitable (ɪnˈevɪtəbl) [이네비터블].
[일]=避けられない (さけられない, sakerarenai) [사케라레나이].
[중]=不可避免 (bùkě bìmiǎn) [뿌커 삐먄].
•불고기 (명사) : [영]=bulgogi (bulˈgoʊgi) [불고기].
[일]=プルコギ (ぷるこぎ, purukogi) [푸루코기].
[중]=韩式烤肉 (hánshì kǎoròu) [한스 카오로우].
•불과 不過 아니 불, 지날 과. (부사) : [영]=only (ˈəʊnli) [온리].
[일]=にすぎない (nisuginai) [니스기나이]. [중]=不过 (bùguò) [뿌꾸어].
•불과하다 不過- 아니 불, 지날 과. (형용사) :
[영]=be no more than (bi nəʊ mɔː ðæn) [비 노 모어 댄].
[일]=にすぎない (nisuginai) [니스기나이].
[중]=不过是 (bùguò shì) [뿌꾸어 스].
•불교 佛教 부처 불, 가르칠 교. (명사) : [영]=Buddhism (ˈbʊdɪzəm) [부디즘].
[일]=仏教 (ぶっきょう, bukkyō) [붓쿄]. [중]=佛教 (Fójiào) [포지아오].
•불구하다 不拘- 아니 불, 잡을 구. (동사) : [영]=disregard (ˌdɪsrɪˈgɑːd) [디스리가드].
[일]=かかわらない (kakawaranai) [카카와라나이]. [중]=不拘 (bùjū) [뿌쥐].

- 불꽃 (명사) : ㉢=flame (fleɪm) [플레임].
  ㉿=炎 (ほのお, honoo) [호노오].　㊥=火花 (huǒhuā) [훠화].
- 불다 (동사) 바람이 ~ : ㉢=blow (bloʊ) [블로우].
  ㉿=吹く (ふく, fuku) [후쿠].　㊥=吹 (chuī) [추이].
- 불러일으키다 (동사) : ㉢=arouse (əˈraʊz) [어라우즈].
  ㉿=呼び起こす (よびおこす, yobiokosu) [요비오코스]. ㊥=引起 (yǐnqǐ) [인치].
- 불리다 (동사) 물에 ~ : ㉢=soak (soʊk) [소크].
  ㉿=浸す (ひたす, hitasu) [히타스].　㊥=泡 (pào) [파오].
- 불리다 (동사) '부르다'의 피동사 : ㉢=be called (bi kɔːld) [비 콜드].
  ㉿=呼ばれる (よばれる, yobareru) [요바레루].
  ㊥=被叫做 (bèi jiàozuò) [뻬이 지아오쭈오].
- 불리하다 不利- 아닐 불, 이로울 리. (형용사) :
  ㉢=disadvantageous (ˌdɪsədˌvænˈteɪdʒəs) [디서드밴테이저스].
  ㉿=不利だ (ふりだ, furida) [후리다]. ㊥=不利 (bùlì) [뿌리].
- 불만 不滿 아닐 불, 찰 만. (명사) :
  ㉢=dissatisfaction (ˌdɪsˌsætɪsˈfækʃən) [디스새티스팩션].
  ㉿=不満 (ふまん, fuman) [후만]. ㊥=不满 (bùmǎn) [뿌만].
- 불법 佛法 부처 불, 법도 법 (명사) : ㉢=Buddhist law (ˈbʊdɪst lɔː) [부디스트 로]. ㉿=仏法 (ぶっぽう, buppō) [붓포].　㊥=佛法 (Fófǎ) [포파].
- 불법 不法 아닐 불, 법도 법. (명사) : ㉢=illegal (ɪˈliːɡl) [일리걸].
  ㉿=不法 (ふほう, fuhō) [후호]. ㊥=不法 (bùfǎ) [뿌파].
- 불빛 (명사) : ㉢=light (laɪt) [라이트].
  ㉿=明かり (あかり, akari) [아카리]. ㊥=灯光 (dēngguāng) [덩꽝].
- 불쌍하다 (형용사) : ㉢=pitiable (ˈpɪtiəbl) [피티어블].
  ㉿=かわいそうだ (kawaisō da) [카와이소오다]. ㊥=可怜 (kělián) [커리엔].
- 불안 不安 아닐 불, 편안할 안. (명사) : ㉢=anxiety (æŋˈzaɪəti) [앵자이어티].
  ㉿=不安 (ふあん, fuan) [후안].　㊥=不安 (bùˈān) [뿌안].
- 불안하다 不安- 아닐 불, 편안할 안 (형용사) :
  ㉢=anxious (ˈæŋkʃəs) [앵셔스].
  ㉿=不安だ (ふあんだ, fuanda) [후안다]. ㊥=不安 (bùˈān) [뿌안].
- 불어오다 (동사) : ㉢=blow in (bloʊ ɪn) [블로 인].
  ㉿=吹いてくる (ふいてくる, fuitekuru) [후이테쿠루].
  ㊥=吹来 (chuīlái) [추이라이].

- 불완전하다 不完全- 아닐 불, 완전할 완, 온전할 전. (형용사) :
  - 영=incomplete (ˌɪnkəmˈpliːt) [인컴플리트].
  - 일=不完全だ (ふかんぜんだ, fukanzen da) [후칸젠다].
  - 중=不完全 (bùwánquán) [뿌완취앤].
- 불이익 不利益 아닐 불, 이로울 리, 더할 익. (명사) :
  - 영=disadvantage (ˌdɪsədˈvæntɪdʒ) [디서드밴티지].
  - 일=不利益 (ふりえき, furieki) [후리에키]. 중=不利益 (bùlìyì) [뿌리이]].
- 불편 不便 아닐 불, 편할 편. (명사) :
  - 영=inconvenience (ˌɪnkənˈviːniəns) [인컨비니언스].
  - 일=不便 (ふべん, fuben) [후벤]. 중=不便 (bùbiàn) [뿌비앤].
- 불편하다 不便- 아닐 불, 편할 편. (형용사) :
  - 영=inconvenient (ˌɪnkənˈviːniənt) [인컨비니언트].
  - 일=不便だ (ふべんだ, fuben da) [후벤다]. 중=不便 (bùbiàn) [뿌비앤].
- 불평 不平 아닐 불, 평평할 평. (명사) :
  - 영=complaint (kəmˈpleɪnt) [컴플레인트].
  - 일=不平 (ふへい, fuhei) [후헤이]. 중=不平 (bùpíng) [뿌핑].
- 불평등하다 不平等- 아닐 불, 평평할 평, 같을 등. (형용사) :
  - 영=unequal (ʌnˈiːkwəl) [언이퀼].
  - 일=不平等だ (ふびょうどうだ, fubyōdō da) [후뵤도다].
  - 중=不平等 (bùpíngděng) [뿌핑덩].
- 불필요하다 不必要- 아닐 불, 반드시 필, 필요할 요. (형용사) :
  - 영=unnecessary (ʌnˈnesəsəri) [언네서서리].
  - 일=不必要だ (ふひつようだ, fuhitsuyō da) [후히츠요다].
  - 중=不必要 (bùbìyào) [뿌삐야오].
- 불행 不幸 아닐 불, 다행 행 (명사) : 영=misfortune (mɪsˈfɔːrtʃuːn) [미스포춘].
  - 일=不幸 (ふこう, fukō) [후코]. 중=不幸 (bùxìng) [뿌싱].
- 불행하다 不幸- 아닐 불, 다행 행. (형용사) :
  - 영=unhappy (ʌnˈhæpi) [언해피].
  - 일=不幸だ (ふこうだ, fukō da) [후코다]. 중=不幸 (bùxìng) [뿌싱].
- 불확실하다 不確實- 아닐 불, 굳을 확, 참 실. (형용사) :
  - 영=uncertain (ʌnˈsɜːrtn) [언서튼].
  - 일=不確実だ (ふかくじつだ, fukakujitsu da) [후카쿠지츠다].
  - 중=不确定 (bùquèdìng) [뿌취에딩].

•붉다 (형용사) : [영]=red (red) [레드].
[일]=赤い (あかい, akai) [아카이]. [중]=红 (hóng) [훙].

•붐비다 (동사) :
[영]=be crowded (bi ˈkraʊdɪd) [비 크라우디드].
[일]=混む (こむ, komu) [코무]. [중]=拥挤 (yōngjǐ) [융지].

•붓다 (동사) 물을 ~ : [영]=pour (pɔːr) [포어].
[일]=注ぐ (そそぐ, sosogu) [소소구]. [중]=倒 (dào) [따오].

•붓다 (동사) 얼굴이 ~ : [영]=swell (swel) [스웰].
[일]=腫れる (はれる, hareru) [하레루]. [중]=肿 (zhǒng) [쭝].

•붙다 (동사) : [영]=stick (stɪk) [스틱].
[일]=付く (つく, tsuku) [츠쿠]. [중]=粘 (zhān) [잔].

•붙들다 (동사) : [영]=grab (græb) [그랩].
[일]=つかまえる (tsukamaeru) [츠카마에루]. [중]=抓住 (zhuāzhù) [쭈아쭈].

•붙이다 (동사) : [영]=attach (əˈtætʃ) [어태치].
[일]=付ける (つける, tsukeru) [츠케루]. [중]=贴 (tiē) [티에].

•붙잡다 (동사) : [영]=grab (græb) [그랩].
[일]=つかまえる (つかまえる, tsukamaeru) [츠카마에루].
[중]=抓住 (zhuāzhù) [쭈아쭈].

•붙잡히다 (동사) : [영]=be caught (bi kɔːt) [비 컷].
[일]=つかまる (つかまる, tsukamaru) [츠카마루].
[중]=被抓住 (bèi zhuāzhù) [뻬이 쭈아쭈].

•브랜드 (명사) : [영]=brand (brænd) [브랜드].
[일]=ブランド (ぶらんど, burando) [부란도]. [중]=品牌 (pǐnpái) [핀파이].

•블라우스 (명사) : [영]=blouse (blaʊs) [블라우스].
[일]=ブラウス (ぶらうす, burausu) [부라우스].
[중]=女衬衫 (nǚ chènshān) [뉘 천산].

•비 (명사) ~가 내리다 : [영]=rain (reɪn) [레인].
[일]=雨 (あめ, ame) [아메]. [중]=雨 (yǔ) [위].

•비 碑 비석 비 (명사) : [영]=monument (ˈmɒnjumənt) [모뉴먼트].
[일]=碑 (ひ, hi) [히]. [중]=碑 (bēi) [뻬이].

•비교 比較 견줄 비, 견줄 교 (명사) :
[영]=comparison (kəmˈpærɪsn) [컴패리슨].
[일]=比較 (ひかく, hikaku) [히카쿠]. [중]=比较 (bǐjiào) [비자오].

- 비교적 比較的 견줄 비, 과녁 적 (부사) : 영=relatively ('relətɪvli) [렐러티블리].
  일=比較的に (ひかくてきに, hikakutekini) [히카쿠테키니].
  중=比较地 (bǐjiàodì) [비자오디].
- 비교하다 比較- 견줄 비, 견줄 교 (동사) : 영=compare (kəm'per) [컴페어].
  일=比較する (ひかくする, hikaku suru) [히카쿠 스루].
  중=比较 (bǐjiào) [비자오].
- 비극 悲劇 슬플 비, 심할 극 (명사) : 영=tragedy ('trædʒədi) [트래저디].
  일=悲劇 (ひげき, higeki) [히게키].   중=悲剧 (bēijù) [페이쥐].
- 비기다 (동사) : 영=draw (drɔː) [드로].
  일=引き分ける (ひきわける, hikiwakeru) [히키와케루].
  중=打成平手 (dǎ chéng píngshǒu) [다청핑서우].
- 비난 非難 아닐 비, 어려울 난 (명사) :
  영=criticism ('krɪtɪsɪzəm) [크리티시즘].
  일=非難 (ひなん, hinan) [히난].   중=非难 (fēinàn) [페이난].
- 비누 (명사) : 영=soap (soʊp) [솝].
  일=石けん (せっけん, sekken) [셋켄]. 중=肥皂 (féizào) [페이자오].
- 비닐 (명사) : 영=vinyl ('vaɪnəl) [바이널].
  일=ビニール (びにーる, biniru) [비니이루]. 중=塑料 (sùliào) [쑤랴오].
- 비닐봉지 vinyl封紙 (명사) : 영=plastic bag ('plæstɪk bæg) [플래스틱 백].
  일=ビニール袋 (びにーるぶくろ, biniru bukuro) [비니이루 부쿠로].
  중=塑料袋 (sùliào dài) [쑤랴오 따이].
- 비다 (동사) : 영=be empty (bi 'ɛmpti) [비 엠프티].
  일=空く (あく, aku) [아쿠].   중=空 (kōng) [콩].
- 비둘기 (명사) : 영=pigeon ('pɪdʒɪn) [피젼].
  일=鳩 (はと, hato) [하토].   중=鸽子 (gēzi) [꺼쯔].
- 비디오 (명사) : 영=video ('vɪdiəʊ) [비디오].
  일=ビデオ (びでお, bideo) [비데오]. 중=视频 (shìpín) [스핀].
- 비로소 (부사) : 영=only then ('əʊnli ðen) [온리 덴].
  일=ようやく (ようやく, yōyaku) [요야쿠]. 중=才 (cái) [차이].
- 비롯되다 (동사) : 영=originate (ə'rɪdʒɪneɪt) [어리저네이트].
  일=始まる (はじまる, hajimaru) [하지마루]. 중=起源于 (qǐyuán yú) [치위안위].
- 비롯하다 (동사) : 영=begin (bɪ'ɡɪn) [비긴].
  일=始まる (はじまる, hajimaru) [하지마루]. 중=起始 (qǐshǐ) [치스].

- 비만 肥滿 살찔 비, 찰 만 (명사) : 영=obesity (əʊˈbiːsɪti) [어우비서티].
  일=肥満 (ひまん, himan) [히만].　중=肥胖 (fépàng) [페이팡].
- 비명 悲鳴 슬플 비, 울 명 (명사) : 영=scream (skriːm) [스크림].
  일=悲鳴 (ひめい, himei) [히메이].　중=悲鸣 (bēimíng) [베이밍].
- 비밀 祕密 숨길 비, 빽빽할 밀 (명사) : 영=secret (ˈsiːkrət) [시크릿].
  일=祕密 (ひみつ, himitsu) [히미츠].　중=祕密 (mìmì) [미미].
- 비바람 (명사) : 영=rainstorm (ˈreɪnstɔːm) [레인스톰].
  일=風雨 (ふうう, fūu) [후우].　중=风雨 (fēngyǔ) [펑위].
- 비비다 (동사) : 영=rub (rʌb) [럽].
  일=こする (kosuru) [코스루].　중=搓 (cuō) [추어].
- 비빔밥 (명사) : 영=mixed rice (mɪkst raɪs) [믹스트 라이스].
  일=ビビンバ (びびんば, bibinba) [비빈바].　중=拌饭 (bànfàn) [반판].
- 비상 非常 아닐 비, 항상 상 (명사) : 영=emergency (ɪˈmɜːdʒənsi) [이머전시].
  일=非常 (ひじょう, hijō) [히조].　중=非常 (fēicháng) [페이챵].
- 비서 祕書 숨길 비, 글 서 (명사) : 영=secretary (ˈsekrəteri) [세크러테리].
  일=祕書 (ひしょ, hisho) [히쇼].　중=祕书 (mìshū) [미슈].
- 비슷하다 (형용사) : 영=similar (ˈsɪmələr) [시밀러].
  일=似ている (にている, niteiru) [니테이루].　중=相似 (xiāngsì) [샹쓰].
- 비싸다 (형용사) : 영=expensive (ɪkˈspensɪv) [익스펜시브].
  일=高い (たかい, takai) [타카이].　중=贵 (guì) [꾸이].
- 비용 費用 쓸 비, 쓸 용 (명사) : 영=cost (kɔːst) [코스트].
  일=費用 (ひよう, hiyō) [히요].　중=费用 (fèiyòng) [페이용].
- 비우다 (동사) : 영=empty (ˈempti) [엠프티].
  일=空にする (からにする, kara ni suru) [카라니스루].
  중=腾空 (téngkōng) [텅콩].
- 비웃다 (동사) : 영=sneer (snɪə) [스니어].
  일=あざ笑う (あざわらう, azawarau) [아자와라우].
  중=嘲笑 (cháoxiào) [차오샤오].
- 비율 比率 견줄 비, 비율 률 (명사) : 영=ratio (ˈreɪʃiəʊ) [레이시오].
  일=比率 (ひりつ, hiritsu) [히리츠].　중=比率 (bǐlǜ) [비뤼].
- 비중 比重 견줄 비, 무거울 중 (명사) :
  영=specific gravity (spəˈsɪfɪk ˈɡrævəti) [스퍼시픽 그래버티].
  일=比重 (ひじゅう, hijū) [히쥬].　중=比重 (bǐzhòng) [비중].

•비추다 (동사) : [영]=shine (ʃaɪn) [샤인].
[일]=照らす (てらす, terasu) [테라스]. [중]=照射 (zhàoshè) [자오셔].
•비치다 (동사) : [영]=be reflected (rɪˈflektɪd) [리플렉티드].
[일]=映る (うつる, utsuru) [우츠루]. [중]=映出 (yìngchū) [잉추].
•비키다 (동사) : [영]=move aside (muːv əˈsaɪd) [무브 어사이드].
[일]=どく (doku) [도쿠]. [중]=躲开 (duǒkāi) [뚜어카이].
•비타민 (명사) : [영]=vitamin (ˈvaɪtəmɪn / ˈvɪtəmɪn) [비타민].
[일]=ビタミン (bitamin) [비타민]. [중]=维生素 (wéishēngsù) [웨이셩쑤].
•비판 批判 판단할 비, 판단할 판 (명사) : [영]=criticism (ˈkrɪtɪsɪzəm) [크리티시즘].
[일]=批判 (ひはん, hihan) [히한]. [중]=批判 (pīpàn) [피판].
•비판적 批判的 판단할 비, 판단할 판, 과녁 적 (명사) :
[영]=critical (ˈkrɪtɪkəl) [크리티컬].
[일]=批判的 (ひはんてき, hihanteki) [히한테키].
[중]=批判的 (pīpàndí) [피판디].
•비판하다 批判- 판단할 비, 판단할 판 (동사) :
[영]=criticize (ˈkrɪtɪsaɪz) [크리티사이즈].
[일]=批判する (ひはんする, hihan suru) [히한스루]. [중]=批判 (pīpàn) [피판].
•비하다 比- 견줄 비 (동사) : [영]=compare (kəmˈpeə) [컴페어].
[일]=比べる (くらべる, kuraberu) [쿠라베루]. [중]=比较 (bǐjiào) [비자오].
•비행 飛行 날 비, 다닐 행 (명사) : [영]=flight (flaɪt) [플라이트].
[일]=飛行 (ひこう, hikō) [히코오]. [중]=飞行 (fēixíng) [페이싱].
•비행 非行 아닐 비, 다닐 행 (명사) : [영]=delinquency (dɪˈlɪŋkwənsi) [딜링퀀시].
[일]=非行 (ひこう, hikō) [히코오]. [중]=非行 (fēixíng) [페이싱].
•비행기 飛行機 날 비, 다닐 행, 틀 기 (명사) :
[영]=airplane (ˈeəpleɪn) [에어플레인].
[일]=飛行機 (ひこうき, hikōki) [히코키]. [중]=飞机 (fēijī) [페이지].
•비행장 飛行場 날 비, 다닐 행, 마당 장 (명사) :
[영]=airport (ˈeəpɔːt) [에어포트].
[일]=飛行場 (ひこうじょう, hikōjō) [히코죠오]. [중]=机场 (jīchǎng) [지창].
•빌다 (동사) 소원을 ~ : [영]=pray (preɪ) [프레이].
[일]=祈る (いのる, inoru) [이노루]. [중]=祈愿 (qíyuàn) [치위앤].
•빌딩 (명사) : [영]=building (ˈbɪldɪŋ) [빌딩].
[일]=ビル (biru) [비루]. [중]=大楼 (dàlóu) [따로우].

- 빌리다 (동사) : 영=borrow ('bɒrəʊ) [보로우].
  일=借りる (かりる, kariru) [카리루].　중=借 (jiè) [지에].
- 빗 (명사) ~으로 빗다 : 영=comb (kəʊm) [콤].
  일=くし (kushi, 쿠시) [쿠시].　중=梳子 (shūzi) [슈쯔].
- 빗물 (명사) : 영=rainwater ('reɪnˌwɔːtə) [레인워터].
  일=雨水 (あまみず, amamizu) [아마미즈].　중=雨水 (yǔshuǐ) [위슈이].
- 빗방울 (명사) : 영=raindrop ('reɪndrɒp) [레인드롭].
  일=雨粒 (あまつぶ, amatsubu) [아마츠부].　중=雨点 (yǔdiǎn) [위뗸].
- 빗줄기 (명사) : 영=rain streak (reɪn striːk) [레인 스트릭].
  일=雨の筋 (あめのすじ, ame no suji) [아메노스지].　중=雨线 (yǔxiàn) [위셴].
- 빚 (명사) : 영=debt (det) [뎃].
  일=借金 (しゃっきん, shakkin) [샤킹].　중=债 (zhài) [짜이].
- 빛 (명사) : 영=light (laɪt) [라이트].
  일=光 (ひかり, hikari) [히카리].　중=光 (guāng) [광].
- 빛깔 (명사) : 영=color ('kʌlər) [컬러].
  일=色合い (いろあい, iroai) [이로아이].　중=颜色 (yánsè) [옌쎄].
- 빛나다 (동사) : 영=shine (ʃaɪn) [샤인].
  일=光る (ひかる, hikaru) [히카루].　중=发光 (fāguāng) [파광].
- 빠뜨리다 (동사) : 영=drop (drɒp) [드롭].
  일=落とす (おとす, otosu) [오토스].　중=掉落 (diàoluò) [뚀아루어].
- 빠르다 (형용사) : 영=fast (fɑːst) [파스트].
  일=速い (はやい, hayai) [하야이].　중=快 (kuài) [콰이].
- 빠져나가다 (동사) : 영=escape (ɪˈskeɪp) [이스케이프].
  일=抜け出す (ぬけだす, nukedasu) [누케다스].
  중=逃脱 (táotuō) [타오투어].
- 빠져나오다 (동사) : 영=come out (kʌm aʊt) [컴 아웃].
  일=抜け出る (ぬけでる, nukederu) [누케데루].　중=出来 (chūlái) [추라이].
- 빠지다 (동사) 머리가 ~ : 영=lose hair (luːz heə) [루즈 헤어].
  일=抜ける (ぬける, nukeru) [누케루].　중=脱发 (tuōfà) [투오파].
- 빠지다 (동사) 물에 ~ : 영=fall into (fɔːl ˈɪntuː) [폴 인투].
  일=落ちる (おちる, ochiru) [오치루].　중=掉进 (diào jìn) [띠아오진].
- 빨간색 (명사) -色 : 영=red (red) [레드].
  일=赤色 (あかいろ, akairo) [아카이로].　중=红色 (hóngsè) [홍쎄].

- 빨갛다 (형용사) : 영=reddish (ˈrɛdɪʃ) [레디쉬].
  일=赤い (あかい, akai) [아카이]. 중=红的 (hóng de) [홍 더].
- 빨다 (동사) 옷을 ~ : 영=wash (wɒʃ) [워시].
  일=洗う (あらう, arau) [아라우]. 중=洗衣 (xǐyī) [시이].
- 빨다 (동사) 젖을 ~ : 영=suck (sʌk) [석].
  일=吸う (すう, suu) [스우]. 중=吮吸 (shǔnxī) [쉰시].
- 빨래 (명사) : 영=laundry (ˈlɔːndri) [런드리].
  일=洗濯物 (せんたくもの, sentakumono) [센타쿠모노].
  중=洗衣物 (xǐyīwù) [시이우].
- 빨리 (부사) : 영=quickly (ˈkwɪkli) [퀵클리].
  일=早く (はやく, hayaku) [하야쿠]. 중=快点 (kuài diǎn) [콰이디앤].
- 빵 (명사) : 영=bread (brɛd) [브레드].
  일=パン (ぱん, pan) [빤]. 중=面包 (miànbāo) [미앤빠오].
- 빼놓다 (동사) : 영=leave out (liːv aʊt) [리브 아웃].
  일=除く (のぞく, nozoku) [노조쿠]. 중=遗漏 (yílòu) [이러우].
- 빼다 (동사) 가시를 ~ : 영=remove (rɪˈmuːv) [리무브].
  일=抜く (ぬく, nuku) [누쿠]. 중=拔掉 (bádiào) [바디아오].
- 빼앗기다 (동사) : 영=be taken away (biː ˈteɪkən əˈweɪ) [비 테이컨 어웨이].
  일=奪われる (うばわれる, ubawareru) [우바와레루].
  중=被夺走 (bèi duózǒu) [뻬이 두오조우].
- 빼앗다 (동사) : 영=take away (teɪk əˈweɪ) [테이크 어웨이].
  일=奪う (うばう, ubau) [우바우]. 중=夺走 (duózǒu) [두오조우].
- 뺏다 (동사) : 영=snatch (snætʃ) [스내치].
  일=取り上げる (とりあげる, toriageru) [토리아게루].
  중=抢走 (qiǎngzǒu) [챵조우].
- 뺨 (명사) : 영=cheek (tʃiːk) [칙].
  일=頬 (ほお, hoo) [호오]. 중=脸颊 (liǎnjiá) [리엔지아].
- 뻔하다 (보) : 영=almost (ˈɔːlməʊst) [올모스트].
  일=~しそうだ (しそうだ, shisouda) [시소우다].
  중=差点儿 (chàdiǎnr) [차디앤르].
- 뻔하다 (형용사) : 영=obvious (ˈɒbvɪəs) [옵비어스].
  일=明白だ (あきらかだ, akirakada) [아키라카다].
  중=明显的 (míngxiǎn de) [밍시앤 더].

•뻗다 (동사) : [영]=stretch (strɛtʃ) [스트레치].
[일]=伸びる (のびる, nobiru) [노비루]. [중]=伸展 (shēnzhǎn) [션잔].
•뼈(명사) : [영]=bone (boʊn) [보운].
[일]=骨 (ほね, hone) [호네]. [중]=骨头 (gǔtou) [구터우].
•뽑다 (동사) : [영]=pick (pɪk) [픽].
[일]=選ぶ (えらぶ, erabu) [에라부].
[중]=拔出 (báchū) [바추].
•뽑히다 (동사) :
[영]=be selected (bi sɪ'lektɪd) [비 셀렉티드].
[일]=選ばれる (えらばれる, erabareru) [에라바레루].
[중]=被选中 (bèi xuǎnzhòng) [뻬이 쉬앤중].
•뿌리 (명사) : [영]=root (ruːt) [루트].
[일]=根 (ね, ne) [네]. [중]=根 (gēn) [껀].
•뿌리다 (동사) :
[영]=sprinkle ('sprɪŋkəl) [스프링클].
[일]=まく (maku) [마쿠]. [중]=撒 (sǎ) [싸].
•뿌리치다 (동사) :
[영]=shake off (ʃeɪk ɔf) [셰이크 오프].
[일]=振り切る (ふりきる, furikiru) [후리키루].
[중]=甩开 (shuǎikāi) [슈아이카이].
•뿐(의존명사) :
[영]=only ('əʊnli) [온리].
[일]=だけ (だけ, dake) [다케].
[중]=只 (zhǐ) [즈].

사. 사 부

弘益홍익(널리 이로울) 광고란
신백훈 정익학당 추천 애국민 필독서
[국민헌법] 김학성 지음

♣♣♣
- 사 (수사) 四 : 영=four (fɔːr) [포어].
  일=四 (し, shi / よん, yon) [욘]. 중=四 (sì) [쓰].
- 사건 事件 (명사) 일 사, 사건 건 : 영=incident ('ɪnsɪdənt) [인시던트].
  일=事件 (じけん, jiken) [지켄]. 중=事件 (shìjiàn) [스지앤].
- 사계절 四季節 넉 사, 계절 계, 마디 절. (명사) :
  영=four seasons (fɔːr 'siːznz) [포 시즌즈].
  일=四季 (しき, shiki) [시키]. 중=四季 (sìjì) [쓰지].
- 사고 思考 생각 사, 생각할 고. (명사) : 영=thinking ('θɪŋkɪŋ) [띵킹].
  일=思考 (しこう, shikou) [시코오]. 중=思考 (sīkǎo) [쓰카오].
- 사고 事故 일 사, 연고 고 (명사) : 영=accident ('æksɪdənt) [액시던트].
  일=事故 (じこ, jiko) [지고]. 중=事故 (shìgù) [스꾸].
- 사과 沙果 모래 사, 열매 과. (명사) : 영=apple ('æpl) [애플].
  일=りんご (ringo) [린고]. 중=苹果 (píngguǒ) [핑구어].
- 사과 謝過 사례할 사, 지날 과. (명사) :
  영=apology (ə'pɒlədʒi) [어팔러지].
  일=謝罪 (しゃざい, shazai) [샤자이]. 중=道歉 (dàoqiàn) [따오첸].
- 사과하다 謝過- (동사) : 영=apologize (ə'pɒlədʒaɪz) [어팔러자이즈].
  일=謝る (あやまる, ayamaru) [아야마루]. 중=道歉 (dàoqiàn) [따오첸].
- 사귀다 (동사) : 영=associate (ə'səʊʃieɪt) [어소시에이트].
  일=付き合う (つきあう, tsukiau) [츠키아우].
  중=交往 (jiāowǎng) [자오왕].
- 사기 士氣 선비 사, 기운 기. (명사) : 영=morale (mə'ræl) [머랠].
  일=士気 (しき, shiki) [시키]. 중=士气 (shìqì) [스치].
- 사나이 (명사) : 영=man (mæn) [맨].
  일=男 (おとこ, otoko) [오토코]. 중=男子 (nánzǐ) [난쯔].
- 사냥 (명사) : 영=hunting ('hʌntɪŋ) [헌팅].
  일=狩り (かり, kari) [카리]. 중=打猎 (dǎliè) [따리에].
- 사다 (동사) : 영=buy (baɪ) [바이].
  일=買う (かう, kau) [카우]. 중=买 (mǎi) [마이].
- 사들이다 (동사) : 영=purchase ('pɜːtʃəs) [퍼처스].
  일=買い入れる (かいいれる, kaiireru) [카이이레루].
  중=买入 (mǎirù) [마이루].

- 사라지다 (동사) : ㉠=disappear (ˌdɪsəˈpɪə) [디서피어].
  ㉡=消える (きえる, kieru) [키에루]. ㉢=消失 (xiāoshī) [샤오스].
- 사람 (명사) : ㉠=person (ˈpɜːsən) [퍼슨].
  ㉡=人 (ひと, hito) [히토]. ㉢=人 (rén) [런].
- 사랑 (명사) : ㉠=love (lʌv) [러브].
  ㉡=愛 (あい, ai) [아이]. ㉢=爱 (ài) [아이].
- 사랑스럽다 (형용사) : ㉠=lovable (ˈlʌvəbəl) [러버블].
  ㉡=愛らしい (あいらしい, airashii) [아이라시이]. ㉢=可爱 (kěˈài) [커아이].
- 사랑하다 (동사) : ㉠=love (lʌv) [러브].
  ㉡=愛する (あいする, aisuru) [아이스루]. ㉢=爱 (ài) [아이].
- 사례 事例 일 사, 예례 례. (명사) : ㉠=example (ɪgˈzɑːmpl) [이그잼플].
  ㉡=事例 (じれい, jirei) [지레이]. ㉢=事例 (shìlì) [스리].
- 사립 私立 사사 사, 설 립. (명사) : ㉠=private (ˈpraɪvət) [프라이빗].
  ㉡=私立 (しりつ, shiritsu) [시리츠]. ㉢=私立 (sīlì) [쓰리].
- 사망 死亡 죽을 사, 망할 망. (명사) : ㉠=death (dɛθ) [데스].
  ㉡=死亡 (しぼう, shibou) [시보오]. ㉢=死亡 (sǐwáng) [쓰왕].
- 사망하다 死亡- 죽을 사, 망할 망. (동사) : ㉠=die (daɪ) [다이].
  ㉡=死亡する (しぼうする, shibōsuru) [시보우스루].
  ㉢=死亡 (sǐwáng) [쓰왕].
- 사모님 師母- 스승 사, 어머니 모 (명사) : ㉠=madam (ˈmædəm) [매덤].
  ㉡=奥様 (おくさま, okusama) [오쿠사마]. ㉢=师母 (shīmǔ) [스무].
- 사무 事務 일 사, 힘쓸 무. (명사) : ㉠=office work (ˈɒfɪs wɜːk) [오피스 워크].
  ㉡=事務 (じむ, jimu) [지무]. ㉢=事务 (shìwù) [스우].
- 사무소 事務所 일 사, 힘쓸 무, 바 소. (명사) : ㉠=office (ˈɒfɪs) [오피스].
  ㉡=事務所 (じむしょ, jimusho) [지무쇼]. ㉢=事务所 (shìwùsuǒ) [스우수어].
- 사무실 事務室 일 사, 힘쓸 무, 방 실. (명사) :
  ㉠=office room (ˈɒfɪs ruːm) [오피스 룸].
  ㉡=事務室 (じむしつ, jimushitsu) [지무시츠].
  ㉢=事务室 (shìwùshì) [스우스].
- 사무직 事務職 일 사, 힘쓸 무, 직업 직. (명사) :
  ㉠=clerical job (ˈklɛrɪkəl dʒɒb) [클레리컬 잡].
  ㉡=事務職 (じむしょく, jimushoku) [지무쇼쿠].
  ㉢=事务职 (shìwùzhí) [스우즈].

•사물 事物 일 사, 만물 물. (명사) : [영]=object (ˈɒbdʒɛkt) [오브젝트].
[일]=事物 (じぶつ, jibutsu) [지부츠]. [중]=事物 (shìwù) [스우].
•사방 四方 넉 사, 모방 (명사) : [영]=all directions (ɔːl dəˈrɛkʃənz) [올 디렉션즈].
[일]=四方 (しほう, shihō) [시호]. [중]=四方 (sìfāng) [쓰팡].
•사상 史上 역사 사, 위 상. (명사) : [영]=in history (ɪn ˈhɪstəri) [인 히스토리].
[일]=史上 (しじょう, shijō) [시죠]. [중]=史上 (shǐshàng) [스샹].
•사생활 私生活 사사 사, 날 생, 살 활. (명사) :
[영]=private life (ˈpraɪvət laɪf) [프라이빗 라이프].
[일]=私生活 (しせいかつ, shiseikatsu) [시세이카츠].
[중]=私生活 (sīshēnghuó) [쓰성후어].
•사설 社說 모일 사, 말씀 설. (명사) : [영]=editorial (ˌɛdɪˈtɔːriəl) [에디토리얼].
[일]=社説 (しゃせつ, shasetsu) [샤세츠]. [중]=社论 (shèlùn) [셔룬].
•사소하다 些少- 적을 사, 적을 소 (형용사) : [영]=trivial (ˈtrɪviəl) [트리비얼].
[일]=些細だ (ささいだ, sasaida) [사사이다].
[중]=琐碎的 (suǒsuì de) [수어쒜이 더].
•사슴 (명사) : [영]=deer (dɪr) [디어].
[일]=鹿 (しか, shika) [시카]. [중]=鹿 (lù) [루].
•사실 事實 일 사, 열매 실. (명사) : [영]=fact (fækt) [팩트].
[일]=事実 (じじつ, jijitsu) [지지츠]. [중]=事实 (shìshí) [스스].
•사실 事實 일 사, 열매 실. (부사) : [영]=actually (ˈæktʃuəli) [액추얼리].
[일]=実は (じつは, jitsu wa) [지츠와]. [중]=其实 (qíshí) [치스].
•사실상 事實上 일 사, 열매 실, 위 상. (부사) :
[영]=virtually (ˈvɜːtʃuəli) [버츄얼리].
[일]=事実上 (じじつじょう, jijitsujō) [지지츠조].
[중]=事实上 (shìshí shàng) [스스 샹].
•사십 四十 넉 사, 열 십. (수사) : [영]=forty (ˈfɔːti) [포티].
[일]=四十 (しじゅう, shijū) [시쥬]. [중]=四十 (sìshí) [쓰스].
•사업 事業 일 사, 업 업. (명사) : [영]=business (ˈbɪznəs) [비즈니스].
[일]=事業 (じぎょう, jigyō) [지교]. [중]=事业 (shìyè) [스예].
•사업가 事業家 일 사, 업 업, 집 가. (명사) :
[영]=businessman (ˈbɪznəsmæn) [비즈니스맨].
[일]=事業家 (じぎょうか, jigyōka) [지교카].
[중]=企业家 (qǐyèjiā) [치예지아].

- 사업자 事業者 일 사, 업 업, 놈 자. (명사) :
  - 영=business owner ('bɪznəs 'əʊnə) [비즈니스 오우너].
  - 일=事業者 (じぎょうしゃ, jigyōsha) [지교샤].
  - 중=经营者 (jīngyíngzhě) [징잉저].
- 사용 使用 부릴 사, 쓸 용. (명사) : 영=use (juːs) [유스].
  - 일=使用 (しよう, shiyō) [시요]. 중=使用 (shǐyòng) [스융].
- 사용되다 使用- 부릴 사, 쓸 용. (동사) :
  - 영=be used (biː juːzd) [비 유즈드].
  - 일=使用される (しようされる, shiyō sareru) [시요사레루].
  - 중=被使用 (bèi shǐyòng) [뻬이 스융].
- 사용자 使用者 부릴 사, 쓸 용, 놈 자. (명사) : 영=user ('juːzər) [유저].
  - 일=使用者 (しようしゃ, shiyōsha) [시요샤].
  - 중=使用者 (shǐyòngzhě) [스융저].
- 사용하다 使用- 부릴 사, 쓸 용. (동사) : 영=use (juːz) [유즈].
  - 일=使用する (しようする, shiyō suru) [시요스루]. 중=使用 (shǐyòng) [스융].
- 사원 社員 모일 사, 인원 원. (명사) : 영=employee (ɛmˈplɔɪiː) [임플로이].
  - 일=社員 (しゃいん, shain) [샤인]. 중=职员 (zhíyuán) [즈위앤].
- 사월 四月 넉 사, 달 월. (명사) : 영=April (ˈeɪprəl) [에이프릴].
  - 일=四月 (しがつ, shigatsu) [시가쓰]. 중=四月 (sìyuè) [쓰위에].
- 사위 (명사) : 영=son-in-law (ˈsʌn ɪn lɔː) [선 인 로].
  - 일=婿 (むこ, muko) [무코]. 중=女婿 (nǚxù) [뉘쉬].
- 사이 (명사) : 영=relationship (rɪˈleɪʃənʃɪp) [릴레이션쉽].
  - 일=間柄 (あいだがら, aidagara) [아이다가라]. 중=关系 (guānxi) [관시].
- 사이사이 (명사) : 영=space between (speɪs bɪˈtwiːn) [스페이스 비트윈].
  - 일=間ごと (あいだごと, aidagoto) [아이다고토]. 중=间隙 (jiànxì) [젠시].
- 사이좋다 (형용사) : 영=get along well (gɛt əˈlɔːŋ wɛl)[겟 어롱 웰].
  - 일=仲がよい (なかがよい, naka ga yoi) [나카가요이].
  - 중=关系好 (guānxì hǎo) [관시 하오].
- 사자 獅子 사자 사, 아들 자. (명사) : 영=lion (ˈlaɪən) [라이언].
  - 일=ライオン (らいおん, raion) [라이온]. 중=狮子 (shīzi) [스쯔].
- 사장 社長 모일 사, 길 장. (명사) :
  - 영=company president (ˈkʌmpəni ˈprɛzɪdənt) [컴퍼니 프레지던트].
  - 일=社長 (しゃちょう, shachō) [샤초]. 중=社长 (shèzhǎng) [셔장].

- 사전 辭典 말씀 사, 법 전. (명사) : 영=dictionary ('dɪkʃənɛri) [딕셔너리].
  일=辞典 (じてん, jiten) [지텐].　중=词典 (cídiǎn) [츠뎬].
- 사전 事前 일 사, 앞 전. (명사) : 영=in advance (ɪn ədˈvɑːns) [인 어드반스].
  일=事前 (じぜん, jizen) [지젠].　중=事前 (shìqián) [스치엔].
- 사정 事情 일 사, 뜻 정. (명사) :
  영=circumstance ('sɜːrkəmstæns) [서컴스탠스].
  일=事情 (じじょう, jijō) [지죠].　중=事情 (shìqíng) [스칭].
- 사진 寫眞 베낄 사, 참 진. (명사) : 영=photo ('foʊtoʊ) [포토].
  일=写真 (しゃしん, shashin) [샤신].　중=照片 (zhàopiàn) [자오피엔].
- 사진기 寫眞機 베낄 사, 참 진, 틀 기. (명사) :
  영=camera ('kæmərə) [캐머러].
  일=写真機 (しゃしんき, shashinki) [샤신키].
  중=照相机 (zhàoxiàngjī) [자오시앙지].
- 사촌 四寸 넉 사, 마디 촌. (명사) : 영=cousin ('kʌzn) [커즌].
  일=いとこ (itoko) [이토코].　중=堂兄弟 (tángxiōngdì) [탕시옹디].
- 사춘기 思春期 생각 사, 봄 춘, 때 기. (명사) : 영=puberty ('pjuːbərti) [퓨버티].
  일=思春期 (ししゅんき, shishunki) [시슌키].
  중=青春期 (qīngchūnqī) [칭춘치].
- 사탕 沙糖 모래 사, 사탕 당. (명사) : 영=candy ('kændi) [캔디].
  일=飴 (あめ, ame) [아메].　중=糖果 (tángguǒ) [탕궈].
- 사표 辭表 말씀 사, 겉 표. (명사) : 영=letter of resignation
  ('lɛtər əv ˌrɛzɪgˈneɪʃən) [레터 오브 레지그네이션].
  일=辞表 (じひょう, jihyō) [지효].　중=辞呈 (cítíng) [츠팅].
- 사회 社會 모일 사, 모일 회. (명사) : 영=society (səˈsaɪəti) [서사이어티].
  일=社会 (しゃかい, shakai) [샤카이].　중=社会 (shèhuì) [셔후이].
- 사회생활 社會生活 모일 사, 모일 회, 날 생, 살 활. (명사) :
  영=social life ('soʊʃəl laɪf) [소셜 라이프].
  일=社会生活 (しゃかいせいかつ, shakai seikatsu) [샤카이 세이카쓰].
  중=社会生活 (shèhuì shēnghuó) [셔후이 성훠].
- 사회자 司會者 맡을 사, 모일 회, 놈 자. (명사) :
  영=host (hoʊst) [호스트].
  일=司会者 (しかいしゃ, shikaisha) [시카이샤].
  중=主持人 (zhǔchírén) [주츠런].

- 사회적 社會的 모일 사, 모일 회, 과녁 적. (명사) :
  - 영=social ('səʊʃəl) [소셜].
  - 일=社会的 (しゃかいてき, shakaiteki) [샤카이테키].
  - 중=社会的 (shèhuì de) [셔후이 더].
- 사회주의 社會主義 모일 사, 모일 회, 주인 주, 옳을 의. (명사) :
  - 영=socialism ('səʊʃəlɪzəm) [소셜리즘].
  - 일=社会主義 (しゃかいしゅぎ, shakaishugi) [샤카이슈기].
  - 중=社会主义 (shèhuì zhǔyì) [셔후이 주이].
- 사회학 社會學 모일 사, 모일 회, 배울 학. (명사) :
  - 영=sociology (ˌsəʊsi'ɒlədʒi) [소시오롤로지].
  - 일=社会学 (しゃかいがく, shakaigaku) [샤카이가쿠].
  - 중=社会学 (shèhuìxué) [셔후이쉐].
- 사흘 (명사) : 영=three days (θriː deɪz) [쓰리 데이즈].
  - 일=三日 (みっか, mikka) [밋카]. 중=三天 (sān tiān) [싼톈].
- 산 山 메 산. (명사) : 영=mountain ('maʊntən) [마운튼].
  - 일=山 (やま, yama) [야마]. 중=山 (shān) [산].
- 산길 山- 메 산, 길 (명사) : 영=mountain path (maʊntən pæθ) [마운튼 패스].
  - 일=山道 (やまみち, yamamichi) [야마미치]. 중=山路 (shānlù) [산루].
- 산부인과 産婦人科 낳을 산, 며느리 부, 사람 인, 과목 과. (명사) :
  - 영=obstetrics and gynecology
    (əb'stɛtrɪks ænd ˌgaɪnə'kɒlədʒi)[옵스테트릭스 앤 가이너콜러지].
  - 일=産婦人科 (さんふじんか, sanfujinka) [산후진카].
  - 중=妇产科 (fùchǎnkē) [푸찬커].
- 산소 酸素 실 산, 횔 소. (명사) : 영=oxygen ('ɒksɪdʒən) [옥시즌].
  - 일=酸素 (さんそ, sanso) [산소]. 중=氧气 (yǎngqì) [양치].
- 산속 山- 메 산, 속. (명사) :
  - 영=in the mountains (ɪn ðə 'maʊntənz) [인 더 마운튼즈].
  - 일=山の中 (やまのなか, yama no naka) [야마노 나카].
  - 중=山中 (shān zhōng) [산중].
- 산업 産業 낳을 산, 업 업. (명사) : 영=industry ('ɪndəstri) [인더스트리].
  - 일=産業 (さんぎょう, sangyō) [상교]. 중=产业 (chǎnyè) [찬예].
- 산책 散策 흩을 산, 찾을 책. (명사) : 영=walk, stroll (strəʊl) [스트롤].
  - 일=散策 (さんさく, sansaku) [산사쿠]. 중=散步 (sànbù) [싼부].

•살 (명사) : [영]=flesh, fat (flɛʃ / fæt) [플레시 / 팻].
[일]=脂肪 (しぼう, shibō) [시보]. [중]=脂肪 (zhīfáng) [쯔팡].
•살 (의존명사) : [영]=years old (jɪəz oʊld) [이어즈 올드].
[일]=歳 (さい, sai) [사이]. [중]=岁 (suì) [쒜이].
•살다 (동사) : [영]=to live (lɪv) [리브].
[일]=住む (すむ, sumu) [스무]. [중]=生活 (shēnghuó) [셩훠].
•살리다 (동사) : [영]=to save, to revive (sɛɪv / rɪ'vaɪv) [세이브 / 리바이브].
[일]=生かす (いかす, ikasu) [이카스]. [중]=救活 (jiùhuó) [지우훠].
•살림 (명사) : [영]=housekeeping, household ('haʊshəʊld)[하우스홀드].
[일]=家計 (かけい, kakei) [카케이]. [중]=家务 (jiāwù) [지아우].
•살아가다 (동사) : [영]=to live on (lɪv ɒn) [리브 온].
[일]=生きていく (いきていく, ikite iku) [이키테이쿠].
[중]=活下去 (huó xiàqù) [훠 시아취].
•살아나다 (동사) : [영]=to revive (rɪ'vaɪv) [리바이브].
[일]=生き返る (いきかえる, ikikaeru) [이키카에루]. [중]=复活 (fùhuó) [푸훠].
•살아남다 (동사) : [영]=to survive (sər'vaɪv) [서바이브].
[일]=生き残る (いきのこる, ikinokoru) [이키노코루].
[중]=生存下来 (shēngcún xiàlái) [셩춘 시아라이].
•살아오다 (동사) : [영]=to have lived (tu hæv lɪvd) [투 해브 리브드].
[일]=生きてきた (いきてきた, ikite kita) [이키테 키타].
[중]=一直活着 (yīzhí huózhe) [이즈 훠저].
•살인 殺人 죽일 살, 사람 인. (명사) : [영]=murder ('mɜːrdər) [머더].
[일]=殺人 (さつじん, satsujin) [사츠진]. [중]=杀人 (shārén) [샤런].
•살짝 (부사) : [영]=slightly ('slaɪtli) [슬라이트리].
[일]=そっと (sotto) [솟토]. [중]=轻轻地 (qīngqīng de) [칭칭 더].
•살펴보다 (동사) : [영]=to examine, to look over (ɪg'zæmɪn) [이그재민].
[일]=調べる (しらべる, shiraberu) [시라베루]. [중]=查看 (chákàn) [차칸].
•살피다 (동사) : [영]=to observe, to check (əb'zɜːv) [업저브].
[일]=見回す (みまわす, mimawasu) [미마와스]. [중]=观察 (guānchá) [관차].
•삶 (명사) : [영]=life (laɪf) [라이프].
[일]=人生 (じんせい, jinsei) [진세이]. [중]=人生 (rénshēng) [런셩].
•삶다 (동사) : [영]=to boil (bɔɪl) [보일].
[일]=ゆでる (yuderu) [유데루]. [중]=煮 (zhǔ) [주].

•삼 三 석 삼. (수사) : [영]=three (θriː) [쓰리].
[일]=三 (さん, san) [산]. [중]=三 (sān) [싼].
•삼가다 (동사) : [영]=to refrain (rɪˈfreɪn) [리프레인].
[일]=慎む (つつしむ, tsutsushimu) [츠츠시무]. [중]=避免 (bìmiǎn) [삐몐].
•삼계탕 蔘鷄湯 인삼 삼, 닭 계, 탕 탕. (명사) :
[영]=ginseng chicken soup (ˈdʒɪnsɛŋ ˈʧɪkɪn suːp) [진셍 치킨 수프].
[일]=参鶏湯 (さんげたん, sangetan) [상게탄].
[중]=参鸡汤 (cānjītāng) [찬지탕].
•삼국 三國 석 삼, 나라 국. (명사) :
[영]=Three Kingdoms (θri ˈkɪŋdəmz) [쓰리 킹덤즈].
[일]=三国 (さんごく, sangoku) [산고쿠]. [중]=三国 (sānguó) [싼구어].
•삼다 (동사) : [영]=to make (something into) (meɪk) [메이크].
[일]=~にする (にする, ni suru) [니 스루]. [중]=看作 (kànzuò) [칸쭈어].
•삼십 三十 석 삼, 열 십. (수사) : [영]=thirty (ˈθɜːti) [서티].
[일]=三十 (さんじゅう, sanjū) [산쥬]. [중]=三十 (sānshí) [싼스].
•삼월 三月 석 삼, 달 월. (명사) : [영]=March (mɑːrtʃ) [마치].
[일]=三月 (さんがつ, sangatsu) [산가츠]. [중]=三月 (sānyuè) [싼위에].
•삼촌 三寸 석 삼, 마디 촌. (명사) : [영]=uncle (ˈʌŋkl) [언클].
[일]=おじ (oji) [오지]. [중]=叔叔 (shūshu) [슈슈].
•삼키다 (동사) : [영]=to swallow (ˈswɑːloʊ) [스왈로우].
[일]=飲み込む (のみこむ, nomikomu) [노미코무].
[중]=吞下 (tūnxià) [툰시아].
•상 賞 상줄 상. (명사) : [영]=prize (praɪz) [프라이즈].
[일]=しょう (しょう, shō) [쇼]. [중]=賞 (shǎng) [샹].
•상 上 윗 상(명사) : [영]=top (tɑp) [탑].
[일]=うえ (うえ, ue) [우에]. [중]=上 (shàng) [샹].
•상 床 자리 상. (명사) : [영]=bed (bed) [베드].
[일]=ゆか (ゆか, yuka) [유카]. [중]=床 (chuáng) [추앙].
•상 像 형상 상. (명사) : [영]=image (ˈɪmɪdʒ) [이미지].
[일]=ぞう (ぞう, zō) [조]. [중]=像 (xiàng) [시앙].
•상관 (명사) : [영]=relevance (ˈrɛlɪvəns) [렐러번스].
[일]=かんけい (かんけい, kankei) [칸케이].
[중]=相關 (xiāngguān) [시앙관].

- **상관 相關** 서로 상, 관계할 관. (명사) :
  - ㉠=relevance (rɛlɪvəns) [렐러번스].
  - ㉡=かんけい (かんけい, kankei) [칸케이]. ㉢=相關 (xiāngguān) [시앙꽌].
- **상관없다 相關-** 서로 상, 관계할 관.(형용사) :
  - ㉠=irrelevant (ɪˈrɛlɪvənt) [이렐러번트].
  - ㉡=かんけいない (かんけいない, kankei nai) [칸케이나이].
  - ㉢=无关 (wúguān) [우관] 또는 没关系 (méi guānxi) [메이관시].
- **상관없이 相關-** 서로 상, 관계할 관.(부사) :
  - ㉠=regardless (rɪˈgɑːrdləs) [리가들리스].
  - ㉡=かんけいなく (かんけいなく, kankei naku) [칸케이나쿠].
  - ㉢=无关 (wúguān) [우관] 또는 没关系 (méi guānxi) [메이관시].
- **상금 賞金** 상줄 상, 쇠 금. (명사) :
  - ㉠=prize money (ˈpraɪz ˌmʌni) [프라이즈 머니].
  - ㉡=しょうきん (しょうきん, shōkin) [쇼킨].
  - ㉢=奖金 (jiǎngjīn) [지앙진].
- **상담 相談** 서로 상, 말씀 담. (명사) :
  - ㉠=consultation (ˌkɒnsəlˈteɪʃən) [컨설테이션].
  - ㉡=そうだん (そうだん, sōdan) [소단]. ㉢=咨询 (zīxún) [쯔쉰].
- **상당 相當** 서로 상, 마땅할 당. (명사) :
  - ㉠=considerable (kənˈsɪdərəbl) [컨시더러블].
  - ㉡=そうとう (そうとう, sōtō) [소토]. ㉢=相当 (xiāngdāng) [시앙당].
- **상당수 相當數** 서로 상, 마땅할 당, 셈 수. (명사) :
  - ㉠=considerable number (kənˈsɪdərəbl ˈnʌmbər) [컨시더러블 넘버].
  - ㉡=そうとうすう (そうとうすう, sōtōsū) [소토스우].
  - ㉢=相当数 (xiāngdāng shù) [시앙당 수].
- **상당하다 相當-** 서로 상, 마땅할 당. (형용사) :
  - ㉠=considerable (kənˈsɪdərəbl) [컨시더러블].
  - ㉡=そうとうだ (そうとうだ, sōtō da) [소토 다].
  - ㉢=相当的 (xiāngdāng de) [시앙당 더].
- **상당히 相當-** 서로 상, 마땅할 당. (부사) :
  - ㉠=considerably (kənˈsɪdərəbli) [컨시더러블리].
  - ㉡=そうとうに (そうとうに, sōtō ni) [소토 니].
  - ㉢=相当地 (xiāngdāng de) [시앙당 더].

- 상대 相對 서로 상, 대할 대. (명사) :
  영=opponent (ə'poʊnənt) [어포우넌트].
  일=あいて (あいて, aite) [아이테]. 중=对手 (duìshǒu) [뚜이서우].
- 상대방 相對方 서로 상, 대할 대, 모 방. (명사) :
  영=the other party (ði 'ʌðər 'pɑːrti) [디 어더 파티].
  일=あいてがわ (あいてがわ, aitegawa) [아이테가와].
  중=对方 (duìfāng) [뚜이팡].
- 상대성 相對性 서로 상, 대할 대, 성품 성. (명사) :
  영=relativity (ˌrɛlə'tɪvɪti) [렐러티비티].
  일=相対性 (そうたいせい, sōtaisei) [소타이세이].
  중=相对性 (xiāngduìxìng) [샹두이싱].
- 상대적 相對的 서로 상, 대할 대, 과녁 적. (명사) :
  영=relative ('rɛlətɪv) [렐러티브].
  일=相対的 (そうたいてき, sōtaiteki) [소타이테키].
  중=相对的 (xiāngduì de) [샹두이 더].
- 상대편 相對便 서로 상, 대할 대, 편할 편. (명사) :
  영=opposing side (ə'poʊzɪŋ saɪd) [어포우징 사이드].
  일=相手側 (あいてがわ, aitegawa) [아이테가와]. 중=对方 (duìfāng) [뚜이팡].
- 상류 上流 윗상, 흐를 류. (명사) : 영=upper stream ('ʌpər striːm) [어퍼 스트림].
  일=上流 (じょうりゅう, jōryū) [죠류]. 중=上游 (shàngyóu) [샹요우].
- 상반기 上半期 윗 상, 반 반, 기약할 기. (명사) :
  영=first half of the year (fɜːrst hæf ʌv ðə jɪr) [퍼스트 해프 오브 더 이어].
  일=上半期 (じょうはんき, jōhanki) [죠한키]. 중=上半年 (shàngbànnián) [샹반니엔].
- 상상 想像 생각 상, 형상 상. (명사) :
  영=imagination (ɪˌmædʒɪ'neɪʃən) [이매지네이션].
  일=想像 (そうぞう, sōzō) [소조]. 중=想象 (xiǎngxiàng) [샹시앙].
- 상상력 想像力 생각 상, 형상 상, 힘 력. (명사) :
  영=imaginative power (ɪ'mædʒɪnətɪv 'paʊər) [이매지너티브 파워].
  일=想像力 (そうぞうりょく, sōzōryoku) [소조료쿠].
  중=想象力 (xiǎngxiànglì) [샹시앙리].
- 상상하다 想像- 생각 상, 형상 상 (동사) : 영=to imagine (ɪ'mædʒɪn) [이매진].
  일=想像する (そうぞうする, sōzō suru) [소조스루].
  중=想象 (xiǎngxiàng) [샹시앙].

•상식 常識 항상 상, 알 식. (명사) : 영=common sense ('kɒmən sɛns) [커먼 센스].
　일=常識 (じょうしき, jōshiki) [죠시키].　중=常识 (chángshí) [창스].
•상업 商業 장사 상, 업 업. (명사) : 영=commerce ('kɒmɜːs) [커머스].
　일=商業 (しょうぎょう, shōgyō) [쇼교].　중=商业 (shāngyè) [샹예].
•상인 商人 장사 상, 사람 인. (명사) : 영=merchant ('mɜːtʃənt) [머천트].
　일=商人 (しょうにん, shōnin) [쇼닌].　중=商人 (shāngrén) [샹런].
•상자 箱子 상자 상, 아들 자. (명사) : 영=box (bɑːks) [박스].
　일=箱 (はこ, hako) [하코].　중=箱子 (xiāngzi) [샹쯔].
•상점 商店 장사 상, 가게 점. (명사) : 영=store (stɔːr) [스토어].
　일=商店 (しょうてん, shōten) [쇼텐].　중=商店 (shāngdiàn) [샹뎬].
•상징적 象徵的 코끼리 상, 부를 징, 과녁 적. (명사) :
　영=symbolic (sɪm'bɒlɪk) [심볼릭].
　일=象徵的 (しょうちょうてき, shōchōteki) [쇼초테키].
　중=象征性 (xiàngzhēngxìng) [시앙정싱].
•상징하다 象徵- 코끼리 상, 부를 징. (동사) :
　영=to symbolize ('sɪmbəlaɪz) [심벌라이즈].
　일=象徵する (しょうちょうする, shōchō suru) [쇼초스루].
　중=象征 (xiàngzhēng) [시앙정].
•상처 傷處 다칠 상, 곳 처. (명사) : 영=wound (wuːnd) [운드].
　일=傷 (きず, kizu) [키즈].　중=伤口 (shāngkǒu) [샹코우].
•상추 (명사) : 영=lettuce ('letɪs) [레터스].
　일=レタス (れたす, retasu) [레타스].　중=生菜 (shēngcài) [셩차이].
•상쾌하다 爽快- 시원할 상, 쾌할 쾌. (형용사) :
　영=refreshing (rɪ'freʃɪŋ) [리프레싱].
　일=さわやかだ (さわやかだ, sawayakada) [사와야카다].
　중=爽快 (shuǎngkuài) [쓍콰이].
•상태 狀態 형상 상, 모습 태. (명사) : 영=condition (kən'dɪʃən) [컨디션].
　일=状態 (じょうたい, jōtai) [죠타이].　중=状态 (zhuàngtài) [쭝타이].
•상표 商標 장사 상, 표 표. (명사) :
　영=trademark ('treɪdmɑːk) [트레이드마크].
　일=商標 (しょうひょう, shōhyō) [쇼효].　중=商标 (shāngbiāo) [샹뱌오].
•상품 商品 장사 상, 물건 품. (명사) : 영=product ('prɒdʌkt) [프러덕트].
　일=商品 (しょうひん, shōhin) [쇼힌].　중=商品 (shāngpǐn) [샹핀].

- 상하다 傷- 다칠 상. (동사) : 영=to be damaged ('dæmɪdʒd) [대미지드].
  일=傷む (いたむ, itamu) [이타무].   중=损坏 (sǔnhuài) [쑨화이].
- 상황 狀況 형상 상, 실정 황. (명사) : 영=situation (sɪtʃu'eɪʃən) [시츄에이션].
  일=状況 (じょうきょう, jōkyō) [죠쿄].   중=状况 (zhuàngkuàng) [쭝쿤].
- 새 (관형사) : 영=new (nuː) [뉴].
  일=新しい (あたらしい, atarashii) [아타라시이].   중=新的 (xīnde) [신더].
- 새 (명사, 날짐승 의미) : 영=bird (bɜːrd) [버드].
  일=鳥 (とり, tori) [토리].   중=鸟 (niǎo) [냐오].
- 새 (명사, 사이 의미) : 영=gap (gæp) [갭].
  일=すきま (すきま, sukima) [스키매].   중=缝隙 (fèngxì) [펑시].
- 새기다 (동사, 문신을) : 영=engrave (ɪn'ɡreɪv) [인그레이브].
  일=刻む (きざむ, kizamu) [키자무].   중=雕刻 (diāokè) [띠아오커].
- 새끼 (명사, 자식) : 영=offspring ('ɒfsprɪŋ) [오프스프링].
  일=子 (こ, ko) [코].   중=幼崽 (yòuzǎi) [요우짜이].
- 새다 (동사, 비가 ~) : 영=to leak (liːk) [리크].
  일=漏れる (もれる, moreru) [모레루].   중=漏 (lòu) [러우].
- 새로 (부사) : 영=anew (ə'njuː) [어뉴].
  일=新たに (あらたに, aratani) [아라타니].   중=重新 (chóngxīn) [충신].
- 새로이 (부사) : 영=afresh (ə'freʃ) [어프레시].
  일=新たに (あらたに, aratani) [아라타니].   중=新近地 (xīnjìn de) [신진더].
- 새롭다 (형용사) : 영=new (nuː) [뉴].
  일=新しい (あたらしい, atarashii) [아타라시이].   중=新鲜 (xīnxiān) [신셴].
- 새벽 (명사) : 영=dawn (dɔːn) [돈].
  일=夜明け (よあけ, yoake) [요아케].   중=黎明 (límíng) [리밍].
- 새소리 (명사) : 영=birdsong ('bɜːdsɒŋ) [버드송].
  일=鳥の声 (とりのこえ, torinokoe) [토리노코에].
  중=鸟鸣 (niǎomíng) [냐오밍].
- 새우 (명사) : 영=shrimp (ʃrɪmp) [슈림프].
  일=えび (ebi) [에비].   중=虾 (xiā) [샤].
- 새우다 (동사, 밤을 ~) :
  영=stay up (steɪ ʌp) [스테이 업].
  일=夜更かしする (よふかしする, yofukashi suru) [요후카시 스루].
  중=熬夜 (áoyè) [아오예].

- 새해 (명사) : ㉠=New Year (njuːjɪər) [뉴 이어].
  ㉢=新年 (しんねん, shinnen) [신넨]. ㉣=新年 (xīnnián) [신니앤].
- 색 色 빛 색. (명사) : ㉠=color ('kʌlər) [컬러].
  ㉢=いろ (いろ, iro) [이로]. ㉣=颜色 (yánsè) [옌써].
- 색깔 色 빛 색. (명사) : ㉠=color ('kʌlər) [컬러].
  ㉢=色合い (いろあい, iroai) [이로아이]. ㉣=颜色 (yánsè) [옌써].
- 색다르다 色 빛 색. (형용사) :
  ㉠=unusual (ʌn'juːʒuəl) [언유주얼].
  ㉢=変わっている (かわっている, kawatteiru) [카왓떼이루].
  ㉣=与众不同 (yǔzhòng bùtóng) [위중 부퉁].
- 색연필 色鉛筆 빛 색, 납 연, 붓 필. (명사) :
  ㉠=colored pencil ('kʌləd 'pensl) [컬러드 펜슬].
  ㉢=色鉛筆 (いろえんぴつ, iroempitsu) [이로엠피츠].
  ㉣=彩色铅笔 (cǎisè qiānbǐ) [차이써 치앤비].
- 샌드위치 (명사) : ㉠=sandwich ('sænwɪtʃ) [샌위치].
  ㉢=サンドイッチ (さんどいっち, sandoicchi) [산도잇치].
  ㉣=三明治 (sānmíngzhì) [싼밍즈].
- 생 生 날 생. (명사) : ㉠=life (laɪf) [라이프].
  ㉢=生 (せい, sei) [세이]. ㉣=生命 (shēngmìng) [셩밍].
- 생각 (명사) : ㉠=thought (θɔːt) [쏘트].
  ㉢=考え (かんがえ, kangae) [캉가에]. ㉣=想法 (xiǎngfǎ) [시앙파].
- 생각나다 (동사) : ㉠=recall (rɪ'kɔːl) [리콜].
  ㉢=思い出す (おもいだす, omoidasu) [오모이다스].
  ㉣=想起 (xiǎngqǐ) [시앙치].
- 생각되다 (동사) : ㉠=be considered (bi kən'sɪdərd) [비 컨시더드].
  ㉢=考えられる (かんがえられる, kangaerareru) [캉가에라레루].
  ㉣=被认为 (bèi rènwéi) [뻬이 런웨이].
- 생각하다 (동사) : ㉠=think (θɪŋk) [띵크].
  ㉢=考える (かんがえる, kangaeru) [캉가에루].
  ㉣=思考 (sīkǎo) [쓰카오].
- 생겨나다 (동사) : ㉠=emerge (ɪ'mɜːdʒ) [이머지].
  ㉢=生まれる (うまれる, umareru) [우마레루].
  ㉣=产生 (chǎnshēng) [찬셩].

•생기 生氣 날 생, 기운 기. (명사) : [영]=vitality (vaɪ'tæləti) [바이탤러티].
[일]=生気 (せいき, seiki) [세이키]. [중]=生气 (shēngqì) [셩치].
•생기다 (동사) : [영]=occur (ə'kɜːr) [어커].
[일]=できる (できる, dekiru) [데키루]. [중]=发生 (fāshēng) [파셩].
•생명 生命 날 생, 목숨 명. (명사) : [영]=life (laɪf) [라이프].
[일]=生命 (せいめい, seimei) [세이메이]. [중]=生命 (shēngmìng) [셩밍].
•생물 生物 날 생, 만물 물. (명사) : [영]=organism ('ɔːgənɪzəm) [오거니즘].
[일]=生物 (せいぶつ, seibutsu) [세이부츠]. [중]=生物 (shēngwù) [셩우].
•생방송 生放送 날 생, 놓을 방, 보낼 송. (명사) :
[영]=live broadcast (laɪv 'brɔːdkɑːst) [라이브 브로드캐스트].
[일]=生放送 (なまほうそう, namahōsō) [나마호소]. [중]=直播 (zhíbò) [즈보].
•생산 生産 날 생, 낳을 산. (명사) : [영]=production (prə'dʌkʃən) [프러덕션].
[일]=生産 (せいさん, seisan) [세이산]. [중]=生产 (shēngchǎn) [셩찬].
•생산되다 生産 날 생, 낳을 산. (동사) :
[영]=be produced (bi prə'djuːst) [비 프로듀스트].
[일]=生産される (せいさんされる, seisansareru) [세이산사레루].
[중]=被生产 (bèi shēngchǎn) [뻬이 셩찬].
•생산력 生産力 날 생, 낳을 산, 힘 력. (명사) :
[영]=productive capacity (prə'dʌktɪv kə'pæsəti) [프로덕티브 커패서티].
[일]=生産力 (せいさんりょく, seisanryoku) [세이산료쿠].
[중]=生产力 (shēngchǎnlì) [셩찬리].
•생산자 生産者 날 생, 낳을 산, 놈 자. (명사) :
[영]=producer (prə'duːsər) [프로듀서].
[일]=生産者 (せいさんしゃ, seisansha) [세이산샤].
[중]=生产者 (shēngchǎnzhě) [셩찬저].
•생산하다 生産 날 생, 낳을 산. (동사) : [영]=produce (prə'duːs) [프로듀스].
[일]=生産する (せいさんする, seisansuru) [세이산스루].
[중]=生产 (shēngchǎn) [셩찬].
•생선 生鮮 날 생, 고울 선. (명사) : [영]=fish (fɪʃ) [피쉬].
[일]=魚 (さかな, sakana) [사카나]. [중]=鱼 (yú) [위].
•생신 生辰 날 생, 때 신. (명사) : [영]=birthday ('bɜːrθ.deɪ) [벌스데이].
[일]=お誕生日 (おたんじょうび, otanjōbi) [오탄조비].
[중]=寿辰 (shòuchén) [쇼우천].

•생일 生日 날 생, 날 일. (명사) : [영]=birthday (ˈbɜːrθ.deɪ) [벌스데이].
[일]=誕生日 (たんじょうび, tanjōbi) [탄조비]. [중]=生日 (shēngrì) [셩르].
•생활 生活 날 생, 살 활. (명사) : [영]=life (laɪf) [라이프].
[일]=生活 (せいかつ, seikatsu) [세이카츠]. [중]=生活 (shēnghuó) [셩후어].
•생활비 生活費 날 생, 살 활, 쓸 비. (명사) :
[영]=living expenses (ˈlɪvɪŋ ɪkˈspensɪz) [리빙 익스펜시즈].
[일]=生活費 (せいかつひ, seikatsuhi) [세이카츠히].
[중]=生活费 (shēnghuófèi) [셩후어페이].
•생활수준 生活水準 날 생, 살 활, 물 수, 기준 준. (명사) :
[영]=standard of living (ˈstændərd əv ˈlɪvɪŋ) [스탠더드 오브 리빙].
[일]=生活水準 (せいかつすいじゅん, seikatsu suijun) [세이카츠 스이쥰].
[중]=生活水平 (shēnghuó shuǐpíng) [셩후어 슈이핑].
•생활용품 生活用品 날 생, 살 활, 쓸 용, 물품 품. (명사) :
[영]=household goods (ˈhaʊshoʊld gʊdz) [하우스홀드 굿즈].
[일]=生活用品 (せいかつようひん, seikatsu yōhin) [세이카츠 요힌]. [중]=生活用品 (shēnghuó yòngpǐn) [셩후어 용핀].
•생활하다 生活 날 생, 살 활. (동사) : [영]=to live (lɪv) [리브].
[일]=生活する (せいかつする, seikatsu suru) [세이카츠 스루].
[중]=生活 (shēnghuó) [셩후어].
•생활환경 生活環境 날 생, 살 활, 고리 환, 지경 경. (명사) :
[영]=living environment (ˈlɪvɪŋ ɪnˈvaɪrənmənt) [리빙 인바이런먼트].
[일]=生活環境 (せいかつかんきょう, seikatsu kankyō) [세이카츠 캉쿄].
[중]=生活环境 (shēnghuó huánjìng) [셩후어 환징].
•샤워 (명사) : [영]=shower (ˈʃaʊər) [샤워].
[일]=シャワー (しゃわー, shawā) [샤와]. [중]=淋浴 (línyù) [린위].
•서구 西歐 서녘 서, 구라파 구. (명사) : [영]=the West (west) [웨스트].
[일]=西欧 (せいおう, seiō) [세이오]. [중]=西欧 (Xī'ōu) [시어우].
•서너 (관형사) : [영]=three or four (θriː ɔː fɔːr) [쓰리 오어 포].
[일]=三つか四つ (みっつかよっつ, mittsu ka yottsu) [밋츠카욧츠].
[중]=三四个 (sān sì gè) [싼 쓰 꺼].
•서늘하다 (형용사) : [영]=cool (kuːl) [쿨].
[일]=涼しい (すずしい, suzushii) [스즈시이].
[중]=凉爽 (liángshuǎng) [량슈앙].

- 서다 (동사) : 영=to stand (stænd) [스탠드].
  일=立つ (たつ, tatsu) [타츠].　　중=站立 (zhànlì) [잔리].
- 서두르다 (동사) : 영=to hurry (ˈhɜːri) [허리].
  일=急ぐ (いそぐ, isogu) [이소구].　　중=赶紧 (gǎnjǐn) [간진].
- 서랍 (명사) : 영=drawer (drɔːr) [드로어].
  일=引き出し (ひきだし, hikidashi) [히키다시].　중=抽屜 (chōuti) [추우티].
- 서로 (명사) : 영=each other (iːtʃ ˈʌðər) [이치 어더].
  일=互い (たがい, tagai) [타가이].　중=互相 (hùxiāng) [후샹].
- 서로 (부사) : 영=each other (iːtʃ ˈʌðər) [이치 어더].
  일=お互いに (おたがいに, otagai ni) [오타가이니].
  중=互相 (hùxiāng) [후샹].
- 서류 書類 글 서, 무리 류. (명사) : 영=document (ˈdɒkjʊmənt) [도큐먼트].
  일=書類 (しょるい, shorui) [쇼루이].　중=書類 (shūlèi) [슈레이].
- 서른 (수사) : 영=thirty (ˈθɜːti) [써티].
  일=三十 (さんじゅう, sanjū) [산쥬].　중=三十 (sānshí) [싼스].
- 서명 署名 관청 서, 이름 명. (명사) : 영=signature (ˈsɪɡnətʃər) [시그너처].
  일=署名 (しょめい, shomei) [쇼메이].　중=署名 (shǔmíng) [수밍].
- 서명하다 署名 관청 서, 이름 명. (동사) : 영=to sign (saɪn) [사인].
  일=署名する (しょめいする, shomei suru) [쇼메이 스루].
  중=签名 (qiānmíng) [치앤밍].
- 서민 庶民 도울 서, 백성 민. (명사) :
  영=common people (ˈkɒmən ˈpiːpl) [커먼 피플].
  일=庶民 (しょみん, shomin) [쇼민].　중=庶民 (shùmín) [슈민].
- 서부 西部 서녘 서, 거느릴 부. (명사) : 영=the West (west) [웨스트].
  일=西部 (せいぶ, seibu) [세이부].　중=西部 (xībù) [시부].
- 서비스 (명사) : 영=service (ˈsɜːvɪs) [서비스].
  일=サービス (さーびす, sābisu) [사비스].　중=服务 (fúwù) [푸우].
- 서서히 徐徐 천천히 서, 천천히 서. (부사) :
  영=gradually (ˈɡrædʒuəli) [그래쥬얼리].
  일=徐々に (じょじょに, jojo ni) [조조니].　중=徐徐地 (xúxú de) [쉬쉬더].
- 서양 西洋 서녘 서, 큰 바다 양. (명사) :
  영=the West (west) [웨스트].
  일=西洋 (せいよう, seiyō) [세이요].　중=西洋 (xīyáng) [시양].

•서양인 西洋人 서녘 서, 큰 바다 양, 사람 인. (명사) :
[영]=Westerner ('westənər) [웨스터너].
[일]=西洋人 (せいようじん, seiyōjin) [세이요진].
[중]=西方人 (xīfāngrén) [시팡런].
•서울 (고유명사) : [영]=Seoul (soʊl) [서울].
[일]=ソウル (そうる, Sōru) [소우루]. [중]=首尔 (Shǒu'ěr) [쇼우얼].
•서울역 -驛 역 역. (고유명사) :
[영]=Seoul Station (soʊl 'steɪʃən) [서울 스테이션].
[일]=ソウル駅 (そうるえき, Sōru eki) [소우루에키].
[중]=首尔站 (Shǒu'ěr zhàn) [쇼우얼잔].
•서적 書籍 글 서, 문서 적. (명사) : [영]=books (bʊks) [북스].
[일]=書籍 (しょせき, shoseki) [쇼세키]. [중]=书籍 (shūjí) [슈지].
•서점 書店 글 서, 가게 점. (명사) : [영]=bookstore ('bʊkstɔːr) [북스토어].
[일]=書店 (しょてん, shoten) [쇼텐]. [중]=书店 (shūdiàn) [슈뎬].
•서쪽 西- 서녘 서. (명사) : [영]=the west (west) [웨스트].
[일]=西側 (にしがわ, nishigawa) [니시가와]. [중]=西边 (xībian) [시비앤].
•서클 (명사) : [영]=circle ('sɜːkəl) [서클].
[일]=サークル (さーくる, sākuru) [사아쿠루]. [중]=圈子 (quānzi) [취앤즈].
•서투르다 (형용사) : [영]=unskilled (ʌn'skɪld) [언스킬드].
[일]=不器用だ (ぶきようだ, bukiyō da) [부키요우다]. [중]=笨拙 (bènzhuō) [번줘].
•서툴다 (형용사) : [영]=clumsy ('klʌmzi) [클럼지].
[일]=下手だ (へただ, heta da) [헤타다]. [중]=不熟练 (bù shúliàn) [부 슈렌].
•석 (관형사) : [영]=counter for months [달의 단위].
[일]=~か月 (かげつ, kagetsu) [카게츠]. [중]=~个月 (gè yuè) [거 유에].
•석 席 자리 석. (의존명사) : [영]=seat (siːt) [시트].
[일]=席 (せき, seki) [세키]. [중]=席位 (xíwèi) [시웨이].
•석사 碩士 클 석, 선비 사. (명사) :
[영]=master's degree ('mæstərz dɪ'griː) [마스터스 디그리].
[일]=修士 (しゅうし, shūshi) [슈우시]. [중]=硕士 (shuòshì) [슈어스].
•석유 石油 돌 석, 기름 유. (명사) : [영]=petroleum (pə'trəʊliəm) [퍼트롤리엄].
[일]=石油 (せきゆ, sekiyu) [세키유]. [중]=石油 (shíyóu) [스여우].
•섞다 (동사) : [영]=to mix (mɪks) [믹스].
[일]=混ぜる (まぜる, mazeru) [마제루]. [중]=混合 (hùnhé) [훈허].

•섞이다 (동사) : [영]=to be mixed (biː mɪkst) [비 믹스트].
[일]=混ざる (まざる, mazaru) [마자루]. [중]=被混合 (bèi hùnhé) [뻬이 훈허].
•선線줄선 (명사) : [영]=line (laɪn) [라인].
[일]=線 (せん, sen) [센]. [중]=线 (xiàn) [시엔].
•선거 選擧 뽑을 선, 들 거. (명사) : [영]=election (ɪ'lekʃən) [일렉션].
[일]=選挙 (せんきょ, senkyo) [센쿄]. [중]=选举 (xuǎnjǔ) [쉬앤쥐].
•선명하다 鮮明 밝을 선, 밝을 명. (형용사) : [영]=clear (klɪr) [클리어].
[일]=鮮明だ (せんめいだ, senmeida) [센메이다].
[중]=鲜明 (xiānmíng) [시앤밍].
•선물 膳物 음식 선, 물건 물. (명사) : [영]=gift (gɪft) [기프트].
[일]=贈り物 (おくりもの, okurimono) [오쿠리모노]. [중]=礼物 (lǐwù) [리우].
•선물하다 膳物- (동사) : [영]=to give a gift (gɪv ə gɪft) [기브 어 기프트].
[일]=贈る (おくる, okuru) [오쿠루]. [중]=赠送 (zèngsòng) [쩡쑹].
•선배 先輩 먼저 선, 무리 배. (명사) : [영]=senior ('siːniər) [시니어].
[일]=せんぱい (せんぱい, senpai) [센빠이]. [중]=前辈 (qiánbèi) [치앤뻬이].
•선생 先生 먼저 선, 날 생. (명사) : [영]=teacher ('tiːtʃər) [티처].
[일]=せんせい (せんせい, sensei) [센세이]. [중]=老师 (lǎoshī) [라오스].
•선생님 先生- (명사) : [영]=teacher ('tiːtʃər) [티처].
[일]=せんせい (せんせい, sensei) [센세이]. [중]=老师 (lǎoshī) [라오스].
•선수 選手 뽑을 선, 손 수. (명사) : [영]=athlete ('æθliːt) [애슬리트].
[일]=せんしゅ (せんしゅ, senshu) [센슈]. [중]=选手 (xuǎnshǒu) [쉬앤서우].
•선언하다 宣言 펼 선, 말씀 언 (동사) : [영]=to declare (dɪ'kleər) [디클레어].
[일]=せんげんする (せんげんする, sengen suru) [센겐스루].
[중]=宣言 (xuānyán) [쉬앤옌].
•선원 船員 배 선, 인원 원. (명사) :
[영]=crew member (kruː 'membər) [크루 멤버].
[일]=せんいん (せんいん, sen'in) [센인]. [중]=船员 (chuányuán) [촨위안].
•선장 船長 배 선, 길 장. (명사) : [영]=captain ('kæptɪn) [캡틴].
[일]=せんちょう (せんちょう, senchō) [센초].
[중]=船长 (chuánzhǎng) [촨장].
•선전 宣傳 펼 선, 전할 전. (명사) :
[영]=propaganda (ˌprɒpə'gændə) [프라퍼갠더].
[일]=せんでん (せんでん, senden) [센덴]. [중]=宣传 (xuānchuán) [쉬앤촨].

- 선정하다 選定 뽑을 선, 정할 정. (동사) : ㉢=to select (sɪˈlɛkt) [실렉트].
  ㉥=せんていする (せんていする, sentei suru) [센테이스루].
  ㉤=选定 (xuǎndìng) [쉬앤딩].
- 선진 先進 먼저 선, 나아갈 진 (명사) :
  ㉢=advanced (ədˈvɑːnst) [어드밴스트].
  ㉥=せんしん (せんしん, senshin) [센신]. ㉤=先进 (xiānjìn) [시앤진].
- 선진국 先進國 먼저 선, 나아갈 진, 나라 국. (명사) :
  ㉢=developed country (dɪˈvɛləpt ˈkʌntri) [디벨럽트 컨트리].
  ㉥=せんしんこく (せんしんこく, senshinkoku) [센신코쿠].
  ㉤=发达国家 (fādá guójiā) [파다 구어지아].
- 선택 選擇 뽑을 선, 가릴 택. (명사) : ㉢=choice (tʃɔɪs) [초이스].
  ㉥=せんたく (せんたく, sentaku) [센타쿠]. ㉤=选择 (xuǎnzé) [쉬앤쩌].
- 선택하다 選擇- (동사) : ㉢=to choose (tʃuːz) [추즈].
  ㉥=せんたくする (せんたくする, sentaku suru) [센타쿠스루].
  ㉤=选择 (xuǎnzé) [쉬앤쩌].
- 선풍기 扇風機 부채 선, 바람 풍, 기계 기. (명사) :
  ㉢=electric fan (ɪˈlɛktrɪk fæn) [일렉트릭 팬].
  ㉥=せんぷうき (せんぷうき, senpūki) [센푸우키].
  ㉤=电风扇 (diànfēngshàn) [띠앤펑샨].
- 선호하다 選好- 뽑을 선, 좋을 호. (동사) : ㉢=to prefer (prɪˈfɜːr) [프리퍼].
  ㉥=せんこうする (せんこうする, senkō suru) [센코우스루].
  ㉤=偏好 (piānhào) [피앤하오].
- 설거지 (명사) : ㉢=dishwashing (ˈdɪʃˌwɒʃɪŋ) [디쉬워싱].
  ㉥=さらあらい (さらあらい, saraarai) [사라아라이]. ㉤=洗碗 (xǐwǎn) [시왠].
- 설날 (명사) : ㉢=Lunar New Year (ˈluːnər njuː jɪər) [루너 뉴 이어].
  ㉥=しょうがつ (しょうがつ, shōgatsu) [쇼가츠].
  ㉤=春节 (chūnjié) [춘지에].
- 설득하다 說得 말씀 설, 얻을 득 (동사) : ㉢=to persuade (pərˈsweɪd) [퍼스웨이드].
  ㉥=せっとくする (せっとくする, settoku suru) [셋토쿠스루].
  ㉤=说服 (shuōfú) [슈워푸].
- 설렁탕 -湯 끓일 탕. (명사) : ㉢=ox bone soup (ɑks boʊn suːp) [옥스 본 수프].
  ㉥=ソルロンタン (ソルロンタン, sorurontan) [소루롱탕].
  ㉤=雪浓汤 (xuě nóng tāng) [쉐농탕].

- 설립하다 設立- 베풀 설, 설 립 (동사) : 영=to establish (ɪˈstæblɪʃ) [이스태블리시].
  일=せつりつする (せつりつする, setsuritsu suru) [세츠리츠스루].
  중=设立 (shèlì) [셔리].
- 설명 說明 말씀 설, 밝힐 명. (명사) :
  영=explanation (ˌɛkspləˈneɪʃən) [엑스플러네이션].
  일=せつめい (せつめい, setsumei) [세츠메이]. 중=说明 (shuōmíng) [슈워밍].
- 설명되다 說明- (동사) : 영=to be explained (bi ɪkˈspleɪnd) [비 익스플레인드].
  일=せつめいされる (せつめいされる, setsumei sareru) [세츠메이 사레루].
  중=被说明 (bèi shuōmíng) [페이 슈워밍].
- 설명하다 說明- (동사) : 영=to explain (ɪkˈspleɪn) [익스플레인].
  일=せつめいする (せつめいする, setsumei suru) [세츠메이스루].
  중=说明 (shuōmíng) [슈워밍].
- 설문 設問 베풀 설, 물을 문. (명사) :
  영=survey question (ˈsɜːrveɪ ˈkwɛs.tʃən) [설베이 퀘스천].
  일=せつもん (せつもん, setsumon) [세츠몬]. 중=设问 (shèwèn) [셔원].
- 설사 設使 베풀 설, 부릴 사. (부사) : 영=even if (ˈiːvən ɪf) [이븐 이프].
  일=たとえ～でも (たとえ～でも, tatoe ~ demo) [타토에 ~ 데모].
  중=即使 (jíshǐ) [지스].
- 설악산 雪嶽山 눈 설, 큰산 악, 뫼 산. (고유명사) :
  영=Seoraksan Mountain [설악산 마운틴].
  일=ソラクサン (ソラクサン, Sorakusan) [소라쿠산].
  중=雪岳山 (xuěyuèshān) [쉐유에산].
- 설치 設置 베풀 설, 둘 치. (명사) : 영=installation (ˌɪnstəˈleɪʃən) [인스털레이션].
  일=せっち (せっち, setchi) [셋치]. 중=设置 (shèzhì) [셔쯔].
- 설치되다 設置- (동사) : 영=to be installed (bi ɪnˈstɔːld) [비 인스톨드].
  일=せっちされる (せっちされる, setchi sareru) [셋치 사레루].
  중=被设置 (bèi shèzhì) [페이 셔쯔].
- 설치하다 設置- (동사) : 영=to install (ɪnˈstɔːl) [인스톨].
  일=せっちする (せっちする, setchi suru) [셋치스루]. 중=设置 (shèzhì) [셔쯔].
- 설탕 雪糖 눈 설, 엿 당. (명사) : 영=sugar (ˈʃʊɡər) [슈거].
  일=さとう (さとう, satō) [사토]. 중=白糖 (báitáng) [바이탕].
- 섬 島 섬 섬. (명사) : 영=island (ˈaɪlənd) [아이랜드].
  일=しま (しま, shima) [시마]. 중=岛屿 (dǎoyǔ) [다오위].

•섭섭하다 形容詞 섭섭할 섭, 섭섭할 섭. (형용사) :
[영]=disappointed (dɪsə'pɔɪntɪd) [디스어포인티드].
[일]=せつない (せつない, setsunai) [세츠나이]. [중]=失望 (shīwàng) [스왱].
•섭씨 . (명사) :
[영]=degrees Celsius (dɪ'ɡriːz 'sɛlsiəs)[디그리즈 셀시어스].
[일]=せっし (せっし, sesshi) [셋시]. [중]=摄氏度 (shèshìdù) [셰스두].
•성 城 성 성. (명사) : [영]=castle ('kɑːsl) [캐슬].
[일]=しろ (しろ, shiro) [시로]. [중]=城堡 (chéngbǎo) [청바오].
•성 性 성 성. (명사) : [영]=sex (sɛks) [섹스].
[일]=せい (せい, sei) [세이]. [중]=性别 (xìngbié) [싱비에].
•성 姓 성 성. (명사) : [영]=surname ('sɜːrneɪm) [서네임].
[일]=せい (せい, sei) [세이]. [중]=姓 (xìng) [싱].
•성격 性格 성격 성격. (명사) : [영]=personality (ˌpɜːsə'nælɪti) [퍼스낼러티].
[일]=せいかく (せいかく, seikaku) [세이카쿠]. [중]=性格 (xìnggé)[싱거].
•성경 聖經 성경 성경. (명사) : [영]=Bible ('baɪbl) [바이블].
[일]=せいきょう (せいきょう, seikyō) [세이쿄]. [중]=圣经 (shèngjīng)[셩징].
•성공 成功 성공 성공. (명사) : [영]=success (sək'sɛs) [석세스].
[일]=せいこう (せいこう, seikō) [세이코]. [중]=成功 (chénggōng) [청공].
•성공적 成功的 성공적 성공적. (명사) : [영]=successful (sək'sɛsfəl) [석세스풀].
[일]=せいこうてき (せいこうてき, seikōteki) [세이코우테키].
[중]=成功的 (chénggōng de) [청공더].
•성공하다 成功- 이루다 성, 공덕 공. (동사) :
[영]=to succeed (sək'siːd) [투 석시드].
[일]=成功する (せいこうする, seikō suru) [세이코우 스루].
[중]=成功 (chénggōng) [청공].
•성당 聖堂 성당. (명사) : [영]=cathedral (kə'θiːdrəl) [카씨드럴].
[일]=せいどう (せいどう, seidō)[세이도]. [중]=圣堂(shèngtáng)[셩탕].
•성당 聖堂 성스러울 성, 집 당. (명사) : [영]=church (tʃɜːtʃ) [처치].
[일]=教会 (きょうかい, kyōkai) [쿄우카이]. [중]=教堂 (jiàotáng) [자오탕].
•성립되다 成立- 이룰 성, 설 립. (동사) :
[영]=to be established (bɪ ɪ'stæblɪʃ) [비 이스터블리시드].
[일]=成立する (せいりつする, seiritsu suru) [세이리츠 스루].
[중]=成立 (chénglì) [청리].

- 성립하다 成立- 이룰 성, 설 립. (동사) :
  영=to establish (ɪˈstæblɪʃ) [이스터블리시].
  일=成立する (せいりつする, seiritsu suru) [세이리츠 스루].
  중=成立 (chénglì) [청리].
- 성명 聲明 소리 성, 밝힐 명. (명사) : 영=statement (ˈsteɪtmənt) [스테이트먼트].
  일=声明 (せいめい, seimei)[세이메이]. 중=声明 (shēngmíng)[성밍].
- 성별 性別 성품 성, 나눌 별. (명사) :
  영=gender (ˈdʒɛndər) [젠더]. sex (sɛks) [섹스].
  일=性別 (せいべつ, seibetsu) [세이베츠]. 중=性別 (xìngbié) [싱볘].
- 성숙하다 成熟- 이룰 성, 익을 숙. (동사) :
  영=to mature (məˈtjʊə) [투 매츄어].
  일=成熟する (せいじゅくする, seijuku suru) [세이주쿠 스루].
  중=成熟 (chéngshú) [청수].
- 성실하다 誠實- 성실할 성, 참될 실. (형용사) :
  영=to be sincere (sɪnˈsɪə) [투 비 신시어].
  일=誠実な (せいじつな, seijitsuna) [세이질나].
  중=诚实 (chéngshí) [청스].
- 성인 成人 성인. (명사) : 영=adult (əˈdʌlt) [어덜트].
  일=せいじん (せいじん, seijin)[세이진]. 중=成人 (chéngrén)[청런].
- 성장 成長 이룰 성, 길 장. (명사) : 영=growth (grəʊθ) [그로우스].
  일=せいちょう (せいちょう, seichō)[세이초우].
  중=成长 (chéngzhǎng)[청장].
- 성장하다 成長- 이루다 성, 길 장. (동사) : 영=to grow (grəʊ) [투 그로우]. 일=成長する (せいちょうする, seichō suru) [세이초우 스루].
  중=成长 (chéngzhǎng) [청장].
- 성적 性的 성품 성, 바를 적. (명사) : 영=sexual (ˈsɛkʃʊəl)[섹슈얼].
  일=性的 (せいてき, seiteki)[세이테키]. 중=性的 (xìng de)[싱더].
- 성적 成績 이루다 성, 기록할 적. (명사) : 영=score (skɔːr)[스코어].
  일=成績 (せいせき, seiseki) [세이세키]. 중=成绩 (chéngjī)[청지].
- 성질 性質 성품 성, 뜻할 질. (명사) : 영=nature (ˈneɪtʊr) [네이쳐]. 일=性質 (せいしつ, seishitsu) [세이시츠]. 중=性质 (xìngzhì) [싱즈].
- 성함 姓銜 성씨 성, 이름 함. (명사) : 영=name (neɪm) [네임].
  일=性銜 (せいけん, seiken) [세이켄]. 중=姓 (xìng) [싱].

- 세 ~ 권, 나이 세. (관형사) : ㉠=~ volume ('vɒl.juːm)[볼륨].
  ㉢=~巻 (～かん, ~kan) [칸].   ㉤=~冊 (cè) [책].
- 세계 世界 세상 세계. (명사) : ㉠=world (wɜːld) [월드].
  ㉢=世界 (せかい, sekai) [세카이].   ㉤=世界 (shìjiè)[시제].
- 세계관 世界觀 세상 세계, 볼 관. (명사) : ㉠=worldview ('wɜːldvjuː) [월드뷰].
  ㉢=世界觀 (せかいかん, sekaikan)[세카이칸].
  ㉤=世界观 (shìjièguān)[시제관].
- 세계적 世界的 세상 세, 지경 계, 과녁 적. (명사) :
  ㉠=worldwide ('wɜːldwaɪd) [월드와이드].
  ㉢=世界的 (せかいてき, sekaiteki)[세카이테키]. ㉤=世界的 (shìjiède) [시제더].
- 세금 税金 세금 세, 금액 금. (명사) : ㉠=tax (tæks) [택스].
  ㉢=税金 (ぜいきん, zeikin) [제이킨]. ㉤=税金 (shuìshuì) [수이수이].
- 세기 世紀 세기 세, 기운 기. (명사) : ㉠=century ('sɛntʃʊri)[센추리].
  ㉢=世紀 (せいき, seiki) [세이키].   ㉤=世纪 (shìjì) [시지].
- 세다 (동사) : ㉠=to weigh (weɪ) [웨이].
  ㉢=重い (おもい, omoi) [오모이]. ㉤=称重 (chēngzhòng) [청중].
- 세다 기운이 ~ 세, 에너지 에. (형용사) : ㉠=strong (strɔŋ)[스트롱].
  ㉢=力強い (ちからづよい, chikara-zuyoi)[치카라주요이].
  ㉤=强烈 (qiángliè)[치앙리에].
- 세다 돈을 ~ 세, 재정 세. (동사) : ㉠=to weigh (weɪ) [웨이].
  ㉢=重い (おもい, omoi) [오모이]. ㉤=称重 (chēngzhòng)[청중].
- 세대 世代 세대 세, 사람 대. (명사) :
  ㉠=generation (ˌdʒɛnəˈreɪʃən) [제너레이션].
  ㉢=世代 (せだい, sedai) [세다이].   ㉤=世代 (shìdài) [시다이].
- 세련되다 (형용사) : ㉠=refined (rɪˈfaɪnd) [리파인드].
  ㉢=洗練 (せんれん, senren) [센렌].   ㉤=洗练 (xǐliàn) [시리엔].
- 세련되다 세련될 세, 다듬을 련 (형용사) : ㉠=refined (rɪˈfaɪnd) [리파인드].
  ㉢=洗練 (せんれん, senren) [센렌].   ㉤=洗练 (xǐliàn) [시리엔].
- 세로 (명사) : ㉠=vertical ('vɜːtɪkəl) [버티컬].
  ㉢=縱 (たて, tate) [타테]. 중(간)=垂直 (shuǐzhí) [수이즈].
- 세로 명사 세, 세로 세. (명사) :
  ㉠=vertical ('vɜːtɪkəl) [버티컬].
  ㉢=縱 (たて, tate) [타테].   ㉤=垂直 (shuǐzhí) [수이즈].

- 세미나 (명사) : 영=seminar ('sɛmɪˌnɑːr)[세미나].
  일=セミナー (せみなー, seminā)[세미나]. 중=研讨会 (yántǎohuì)[옌타오후이]].
- 세상 世上 세상 세, 영역 상. (명사) : 영=world (wɜːrld) [월드].
  일=世上 (せじょう, sejō) [세조]. 중=世界 (shìjiè) [시제].
- 세상에 (감탄사) : 영=wow (waʊ) [와우].
  일=世上 (せじょう, sejō) [세조]. 중=世界 (shìjiè) [시제].
- 세수 洗手 세, 손 수. (명사) : 영=washing face (wɒʃɪŋ feɪs) [워싱 페이스].
  일=洗手 (せんしゅ, senshu) [센슈]. 중=洗手 (xǐshǒu) [시쇼우].
- 세우다 (동사) : 영=to erect (ɪˈrɛkt) [이렉트].
  일=立てる (たてる, tateru) [타테루]. 중=建立 (jiànlì) [지앤리].
- 세워지다 (동사) : 영=to be erected (tʊ bi ɪˈrɛktɪd)[투 비 이렉티드]
  일=立てられる (たてられる, taterareru)[타테라레루]. 중=建立 (jiànlì)[지앤리].
- 세월 歲月 세, 해 세, 달 월. (명사) : 영=years (jɪərz) [이어즈].
  일=歲月 (すえつき, suetsuki)[스에츠키]. 중=岁月 (suìyuè)[수이위에].
- 세 歲 나이 세. (의존명사) : 영=age (eɪdʒ) [에이지].
  일=歲 (さい, sai) [사이]. 중=岁 (suì) [수이].
- 세 世 세상 세. (의존명사) : 영=world (wɜːld) [월드].
  일=世 (せ, se) [세]. 중=世 (shì) [시].
- 세제 洗劑 세, 씻을 세, 약제 제. (명사) : 영=detergent (dɪˈtɜːdʒənt) [디터전트].
  일=洗剤 (せんざい, senzai) [센자이]. 중=洗剂 (xǐjì) [시지].
- 세종대왕 世宗大王 세상 세, 종 신, 큰 왕. (고) :
  영=King Sejong the Great [킹 세종 더 그레이트].
  일=世宗大王 (せいそう だいおう, seisō daiō) [세이소 다이오].
  중=世宗大王 (shìzōng dàwáng) [시종 다왕].
- 세탁 洗濯 세, 씻을 세, 빨래 탁. (명사) : 영=laundry ('lɔːndri) [로운드리].
  일=洗濯 (せんたく, sentaku) [센타쿠]. 중=洗涤 (xǐdí) [시디].
- 세탁기 洗濯機 세, 씻을 세, 기계 기. (명사) :
  영=washing machine (wɒʃɪŋ məˈʃiːn) [워싱 머신].
  일=洗濯機 (せんたくき, sentakuki) [센타쿠키]. 중=洗衣机 (xǐyī jī) [시이 지].
- 세탁소 洗濯所 세, 씻을 세, 곳 소. (명사) :
  영=laundry shop ('lɔːndri ʃɒp) [로운드리 샵].
  일=洗濯所 (せんたくしょ, sentakusho) [센타쿠쇼].
  중=洗衣店 (xǐyī diàn) [시이 디엔].

•세트 set. (명사) : [영]=set (sɛt) [셋].
[일]=セット (せっと, setto) [셋토]. [중]=套装 (tàozhuāng) [타오주앙].
•섹시하다 sexy-. (형용사) : [영]=sexy ('sɛksi) [섹시].
[일]=セクシー (せくしー, sekushī) [세쿠시]. [중]=性感 (xìnggǎn)[싱간].
•센터 center. (명사) : [영]=center ('sɛntər) [센터].
[일]=センター (せんたー, sentā)[센타]. [중]=中心 (zhōngxīn)[중신].
•센티미터 centimeter. (의존명사) : [영]=centimeter ('sɛntɪˌmiːtə) [센티미터].
[일]=センチメートル(せんちめーとる,senchimētoru)[센치메토루].
[중]=厘米 (límǐ) [리미].
•셈 (의존명사) : [영]=calculating ('kælkjʊˌleɪtɪŋ) [캘큘레이팅].
[일]=計算 (けいさん, keisan)[케이산]. [중]=计算 (jìsuàn)[지수안].
•셋 (수사) : [영]=three (θriː) [쓰리].
[일]=三 (さん, san) [산]. [중]=三 (sān) [산].
•셋째 (관형사) : [영]=third (θɜːrd) [서드].
[일]=三番目 (さんばんめ, sanbanme)[산반메]. [중]=第三 (dì sān)[디 산].
•셋째 (수사) : [영]=third (θɜːrd) [서드].
[일]=三番目 (さんばんめ, sanbanme)[산반메]. [중]=第三 (dì sān)[디 산].
•소 (명사) 동물의 하나, 가축으로 키우는 소 : [영]=cow (kaʊ)[카우].
[일]=牛 (うし, ushi) [우시]. [중]=牛 (niú) [니우].
•소개 紹介 이을 소, 낄 개, (명사) : [영]=introduction (ˌɪntrə'dʌkʃən) [인트러덕션].
[일]=紹介 (しょうかい, shōkai)[쇼카이]. [중]=介绍 (jièshào)[제샤오].
•소개되다 紹介- 이을 소, 낄 개, (동사) :
[영]=be introduced (biː ˌɪntrə'djuːst) [비 인트러듀스트].
[일]=紹介される (しょうかいされる, shōkai sareru)[쇼카이 사레루].
[중]=被介绍 (bèi jièshào) [베이 제샤오].
•소개하다 紹介- 이을 소, 낄 개, (동사) :
[영]=introduce (ˌɪntrə'djuːs) [인트러듀스].
[일]=紹介する (しょうかいする, shōkai suru) [쇼카이 스루].
[중]=介绍 (jièshào) [제샤오].
•소규모 小規模 작을 소, 법 규, 본뜰 모, (명사) :
[영]=small scale (smɔːl skeɪl) [스몰 스케일].
[일]=小規模 (しょうきぼ, shōkibo) [쇼키보].
[중]=小规模 (xiǎoguīmó) [샤오구이모].

- 소극적 消極的 사라질 소, 극진할 극, 과녁 적, (명사) :
  - 영=passive (ˈpæsɪv) [패시브].
  - 일=消極的 (しょうきょくてき, shōkyokuteki) [쇼쿄쿠테키].
  - 중=消极的 (xiāojí de) [샤오지 더].
- 소금 (명사) 음식 간을 맞추는 흰 결정 : 영=salt (sɔːlt) [솔트].
  - 일=塩 (しお, shio) [시오].   중=盐 (yán) [옌].
- 소나기 (명사) 갑자기 내리는 비 : 영=shower (ˈʃaʊər) [샤워].
  - 일=にわか雨 (にわかあめ, niwaka ame) [니와카 아메]. 夕立 (ゆうだち, yūdachi) [유다치].   중=阵雨 (zhènyǔ) [쩐위].
- 소나무 (명사) 늘 푸른 침엽수의 하나 :
  - 영=pine tree (paɪn triː) [파인 트리].
  - 일=松 (まつ, matsu) [마쓰].   중=松树 (sōngshù) [송수].
- 소녀 少女 적을 소, 여자 녀, (명사) : 영=girl (ɡɜːrl) [걸].
  - 일=少女 (しょうじょ, shōjo) [쇼죠]. 중=少女 (shàonǚ) [샤오뉘].
- 소년 少年 적을 소, 해 년, (명사) : 영=boy (bɔɪ) [보이].
  - 일=少年 (しょうねん, shōnen) [쇼넨]. 중=少年 (shàonián) [샤오녠].
- 소득 所得 바 소, 얻을 득, (명사) : 영=income (ˈɪnkʌm) [인컴].
  - 일=所得 (しょとく, shotoku) [쇼토쿠].   중=所得 (suǒdé) [쑤어더].
- 소리 (명사) 귀로 듣는 음성이나 음향 : 영=sound (saʊnd) [사운드].
  - 일=音 (おと, oto) [오토].   중=声音 (shēngyīn) [셩인].
- 소리치다 (동사) 큰 소리를 내다 : 영=shout (ʃaʊt) [샤우트].
  - 일=叫ぶ (さけぶ, sakebu) [사케부].   중=喊叫 (hǎnjiào) [한찌아오].
- 소망 所望 (바 소, 바랄 망) (명사) :
  - 영=wish (wɪʃ) [위쉬], hope (hoʊp) [호우프].
  - 일=所望 (しょぼう, shobou) [쇼보우].   중=愿望 (yuànwàng) [웬왕].
- 소매 (명사) 옷의 팔 부분 :   영=sleeve (sliːv) [슬리브].
  - 일=袖 (そで, sode) [소데].   중=袖子 (xiùzi) [슈즈].
- 소문 所聞 (바소, 들을 문) (명사) : 영=rumor (ruːmər) [루머], gossip (ɡɑːsɪp) [가씹].
  - 일=噂 (うわさ, uwasa) [우와사].   중=传闻 (chuánwén) [촨원].
- 소문나다 所聞- 바 소, 들을 문, (동사) :
  - 영=be rumored (bi ˈruːmərd) [비 루머드].
  - 일=噂になる (うわさになる, uwasa ni naru) [우와사 니 나루].
  - 중=传开 (chuánkāi) [촨카이].

- 소박하다 素朴- 흴 소, 성씨 박, (형용사) : 영=simple ('sɪmpl) [심플]. 일= 素朴だ (そぼくだ, soboku da) [소보쿠 다]. 중=朴素 (pǔsù) [푸쑤].
- 소비 消費 (사라질 소, 쓸 비) (명사) :
  영=consumption (kən'sʌmpʃən)[컨섬션], spending ('spɛndɪŋ)[스펜딩].
  일=消費 (しょうひ, shouhi) [쇼우히]. 중=消费 (xiāofèi)[샤오페이].
- 소비자 消費者 (사라질 소, 쓸 비, 놈 자) (명사) :
  영=consumer (kən'suːmər)[컨슈머], customer ('kʌstəmər)[커스터머].
  일=消費者 (しょうひしゃ, shouhisha)[쇼우히샤].
  중=消费者 (xiāofèi zhě)[샤오페이 져].
- 소비하다 消費- 사라질 소, 쓸 비,(동사) : 영=consume (kən'suːm)[컨슘].
  일=消費する (しょうひする, shōhi suru) [쇼히 스루].
  중=消费 (xiāofèi) [샤오페이].
- 소설 小說 작을 소, 말씀 설, (명사) : 영=novel ('nɑːvl) [나블].
  일=小説 (しょうせつ, shōsetsu) [쇼세츠].
  중=小说 (xiǎoshuō) [샤오슈오].
- 소설가 小說家 (명사) : 영=novelist ('nɑːvəlɪst) [나블리스트].
  일=小説家 (しょうせつか, shōsetsuka) [쇼세츠카].
  중=小说家 (xiǎoshuōjiā) [샤오슈오쟈].
- 소속 所屬 바 소,무리 속, (명사) : 영=affiliation (ə,fɪli'eɪʃən) [어필리에이션].
  일=所属 (しょぞく, shozoku)[쇼조쿠]. 중=所属 (suǒshǔ)[쑤어슈].
- 소수 少數 적을 소,셀 수, (명사) : 영=minority (maɪ'nɔːrəti) [마이노리티].
  일=少数 (しょうすう, shōsū) [쇼스]. 중=少数 (shǎoshù) [샤오슈].
- 소스 (명사) 음식에 넣는 액체 양념 : 영=sauce (sɔːs) [소스].
  일=ソース (ソース, sōsu) [소스]. 중=酱料 (jiàngliào) [쟝랴오].
- 소시지 (명사) 다진 고기를 양념해 만든 식품 : 영=sausage ('sɔːsɪdʒ) [소시지].
  일=ソーセージ (ソーセージ, sōsēji) [소세지]. 중=香肠 (xiāngcháng) [샹챵].
- 소식 消息 사라질 소, 쉴 식, (명사) : 영=news (nuːz) [뉴스].
  일=消息 (しょうそく, shōsoku) [쇼소쿠]. 중=消息 (xiāoxī) [샤오시].
- 소아과 小兒科 작을 소, 아이 아, 과목 과, (명사) :
  영=pediatrics (,piːdi'ætrɪks) [피디애트릭스].
  일=小児科 (しょうにか, shōnika) [쇼니카]. 중=儿科 (érkē)[얼커].
- 소요되다 (동사) : 영=be required (bi rɪ'kwaɪərd) [비 리콰이어드].
  일=要する (ようする, yōsuru)[요스루]. 중=需要 (xūyào)[쉬야오].

- 소용 所用 바 소, 쓸 용, (명사) : 영=use (juːs) [유스].
  일=用 (よう, yō) [요]. 중=用处 (yòngchu) [용추].
- 소용없다 所用- 바 소, 쓸 용, (형용사) : 영=useless ('juːsləs) [유슬러스].
  일=役に立たない (やくにたたない, yaku ni tatanai)[야쿠 니 타타나이].
  중=没用 (méiyòng) [메이용].
- 소원 所願 바 소, 원할 원, (명사) : 영=wish (wɪʃ) [위시].
  일=願い (ねがい, negai) [네가이]. 중=愿望 (yuànwàng) [위앤왕].
- 소위 所謂 바 소, 이를 위, (부사) : 영=so-called ('soʊkɔːld) [소콜드].
  일=いわゆる (いわゆる, iwayuru) [이와유루]. 중=所谓 (suǒwèi)[쑤어웨이].
- 소유 所有 바 소, 있을 유 (명사) :
  영=ownership ('oʊnərʃɪp) [오우너십], possession (pəˈzɛʃən) [포제션].
  일=所有 (しょゆう, shoyū)[쇼유우]. 중=所有 (suǒyǒu)[쑤어요우].
- 소유자 所有者 바 소, 있을 유, 놈 자 (명사) :
  영=owner ('oʊnər) [오우너], possessor (pəˈzɛsər) [포제서].
  일=所有者 (しょゆうしゃ, shoyūsha) [쇼유우샤].
  중=所有者 (suǒyǒu zhě) [쑤어요우 져].
- 소유하다 所有- 바 소, 있을 유 (동사) :
  영=own (oʊn) [오운], possess (pəˈzɛs) [포제스].
  일=所有する (しょゆうする, shoyū suru) [쇼유우 스루].
  중=拥有 (yōngyǒu) [용요우].
- 소음 騷音 떠들 소, 소리 음, (명사) :
  영=noise (nɔɪz) [노이즈].
  일=騒音 (そうおん, sōon) [소온]. 중=噪音 (zàoyīn)[자오인].
- 소재 素材 본디 소, 재목 재 (명사) :
  영=material (məˈtɪriəl) [머티리얼],
    ingredient (ɪnˈgriːdiənt) [인그리디언트].
  일=素材 (そざい, sozai)[소자이]. 중=素材 (sùcái)[쑤차이].
- 소주 燒酒 불사를 소, 술 주 (명사) : 영=soju (ˈsoʊdʒuː) [소우쥬ː].
  일=焼酎 (しょうちゅう, shōchū)[쇼우츄우]. 중=烧酒 (shāojiǔ)[샤오지우].
- 소중하다 所重- 바 소, 무거울 중 (형용사) :
  영=precious (ˈprɛʃəs) [프레셔스], valuable (ˈvæljuəbl)[밸류어블].
  일=大切だ (たいせつだ, taisetsu da) [타이세츠다].
  중=珍贵 (zhēnguì) [쩐구이].

•소중히 所重- 바 소, 무거울 중 (부사) :
  영=preciously ('prɛʃəsli) [프레셔슬리], dearly ('dɪrli)[디어리].
  일=大切に (たいせつに, taisetsu ni)[타이세츠니].
  중=珍重地 (zhēnzhòng de)[쩐쭝더]. 珍惜地 (zhēnxī de)[쩐시 더].
•소지품 所持品 바 소, 가질 지, 물건 품 (명사) : 영=belongings (bɪ'lɔːŋɪŋz) [빌로잉즈], possessions (pə'zɛʃənz) [포제션즈].
  일=所持品 (しょじひん, shojihin) [쇼지힌].
  중=随身物品 (suíshēn wùpǐn) [쑤이션 우핀].
•소질 素質 본디 소, 바탕 질 (명사) :
  영=talent ('tælənt) [탤런트], aptitude ('æptɪtuːd) [앱티튜드].
  일=素質 (そしつ, soshitsu)[소시츠].   중=素质 (sùzhì)[쑤즈].
•소파 (명사) : 영=sofa ('soʊfə) [소우퍼].
  일=ソファ (sofa) [소파].   중=沙发 (shāfā) [샤파].
•소포 小包 작을 소, 쌀 포. (명사) :
  영=parcel ('pɑːrsl) [파슬], package ('pækɪdʒ) [패키지].
  일=小包 (こづつみ, kozutsumi)[코즈츠미]. 중=包裹 (bāoguǒ)[바오궈].
•소풍 逍風 거닐 소, 바람 풍. (명사) :
  영=picnic ('pɪknɪk) [픽닉], outing ('aʊtɪŋ) [아우팅].
  일=遠足 (えんそく, ensoku)[엔소쿠]. 중=郊游 (jiāoyóu)[지아오요우].
•소프트웨어 (명사) : 영=software ('sʊftwɛr) [소프트웨어].
  일=ソフトウェア (sofutowea) [소프트웨어]. 중=软件 (ruǎnjiàn) [롼지엔].
•소형 小型 작을 소, 형상 형. (명사) :
  영=small size (smɔːl saɪz)[스몰 사이즈], compact ('kɒmpækt)[콤팩트].
  일=小型 (こがた, kogata) [코가타].   중=小型 (xiǎoxíng)[샤오싱].
•소홀히 疏忽- 트일 소, 갑자기 홀. (부사) :
  영=neglectfully (nɪ'glɛktfəli)[니글렉트풀리], carelessly ('keərsləsli)[케어슬리스].
  일=疎かに (おろそかに, orosoka ni)[오로소카니].
  중=疏忽地 (shūhū de)[슈후더].
•소화 消化 사라질 소, 될 화 (명사) :
  영=digestion (daɪ'dʒɛstʃən) [다이제스쳔].
  일=消化 (しょうか, shōka)[쇼우카].
  중=消化 (xiāohuà)[샤오화].

— 250 —

- 소화하다 消化- (사라질 소, 될 화) (동사) :
  영=digest(daɪˈdʒɛst)[다이제스트], assimilate(əˈsɪməleɪt)[어시밀레이트].
  일=消化する (しょうかする, shōka suru) [쇼우카 스루].
  중=消化 (xiāohuà) [샤오화].
- 속 (명사) : 영=inside (ɪnˈsaɪd) [인사이드], interior (ɪnˈtɪriər) [인테리어].
  일=中 (なか, naka) [나카]. 중=里面 (lǐmiàn) [리미엔].
- 속담 俗談 (풍속 속, 말씀 담) (명사) :
  영=proverb (ˈprɒvɜːrb) [프로버브], saying (ˈseɪɪŋ) [세잉].
  일=諺 (ことわざ, kotowaza)[코토와자]. 중=俗语 (súyǔ)[수위].
- 속도 速度 (빠를 속, 법 도) (명사) :
  영=speed (spiːd) [스피드], velocity (vəˈlɒsəti) [벨로시티].
  일=速度 (そくど, sokudo)[소쿠도]. 중=速度 (sùdù)[수두].
- 속마음 (명사) 겉으로 드러나지 않은 마음 : 영=inner thoughts
  (ˈɪnər θɔːts) [이너 쏘츠], true feelings (truː ˈfiːlɪŋz) [트루 필링즈].
  일=本心 (ほんしん, honshin)[혼싱]. 중=内心 (nèixīn)[네이신].
- 속삭이다 (동사) :
  영=whisper (ˈwɪspər) [위스퍼], murmur (ˈmɜːrmər) [머머].
  일=囁く (ささやく, sasayaku) [사사야쿠].
  중=耳语 (ěryǔ) [얼위]. 低语 (dīyǔ) [디위].
- 속상하다 -傷- (상처 상) (형용사) :
  영=upset (ʌpˈsɛt) [업셋], distressed (dɪˈstrɛst) [디스트레스드].
  일=傷つく (きずつく, kizutsuku) [키즈츠쿠]. 중=伤心 (shāngxīn) [샹신].
- 속옷 (명사) : 영=underwear (ˈʌndərwer) [언더웨어],
  undergarment (ˈʌndərgɑːrmənt) [언더가먼트].
  일=下着 (したぎ, shitagi)[시타기]. 중=内衣 (nèiyī)[네이이].
- 속이다 (동사) : 영=deceive (dɪˈsiːv) [디시브], trick (trɪk) [트릭].
  일=騙す (だます, damasu)[다마스]. 중=欺骗 (qīpiàn)[치피엔].
- 속하다 屬- (붙을 속) (동사) : 영=belong (bɪˈlɔːŋ) [빌롱],
  be affiliated (bi əˈfɪlieɪtɪd)[비 어필리에이티드].
  일=属する (ぞくする, zokusuru)[조쿠스루]. 중=属于 (shǔyú)[슈위].
- 손 (명사) 신체의 일부, 물건을 잡는 기관 :
  영=hand (hænd)[핸드].
  일=手 (て, te) [테]. 중=手 (shǒu) [쇼우].

- 손가락 (명사) 손 끝의 다섯 개 기관 : 영=finger ('fɪŋgər) [핑거].
  일=指 (ゆび, yubi) [유비].　　중=手指 (shǒuzhǐ)[쇼우즈].
- 손길 (명사) 손을 뻗어 닿을 수 있는 범위 :
  영=hand, helping hand ('hɛlpɪŋ hænd) [헬핑 핸드].
  일=手助け (てだすけ, tedasuke)[테다스케]. 중=援手 (yuánshǒu) [위앤쇼우].
- 손녀 孫女 손자 손, (명사) : 영=granddaughter ('grændɔːtər) [그랜도터].
  일=孫娘 (まごむすめ, magomusume)[마고무스메]. 중=孙女 (sūnnǚ)[쑨뉘].
- 손님 (명사) 찾아온 사람, 방문객 :
  영=guest (gɛst) [게스트]. customer ('kʌstəmər) [커스터머].
  일=客 (きゃく, kyaku) [캬쿠].　　중=客人 (kèrén)[커런].
- 손등 (명사) 손바닥의 반대편 :
  영=back of the hand (bæk əv ðə hænd)[백 오브 더 핸드].
  일=手の甲 (てのこう, te no kō)[테노코]. 중=手背 (shǒubèi)[쇼우베이].
- 손목 (명사) 손과 팔이 이어지는 부분 : 영=wrist (rɪst) [리스트].
  일=手首 (てくび, tekubi) [테쿠비].　중=手腕 (shǒuwàn)[쇼우완].
- 손바닥 (명사) 손 안쪽 부분 : 영=palm (pɑːm) [팜].
  일=手のひら (てのひら, te no hira)[테노히라].
  중=手掌 (shǒuzhǎng)[쇼우장].
- 손발 (명사) 손과 발을 함께 이르는 말 :
  영=hands and feet (hændz ənd fiːt) [핸즈 앤 피트].
  일=手足 (てあし, teashi)[테아시]. 중=手脚 (shǒujiǎo)[쇼우지아오].
- 손뼉 (명사) 박수칠 때 부딪치는 손의 면 :
  영=palm, clap (klæp) [클랩]. applause (ə'plɔːz) [어플로즈].
  일=手拍子 (てびょうし, tebyōshi) [테뵤시].
  중=手掌 (shǒuzhǎng) [쇼우장].
- 손수 (부사) 직접 자기 손으로 : 영=by oneself
  　　　　(baɪ wʌn'sɛlf)[바이 원셀프], personally ('pɜːrsənəli)[퍼스널리].
  일=手ずから (てずから, tezukara)[테즈카라].
  중=亲自 (qīnzì)[친즈]. 亲手 (qīnshǒu) [친쇼우].
- 손수건 手巾 손 숫수건 건 (명사) : 영=handkerchief ('hæŋkərtʃɪf) [핸커치프].
  일=ハンカチ (hankachi) [한카치]. 중=手帕 (shǒupà) [쇼우파].
- 손쉽다 (형용사) : 영=easy (iːzi) [이지], simple ('sɪmpəl) [심플].
  일=容易だ (よういだ, yōi da)[요우이다]. 중=容易 (róngyì)[롱이].

- 손실 損失 (손해 손, 잃을 실) (명사) :
  영=loss (lɔːs) [로스], damage ('dæmɪdʒ) [대미지].
  일=損失 (そんしつ, sonshitsu)[손시츠]. 중=损失 (sǔnshī)[쑨스].
- 손자 孫子 (손자 손, 아들 자) (명사) : 영=grandson ('grænsʌn)[그랜선].
  일=孫息子 (まごむすこ, magomusuko)[마고무스코]. 중=孙子 (sūnzi)[쑨즈].
- 손잡다 (동사) 서로 손을 잡다 : 영=hold hands (hoʊld hændz)
                [홀드 핸즈], clasp hands (klæsp hændz)[클래스프 핸즈].
  일=手をつなぐ (てをつなぐ, te o tsunagu) [테 오 츠나구].
     手を握る (てをにぎる, te o nigiru)[테 오 니기루].
  중=握手 (wòshǒu) [워쇼우]. 牵手 (qiānshǒu) [치앤쇼우].
- 손잡이 (명사) 손으로 잡는 부분 : 영=handle ('hændl) [핸들], grip (grɪp) [그립].
  일=取っ手 (とって, totte) [톳테]. 중=把手 (bǎshou) [바쇼우].
- 손질 (명사) 손으로 다듬는 일:
  영=trimming ('trɪmɪŋ) [트리밍], grooming ('gruːmɪŋ) [그루밍].
  일=手入れ (ていれ, teire) [테이레]. 중=修整 (xiūzhěng)[시우정].
- 손질하다 (동사) 손으로 다듬거나 정리하다:
  영=trim (trɪm) [트림], groom (gruːm) [그룸].
  일=手入れする (ていれする, teire suru) [테이레 스루].
  중=修整 (xiūzhěng) [시우정]. 整理 (zhěnglǐ) [정리].
- 손톱 (명사) 손가락 끝의 단단한 부분 :
  영=fingernail ('fɪŋɡərneɪl) [핑거네일].
  일=爪 (つめ, tsume) [츠메]. 중=指甲 (zhǐjia) [즈지아].
- 손해 損害 (손해 손, 해할 해) (명사) :
  영=damage ('dæmɪdʒ) [대미지], loss (lɔːs) [로스].
  일=損害 (そんがい, songai) [손가이]. 중=损害 (sǔnhài) [쑨하이].
- 솔직하다 率直- (거느릴 솔, 곧을 직) (형용사) :
  영=frank (fræŋk) [프랭크], honest ('ɑːnɪst) [어니스트].
  일=率直だ (そっちょくだ, sotchoku da) [솟쵸쿠다].
  중=坦率 (tǎnshuài) [탄슈아이]. 率直 (shuàizhí) [솨이즈].
- 솔직히 率直- (거느릴 솔, 곧을 직) (부사) :
  영=frankly ('fræŋkli) [프랭클리], honestly ('ɑːnɪstli)[어니스트리].
  일=率直に (そっちょくに, sotchoku ni) [솟쵸쿠니].
  중=坦率地 (tǎnshuài de) [탄슈아이더].

- 솜 (명사) 부드럽고 흰 섬유 ㉢=cotton ('kɑːtn) [코튼], wadding ('wɑːdɪŋ) [와딩].
  ㉣=綿 (わた, wata) [와타]. ㉥=棉花 (miánhuā) [미엔화].
- 솜씨 (명사) 손으로 무언가를 잘하는 능력:
  ㉢=skill (skɪl) [스킬], ability (əˈbɪləti) [어빌리티].
  ㉣=腕前 (うでまえ, udemae)[우데마에]. ㉥=手艺 (shǒuyì)[쇼우이].
- 솟다 (동사) 위로 오르다:
  ㉢=rise (raɪz) [라이즈], spring up (sprɪŋ ʌp) [스프링 업].
  ㉣=湧く (わく, waku)[와쿠]. ㉥=涌出 (yǒngchū)[용추]. 升起 (shēngqǐ) [셩치].
- 송아지 (명사) 어린 소 : ㉢=calf (kæf) [캐프].
  ㉣=子牛 (こうし, kōshi) [코시]. ㉥=小牛 (xiǎoniú)[샤오니우].
- 송이 (명사) 꽃 한 송이를 세는 단위 : ㉢=(a) flower ('flaʊər)[플라워].
  ㉣=本 (ほん, hon) [혼]. ㉥=朵 (duǒ) [뒤].束 (shù) [슈]
- 송편(명사) : ㉢=songpyeon (Korean rice cake) ('sɔŋ pjʌn)[송편].
  ㉣=ソンピョン (songpyon) [송푠].
  ㉥=松糕 (sōnggāo) [송가오].松饼 (sōngbǐng)[쏭빙].
- 쇠 (명사) 단단하고 강한 금속: ㉢=metal ('mɛtl) [메탈] iron ('aɪərn) [아이언].
  ㉣=鉄 (てつ, tetsu) [테츠]. ㉥=铁 (tiě) [티에].
- 쇠고기 (명사) : ㉢=beef (biːf) [비프].
  ㉣=牛肉 (ぎゅうにく, gyūniku) [규우니쿠]. ㉥=牛肉 (niúròu) [니우로우].
- 쇼핑 (명사) 물건 사기 : ㉢=shopping (ˈʃɑːpɪŋ) [샤핑].
  ㉣=ショッピング (shoppingu)[쇼핑구]. ㉥=购物 (gòuwù) [고우우].
- 수 (명사) 방법, 수단 : ㉢=way (weɪ) [웨이], method (ˈmɛθəd) [메서드].
  ㉣=手段 (しゅだん, shudan)[슈단]. 方法 (ほうほう, hōhō)[호우호우].
  ㉥=办法 (bànfǎ) [빤파].
- 수 (의존명사) 방법, 수단 : ㉢=way (weɪ) [웨이], method (ˈmɛθəd) [메서드].
  ㉣=方法 (ほうほう, hōhō) [호호]. ㉥=方法 (fāngfǎ) [팡파].
- 수 數(셈 수 ~를세다 (명사) : ㉢=number (ˈnʌmbər) [넘버], count (kaʊnt) [카운트].
  ㉣=数 (かず, kazu) [카즈]. ㉥=数 (shù) [슈].
- 수건 手巾 (손 수, 수건 건) (명사) : ㉢=towel (ˈtaʊəl) [타월].
  ㉣=タオル (taoru) [타오루]. ㉥=毛巾 (máojīn) [마오진].
- 수고 (명사) 힘들여 노력하는 일: ㉢=make an effort (meɪk ən ˈɛfərt) [메이크 언 에포트], take trouble (teɪk ˈtrʌbl) [테이크 트러블].
  ㉣=苦労する (くろうする, kurō suru) [쿠로스루]. ㉥=辛苦了 (xīnkǔ le) [신쿠 레].

•수년 數年 셈 수, 해 년(명사) : [영]=several years ('sɛvərəl jɪrz) [세버럴 이어즈].
[일]=数年 (すうねん, sūnen) [수우넨]. [중]=数年 (shùnián) [슈니엔].
•수단 手段 손 수, 층계 단(명사) : [영]=means (miːnz)[민즈], way (weɪ)[웨이].
[일]=手段 (しゅだん, shudan) [슈단]. [중]=手段 (shǒuduàn) [쇼우돤].
•수도 首都 (머리 수, 도읍 도) (명사) : [영]=capital ('kæpɪtl)[캐피털].
[일]=首都 (しゅと, shuto) [슈토]. [중]=首都 (shǒudū) [쇼우두].
•수도권 首都圈 (머리 수, 도읍 도, 울타리 권) (명사) :
[영]=metropolitan area (ˌmɛtrə'pɑːlɪtn 'ɛriə) [메트로폴리탄 에리아].
capital area ('kæpɪtl 'ɛəriə) [캐피틀 에어리어].
[일]=首都圏 (しゅとけん, shutoken) [슈토켄].
[중]=首都圈 (shǒudūquān) [쇼우두취앤].
•수도꼭지 水道- 물 수, 길 도(명사) : [영]=tap (tæp) [탭], faucet ('fɔːsɪt) [포싯].
[일]=水道の蛇口 (すいどうのじゃぐち, suidō no jaguchi) [스이도우 노 자구치].
[중]=水龙头 (shuǐlóngtóu) [슈이롱토우].
•수돗물 水道- (물 수, 길 도) (명사) : [영]=tap water (tæp 'wɔːtər) [탭 워터].
[일]=水道水 (すいどうすい, suidōsui) [스이도우스이].
[중]=自来水 (zìláishuǐ) [즈라이슈이].
•수동적 受動的 받을 수, 움직일 동, 과녁 적 (명사) : [영]=passive ('pæsɪv) [패시브].
[일]=受動的(じゅどうてき, judōteki) [쥬도테키].
[중]=被动的 (bèidòng de) [베이똥 더].
•수리하다 修理- (닦을 수, 다스릴 리) (동사) :
[영]=repair (rɪ'per) [리페어], fix (fɪks) [픽스].
[일]=修理する (しゅうりする, shūri suru) [슈우리 스루].
[중]=修理 (xiūlǐ) [시우리].
•수만 數萬 (셈 수, 일만 만) (관형사) :
[영]=tens of thousands (tɛnz əv 'θaʊzəndz) [텐즈 어브 싸우전즈].
[일]=数万 (すうまん, sūman) [수우만]. [중]=数万 (shù wàn)[슈 완].
•수많다 數- (셈 수) (형용사) :
[영]=numerous ('njuːmərəs) [뉴머러스], many ('mɛni) [메니].
[일]=数多い (かずおおい, kazu ōi) [카즈 오오이].
[중]=很多 (hěnduō) [헌두어].
•수면 睡眠 잘 수, 잠잘 면, (명사) : [영]=sleep (sliːp) [슬립].
[일]=睡眠 (すいみん, suimin) [스이민]. [중]=睡眠 (shuìmián)[슈이미앤].

- 수명 壽命 (목숨 수, 목숨 명) (명사) :
  영=lifespan ('laɪfspæn) [라이프스팬],
    life expectancy (laɪf ɪk'spɛktənsi) [라이프 익스펙턴시].
  일=寿命 (じゅみょう, jumyō) [쥬묘우]. 중=寿命 (shòumìng) [쇼우밍].
- 수박 (명사) 과일의 일종 : 영=watermelon ('wɔːtərmelən) [워터멜론].
  일=スイカ (suika) [스이카]. 중=西瓜 (xīguā) [시과].
- 수백 數百 셈할 수, 일백 백 (관형사) : 영=hundreds ('hʌndrədz) [헌드러즈].
  일=数百 (すうひゃく, sūhyaku) [스햐쿠]. 중=数百 (shùbǎi) [슈바이].
- 수사 (명사) : 영=investigation (ɪn,vɛstɪ'geɪʃən) [인베스티게이션].
  일=捜査 (そうさ, sousa) [소우사]. 중=搜査 (sōuchá) [소우차].
- 수상 首相 머리 수, 서로 상, (명사) :
  영=prime minister (praɪm 'mɪnɪstər) [프라임 미니스터].
  일=首相 (しゅしょう, shushō) [슈쇼]. 중=首相 (shǒuxiàng) [쇼우시앙].
- 수석 首席 (머리 수, 자리 석) (명사) :
  영=chief (tʃiːf) [치프], head (hɛd) [헤드].
  일=首席 (しゅせき, shuseki) [슈세키]. 중=首席 (shǒuxí) [쇼우시].
- 수수께끼 (명사) : 영=riddle ('rɪdl) [리들], puzzle ('pʌzl) [퍼즐].
  일=謎 (なぞ, nazo) [나조]. 중=谜语 (míyǔ) [미위].
- 수수료 手數料 (손 수, 셈 수, 헤아릴 료) (명사) :
  영=fee (fiː) [피ː], commission (kə'mɪʃən) [커미션].
  일=手数料 (てすうりょう, tesūryō) [테스우료우].
  중=手续费 (shǒuxù fèi) [쇼우쉬 페이].
- 수수하다 (형용사) : 영=simple ('sɪmpəl) [심플], plain (pleɪn) [플레인].
  일=質素だ (しっそだ, shisso da) [싯소다]. 중=朴素 (púsù) [푸쑤].
- 수술 手術 (손 수, 재주 술) (명사) :
  영=surgery ('sɜːrdʒəri) [서저리], operation (,ɑːpə'reɪʃən) [오퍼레이션].
  일=手術 (しゅじゅつ, shujutsu) [슈쥬츠]. 중=手术 (shǒushù) [쇼우슈].
- 수시로 隨時- 따를 수, 때 시 (부사) : 영=frequently (friːkwəntli)
  [프리퀀틀리], from time to time (frʌm taɪm tuː taɪm) [프롬 타임 투 타임].
  일=随時 (ずいじ, zuiji) [즈이지]. 중=随时 (suíshí) [수이시].
- 수십 數十 (셈 수, 열 십) (관형사) : 영=tens (tɛnz) [텐즈], scores (skɔːrz) [스코어즈].
  일=数十 (すうじゅう, sūjū) [수우쥬우].
  중=数十 (shù shí) [슈 스]. 几十 (jǐ shí) [지 스].

•수업 授業 닦을 수, 업 업(명사) : 영=class (klæs) [클래스], lesson ('lɛsn) [레슨].
  일=授業 (じゅぎょう, jugyō) [쥬교우]. 중=上课 (shàngkè)[샹커].
•수업 修業 닦을 수 업 업 (명사) : 영=study (stʌdi) [스터디], learning [러닝].
  일=修業 (しゅぎょう, shugyō) [슈교]. 중=修业 (xiūyè) [슈예].
•수업 授業 줄 수 업 업 (명사) : 영=class (klæs) [클래스], lesson ('lɛsn) [레슨].
  일=授業 (じゅぎょう, jugyō) [쥬교]. 중=授课 (shòukè) [쇼우커].
•수없이 數- (셈 수) (부사) : 영=countless ('kaʊntləs) [카운트리스], innumerable (ɪ'njuːmərəbl) [이뉴머러블].
  일=数え切れないほど (かぞえきれないほど, kazoe kirenai hodo) [카조에 키레나이 호도].   중=数不清 (shǔ bù qīng) [슈 부 칭].
•수여 授與 줄 수, 더불 여. (명사):
  영=award (ə'wɔːrd) [어워드], conferment (kən'fɜːrmənt) [컨퍼먼트].
  일=授与 (じゅよ, juyo) [쥬요].   중=授予 (shòuyǔ) [쇼우위].
•수염 鬚髥 (수염 수, 구렛나루 염) (명사) :
  영=beard (bɪrd) [비어드], mustache (mʌstæʃ) [머스태시].
  일=髭 (ひげ, hige) [히게].   중=胡须 (húxū) [후슈].
•수영 水泳 (물 수, 헤엄칠 영) (명사) : 영=swimming ('swɪmɪŋ) [스위밍].
  일=水泳 (すいえい, suiei)[스이에이]. 중=游泳 (yóuyǒng)[요우용].
•수영장 水泳場 물 수, 헤엄칠 영, 마당 장, (명사) :
  영=swimming pool ('swɪmɪŋ puːl) [스위밍 풀].
  일=プール (pūru) [푸루]. 중=游泳池 (yóuyǒngchí) [요우용츠].
•수요 需要 구할 수, 요긴할 요, (명사) : 영=demand (dɪ'mænd) [디맨드].
  일=需要 (じゅよう, juyō) [쥬요]. 중=需要 (xūyào) [쉬야오].
•수요일 水曜日 물 수, 빛날 요, 날 일, (명사) :
  영=Wednesday ('wɛnzdeɪ) [웬즈데이].
  일=水曜日 (すいようび, suiyōbi) [스이요비]. 중=星期三 (xīngqīsān) [싱치싼].
•수용 收容 (거둘 수, 얼굴 용) (명사) : 영=accommodation
    (ə,kɑːmə'deɪʃən) [어카머데이션], reception (rɪ'sɛpʃen) [리셉션].
  일=収容 (しゅうよう, shūyō) [슈우요우]. 중=收容 (shōuróng) [쇼우롱].
•수용하다 收容- (거둘 수, 얼굴 용) (동사) : 영=accommodate
    (ə'kɑːmədeɪt) [어카머데이트], receive (rɪ'siːv) [리시브].
  일=収容する (しゅうようする, shūyō suru) [슈우요우 스루].
  중=收容 (shōuróng) [쇼우롱].

- 257 -

- 수월하다 (형용사) :
  - 영=easy, effortless ('iːzi, 'ɛfərtləs) [이지, 에퍼틀리스]..
  - 일==容易だ (よういだ, yōi da) [요이다]. 중=容易 (róngyi) [롱이]].
- 수입 收入 (거둘 수, 들 입) (명사) :
  - 영=income ('ɪnkʌm) [인컴], revenue ('rɛvənjuː) [레버뉴].
  - 일=収入 (しゅうにゅう, shūnyū) [슈우뉴우]. 중=收入 (shōurù) [쇼우루].
- 수입 輸入 보낼 수, 들 입, (명사) : 영=import ('ɪmpɔːrt)[임포트].
  - 일=輸入 (ゆにゅう, yunyū) [유뉴]. 중=进口 (jìnkǒu) [진커우].
- 수입되다 輸入- (물 수, 들 입) (동사) :
  - 영=be imported (bi ɪm'pɔːrtɪd) [비 임포티드].
  - 일=輸入される (ゆにゅうされる, yunyū sareru)[유뉴우 사레루].
  - 중=被进口 (bèi jìnkǒu) [베이 진커우].
- 수입품 輸入品 보낼 수, 들 입,물건 품, (명사) :
  - 영=imported goods (ɪm'pɔːrtɪd gʊdz) [임포티드 구즈].
  - 일=輸入品 (ゆにゅうひん, yunyūhin) [유뉴힌].
  - 중=进口商品 (jìnkǒu shāngpǐn) [진커우 샹핀].
- 수입하다 輸入- 보낼 수, 들 입, (동사) : 영=import (ɪm'pɔːrt) [임포트].
  - 일=輸入する (ゆにゅうする, yunyū suru) [유뉴스루]. 중=进口 (jìnkǒu) [진커우].
- 수저 (명사) 숟가락과 젓가락 : 영=spoon and chopsticks [스푼 앤 찹스틱스].
  - 일=スプーンと箸 (スプーンとはし, supūn to hashi)[스푼 토 하시].
  - 중=勺子和筷子 (sháozi hé kuàizi) [샤오즈 허 콰이즈].
- 수준 水準 (물 수, 준할 준) (명사) :
  - 영=level ('lɛvl) [레벨], standard ('stændərd) [스탠더드].
  - 일=水準 (すいじゅん, suijun)[스이준]. 중=水平 (shuǐpíng)[슈이핑].
- 수집 蒐集 (모을 수, 모을 집) (명사) :
  - 영=collection (kə'lɛkʃən) [컬렉션], gathering ('gæðərɪŋ)[개더링].
  - 일=収集 (しゅうしゅう, shūshū)[슈우슈우]. 중=收集 (shōují)[쇼우지].
- 수집하다 蒐集- (모을 수, 모을 집) (동사) :
  - 영=collect (kə'lɛkt) [컬렉트], gather ('gæðər) [개더].
  - 일=収集する (しゅうしゅうする, shūshū suru)[슈우슈우 스루].
  - 중=收集 (shōují) [쇼우지].
- 수천 數千 셈할 수, 일천 천 (관형사) : 영=thousands ('θaʊzəndz) [싸우전즈].
  - 일=数千 (すうせん, sūsen) [스센]. 중=数千 (shùqiān)[슈치앤].

•수출 輸出 보낼 수, 날 출, (명사) : [영]=export (ˈɛkspɔːrt)[엑스포트].
[일]=輸出 (ゆしゅつ, yushutsu)[유슈츠]. [중]=出口 (chūkǒu)[추커우].
•수출하다 輸出- 보낼 수, 날 출, (동사) :
[영]=export (ɪkˈspɔːrt) [익스포트].
[일]=輸出する (ゆしゅつする, yushutsu suru) [유슈츠 스루].
[중]=出口 (chūkǒu) [추커우].
•수컷 (명사) 동물의 암컷이 아닌 쪽 : [영]=male (meɪl) [메일].
[일]=雄 (おす, osu) [오스]. [중]=雄性 (xióngxìng) [슝싱].
•수표 手票 (손 수, 표 표) (명사) :
[영]=check (tʃɛk) [체크], money order (ˈmʌni ˈɔːrdər) [머니 오더].
[일]=小切手 (こぎって, kogitte)[코깃테]. [중]=支票 (zhīpiào)[즈퍄오].
•수필 隨筆 (따를 수, 붓 필) (명사) :
[영]=essay (ˈɛseɪ) [에세이], prose (proʊz) [프로우즈].
[일]=随筆 (ずいひつ, zuihitsu) [즈이히츠]. [중]=随笔 (suíbǐ)[수이비].
•수학 修學 (닦을 수, 배울 학) (명사) :
[영]=study (ˈstʌdi) [스터디], learning (ˈlɜːrnɪŋ) [러닝].
[일]=修学 (しゅうがく, shūgaku) [슈우가쿠]. [중]=修学 (xiūxué) [시우쉐].
•수학 數學 (셈 수, 배울 학) (명사) :
[영]=mathematics (ˌmæθəˈmætɪks) [매써매틱스].
[일]=数学 (すうがく, sūgaku) [수우가쿠]. [중]=数学 (shùxué)[슈쉐].
•수행하다 遂行- (드디어 수, 갈 행) (동사) :
[영]=carry out (ˈkæri aʊt) [캐리 아웃], perform (pərˈfɔːrm) [퍼폼].
[일]=遂行する (すいこうする, suikō suru) [스이코우 스루].
[중]=执行 (zhíxíng) [즈싱].
•수험생 受驗生 (받을 수, 시험 험, 날 생) (명사) : [영]=examinee (ɪgˌzæmɪˈniː) [이그재미니], test taker (tɛst ˈteɪkər) [테스트 테이커].
[일]=受験生 (じゅけんせい, jukensei) [쥬켄세이]. [중]=考生 (kǎoshēng) [카오셩].
•수화기 受話器 (받을 수, 말씀 화, 그릇 기) (명사) :
[영]=receiver (rɪˈsiːvər) [리시버], handset (ˈhændsɛt) [핸드셋].
[일]=受話器 (じゅわき, juwaki)[쥬와키]. [중]=听筒 (tīngtǒng)[팅통].
•숙녀 淑女 (맑을 숙, 여자 녀) (명사) :
[영]=lady (ˈleɪdi) [레이디], gentlewoman (ˈdʒɛntlwʊmən)[젠틀우먼].
[일]=淑女 (しゅくじょ, shukujo) [슈쿠죠]. [중]=淑女 (shūnǚ)[슈뉘].

- 숙소 宿所 (묵을 숙, 바 소) (명사) : 영=lodging ('lɑːdʒɪŋ) [라징], accommodation (ə,kɑːmə'deɪʃən) [어카머데이션].
  일=宿所 (しゅくしょ, shukusho) [슈쿠쇼].
  중=宿舍 (sùshè) [수셔], 住宿 (zhùsù) [쥬쑤].
- 숙이다 (동사) 머리를 낮추다 : 영=bend (bɛnd) [벤드], bow (baʊ) [바우].
  일=下げる (さげる, sageru) [사게루]. 중=低头 (dītóu) [디터우].
- 숙제 宿題 (묵을 숙, 제목 제) (명사) : 영=homework ('hoʊm,wɜrk) [호움워크], assignment (ə'saɪnmənt) [어사인먼트].
  일=宿題 (しゅくだい, shukudai)[슈쿠다이].
  중=作业 (zuòyè)[쭤예].
- 순간 瞬間 (돌 순, 사이 간) (명사) :
  영=moment ('moʊmənt) [모우먼트], instant ('ɪnstənt) [인스턴트].
  일=瞬間 (しゅんかん, shunkan)[슌칸].
  중=瞬间 (shùnjiān)[슌지엔].
- 순간적 瞬間的 (돌 순, 사이 간, ~의 적) (명사) :
  영=momentary ('moʊmənteri) [모우먼터리], instantaneous (,ɪnstən'teɪniəs) [인스턴테이니어스].
  일=瞬間的 (しゅんかんてき, shunkanteki) [슌칸테키].
  중=瞬间的 (shùnjiān de) [슌지엔더].
- 순서 順序 (순할 순, 차례 서) (명사) :
  영=order ('ɔːrdər) [오더], sequence ('siːkwəns) [씨퀀스].
  일=順序 (じゅんじょ, junjo) [준죠]. 중=順序 (shùnxù)[슌쉬].
- 순수 純粹 (순수할 순, 맑을 쉐) (명사) :
  영=pure (pjʊr) [퓨어], genuine ('dʒɛnjuɪn) [제뉴인].
  일=純粹 (じゅんすい, junsui)[쥰스이]. 중=純粹 (chúncuì)[춘추이].
- 순수하다 純粹- (순수할 순, 맑을 쉐) (형용사) :
  영=pure (pjʊr) [퓨어], genuine ('dʒɛnjuɪn) [제뉴인].
  일=純粹だ (じゅんすいだ, junsui da) [쥰스이다].
  중=純粹 (chúncuì) [춘추이], 純粹的 (chúncuì de) [춘추이 더].
- 순식간 瞬息間 (눈 깜짝일 순, 쉴 식, 사이 간) (명사) :
  영=instant ('ɪnstənt) [인스턴트], moment ('moʊmənt) [모우먼트].
  일=瞬く間 (またたくま, mataaku ma) [마타타쿠 마].
  중=瞬间 (shùnjiān) [슌지엔].

•순위 順位 (순할 순, 자리 위) (명사) :
[영]=ranking ('ræŋkɪŋ) [랭킹], order ('ɔːrdər) [오더].
[일]=順位 (じゅんい, jun'i) [준이].
[중]=顺序 (shùnxù) [순쉬], 排名 (páimíng) [파이밍].
•순진하다 純真- (순수할 순, 참 진) (형용사) :
[영]=naive (nɑː'iːv) [나이브], innocent ('ɪnəsənt) [이노센트].
[일]=純真だ (じゅんしんだ, junshin da) [준신다].
[중]=单纯 (dānchún) [단춘], 纯真的 (chúnzhēn de) [춘쩐 더].
•순하다 順- (순할 순) (형용사) :
[영]=gentle ('dʒɛntl) [젠틀], mild (maɪld) [마일드].
[일]=従順だ (じゅうじゅんだ, jūjun da) [쥬우준 다].
[중]=温顺 (wēnshùn) [원순].
•숟가락 (명사) 음식 먹을 때 쓰는 도구 : [영]=spoon (spuːn) [스푼].
[일]=スプーン (supūn) [스푼]. [중]=勺子 (sháozi) [샤오즈].
•술 (명사) : ~을 먹다. [영]=alcohol ('ælkəhɔːl) [알코홀], liquor ('lɪkər) [리커].
[일]=酒 (さけ, sake) [사케]. [중]=酒 (jiŭ) [지우].
•술 (의존 명사) : 밥 한 ~.
[영]=a drink of rice (ə drɪŋk əv raɪs) [어 드링크 어브 라이스].
[일]=ご飯一杯 (ごはんいっぱい, gohan ippai) [고항 잇파이].
[중]=一碗饭 (yī wăn fàn) [이 완 판].
•술 (의존명사) 밥 한 술과 같은 양의 단위 : [영]=spoonful ('spuːnfʊl) [스푼풀].
[일]=匙 (さじ, saji) [사지]. [중]=勺 (sháo) [샤오].
•술병 瓶 병 병, (명사) : [영]=liquor bottle ('lɪkər 'bɑːtl)[리커 바틀].
[일]=酒瓶 (さけびん, sakebin) [사케빈]. [중]=酒瓶 (jiŭpíng)[지우핑].
•술자리 (명사) : [영]=drinking party ('drɪŋkɪŋ 'pɑːrti) [드링킹 파티],
drinking session ('drɪŋkɪŋ 'sɛʃən) [드링킹 세션].
[일]=飲み会 (のみかい, nomikai) [노미카이]. [중]=酒席 (jiŭxí) [지우시].
•술잔 -盞 (잔 잔) (명사) :
[영]=liquor glass ('lɪkər glæs) [리커 글래스],
wine glass (waɪn glæs) [와인 글래스].
[일]=酒杯 (しゅはい, shuhai) [슈하이]. [중]=酒杯 (jiŭbēi) [지우뻬이].
•술집 (명사) : [영]=bar (bɑːr) [바], pub (pʌb) [펍].
[일]=居酒屋 (いざかや, izakaya) [이자카야]. [중]=酒吧 (jiŭbā) [지우바].

- 숨 (명사) : 영=breath (brεθ) [브레스],
  respiration (ˌrεspəˈreɪʃən) [레스퍼레이션].
  일=息 (いき, iki) [이키].　　중=呼吸 (hūxī) [후시].
- 숨기다 (동사) : 영=hide (haɪd) [하이드], conceal (kənˈsiːl) [컨실].
  일=隠す (かくす, kakusu) [카쿠스].　중=隐藏 (yǐncáng) [인창].
- 숨다 (동사) : 영=hide (haɪd) [하이드], take cover (teɪk ˈkʌvər) [테이크 커버].
  일=隠れる (かくれる, kakureru) [카쿠레루].　중=躲藏 (duǒcáng) [두어창].
- 숨지다 (동사) 죽다 : 영=die (daɪ)[다이], pass away[패스 어웨이].
  일=息を引き取る (いきをひきとる, iki o hikitoru)[이키 오 히키토루].
  중=死亡 (sǐwáng) [쓰왕].
- 숫자 數字 (셈 수, 글자 자) (명사) :
  영=number (ˈnʌmbər) [넘버], figure (ˈfɪgjər) [피겨].
  일=数字 (すうじ, sūji) [수우지].　　중=数字 (shùzi) [슈즈].
- 숲 (명사) : 영=forest (ˈfɔːrɪst) [포리스트], woods (wʊdz) [우즈].
  일=森 (もり, mori) [모리].　　중=森林 (sēnlín) [선린].
- 쉬다 (동사) : 숨을 ~.
  영=breathe (briːð) [브리드], respire (rɪˈspaɪər) [리스파이어].
  일=息をする (いきをする, iki o suru) [이키 오 스루].　중=呼吸 (hūxī) [후시].
- 쉬다 (동사) 편안하게 휴식하다 : 영=rest (rεst) [레스트].
  일=休む (やすむ, yasumu) [야스무].　중=休息 (xiūxi) [슈시].
- 쉰 (수사) 오십의 고유어 : 영=fifty (ˈfɪfti) [피프티].
  일=五十 (ごじゅう, gojū) [고쥬].　　중=五十 (wǔshí) [우스].
- 쉽다 (형용사) : 영=easy (ˈiːzi) [이지], simple (ˈsɪmpəl) [심플].
  일=易しい (やさしい, yasashii) [야사시이],
  簡単だ (かんたんだ, kantan da) [칸탄다]
  중=容易 (róngyi) [롱이], 简单 (jiǎndān) [지앤딴].
- 슈퍼마켓 (명사) 여러 물품을 파는 대형 마트 :
  영=supermarket (ˈsuːpərˌmɑːrkɪt) [슈퍼마켓].
  일=スーパー (sūpā) [수파].　　중=超市 (chāoshì) [차오스].
- 스님 (명사) 불교의 승려:
  영=monk (mʌŋk) [멍크],
  Buddhist monk (ˈbʊdɪst mʌŋk) [부디스트 멍크].
  일=僧 (そう, sō) [소우].　　중=和尚 (héshang) [허상].

- 스무 (관형사) 스물의 관형형 : ㉢=twenty ('twɛnti) [트웬티].
  ㉣=二十の (にじゅうの, nijū no) [니쥬노]. ㉤=二十 (èrshí) [얼스].
- 스물 (수사) 이십의 고유어 : ㉢=twenty ('twɛnti) [트웬티].
  ㉣=二十 (にじゅう, nijū) [니쥬]. ㉤=二十 (èrshí) [얼스].
- 스스로 (명사) : ㉢=oneself (wʌn'sɛlf) [원셀프], self (sɛlf) [셀프].
  ㉣=自身 (じしん, jishin) [지신]. ㉤=自己 (zìjǐ) [즈지].
- 스스로 (부사) : ㉢=by oneself (baɪ wʌn'sɛlf) [바이 원셀프],
  automatically (ˌɔːtəˈmætɪkli) [오토매티컬리].
  ㉣=自ら (みずから, mizukara) [미즈카라].
  ㉤=亲自 (qīnzì) [친즈].自己 (zìjǐ) [쯔지].
- 스승 (명사)가르치는 사람, 선생님 :
  ㉢=teacher ('tiːtʃər) [티쳐], master ('mæstər) [마스터].
  ㉣=師匠 (ししょう, shishō) [시쇼우]. ㉤=老师 (lǎoshī) [라오스].
- 스웨터 (명사) 털실로 짠 옷 : ㉢=sweater ('swɛtər) [스웨터].
  ㉣=セーター (sētā) [세타]. ㉤=毛衣 (máoyī) [마오이].
- 스위치 (명사) 전기 장치의 버튼 : ㉢=switch (swɪtʃ) [스위치].
  ㉣=スイッチ (suicchi) [스잇치]. ㉤=开关 (kāiguān)[카이관].
- 스치다 (동사) 살짝 닿거나 지나가다 :
  ㉢=grazing ('greɪzɪŋ) [그레이징], brush (brʌʃ) [브러쉬].
  ㉣=擦れる (すれる, sureru) [스레루]. ㉤=擦过 (cāguò) [차구어].
- 스케이트 (명사) 얼음 위에서 타는 신발 : ㉢=skate (skeɪt)[스케이트].
  ㉣=スケート (sukēto) [스케토]. ㉤=滑冰 (huábīng) [화빙].
- 스케줄 (명사) 일정 : ㉢=schedule ('skɛdʒuːl) [스케줄].
  ㉣=スケジュール (sukejūru) [스케쥬루]. ㉤=日程 (rìchéng)[르청].
- 스키 (명사) 눈 위에서 타는 스포츠 장비 : ㉢=ski (skiː) [스키].
  ㉣=スキー (sukī) [스키]. ㉤=滑雪 (huáxuě) [화쉐].
- 스키장 ski場 마당 장, (명사) : ㉢=ski resort (skiː rɪˈzɔːrt) [스키 리조트].
  ㉣=スキー場 (スキーじょう, sukī jō) [스키죠].
  ㉤=滑雪场 (huáxuěchǎng) [화쉐창].
- 스타 (명사) 인기 있는 연예인 또는 유명 인물 : ㉢=star (stɑːr) [스타].
  ㉣=スター (sutā) [스타]. ㉤=明星 (míngxīng) [밍싱].
- 스타일 (명사) 독특한 방식이나 모양 : ㉢=style (staɪl) [스타일].
  ㉣=スタイル (sutairu) [스타이루]. ㉤=风格 (fēnggé) [펑거].

- 스튜디오 (명사) 녹음실, 촬영장 : 영=studio ('stuːdioʊ) [스튜디오].
  일=スタジオ (sutajio)[스타지오]. 중=工作室 (gōngzuòshì)[꽁쭈어스].
- 스트레스 (명사) 정신적 압박감 : 영=stress (strɛs) [스트레스].
  일=ストレス (sutoresu) [스토레스]. 중=压力 (yālì) [야리].
- 스포츠 (명사) 운동 경기 : 영=sports (spɔːrts) [스포츠].
  일=スポーツ (supōtsu) [스포츠]. 중=运动 (yùndòng) [윈똥].体育 (tǐyù) [티위].
- 슬그머니 (부사) :
  영=stealthily ('stɛlθɪli) [스텔씰리], quietly ('kwaɪətli) [콰이엇리].
  일=こっそり (kossori) [콧소리]. 중=悄悄地 (qiāoqiāo de) [치아오치아오 데].
- 슬쩍 (부사) : 영=stealthily ('stɛlθɪli) [스텔씰리], slyly (slaɪli) [슬라이리].
  일=そっと (sotto) [솟토]. 중=偷偷地 (tōutōu de) [토우토우 데].
- 슬퍼하다 (동사) 슬픔을 느끼다 : 영=grieve (griːv) [그리브].
  일=悲しむ (かなしむ, kanashimu) [카나시무]. 중=悲伤 (bēishāng) [베이샹].
- 슬프다 (형용사) 마음이 아프고 괴롭다:
  영=sad (sæd) [새드], sorrowful ('sɔːroʊfl) [소로우풀].
  일=悲しい (かなしい, kanashii) [카나시이]. 중=悲伤 (bēishāng) [베이샹].
- 슬픔 (명사)슬픈 감정 :
  영=sadness ('sædnəs) [새드니스], sorrow ('sɔːroʊ) [소로우].
  일=悲しみ (かなしみ, kanashimi) [카나시미]. 중=悲伤 (bēishāng) [베이샹].
- 습관 習慣 익힐 습, 익숙할 관, (명사) : 영=habit ('hæbɪt) [해빗].
  일=習慣 (しゅうかん, shūkan) [슈칸]. 중=习惯 (xíguàn) [시관].
- 습기 濕氣 (젖을 습, 기운 기) (명사) : 영=humidity
  (hjuːˈmɪdəti) [휴미디티], moisture ('mɔɪstʃər)[모이스처].
  일=湿気 (しっけ, shikke) [싯케]. 중=湿气 (shīqi) [시치].
- 승객 乘客 (탈 승, 손 객) (명사) : 영=passenger ('pæsəndʒər) [패신저].
  일=乘客 (じょうきゃく, jōkyaku) [죠우캬쿠]. 중=乘客 (chéngkè) [청커].
- 승리 勝利 (이길 승, 이로울 리) (명사) :
  영=victory (vɪktəri) [빅토리], triumph ('traɪəmf) [트라이엄프].
  일=勝利 (しょうり, shōri) [쇼우리]. 중=胜利 (shènglì) [셩리].
- 승리하다 勝利- (이길 승, 이로울 리) (동사) :
  영=win (wɪn) [윈], triumph ('traɪəmf) [트라이엄프].
  일=勝利する (しょうりする, shōri suru) [쇼우리 스루].
  중=胜利 (shènglì) [셩리].

- 승부 勝負 (이길 승, 질 부) (명사) :
  - 영=match (mætʃ) [매치], game (ɡeɪm) [게임].
  - 일=勝負 (しょうぶ, shōbu) [쇼우부]. 중=胜负 (shèngfù) [셩푸].
- 승용차 乘用車 (탈 승, 쓸 용, 수레 차) (명사) :
  - 영=passenger car ('pæsəndʒər kɑːr) [패신저 카ː, sedan (sɪ'dæn) [시댄].
  - 일=乘用車 (じょうようしゃ, jōyōsha) [죠우요우샤].
  - 중=轿车 (jiàochē) [지아오쳐].
- 승진 昇進 (오를 승, 나아갈 진) (명사) :
  - 영=promotion (prə'moʊʃən) [프로모션], advancement (əd'vænsmənt) [어드밴스먼트].
  - 일=昇進 (しょうしん, shōshin) [쇼우신].
  - 중=晋升 (jìnshēng) [진셩].升职 (shēngzhí) [셩즈].
- 시 時 (때 시) (의존 명사) : 영=time (taɪm) [타임], hour ('aʊər) [아워].
  - 일=時 (とき, toki) [토키]. 중=时 (shí) [스].
- 시 市 (저자 시) (명사) : 영=city ('sɪti) [시티].
  - 일=市 (し, shi) [시]. 중=市 (shì) [시].
- 시 詩 시 시. (명사) : 영=poem ('poʊəm) [포엠].
  - 일=詩 (し, shi) [시]. 중=诗 (shī) [스].
- 시각 時刻 (때 시, 새길 각) (명사) :
  - 영=time (taɪm) [타임], moment ('moʊmənt) [모우먼트].
  - 일=時刻 (じこく, jikoku) [지코쿠]. 중=时刻 (shíkè) [스커].
- 시각 視角 볼 시,뿔 각) (명사) : 영=perspective (pər'spɛktɪv) [퍼스펙티브].
  - 일=視角 (しかく, shikaku) [시카쿠]. 중=视角 (shìjiǎo) [스지아오].
- 시간 時間 (때 시, 사이 간) (의존 명사) :
  - 영=time (taɪm) [타임], hour ('aʊər) [아워].
  - 일=時間 (じかん, jikan) [지칸]. 중=时间 (shíjiān) [스지엔].
- 시계 時計 (때 시, 헤아릴 계) (명사) :
  - 영=clock (klɑːk) [클락], watch (wɑːtʃ) [와치].
  - 일=時計 (とけい, tokei) [토케이]. 중=钟表 (zhōngbiǎo) [죵비아오].
- 시골 (명사) 도시가 아닌 농촌:
  - 영=countryside ('kʌntri,saɪd) [컨트리사이드], rural area ('rʊrəl 'ɛriə) [루럴 에리아].
  - 일=田舎 (いなか, inaka) [이나카]. 중=农村 (nóngcūn) [농춘].

- 시금치 (명사) 채소의 일종 : ㉠=spinach ('spɪnɪtʃ) [스피니치].
  ㉡=ほうれん草 (ほうれんそう, hōrensō) [호렌소]. ㉢=菠菜 (bōcài) [보차이].
- 시기 時期 (때 시, 기약할 기) (명사) :
  ㉠=period ('pɪriəd) [피리어드], time (taɪm) [타임].
  ㉡=時期 (じき, jiki) [지키].   ㉢=时期 (shíqí) [스치].
- 시기 時機 때 시, 틀 기, (명사) :
  ㉠=timing ('taɪmɪŋ) [타이밍], opportunity (ɑːpərˈtuːnəti) [아퍼투너티].
  ㉡=時機 (じき, jiki) [지키].   ㉢=时机 (shíjī) [스지].
- 시끄럽다 (형용사) 소리가 크고 요란하다 :
  ㉠=noisy ('nɔɪzi) [노이지].
  ㉡=うるさい (urusai) [우루사이].   ㉢=吵闹 (chǎonào)[차오나오].
- 시나리오 (명사) 영화 등의 각본 : ㉠=scenario (səˈnæriʊ)[시나리오].
  ㉡=シナリオ (shinario) [시나리오].   ㉢=剧本 (jùběn) [쥐번].
- 시내 버스 市內 bus (저자 시, 안 내) (명사) : ㉠=city bus ('sɪti bʌs)
              [시티 버스], local bus ('loʊkəl bʌs) [로컬 버스].
  ㉡=市内バス (しないバス, shinai basu) [시나이 바스].
  ㉢=市内公共汽车 (shìnèi gōnggòng qìchē) [스네이 공공 치쳐].
- 시내 市內 (저자 시, 안 내) (명사) : ㉠=downtown ('daʊntaʊn)
              [다운타운], city center ('sɪti 'sɛntər) [시티 센터].
  ㉡=市内 (しない, shinai) [시나이]. ㉢=市内 (shìnèi) [스네이].
- 시대 時代 때 시, 대신할 대 (명사) :
  ㉠=era ('ɪərə) [이어러], age (eɪdʒ) [에이지].
  ㉡=時代 (じだい, jidai) [지다이]. ㉢=时代 (shídài) [스다이].
- 시대적 時代的 때 시, 대신할 대, 과녁 적, (명사) : ㉠=timely ('taɪmli) [타임리].
  ㉡=時代的 (じだいてき, jidaiteki) [지다이테키].
  ㉢=时代的 (shídài de) [스다이 데].
- 시댁 媤宅 시집 시, 집 택, (명사) : ㉠=in-laws' house [인로즈 하우스].
  ㉡=夫の実家 (おっとのじっか, otto no jikka) [옷토 노 짓카].
  ㉢=婆家 (pójiā) [포쟈].
- 시도 試圖 (시험할 시, 그림 도) (명사) :
  ㉠=attempt (əˈtɛmpt) [어템프트], try (traɪ) [트라이].
  ㉡=試み (こころみ, kokoromi) [코코로미].
  ㉢=试图 (shìtú) [스투].尝试 (chángshì) [창스]

- 시도하다 試圖- 시험 시, 그림 도, (동사) :
  영=attempt (əˈtɛmpt) [어템프트], try (traɪ) [트라이].
  일=試みる (こころみる, kokoromiru) [코코로미루].
  중=尝试 (chángshì) [창스].
- 시들다 (동사) 생기가 없고 마르다 : 영=wither (ˈwɪðər) [위더].
  일=萎れる (しおれる, shioreru) [시오레루]. 중=枯萎 (kūwěi) [쿠웨이].
- 시디 (명사) 콤팩트디스크 :
  영=CD, compact disc (ˈkɑːmpækt dɪsk) [콤팩트 디스크].
  일=CD (シーディー, shīdī) [시디]. 중=光盘 (guāngpán) [광판].
- 시디롬 (명사) : CD-ROM. 영=CD-ROM (siː diː rɑːm) [씨디롬].
  일=CD-ROM (シーディーロム, shīdīromu) [시디로무].
  중=光盘驱动器 (guāngpán qūdòngqi) [광판 취동치].
- 시리즈 (명사) 연속된 것들 : 영=series (ˈsɪriːz) [시리즈].
  일=シリーズ (shirīzu) [시리즈]. 중=系列 (xiliè) [시리에].
- 시멘트 (명사) 건축 자재 : 영=cement (sɪˈmɛnt) [시멘트].
  일=セメント (semento) [세멘토]. 중=水泥 (shuǐní) [슈이니].
- 시민 市民 시장 시, 백성 민, (명사) : 영=citizen (ˈsɪtɪzn) [시티즌].
  일=市民 (しみん, shimin) [시민]. 중=市民 (shìmín) [스민].
- 시부모 媤父母 시집 시, 아비 부, 어미 모, (명사) :
  영=parents-in-law [패런츠 인 로].
  일=義理の両親 (ぎりのりょうしん, giri no ryōshin)[기리 노 료신].
  중=公婆 (gōngpó) [공포].
- 시선 視線 (볼 시, 줄 선) (명사) : 영=gaze (geɪz) [게이즈],
  line of sight (laɪn əv saɪt) [라인 어브 사이트].
  일=視線 (しせん, shisen) [시센]. 중=视线 (shìxiàn) [스시엔].
- 시설 施設 (베풀 시, 둘 설) (명사) : 영=facility (fəˈsɪləti) [퍼실리티],
  installation (ˌɪnstəˈleɪʃən) [인스톨레이션].
  일=施設 (しせつ, shisetsu) [시세츠]. 중=设施 (shèshī) [서스].
- 시스템 (명사) 체계 : 영=system (ˈsɪstəm) [시스템].
  일=システム (shisutemu) [시스테무]. 중=系统 (xìtǒng) [시통].
- 시아버지 媤- 시집 시, (명사) :
  영=father-in-law (ˈfɑːðər ɪn lɔː) [파더 인 로].
  일=舅 (しゅうと, shūto) [슈토]. 중=公公 (gōnggong) [공공].

- 시야 視野 (볼 시, 들 야) (명사) :
  영=field of vision (fiːld əv 'vɪʒən)[필드 어브 비젼], view (vjuː) [뷰].
  일=視野 (しや, shiya) [시야].　중=视野 (shìyě) [스예].
- 시어머니 媤- 시집 시, (명사) :
  영=mother-in-law ('mʌðər ɪn lɔː) [마더 인 로].
  일=姑 (しゅうとめ, shūtome) [슈토메].　중=婆婆 (pópo) [포포].
- 시외 버스 市外 bus (저자 시, 밖 외) (명사) :
  영=intercity bus (ɪntər'sɪti bʌs) [인터시티 버스],
  long-distance bus (lɔːŋ 'dɪstəns bʌs) [롱 디스턴스 버스].
  일=市外バス (しがいバス, shigai basu) [시가이 바스].
  중=城际公共汽车 (chéngjì gōnggòng qìchē) [청지 공공 치처].
- 시외 市外 (저자 시, 밖 외) (명사) :
  영=outskirts ('aʊtskɜːrts) [아웃스커츠], suburbs ('sʌbɜːrbz) [서버브즈].
  일=市外 (しがい, shigai) [시가이].　중=郊外 (jiāowài) [지아오와이].
- 시원하다 (형용사) : 영=cool (kuːl) [쿨], refreshing (rɪ'frɛʃɪŋ) [리프레싱].
  일=涼しい (すずしい, suzushii) [스즈시이].　중=凉爽 (liángshuǎng) [량슈앙].
- 시월 十月 (열 십, 달 월) (명사) : 영=October (aːk'toʊbər) [악토버].
  일=十月 (じゅうがつ, jūgatsu) [쥬우가츠].　중=十月 (shíyuè) [스위에].
- 시위 示威 (보일 시, 위엄 위) (명사) :
  영=demonstration (ˌdɛmən'streɪʃən) [데먼스트레이션],
  　　　　　　　protest ('proʊtɛst) [프로테스트].
  일=示威 (じい, ji'i) [지이].　중=示威 (shìwēi) [스웨이].
- 시인 詩人 (시 시, 사람 인) (명사) : 영=poet ('poʊɪt) [포잇].
  일=詩人 (しじん, shijin) [시진].　중=诗人 (shīrén) [스런].
- 시일 時日 때 시, 날 일 (명사) : 영=time (taɪm) [타임], days [데이즈].
  일=日時 (にちじ, nichiji) [니치지].　중=时日 (shíri) [스르].
- 시작 始作 (처음 시, 지을 작) (명사) :
  영=start (staːrt) [스타트], beginning (bɪ'gɪnɪŋ) [비기닝].
  일=開始 (かいし, kaishi) [카이시]. 始まり (はじまり, hajimari) [하지마리].
  중=开始 (kāishǐ) [카이스].
- 시작되다 始作- (처음 시, 지을 작) (동사) :
  영=begin (bɪ'gɪn) [비긴], start (staːrt) [스타트].
  일=始まる (はじまる, hajimaru) [하지마루].　중=开始 (kāishǐ) [카이스].

• 시장 市長 (저자 시, 긴 장) (명사) : ⑨=mayor ('meɪər) [메이어].
  ⑨=市長 (しちょう, shichō) [시쵸우]. ⑨=市长 (shìzhǎng) [스장].
• 시장 市場 (저자 시, 마당 장) (명사) : ⑨=market ('mɑːrkɪt) [마켓].
  ⑨=市場 (しじょう, shijō) [시죠우]. ⑨=市场 (shìchǎng) [스챵].
• 시절 時節 때 시, 마디 절, (명사) :
  ⑨=days (deɪz) [데이즈], times [타임즈].
  ⑨=時節 (じせつ, jisetsu) [지세츠]. ⑨=时节 (shíjié) [스제].
• 시점 時點 (때 시, 점 점) (명사) :
  ⑨=point in time (pɔɪnt ɪn taɪm) [포인트 인 타임],
    point of view (pɔɪnt əv vjuː) [포인트 어브 뷰].
  ⑨=時点 (じてん, jiten) [지텐]. ⑨=时点 (shídiǎn) [스디엔].
• 시중 市中 시장 시, 가운데 중, (명사) :
  ⑨=downtown ('daʊntaʊn) [다운타운], city center [시티 센터].
  ⑨=市中 (しちゅう, shichū) [시추]. ⑨=市区 (shìqū) [스취].
• 시즌 (명사) 계절 또는 특정한 기간 : ⑨=season ('siːzn) [시즌].
  ⑨=シーズン (shīzun) [시즌]. ⑨=季节 (jìjié) [지제].
• 시집 媤- (시어머니 시, 집 택) (명사) : ⑨=husband's family
  ('hʌzbəndz 'fæməli) [허즈번즈 패밀리], in-laws ('ɪnˌlɔːz) [인로즈].
  ⑨=夫の実家 (おっとのじっか, otto no jikka) [옷토 노 짓카].
  ⑨=婆家 (pójia) [포지아].
• 시집 詩集 (시 시, 모을 집) (명사) :
  ⑨=collection of poems (kə'lɛkʃən əv 'poʊmz)[컬렉션 어브 포엠즈], anthology (æn'θɑːlədʒi) [앤솔로지].
  ⑨=詩集 (ししゅう, shishū) [시슈우]. ⑨=诗集 (shījí) [스지].
• 시집가다 媤- (시어머니 시, 집 택) (동사) :
  ⑨=marry into ('mæri 'ɪntuː) [매리 인투],
  marry into one's husband's family
  ('mæri 'ɪntuː wʌnz 'hʌzbəndz 'fæməli) [매리 인투 원즈 허즈번즈 패밀리].
  ⑨=嫁ぐ (とつぐ, totsugu) [토츠구]. ⑨=出嫁 (chūjià) [추지아].
• 시청 市廳 (저자 시, 관청 청) (명사) :
  ⑨=city hall ('sɪti hɔːl) [시티 홀].
  ⑨=市役所 (しやくしょ, shiyakusho) [시야쿠쇼].
  ⑨=市政府 (shìzhèngfǔ) [스정푸].

•시청률 視聽率 (볼 시, 들을 청, 비율 률) (명사) :
[영]=viewership rating ('vju:ərʃɪp 'reɪtɪŋ)[뷰어십 레이팅],
audience rating ('ɔ:diəns 'reɪtɪŋ) [오디언스 레이팅].
[일]=視聴率 (しちょうりつ, shichōritsu) [시쵸우리츠].
[중]=收视率 (shōushilǜ) [쇼우스뤼].
•시청자 視聽者 (볼 시, 들을 청, 놈 자) (명사) :
[영]=viewer ('vju:ər) [뷰어], audience ('ɔ:diəns) [오디언스].
[일]=視聴者 (しちょうしゃ, shichōsha) [시쵸우샤].
[중]=观众 (guānzhòng) [관중].
•시키다 (동사) : [영]=order ('ɔ:rdər) [오더],
make someone do (meɪk 'sʌmwʌn du:) [메이크 섬원 두].
[일]=させる (させる, saseru) [사세루].
[중]=命令 (mìnglìng) [밍링]. 使 , 让 (shǐ, ràng) [스, 랑].
•시합 試合 시험 시, 합할 합, (명사) :
[영]=match (mætʃ) [매치], game [게임].
[일]=試合 (しあい, shiai) [시아이]. [중]=比赛 (bǐsài) [비사이].
•시험 試驗 (시험할 시, 경험 험) (명사) :
[영]=test (tɛst) [테스트], exam (ɪg'zæm) [이그잼].
[일]=試験 (しけん, shiken) [시켄]. [중]=考试 (kǎoshì) [카오스].
•식 式 (법 식) (의존 명사) :
[영]=formula ('fɔ:rmjələ) [포뮬러], ceremony ('sɛrəmoʊni) [세레모니].
[일]=式 (しき, shiki) [시키]. [중]=式 (shì) [스].
•식구 食口 (밥 식, 입 구) (명사) :
[영]=family member ('fæməli 'mɛmbər)[패밀리 멤버],
household ('haʊshoʊld) [하우스홀드].
[일]=家族 (かぞく, kazoku) [카조쿠]. [중]=家人 (jiārén) [지아런].
•식기 食器 먹을 식, 그릇 기, (명사) :
[영]=dishes ('dɪʃɪz) [디쉬즈], tableware [테이블웨어].
[일]=食器 (しょっき, shokki) [숏키]. [중]=餐具 (cānjù) [찬쥐].
•식다 (동사) :
[영]=cool down (ku:l daʊn) [쿨 다운], lose heat (lu:z hi:t) [루즈 히트].
[일]=冷める (さめる, sameru) [사메루].
[중]=变凉 (biàn liáng) [비엔 량]. 冷却 (lěngquè) [렁취에].

- 식당 食堂 (밥 식, 집 당) (명사) : 영=restaurant
   ('rɛstə,rɑːnt) [레스터란트], dining hall ('daɪnɪŋ hɔːl) [다이닝 홀].
   일=食堂 (しょくどう, shokudō) [쇼쿠도우]. 중=食堂 (shítáng) [스탕].
- 식량 食糧 (밥 식, 양식 량) (명사) : 영=foodstuff (fuːdstʌf)
   [푸드스터프], provisions (prəˈvɪʒənz) [프로비전즈].
   일=食糧 (しょくりょう, shokuryō) [쇼쿠료우]. 중=粮食 (liángshi) [량스].
- 식료품 食料品 (밥 식, 헤아릴 료, 물건 품) (명사) : 영=groceries
   ('groʊsəriz) [그로우서리즈], foodstuffs (fuːdstʌfs) [푸드스터프스].
   일=食料品 (しょくりょうひん, shokuryōhin) [쇼쿠료우힌].
   중=食品 (shípǐn) [스핀].
- 식물 植物 (심을 식, 물건 물) (명사) :
   영=plant (plænt) [플랜트], vegetation (vɛdʒəˈteɪʃən) [베지테이션].
   일=植物 (しょくぶつ, shokubutsu) [쇼쿠부츠]. 중=植物 (zhíwù) [즈우].
- 식빵 食- 밥 식, (명사) :
   영=loaf of bread (loʊf əv brɛd) [로프 어브 브레드],
   sliced bread (slaɪst brɛd) [슬라이스트 브레드].
   일=食パン (しょくパン, shoku pan) [쇼쿠 판].
   중=面包 (miànbāo) [미엔바오].
- 식사 食事 (밥 식, 일 사) (명사) : 영=meal (miːl) [밀], dinner ('dɪnər) [디너].
   일=食事 (しょくじ, shokuji) [쇼쿠지].
   중=吃饭 (chīfàn) [츠판]. 用餐 (yòngcān) [용찬].
- 식사하다 食事- (밥 식, 일 사) (동사) :
   영=have a meal (hæv ə miːl) [해브 어 밀], dine (daɪn) [다인].
   일=食事する (しょくじする, shokuji suru) [쇼쿠지 스루].
   중=吃饭 (chīfàn) [츠판].
- 식생활 食生活 (밥 식, 날 생, 살 활) (명사) :
   영=dietary life ('daɪəteri laɪf) [다이어터리 라이프],
   eating habits ('iːtɪŋ 'hæbɪts) [이팅 해비츠].
   일=食生活 (しょくせいかつ, shokuseikatsu) [쇼쿠세이카츠].
   중=饮食 (yǐnshí)[인스]. 饮食生活 (yǐnshí shēnghuó)[인스 셩후어].
- 식욕 食慾 (밥 식, 욕심 욕) (명사) :
   영=appetite ('æpɪtaɪt) [애퍼타이트], hunger ('hʌŋgər) [헝거].
   일=食欲 (しょくよく, shokuyoku) [쇼쿠요쿠]. 중=食欲 (shíyù) [스유].

•식용유 食用油 (먹을 식, 쓸 용, 기름 유) (명사) : [영]=cooking oil ('kʊkɪŋ ɔɪl) [쿠킹 오일], edible oil ('ɛdəbəl ɔɪl) [에더블 오일].
[일]=食用油 (しょくようあぶら, shokuyō abura) [쇼쿠요우 아부라].
[중]=食用油 (shíyòngyóu) [스용요우].

•식초 食醋 (먹을 식, 초 초) (명사) : [영]=vinegar ('vɪnɪgər)[비니거].
[일]=酢 (す, su) [스]. [중]=醋 (cù) [추].

•식탁 食卓 (먹을 식, 상 탁) (명사) :
[영]=dining table ('daɪnɪŋ 'teɪbəl) [다이닝 테이블].
[일]=食卓 (しょくたく, shokutaku) [쇼쿠타쿠]. [중]=餐桌 (cānzhuō) [찬주어].

•식품 食品 (먹을 식, 물건 품) (명사) :
[영]=food (fuːd) [푸드], foodstuff ('fuːdstʌf) [푸드스터프].
[일]=食品 (しょくひん, shokuhin)[쇼쿠힌]. [중]=食品 (shípǐn)[스핀].

•식품점 食品店 (먹을 식, 물건 품, 가게 점) (명사) :
[영]=grocery store ('groʊsəri stɔːr) [그로서리 스토어],
food store (fuːd stɔːr) [푸드 스토어].
[일]=食料品店 (しょくりょうひんてん, shokuryōhinten)[쇼쿠료우힌텐].
[중]=食品店 (shípǐndiàn) [스핀디엔].

•식히다 (동사) :
[영]=cool down (kuːl daʊn) [쿨 다운], let cool (lɛt kuːl) [렛 쿨].
[일]=冷やす (ひやす, hiyasu) [히야스]. [중]=冷却 (lěngquè) [렁취에].

•신 (명사) : ~이 나다. [영]=get angry (gɛt 'æŋgri) [겟 앵그리],
be annoyed (bi ə'nɔɪd) [비 어노이드].
[일]=腹が立つ (はらがたつ, hara ga tatsu) [하라 가 타츠].
[중]=生气 (shēngqì) [셩치].

•신 (명사) 흥이나 재미 : [영]=excitement (ɪk'saɪtmənt)[익사이트먼트].
[일]=興 (きょう, kyō) [쿄]. [중]=兴致 (xìngzhì) [싱즈].

•신 神 (귀신 신) (명사) : [영]=god (gɑːd) [가드], deity ('diːəti) [디이티].
[일]=神 (かみ, kami) [카미]. [중]=神 (shén) [선].

•신경 神經 귀신 신、날줄 경、(명사) : [영]=nerve (nɜːrv) [너브].
[일]=神経 (しんけい, shinkei) [신케이]. [중]=神经 (shénjīng)[션징].

•신고 申告 (아뢸 신, 알릴 고) (명사) :
[영]=report (rɪ'pɔːrt) [리포트], declaration (ˌdɛklə'reɪʃən)[데클러레이션].
[일]=申告 (しんこく, shinkoku)[신코쿠]. [중]=申报 (shēnbào)[선바오].

- 신고하다 申告- (펼 신, 고할 고) (동사) :
  - 영=report (rɪˈpɔːrt) [리포트], declare [디클레어].
  - 일=申告する (しんこくする, shinkoku suru) [신코쿠 스루].
  - 중=申报 (shēnbào) [션바오].
- 신규 新規 (새 신, 법 규) (명사) : 영=new (nuː) [뉴], fresh (frɛʃ) [프레쉬].
  - 일=新規 (しんき, shinki) [신키]. 중=新规 (xīnguī) [싱궤이].
- 신기하다 神奇- (귀신 신, 기이할 기) (형용사) : 영=mysterious (mɪˈstɪriəs) [미스테리어스], marvelous (ˈmɑːrvələs) [마블러스].
  - 일=不思議だ (ふしぎだ, fushigi da) [후시지 다]. 중=神奇 (shénqí) [선치].
- 신념 信念 (믿을 신, 생각 념) (명사) :
  - 영=belief (brˈliːf) [빌리프], faith (feɪθ) [페이스].
  - 일=信念 (しんねん, shinnen) [신넨]. 중=信念 (xìnniàn) [신니엔].
- 신다 (동사) : 영=wear (wer) [웨어], put on (pʊt ɑːn) [풋 온].
  - 일=履く (はく, haku) [하쿠]. 중=穿 (chuān) [촨].
- 신라 新羅 (새 신, 그물 라) (고유명사) : 영=Silla dynasty [실라 다이너스티].
  - 일=新羅 (しらぎ, shiragi) [시라기]. 중=新罗 (Xīnluó) [신뤄].
- 신랑 新郎 (새 신, 사내 랑) (명사) : 영=bridegroom (ˈbraɪdɡruːm) [브라이드그룸], groom (ɡruːm) [그룸].
  - 일=新郎 (しんろう, shinrō) [신로우]. 중=新郎 (xīnláng) [신랑].
- 신문 新聞 (새 신, 들을 문) (명사) :
  - 영=newspaper (ˈnuːzˌpeɪpər) [뉴스페이퍼], paper (ˈpeɪpər) [페이퍼].
  - 일=新聞 (しんぶん, shinbun) [신분]. 중=报纸 (bàozhǐ) [빠오즈].
- 신문사 新聞社 (새 신, 들을 문, 모일 사) (명사) : 영=newspaper company (ˈnuːzˌpeɪpər ˈkʌmpəni) [뉴스페이퍼 컴퍼니], press (prɛs) [프레스].
  - 일=新聞社 (しんぶんしゃ, shinbunsha) [신분샤]. 중=报社 (bàoshè) [빠오셔].
- 신문지 新聞紙 (새 신, 들을 문, 종이 지) (명사) : 영=newspaper (ˈnuːzˌpeɪpər) [뉴스페이퍼], newsprint (ˈnuːzˌprɪnt) [뉴스프린트].
  - 일=新聞紙 (しんぶんし, shinbunshi) [신분시].
  - 중=报纸 (bàozhǐ) [빠오즈].
- 신발 (명사) : 영=shoes (ʃuːz) [슈즈], footwear (ˈfʊtwer) [풋웨어].
  - 일=靴 (くつ, kutsu) [쿠츠]. 중=鞋子 (xiézi) [시에즈].
- 신부 神父 (귀신 신, 아비 부) (명사) : 영=priest (priːst) [프리스트].
  - 일=神父 (しんぷ, shinpu) [신푸]. 중=神父 (shénfù) [선푸].

•신부 新婦 새 신, 며느리 부, (명사) : [영]=bride (braɪd)[브라이드].
[일]=新婦 (しんぷ, shinpu) [심푸]. [중]=新娘 (xīnniáng) [신냥].
•신분 身分 (몸 신, 나눌 분) (명사) : [영]=status (ˈsteɪtəs) [스테이터스], social position (ˈsoʊʃəl pəˈzɪʃən) [소셜 포지션].
[일]=身分 (みぶん, mibun) [미분]. [중]=身份 (shēnfèn) [선펀].
•신비 神祕 (귀신 신, 숨길 비) (명사) :
[영]=mystery (ˈmɪstəri) [미스터리], secret (ˈsiːkrɪt) [씨크릿].
[일]=神祕 (しんぴ, shinpi) [신피]. [중]=神祕 (shénmì) [선미].
•신사 紳士 (큰 띠 신, 선비 사) (명사) : [영]=gentleman (ˈdʒɛntlmən) [젠틀먼].
[일]=紳士 (しんし, shinshi) [신시]. [중]=绅士 (shēnshì) [선스].
•신선하다 新鮮- (새 신, 고울 선) (형용사) :
[영]=fresh (frɛʃ) [프레쉬], new (nuː) [뉴].
[일]=新鮮だ (しんせんだ, shinsen da) [신센 다]. [중]=新鲜 (xīnxiān) [신시엔].
•신설 新設 (새 신, 베풀 설) (명사) : [영]=newly established (ˈnuːli ɪˈstæblɪʃt) [뉴울리 이스태블리쉬트], newly built (ˈnuːli bɪlt) [뉴울리 빌트].
[일]=新設 (しんせつ, shinsetsu) [신세츠]. [중]=新建 (xīnjiàn) [신지엔].
•신세 (명사) : ~를 망치다.
[영]=ruin (ˈruːɪn) [루인], destroy (dɪˈstrɔɪ) [디스트로이].
[일]=台無しにする (だいなしにする, dainashi ni suru) [다이나시 니 스루].
[중]=破坏 (pòhuài) [포화이].
•신세 (명사) 처지, 입장 : [영]=condition (kənˈdɪʃən) [컨디션].
[일]=身の上 (みのうえ, minoue) [미노우에]. [중]=处境 (chǔjìng) [추징].
•신세대 新世代 (새 신, 세상 세, 대 대) (명사) :
[영]=new generation (nuː ˌdʒɛnəˈreɪʃən) [뉴 제너레이션], new breed (nuː briːd) [뉴 브리드].
[일]=新世代 (しんせだい, shinsedai) [신세다이].
[중]=新一代 (xīn yīdài) [신 이다이].
•신속하다 迅速- (매울 신, 빠를 속) (형용사) :
[영]=rapid (ˈræpɪd) [래피드], quick (kwɪk) [퀵].
[일]=迅速だ (じんそくだ, jinsoku da) [진소쿠 다]. [중]=迅速 (xùnsù) [쉰쑤].
•신용 信用 (믿을 신, 쓸 용) (명사) :
[영]=credit (ˈkrɛdɪt) [크레딧], trust (trʌst) [트러스트].
[일]=信用 (しんよう, shinyō) [신요우]. [중]=信用 (xìnyòng) [신용].

- 신인 新人 (새 신, 사람 인) (명사) :
  영=newcomer ('nuːkʌmər) [뉴커머], rookie ('rʊki) [루키].
  일=新人 (しんじん, shinjin) [신진]. 중=新人 (xīnrén) [신런].
- 신입생 新入生 (새 신, 들 입, 날 생) (명사) : 영=freshman
  ('frɛʃmən) [프레쉬먼], new student (nuː 'stuːdənt) [뉴 스튜던트].
  일=新入生 (しんにゅうせい, shinnyūsei) [신뉴우세이].
  중=新生 (xīnshēng) [신셩].
- 신제품 新製品 (새 신, 만들 제, 물건 품) (명사) : 영=new product
  (nuː 'proʊdʌkt) [뉴 프로덕트], new release (nuː rɪ'liːs) [뉴 릴리스].
  일=新製品 (しんせいひん, shinseihin) [신세이힌].
  중=新产品 (xīn chǎnpǐn) [신 찬핀].
- 신중하다 愼重- (삼갈 신, 무거울 중) (형용사) :
  영=cautious ('kɔːʃəs) [코셔스], prudent ('pruːdənt) [프루던트].
  일=愼重だ (しんちょうだ, shinchō da) [신쵸우 다].
  중=愼重 (shènzhòng) [션종].
- 신청 申請 (펼 신, 청할 청) (명사) : 영=application
  (ˌæplɪ'keɪʃən) [애플리케이션], request (rɪ'kwɛst) [리퀘스트].
  일=申請 (しんせい, shinsei)[신세이]. 중=申请 (shēnqǐng)[션칭].
- 신청서 申請書 (펼 신, 청할 청, 글 서) (명사) :
  영=application form (ˌæplɪ'keɪʃən fɔːrm)[애플리케이션 폼].
  일=申請書 (しんせいしょ, shinseisho) [신세이쇼].
  중=申请书 (shēnqǐng shū) [션칭 슈].
- 신청하다 申請- (펼 신, 청할 청) (동사) :
  영=apply (ə'plaɪ) [어플라이], request (rɪ'kwɛst) [리퀘스트].
  일=申請する (しんせいする, shinsei suru) [신세이 스루].
  중=申请 (shēnqǐng) [션칭].
- 신체 身體 (몸 신, 몸 체) (명사) :
  영=body ('bɑːdi) [바디], physique (fɪ'ziːk) [피지크].
  일=身体 (しんたい, shintai)[신타이]. 중=身体 (shēntǐ)[션티].
- 신체적 身體的 (몸 신, 몸 체, ~의 적) (명사) :
  영=physical ('fɪzɪkəl) [피지컬], bodily ('bɑːdəli) [바들리].
  일=身体的 (しんたいてき, shintaiteki) [신타이테키].
  중=身体的 (shēntǐ de) [션티 더].

- 신호 信號 (믿을 신, 부르짖을 호) (명사) :
  - 영=signal ('sɪgnəl) [시그널], sign (saɪn) [사인].
  - 일=信号 (しんごう, shingō) [싱고우]. 중=信号 (xìnhào) [신하오].
- 신호등 信號燈 (믿을 신, 부르짖을 호, 등 등) (명사) :
  - 영=traffic light ('træfɪk laɪt) [트래픽 라이트],
    signal light ('sɪgnəl laɪt) [시그널 라이트].
  - 일=信号機 (しんごうき, shingōki) [싱고우키].
  - 중=红绿灯 (hónglǜdēng) [홍뤼덩], 绿灯 (hónglǜdēng) [홍뤼덩].
- 신혼 부부 新婚夫婦 (새 신, 혼인할 혼, 지아비 부, 아내 부) (명사):
  - 영=newlyweds ('nuːliˌwɛdz) [뉴울리웨즈],
    newly married couple ('nuːli 'mɛrid 'kʌpəl)[뉴울리 메리드 커플].
  - 일=新婚夫婦 (しんこんふうふ, shinkon fūfu) [신콘 후우후].
  - 중=新婚夫妇 (xīnhūn fūfù) [신훈 푸푸].
- 신혼 여행 新婚旅行 (새 신, 혼인할 혼, 갈 려, 갈 행) (명사) :
  - 영=honeymoon ('hʌniˌmuːn) [허니문].
  - 일=新婚旅行 (しんこんりょこう, shinkon ryokō) [신콘 료코우].
  - 중=蜜月旅行 (miyuè lǔxíng) [미위에 뤼싱].
- 신화 神話 (귀신 신, 말 화) (명사) :
  - 영=myth (mɪθ) [미쓰], legend ('lɛdʒənd) [레전드].
  - 일=神話 (しんわ, shinwa) [신와]. 중=神话 (shénhuà) [선화].
- 싣다 (동사) 물건을 차나 배에 올리다 :
  - 영=load (loʊd) [로드], carry ('kæri) [캐리]..
  - 일=積む (つむ, tsumu) [츠무]. 중=裝载 (zhuāngzài) [쫭자이].
- 실 (명사) : ~을 감다. 영=thread (θrɛd) [쓰레드], yarn (jɑːrn) [얀].
  - 일=糸 (いと, ito) [이토]. 중=线 (xiàn) [시엔].
- 실감 實感 (열매 실, 느낄 감) (명사) :
  - 영=realization (ˌriːələˈzeɪʃən) [리얼라이제이션],
    actual feeling ('æktʃuəl 'fiːlɪŋ) [액츄얼 필링].
  - 일=実感 (じっかん, jikkan) [짓칸].
  - 중=真实感 (zhēnshí gǎn) [전스 간. 实感 (shígǎn) [스간].
- 실내 室內 (집 실, 안 내) (명사) :
  - 영=indoor ('ɪnˌdɔːr) [인도어], inside (ɪn'saɪd) [인사이드].
  - 일=室内 (しつない, shitsunai)[시츠나이]. 중=室内 (shìnèi)[스네이].

- 실력 實力 (열매 실, 힘 력) (명사) :
  영=ability (ə'bɪləti) [어빌리티], skill (skɪl) [스킬].
  일=実力 (じつりょく, jitsuryoku) [지츠료쿠]. 중=实力 (shílì) [스리].
- 실례 失禮 (잃을 실, 예도 례) (명사) : 영=rudeness ('ruːdnəs)
  [루드니스], impoliteness (ˌɪmpə'laɪtnəs) [임폴라이트니스].
  일=失礼 (しつれい, shitsurei) [시츠레이]. 중=失礼 (shīlì) [스리].
- 실례하다 失禮- (잃을 실, 예도 례) (동사) :
  영=be rude (bi ruːd) [비 루드], impolite (ˌɪmpə'laɪt) [임폴라이트].
  일=失礼する (しつれいする, shitsurei suru) [시츠레이 스루].
  중=失礼 (shīlì) [스리]., 礼了 (shīlǐ le) [스리 레].
- 실로 實- (열매 실) (부사) :
  영=indeed (ɪn'diːd) [인디드], truly ('truːli) [트루리].
  일=実に (じつに, jitsu ni) [지츠 니]. 중=实在 (shízài) [스자이].
- 실리다 (동사) : '싣다'의 피동사. 영=be loaded (bi 'loʊdɪd)
  [비 로우디드], be carried (bi 'kærid) [비 캐리드].
  일=載せられる (のせられる, noserareru) [노세라레루].
  중=被装载 (bèi zhuāngzài) [뻬이 주앙자이].
- 실망 失望 (잃을 실, 바랄 망) (명사) :
  영=disappointment (ˌdɪsə'pɔɪntmənt) [디서포인트먼트],
    frustration (frʌ'streɪʃən) [프러스트레이션].
  일=失望 (しつぼう, shitsubō) [시츠보우]. 중=失望 (shīwàng) [스왕].
- 실망하다 失望- (잃을 실, 바랄 망) (동사) :
  영=be disappointed (bi ˌdɪsə'pɔɪntɪd) [비 디서포인티드],
    be frustrated (bi 'frʌstreɪtɪd) [비 프러스트레이티드].
  일=失望する (しつぼうする, shitsubō suru) [시츠보우 스루].
  중=失望 (shīwàng) [스왕].
- 실수 失手 (잃을 실, 손 수) (명사) :
  영=mistake (mɪ'steɪk) [미스테이크], error ('ɛrər) [에러].
  일=失敗 (しっぱい, shippai) [싯파이]. 중=失误 (shīwù) [스우].
- 실수하다 失手- (잃을 실, 손 수) (동사) : 영=make a mistake (meɪk ə mɪ'steɪk)
  [메이크 어 미스테이크], make an error (meɪk ən 'ɛrər) [메이크 언 에러].
  일=失敗する (しっぱいする, shippai suru) [싯파이 스루].
  중=失误 (shīwù) [스우], 犯错 (fàncuò) [판춰].

• 실습 實習 (열매 실, 익힐 습) (명사) : ⓔ=practical training
('præktɪkəl 'treɪnɪŋ)[프랙티컬 트레이닝], practice ('præktɪs) [프랙티스].
ⓙ=実習 (じっしゅう, jisshū) [짓슈우].　ⓒ=实习 (shíxí) [스시].
• 실시 實施 (열매 실, 베풀 시) (명사) : ⓔ=enforcement (ɛnˈfɔːrsmənt)
[인포스먼트], implementation (ˌɪmpləmɛnˈteɪʃən)[임플리멘테이션].
ⓙ=実施 (じっし, jisshi) [짓시].　ⓒ=实施 (shíshī) [스스].
• 실시되다 實施- (열매 실, 베풀 시) (동사) :
ⓔ=be enforced (bi ɛnˈfɔːrst) [비 인포스트],
be implemented (bi ˌɪmpləˈmɛntɪd) [비 임플리멘티드].
ⓙ=実施される (じっしされる, jisshi sareru) [짓시 사레루].
ⓒ=被实施 (bèi shíshī) [뻬이 스스].
• 실시하다 實施- (열매 실, 베풀 시) (동사) : ⓔ=enforce
(ɛnˈfɔːrs) [인포스], implement (ˈɪmpləmɛnt) [임플리먼트].
ⓙ=実施する (じっしする, jisshi suru) [짓시 스루]. ⓒ=实施 (shíshī) [스스].
• 실은 實- (열매 실) (부사) :
ⓔ=actually (ˈæktʃuəli)[액츄얼리], in fact (ɪn fækt)[인 팩트].
ⓙ=実は (じつは, jitsu wa) [지츠 와]. ⓒ=其实 (qíshí) [치스].
• 실장 室長 (집 실, 긴 장) (명사) :
ⓔ=section chief (ˈsɛkʃən tʃiːf) [섹션 치프],
department head (dɪˈpɑːrtmənt hɛd) [디파트먼트 헤드].
ⓙ=室長 (しつちょう, shitsuchō) [시츠쵸우]. ⓒ=室长 (shìzhǎng) [스장].
• 실정 實情(열매 실, 뜻 정) (명사) : ⓔ=actual condition (ˈæktʃuəl kənˈdɪʃən)
[액츄얼 컨디션], real situation (riːəl ˌsɪtʃuˈeɪʃən) [리얼 시츄에이션].
ⓙ=実情 (じつじょう, jitsujō) [지츠죠우].　ⓒ=实情 (shíqíng)[스칭].
• 실제 實際 (열매 실, 재 재) (명사) :
ⓔ=reality (ri(ː)ˈælɪti) [리얼리티], fact (fækt) [팩트].
ⓙ=実際 (じっさい, jissai) [짓사이]. ⓒ=实际 (shíjì) [스지].
• 실제 實際 열매 실, 때 제, (명사) : ⓔ=reality (riˈæləti)[리앨러티].
ⓙ=実際 (じっさい, jissai) [짓사이]. ⓒ=实际 (shíjì) [스지].
• 실제로 實際- (열매 실, 재 재) (부사) : ⓔ=in reality (ɪn ri(ː)ˈælɪti)
[인 리얼리티], actually (ˈæktʃuəli) [액츄얼리].
ⓙ=実際に (じっさいに, jissai ni) [짓사이 니].
ⓒ=实际上 (shíjì shang) [스지 샹].

- 실질적 實質的 (열매 실, 바탕 질, ~의 적) (명사) : 영=substantial (səb'stænʃəl) [섭스탠셜], practical ('præktɪkəl) [프랙티컬].
  일=実質的 (じっしつてき, jisshitsuteki) [짓시츠테키].
  중=实质性的 (shízhì xìng de) [스즈 싱 더].
- 실천 實踐 (열매 실, 밟을 천) (명사) :
  영=practice ('præktɪs) [프랙티스], action ('ækʃən) [액션].
  일=実践 (じっせん, jissen) [짓센]. 중=实践 (shíjiàn) [스지엔].
- 실천하다 實踐- (열매 실, 밟을 천) (동사) : 영=put into practice (pʊt 'ɪntuː 'præktɪs)[풋 인투 프랙티스], carry out ('kæri aʊt)[캐리 아웃].
  일=実践する (じっせんする, jissen suru) [짓센 스루].
  중=实践 (shíjiàn) [스지엔].
- 실체 實體 (열매 실, 몸 체) (명사) :
  영=entity ('ɛntɪti) [엔티티], substance ('sʌbstəns) [섭스턴스].
  일=実体 (じったい, jittai) [짓타이]. 중=实体 (shítǐ) [스티].
- 실컷 (부사) : 영=to one's heart's content (tuː wʌnz hɑːrts kən'tɛnt) [투 원즈 하츠 컨텐트], fully ('fʊli) [풀리].
  일=思う存分 (おもうぞんぶん, omou zonbun) [오모우 존분].
  중=尽情地 (jìnqíng de) [진칭 더].
- 실태 實態 (열매 실, 모양 태) (명사) :
  영=actual condition ('æktʃuəl kən'dɪʃən) [액츄얼 컨디션], real situation (riːəl ˌsɪtʃu'eɪʃən) [리얼 시츄에이션].
  일=実態 (じったい, jittai) [짓타이].
  중=实际情况 (shíjì qíngkuàng) [스지 칭쾅]. 实态 (shítài) [스타이].
- 실패 失敗 (잃을 실, 패할 패) (명사) :
  영=failure ('feɪljər) [페일리어], defeat (dɪ'fiːt) [디피트].
  일=失敗 (しっぱい, shippai) [싯파이]. 중=失败 (shībài) [스바이].
- 실패하다 失敗- (잃을 실, 패할 패) (동사) :
  영=fail (feɪl) [페일], be defeated (bi dɪ'fiːtɪd)[비 디피티드].
  일=失敗する (しっぱいする, shippai suru) [싯파이 스루].
  중=失败 (shībài) [스바이].
- 실험 實驗 (열매 실, 경험 험) (명사) :
  영=experiment (ɪk'spɛrɪmənt) [익스페리먼트], test (tɛst) [테스트].
  일=実験 (じっけん, jikken) [짓켄]. 중=实验 (shíyàn) [스옌].

•실현 實現 (열매 실, 나타날 현) (명사) :
[영]=realization (ˌriːələˈzeɪʃən) [리얼라이제이션],
actualization (ˌæktʃuələˈzeɪʃən) [액츄얼라이제이션].
[일]=実現 (じつげん, jitsugen) [짓겐]. [중]=实现 (shíxiàn) [스시엔].
•실현되다 實現- (열매 실, 나타날 현) (동사) :
[영]=be realized (bi ˈriːəˌlaɪzd) [비 리얼라이즈드],
be actualized (bi ˌæktʃuəlaɪzd) [비 액츄얼라이즈드].
[일]=実現される (じつげんされる, jitsugen sareru) [짓겐 사레루].
[중]=被实现 (bèi shíxiàn) [뻬이 스시엔].
•실현하다 實現- (열매 실, 나타날 현) (동사) : [영]=realize (ˈriːəˌlaɪz) [리얼라이즈], actualize (ˈæktʃuəlaɪz) [액츄얼라이즈].
[일]=実現する (じつげんする, jitsugen suru) [짓겐 스루].
[중]=实现 (shíxiàn) [스시엔].
•싫다 (형용사) : [영]=dislike (dɪsˈlaɪk) [디스라이크], hate (heɪt) [헤이트].
[일]=嫌いだ (きらいだ, kirai da) [키라이 다]. [중]=讨厌 (tǎoyàn) [타오옌].
•싫어지다 (동사) :
[영]=come to dislike (kʌm tuː dɪsˈlaɪk) [컴 투 디스라이크],
come to hate (kʌm tuː heɪt) [컴 투 헤이트].
[일]=嫌いになる (きらいになる, kirai ni naru) [키라이 니 나루].
[중]=开始讨厌 (kāishǐ tǎoyàn) [카이스 타오옌].
•싫어하다 (동사) : [영]=dislike (dɪsˈlaɪk) [디스라이크], hate (heɪt) [헤이트].
[일]=嫌う (きらう, kirau) [키라우]. [중]=讨厌 (tǎoyàn) [타오옌].
•심각하다 深刻- (깊을 심, 새길 각) (형용사) :
[영]=serious (ˈsɪriəs) [씨리어스], grave (ɡreɪv) [그레이브].
[일]=深刻だ (しんこくだ, shinkoku da) [신코쿠 다].
[중]=深刻 (shēnkè) [선커].
•심각해지다 深刻- (깊을 심, 새길 각) (동사) :
[영]=become serious (bɪˈkʌm ˈsɪriəs) [비컴 씨리어스],
become grave (bɪˈkʌm ɡreɪv) [비컴 그레이브].
[일]=深刻になる (しんこくになる, shinkoku ni naru) [신코쿠 니 나루].
[중]=变得深刻 (biàn dé shēnkè) [비엔 더 선커].
•심다 (동사) : [영]=plant (plænt) [플랜트], sow (soʊ) [쏘우].
[일]=植える (うえる, ueru) [우에루]. [중]=种植 (zhòngzhí) [종즈].

•심리 心理 (마음 심, 다스릴 리) (명사) : [영]=psychology (saɪ'kɑːlədʒi) [싸이칼러지], mentality (mɛn'tælɪti) [멘탈리티].
[일]=心理 (しんり, shinri) [신리]. [중]=心理 (xīnlǐ) [신리].
•심리적 心理的 (마음 심, 다스릴 리, ~의 적) (명사) : [영]=psychological (ˌsaɪkə'lɑːdʒɪkəl) [싸이컬러지컬], mental ('mɛntl) [멘탈]
[일]=心理的 (しんりてき, shinriteki) [신리테키].
[중]=心理的 (xīnlǐ de) [신리 더]..
•심부름 (명사) : [영]=errand ('ɛrənd) [에런드], chore (tʃɔːr) [초어].
[일]=使い (つかい, tsukai) [츠카이]. [중]=跑腿 (pǎotuǐ) [파오투이].
•심사 審査 (살필 심, 살필 사) (명사) :
[영]=examination (ɪɡˌzæmɪ'neɪʃən) [이그재미네이션], screening ('skriːnɪŋ) [스크리닝].
[일]=審査 (しんさ, shinsa) [신사]. [중]=审查 (shěnchá) [선차].
•심심하다 (형용사) : 지루하다. [영]=bored (bɔːrd) [보어드], dull (dʌl) [덜].
[일]=退屈だ (たいくつだ, taikutsu da) [타이쿠츠 다]. [중]=无聊 (wúliáo) [우랴오].
•심장 心臟 (마음 심, 오장 장) (명사) : [영]=heart (hɑːrt) [하트].
[일]=心臓 (しんぞう, shinzō) [신조우]. [중]=心脏 (xīnzàng) [신장].
•심정 心情 (마음 심, 뜻 정) (명사) :
[영]=feeling ('fiːlɪŋ) [필링], sentiment ('sɛntɪmənt) [센티먼트].
[일]=心情 (しんじょう, shinjō) [신죠우]. [중]=心情 (xīnqíng) [신칭].
•심판 審判 (살필 심, 판단할 판) (명사) :
[영]=referee (ˌrɛfə'riː) [레퍼리], judge (dʒʌdʒ) [저지].
[일]=審判 (しんぱん, shinpan) [신판]. [중]=裁判 (cáipàn) [차이판].
•심하다 甚- (심할 심) (형용사) :
[영]=severe (sə'vɪr) [시비어], extreme (ɪk'striːm) [익스트림].
[일]=甚だしい (はなはだしい, hanahadashii) [하나하다시이].
[중]=严重 (yánzhòng) [옌중].
•심해지다 甚- (심할 심) (동사) :
[영]=worsen ('wɜːrsən) [워슨], intensify (ɪn'tɛnsɪfaɪ) [인텐시파이].
[일]=甚だしくなる (はなはだしくなる, hanahadashiku naru) [하나하다시쿠 나루].
[중]=加重 (jiāzhòng) [지아종].
•십 十 (열 십) (수사) : [영]=ten (tɛn) [텐].
[일]=十 (じゅう, jū) [쥬우]. [중]=十 (shí) [스].

- 십이월 十二月 (열 십, 두 이, 달 월) (명사) :
  영=December (dɪ'sɛmbər) [디셈버].
  일=十二月 (じゅうにがつ, jūnigatsu) [쥬우니가츠].
  중=十二月 (shí'èr yuè) [스얼 위에].
- 십일월 十一月 (열 십, 한 일, 달 월) (명사) :
  영=November (noʊ'vɛmbər) [노벰버].
  일=十一月 (じゅういちがつ, jūichigatsu) [쥬우이치가츠].
  중=十一月 (shíyī yuè) [스이 위에].
- 싱겁다 (형용사) : 영=bland (blænd) [블랜드], tasteless ('teɪstləs) [테이스트리스].
  일=味が薄い (あじがうすい, aji ga usui) [아지 가 우스이]. 중=淡 (dàn) [단].
- 싱싱하다 (형용사) : 영=fresh (frɛʃ) [프레쉬], lively ('laɪvli) [라이블리].
  일=新鮮だ (しんせんだ, shinsen da) [신센 다]. 중=新鮮 (xīnxiān) [신시엔].
- 싶다 (보조형용사) 하고 싶은 마음이다 : 영=want to [원투].
  일=したい (shitai) [시타이]. 중=想 (xiǎng) [샹].
- 싶어지다 (보조 용언) : 영=come to want (kʌm tuː wɑːnt)
    [컴 투 원트], come to desire (kʌm tuː dɪ'zaɪər) [컴 투 디자이어].
  일=したくなる (shitaku naru) [시타쿠 나루].
  중=想起来 (xiǎng qǐlái) [샹 치라이]. 变得想 (biànde xiǎng) [비앤더 샹].
- 싸구려 (명사) : 영=cheap stuff (tʃiːp stʌf) [칩 스타프],
    bargain ('bɑːrgən) [바르겐].
  일=安物 (やすもの, yasumono) [야스모노].
  중=便宜货 (piányi huò) [피엔이 후어].
- 싸다 (동사) : 보자기 에 ~. 영=wrap (ræp) [랩], pack (pæk) [팩].
  일=包む (つつむ, tsutsumu) [츠츠무]. 중=包 (bāo) [바오].
- 싸다 (형용사) : 집값이 ~.
  영=cheap (tʃiːp) [칩], inexpensive (ˌɪnɪk'spɛnsɪv) [인이익스펜시브].
  일=安い (やすい, yasui) [야스이]. 중=便宜 (piányi) [피엔이].
- 싸우다 (동사) 다투다 :
  영=fight (faɪt) [파이트], quarrel ('kwɔːrəl) [쿼럴].
  일=喧嘩する (けんかする, kenka suru) [켄카 스루].
  중=打架 (dǎjià) [다지아].
- 싸움 (명사) : 영=fight (faɪt) [파이트], quarrel ('kwɔːrəl) [쿼럴].
  일=喧嘩 (けんか, kenka) [켄카]. 중=打架 (dǎjià) [다지아].

- 싹 (부사) : 영=completely (kəmˈpliːtli) [컴플리틀리],
  entirely (ɛnˈtaɪərli) [엔타이어리].
  일=すっかり (sukkari) [슷카리]. 중=完全 (wánquán) [완취엔].
- 싼값 (명사) : 영=cheap price (tʃiːp praɪs) [칩 프라이스],
  bargain price (ˈbɑːrgən praɪs) [바르겐 프라이스].
  일=安い値段 (やすいねだん, yasui nedan) [야스이 네단].
  중=便宜的价格 (piányi de jiàgé) [피엔이 더 지아거].
- 쌀 (명사) 곡물 : 영=rice (raɪs) [라이스].
  일=米 (こめ, kome) [코메]. 중=米 (mǐ) [미].
- 쌍 雙 (두 쌍) (명사) :
  영=pair (per) [페어], couple (ˈkʌpəl) [커플].
  일=ペア (pea) [페아]. 중=双 (shuāng) [슈앙].
- 쌍둥이 雙- 쌍 쌍、(명사) : 영=twins (twɪnz) [트윈즈].
  일=双子 (ふたご, futago) [후타고].
  중=双胞胎 (shuāngbāotāi) [슈앙바오타이].
- 쌓다 (동사) : 영=pile up (paɪl ʌp) [파일 업], stack (stæk) [스택].
  일=積む (つむ, tsumu) [츠무]. 중=堆积 (duījī) [뒬지].
- 쌓이다 (동사) : 영=be piled up (bi paɪld ʌp) [비 파일 업],
  be stacked (bi stækt) [비 스택트].
  일=積まれる (つまれる, tsumareru) [츠마레루].
  중=被堆积 (bèi duījī) [뻬이 뒬지].
- 썩 (부사) : 영=very (ˈvɛri) [베리], quite (kwaɪt) [콰이트].
  일=ひどく (hidoku) [히도쿠]. 중=非常 (fēicháng) [페이창].
- 썩다 (동사) : 영=rot (rɑːt) [롸트], decay (dɪˈkeɪ) [디케이].
  일=腐る (くさる, kusaru) [쿠사루]. 중=腐烂 (fǔlàn) [푸란].
- 썰다 (동사) : 영=slice (slaɪs) [슬라이스], chop (tʃɑːp) [춉].
  일=切る (きる, kiru) [키루]. 중=切 (qiē) [치에].
- 썰렁하다 (형용사) :
  영=chilly (ˈtʃɪli) [칠리], cold (koʊld) [콜드].
  일=寒々しい (さむざむしい, samuzamushii) [사무자무시이].
  중=冷清 (lěngqīng) [렁칭].
- 쏘다 (동사) : 영=shoot (ʃuːt) [슈트], sting (stɪŋ) [스팅].
  일=射る (いる, iru) [이루]. 중=射击 (shèjī) [셔지].

- 쏟다 (동사) : 영=spill (spɪl) [스필], pour (pɔːr) [포어].
  일=零す (こぼす, kobosu) [코보스]. 중=倒 (dào) [다오].
- 쏟아지다 (동사) : 영=pour down (pɔːr daʊn) [포어 다운], stream (striːm) [스트림].
  일=降り注ぐ (ふりそそぐ, furisosogu) [후리소소구].
  중=倾泻 (qīngxiè) [칭시에].
- 쓰다 (동사) : 글씨를 ~. 영=write (raɪt) [라이트].
  일=書く (かく, kaku) [카쿠]. 중=写 (xiě) [시에].
- 쓰다 (동사) : 모자를 ~. 영=wear (wer) [웨어], put on (pʊt ɑːn) [풋 온].
  일=被る (かぶる, kaburu) [카부루]. 중=戴 (dài) [다이].
- 쓰다 (동사) : 약을 ~. 영=use (juːz) [유즈], take (teɪk) [테이크].
  일=使う (つかう, tsukau) [츠카우]. 중=用 (yòng) [용].
- 쓰다 (형용사) : 나물이 ~. 영=bitter (ˈbɪtər) [비터].
  일=苦い (にがい, nigai) [니가이]. 중=苦 (kǔ) [쿠].
- 쓰다듬다 (동사) : 영=pet (pɛt) [펫], stroke (stroʊk) [스트로크].
  일=撫でる (なでる, naderu) [나데루]. 중=抚摸 (fǔmō) [푸모].
- 쓰러지다 (동사) : 영=fall down (fɔːl daʊn) [폴 다운], collapse (kəˈlæps) [컬랩스].
  일=倒れる (たおれる, taoreru) [타오레루]. 중=倒下 (dǎoxià) [다오샤].
- 쓰레기 (명사) : 영=trash (træʃ) [트래쉬], garbage (ˈɡɑːrbɪdʒ) [가비지].
  일=ゴミ (gomi) [고미]. 중=垃圾 (lājī) [라지].
- 쓰레기통 -桶 (명사) : 영=trash can (træʃ kæn) [트래쉬 캔], garbage can (ˈɡɑːrbɪdʒ kæn) [가비지 캔].
  일=ゴミ箱 (ごみばこ, gomibako) [고미바코].
  중=垃圾桶 (lājī tǒng) [라지 통].
- 쓰이다 (동사) : 글이 ~.
  영=be written (bi ˈrɪtn) [비 리튼], be used (bi juːzd) [비 유즈드].
  일=書かれる (かかれる, kakareru) [카카레루].
  중=被写 (bèi xiě) [뻬이 시에].
- 쓰이다 (동사) : 농사에 기계가 ~. 영=be used (bi juːzd) [비 유즈드], be applied (bi əˈplaɪd) [비 어플라이드].
  일=使われる (つかわれる, tsukawareru) [츠카와레루].
  중=被用 (bèi yòng) [뻬이 용].

- 쓴맛 (명사) : 영=bitter taste ('bɪtər teɪst) [비터 테이스트], bitterness ('bɪtərnəs) [비터니스].
  일=苦味 (にがみ, nigami) [니가미]. 중=苦味 (kŭwèi) [쿠웨이].
- 쓸다 (동사) : 마당을 ~. 영=sweep (swiːp) [스윕], brush (brʌʃ) [브러쉬].
  일=掃く (はく, haku) [하쿠]. 중=扫 (sǎo) [싸오].
- 쓸데있다 (형용사) :
  영=useless ('juːsləs) [유슬리스], unnecessary (ʌn'nɛsə,sɛri) [언네서세리].
  일=無駄だ (むだだ, muda da) [무다 다]. 중=没用 (méi yòng) [메이 용].
- 쓸데없이 (부사) :
  영=uselessly ('juːsləsli) [유슬리스리],
    unnecessarily (ʌn'nɛsə,sɛrəli) [언네서세릴리].
  일=無駄に (むだに, muda ni) [무다 니]. 중=白费 (báifèi) [바이페이].
- 쓸쓸하다 (형용사) : 영=lonely ('loʊnli) [론리], desolate ('dɛsələt) [데설러트].
  일=寂しい (さびしい, sabishii) [사비시이]. 중=凄凉 (qīliáng) [칠량].
- 씌우다 (동사) : 아이에게 모자를 ~.
  영=put on (pʊt ɑːn) [풋 온], cover ('kʌvər) [커버].
  일=被せる (かぶせる, kabuseru) [카부세루]. 중=戴上 (dài shàng) [다이 샹].
- 씨 (명사) : ~를 심다. 영=seed (siːd) [씨드].
  일=種 (たね, tane) [타네]. 중=种子 (zhǒngzi) [종즈].
- 씨 氏 (성씨 씨) (의존 명사) : 영=Mr. ('mɪstər) [미스터], Ms. (mɪz) [미즈].
  일=氏 (し, shi) [시]. 중=氏 (shi) [스].
- 씨름 (명사) : 영=Korean wrestling (kə'riːən 'rɛslɪŋ) [커리언 레슬링], ssireum (ssireum) [씨름].
  일=シルム (shirumu) [시루무]. 중=摔跤 (shuāijiāo) [슈아이지아오].
- 씨앗 (명사) : 영=seed (siːd) [씨드].
  일=種 (たね, tane) [타네]. 중=种子 (zhǒngzi) [종즈].
- 씩씩하다 (형용사) :
  영=brave (breɪv) [브레이브], vigorous ('vɪgərəs) [비거러스].
  일=雄々しい (おおしい, ooshii) [오오시이].
  중=雄壮 (xióngzhuàng) [슝주앙].
- 씹다 (동사) :
  영=chew (tʃuː) [츄], masticate ('mæstɪkeɪt) [매스티케이트].
  일=噛む (かむ, kamu) [카무]. 중=嚼 (jiáo) [지아오].

- 씻기다 (동사) : 비에 ~.
  - 영=be washed (bi wɑːʃt) [비 워쉬트], be cleansed (bi klɛnzd) [비 클렌즈드].
  - 일=洗われる (あらわれる, arawareru) [아라와레루].
  - 중=被洗 (bèi xǐ) [뻬이 시].
- 씻기다 (동사) : 아이를 ~.
  - 영=bathe (beɪð) [베이드], wash (wɑːʃ) [워쉬].
  - 일=洗ってやる (あらってやる, aratte yaru) [아랏테 야루].
  - 중=给…洗澡 (gěi…xǐzǎo) [게이…시자오].
- 씻다 (동사) :
  - 영=wash (wɑːʃ) [워쉬], cleanse (klɛnz) [클렌즈].
  - 일=洗う (あらう, arau) [아라우].
  - 중=洗 (xǐ) [시].

아. 아 부

弘益홍익(널리 이로울) 광고란

신백훈 정익학당 추천 애국민 필독서
[한강의 기적을] **좌승희 이태규 지음**

♣♣♣

- 아 (감탄사) : 영=ah (ɑː) [아], oh (oʊ) [오우].
  일=ああ (aa) [아아].　　중=啊 (ā) [아].
- 아가씨 (명사) : 영=young lady (jʌŋ 'leɪdi) [영 레이디], miss (mɪs) [미스].
  일=お嬢さん (おじょうさん, ojōsan)[오죠우상].　중=小姐 (xiǎojiě)[샤오지에].
- 아기 (명사) : 영=baby ('beɪbi) [베이비], infant ('ɪnfənt) [인펀트].
  일=赤ちゃん (あかちゃん, akachan) [아카챵].　중=婴儿 (yīng'ér) [잉얼].
- 아까 (명사) : 영=a while ago (ə waɪl ə'goʊ)[어 와일 어고우],
  　　　　　　just now (dʒʌst naʊ) [저스트 나우].
  일=さっき (sakki) [삿키].　　중=刚才 (gāngcái) [강차이].
- 아까 (부사) : 영=a while ago (ə waɪl ə'goʊ) [어 와일 어고우],
  　　　　　　just now (dʒʌst naʊ) [저스트 나우].
  일=さっき (sakki) [삿키].　　중=刚才 (gāngcái) [강차이].
- 아깝다 (형용사) : 영=wasteful ('weɪstfəl)[웨이스트풀], pity ('pɪti)[피티].
  일=もったいない (mottainai) [못타이나이].　중=可惜 (kěxī) [커시].
- 아끼다 (동사) : 영=save (seɪv) [세이브], cherish ('tʃɛrɪʃ) [체리쉬].
  일=大事にする (だいじにする, daiji ni suru) [다이지 니 스루].
  중=爱惜 (àixī) [아이시].
- 아나운서 (명사) : 영=announcer (ə'naʊnsər) [어나운서].
  일=アナウンサー (anaunsā)[아나운사].　중=播音员 (bōyīnyuán)[보인유안].
- 아내 (명사) : 영=wife (waɪf) [와이프].
  일=妻 (つま, tsuma) [츠마].　　중=妻子 (qīzi) [치즈].
- 아냐 (감탄사) : 영=no (noʊ) [노우], it's not (ɪts nɑːt) [잇츠 낫].
  일=いや (iya) [이야].　　중=不 (bù) [부].
- 아뇨 (감탄사) : 영=no (noʊ) [노].
  일=いいえ (いいえ, iie) [이이에].　중=不是 (búshi) [부스].
- 아니 (감탄사) : 영=no way (noʊ weɪ) [노 웨이].
  일=まさか (まさか, masaka) [마사카].
  중=不可能 (bùkěnéng)[부커넝].
- 아니 (부사) : 영=no (noʊ) [노].
  일=いや (いや, iya) [이야].　중=不是 (búshi) [부스].
- 아니다 (형용사) : 영=not be (nɒt biː) [낫 비].
  일=ではない (ではない, dewa nai) [데와나이].　중=不是 (búshi) [부스].

- 288 -

- 아니야 (감탄사) : 영=it's not (ɪts nɒt) [잇츠 낫].
  일=ちがう (ちがう, chigau) [치가우].　중=不是 (búshì) [부스].
- 아니요 (감탄사) : 영=no (nəʊ) [노].
  일=いいえ (いいえ, iie) [이이에].　중=不是 (búshì) [부스].
- 아니하다 (보) : 영=not do (nɒt duː) [낫 두].
  일=しない (しない, shinai) [시나이].　중=不做 (bù zuò) [부쭈어].
- 아드님 (명사) : 영=son (sʌn) [선].
  일=息子さん (むすこさん, musukosan)[무스코상].　중=儿子 (érzi)[얼쯔].
- 아들 (명사) : 영=son (sʌn) [선].
  일=息子 (むすこ, musuko) [무스코].　중=儿子 (érzi) [얼쯔].
- 아래 (명사) : 영=below (bɪˈləʊ) [빌로우].
  일=下 (した, shita) [시타].　중=下面 (xiàmiàn) [시아몐].
- 아래쪽 (명사) : 영=lower part (ˈləʊə pɑːt) [로어 파트].
  일=下の方 (したのほう, shita no hō)[시타노호우].
  중=下边 (xiàbian) [시아볜].
- 아래층 -層 아래 층, 층 층. (명사) : 영=lower floor (ˈləʊə flɔːr)[로어 플로어].
  일=下の階 (したのかい, shita no kai)[시타노카이].　중=楼下 (lóuxià)[러우샤].
- 아랫사람 (명사) : 영=subordinate (səˈbɔːdənət) [서보더닛].
  일=目下の人 (めしたのひと, meshita no hito) [메시타노히토].
  중=下属 (xiàshǔ) [시아슈].
- 아르바이트 (명사) : 영=part-time job (ˈpɑːt taɪm dʒɒb) [파트타임 잡].
  일=アルバイト (あるばいと, arubaito)[아루바이토].　중=兼职 (jiānzhí)[지앤즈].
- 아름답다 (형용사) : 영=beautiful (ˈbjuːtəfəl) [뷰티풀].
  일=美しい (うつくしい, utsukushii)[우츠쿠시이].　중=美丽 (měilì)[메이리].
- 아마 (부사) : 영=probably (ˈprɒbəbli) [프라버블리].
  일=たぶん (たぶん, tabun) [타분].　중=也许 (yěxǔ) [예쉬].
- 아마도 (부사) : 영=perhaps (pəˈhæps) [퍼햅스].
  일=おそらく (おそらく, osoraku) [오소라쿠].　중=可能 (kěnéng) [커녕].
- 아무 (관형사) : 영=any (ˈeni) [애니].
  일=どんな (どんな, donna) [돈나].　중=任何 (rènhé) [런허].
- 아무 (대명사) : 영=anyone (ˈeniwʌn) [애니원].
  일=だれでも (だれでも, daredemo)[다레데모].
  중=任何人 (rènhérén) [런허런].

- 아무개 (대명사) : 영=so-and-so ('səʊ ənd səʊ) [쏘 앤 쏘].
  someone ('sʌmwʌn) [썸원]
  일=某 (なにがし, nanigashi) [나니가시]. 중=某某 (mǒumǒu) [머우머우].
- 아무것 (명사) : 영=anything ('eniθɪŋ) [에니씽].
  일=何でも (なんでも, nandemo)[난데모].
  중=任何东西 (rènhé dōngxi)[런허 똥시].
- 아무래도 (부사) : 영=after all ('æftər ɔːl) [애프터 올].
  일=どうしても (どうしても, dōshitemo) [도우시테모].
  중=怎么也 (zěnme yě) [전머 예].
- 아무런 (관형사) : 영=any kind of ('eni kaɪnd əv) [애니 카인드 오브].
  일=いかなる (いかなる, ikanaru) [이카나루].
  중=任何的 (rènhé de) [런허 더].
- 아무렇다 (형용사) : 영=be any way [비 애니 웨이].
  일=どうでもよい (どうでもよい, dōdemo yoi) [도우데모 요이].
  중=无所谓的 (wúsuǒwèi de) [우쑤어웨이 더].
- 아무리 (부사) : 영=no matter how (nəʊ 'mætə haʊ) [노 매터 하우].
  일=いくら (いくら, ikura)[이쿠라]. 중=无论怎么 (wúlùn zěnme)[우룬 전머].
- 아무튼 (부사) : 영=anyway ('eniweɪ) [애니웨이].
  일=ともかく (ともかく, tomokaku)[토모카쿠]. 중=总之 (zǒngzhī)[쫑즈].
- 아버님 (명사) : 영=father ('fɑːðə) [파더].
  일=お父様 (おとうさま, otōsama)[오토오사마].
  중=父亲大人 (fùqīn dàrén)[푸친 따런].
- 아버지 (명사) : 영=father ('fɑːðə) [파더].
  일=お父さん (おとうさん, otōsan) [오토오상]. 중=父亲 (fùqīn) [푸친].
- 아빠 (명사) : 영=daddy ('dædi) [대디].
  일=パパ (ぱぱ, papa) [파파]. 중=爸爸 (bàba) [빠빠].
- 아쉬움 (명사) : 영=regret (rɪ'gret) [리그렛].
  일=未練 (みれん, miren) [미렌]. 중=遗憾 (yíhàn) [이한].
- 아쉽다 (형용사) : 영=regretful (rɪ'gretfl) [리그렛풀].
  일=惜しい (おしい, oshii) [오시이]. 중=可惜 (kěxī) [커시].
- 아스팔트 (명사) : 영=asphalt ('æsfælt) [애스팔트].
  일=アスファルト (あすふぁると, asufaruto) [아스화루토].
  중=沥青 (lìqīng) [리칭].

- 아시아 (고) : 영=Asia (ˈeɪʒə) [에이저].
  일=アジア (あじあ, ajia) [아지아]. 중=亚洲 (yàzhōu) [야저우].
- 아 (감탄사) : 영=ah (ɑː) [아].
  일=ああ (ああ, aa) [아아]. 중=啊呀 (āyā) [아야].
- 아예 (부사) : 영=completely (kəmˈpliːtli) [컴플리틀리].
  일=いっそ (いっそ, isso) [잇소]. 중=干脆 (gāncuì) [간추이].
- 아울러 (부사) : 영=as well as (æz wɛl æz) [애즈 웰 애즈].
  일=あわせて (あわせて, awasete)[아와세테]. 중=并且 (bìngqiě)[빙치에].
- 아유 (감탄사) : 영=oh dear! (əʊ dɪə) [오 디어].
  일=あらまあ (あらまあ, aramaa)[아라마아]. 중=哎呀 (āiyā)[아이야].
- 아이 (감탄사) : 영=oh no! (əʊ nəʊ) [오 노우].
  일=あら (あら, ara) [아라]. 중=哎哟 (āiyō) [아이요].
- 아이 (명사) : 영=child (tʃaɪld) [차일드].
  일=子供 (こども, kodomo) [코도모]. 중=孩子 (háizi) [하이쯔].
- 아이고 (감탄사) : 영=oh my! (əʊ maɪ) [오 마이].
  일=あらまあ (あらまあ, aramaa)[아라마아]. 중=哎哟哟 (āiyōyō) [아이요요].
- 아이디어 (명사) : 영=idea (aɪˈdɪə) [아이디어].
  일=アイデア (あいであ, aidea) [아이데아]. 중=主意 (zhǔyì) [주이].
- 아이스크림 (명사) : 영=ice cream (ˈaɪs kriːm) [아이스크림].
  일=アイスクリーム (あいすくりーむ, aisukurīmu) [아이스쿠리무].
  중=冰淇淋 (bīngqílín) [빙치린].
- 아저씨 (명사) : 영=middle-aged man (ˈmɪdl eɪdʒd mæn) [미들 에이즈드 맨].
  일=おじさん (おじさん, ojisan) [오지상]. 중=大叔 (dàshū) [다슈].
- 아주 (부사) : 영=very (ˈveri) [베리].
  일=とても (とても, totemo) [토테모]. 중=非常 (fēicháng) [페이창].
- 아주머니 (명사) : 영=madam (ˈmædəm) [매덤].
  일=おばさん (おばさん, obasan) [오바상]. 중=大妈 (dàmā) [따마].
- 아줌마 (명사) : 영=lady (ˈleɪdi) [레이디].
  일=おばさん (おばさん, obasan) [오바상]. 중=大妈 (dàmā) [따마].
- 아직 (부사) : 영=still (stɪl)[스틸].
  일=まだ (まだ, mada)[마다]. 중=还 (hái) [하이].
- 아침 (명사) : 영=morning (ˈmɔːnɪŋ) [모닝].
  일=朝 (あさ, asa) [아사]. 중=早上 (zǎoshàng) [자오샹].

•아파트 (명사) : [영]=apartment (ə'pɑːtmənt) [어파트먼트].
[일]=アパート (あぱーと, apāto) [아파아토]. [중]=公寓 (gōngyù) [꽁위].
•아프다 (형용사) : [영]=sick (sɪk) [식].
[일]=痛い (いたい, itai) [이타이]. [중]=疼 (téng) [텅].
•아프리카 (고유명사) : [영]=Africa ('æfrɪkə) [애프리카].
[일]=アフリカ (あふりか, Afurika)[아후리카]. [중]=非洲 (Fēizhōu)[페이저우].
•아픔 (명사) : [영]=pain (peɪn) [페인].
[일]=痛み (いたみ, itami) [이타미]. [중]=疼痛 (téngtòng) [텅퉁].
•아하 (감탄사) : [영]=aha (ɑː'hɑː)[아하].
[일]=ああ (ああ, aa)[아아]. [중]=啊哈 (āhā)[아하].
•아홉 (수사) : [영]=nine (naɪn)[나인].
[일]=九 (きゅう, kyū)[큐]. [중]=九 (jiǔ)[지우].
•아흔 (수사) : [영]=ninety ('naɪnti) [나인티].
[일]=九十 (きゅうじゅう, kyūjū) [큐쥬]. [중]=九十 (jiǔshí) [지우스].
•악기 樂器 즐길 악, 그릇 기. (명사) : [영]=musical instrument ('mjuːzɪkəl 'ɪnstrəmənt) [뮤지컬 인스트루먼트].
[일]=楽器 (がっき, gakki) [각키]. [중]=乐器 (yuèqì) [위에치].
•악몽 惡夢 악할 악, 꿈 몽. (명사) : [영]=nightmare ('naɪtmeə)[나이트메어].
[일]=悪夢 (あくむ, akumu) [아쿠무]. [중]=恶梦 (èmèng) [어멍].
•악수 握手 쥘 악, 손 수. (명사) : [영]=handshake ('hændʃeɪk)[핸드셰이크].
[일]=握手 (あくしゅ, akushu) [아쿠슈]. [중]=握手 (wòshǒu) [워쇼우].
•안 (명사) : [영]=inside (ˌɪn'saɪd)[인사이드].
[일]=中 (なか, naka)[나카]. [중]=里 (lǐ)[리].
•안 (명사) 집 ~ : [영]=inside (ˌɪn'saɪd) [인사이드].
[일]=中 (なか, naka) [나카]. [중]=里 (lǐ) [리].
•안 (부사) : [영]=not (nɒt)[낫].
[일]=~ない (ない, nai)[나이]. [중]=不 (bù) [부].
•안 案 책상 안. (명사) : [영]=proposal (prə'pəʊzəl) [프러포절].
[일]=案 (あん, an) [안]. [중]=提案 (tí'àn) [티안].
•안개 (명사) : [영]=fog (fɒg) [퐁], mist (mɪst) [미스트].
[일]=霧 (きり, kiri) [키리]. [중]=雾 (wù) [우].
•안경 眼鏡 눈 안, 거울 경. (명사) : [영]=glasses ('glɑːsɪz) [글라시즈].
[일]=眼鏡 (めがね, megane) [메가네]. [중]=眼镜 (yǎnjìng) [얜징].

- 안과 眼科 눈 안, 과목 과. (명사) :
  - 영=ophthalmology (ˌɒfθælˈmɒlədʒi) [옵쌀몰러지].
  - 일=眼科 (がんか, ganka) [간카].　　중=眼科 (yǎnkē) [얜커].
- 안기다 '안다'의 사동사. (동사) :
  - 영=make (someone) hug (meɪk hʌɡ) [메이크 허그].
  - 일=抱かせる (だかせる, dakaseru)[다카세루]. 중=使抱 (shǐ bào)[스빠오].
- 안기다 '안다'의 피동사. (동사) :
  - 영=be held in arms (bi held ɪn ɑːmz) [비 헬드 인 암즈].
  - 일=抱かれる (だかれる, dakareru)[다카레루]. 중=被抱 (bèi bào)[뻬이빠오].
- 안내 案內 책상 안, 안 내. (명사) :
  - 영=guide (ɡaɪd) [가이드], information (ˌɪnfəˈmeɪʃən) [인포메이션].
  - 일=案內 (あんない, annai) [안나이].　중=引导 (yǐndǎo) [인다오].
- 안내하다 案內 책상 안, 안 내. (동사) : 영=to guide (ɡaɪd) [가이드].
  - 일=案內する (あんないする, annai suru) [안나이 스루].
  - 중=引导 (yǐndǎo) [인다오].
- 안녕 安寧 편안할 안, 편안할 녕. (감탄사) :
  - 영=hello / goodbye (həˈləʊ / ɡʊdˈbaɪ) [헬로 / 굿바이].
  - 일=こんにちは・さようなら (konnichiwa / sayōnara)[콘니치와 /사요나라].
  - 중=你好 / 再见 (nǐhǎo / zàijiàn) [니하오 / 짜이젠].
- 안녕하다 安寧 편안할 안, 편안할 녕. (형용사) : 영=peaceful (ˈpiːs.fəl)[피스풀].
  - 일=安寧だ (あんねいだ, anneida) [안네이다]. 중=安宁 (ānníng) [안닝].
- 안녕히 安寧 편안할 안, 편안할 녕. (부사) : 영=peacefully (ˈpiːs.fəli) [피스풀리].
  - 일=安寧に (あんねいに, annei ni) [안네이니]. 중=安宁地 (ānníng de) [안닝데].
- 안다 (동사) : 영=to hug (hʌɡ) [허그].
  - 일=抱く (だく, daku) [다쿠]. 중=抱 (bào) [빠오].
- 안동 安東 편안할 안, 동녘 동. (고유명사) : 영=Andong (ˈændʊŋ) [안동].
  - 일=安東 (あんどん, andon) [안돈].　중=安东 (Āndōng) [안둥].
- 안되다 공부가 ~ (동사) : 영=to fail (feɪl) [페일].
  - 일=うまくいかない (umaku ikanai) [우마쿠 이카나이].
  - 중=不成功 (bù chénggōng) [부청궁].
- 안되다 마음이 언짢다 (형용사) : 영=regrettable (rɪˈɡretəbl)[리그레터블].
  - 일=気の毒だ (きのどくだ, kinodoku da)[키노도쿠다].
  - 중=可怜 (kělián) [커롄].

• 안방 -房 방 방. (명사) : ㉢=main room (meɪn ruːm) [메인룸].
  ㉣=奥の間 (おくのま, oku no ma)[오쿠노마]. ㉠=主房 (zhǔfáng)[주팡].
• 안부 安否 편안할 안, 아닐 부. (명사) : ㉢=regards (rɪˈgɑːdz)[리가즈].
  ㉣=安否 (あんぴ, anpi) [안피]. ㉠=问候 (wènhòu) [원허우].
• 안심하다 安心 편안할 안, 마음 심. (동사) :
  ㉢=to feel relieved (rɪˈliːvd) [릴리브드].
  ㉣=安心する (あんしんする, anshin suru) [안신스루]. ㉠=安心 (ānxīn) [안신].
• 안전 安全 편안할 안, 온전할 전. (명사) : ㉢=safety (ˈseɪfti)[세이프티].
  ㉣=安全 (あんぜん, anzen) [안젠]. ㉠=安全 (ānquán) [안취앤].
• 안전하다 安全 편안할 안, 온전할 전 (형용사) :
  ㉢=to be safe (seɪf) [세이프].
  ㉣=安全だ (あんぜんだ, anzen da)[안젠다]. ㉠=安全 (ānquán)[안취앤].
• 안정 安定 편안할 안, 정할 정. (명사) : ㉢=stability (stəˈbɪləti)[스터빌리티].
  ㉣=安定 (あんてい, antei) [안테이]. ㉠=安定 (āndìng) [안딩].
• 안정되다 安定 편안할 안, 정할 정. (동사) :
  ㉢=to stabilize (ˈsteɪbəlaɪz) [스테이블라이즈].
  ㉣=安定する (あんていする, antei suru) [안테이 스루].
  ㉠=稳定下来 (wěndìng xiàlái) [원딩 시아라이].
• 안주 按酒 누를 안 술주. (명사) : ㉢=side dish for alcohol (ˈsaɪd dɪʃ)[사이드 디시].
  ㉣=つまみ (tsumami) [츠마미]. ㉠=下酒菜 (xiàjiǔcài) [시아쥬차이].
• 안쪽 (명사) 안의 방향이나 위치 :
  ㉢=inside (ˌɪnˈsaɪd) [인사이드].
  ㉣=内側 (うちがわ, uchigawa) [우치가와]. ㉠=里面 (lǐmiàn) [리미앤].
• 안타깝다 (형용사) 애석하고 가엾다 : ㉢=pitiful (ˈpɪtɪfəl) [피티펄].
  ㉣=気の毒だ (きのどくだ, kinodoku da)[키노도쿠다]. ㉠=可惜 (kěxí)[커시].
• 안팎 (명사) 겉과 속, 대략적인 수치 :
  ㉢=inside and outside (ˈɪnˌsaɪd ənd ˈaʊtsaɪd) [인사이드 앤 아웃사이드].
  ㉣=内外 (ないがい, naigai) [나이가이]. ㉠=内外 (nèiwài) [네이와이].
• 앉다 (동사) : ㉢=to sit (sɪt) [싯].
  ㉣=座る (すわる, suwaru) [스와루]. ㉠=坐 (zuò) [쭈어].
• 앉히다 (동사) : ㉢=to seat someone (siːt) [시트].
  ㉣=座らせる (すわらせる, suwaraseru) [스와라세루].
  ㉠=使...坐下 (shǐ... zuòxià) [스...쭈어시아].

- 않다 (동사) : 영=not do (nɒt duː) [낫 두].
  - 일=しない (shinai) [시나이]. 중=不做 (bù zuò) [부 쭈어].
- 않다 (보조동사) : 영=not (nɒt)[낫].
  - 일=〜ない (ない, nai)[나이]. 중=不 (bù)[부].
- 알 (명사) : 영=egg (eg) [에그].
  - 일=卵 (たまご, tamago) [다마고]. 중=蛋 (dàn) [딴].
- 알다 (동사) : 영=to know (nəʊ) [노우].
  - 일=知る (しる, shiru) [시루]. 중=知道 (zhīdào) [쯔다오].
- 알려지다 (동사) : 영=to become known (bɪˈkʌm nəʊn) [비컴 노운].
  - 일=知られる (しられる, shirareru) [시라레루].
  - 중=被知道 (bèi zhīdào) [뻬이 쯔다오].
- 알루미늄 (명사) : 영=aluminium (ˌæljʊˈmɪniəm) [앨류미니엄].
  - 일=アルミニウム (あるみにうむ, aruminiumu)[아루미니우무].
  - 중=铝 (lǚ) [뤼].
- 알리다 (동사) : 영=to inform (ɪnˈfɔːm) [인폼].
  - 일=知らせる (しらせる, shiraseru)[시라세루]. 중=告诉 (gàosu)[까오쑤].
- 알맞다 (형용사) : 영=appropriate (əˈprəʊpriət) [어프로프리엇].
  - 일=適当だ (てきとうだ, tekitō da)[테키토다]. 중=适当 (shìdàng) [스당].
- 알아내다 (동사) : 영=to find out (faɪnd aʊt) [파인드 아웃].
  - 일=見つけ出す (みつけだす, mitsukedasu) [미츠케다스].
  - 중=查明 (chámíng) [차밍].
- 알아듣다 (동사) : 영=to understand (ˌʌndəˈstænd) [언더스탠드].
  - 일=聞き取る (ききとる, kikitoru)[키키토루]. 중=听懂 (tīngdǒng)[팅동].
- 알아보다 (동사) : 영=to recognize (ˈrekəgnaɪz) [레커그나이즈].
  - 일=見分ける (みわける, miwakeru)[미와케루]. 중=认出 (rènchū)[런추].
- 알아주다 (동사) : 영=to acknowledge (əkˈnɒlɪdʒ) [어크날리지].
  - 일=認める (みとめる, mitomeru) [미토메루]. 중=认可 (rènkě) [런커].
- 알코올 (명사) : 영=alcohol (ˈælkəhɒl) [알코홀].
  - 일=アルコール (あるこーる, arukōru)[아루코오루]. 중=酒精 (jiǔjīng)[주징].
- 앓다 (동사) : 영=to suffer from (ˈsʌfər frəm) [서퍼 프럼].
  - 일=病む (やむ, yamu) [야무]. 중=患病 (huànbìng) [환빙].
- 암 癌 병 암. (명사) : 영=cancer (ˈkænsər) [캔서].
  - 일=がん (がん, gan) [간]. 중=癌症 (ái zhèng) [아이정].

•암시 暗示 어두울 암, 보일 시. (명사) : [영]=hint (hɪnt) [힌트].
[일]=あんじ (あんじ, anji) [안지]. [중]=暗示 (ànshì) [안스].
•암컷 (명사) : [영]=female ('fiːmeɪl) [피메일].
[일]=めす (めす, mesu) [메스]. [중]=雌性 (cíxìng) [츠싱].
•압력 壓力 누를 압, 힘 력. (명사) : [영]=pressure ('preʃər) [프레셔].
[일]=あつりょく (あつりょく, atsuryoku)[아츠료쿠]. [중]=压力 (yālì)[야리].
•앞 (명사) : [영]=front (frʌnt) [프런트].
[일]=まえ (まえ, mae) [마에]. [중]=前面 (qiánmiàn) [치앤미앤].
•앞길 (명사) 앞에 있는 길 : [영]=future path ('fjuːtʃər pɑːθ)[퓨처 파스].
[일]=将来の道 (しょうらいのみち, shōrai no michi) [쇼라이노 미치].
[중]=前途 (qiántú) [치앤투].
•앞날 (명사) : [영]=days ahead (deɪz ə'hɛd) [데이즈 어헤드].
[일]=将来 (しょうらい, shōrai) [쇼라이]. [중]=未来 (wèilái) [웨이라이].
•앞두다 (동사) : [영]=to have ahead (hæv ə'hɛd) [해브 어헤드].
[일]=目前にする (もくぜんにする, mokuzensuru) [모쿠젠니 스루].
[중]=临近 (línjìn) [린진].
•앞뒤 (명사) : [영]=front and back (frʌnt ənd bæk) [프런트 앤 백].
[일]=前後 (ぜんご, zengo) [젠고]. [중]=前后 (qiánhòu) [치앤호우].
•앞문 門 문 문. (명사) : [영]=front door (frʌnt dɔːr) [프런트 도어].
[일]=正門 (せいもん, seimon) [세이몬]. [중]=前门 (qiánmén) [치앤먼].
•앞바다 (명사) : [영]=coastal sea ('kəʊstl siː) [코우스틀 씨].
[일]=沿岸の海 (えんがんのうみ, engan no umi) [엥간노 우미].
[중]=近海 (jìnhǎi) [진하이].
•앞서 (부사) : [영]=beforehand (bɪ'fɔːhænd) [비포핸드].
[일]=先に (さきに, sakini) [사키니]. [중]=事先 (shìxiān) [스셴].
•앞서다 (동사) : [영]=to lead (liːd) [리드].
[일]=先立つ (さきだつ, sakidatsu) [사키다츠]. [중]=领先 (lǐngxiān) [링셴].
•앞세우다 (동사) : [영]=to put forward (pʊt 'fɔːwəd) [풋 포워드].
[일]=先に立てる (さきにたてる, sakini tateru) [사키니 타테루].
[중]=打头阵 (dǎtóuzhèn) [다토우전].
•앞장서다 (동사) : [영]=to take the lead (teɪk ðə liːd) [테이크 더 리드].
[일]=先頭に立つ (せんとうにたつ, sentō ni tatsu) [센토우니 타츠].
[중]=带头 (dàitóu) [따이토우].

- 앞쪽 (명사) : 영=front side (frʌnt saɪd) [프런트 사이드].
  일=前の方 (まえのほう, mae no hō)[마에노 호우].
  중=前方 (qiánfāng)[치앤팡].
- 애 (명사) ~가 타다 : 영=grief (griːf) [그리프].
  일=苦しみ (くるしみ, kurushimi)[쿠루시미]. 중=哀愁 (āichóu)[아이초우].
- 애 (명사) 아이 : 영=child (tʃaɪld) [차일드].
  일=子ども (こども, kodomo) [코도모]. 중=小孩 (xiǎohái) [샤오하이].
- 애쓰다 (동사) 노력하다 : 영=to strive (straɪv) [스트라이브].
  일=努力する (どりょくする, doryoku suru) [도료쿠 스루].
  중=努力 (nǔli) [누리].
- 애인 愛人 사랑 애, 사람 인. (명사) : 영=lover ('lʌvər) [러버].
  일=恋人 (こいびと, koibito) [코이비토]. 중=爱人 (àirén) [아이런].
- 애정 愛情 사랑 애, 뜻 정. (명사) : 영=affection (əˈfɛkʃən) [어펙션].
  일=愛情 (あいじょう, aijō) [아이죠]. 중=爱情 (àiqíng) [아이칭].
- 애초 初 처음 초. (명사) : 영=beginning (bɪˈgɪnɪŋ) [비기닝].
  일=最初 (さいしょ, saisho) [사이쇼]. 중=最初 (zuìchū) [쮀추].
- 액세서리 (명사) : 영=accessory (əkˈsɛsəri) [액세서리].
  일=アクセサリー (あくせさりー, akusesarī) [아쿠세사리].
  중=配饰 (pèishì) [페이스].
- 액수 額數 이마 액, 셈 수. (명사) : 영=amount (əˈmaʊnt) [어마운트].
  일=金額 (きんがく, kingaku) [킹가쿠]. 중=金额 (jīn'é) [진어].
- 앨범 (명사) : 영=album (ˈælbəm) [앨범].
  일=アルバム (あるばむ, arubamu) [아루바무]. 중=相册 (xiàngcè) [시앙처].
- 야 (감탄사) : 영=hey (heɪ)[헤이].
  일=やあ (やあ, yā)[야아]. 중=哎 (āi)[아이].
- 야간 夜間 밤 야, 사이 간. (명사) : 영=nighttime (ˈnaɪttaim) [나이트타임].
  일=夜間 (やかん, yakan) [야깐]. 중=夜间 (yèjiān) [예지앤].
- 야구 野球 들 야, 공 구. (명사) : 영=baseball (ˈbeɪsbɔːl) [베이스볼].
  일=野球 (やきゅう, yakyū) [야큐]. 중=棒球 (bàngqiú) [빵치우].
- 야구장 野球場 들 야, 공 구, 마당 장. (명사) :
  영=baseball stadium (ˈbeɪsbɔːl ˈsteɪdiəm) [베이스볼 스테이디엄].
  일=野球場 (やきゅうじょう, yakyūjō) [야큐조].
  중=棒球场 (bàngqiúchǎng) [빵치우창].

- 야단 惹端 이끌 야, 살마리 단. (명사) : 영=scolding ('skəʊldɪŋ) [스콜딩].
  일=叱責 (しっせき, shisseki) [싯세키]. 중=责骂 (zémà) [저마].
- 야옹 (부사) 고양이 소리 묘사 : 영=meow (miːˈaʊ) [미야우].
  일=にゃー (にゃー, nyā) [냐아]. 중=喵 (miāo) [먀오].
- 야외 野外 들 야, 바깥 외. (명사) : 영=outdoors (aʊtˈdɔːz) [아웃도어즈].
  일=野外 (やがい, yagai) [야가이]. 중=野外 (yěwài) [예와이].
- 야채 野菜 들 야, 나물 채. (명사) : 영=vegetables ('vɛdʒtəblz)[베지터블즈].
  일=野菜 (やさい, yasai) [야사이]. 중=蔬菜 (shūcài) [슈차이].
- 야하다 冶- 풀 야. (형용사) : 영=erotic (ɪˈrɒtɪk) [이로틱].
  일=セクシーな (せくしーな, sekushīna) [세쿠시이나].
  중=性感的 (xìnggǎn de) [싱간더].
- 야 (명사) ~이 오르다 : 영=rage (reɪdʒ) [레이지].
  일=むかっ腹 (むかっぱら, mukappara)[무캇파라]. 중=发怒 (fānù)[파누].
- 약 約 맺을 약. (관형사) : 영=about (əˈbaʊt) [어바웃].
  일=約~ (やく, yaku) [야쿠]. 중=约~ (yuē) [위에].
- 약 藥 약 약. (명사) : 영=medicine (ˈmɛdɪsɪn) [메디신].
  일=薬 (くすり, kusuri) [쿠스리]. 중=药 (yào) [야오].
- 약간 若干 같을 약, 몇 간. (명사) : 영=a little (ə ˈlɪtl) [어 리틀].
  일=若干 (じゃっかん, jakkan) [작칸]. 중=若干 (ruògān) [뤄간].
- 약간 若干 같을 약, 몇 간. (부사) : 영=somewhat (ˈsʌmwʊt) [섬왓].
  일=やや (やや, yaya) [야야]. 중=稍微 (shāowēi) [샤오웨이].
- 약국 藥局 약 약, 관청 국. (명사) : 영=pharmacy (ˈfɑːməsi) [파머시].
  일=薬局 (やっきょく, yakkyoku) [얏쿄쿠]. 중=药店 (yàodiàn) [야오뗸].
- 약속 約束 맺을 약, 묶을 속. (명사) : 영=promise (ˈprɒmɪs)[프라미스].
  일=約束 (やくそく, yakusoku) [야쿠소쿠]. 중=约定 (yuēdìng) [위에띵].
- 약속하다 約束 맺을 약, 묶을 속. (동사) : 영=to promise (ˈprɒmɪs) [프라미스].
  일=約束する (やくそくする, yakusoku suru) [야쿠소쿠 스루].
  중=约定 (yuēdìng) [위에띵].
- 약수 藥水 약 약, 물 수. (명사) : 영=mineral spring water
  (ˈmɪnərəl sprɪŋ ˈwɔːtər) [미너럴 스프링 워터].
  일=薬水 (やくすい, yakusui) [야쿠스이]. 중=药水 (yàoshuǐ) [야오쉐이].
- 약점 弱點 약할 약, 점 점. (명사) : 영=weakness (ˈwiːknəs)[위크니스].
  일=弱点 (じゃくてん, jakuten) [자쿠텐]. 중=弱点 (ruòdiǎn) [뤄디엔].

- 약점 弱點 약할 약, 점 점. (명사) :
  영=weakness ('wiːknəs)[위크니스].
  일=弱点 (じゃくてん, jakuten) [자쿠텐]. 중=弱点 (ruòdiǎn) [뤄디엔].
- 약품 藥品 약 약, 물건 품. (명사) :
  영=medicine ('mɛdɪsɪn) [메디신].
  일=薬品 (やくひん, yakuhin) [야쿠힌]. 중=药品 (yàopǐn) [야오핀].
- 약하다 弱- 약할 약. (형용사) : 영=weak (wiːk) [위크].
  일=弱い (よわい, yowai) [요와이]. 중=弱 (ruò) [뤄].
- 약해지다 弱- 약할 약. (동사) : 영=to weaken (wiːkən) [위컨].
  일=弱くなる (よわくなる, yowakunaru) [요와쿠나루].
  중=变弱 (biàn ruò) [볜뤄].
- 약혼녀 約婚女 맺을 약, 혼인할 혼, 여자 녀. (명사) :
  영=fiancée (fiˈɒnseɪ) [피앙세이].
  일=婚約者 (こんやくしゃ, konˈyakusha) [콘야쿠샤].
  중=未婚妻 (wèihūnqī) [웨이훈치].
- 약혼자 約婚者 맺을 약, 혼인할 혼, 사람 자. (명사) :
  영=fiancé/fiancée (fiˈɑːnseɪ) [피앙세].
  일=婚約者 (こんやくしゃ, konyakusha) [콘야쿠샤].
  중=未婚夫/未婚妻 (wèihūnfū/wèihūnqī) [웨이훈푸/웨이훈치].
- 얄밉다 (형용사) :
  영=hateful ('heɪtfəl) [헤이트풀], detestable (dɪˈtɛstəbl) [디테스터블].
  일=憎たらしい (にくたらしい, nikutarashii) [니쿠타라시이].
  중=讨厌 (tǎoyàn) [타오옌].
- 얇다 (형용사) : 영=thin (θɪn) [씬].
  일=薄い (うすい, usui) [우스이]. 중=薄 (báo) [바오].
- 양 兩 두 양. (관형사) : 영=both (bəʊθ) [보쓰], two (tuː) [투].
  일=両 (りょう, ryō) [료]. 중=两 (liǎng) [량].
- 양 量 헤아릴 량. (명사) : 영=quantity ('kwɒntəti) [콴터티].
  일=量 (りょう, ryō) [료]. 중=量 (liàng) [량].
- 양 孃 아가씨 양. (의존명사) : 영=Miss (mɪs) [미스].
  일=嬢 (じょう, jō) [죠]. 중=小姐 (xiǎojiě) [샤오지에].
- 양 羊 양 양. (명사) : 영=sheep (ʃiːp) [쉽].
  일=羊 (ひつじ, hitsuji) [히츠지]. 중=羊 (yáng) [양].

- **양국 兩國** 두 양, 나라 국. (명사) :
  - 영=both countries (bəʊθ ˈkʌntriz) [보쓰 컨트리즈].
  - 일=両国 (りょうこく, ryōkoku) [료코쿠]. 중=两国 (liǎngguó) [량궈].
- **양념** (명사) : 영=seasoning (ˈsiːzənɪŋ) [시즈닝].
  - 일=薬味 (やくみ, yakumi)[야쿠미]. 중=调味料 (tiáowèiliào)[티아오웨이랴오].
- **양력 陽曆** 볕 양, 책력 력. (명사) :
  - 영=solar calendar (ˈsoʊlər ˈkælɪndər) [솔러 캘린더].
  - 일=陽暦 (ようれき, yōreki) [요레키]. 중=阳历 (yánglì) [양리].
- **양말 洋襪** 큰 바다 양, 버선 말. (명사) : 영=socks (sɒks) [삭스].
  - 일=靴下 (くつした, kutsushita) [쿠츠시타]. 중=袜子 (wàzi) [와쯔].
- **양배추 洋-** 큰 바다 양. (명사) : 영=cabbage (ˈkæbɪdʒ) [캐비지].
  - 일=キャベツ (きゃべつ, kyabetsu)[캬베츠].
  - 중=卷心菜 (juǎnxīncài)[쥐안신차이].
- **양보 讓步** 사양할 양, 걸음 보. (명사) :
  - 영=concession (kənˈsɛʃn) [컨세션], yield (jiːld) [일드].
  - 일=譲歩 (じょうほ, jōho) [죠호]. 중=让步 (ràngbù) [랑부].
- **양보하다 讓步-** 사양할 양, 걸음 보. (동사) :
  - 영=to concede (kənˈsiːd) [컨시드], to yield (jiːld) [일드].
  - 일=譲歩する (じょうほする, jōho suru) [죠호 스루].
  - 중=让步 (ràngbù) [랑부].
- **양복 洋服** 큰 바다 양, 옷 복. (명사) : 영=suit (suːt) [수트].
  - 일=洋服 (ようふく, yōfuku) [요후쿠]. 중=西服 (xīfú) [시푸].
- **양상추 洋-** 큰 바다 양. (명사) : 영=lettuce (ˈlɛtɪs) [레티스].
  - 일=レタス (れたす, retasu) [레타스]. 중=生菜 (shēngcài) [셩차이].
- **양식 樣式** 모양 양, 법 식. (명사) : 영=form (fɔːm) [폼], style (staɪl) [스타일].
  - 일=様式 (ようしき, yōshiki) [요시키]. 중=样式 (yàngshì) [양스].
- **양식 洋食** 큰 바다 양, 먹을 식. (명사) :
  - 영=Western food (ˈwɛstərn fuːd) [웨스턴 푸드].
  - 일=洋食 (ようしょく, yōshoku) [요쇼쿠]. 중=西餐 (xīcān) [시찬].
- **양심 良心** 어질 양, 마음 심. (명사) : 영=conscience (ˈkɒnʃəns) [콘션스].
  - 일=良心 (りょうしん, ryōshin) [료신]. 중=良心 (liángxīn) [량신].
- **양옆 兩-** 두 양. (명사) : 영=both sides (bəʊθ saɪdz) [보쓰 사이즈].
  - 일=両側 (りょうがわ, ryōgawa) [료가와]. 중=两侧 (liǎngcè) [량츠어].

- 양주 洋酒 큰바다 양, 술 주. (명사) : ㊕=whisky (wɪski) [위스키].
  ㊗=洋酒 (ようしゅ, yōshu) [요슈]. ㊥=洋酒 (yángjiǔ) [양지우].
- 양쪽 兩- 두 양. (명사) : ㊕=both sides (bəʊθ saɪdz) [보쓰 사이즈].
  ㊗=両側 (りょうがわ, ryōgawa) [료가와]. ㊥=两边 (liǎngbiān) [량비앤].
- 양파 洋- 큰바다 양. (명사) : ㊕=onion (ʌnjən) [어니언].
  ㊗=玉ねぎ (たまねぎ, tamanegi)[타마네기]. ㊥=洋葱 (yángcōng)[양충].
- 얕다 (형용사) : ㊕=shallow (ʃæloʊ) [쉘로우].
  ㊗=浅い (あさい, asai) [아사이]. ㊥=浅 (qiǎn) [첸].
- 얘 (감탄사) : ㊕=hey (heɪ) [헤이].
  ㊗=ねえ (ねえ, nē) [네에]. ㊥=嘿 (hēi) [헤이].
- 얘 이 아이 (불) : ㊕=this child (ðɪs tʃaɪld) [디스 차일드].
  ㊗=この子 (このこ, konoko) [코노코]. ㊥=这孩子 (zhè háizi) [쩌 하이즈].
- 얘기 이야기 (명사) : ㊕=story (stɔːri) [스토리].
  ㊗=話 (はなし, hanashi) [하나시]. ㊥=故事 (gùshi) [꾸스].
- 얘기하다 (동사) : ㊕=to talk (tɔːk) [토크].
  ㊗=話す (はなす, hanasu) [하나스]. ㊥=谈话 (tánhuà) [탄화].
- 어 (감탄사) : ㊕=uh (ʌ)[어]. ㊗=えっ (えっ, e')[엣]. ㊥=嗯 (ēn) [언].
- 어기다 (동사) : ㊕=to break (rule, promise) (breɪk) [브레이크].
  ㊗=破る (やぶる, yaburu) [야부루]. ㊥=违背 (wéibèi) [웨이베이].
- 어깨 (명사) : ㊕=shoulder (ʃoʊldər) [숄더].
  ㊗=肩 (かた, kata)[카타]. ㊥=肩膀 (jiānbǎng) [찌엔방].
- 어느 (관형사) : ㊕=which (wɪtʃ) [위치].
  ㊗=どの (どの, dono) [도노]. ㊥=哪个 (nǎge) [나거].
- 어느덧 (부사) :
  ㊕=before one realizes (bɪˈfɔːr wʌn ˈrɪəlaɪzɪz) [비포 원 리얼라이즈즈].
  ㊗=いつの間にか (いつのまにか, itsunomanika) [이츠노마니카].
  ㊥=不知不觉 (bùzhī bùjué) [부즈부줴].
- 어느새 (부사) : ㊕=already (ɔːlˈrɛdi) [올레디].
  ㊗=いつの間にか (いつのまにか, itsunomanika) [이츠노마니카].
  ㊥=一晃 (yīhuàng) [이황].
- 어두워지다 (동사) : ㊕=to get dark (gɛt dɑːrk) [겟 다크].
  ㊗=暗くなる (くらくなる, kuraku naru) [쿠라쿠 나루].
  ㊥=变暗 (biàn'àn) [비앤안].

•어둠 (명사) : [영]=darkness ('dɑːrknəs) [다크니스].
[일]=闇 (やみ, yami) [야미]. [중]=黑暗 (hēi'àn) [헤이안].
•어둡다 (형용사) : [영]=dark (dɑːrk) [다크].
[일]=暗い (くらい, kurai) [쿠라이]. [중]=暗 (àn) [안].
•어디 (감탄사) : [영]=let me see (lɛt miː siː) [렛 미 씨].
[일]=どれ (どれ, dore)[도레]. [중]=让我看看 (ràng wǒ kànkàn)[랑 워 칸칸].
•어디 (대명사) : [영]=where (wɛər) [웨어].
[일]=どこ (どこ, doko) [도코]. [중]=哪里 (nǎlǐ) [나리].
•어때 어떠해 (불) : [영]=how about (haʊ ə'baʊt) [하우 어바웃].
[일]=どう (どう, dō) [도우]. [중]=怎么样 (zěnmeyàng) [쩐머양].
•어떠하다 (형용사) : [영]=to be how, what kind (haʊ) [하우].
[일]=どうだ (どうだ, dōda) [도우다]. [중]=怎样 (zěnyàng) [쩐양].
•어떡하다 (불) 어떠하게 하다 : [영]=what to do (wɒt tə duː) [왓 투 두].
[일]=どうする (どうする, dōsuru)[도우스루].
[중]=怎么办 (zěnme bàn)[쩐머 반].
•어떤 (관형사) : [영]=certain, some ('sɜːrtn, sʌm) [서튼, 썸].
[일]=ある (ある, aru) [아루]. [중]=某 (mǒu) [머우].
•어떻다 (형용사) : [영]=how (haʊ) [하우].
[일]=どうだ (どうだ, dōda) [도우다]. [중]=怎么样 (zěnmeyàng) [쩐머양].
•어려움 (명사) : [영]=difficulty ('dɪfɪkəlti) [디피컬티].
[일]=困難 (こんなん, konnan) [콘난]. [중]=困难 (kùnnán) [쿤난].
•어려워지다 (동사) :
[영]=to become difficult (bɪ'kʌm 'dɪfɪkəlt) [비컴 디피컬트].
[일]=難しくなる (むずかしくなる, muzukashiku naru) [무즈카시쿠 나루].
[중]=变难 (biànnán) [삐앤난].
•어렵다 (형용사) : [영]=difficult ('dɪfɪkəlt) [디피컬트].
[일]=難しい (むずかしい, muzukashii) [무즈카시이]. [중]=难 (nán) [난].
•어른 (명사) : [영]=adult (ə'dʌlt) [어덜트].
[일]=大人 (おとな, otona) [오토나]. [중]=成人 (chéngrén) [청런].
•어리다 (동사) 눈물이 ~ :
[영]=to have tears in eyes (tɪərz ɪn aɪz) [티어즈 인 아이즈].
[일]=涙ぐむ (なみだぐむ, namidagumu) [나미다구무].
[중]=含泪 (hán lèi) [한 레이].

- 어리다 (형용사) 나이가 적다 : ㉢=young (jʌŋ) [영].
  ㉠=幼い (おさない, osanai) [오사나이]. ㉡=年幼 (niányòu) [녠여우].
- 어리석다 (형용사) : ㉢=foolish ('fuːlɪʃ) [풀리시].
  ㉠=愚かだ (おろかだ, orokada) [오로카다]. ㉡=愚蠢 (yúchǔn) [위춘].
- 어린아이 (명사) : ㉢=child (tʃaɪld) [차일드].
  ㉠=幼い子 (おさないこ, osanaiko) [오사나이코].
  ㉡=小孩儿 (xiǎoháir) [샤오하이얼].
- 어린애 (명사) : ㉢=little kid ('lɪtl kɪd) [리틀 키드].
  ㉠=子供 (こども, kodomo) [코도모]. ㉡=小孩 (xiǎohái) [샤오하이].
- 어린이 (명사) : ㉢=child (tʃaɪld) [차일드].
  ㉠=子供 (こども, kodomo) [코도모]. ㉡=儿童 (értóng) [얼퉁].
- 어린이날 (명사) : ㉢=Children's Day (tʃɪldrənz deɪ) [칠드런즈 데이].
  ㉠=こどもの日 (こどものひ, kodomo no hi) [코도모노 히].
  ㉡=儿童节 (értóngjié) [얼퉁지에].
- 어머 (감탄사) : ㉢=oh my, goodness (oʊ maɪ, 'gʊdnəs)[오 마이, 굿니스].
  ㉠=あら (あら, ara) [아라]. ㉡=哎呀 (āiyā) [아이야].
- 어머니 (명사) : ㉢=mother ('mʌðər) [머더].
  ㉠=母 (はは, haha) [하하]. ㉡=母亲 (mǔqīn) [무친].
- 어머님 (명사) : ㉢=mother (honorific) ('mʌðər) [머더].
  ㉠=お母様 (おかあさま, okāsama) [오카아사마].
  ㉡=母亲大人 (mǔqīn dàrén) [무친 따런].
- 어색하다 語塞 말씀 어, 막힐 색 (형용사) : ㉢=awkward ('ɔːkwərd) [오쿼드].
  ㉠=ぎこちない (ぎこちない, gikochinai)[기코치나이].㉡=尴尬 (gāngà)[간까].
- 어서 (부사) : ㉢=quickly ('kwɪkli) [퀵클리].
  ㉠=早く (はやく, hayaku) [하야쿠]. ㉡=赶快 (gǎnkuài) [간콰이].
- 어울리다 (동사) : ㉢=match, suit (mætʃ, suːt) [매치, 수트].
  ㉠=似合う (にあう, niau) [니아우]. ㉡=适合 (shìhé) [스허].
- 어저께 (명사) : ㉢=yesterday ('jestərdeɪ) [예스터데이].
  ㉠=昨日 (きのう, kinō) [키노]. ㉡=昨天 (zuótiān) [쥐티앤].
- 어제 (명사) 어저께 : ㉢=yesterday ('jestərdeɪ) [예스터데이].
  ㉠=昨日 (きのう, kinō) [키노]. ㉡=昨天 (zuótiān) [쥐티앤].
- 어제 (부사) : ㉢=yesterday ('jestərdeɪ) [예스터데이].
  ㉠=昨日 (きのう, kinō) [키노]. ㉡=昨天 (zuótiān) [쥐티앤].

- 어젯밤 (명사) : 영=last night (læst naɪt) [라스트 나잇].
  일=昨夜 (さくや, sakuya) [사쿠야]. 중=昨晚 (zuówǎn) [쥐완].
- 어지럽다 (형용사) : 영=dizzy (ˈdɪzi) [디지].
  일=めまいがする (めまいがする, memaigasuru) [메마이가 스루].
  중=头晕 (tóuyūn) [터우윈].
- 어째서 (불) 어찌하여서 : 영=why (waɪ) [와이].
  일=なぜ (なぜ, naze) [나제]. 중=为什么 (wèishénme) [웨이선머].
- 어쨌든 (부사) : 영=anyway (ˈeniweɪ) [애니웨이].
  일=とにかく (とにかく, tonikaku)[토니카쿠].
  중=无论如何 (wúlùn rúhé)[우룬 루허].
- 어쩌다 (동사) :
  영=to happen by chance (ˈhæpən baɪ tʃæns) [해픈 바이 챈스].
  일=偶然になる (ぐうぜんになる, gūzen ni naru) [구젠 니 나루].
  중=偶然 (ǒurán) [오우란].
- 어쩌다 (부사) : 영=occasionally (əˈkeɪʒnəli) [어케이져널리].
  일=たまに (たまに, tamani) [타마니]. 중=偶尔 (ǒu'ěr) [오우얼].
- 어쩌다가 (부사) : 영=by chance (baɪ tʃæns) [바이 챈스].
  일=たまたま (たまたま, tamatama)[타마타마].
  중=偶然地 (ǒuránde)[오우란더].
- 어쩌면 (부사) : 영=perhaps (pərˈhæps) [퍼햅스].
  일=もしかすると (もしかすると, moshika suru to) [모시카스루토].
  중=也许 (yěxǔ) [예쉬].
- 어쩐지 (부사) : 영=somehow (ˈsʌmhaʊ) [썸하우].
  일=どうりで (どうりで, dōride)[도우리데].
  중=怪不得 (guàibude)[과이부더].
- 어쩜 (부사) : 영=possibly (ˈpɒsəbli) [파서블리].
  일=どうして (どうして, dōshite)[도우시테].
  중=怎么会 (zěnme huì)[쩐머 훼이].
- 어찌 (부사) : 영=how, why (haʊ, waɪ) [하우, 와이].
  일=どう (どう, dō) [도우]. 중=怎么 (zěnme) [쩐머].
- 어찌나 (부사) : 영=how very, extremely (haʊ ˈvɛri, ɪkˈstriːmli) [하우 베리, 익스트림리].
  일=どんなに (どんなに, donnani) [돈나니]. 중=多么 (duōme) [뚜어머].

•어찌하다 (동사) : [영]=what to do (wɒt tə duː) [왓 투 두].
[일]=どうする (どうする, dōsuru)[도우스루].
[중]=怎么办 (zěnme bàn)[쩐머 반].
•억 億 억 억. (수사) :
[영]=hundred million ('hʌndrəd 'mɪljən) [헌드레드 밀리언].
[일]=億 (おく, oku) [오쿠]. [중]=亿 (yì) [이].
•억울하다 抑鬱 누를 억, 답답할 울. (형용사) :
[영]=unfair, feel wronged (ʌn'feər, fiːl rɒŋd) [언페어, 필 롱드].
[일]=悔しい (くやしい, kuyashii) [쿠야시이]. [중]=委屈 (wěiqu) [웨이취].
•언니 (명사) :
[영]=older sister (for a woman) ('oʊldər 'sɪstə(r)) [올더 시스터].
[일]=お姉さん (おねえさん, onēsan) [오네에상]. [중]=姐姐 (jiějie) [지에지에].
•언덕 (명사) : [영]=hill (hɪl) [힐].
[일]=丘 (おか, oka) [오카]. [중]=山丘 (shānqiū) [산치우].
•언론 言論 말씀 언, 논의할 론. (명사) :
[영]=media, press ('miːdiə, prɛs) [미디어, 프레스].
[일]=言論 (げんろん, genron) [겐론]. [중]=言论 (yánlùn) [옌룬].
•언어 言語 말씀 언, 말씀 어. (명사) : [영]=language ('læŋgwɪdʒ) [랭귀지].
[일]=言語 (げんご, gengo) [겐고]. [중]=语言 (yǔyán) [위옌].
•언제 (대명사) : [영]=what time, when (wɒt taɪm, wen) [왓 타임, 웬].
[일]=いつ (いつ, itsu)[이츠]. [중]=什么时候 (shénme shíhou)[션머 스허우].
•언제 (부사) : [영]=when (wen) [웬].
[일]=いつ (いつ, itsu) [이츠]. [중]=什么时候 (shénme shíhou) [션머 스허우].
•언제나 (부사) : [영]=always ('ɔːlweɪz) [올웨이즈].
[일]=いつも (いつも, itsumo) [이츠모]. [중]=总是 (zǒngshì) [쫑스].
•언젠가 (부사) :
[영]=someday, sometime ('sʌmdeɪ, 'sʌmtaɪm) [썸데이, 썸타임].
[일]=いつか (いつか, itsuka) [이츠카].
[중]=总有一天 (zǒng yǒu yì tiān) [쫑 여우 이 티앤].
•얹다 (동사) :
[영]=put on, place on (pʊt ɒn, pleɪs ɒn) [풋 온, 플레이스 온].
[일]=のせる (のせる, noseru) [노세루].
[중]=放上 (fàngshàng) [팡샹].

- 얻다 (동사) : ⑳=obtain, gain (əb'teɪn, geɪn) [업테인, 게인].
  ㉕=得る (える, eru) [에루].　　㊥=得到 (dédào) [더따오].
- 얻어먹다 (동사) : ⑳=be treated, get a free meal
                 (bi 'triːtɪd, get ə friː miːl) [비 트리티드, 겟 어 프리 밀].
  ㉕=おごってもらう (ogotte morau)[오곳떼 모라우].
  ㊥=蹭吃 (cèngchī) [청츠].
- 얼굴 (명사) : ⑳=face (feɪs)[페이스].
  ㉕=顔 (かお, kao)[카오].　　㊥=脸 (liǎn)[리엔].
- 얼다 (동사) : ⑳=freeze (friːz) [프리즈].
  ㉕=凍る (こおる, kōru) [코오루].　㊥=结冰 (jiébīng) [지에빙].
- 얼른 (부사) :
  ⑳=quickly, immediately ('kwɪkli, ɪ'miːdiətli) [퀵리, 이미디어틀리].
  ㉕=早く (はやく, hayaku) [하야쿠].　㊥=赶快 (gǎnkuài) [간콰이].
- 얼리다 (동사) 물을 ~ : ⑳=freeze (friːz) [프리즈].
  ㉕=凍らせる (こおらせる, kōraseru) [코오라세루]. ㊥=冻 (dòng) [똥].
- 얼마 (명사) : ⑳=how much (haʊ mʌtʃ) [하우 머치].
  ㉕=いくら (ikura) [이쿠라].　㊥=多少 (duōshao) [뚜오샤오].
- 얼마간 (명사) 間 사이 간 : ⑳=somewhat, some amount ('sʌmwɒt, sʌm ə'maʊnt)[썸왓, 썸 어마운트].
  ㉕=いくらか (ikuraka) [이쿠라카].　㊥=若干 (ruògān) [뤄간].
- 얼마나 (부사) : ⑳=how much, how long
                 (haʊ mʌtʃ, haʊ lɒŋ) [하우 머치, 하우 롱].
  ㉕=どれくらい (dorekurai) [도레쿠라이]. ㊥=多么 (duōme) [뚜어머].
- 얼음 (명사) : ⑳=ice (aɪs)[아이스].
  ㉕=氷 (こおり, kōri)[코오리]. ㊥=冰 (bīng)[빙].
- 얼핏 (부사) : ⑳=glance, briefly (glæns, 'briːfli) [글랜스, 브리플리].
  ㉕=ちらっと (chiratto) [치랏토]. ㊥=一瞥 (yīpiē) [이피에].
- 엄격하다 嚴格 엄할 엄, 격식 격. (형용사) : ⑳=strict (strɪkt) [스트릭트].
  ㉕=厳格だ (げんかくだ, genkakuda)[겐카쿠다]. ㊥=严格 (yángé) [앤거].
- 엄마 (명사) : ⑳=mom, mommy (mɒm, 'mɒmi) [맘, 마미].
  ㉕=ママ (まま, mama) [마마].　㊥=妈妈 (māma) [마마].
- 엄숙하다 嚴肅 엄할 엄, 엄숙할 숙. (형용사) : ⑳=solemn ('sɒləm)[솔럼].
  ㉕=厳粛だ (げんしゅくだ, genshukuda)[겐슈쿠다]. ㊥=严肃 (yánsù)[옌수].

- 엄청나다 (형용사) : 영=huge, enormous (hjuːdʒ, ɪˈnɔːməs)[휴지, 이노머스].
  일=とんでもない (tondemonai)[톤데모나이].
  중=非常大 (fēicháng dà)[페이창 따].
- 업다 (동사) :
  영=carry on one's back (ˈkæri ɒn wʌnz bæk)[캐리 온 원즈 백].
  일=おんぶする (onbu suru) [옴부스루].   중=背 (bēi) [베이].
- 업무 業務 일업 힘쓸무 (명사) :
  영=task, work (tɑːsk, wɜːrk) [태스크, 워크].
  일=業務 (ぎょうむ, gyōmu) [교무].   중=业务 (yèwù) [예우].
- 업종 業種 일업, 씨종. (명사) :
  영=type of industry (taɪp əv ˈɪndəstri) [타입 오브 인더스트리].
  일=業種 (ぎょうしゅ, gyōshu) [교슈].   중=行业 (hángyè) [항예].
- 업체 業體 일업, 몸체. (명사) : 영=business, enterprise
  (ˈbɪznəs, ˈɛntərpraɪz) [비즈니스, 엔터프라이즈].
  일=業者 (ぎょうしゃ, gyōsha) [교샤].   중=企业 (qǐyè) [치예].
- 없다 (형용사) : 영=none, nonexistent (nʌn, ˌnɒnɪɡˈzɪstənt)[넌, 논익지스턴트].
  일=ない (nai) [나이].   중=没有 (méiyǒu) [메이여우].
- 없애다 (동사) : 영=remove, eliminate (rɪˈmuːv, ɪˈlɪmɪneɪt)[리무브, 일리미네이트].
  일=なくす (nakusu) [나쿠스].   중=消除 (xiāochú) [샤오추].
- 없어지다 (동사) 영=disappear, vanish (ˌdɪsəˈpɪər, ˈvænɪʃ)[디서피어, 배니쉬].
  일=なくなる (nakunaru) [나쿠나루].   중=消失 (xiāoshī) [샤오스].
- 없이 (부사) : 영=without (wɪˈðaʊt) [위드아웃].
  일=なく (naku) [나쿠].   중=没有 (méiyǒu) [메이여우].
- 엇갈리다 (동사) : 영=cross, miss each other
  (krɒs, mɪs iːtʃ ˈʌðər)[크로스, 미스 이치 아더].
  일=行き違う (いきちがう, ikichigau)[이키치가우].
  중=交错 (jiāocuò)[자오추오].
- 엉덩이 (명사) : 영=hip, buttocks (hɪp, ˈbʌtəks) [힙, 버턱스].
  일=お尻 (おしり, oshiri) [오시리].   중=屁股 (pìgu) [피구].
- 엉뚱하다 (형용사) :
  영=absurd, ridiculous (əbˈsɜːrd, rɪˈdɪkjələs) [업서드, 리디큘러스].
  일=突拍子もない (とっぴょうしもない, toppyōshimonai) [톳표시모나이].
  중=荒唐 (huāngtáng) [황탕].

— 307 —

- 엉망 (명사) : ⑬=mess, chaos (mes, 'keɪɒs) [메스, 케이오스].
  ⑬=めちゃくちゃ (mechakucha)[메차쿠차].
  ⑬=乱七八糟 (luànqībāzāo) [루안치바짜오].
- 엉터리 (명사) : ⑬=nonsense, fake ('nɒnsens, feɪk) [논센스, 페이크].
  ⑬=でたらめ (detarame) [데타라메].   ⑬=胡乱 (húlùn) [후룬].
- 엊그제 (부사) : ⑬=a few days ago (ə fjuː deɪz ə'goʊ)[어 퓨 데이즈 어고우].
  ⑬=おととい (ototoi) [오토토이].   ⑬=前几天 (qián jǐ tiān)[치엔 지 티엔].
- 엎드리다 (동사) : ⑬=lie face down (laɪ feɪs daʊn) [라이 페이스 다운].
  ⑬=伏せる (ふせる, fuseru) [후세루].   ⑬=趴下 (pāxià) [파샤].
- 에 (감탄사) : ⑬=huh?, eh? (hʌ, eɪ) [허, 에이].
  ⑬=えっ (e') [엣].   ⑬=啊 (a) [아].
- 에너지 (명사) : ⑬=energy ('ɛnərdʒi) [에너지].
  ⑬=エネルギー (enerugī) [에네루기].   ⑬=能量 (néngliàng) [넝량].
- 에어컨 (명사) : ⑬=air conditioner ('ɛər kəndɪʃənər) [에어 컨디셔너].
  ⑬=エアコン (eakon) [에아콘].   ⑬=空调 (kōngtiáo) [콩탸오].
- 엔 (의존명사) : ⑬=en (ɛn) [엔].
  ⑬=円 (えん, en) [엔].   ⑬=日元 (rìyuán) [르위안].
- 엔진 (명사) : ⑬=engine ('ɛndʒɪn) [엔진].
  ⑬=エンジン (enjin)[엔진].   ⑬=引擎 (yǐnqíng) [인칭].
- 엘리베이터 (명사) : ⑬=elevator ('ɛlɪveɪtər) [엘리베이터].
  ⑬=エレベーター (erebētā) [에레베타].   ⑬=电梯 (diàntī) [뎬티].
- 여 女 여자 여. (명사) : ⑬=female, woman ('fiːmeɪl, 'wʊmən) [피메일, 우먼].
  ⑬=女 (おんな, onna) [온나].   ⑬=女 (nǚ) [뉘].
- 여가 餘暇 남을 여, 겨를 가. (명사) : ⑬=leisure ('liːʒər) [리저].
  ⑬=余暇 (よか, yoka) [요카].   ⑬=余暇 (yúxiá) [위샤].
- 여간 如干 같을 여, 방패 간. (부사) : ⑬=ordinarily ('ɔːrdənerəli) [오더네럴리].
  ⑬=よほど (yohodo) [요호도].   ⑬=一般 (yībān) [이빤].
- 여건 與件 줄 여, 물건 건. (명사) : ⑬=condition, circumstances
               (kən'dɪʃən, 'sɜːrkəmˌstænsɪz) [컨디션, 써컴스탠시즈].
  ⑬=条件 (じょうけん, jōken) [죠켄].   ⑬=条件 (tiáojiàn) [티아오젠].
- 여겨지다 (동사) : ⑬=be regarded (bi rɪ'gɑːrdɪd) [비 리가디드].
  ⑬=思われる (おもわれる, omowareru) [오모와레루].
  ⑬=被认为 (bèi rènwéi) [베이 런웨이].

- 여고생 女高生 여자 여, 높을 고, 날 생. (명사) :
  - 영=high school girl (haɪ skuːl gɜːrl) [하이 스쿨 걸].
  - 일=女子高生 (じょしこうせい, joshikōsei) [조시코세이].
  - 중=女高中生 (nǚ gāozhōngshēng) [뉘 가오종셩].
- 여관 旅館 나그네 려, 집 관. (명사) : 영=inn, motel (ɪn, moʊˈtɛl)[인, 모텔].
  - 일=旅館 (りょかん, ryokan) [료칸]. 중=旅馆 (lǚguǎn) [뤼관].
- 여군 女軍 여자 여, 군사 군. (명사) :
  - 영=female soldier (ˈfiːmeɪl ˈsoʊldʒər) [피메일 솔저].
  - 일=女軍 (じょぐん, jogun) [조군]. 중=女军 (nǚjūn) [뉘쥔].
- 여권 旅券 나그네 려, 문서 권. (명사) : 영=passport (ˈpæspɔːrt)[패스포트].
  - 일=旅券 (りょけん, ryoken) [료켄]. 중=护照 (hùzhào) [후자오].
- 여기 (대명사) : 영=here (hɪər) [히어].
  - 일=ここ (koko) [코코]. 중=这里 (zhèlǐ) [저리].
- 여기다 (동사) : 영=consider, regard (kənˈsɪdər, rɪˈgɑːrd)[컨시더, 리가드].
  - 일=思う (おもう, omou) [오모우]. 중=认为 (rènwéi) [런웨이].
- 여기저기 (명사) :
  - 영=here and there (hɪər ænd ðɛər) [히어 앤드 데어].
  - 일=あちこち (achikochi) [아치코치]. 중=到处 (dàochù) [다오추].
- 여대생 女大生 여자 여, 클 대, 날 생. (명사) :
  - 영=female university student (ˈfiːmeɪl ˌjuːnɪˈvɜːrsəti ˈstuːdənt) [피메일 유니버서티 스튜던트].
  - 일=女子大生 (じょしだいせい, joshidaisei) [조시다이세이].
  - 중=女大学生 (nǚ dàxuéshēng) [뉘 따쉐셩].
- 여덟 (수사) : 영=eight (eɪt)[에이트].
  - 일=八 (はち, hachi)[하치]. 중=八 (bā)[바].
- 여동생 女同生 여자 여, 같을 동, 날 생. (명사) :
  - 영=younger sister (ˈjʌŋgər ˈsɪstər) [영거 시스터].
  - 일=妹 (いもうと, imōto) [이모토]. 중=妹妹 (mèimei) [메이메이].
- 여든 (수사) : 영=eighty (ˈeɪti) [에이티].
  - 일=八十 (はちじゅう, hachijū) [하치주]. 중=八十 (bāshí) [바스].
- 여러 (관형사) :
  - 영=several, many (ˈsɛvrəl, ˈmɛni) [세브럴, 메니].
  - 일=いろいろな (iroirona) [이로이로나]. 중=好几 (hǎojǐ) [하오지].

•여러분 (대명사) : [영]=everyone, everybody
('ɛvrɪwʌn, 'ɛvribɑːdi) [에브리원, 에브리바디].
[일]=皆さん (みなさん, minasan) [미나상]. [중]=各位 (gèwèi) [꺼웨이].
•여럿 (명사) :
[영]=many, several people ('mɛni, 'sɛvrəl 'piːpl) [메니, 세브럴 피플].
[일]=多く (おおく, ōku) [오오쿠]. [중]=几个人 (jǐ gèrén) [지 꺼런].
•여론 輿論 수레 여, 논의할 론. (명사) :
[영]=public opinion ('pʌblɪk ə'pɪnjən) [퍼블릭 어피니언].
[일]=世論 (よろん, yoron) [요론]. [중]=舆论 (yúlùn) [위룬].
•여름 (명사) : [영]=summer ('sʌmər) [서머].
[일]=夏 (なつ, natsu) [나츠]. [중]=夏天 (xiàtiān) [샤티앤].
•여름철 (명사) : [영]=summertime ('sʌmər,taɪm) [서머타임].
[일]=夏季 (かき, kaki) [카키]. [중]=夏季 (xiàjì) [샤지].
•여보 (감탄사) : [영]=honey, dear ('hʌni, dɪər) [허니, 디어].
[일]=あなた (anata) [아나타]. [중]=亲爱的 (qīn'àide) [친아이더].
•여보세요 (감탄사) : [영]=hello (hə'loʊ) [헬로우].
[일]=もしもし (moshi moshi) [모시모시]. [중]=喂 (wéi) [웨이].
•여섯 (수사) : [영]=six (sɪks) [식스].
[일]=六 (ろく, roku) [로쿠]. [중]=六 (liù) [리우].
•여성 女性 여자 여, 성품 성. (명사) :
[영]=female, woman ('fiːmeɪl, 'wʊmən) [피메일, 우먼].
[일]=女性 (じょせい, josei) [조세이]. [중]=女性 (nǚxìng) [뉘싱].
•여왕 女王 여자 여, 임금 왕. (명사) : [영]=queen (kwiːn) [퀸].
[일]=女王 (じょおう, joō) [조오]. [중]=女王 (nǚwáng) [뉘왕].
•여우 (명사) 동물 : [영]=fox (fɑːks) [팍스].
[일]=狐 (きつね, kitsune) [키츠네]. [중]=狐狸 (húlí) [후리].
•여유 餘裕 남을 여, 넉넉할 유. (명사) [영]=leisure, room ('liːʒər, ruːm) [리저, 룸].
[일]=余裕 (よゆう, yoyū) [요유]. [중]=余裕 (yúyù) [위위].
•여인 女人 여자 여, 사람 인. (명사) :
[영]=woman, lady ('wʊmən, 'leɪdi) [우먼, 레이디].
[일]=女人 (にょにん, nyonin) [뇨닌]. [중]=女人 (nǚrén) [뉘런].
•여자 女子 여자 여, 아들 자. (명사) : [영]=woman, girl ('wʊmən, gɜːrl) [우먼, 걸].
[일]=女子 (じょし, joshi) [조시]. [중]=女子 (nǚzǐ) [뉘즈].

- 여전하다 如前- 같을 여, 앞 전. (형용사) :
  - 영=unchanged, same as before (ʌnˈtʃeɪndʒd, seɪm æz bɪˈfɔːr) [언체인지드, 세임 애즈 비포].
  - 일=相変わらず (あいかわらず, aikawarazu) [아이카와라즈].
  - 중=依旧 (yījiù) [이죠우].
- 여전히 如前- 같을 여, 앞 전. (부사) :
  - 영=still, as ever (stɪl, æz ˈɛvər) [스틸, 애즈 에버].
  - 일=依然として (いぜんとして, izentoshite) [이젠토시테].
  - 중=依然 (yīrán) [이란].
- 여직원 女職員 여자 여, 직분 직, 인원 원. (명사) :
  - 영=female employee (ˈfiːmeɪl ɛmˈplɔɪiː) [피메일 엠플로이].
  - 일=女子職員 (じょししょくいん, joshishokuin) [조시쇼쿠인].
  - 중=女职员 (nǚzhíyuán) [뉘즈위안].
- 여쭈다 (동사) : 영=ask humbly (æsk ˈhʌmbli) [애스크 험블리].
  - 일=伺う (うかがう, ukagau) [우카가우].   중=请问 (qǐngwèn) [칭원].
- 여학생 女學生 여자 여, 배울 학, 날 생. (명사) :
  - 영=female student (ˈfiːmeɪl ˈstuːdənt) [피메일 스튜던트].
  - 일=女生徒 (じょせいと, joseito) [조세이토].
  - 중=女学生 (nǚxuéshēng) [뉘쉐셩].
- 여행 旅行 나그네 여, 다닐 행. (명사) :
  - 영=travel, trip (ˈtrævl, trɪp) [트래블, 트립].
  - 일=旅行 (りょこう, ryokō) [료코우].   중=旅行 (lǚxíng) [뤼싱].
- 여행사 旅行社 나그네 여, 다닐 행, 모일 사. (명사) :
  - 영=travel agency (ˈtrævl ˈeɪdʒənsi) [트래블 에이전시].
  - 일=旅行会社 (りょこうがいしゃ, ryokōgaisha) [료코우가이샤].
  - 중=旅行社 (lǚxíngshè) [뤼싱셔].
- 여행하다 旅行- 나그네 여, 다닐 행 (동사) : 영=to travel (tə ˈtrævl) [투 트래블].
  - 일=旅行する (りょこうする, ryokō suru) [료코우 스루].
  - 중=旅行 (lǚxíng) [뤼싱].
- 역 役 부릴 역. (명사) : 영=role, duty (roʊl, ˈduːti) [롤, 듀티].
  - 일=役 (やく, yaku) [야쿠].   중=角色 (juésè) [쥐에써].
- 역 驛 역 역. (명사) : 영=station (ˈsteɪʃən) [스테이션].
  - 일=駅 (えき, eki) [에키].   중=车站 (chēzhàn) [처잔].

•역사 歷史 지낼 역, 역사 사. (명사) : [영]=history ('hɪstəri) [히스토리].
[일]=歴史 (れきし, rekishi) [레키시]. [중]=历史 (lìshǐ) [리시].
•역사가 歷史家 지낼 역, 역사 사, (명사)
[영]=historian (hɪ'stɔːriən) [히스토리언].
[일]=歴史家 (れきしか, rekishika) [레키시카].
[중]=历史学家 (lìshǐxuéjiā) [리시쉐지아].
•역사상 歷史上 지낼 역, 역사 사, 위 상. (명사) : [영]=in history, historically (ɪn 'hɪstəri, hɪ'stɔːrɪkli)[인 히스토리, 히스토리클리].
[일]=歴史上 (れきしじょう, rekishijō) [레키시죠].
[중]=历史上 (lìshǐshàng) [리시샹].
•역사적 歷史的 지낼 역, 역사 사, 과녁 적. (명사) :
[영]=historical (hɪ'stɔːrɪkl) [히스토리컬].
[일]=歴史的 (れきしてき, rekishiteki)[레키시테키].
[중]=历史的 (lìshǐde) [리시더].
•역사학 歷史學 지낼 역, 역사 사, 배울 학. (명사) :
[영]=history (as academic discipline) ('hɪstəri) [히스토리].
[일]=歴史学 (れきしがく, rekishigaku) [레키시가쿠].
[중]=历史学 (lìshǐxué) [리시쉐].
•역시 亦是 또한 역, 옳을 시. (부사) :
[영]=also, indeed ('ɔːlsoʊ, ɪn'diːd) [올소우, 인디드].
[일]=やはり (yahari) [야하리]. [중]=也 (yě) [예].
•역할 役割 부릴 역, 나눌 할. (명사) : [영]=role (roʊl) [롤].
[일]=役割 (やくわり, yakuwari) [야쿠와리]. [중]=角色 (juésè) [쥐에써].
•연간 年間 해 년, 사이 간. (명사) :
[영]=annual, yearly ('ænjuəl, 'jɪrli) [애뉴얼, 이얼리].
[일]=年間 (ねんかん, nenkan) [넨칸]. [중]=年间 (niánjiān) [니엔지앤].
•연결 連結 이을 연, 맺을 결. (명사) :
[영]=connection, link (kə'nɛkʃən, lɪŋk) [커넥션, 링크].
[일]=連結 (れんけつ, renketsu) [렌케츠]. [중]=连接 (liánjiē) [리엔지에].
•연결되다 連結- 이을 연, 맺을 결. (동사) :
[영]=to be connected (tə bi kə'nɛktɪd) [투 비 커넥티드].
[일]=つながる (tsunagaru) [츠나가루].
[중]=被连接 (bèi liánjiē) [베이 리엔지에].

•연결하다 連結- 이을 연, 맺을 결. (동사) :
  영=to connect, link (tə kə'nɛkt, lɪŋk) [투 커넥트, 링크].
  일=つなげる (tsunageru) [츠나게루].
  중=连接 (liánjiē) [리엔지에].
•연관 聯關 연이을 연, 관계할 관. (명사) :
  영=relation, connection (rɪ'leɪʃən, kə'nɛkʃən) [릴레이션, 커넥션].
  일=連関 (れんかん, renkan) [렌칸].   중=关联 (guānlián) [관리엔].
•연구 硏究 갈 연, 연구할 구. (명사) :
  영=research, study (rɪ's3ːrtʃ, 'stʌdi) [리서치, 스터디].
  일=研究 (けんきゅう, kenkyū) [켄큐].   중=研究 (yánjiū) [옌지우].
•연구소 硏究所 갈 연, 연구할 구, 바 소. (명사) :
  영=research institute (rɪ's3ːrtʃ 'ɪnstɪtjuːt) [리서치 인스티튜트].
  일=研究所 (けんきゅうじょ, kenkyūjo) [켄큐죠].
  중=研究所 (yánjiūsuǒ) [옌지우쑤오].
•연구실 硏究室 갈 연, 연구할 구, 방 실. (명사) :
  영=laboratory, lab ('læbrətɔːri, læb) [래브러토리, 랩].
  일=研究室 (けんきゅうしつ, kenkyūshitsu) [켄큐시츠].
  중=研究室 (yánjiūshì) [옌지우스].
•연구원 硏究員 갈 연, 연구할 구, 인원 원. (명사) :
  영=researcher (rɪ's3ːrtʃər) [리서처].
  일=研究員 (けんきゅういん, kenkyūin) [켄큐인].
  중=研究员 (yánjiūyuán) [옌지우위엔].
•연구자 硏究者 갈 연, 연구할 구, 사람 자. (명사) :
  영=researcher, scholar (rɪ's3ːrtʃər, 'skɒlər) [리서처, 스칼러].
  일=研究者 (けんきゅうしゃ, kenkyūsha) [켄큐샤].
  중=研究者 (yánjiūzhě) [옌지우저].
•연구하다 硏究- 갈 연, 연구할 구. (동사) :
  영=to research, to study (tə rɪ's3ːrtʃ, tə 'stʌdi) [투 리서치, 투 스터디].
  일=研究する (けんきゅうする, kenkyū suru) [켄큐 스루].
  중=研究 (yánjiū) [옌지우].
•연극 演劇 펼 연, 연극 극. (명사) :
  영=drama, play ('drɑːmə, pleɪ) [드라마, 플레이].
  일=演劇 (えんげき, engeki) [엔게키].   중=戏剧 (xìjù) [시쥐].

•연기 延期 늘일 연, 기약할 기. (명사) : [영]=postponement, delay (poʊstˈpoʊnmənt, dɪˈleɪ) [포스트폰먼트, 딜레이].
[일]=延期 (えんき, enki) [엔키]. [중]=延期 (yánqī) [옌치].
•연기 煙氣 연기 연, 기운 기. (명사) : [영]=smoke (smoʊk) [스모크].
[일]=煙気 (えんき, enki) [엔키]. [중]=烟气 (yānqì) [옌치].
•연기 演技 펼 연, 재주 기. (명사) : [영]=acting (ˈæktɪ ŋ) [액팅].
[일]=演技 (えんぎ, engi) [엔기]. [중]=演技 (yǎnji) [옌지].
•연기되다 延期- 늘일 연, 기약할 기. (동사) :
[영]=to be postponed, delayed (tə bi poʊstˈpoʊnd, dɪˈleɪd) [투 비 포스트폰드, 딜레이드].
[일]=延期される (えんきされる, enki sareru) [엔키 사례루].
[중]=被延期 (bèi yánqī) [베이 옌치].
•연기자 演技者 펼 연, 재주 기, 사람 자. (명사) :
[영]=actor, performer (ˈæktər, pərˈfɔːrmər) [액터, 퍼포머].
[일]=演技者 (えんぎしゃ, engisha)[엔기샤]. [중]=演员 (yǎnyuán)[옌위안].
•연기하다 延期- 늘일 연, 기약할 기. (동사) : [영]=to postpone, delay (tə poʊstˈpoʊn, dɪˈleɪ) [투 포스트폰, 딜레이].
[일]=延期する (えんきする, enki suru)[엔키 스루]. [중]=延期 (yánqī)[옌치].
•연두색 軟豆色 연할 연, 콩 두, 빛 색. (명사) :
[영]=light green (laɪt ɡriːn) [라이트 그린].
[일]=薄緑色 (うすみどりいろ, usumidoriiro) [우스미도리이로].
[중]=嫩绿色 (nènlǜsè) [넌뤼써].
•연락 連絡 잇닿을 연, 이을 락. (명사) : [영]=contact, communication (ˈkɒntækt, kəˌmjuːnɪˈkeɪʃən) [컨택트, 커뮤니케이션].
[일]=連絡 (れんらく, renraku) [렌라쿠]. [중]=联络 (liánluò) [리엔루오].
•연락처 連絡處 잇닿을 연, 이을 락, 곳 처. (명사) :
[영]=contact information (ˈkɒntækt ˌɪnfərˈmeɪʃən) [컨택트 인포메이션].
[일]=連絡先 (れんらくさき, renrakusaki) [렌라쿠사키].
[중]=联系方式 (liánxì fāngshì) [리엔시 팡스].
•연락하다 連絡- 잇닿을 연, 이을 락. (동사) :[영]=to contact, communicate (tə ˈkɒntækt, kəˈmjuːnɪkeɪt) [투 컨택트, 커뮤니케이트].
[일]=連絡する (れんらくする, renraku suru) [렌라쿠 스루].
[중]=联络 (liánluò) [리엔루오].

• 연령 年齡 해 년, 나이 령. (명사) : 영=age (eɪdʒ) [에이지].
　일=年齢 (ねんれい, nenrei) [넨레이].　중=年龄 (niánlíng) [니엔링].
• 연말 年末 해 년, 끝 말. (명사) :
　영=end of the year (ɛnd əv ðə jɪər) [엔드 오브 더 이어].
　일=年末 (ねんまつ, nenmatsu) [넨마츠].　중=年末 (niánmò) [니엔모].
• 연상하다 聯想- 잇닿을 연, 생각 상. (동사) :
　영=to associate (ideas) (tə əˈsoʊʃieɪt) [투 어소시에이트].
　일=連想する (れんそうする, rensō suru) [렌소우 스루].
　중=联想 (liánxiǎng) [리엔샹].
• 연설 演說 펼 연, 말씀 설. (명사) : 영=speech (spiːtʃ) [스피치].
　일=演説 (えんぜつ, enzetsu) [엔제츠].　중=演说 (yǎnshuō) [옌슈어].
• 연세 年歲 해 년, 나이 세. (명사) : 영=age (honorific) (eɪdʒ)[에이지].
　일=お年 (おとし, otoshi) [오토시].　중=年龄 (敬语) (niánlíng) [니엔링].
• 연속 連續 잇닿을 연, 이을 속. (명사) : 영=continuation, succession
　(kənˌtɪnjuˈeɪʃən, səkˈsɛʃən)[컨티뉴에이션, 석세션].
　일=連続 (れんぞく, renzoku) [렌조쿠].　중=连续 (liánxù) [리엔쉬].
• 연습 練習 익힐 연, 익힐 습. (명사) : 영=practice (ˈpræktɪs)[프랙티스].
　일=練習 (れんしゅう, renshū) [렌슈].　중=练习 (liànxí) [리앤시].
• 연습하다 練習- 익힐 연, 익힐 습. (동사) :
　영=to practice (tə ˈpræktɪs) [투 프랙티스].
　일=練習する (れんしゅうする, renshū suru) [렌슈 스루].
　중=练习 (liànxí) [리앤시].
• 연애 戀愛 사모할 연, 사랑 애. (명사) : 영=romance, dating
　　　　　　　　　(ˈroʊmæns, ˈdeɪtɪŋ) [로맨스, 데이팅].
　일=恋愛 (れんあい, renˈai) [렌아이].　중=恋爱 (liànˈài) [리앤아이].
• 연예인 演藝人 펼 연, 재주 예, 사람 인. (명사) :
　영=celebrity, entertainer (səˈlɛbrɪti, ˌɛntərˈteɪnər)
　　　　　　　　　[셀레브리티, 엔터테이너].
　일=芸能人 (げいのうじん, geinōjin)[게이노진].　중=艺人 (yìrén)[이런].
• 연인 戀人 사모할 연, 사람 인. (명사) : 영=lover (ˈlʌvər) [러버].
　일=恋人 (こいびと, koibito) [코이비토].　중=恋人 (liànrén) [리앤런].
• 연장 延長 늘일 연, 길 장. (명사) : 영=extension (ɪkˈstɛnʃən)[익스텐션].
　일=延長 (えんちょう, enchō) [엔초].　중=延长 (yáncháng) [옌창].

•연주 演奏 펼 연, 아뢸 주. (명사) : [영]=performance, playing music (pər'fɔːrməns, 'pleɪɪŋ 'mjuːzɪk) [퍼포먼스, 플레이잉 뮤직].
[일]=演奏 (えんそう, ensō) [엔소]. [중]=演奏 (yǎnzòu) [옌쪼우].

•연출 演出 펼 연, 날 출. (명사) : [영]=direction, production (də'rɛkʃən, prə'dʌkʃən) [디렉션, 프로덕션].
[일]=演出 (えんしゅつ, enshutsu) [엔슈츠]. [중]=演出 (yǎnchū) [옌추].

•연출하다 演出- 펼 연, 날 출. (동사) : [영]=to direct, produce (tə də'rɛkt, prə'duːs) [투 디렉트, 프로듀스].
[일]=演出する (えんしゅつする, enshutsu suru) [엔슈츠 스루].
[중]=导演 (dǎoyǎn) [다오옌].

•연필 鉛筆 납 연, 붓 필. (명사) : [영]=pencil ('pɛnsl) [펜슬].
[일]=鉛筆 (えんぴつ, enpitsu) [엔피츠]. [중]=铅笔 (qiānbǐ) [치엔비].

•연하다 軟- 연할 연. (형용사) : [영]=soft, tender, mild (sɔːft, 'tɛndər, maɪld) [소프트, 텐더, 마일드].
[일]=軟らかい (やわらかい, yawarakai) [야와라카이]. [중]=软 (ruǎn) [루안].

•연합 聯合 잇닿을 연, 합할 합. (명사) :
[영]=union, alliance ('juːnjən, ə'laɪəns) [유니언, 얼라이언스].
[일]=連合 (れんごう, rengō) [렌고우]. [중]=联合 (liánhé) [리엔허].

•연휴 連休 잇닿을 연, 쉴 휴. (명사) :
[영]=long weekend,consecutive holidays (lɒŋ 'wiːkɛnd, kən'sɛkjʊtɪv 'hɒlədeɪz) [롱 위켄드, 컨세큐티브 홀리데이즈].
[일]=連休 (れんきゅう, renkyū) [렌큐]. [중]=连休 (liánxiū) [리엔시우].

•열 (수사) : [영]=ten (tɛn) [텐].
[일]=十 (じゅう, jū) [쥬]. [중]=十 (shí) [스].

•열 熱 더울 열. (명사) :
[영]=heat, fever (hiːt, 'fiːvər) [히트, 피버].
[일]=熱 (ねつ, netsu) [네츠]. [중]=热 (rè) [러].

•열기 熱氣 더울 열, 기운 기. (명사) :
[영]=heat, fever, enthusiasm (hiːt, 'fiːvər, ɪn'θjuːziæzəm) [히트, 피버, 인쑤지애즘].
[일]=熱気 (ねっき, nekki) [넥키]. [중]=热气 (rèqì) [러치].

•열다 (동사) 문을 ~ : [영]=to open (tə 'oʊpən) [투 오픈].
[일]=開ける (あける, akeru) [아케루]. [중]=打开 (dǎkāi) [다카이].

- 열리다 (동사) 문이 ~ : ㉲=to be opened (tə bi 'oʊpənd)[투 비 오픈드].
  ㉣=開く (あく, aku) [아쿠]. ㉠=被打开 (bèi dǎkāi) [베이 다카이].
- 열리다 (동사) 열매가 ~ : ㉲=to bear fruit (tə bɛər fruːt)[투 베어 프루트].
  ㉣=実る (みのる, minoru)[미노루]. ㉠=结果实 (jiē guǒshí)[지에 궈스].
- 열매 (명사) : ㉲=fruit, berry (fruːt, 'bɛri) [프루트, 베리].
  ㉣=実 (み, mi) [미]. ㉠=果实 (guǒshí) [궈스].
- 열쇠 (명사) : ㉲=key (kiː)[키].
  ㉣=鍵 (かぎ, kagi)[카기]. ㉠=钥匙 (yàoshi)[야오스].
- 열심히 熱心- 더울 열, 마음 심. (부사) :
  ㉲=hard, diligently (hɑːrd, 'dɪlɪdʒəntli) [하드, 딜리전틀리].
  ㉣=熱心に (ねっしんに, nesshin ni)[넷신니].
  ㉠=热心地 (rèxīn de)[러신 더].
- 열정 熱情 더울 열, 뜻 정. (명사) : ㉲=passion, enthusiasm
  ('pæʃən, ɪn'θjuːziæzəm) [패션, 인쑤지애즘].
  ㉣=熱情 (ねつじょう, netsujō) [네츠죠]. ㉠=热情 (rèqíng) [러칭].
- 열중하다 熱中- 더울 열, 가운데 중. (동사) :
  ㉲=to immerse, engross (ɪ'mɜːrs, ɪn'groʊs) [이멀스, 인그로스].
  ㉣=熱中する (ねっちゅうする, netchū suru) [넷추스루].
  ㉠=热衷 (rèzhōng) [러중].
- 열차 列車 벌일 열, 수레 차. (명사) : ㉲=train (treɪn) [트레인].
  ㉣=列車 (れっしゃ, ressha) [렛샤]. ㉠=列车 (lièchē) [리에쳐].
- 열흘 (명사) : ㉲=ten days (tɛn deɪz) [텐 데이즈].
  ㉣=十日 (とおか, tōka) [토오카]. ㉠=十天 (shí tiān) [스 티앤].
- 엷다 (형용사) : ㉲=thin, pale (θɪn, peɪl) [씬, 페일].
  ㉣=薄い (うすい, usui) [우스이]. ㉠=薄 (báo) [바오].
- 염려 念慮 생각 염, 생각 려. (명사) :
  ㉲=worry, concern ('wɜːri, kən'sɜːrn) [워리, 컨선].
  ㉣=心配 (しんぱい, shinpai) [신파이]. ㉠=担心 (dānxīn) [딴신].
- 염려하다 念慮- 생각 염, 생각 려. (동사) :
  ㉲=to worry, be concerned
       (tə 'wɜːri, bi kən'sɜːrnd)[투 워리, 비 컨선드].
  ㉣=心配する (しんぱいする, shinpai suru) [신파이 스루].
  ㉠=担心 (dānxīn) [딴신].

•엽서 葉書 잎 엽, 글 서. (명사) : [영]=postcard ('poʊstkɑːrd)[포스트카드].
[일]=葉書 (はがき, hagaki)[하가키]. [중]=明信片 (míngxìnpiàn)[밍신피엔].
•엿보다 (동사) : [영]=to peek, spy (tə piːk, spaɪ) [투 피크, 스파이].
[일]=覗く (のぞく, nozoku) [노조쿠]. [중]=偷看 (tōukàn) [토우칸].
•영 (부사) ~ 딴판이다 : [영]=totally, utterly
('toʊtəli, 'ʌtərli)[토털리, 어털리].
[일]=全く (まったく, mattaku) [맛타쿠]. [중]=完全 (wánquán) [완췐].
•영국 英國 꽃부리 영, 나라 국. (고유명사) :
[영]=England, United Kingdom ('ɪŋglənd, ju'naɪtɪd 'kɪŋdəm)
[잉글랜드, 유나이티드 킹덤].
[일]=英国 (えいこく, eikoku) [에이코쿠]. [중]=英国 (Yīngguó) [잉궈].
•영남 嶺南 고개 영, 남녘 남. (명사) : [영]=Yeongnam region[영남 리전].
[일]=嶺南 (れいなん, reinan) [레이난]. [중]=岭南 (Lǐngnán) [링난].
•영상 零上 떨어질 령(영), 윗 상. (명사) :
[영]=above zero, positive temperature (ə'bʌv 'zɪroʊ) [어버브 지로].
[일]=零上 (れいじょう, reijō) [레이조]. [중]=零上 (líng shàng) [링샹].
•영상 映像 비칠 영, 모양 상. (명사) :
[영]=image, video ('ɪmɪdʒ, 'vɪdioʊ) [이미지, 비디오].
[일]=映像 (えいぞう, eizō) [에이조]. [중]=影像 (yǐngxiàng) [잉샹].
•영양 營養 경영할 영, 기를 양. (명사) : [영]=nutrition (nu'trɪʃən)[뉴트리션].
[일]=栄養 (えいよう, eiyō) [에이요]. [중]=营养 (yíngyǎng) [잉양].
•영어 英語 꽃부리 영, 말씀 어. (명사) : [영]=English ('ɪŋglɪʃ)[잉글리쉬].
[일]=英語 (えいご, eigo) [에이고]. [중]=英语 (Yīngyǔ) [잉위].
•영업 營業 경영할 영, 업 업. (명사) :
[영]=business, sales ('bɪznɪs, seɪlz) [비즈니스, 세일즈].
[일]=営業 (えいぎょう, eigyō) [에이교]. [중]=营业 (yíngyè) [잉예].
•영역 領域 거느릴 영, 지경 역. (명사) : [영]=area, domain, field
('ɛriə, doʊ'meɪn, fiːld) [에어리어, 도메인, 필드].
[일]=領域 (りょういき, ryōiki) [료이키]. [중]=领域 (lǐngyù) [링위].
•영웅 英雄 꽃부리 영, 수컷 웅. (명사) :
[영]=hero ('hɪroʊ) [히어로].
[일]=英雄 (えいゆう, eiyū) [에이유].
[중]=英雄 (yīngxióng) [잉숑].

- 영원하다 永遠- 길 영, 멀 원. (형용사) :
  - 영=eternal, forever (ɪˈtɜːrnl, fərˈevər) [이터널, 포에버].
  - 일=永遠だ (えいえんだ, eien da)[에이엔다].
  - 중=永远 (yǒngyuǎn)[용위앤].
- 영원히 永遠- 길 영, 멀 원. (부사) :
  - 영=forever, eternally (fərˈevər, ɪˈtɜːrnəli) [포에버, 이터널리].
  - 일=永遠に (えいえんに, eien ni)[에이엔니].
  - 중=永远地 (yǒngyuǎn de) [용위앤 더].
- 영하 零下 떨어질 령(영), 아래 하. (명사) :
  - 영=below zero (bɪˈloʊ ˈzɪroʊ) [빌로우 지로].
  - 일=零下 (れいか, reika) [레이카]. 중=零下 (língxià) [링샤].
- 영향 影響 그림자 영, 울릴 향. (명사) : 영=influence (ˈɪnfluəns)[인플루언스].
  - 일=影響 (えいきょう, eikyō) [에이쿄]. 중=影响 (yǐngxiǎng) [잉샹].
- 영향력 影響力 그림자 영, 울릴 향, 힘 력. (명사) :
  - 영=influence, impact (ˈɪnfluəns, ˈɪmpækt) [인플루언스, 임팩트].
  - 일=影響力 (えいきょうりょく, eikyōryoku) [에이쿄료쿠].
  - 중=影响力 (yǐngxiǎnglì) [잉샹리].
- 영혼 靈魂 신령 령(영), 넋 혼. (명사) :
  - 영=soul, spirit (soʊl, ˈspɪrɪt) [소울, 스피릿].
  - 일=霊魂 (れいこん, reikon) [레이콘]. 중=灵魂 (línghún) [링훈].
- 영화 映畵 비칠 영, 그림 화. (명사) :
  - 영=movie, film (ˈmuːvi, fɪlm) [무비, 필름].
  - 일=映画 (えいが, eiga) [에이가]. 중=电影 (diànyǐng) [띠앤잉].
- 영화관 映畵館 비칠 영, 그림 화, 집 관. (명사) :
  - 영=movie theater, cinema (ˈmuːvi ˈθiːətər, ˈsɪnəmə)
    [무비 씨어터, 시네마].
  - 일=映画館 (えいがかん, eigakan)[에이가칸].
  - 중=电影院 (diànyǐngyuàn) [띠앤잉위앤].
- 영화배우 映畵俳優 비칠 영, 그림 화, 배우 배, 넉넉할 우. (명사) :
  - 영=movie actor, film star
    (ˈmuːvi ˈæktər, fɪlm stɑːr)[무비 액터, 필름 스타].
  - 일=映画俳優 (えいがはいゆう, eiga haiyū) [에이가 하이유].
  - 중=电影演员 (diànyǐng yǎnyuán) [띠앤잉 옌위앤].

- 영화제 映畵祭 비칠 영, 그림 화, 제사 제. (명사) :
  영=film festival (fɪlm 'festɪvl) [필름 페스티벌].
  일=映画祭 (えいがさい, eigasai)[에이가사이].
  중=电影节 (diànyǐngjié) [띠앤잉지에].
- 옆 (명사) : 영=side, beside (saɪd, bɪ'saɪd) [사이드, 비사이드].
  일=横 (よこ, yoko) [요코]. 중=旁边 (pángbiān) [팡비엔].
- 옆구리 (명사) : 영=side, flank (saɪd, flæŋk) [사이드, 플랭크].
  일=脇腹 (わきばら, wakibara) [와키바라]. 중=侧腰 (cèyāo) [츠야오].
- 옆방 -房 곁 방. (명사) : 영=next room (nɛkst ruːm) [넥스트 룸].
  일=隣の部屋 (となりのへや, tonari no heya) [토나리 노 헤야].
  중=隔壁房间 (gébì fángjiān) [거비 팡지앤].
- 옆집 (명사) : 영=next door, neighbor
          (nɛkst dɔːr, 'neɪbər) [넥스트 도어, 네이버].
  일=隣の家 (となりのいえ, tonari no ie) [토나리 노 이에].
  중=邻居 (línjū) [린쥐].
- 예 (감탄사) : 영=yes, yeah (jɛs, jɛə) [예스, 예아].
  일=はい (hai) [하이]. 중=是的 (shì de) [스 더].
- 예 (명사) ~나 지금이나 : 영=old times, former days
        (oʊld taɪmz, 'fɔːrmər deɪz)[올드 타임즈, 포머 데이즈].
  일=昔 (むかし, mukashi) [무카시]. 중=以前 (yǐqián) [이첸].
- 예 例 법식 예. (명사) :
  영=example (ɪɡ'zæmpl) [이그잼플].
  일=例 (れい, rei) [레이]. 중=例子 (lìzi) [리쯔].
- 예감 豫感 미리 예, 느낄 감. (명사) :
  영=premonition, feeling (ˌprɛmə'nɪʃn, 'fiːlɪŋ) [프레모니션, 필링].
  일=予感 (よかん, yokan) [요칸]. 중=预感 (yùgǎn) [위간].
- 예고하다 豫告- 미리 예, 알릴 고. (동사) : 영=to notify beforehand,
  warn (tə 'noʊtɪfaɪ bɪ'fɔːrhænd, wɔːrn)[투 노티파이 비포핸드, 원].
  일=予告する (よこくする, yokoku suru)[요코쿠스루].
  중=预告 (yùgào) [위가오].
- 예금 預金 맡길 예, 쇠 금. (명사) : 영=deposit, savings
          (dɪ'pɑːzɪt, 'seɪvɪŋz) [디파짓, 세이빙즈].
  일=預金 (よきん, yokin) [요킨]. 중=存款 (cúnkuǎn) [춘콴].

- 예매하다 豫買- 미리 예, 살 매. (동사) : ㉲=to book in advance, reserve (tə bʊk ɪn ədˈvæns, rɪˈzɜːrv)[투 북 인 어드밴스, 리저브].
  ㉠=前売りする (まえうりする, maeuri suru) [마에우리 스루].
  ㉢=预购 (yùgòu) [위거우].
- 예방 豫防 미리 예, 막을 방. (명사) : ㉲=prevention (prɪˈvenʃn)[프리벤션].
  ㉠=予防 (よぼう, yobō) [요보]. ㉢=预防 (yùfáng) [위팡].
- 예방하다 豫防- 미리 예, 막을 방. (동사) :
  ㉲=to prevent (tə prɪˈvent)[투 프리벤트].
  ㉠=予防する (よぼうする, yobō suru)[요보 스루]. ㉢=预防 (yùfáng)[위팡].
- 예보 豫報 미리 예, 알릴 보. (명사) : ㉲=forecast (fɔːrkæst) [포캐스트].
  ㉠=予報 (よほう, yohō) [요호]. ㉢=预报 (yùbào) [위바오].
- 예비 豫備 미리 예, 갖출 비. (명사) :
  ㉲=preparation, reserve (ˌprepəˈreɪʃn, rɪˈzɜːrv) [프레퍼레이션, 리저브].
  ㉠=予備 (よび, yobi) [요비]. ㉢=预备 (yùbèi) [위베이].
- 예쁘다 (형용사) : ㉲=pretty, beautiful (ˈprɪti, ˈbjuːtəfl)[프리티, 뷰티풀].
  ㉠=可愛い (かわいい, kawaii)[카와이이].
  ㉢=漂亮 (piàoliang)[피아오량].
- 예산 豫算 미리 예, 셈 산. (명사) : ㉲=budget (ˈbʌdʒɪt) [버짓].
  ㉠=予算 (よさん, yosan) [요산]. ㉢=预算 (yùsuàn) [위쑤안].
- 예상 豫想 미리 예, 생각할 상. (명사) :
  ㉲=expectation, anticipation
  (ˌekspekˈteɪʃn, ænˌtɪsɪˈpeɪʃn)[엑스펙테이션, 앤티시페이션].
  ㉠=予想 (よそう, yosō) [요소]. ㉢=预想 (yùxiǎng) [위샹].
- 예상되다 豫想- 미리 예, 생각할 상. (동사) :
  ㉲=to be expected, anticipated (tə bi ɪkˈspektɪd, ænˈtɪsɪpeɪtɪd)
  [투 비 익스펙티드, 앤티시페이티드].
  ㉠=予想される (よそうされる, yosō sareru) [요소사레루].
  ㉢=预想 (yùxiǎng) [위샹].
- 예상하다 豫想- 미리 예, 생각할 상. (동사) :
  ㉲=to expect, anticipate (tə ɪkˈspekt, ænˈtɪsɪpeɪt)
  [투 익스펙트, 앤티시페이트].
  ㉠=予想する (よそうする, yosō suru)[요소스루].
  ㉢=预想 (yùxiǎng)[위샹].

- 예선 豫選 미리 예, 가릴 선. (명사) : ㉭=preliminary, qualifying round (prɪˈlɪmɪneri, ˈkwɑːlɪfaɪɪŋ raʊnd) [프리리미너리, 퀄리파잉 라운드].
  �=予選 (よせん, yosen) [요셴]. ㉢=预选 (yùxuǎn) [위쒼].
- 예순 (수사) : ㉭=sixty (ˈsɪksti) [식스티].
  �=六十 (ろくじゅう, rokujū) [로쿠쥬]. ㉢=六十 (liùshí) [리우스].
- 예술 藝術 재주 예, 재주 술. (명사) : ㉭=art (ɑːrt) [아트].
  ㉡=芸術 (げいじゅつ, geijutsu) [게이주츠]. ㉢=艺术 (yìshù) [이수].
- 예술가 藝術家 재주 예, 재주 술, 집 가. (명사) : ㉭=artist (ˈɑːrtɪst) [아티스트].
  ㉡=芸術家 (げいじゅつか, geijutsuka) [게이주츠카].
  ㉢=艺术家 (yìshùjiā) [이수지아].
- 예술적 藝術的 재주 예, 재주 술, 과녁 적. (명사) :
  ㉭=artistic (ɑːrˈtɪstɪk) [아티스틱].
  ㉡=芸術的 (げいじゅつてき, geijutsuteki) [게이주츠테키].
  ㉢=艺术的 (yìshù de) [이수 더].
- 예습 豫習 미리 예, 익힐 습. (명사) : ㉭=preview, preparation (ˈpriːvjuː, ˌprepəˈreɪʃn) [프리뷰, 프레퍼레이션].
  ㉡=予習 (よしゅう, yoshū) [요슈]. ㉢=预习 (yùxí) [위시].
- 예습하다 豫習- 미리 예, 익힐 습. (동사) : ㉭=to preview, prepare lessons (tə ˈpriːvjuː, prɪˈper ˈlɛsnz) [투 프리뷰, 프리페어 레슨즈].
  ㉡=予習する (よしゅうする, yoshū suru)[요슈스루]. ㉢=预习 (yùxí)[위시].
- 예식장 禮式場 예도 례(예), 법 식, 마당 장. (명사) :
  ㉭=wedding hall (ˈwedɪŋ hɔːl) [웨딩홀].
  ㉡=結婚式場 (けっこんしきじょう, kekkonshikijō) [켓콘시키조].
  ㉢=礼堂 (lǐtáng) [리탕].
- 예약 豫約 미리 예, 맺을 약. (명사) :
  ㉭=reservation, booking (ˌrezərˈveɪʃn, ˈbʊkɪŋ) [레저베이션, 부킹].
  ㉡=予約 (よやく, yoyaku) [요야쿠]. ㉢=预约 (yùyuē) [위위에].
- 예약하다 豫約- 미리 예, 맺을 약. (동사) :
  ㉭=to reserve, book (tə rɪˈzɜːrv, bʊk) [투 리저브, 북].
  ㉡=予約する (よやくする, yoyaku suru)[요야쿠스루].
  ㉢=预约 (yùyuē) [위위에].
- 예외 例外 법식 예, 바깥 외. (명사) : ㉭=exception (ɪkˈsepʃn)[익셉션].
  ㉡=例外 (れいがい, reigai) [레이가이]. ㉢=例外 (lìwài) [리와이].

- 예의 禮儀 예도 례(예), 거동 의. (명사) :
  - 영=courtesy, manners ('kɜːrtəsi, 'mænərz) [커터시, 매너즈].
  - 일=礼儀 (れいぎ, reigi) [레이기].   중=礼仪 (lǐyí) [리이]].
- 예전 (명사) : 영=former times, past ('fɔːrmər taɪmz, pæst) [포머 타임즈, 패스트].
  - 일=以前 (いぜん, izen) [이젠].   중=以前 (yǐqián) [이치엔].
- 예절 禮節 예도 례(예), 마디 절. (명사) :
  - 영=etiquette, manners ('etɪkət, 'mænərz) [에티켓, 매너즈].
  - 일=礼節 (れいせつ, reisetsu) [레이세츠].   중=礼节 (lǐjié) [리제].
- 예정 豫定 미리 예, 정할 정. (명사) :
  - 영=schedule, plan ('skedʒuːl, plæn) [스케쥴, 플랜].
  - 일=予定 (よてい, yotei) [요테이].   중=预定 (yùdìng) [위띵].
- 예정되다 豫定- 미리 예, 정할 정. (동사) :
  - 영=to be scheduled (tə bi 'skedʒuːld) [투 비 스케쥴드].
  - 일=予定される (よていされる, yotei sareru) [요테이사레루].
  - 중=预定 (yùdìng) [위띵].
- 예측하다 豫測- 미리 예, 헤아릴 측. (동사) :
  - 영=to predict, forecast (tə prɪ'dɪkt, 'fɔːrkæst) [투 프리딕트, 포캐스트].
  - 일=予測する (よそくする, yosoku suru) [요소쿠스루].
  - 중=预测 (yùcè) [위츠에].
- 예컨대 例- 법식 예. (부사) :
  - 영=for example (fər ɪɡ'zæmpl) [퍼 이그잼플].
  - 일=例えば (たとえば, tatoeba) [타토에바].   중=例如 (lìrú) [리루].
- 옛 (관형사) : 영=old, past (oʊld, pæst) [올드, 패스트].
  - 일=昔の (むかしの, mukashi no) [무카시 노].
  - 중=过去的 (guòqù de) [꿔취 더].
- 옛날 (명사) : 영=old days, long ago (oʊld deɪz, lɔːŋ ə'ɡoʊ) [올드 데이즈, 롱 어고].
  - 일=昔 (むかし, mukashi) [무카시]].   중=过去 (guòqù) [꿔취].
- 옛날이야기 (명사) : 영=old story, folktale (oʊld 'stɔːri, 'foʊkteɪl) [올드 스토리, 포크테일].
  - 일=昔話 (むかしばなし, mukashibanashi) [무카시바나시].
  - 중=故事 (gùshì) [꾸스].

•오 (감탄사) : [영]=oh (əʊ)[오우].
[일]=おお (おお, ō)[오]. [중]=哦 (ó) [어].
•오 五 다섯 오 (수사) : [영]=five (faɪv) [파이브].
[일]=五 (ご, go) [고]. [중]=五 (wǔ) [우].
•오가다 (동사) :
[영]=to come and go (tə kʌm ænd gəʊ) [투 컴 앤 고우].
[일]=行き来する (いききする, ikiki suru)[이키키 스루].
[중]=来往 (láiwǎng) [라이왕].
•오늘 (명사) : [영]=today (tə'deɪ) [투데이].
[일]=今日 (きょう, kyō) [쿄]. [중]=今天 (jīntiān) [진티엔].
•오늘 (부사) : [영]=today (tə'deɪ) [투데이].
[일]=今日 (きょう, kyō) [쿄]. [중]=今天 (jīntiān) [진티엔].
•오늘날 (명사) : [영]=nowadays, these days ('naʊədeɪz, ðiːz deɪz) [나우어데이즈, 디즈 데이즈].
[일]=今日 (こんにち, konnichi) [콘니치]. [중]=如今 (rújīn) [루진].
•오다 (동사) : [영]=to come (tə kʌm) [투 컴].
[일]=来る (くる, kuru) [쿠루]. [중]=来 (lái) [라이].
•오다 (보조동사) : [영]=to become (tə bɪ'kʌm) [투 비컴].
[일]=~てくる (~てくる, ~te kuru) [테쿠루]. [중]=来 (lái) [라이].
•오락 娛樂 즐거울 오, 즐길 락. (명사) :
[영]=entertainment (ˌentər'teɪnmənt) [엔터테인먼트].
[일]=娯楽 (ごらく, goraku) [고라쿠]. [중]=娱乐 (yúlè) [위러].
•오래 (부사) : [영]=long (lɔːŋ) [롱], for a long time.
[일]=長く (ながく, nagaku)[나가쿠].
[중]=长久地 (chángjiǔ de)[창지우 더].
•오래간만 (명사) :
[영]=long time no see ('lɔːŋ taɪm nəʊ siː) [롱 타임 노 씨].
[일]=久しぶり (ひさしぶり, hisashiburi)[히사시부리].
[중]=好久 (hǎojiǔ) [하오지우].
•오래도록 (부사) :
[영]=for a long time (fər ə lɔːŋ taɪm) [퍼 어 롱 타임].
[일]=長い間 (ながいあいだ, nagai aida) [나가이 아이다].
[중]=长时间地 (cháng shíjiān de) [창 스지엔 더].

- 오래되다 (동사) : 영=to be old, aged
  (tə bi əʊld, eɪdʒd)[투 비 올드, 에이지드].
  일=古くなる (ふるくなる, furuku naru)[후루쿠나루].
  중=老旧 (lǎojiù) [라오지우].
- 오래전 -前 앞 전 (명사) :
  영=long ago, a long time ago (lɔːŋ əˈgəʊ) [롱 어고].
  일=ずっと前 (ずっとまえ, zutto mae) [즛토 마에].
  중=很久以前 (hěnjiǔ yǐqián) [헌지우 이치엔].
- 오랜 (관형사) :
  영=long-standing, old (ˈlɔːŋstændɪŋ, əʊld)[롱스탠딩, 올드].
  일=長い (ながい, nagai) [나가이]. 중=长期的 (chángqí de) [창치 더].
- 오랜만 (명사) :
  영=after a long time (ˈæftər ə lɔːŋ taɪm)[애프터 어 롱 타임].
  일=久しぶり (ひさしぶり, hisashiburi) [히사시부리].
  중=好久 (hǎojiǔ) [하오지우].
- 오랫동안 (명사) : 영=for a long time (fər ə lɔːŋ taɪm) [퍼 어 롱 타임].
  일=長い間 (ながいあいだ, nagai aida) [나가이 아이다].
  중=长时间 (cháng shíjiān) [창 스지엔].
- 오렌지 orange (명사) : 영=orange (ˈɔːrɪndʒ) [오린지].
  일=オレンジ (おれんじ, orenji) [오렌지]. 중=橙子 (chéngzi) [청즈].
- 오로지 (부사) : 영=only, solely (ˈəʊnli, ˈsəʊlli) [온리, 솔리].
  일=ひたすら (ひたすら, hitasura)[히타스라]. 중=唯独 (wéidú)[웨이두].
- 오르내리다 (동사) :
  영=go up and down (gəʊ ʌp ænd daʊn)[고 업 앤 다운].
  일=上がり下がりする (あがりさがりする, agarisagari suru)[아가리사가리 스루].
  중=上下 (shàngxià) [샹샤].
- 오르다 (동사) : 영=to go up, rise (tə gəʊ ʌp, raɪz)[투 고 업, 라이즈].
  일=上がる (あがる, agaru) [아가루]. 중=上升 (shàngshēng) [샹셩].
- 오른발 (명사) : 영=right foot (raɪt fʊt) [라이트 풋].
  일=右足 (みぎあし, migiashi) [미기아시].
  중=右脚 (yòujiǎo)[요지아오].
- 오른손 (명사) : 영=right hand (raɪt hænd) [라이트 핸드].
  일=右手 (みぎて, migite) [미기테]. 중=右手 (yòushǒu) [요쇼우].

• 오른쪽 (명사) : 영=right (raɪt) [라이트].
　일=右側 (みぎがわ, migigawa) [미기가와]. 중=右边 (yòubiān) [요비엔].
• 오리 동물(명사) : 영=duck (dʌk)[덕].
　일=鴨 (かも, kamo)[카모]. 중=鸭子 (yāzi)[야즈].
• 오븐 oven (명사) : 영=oven ('ʌvn) [어븐].
　일=オーブン (ōbun) [오븐].　　중=烤箱 (kǎoxiāng) [카오샹].
• 오빠 (명사) :
　영=elder brother (used by female) ('eldər 'brʌðər) [엘더 브러더].
　일=お兄さん (おにいさん, oniisan) [오니이상]. 중=哥哥 (gēge) [거거].
• 오십 五十 다섯 오, 열 십. (수사) : 영=fifty ('fɪfti) [피프티].
　일=五十 (ごじゅう, gojū) [고주우]. 중=五十 (wǔshí) [우스].
• 오염 汚染 더러울 오, 물들 염. (명사) : 영=pollution (pə'luːʃn) [폴루션].
　일=汚染 (おせん, osen) [오센]. 중=汚染 (wūrǎn) [우란].
• 오염되다 汚染- 더러울 오, 물들 염.(동사) :
　영=be polluted (bi pə'luːtɪd)[비 폴루티드].
　일=汚染される (おせんされる, osen sareru) [오센 사레루].
　중=被汚染 (bèi wūrǎn) [베이 우란].
• 오월 五月 다섯 오, 달 월. (명사) : 영=May (meɪ) [메이].
　일=五月 (ごがつ, gogatsu) [고가츠].　중=五月 (wǔyuè) [우웨].
• 오이 (명사) : 영=cucumber ('kjuːkʌmbər) [큐컴버].
　일=きゅうり (kyūri) [큐우리].　중=黄瓜 (huángguā) [황과].
• 오전 午前 낮 오, 앞 전. (명사) :
　영=morning, a.m. ('mɔːrnɪŋ, eɪ em) [모닝, 에이엠].
　일=午前 (ごぜん, gozen) [고젠].　중=上午 (shàngwǔ) [샹우].
• 오직 (부사) : 영=only, solely ('əʊnli, 'səʊlli) [온리, 솔리].
　일=ただ (tada) [타다].　중=只有 (zhǐyǒu) [즈요우].
• 오징어 (명사) : 영=squid (skwɪd) [스퀴드].
　일=イカ (ika) [이카].　　중=鱿鱼 (yóuyú) [요우위].
• 오페라 opera (명사) : 영=opera ('ɒpərə) [오페라].
　일=オペラ (opera) [오페라].　중=歌剧 (gējù) [거쥐].
• 오피스텔 office hotel (명사) : 영=office hotel, officetel ('ɒfɪs'tel)[오피스텔].
　일=オフィステル (ofisuteru)[오피스테루].
　중=商务公寓 (shāngwù gōngyù)[샹우 공위].

— 326 —

- 오해 誤解 그르칠 오, 풀 해. (명사):
  영=misunderstanding (ˌmɪsʌndərˈstændɪŋ) [미스언더스탠딩].
  일=誤解 (ごかい, gokai) [고카이]. 중=误解 (wùjiě) [우지에].
- 오후 午後 낮 오, 뒤 후. (명사):
  영=afternoon, p.m. (æftərˈnuːn, piː em) [애프터눈, 피엠].
  일=午後 (ごご, gogo) [고고]. 중=下午 (xiàwǔ) [시아우].
- 오히려 (부사):
  영=rather, instead (ˈræðər, ɪnˈsted) [래더, 인스테드].
  일=むしろ (mushiro) [무시로]. 중=反而 (fǎn'ér) [판얼].
- 옥상 屋上 집 옥, 위 상. (명사): 영=rooftop (ˈruːftɒp) [루프탑].
  일=屋上 (おくじょう, okujō) [오쿠죠]. 중=屋顶 (wūdǐng) [우딩].
- 옥수수 (명사): 영=corn (kɔːrn) [콘].
  일=とうもろこし (tōmorokoshi) [토모로코시]. 중=玉米 (yùmǐ) [위미].
- 온 (관형사): 영=whole, entire (həʊl, ɪnˈtaɪər) [홀, 인타이어].
  일=すべての (subete no)[스베테노]. 중=全部的 (quánbù de)[취앤부 더].
- 온갖 (관형사): 영=all kinds of (ɔːl kaɪndz əv) [올 카인즈 오브].
  일=あらゆる (arayuru) [아라유루]. 중=各种 (gèzhǒng) [거종].
- 온도 溫度 따뜻할 온, 법도 도. (명사):
  영=temperature (ˈtemprətʃər) [템퍼러처].
  일=温度 (おんど, ondo) [온도]. 중=温度 (wēndù) [원두].
- 온돌 溫突 따뜻할 온, 갑자기 돌. (명사):
  영=Korean floor heating system (kəˈriːən flɔːr ˈhiːtɪŋ ˈsɪstəm) [코리언 플로어 히팅 시스템].
  일=オンドル (ondoru) [온도루]. 중=暖炕 (nuǎnkàng) [누안캉].
- 온라인 on-line (명사): 영=online (ˈɒnlaɪn) [온라인].
  일=オンライン (onrain) [온라인]. 중=在线 (zàixiàn) [자이시앤].
- 온몸 (명사): 영=whole body (həʊl ˈbɒdi) [홀 바디].
  일=全身 (ぜんしん, zenshin) [젠신]. 중=全身 (quánshēn) [취앤선].
- 온종일 -終日 마칠 종, 날 일. (명사): 영=all day (ɔːl deɪ)[올 데이].
  일=一日中 (いちにちじゅう, ichinichijū) [이치니치쥬].
  중=整天 (zhěngtiān) [정티엔].
- 온통 (부사): 영=completely (kəmˈpliːtli) [컴플리틀리].
  일=すっかり (sukkari) [슷카리]. 중=全都 (quándōu) [취앤더우].

- 올 (관형사) 올해 : 영=this year's (ðɪs jɪərz) [디스 이어즈].
  일=今年の (ことしの, kotoshi no) [코토시노].
  중=今年的 (jīnnián de) [진니앤 더].
- 올 (명사) 올해 : 영=this year (ðɪs jɪər) [디스 이어].
  일=今年 (ことし, kotoshi) [코토시]. 중=今年 (jīnnián) [진니앤].
- 올가을 (명사) : 영=this autumn/fall (ðɪs 'ɔːtəm / fɔːl) [디스 오텀/폴].
  일=今年の秋 (ことしのあき, kotoshi no aki) [코토시노 아키].
  중=今年秋天 (jīnnián qiūtiān) [진니앤 치우티앤].
- 올라가다 (동사) : 영=go up (goʊ ʌp) [고 업].
  일=上がる (あがる, agaru) [아가루]. 중=上去 (shàngqù) [샹취].
- 올라서다 (동사) : 영=stand up on (stænd ʌp ɒn) [스탠드 업 온].
  일=立ち上がる (たちあがる, tachiagaru) [타치아가루].
  중=站上 (zhàn shàng) [잔샹].
- 올라오다 (동사) : 영=come up (kʌm ʌp) [컴 업].
  일=上って来る (のぼってくる, nobotte kuru) [노봇테 쿠루].
  중=上来 (shànglái) [샹라이].
- 올라타다 (동사) : 영=get on, mount (get ɒn, maʊnt) [겟 온, 마운트].
  일=乗る (のる, noru) [노루]. 중=乘上 (chéngshàng) [청샹].
- 올려놓다 (동사) :
  영=put on, place on (pʊt ɒn, pleɪs ɒn)[풋 온, 플레이스 온].
  일=上に置く (うえにおく, ue ni oku)[우에니 오쿠].
  중=放上 (fàngshàng)[팡샹].
- 올려다보다 (동사) : 영=look up (lʊk ʌp) [룩 업].
  일=見上げる (みあげる, miageru)[미아게루]. 중=仰望 (yǎngwàng)[양왕].
- 올리다 (동사) : 영=raise, lift (reɪz, lɪft) [레이즈, 리프트].
  일=上げる (あげる, ageru) [아게루]. 중=抬起 (táiqǐ) [타이치].
- 올림픽 Olympic (명사) : 영=Olympics (ə'lɪmpɪks) [올림픽스].
  일=オリンピック (orinpikku)[오림핀쿠]. 중=奥林匹克 (àolínpǐkè)[아오린피케].
- 올바르다 (형용사) : 영=correct, right (kə'rekt, raɪt) [커렉트, 라이트].
  일=正しい (ただしい, tadashii) [타다시이]. 중=正确 (zhèngquè) [정췌].
- 올여름 (명사) : 영=this summer (ðɪs 'sʌmər) [디스 서머].
  일=今年の夏 (ことしのなつ, kotoshi no natsu) [코토시노 나츠].
  중=今年夏天 (jīnnián xiàtiān) [진니앤 시아티앤].

- 올해 (명사) : 영=this year (ðɪs jɪər) [디스 이어].
  일=今年 (ことし, kotoshi) [코토시]. 중=今年 (jīnnián) [진니앤].
- 옮기다 (동사) : 영=move, transfer (muːv, 'trænsfɜːr) [무브, 트랜스퍼].
  일=移す (うつす, utsusu) [우츠스]. 중=移动 (yídòng) [이동].
- 옳다 (형용사) : 영=right, correct (raɪt, kə'rekt) [라이트, 커렉트].
  일=正しい (ただしい, tadashii) [타다시이]. 중=对 (duì) [뚜이].
- 옷 (명사) : 영=clothes (kloʊðz) [클로즈].
  일=服 (ふく, fuku) [후쿠]. 중=衣服 (yīfu) [이푸].
- 옷차림 (명사) : 영=outfit, attire ('aʊtfɪt, ə'taɪər) [아웃핏, 어타이어].
  일=服装 (ふくそう, fukusō) [후쿠소]. 중=穿着 (chuānzhuó) [촨줘].
- 와 (감탄사) : 영=wow (waʊ) [와우].
  일=わあ (wā) [와아]. 중=哇 (wa) [와].
- 와이셔츠 white shirts (명사) : 영=white shirt (waɪt ʃɜːrt)[화이트 셔트].
  일=ワイシャツ (waishatsu)[와이샤츠]. 중=白衬衫 (báichènshān)[바이천샨].
- 와인 wine (명사) : 영=wine (waɪn) [와인].
  일=ワイン (wain) [와인]. 중=葡萄酒 (pútáojiǔ) [푸타오지우].
- 완벽하다 完璧 완전할 완, 구슬 벽. (형용사) : 영=perfect ('pɜːrfɪkt) [퍼펙트].
  일=完璧だ (かんぺきだ, kanpekida)[칸페키다]. 중=完美 (wánměi)[완메이].
- 완성 完成 완전할 완, 이룰 성. (명사) : 영=completion (kəm'pliːʃn) [컴플리션].
  일=完成 (かんせい, kansei) [칸세이]. 중=完成 (wánchéng) [완청].
- 완성되다 完成- 완전할 완, 이룰 성. (동사) :
  영=be completed (bi kəm'pliːtɪd) [비 컴플리티드].
  일=完成される (かんせいされる, kansei sareru) [칸세이 사레루].
  중=完成 (wánchéng) [완청].
- 완성하다 完成- (동사) : 영=complete (kəm'pliːt) [컴플리트].
  일=完成する (かんせいする, kansei suru) [칸세이 스루].
  중=完成 (wánchéng) [완청].
- 완전 完全 완전할 완, 온전할 전. (명사) :
  영=completeness (kəm'pliːtnəs) [컴플리트니스].
  일=完全 (かんぜん, kanzen) [칸젠]. 중=完全 (wánquán) [완취엔].
- 완전하다 完全- 완전할 완, 온전할 전. (형용사) :
  영=complete, perfect (kəm'pliːt, 'pɜːrfɪkt) [컴플리트, 퍼펙트].
  일=完全だ (かんぜんだ, kanzenda)[칸젠다]. 중=完全 (wánquán)[완취엔].

- 완전히 完全- 완전할 완, 온전할 전. (부사) :
  영=completely (kəm'pliːtli) [컴플리틀리].
  일=完全に (かんぜんに, kanzenni)[칸젠니].
  중=完全地 (wánquánde)[완취엔더].
- 왕 王 임금 왕. (명사) : 영=king (kɪŋ) [킹].
  일=王 (おう, ō) [오우].   중=王 (wáng) [왕].
- 왕비 王妃 임금 왕, 왕비 비. (명사) :
  영=queen (kwiːn) [퀸].
  일=王妃 (おうひ, ōhi) [오우히].   중=王妃 (wángfēi) [왕페이].
- 왕자 王子 임금 왕, 아들 자. (명사) : 영=prince (prɪns) [프린스].
  일=王子 (おうじ, ōji) [오우지].   중=王子 (wángzǐ) [왕즈].
- 왜 (부사) : 영=why (waɪ) [와이].
  일=なぜ (naze) [나제].   중=为什么 (wèishénme) [웨이션머].
- 왜냐하면 (부사) : 영=because (bɪ'kɔːz) [비커즈].
  일=なぜなら (nazenara) [나제나라].   중=因为 (yīnwèi) [인웨이].
- 왠지 (부사) : 영=somehow, for some reason
  ('sʌmhaʊ, fər sʌm 'riːzn)[썸하우, 퍼 썸 리즌].
  일=なぜか (nazeka) [나제카].
  중=不知为何 (bùzhī wèihé)[부즈웨이허].
- 외 外 바깥 외. (의존명사) : 영=outside (ˌaʊt'saɪd) [아웃사이드].
  일=外 (そと, soto) [소토].   중=外 (wài) [와이].
- 외갓집 外家- 바깥 외, 집 가. (명사) :
  영=mother's family house ('mʌðərz 'fæməli haʊs)
  [마더즈 패밀리 하우스].
  일=母の実家 (ははのじっか, haha no jikka) [하하노 짓카].
  중=外婆家 (wàipó jiā) [와이포 지아].
- 외과 外科 바깥 외, 과목 과. (명사) :
  영=surgery, surgical department
  ('sɜːrdʒəri, 'sɜːrdʒɪkl dɪ'pɑːrtmənt)   [서저리, 서지컬 디파트먼트].
  일=外科 (げか, geka) [게카].   중=外科 (wàikē) [와이커].
- 외교 外交 바깥 외, 사귈 교. (명사) :
  영=diplomacy (dɪ'ploʊməsi)[디플로머시].
  일=外交 (がいこう, gaikō) [가이코우].   중=外交 (wàijiāo) [와이자오].

- 외교관 外交官 바깥 외, 사귈 교, 벼슬 관. (명사) :
  영=diplomat ('dɪpləmæt) [디플러맷].
  일=外交官 (がいこうかん, gaikōkan) [가이코우칸].
  중=外交官 (wàijiāoguān) [와이자오관].
- 외국 外國 바깥 외, 나라 국. (명사) :
  영=foreign country ('fɔːrɪn 'kʌntri) [포린 컨트리].
  일=外国 (がいこく, gaikoku) [가이코쿠]. 중=外国 (wàiguó) [와이궈].
- 외국어 外國語 바깥 외, 나라 국, 말씀 어. (명사) :
  영=foreign language ('fɔːrɪn 'læŋgwɪdʒ) [포린 랭귀지].
  일=外国語 (がいこくご, gaikokugo)[가이코쿠고].
  중=外语 (wàiyǔ)[와이위].
- 외국인 外國人 바깥 외, 나라국, 사람 인 (명사) : 영=foreigner ('fɔːrənər) [포리너].
  일=外国人 (がいこくじん, gaikokujin) [가이코쿠진].
  중=外国人 (wàiguórén) [와이궈런].
- 외다 주문을 ~ (동사) : 영=recite (rɪ'saɪt) [리사이트].
  일=唱える (となえる, tonaeru) [토나에루]. 중=背诵 (bèisòng) [베이쏭].
- 외로움 (명사) : 영=loneliness ('loʊnlinəs) [론리니스].
  일=寂しさ (さびしさ, sabishisa) [사비시사]. 중=寂寞 (jìmò) [지모].
- 외롭다 (형용사) : 영=lonely ('loʊnli) [론리].
  일=寂しい (さびしい, sabishii) [사비시이]. 중=孤单 (gūdān) [구단].
- 외면하다 外面- 바깥 외, 낯 면. (동사) :
  영=ignore, turn away (ɪɡ'nɔːr, tɜːrn ə'weɪ) [이그노어, 턴 어웨이].
  일=そっぽを向く (そっぽをむく, soppowo muku) [솟포오 무쿠].
  중=不理睬 (bù lǐcǎi) [부리차이].
- 외모 外貌 바깥 외, 얼굴 모 (명사) : 영=appearance (ə'pɪrəns)[어피어런스].
  일=外見 (がいけん, gaiken) [가이켄]. 중=外貌 (wàimào) [와이마오].
- 외부 外部 바깥 외, 떼 부. (명사) :
  영=outside, external (ˌaʊt'saɪd, ɪk'stɜːrnl) [아웃사이드, 익스터널].
  일=外部 (がいぶ, gaibu) [가이부].   중=外部 (wàibù) [와이부].
- 외삼촌 外三寸 바깥 외, 석 삼, 마디 촌. (명사) :
  영=maternal uncle (mə'tɜːrnl 'ʌŋkl) [머터널 엉클].
  일=母方のおじ (ははかたのおじ, hahakatan ooji) [하하카타노 오지].
  중=舅舅 (jiùjiu) [지우지우].

- 외아들 (명사) : ㉠=only son ('oʊnli sʌn) [온리 선].
  ㉡=一人息子 (ひとりむすこ, hitorimusuko) [히토리무스코].
  ㉢=独生子 (dúshēngzǐ) [두셩즈].
- 외우다 (동사) : ㉠=memorize ('memərαɪz) [메머라이즈].
  ㉡=暗記する (あんきする, anki suru)[안키 스류]. ㉢=背诵 (bèisòng)[베이쏭].
- 외제 外製 바깥 외, 지을 제. (명사) :
  ㉠=foreign-made ('fɔːrɪn meɪd) [포린 메이드].
  ㉡=外国製 (がいこくせい, gaikokusei) [가이코쿠세이].
  ㉢=外国产 (wàiguóchǎn) [와이궈촨].
- 외출 外出 바깥 외, 날 출. (명사) : ㉠=going out ('goʊɪŋ aʊt)[고잉 아웃].
  ㉡=外出 (がいしゅつ, gaishutsu) [가이슈츠]. ㉢=外出 (wàichū)[와이추].
- 외출하다 外出- 바깥 외, 날 출. (동사) : ㉠=go out (goʊ aʊt)[고우 아웃].
  ㉡=外出する (がいしゅつする, gaishutsu suru) [가이슈츠 스류].
  ㉢=外出 (wàichū) [와이추].
- 외치다 (동사) : ㉠=shout (ʃaʊt) [샤우트].
  ㉡=叫ぶ (さけぶ, sakebu) [사케부]. ㉢=喊叫 (hǎnjiào) [한지아오].
- 외침 (명사) : ㉠=shout, cry (ʃaʊt, kraɪ) [샤우트, 크라이].
  ㉡=叫び (さけび, sakebi) [사케비]. ㉢=喊叫 (hǎnjiào) [한지아오].
- 외할머니 外- 바깥 외. (명사) :
  ㉠=maternal grandmother (mə'tɜːrnl 'grænmʌðər) [머터널 그랜마더].
  ㉡=母方の祖母 (ははかたのそぼ, hahakatanosobo) [하하카타노 소보].
  ㉢=外婆 (wàipó) [와이포].
- 외할아버지 外- 바깥 외. (명사) :
  ㉠=maternal grandfather (mə'tɜːrnl 'grænfɑːðər) [머터널 그랜파더].
  ㉡=母方の祖父 (ははかたのそふ, hahakatanosofu) [하하카타노 소후].
  ㉢=外公 (wàigōng) [와이공].
- 왼발 (명사) : ㉠=left foot (left fʊt) [레프트 풋].
  ㉡=左足 (ひだりあし, hidariashi)[히다리아시]. ㉢=左脚 (zuǒjiǎo)[줘지아오].
- 왼손 (명사) : ㉠=left hand (left hænd) [레프트 핸드].
  ㉡=左手 (ひだりて, hidarite) [히다리테]. ㉢=左手 (zuǒshǒu) [줘쇼우].
- 왼쪽 (명사) : ㉠=left (left) [레프트].
  ㉡=左側 (ひだりがわ, hidarigawa)[히다리가와].
  ㉢=左边 (zuǒbian)[줘비엔].

- 요 ~ 근방 (관형사) : 영=this, around (ðɪs, əˈraʊnd) [디스, 어라운드].
  일=この (この, kono) [코노].　　중=这 (zhè) [쪄].
- 요구 要求 요긴할 요, 구할 구. (명사) : 영=requirement, demand (rɪˈkwaɪərmənt, dɪˈmænd)[리콰이어먼트, 디맨드].
  일=要求 (ようきゅう, yōkyū) [요오큐우].　중=要求 (yāoqiú) [야오치우].
- 요구되다 要求- 요긴할 요, 구할 구. (동사) :
  영=be required (bi rɪˈkwaɪərd) [비 리콰이어드].
  일=要求される (ようきゅうされる, yōkyū sareru) [요오큐우 사레루].
  중=被要求 (bèi yāoqiú) [베이 야오치우].
- 요구하다 要求- 요긴할 요, 구할 구. (동사) :
  영=require, demand (rɪˈkwaɪər, dɪˈmænd) [리콰이어, 디맨드].
  일=要求する (ようきゅうする, yōkyū suru) [요오큐우 스루].
  중=要求 (yāoqiú) [야오치우].
- 요금 料金 헤아릴 요, 쇠 금. (명사) :
  영=fee, charge (fiː, tʃɑːrdʒ) [피, 차지].
  일=料金 (りょうきん, ryōkin) [료오킨].　중=费用 (fèiyòng) [페이용].
- 요리 料理 헤아릴 요, 다스릴 리. (명사) :
  영=cooking, dish (ˈkʊkɪŋ, dɪʃ) [쿠킹, 디쉬].
  일=料理 (りょうり, ryōri) [료오리].　중=料理 (liàolǐ) [리아오리].
- 요리사 料理師 헤아릴 요, 다스릴 리, 스승 사. (명사) :
  영=cook, chef (kʊk, ʃef) [쿡, 셰프].
  일=料理人 (りょうりにん, ryōrinin)[료오리닌].　중=厨师 (chúshī)[추스].
- 요리하다 料理- 헤아릴 요, 다스릴 리. (동사) :
  영=cook (kʊk) [쿡].
  일=料理する (りょうりする, ryōri suru) [료오리 스루].
  중=做饭 (zuòfàn) [쭈오판].
- 요새 (명사) :
  영=recently, nowadays (ˈriːsntli, ˈnaʊədeɪz) [리슨틀리, 나우어데이즈].
  일=最近 (さいきん, saikin) [사이킨].　중=最近 (zuìjìn) [쭈이진].
- 요약하다 要約- 요긴할 요, 묶을 약. (동사) :
  영=summarize (ˈsʌməraɪz) [서머라이즈].
  일=要約する (ようやくする, yōyaku suru) [요오야쿠 스루].
  중=概括 (gàikuò) [가이쿠오].

- 요일 曜日 빛날 요, 날 일. (명사) :
  ㉢=day of the week (deɪ əv ðə wiːk) [데이 어브 더 위크].
  ㉝=曜日 (ようび, yōbi) [요오비]. ㊥=星期 (xīngqī) [싱치].
- 요즈음 (명사) : ㉢=these days (ðiːz deɪz) [디즈 데이즈].
  ㉝=このごろ (このごろ, konogoro)[코노고로]. ㊥=最近 (zuìjìn)[쭈이진].
- 요즘 (명사) : ㉢=nowadays ('naʊədeɪz) [나우어데이즈].
  ㉝=最近 (さいきん, saikin) [사이킨]. ㊥=最近 (zuìjìn) [쭈이진].
- 요청 要請 요긴할 요, 청할 청. (명사) : ㉢=request (rɪ'kwest)[리퀘스트].
  ㉝=要請 (ようせい, yōsei) [요오세이]. ㊥=请求 (qǐngqiú) [칭치우].
- 요청하다 要請- 요긴할 요, 청할 청. (동사) : ㉢=request (rɪ'kwest) [리퀘스트].
  ㉝=要請する (ようせいする, yōsei suru) [요오세이 스루].
  ㊥=请求 (qǐngqiú) [칭치우].
- 욕 辱 욕될 욕. (명사) : ㉢=insult, curse ('ɪnsʌlt, kɜːrs) [인설트, 커스].
  ㉝=悪口 (わるぐち, waruguchi) [와루구치]. ㊥=辱罵 (rǔmà) [루마].
- 욕실 浴室 목욕할 욕, 집 실. (명사) : ㉢=bathroom ('bæθruːm) [배쓰룸].
  ㉝=浴室 (よくしつ, yokushitsu) [요쿠시츠]. ㊥=浴室 (yùshì) [위스].
- 욕심 欲心 하고자 할 욕, 마음 심. (명사) : ㉢=greed (griːd) [그리드].
  ㉝=欲 (よく, yoku) [요쿠]. ㊥=贪心 (tānxīn) [탄신].
- 욕하다 辱- 욕될 욕. (동사) : ㉢=curse, insult (kɜːrs, 'ɪnsʌlt)[커스, 인설트].
  ㉝=罵る (ののしる, nonoshiru) [노노시루]. ㊥=辱罵 (rǔmà) [루마].
- 용 龍 용 용. (명사) : ㉢=dragon ('drægən) [드래건].
  ㉝=龍 (りゅう, ryū) [류]. ㊥=龙 (lóng) [롱].
- 용감하다 勇敢- 날랠 용, 감히 감. (형용사) :
  ㉢=brave (breɪv)[브레이브].
  ㉝=勇敢だ (ゆうかんだ, yūkanda) [유우칸다]. ㊥=勇敢 (yǒnggǎn)[용간].
- 용기 勇氣 날랠 용, 기운 기. (명사) : ㉢=courage ('kʌrɪdʒ)[커리지].
  ㉝=勇気 (ゆうき, yūki) [유우키]. ㊥=勇气 (yǒngqì) [용치].
- 용기 容器 얼굴 용, 그릇 기. (명사) :
  ㉢=container (kən'teɪnər)[컨테이너].
  ㉝=容器 (ようき, yōki) [요오키]. ㊥=容器 (róngqì) [롱치].
- 용도 用途 쓸 용, 길 도. (명사) :
  ㉢=usage, purpose ('juːsɪdʒ, 'pɜːrpəs) [유시지, 퍼퍼스].
  ㉝=用途 (ようと, yōto) [요오토]. ㊥=用途 (yòngtú) [용투].

•용돈 用- 쓸 용. (명사) : [영]=allowance, pocket money
(əˈlaʊəns, ˈpɒkɪt ˈmʌni)[얼라우언스, 포켓머니].
[일]=小遣い (こづかい, kozukai)[코즈카이].
[중]=零花钱 (línghuāqián)[링화치엔].

•용서 容恕 얼굴 용, 용서할 서. (명사) :
[영]=forgiveness (fərˈɡɪvnəs) [퍼기브니스].
[일]=許し (ゆるし, yurushi) [유루시]. [중]=原谅 (yuánliàng) [위안량].

•용서하다 容恕- 얼굴 용, 용서할 서. (동사) : [영]=forgive (fərˈɡɪv) [퍼기브].
[일]=許す (ゆるす, yurusu) [유루스]. [중]=原谅 (yuánliàng) [위안량].

•용어 用語 쓸 용, 말씀 어. (명사) :
[영]=term, terminology (tɜːrm, ˌtɜːrmɪˈnɑːlədʒi) [텀, 터미널러지].
[일]=用語 (ようご, yōgo) [요오고]. [중]=用语 (yòngyǔ) [용위].

•우려 憂慮 근심 우, 생각할 려. (명사) :
[영]=concern, worry (kənˈsɜːrn, ˈwʌri) [컨선, 워리].
[일]=憂慮 (ゆうりょ, yūryo) [유우료]. [중]=忧虑 (yōulǜ) [요우뤼].

•우리 (대명사) : [영]=we, us (wiː, ʌs) [위, 어스].
[일]=私たち (わたしたち, watashitachi)[와타시타치]. [중]=我们 (wǒmen)[워먼].

•우리나라 (명사) : [영]=our country (aʊər ˈkʌntri) [아워 컨트리].
[일]=わが国 (わがくに, wagakuni) [와가쿠니]. [중]=我国 (wǒguó) [워궈].

•우리말 (명사) : [영]=Korean language (kəˈriːən ˈlæŋɡwɪdʒ)[코리언 랭귀지].
[일]=韓国語 (かんこくご, kankokugo)[칸코쿠고].
[중]=韩国语 (hánguóyǔ) [한궈위].

•우산 雨傘 비 우, 우산 산. (명사) : [영]=umbrella (ʌmˈbrelə)[엄브렐라].
[일]=傘 (かさ, kasa) [카사]. [중]=雨伞 (yǔsǎn) [위싼].

•우선 于先 어조사 우, 먼저 선 (부사) :
[영]=first of all (fɜːrst əv ɔːl)[퍼스트 어브 올].
[일]=まず (まず, mazu) [마즈]. [중]=首先 (shǒuxiān) [쇼우시엔].

•우수하다 優秀- 넉넉할 우, 빼어날 수. (형용사) :
[영]=excellent, outstanding
(ˈeksələnt, ˌaʊtˈstændɪŋ)[엑설런트, 아웃스탠딩].
[일]=優秀だ (ゆうしゅうだ, yūshūda)[유우슈우다]. [중]=优秀 (yōuxiù)[요우슈].

•우습다 (형용사) : [영]=funny, ridiculous (ˈfʌni, rɪˈdɪkjələs)[퍼니, 리디큘러스].
[일]=おかしい (おかしい, okashii)[오카시이]. [중]=可笑 (kěxiào)[커샤오].

- 우승 優勝 넉넉할 우, 이길 승. (명사) :
  영=victory, championship ('vɪktəri, 'tʃæmpiənʃɪp) [빅토리, 챔피언쉽].
  일=優勝 (ゆうしょう, yūshō) [유우쇼우]. 중=优胜 (yōushèng) [요우성].
- 우승하다 優勝 넉넉할 우, 이길 승. (동사) :
  영=win, triumph (wɪn, 'traɪəmf) [윈, 트라이엄프].
  일=優勝する (ゆうしょうする, yūshō suru) [유쇼오 스루].
  중=夺冠 (duóguàn) [두어관].
- 우아하다 優雅 넉넉할 우, 맑을 아. (형용사) :
  영=elegant, graceful ('ɛləgənt, 'greɪsfəl) [엘러건트, 그레이스풀].
  일=優雅だ (ゆうがだ, yūga da) [유가다]. 중=优雅 (yōuyǎ) [요우야].
- 우연히 偶然 짝 우, 그럴 연. (부사) : 영=by chance, accidentally
  (baɪ tʃæns, ˌæksɪ'dɛntəli)[바이 챈스, 액시덴털리].
  일=偶然に (ぐうぜんに, gūzen ni)[구우젠니]. 중=偶然 (ǒurán)[어우란].
- 우울하다 憂鬱 근심 우, 답답할 울. (형용사) :
  영=depressed, gloomy (dɪ'prɛst, 'gluːmi) [디프레스트, 글루미].
  일=憂鬱だ (ゆううつだ, yūutsu da)[유우츠다]. 중=忧郁 (yōuyù)[요우위].
- 우유 牛乳 소 우, 젖 유. (명사) : 영=milk (mɪlk) [밀크].
  일=牛乳 (ぎゅうにゅう, gyūnyū)[규우뉴우]. 중=牛奶 (niúnǎi)[니우나이].
- 우정 友情 벗 우, 뜻 정. (명사) : 영=friendship ('frɛndʃɪp) [프렌드쉽].
  일=友情 (ゆうじょう, yūjō) [유조오]. 중=友情 (yǒuqíng) [요우칭].
- 우주 宇宙 집 우, 집 주. (명사) :
  영=universe, space ('juːnɪvɜːrs, speɪs) [유니버스, 스페이스].
  일=宇宙 (うちゅう, uchū) [우추우]. 중=宇宙 (yǔzhòu) [위저우].
- 우체국 郵遞局 우편 우, 갈릴 체, 판 국. (명사) :
  영=post office (poʊst 'ɔːfɪs) [포스트 오피스].
  일=郵便局 (ゆうびんきょく, yūbinkyoku)[유빈쿄쿠].
  중=邮局 (yóujú) [요우쥐].
- 우편 郵便 우편 우, 편할 편. (명사) :
  영=mail, postal service
        (meɪl, 'poʊstəl 'sɜːrvɪs) [메일, 포스털 서비스].
  일=郵便 (ゆうびん, yūbin) [유빈]. 중=邮政 (yóuzhèng) [요우정].
- 우표 郵票 우편 우, 표 표. (명사) : 영=stamp (stæmp) [스탬프].
  일=切手 (きって, kitte) [킷테]. 중=邮票 (yóupiào) [요우퍄오].

- 운 運 옮길 운. (명사) : ㉠=luck, fortune (lʌk, 'fɔːrtʃən) [럭, 포춘].
  ㉡=運 (うん, un) [운].　　㉢=运气 (yùnqi) [윈치].
- 운동 運動 옮길 운, 움직일 동. (명사) :
  ㉠=exercise, sport ('ɛksərsaɪz, spɔːrt) [엑서사이즈, 스포츠].
  ㉡=運動 (うんどう, undō) [운도오].　㉢=运动 (yùndòng) [윈똥].
- 운동복 運動服 옮길 운, 움직일 동, 옷 복. (명사) :
  ㉠=sportswear ('spɔːrtswer) [스포츠웨어].
  ㉡=運動服 (うんどうふく, undōfuku) [운도오후쿠].
  ㉢=运动服 (yùndòngfú) [윈똥푸].
- 운동장 運動場 옮길 운, 움직일 동, 마당 장. (명사) :
  ㉠=playground, sports ground ('pleɪgraʊnd, 'spɔːrts graʊnd)
  　　　　　　[플레이그라운드, 스포츠그라운드].
  ㉡=運動場 (うんどうじょう, undōjō)[운도오조오].
  ㉢=运动场 (yùndòngchǎng)[윈똥창].
- 운동하다 運動- 옮길 운, 움직일동 (동사) : ㉠=exercise ('ɛksərsaɪz) [엑서사이즈].
  ㉡=運動する (うんどうする, undō suru) [운도오 스루].
  ㉢=运动 (yùndòng) [윈똥].
- 운동화 運動靴 옮길 운, 움직일 동, 신 화. (명사) :
  ㉠=sneakers ('sniːkərz)[스니커즈].
  ㉡=運動靴 (うんどうぐつ, undōgutsu) [운도오구츠].
  ㉢=运动鞋 (yùndòngxié) [윈똥시에].
- 운명 運命 옮길 운, 목숨 명. (명사) :
  ㉠=fate, destiny (feɪt, 'dɛstɪni) [페이트, 데스티니].
  ㉡=運命 (うんめい, unmei) [운메이].
  ㉢=命运 (mìngyùn) [밍윈].
- 운반 運搬 옮길 운, 옮길 반. (명사) :
  ㉠=transport, conveyance
  　　('trænspɔːrt, kən'veɪəns)[트랜스포트, 컨베이언스].
  ㉡=運搬 (うんぱん, unpan) [운판].　㉢=搬运 (bānyùn) [반윈].
- 운영하다 運營- 옮길 운, 경영할 영. (동사) :
  ㉠=operate, manage ('ɑːpəreɪt, 'mænɪdʒ) [오퍼레이트, 매니지].
  ㉡=運営する (うんえいする, un'ei suru) [운에이 스루].
  ㉢=运营 (yùnyíng) [윈잉].

- 운전 運轉 옮길 운, 구를 전. (명사) :
  영=driving, operation ('draɪvɪŋ, ˌɑːpəˈreɪʃən) [드라이빙, 오퍼레이션].
  일=運転 (うんてん, unten) [운텐].   중=驾驶 (jiàshǐ) [쟈스].
- 운전기사 運轉技士 옮길 운, 구를 전, 재주 기, 선비 사. (명사) :
  영=driver ('draɪvər) [드라이버].
  일=運転技士 (うんてんぎし, untengishi)[운텐기시].   중=司机 (sījī)[쓰지].
- 운전사 運轉士 옮길 운, 구를 전, 선비 사. (명사) :
  영=driver ('draɪvər) [드라이버].
  일=運転手 (うんてんしゅ, untenshu) [운텐슈].
  중=驾驶员 (jiàshǐyuán) [쟈스위안].
- 운전자 運轉者 옮길 운, 구를 전, 놈 자. (명사) :   영=driver ('draɪvər)[드라이버].
  일=運転者 (うんてんしゃ, untensha)[운텐샤].
  중=驾驶人 (jiàshǐrén)[쟈스런].
- 운전하다 運轉- 옮길 운, 구를 전. (동사) :   영=drive (draɪv)[드라이브].
  일=運転する (うんてんする, unten suru)[운텐 스루].   중=驾驶 (jiàshǐ)[쟈스].
- 운행 運行 옮길 운, 다닐 행. (명사) :
  영=operation, running (ˌɑːpəˈreɪʃən, ˈrʌnɪŋ) [오퍼레이션, 러닝].
  일=運行 (うんこう, unkō) [운코오].   중=运行 (yùnxíng) [윈싱].
- 울다 울음을 ~ (동사) :   영=cry, weep (kraɪ, wiːp) [크라이, 웝].
  일=泣く (なく, naku) [나쿠].   중=哭 (kū) [쿠].
- 울리다 아기를 ~ (동사) :   영=make cry (meɪk kraɪ) [메이크 크라이].
  일=泣かせる (なかせる, nakaseru) [나카세루].   중=弄哭 (nòngkū)[농쿠].
- 울리다 종이 ~ (동사) :   영=ring, toll (rɪŋ, toʊl) [링, 톨].
  일=鳴る (なる, naru) [나루].   중=响 (xiǎng) [샹].
- 울산 蔚山 고을 울, 메 산. (고유명사) :   영=Ulsan (ˈʊlsæn) [울산].
  일=蔚山 (ウルサン, Urusan) [우루산].   중=蔚山 (Yùshān) [위산].
- 울음 (명사) :   영=crying (ˈkraɪɪŋ) [크라잉].
  일=泣き (なき, naki) [나키].   중=哭声 (kūshēng) [쿠셩].
- 울음소리 (명사) :
  영=sound of crying (saʊnd əv ˈkraɪɪŋ)[사운드 오브 크라잉].
  일=泣き声 (なきごえ, nakigoe) [나키고에].   중=哭声 (kūshēng) [쿠셩].
- 움직이다 (동사) :   영=move (muːv) [무브].
  일=動く (うごく, ugoku) [우고쿠].   중=动 (dòng) [똥].

- 움직임 (명사) :
    영=movement, motion ('muːvmənt, 'moʊʃən) [무브먼트, 모션].
    일=動き (うごき, ugoki) [우고키].　　중=动作 (dòngzuò) [똥쭈오].
- 웃기다 (동사) : 영=make laugh (meɪk læf) [메이크 래프].
    일=笑わせる (わらわせる, warawaseru) [와라와세루].
    중=逗笑 (dòuxiào) [또우샤오].
- 웃다 (동사) : 영=laugh, smile (læf, smaɪl) [래프, 스마일].
    일=笑う (わらう, warau) [와라우].　　중=笑 (xiào) [샤오].
- 웃어른 (명사) : 영=elder, senior ('ɛldər, 'siːnjər) [엘더, 시니어].
    일=目上の人 (めうえのひと, meue no hito) [메우에노 히토].
    중=长辈 (zhǎngbèi) [장베이].
- 웃음 (명사) : 영=laughter, smile ('læftər, smaɪl) [래프터, 스마일].
    일=笑い (わらい, warai) [와라이].　　중=笑容 (xiàoróng) [샤오롱].
- 웃음소리 (명사) :
    영=sound of laughter (saʊnd əv 'læftər) [사운드 오브 래프터].
    일=笑い声 (わらいごえ, waraigoe)[와라이고에].
    중=笑声 (xiàoshēng)[샤오셩].
- 워낙 (부사) : 영=originally, very (ə'rɪdʒɪnəli, 'vɛri) [어리저널리, 베리].
    일=元々 (もともと, motomoto) [모토모토].　중=本来 (běnlái) [번라이].
- 원 (감탄사) : 영=oh, wow (oʊ, waʊ) [오, 와우].
    일=おや (おや, oya) [오야].　　중=哎呀 (āiyā) [아이야].
- 원 圓 둥글 원. ~을 그리다 (명사) : 영=circle ('sɜːrkl) [서클].
    일=円 (えん, en) [엔].　　중=圆 (yuán) [위안].
- 원 화폐 단위 (의존명사) : 영=won (wʌn) [원].
    일=ウォン (うぉん, won) [원].　　중=韩元 (hányuán) [한위안].
- 원고 原稿 근원 원, 볏짚 고. (명사) :
    영=manuscript ('mænjuskrɪpt) [매뉴스크립트].
    일=原稿 (げんこう, genkō) [겐코오].　　중=原稿 (yuángǎo) [위안가오].
- 원래 元來 으뜸 원, 올 래. (명사) : 영=originally (ə'rɪdʒənəli)[어리저널리].
    일=元来 (がんらい, ganrai) [간라이].　　중=原来 (yuánlái) [위안라이].
- 원서 願書 원할 원, 글 서. (명사) :
    영=application form (ˌæplɪ'keɪʃən fɔːrm) [애플리케이션 폼].
    일=願書 (がんしょ, gansho) [간쇼].　중=申请书 (shēnqǐngshū)[선칭슈].

- 원숭이 (명사) : ㉤=monkey ('mʌŋki) [멍키].
  ㉠=猿 (さる, saru) [사루].   ㉢=猴子 (hóuzi) [호우쯔].
- 원인 原因 근원 원, 인할 인. (명사) : ㉤=cause (kɔːz) [코즈].
  ㉠=原因 (げんいん, gen'in) [겐인].   ㉢=原因 (yuányīn) [위안인].
- 원장 院長 집 원, 긴 장. (명사) :
  ㉤=director, principal (dəˈrɛktər, 'prɪnsəpəl) [디렉터, 프린서플].
  ㉠=院長 (いんちょう, inchō) [인초오]. ㉢=院长 (yuànzhǎng) [위안장].
- 원피스 one-piece (명사) :
  ㉤=one-piece dress ('wʌnpiːs drɛs)[원피스 드레스].
  ㉠=ワンピース (わんぴーす, wanpīsu) [완피이스].
  ㉢=连衣裙 (liányīqún) [롄이췬].
- 원하다 願- 원할 원. (동사) : ㉤=want, wish (wɑːnt, wɪʃ)[원트, 위시].
  ㉠=願う (ねがう, negau) [네가우].   ㉢=愿意 (yuànyi) [위안이].
- 월 月 달 월. (의존명사) : ㉤=month (mʌnθ) [먼스].
  ㉠=月 (つき, tsuki) [츠키].   ㉢=月 (yuè) [위에].
- 월급 月給 달 월, 줄 급. (명사) : ㉤=salary ('sæləri) [샐러리].
  ㉠=月給 (げっきゅう, gekkyū) [겟큐우]. ㉢=月薪 (yuèxīn) [위에신].
- 월드컵 World Cup (명사) : ㉤=World Cup (wɜːrld kʌp) [월드컵].
  ㉠=ワールドカップ (わーるどかっぷ, wārudokappu) [와루도캅푸].
  ㉢=世界杯 (shìjièbēi) [스제뻬이].
- 월세 月貰 달 월, 세낼 세. (명사) :
  ㉤=monthly rent ('mʌnθli rɛnt) [먼슬리 렌트].
  ㉠=家賃 (やちん, yachin) [야친]. ㉢=月租 (yuèzū) [위에쭈].
- 월요일 月曜日 달 월, 빛날 요, 날 일. (명사) : ㉤=Monday ('mʌndeɪ) [먼데이].
  ㉠=月曜日 (げつようび, getsuyōbi)[겟쓰요오비]. ㉢=星期一 (xīngqīyī) [싱치이].
- 웨이터 waiter (명사) : ㉤=waiter ('weɪtər) [웨이터].
  ㉠=ウェイター (うぇいたー, weitā) [웨이타아]. ㉢=服务员 (fúwùyuán) [푸우위앤].
- 웬 (관형사) : ㉤=some, certain (səm, 'sɜːrtn) [섬, 서튼].
  ㉠=何の (なんの, nanno) [난노].   ㉢=某个 (mǒuge) [머우꺼].
- 웬만하다 (형용사) :
  ㉤=tolerable, decent ('tɑːlərəbəl, 'diːsənt) [톨러러블, 디슨트].
  ㉠=まあまあだ (まあまあだ, mā mā da) [마아마아다].
  ㉢=还可以 (hái kěyǐ) [하이커이].

- 웬일 (명사) : 영=unexpected matter, surprise
  (ˌʌnɪkˈspɛktɪd ˈmætər, sərˈpraɪz)[어닉스펙티드 매터, 서프라이즈].
  일=どうしたこと (どうしたこと, dōshita koto) [도오시타 코토].
  중=怎么回事 (zěnme huíshì) [전머후이쓰].
- 위 ~아래 (명사) : 영=above, top (əˈbʌv, tɑːp) [어버브, 탑].
  일=上 (うえ, ue) [우에]. 중=上面 (shàngmian) [샹미엔].
- 위 胃 밥통 위. (명사) : 영=stomach (ˈstʌmək) [스터먹].
  일=胃 (い, i) [이]. 중=胃 (wèi) [웨이].
- 위 位 자리 위. (의존명사) : 영=rank, place (ræŋk, pleɪs)[랭크, 플레이스].
  일=位 (い, i) [이]. 중=位 (wèi) [웨이].
- 위기 危機 위태할 위, 틀 기. (명사) : 영=crisis (ˈkraɪsɪs) [크라이시스].
  일=危機 (きき, kiki) [키키]. 중=危机 (wēijī) [웨이지].
- 위대하다 偉大 클 위, 큰 대. (형용사) : 영=great (greɪt) [그레이트].
  일=偉大だ (いだいだ, idai da) [이다이다]. 중=伟大 (wěidà) [웨이다].
- 위로 慰勞 위로할 위, 일할 로. (명사) :
  영=consolation, comfort (ˌkɑːnsəˈleɪʃən, ˈkʌmfərt) [콘솔레이션, 컴포트].
  일=慰労 (いろう, irō) [이로오]. 중=慰劳 (wèiláo) [웨이라오].
- 위로하다 慰勞- 위로할 위, 일할 로. (동사) :
  영=console, comfort (kənˈsoʊl, ˈkʌmfərt) [컨솔, 컴포트].
  일=慰める (なぐさめる, nagusameru)[나구사메루].
  중=安慰 (ānwèi)[안웨이].
- 위반 違反 어길 위, 돌이킬 반. (명사) :
  영=violation (ˌvaɪəˈleɪʃən) [바이얼레이션].
  일=違反 (いはん, ihan) [이한]. 중=违反 (wéifǎn) [웨이판].
- 위반하다 違反- 어길 위, 돌이킬 반. (동사) :
  영=violate (ˈvaɪəleɪt) [바이얼레이트].
  일=違反する (いはんする, ihan suru)[이한스루]. 중=违反 (wéifǎn)[웨이판].
- 위법 違法 어길 위, 법 법. (명사) : 영=illegality (ˌɪlɪˈgæləti)[일리갤러티].
  일=違法 (いほう, ihō) [이호오]. 중=违法 (wéifǎ) [웨이파].
- 위성 衛星 지킬 위, 별 성. (명사) : 영=satellite (ˈsætəlaɪt)[새털라이트].
  일=衛星 (えいせい, eisei) [에이세이]. 중=卫星 (wèixīng) [웨이싱].
- 위아래 (명사) : 영=up and down (ʌp ənd daʊn) [업 앤 다운].
  일=上下 (うえした, ueshita) [우에시타]. 중=上下 (shàngxià) [샹샤].

- 위원 委員 맡길 위, 인원 원. (명사) :
  - 영=committee member (kə'mɪti 'mɛmbər) [커미티 멤버].
  - 일=委員 (いいん, iin) [이인]. 중=委员 (wěiyuán) [웨이위안].
- 위원장 委員長 맡길 위, 인원 원, 긴 장. (명사) :
  - 영=chairperson ('tʃerpɜːrsən) [체어퍼슨].
  - 일=委員長 (いいんちょう, iinchō) [이인초오].
  - 중=委员长 (wěiyuánzhǎng) [웨이위안장].
- 위주 爲主 할 위, 주인 주. (명사) : 영=focus, main emphasis ('foʊkəs, meɪn 'ɛmfəsɪs)[포커스, 메인 엠퍼시스].
  - 일=主とする (しゅとする, shu to suru) [슈토 스루].
  - 중= 为主 (wéizhǔ) [웨이주].
- 위쪽 (명사) : 영=upper side ('ʌpər saɪd) [어퍼 사이드].
  - 일=上側 (うえがわ, uegawa) [우에가와]. 중=上边 (shàngbian) [샹비엔].
- 위층 -層 층 층. (명사) : 영=upstairs (ˌʌp'sterz) [업스테어즈].
  - 일=上の階 (うえのかい, ue no kai) [우에노카이].
  - 중=楼上 (lóushàng) [로우샹].
- 위치 位置 자리 위, 둘 치. (명사) :
  - 영=position, location (pə'zɪʃən, loʊ'keɪʃən) [포지션, 로케이션].
  - 일=位置 (いち, ichi) [이치]. 중=位置 (wèizhì) [웨이즈].
- 위치하다 位置- 자리 위, 둘 치. (동사) :
  - 영=be located (bi loʊ'keɪtɪd) [비 로케이티드].
  - 일=位置する (いちする, ichi suru)[이치스루]. 중=位于 (wèiyú)[웨이위].
- 위하다 爲- 할 위. (동사) :
  - 영=for, to do for (fɔːr, tə duː fɔːr) [포어, 투 두 포어].
  - 일=為にする (ためにする, tame ni suru) [타메 니 스루].
  - 중= 为了 (wèile) [웨이러].
- 위험 危險 위태할 위, 험할 험. (명사) :
  - 영=danger, risk ('deɪndʒər, rɪsk) [데인저, 리스크].
  - 일=危険 (きけん, kiken) [키켄]. 중=危险 (wēixiǎn) [웨이시엔].
- 위험성 危險性 위태할 위, 험할 험, 성품 성. (명사) : 영=dangerousness, riskiness ('deɪndʒərəsnəs, 'rɪskinəs) [데인저러스니스, 리스키니스].
  - 일=危険性 (きけんせい, kikensei) [키켄세이].
  - 중=危险性 (wēixiǎnxìng) [웨이시엔싱].

- 위험하다 危險- 위태할 위, 험할 험. (형용사) :
  영=dangerous ('deɪndʒərəs) [데인저러스].
  일=危険だ (きけんだ, kiken da) [키켄다]. 중=危险 (wēixiǎn)[웨이시엔].
- 위협 威脅 위엄 위, 위협할 협. (명사) : 영=threat (θrɛt) [스렛].
  일=威脅 (いきょう, ikyō) [이쿄오]. 중=威胁 (wēixié) [웨이셰].
- 윗몸 (명사) : 영=upper body ('ʌpər 'bɑːdi) [어퍼 바디].
  일=上半身 (じょうはんしん, jōhanshin)[조한신]. 중=上身 (shàngshēn) [샹션].
- 윗사람 (명사) : 영=superior, elder (suːˈpɪəriər, 'ɛldər) [수피리어, 엘더].
  일=目上の人 (めうえのひと, meue no hito)[메우에노 히토].
  중=长辈 (zhǎngbèi)[장베이].
- 유교 儒敎 선비 유, 가르칠 교. (명사) :
  영=Confucianism (kənˈfjuːʃənɪzəm) [컨퓨셔니즘].
  일=儒教 (じゅきょう, jukyō) [쥬쿄오]. 중=儒教 (rújiào) [루쟈오].
- 유난히 (부사) : 영=particularly, exceptionally
  (pərˈtɪkjələrli, ɪkˈsɛpʃənəli) [퍼티큘럴리, 익셉셔널리].
  일=特に (とくに, tokuni) [토쿠니]. 중=特别 (tèbié) [터비에].
- 유능하다 有能 있을 유, 능할 능. (형용사) : 영=competent, capable
  ('kɑːmpɪtənt, 'keɪpəbəl) [컴피턴트, 케이퍼블].
  일=有能だ (ゆうのうだ, yūnō da)[유노오다]. 중=有能 (yǒunéng)[요우넝].
- 유럽 Europe (고유명사) : 영=Europe (ˈjʊrəp) [유럽].
  일=ヨーロッパ(よーろっぱ, yōroppa)[요오롭파]. 중=欧洲 (Ōuzhōu)[오우저우].
- 유리 琉璃 유리 유, 유리 리. (명사) : 영=glass (ɡlæs) [글래스].
  일=ガラス (がらす, garasu) [가라스]. 중=玻璃 (bōli) [보리].
- 유리창 琉璃窓 유리 유, 유리 리, 창 창. (명사) :
  영=glass window (ɡlæs 'wɪndoʊ) [글래스 윈도우].
  일=ガラス窓 (がらすまど, garasumado) [가라스마도].
  중=玻璃窗 (bōlichuāng) [보리촹].
- 유리하다 有利- 있을 유, 이로울 리. (형용사) :
  영=advantageous (ˌædvənˈteɪdʒəs) [애드번테이저스].
  일=有利だ (ゆうりだ, yūri da) [유리다]. 중=有利 (yǒulì) [요우리].
- 유머 humor (명사) :
  영=humor ('hjuːmər) [휴머].
  일=ユーモア (ゆーもあ, yūmoa) [유모아]. 중=幽默 (yōumò) [요우모].

- 유명 有名 있을 유, 이름 명. (명사) : ㉠=fame (feɪm) [페임].
  ㉥=有名 (ゆうめい, yūmei) [유메이]. ㉢=有名 (yǒumíng) [요우밍].
- 유명하다 有名- 있을 유, 이름 명. (형용사) :
  ㉠=famous ('feɪməs) [페이머스].
  ㉥=有名だ (ゆうめいだ, yūmei da)[유메이다].
  ㉢=有名 (yǒumíng)[요우밍].
- 유물 遺物 남길 유, 물건 물. (명사) :
  ㉠=relic, artifact (rɛlɪk, 'ɑːrtɪfækt) [렐릭, 아티팩트].
  ㉥=遺物 (いぶつ, ibutsu) [이부츠]. ㉢=遗物 (yíwù) [이우].
- 유발하다 誘發- 꾈 유, 필 발. (동사) :
  ㉠=induce, trigger (ɪn'duːs, 'trɪɡər) [인듀스, 트리거].
  ㉥=誘発する (ゆうはつする, yūhatsu suru) [유하츠스루].
  ㉢=诱发 (yòufā) [요우파].
- 유사하다 類似- 무리 유, 닮을 사.(형용사) : ㉠=similar ('sɪmələr) [시멀러].
  ㉥=類似する (るいじする, ruiji suru) [루이지 스루]. ㉢=类似 (lèisì) [레이씨].
- 유산 遺産 남길 유, 낳을 산. (명사) :
  ㉠=heritage, legacy ('hɛrɪtɪdʒ, 'lɛɡəsi) [헤리티지, 레거시].
  ㉥=遺産 (いさん, isan) [이산]. ㉢=遗产 (yíchǎn) [이찬].
- 유월 六月 여섯 유, 달 월. (명사) : ㉠=June (dʒuːn) [준].
  ㉥=六月 (ろくがつ, rokugatsu) [로쿠가츠]. ㉢=六月 (liùyuè)[리우위에].
- 유의하다 留意 머무를 유, 뜻 의. (동사) :
  ㉠=pay attention (peɪ ə'tɛnʃən) [페이 어텐션].
  ㉥=留意する (りゅういする, ryūi suru)[류이 스루]. ㉢=留意 (liúyì)[리우이].
- 유적 遺跡 남길 유, 자취 적. (명사) : ㉠=historic site, ruins
  (hɪ'stɔːrɪk saɪt, 'ruːɪnz)[히스토릭 사이트, 루인즈].
  ㉥=遺跡 (いせき, iseki) [이세키]. ㉢=遗迹 (yíjì) [이찌].
- 유적지 遺跡地 남길 유, 자취 적, 땅 지. (명사) :
  ㉠=historic site (hɪ'stɔːrɪk saɪt) [히스토릭 사이트].
  ㉥=遺跡地 (いせきち, isekichi) [이세키치]. ㉢=遗址 (yízhǐ) [이즈].
- 유지되다 維持- 벼리 유, 가질 지. (동사) :
  ㉠=be maintained (bi meɪn'teɪnd) [비 메인테인드].
  ㉥=維持される (いじされる, iji sareru) [이지사레루].
  ㉢=维持 (wéichí) [웨이츠].

- 유지하다 維持- 벼리 유, 가질 지. (동사) : 영=maintain (meɪnˈteɪn) [메인테인].
  일=維持する (いじする, iji suru) [이지스루]. 중=维持 (wéichí)[웨이츠].
- 유치원 幼稚園 어릴 유, 어릴 치, 동산 원. (명사) :
  영=kindergarten (ˈkɪndərgɑːrtn) [킨더가튼].
  일=幼稚園 (ようちえん, yōchien) [요오치엔].
  중=幼儿园 (yòuˈéryuán) [요우얼위안].
- 유학 留學 머무를 유, 배울 학. (명사) :
  영=studying abroad (ˈstʌdiɪŋ əˈbrɔːd) [스터디잉 어브로드].
  일=留学 (りゅうがく, ryūgaku) [류가쿠]. 중=留学 (liúxué) [리우쉬에].
- 유학 儒學 선비 유, 배울 학. (명사) :
  영=Confucianism (kənˈfjuːʃənɪzəm) [컨퓨셔니즘].
  일=儒学 (じゅがく, jugaku) [쥬가쿠]. 중=儒学 (rúxué) [루쉬에].
- 유학생 留學生 머무를 유, 배울 학, 날 생. (명사) :
  영=international student (ˌɪntərˈnæʃənəl ˈstuːdənt)[인터내셔널 스튜던트].
  일=留学生 (りゅうがくせい, ryūgakusei) [류가쿠세이].
  중=留学生 (liúxuéshēng) [리우쉬에셩].
- 유행 流行 흐를 유, 다닐 행. (명사) :
  영=fashion, trend (ˈfæʃən, trɛnd) [패션, 트렌드].
  일=流行 (りゅうこう, ryūkō) [류코오]. 중=流行 (liúxíng) [리우싱].
- 유행하다 流行- 흐를 유, 다닐 행. (동사) :
  영=be in fashion (bi ɪn ˈfæʃən) [비 인 패션].
  일=流行する (りゅうこうする, ryūkō suru) [류코오 스루].
  중=流行 (liúxíng) [리우싱].
- 유형 類型 무리 유, 모형 형. (명사) :
  영=type, category (taɪp, ˈkætəgɔːri) [타입, 카테고리].
  일=類型 (るいけい, ruikei) [루이케이]. 중=类型 (lèixíng) [레이싱].
- 육 六 여섯 육. (수사) : 영=six (sɪks) [식스].
  일=六 (ろく, roku) [로쿠]. 중=六 (liù) [리우].
- 육군 陸軍 뭍 육, 군사 군. (명사) : 영=army (ˈɑːrmi) [아미].
  일=陸軍 (りくぐん, rikugun) [리쿠군]. 중=陆军 (lùjūn) [루쥔].
- 육상 陸上 뭍 육, 위 상. (명사) :
  영=athletics, land-based (æθˈlɛtɪks, ˈlændbeɪst)[애슬레틱스, 랜드베이스트].
  일=陸上 (りくじょう, rikujō) [리쿠죠오]. 중=陆上 (lùshàng) [루샹].

- 육십 六十 여섯 육, 열 십. (수사) : ᄋ=sixty ('sɪksti) [식스티].

  ᄋ=六十 (ろくじゅう, rokujū) [로쿠쥬]. ᄋ=六十 (liùshí) [리우스].
- 육체 肉體 고기 육, 몸 체 (명사) : ᄋ=body, flesh ('bɑːdi, flɛʃ) [바디, 플레시].

  ᄋ=肉体 (にくたい, nikutai) [니쿠타이]. ᄋ=肉体 (ròutǐ) [로우티].
- 육체적 肉體的 고기 육, 몸 체, 과녁 적. (명사) :

  ᄋ=physical ('fɪzɪkəl) [피지컬].

  ᄋ=肉体的 (にくたいてき, nikutaiteki) [니쿠타이테키].

  ᄋ=肉体的 (ròutǐ de) [로우티 더].
- 으레 (부사) : ᄋ=habitually, naturally

  (həˈbɪtʃuəli, ˈnætʃərəli) [해비추얼리, 내추럴리].

  ᄋ=決まって (きまって, kimatte) [키맛테]. ᄋ=总是 (zǒngshì) [쫑스].
- 으응 (감탄사) : ᄋ=yeah, uh-huh (jɛə, əˈhʌ) [예아, 어허].

  ᄋ=うん (うん, un) [운]. ᄋ=嗯嗯 (ǹg ǹg) [응응].
- 은 銀 은 은. (명사) : ᄋ=silver ('sɪlvər) [실버].

  ᄋ=銀 (ぎん, gin) [긴]. ᄋ=银 (yín) [인].
- 은은하다 隱隱 숨을 은, 숨을 은. (형용사) :

  ᄋ=soft, subtle (sɔːft, 'sʌtl) [소프트, 서틀].

  ᄋ=ほのかだ (ほのかだ, honoka da) [호노카다].

  ᄋ=隐隐的 (yǐnyǐn de)[인인 더].
- 은행 銀行 은 은, 다닐 행. (명사) : ᄋ=bank (bæŋk) [뱅크].

  ᄋ=銀行 (ぎんこう, ginkō) [긴코오]. ᄋ=银行 (yínháng) [인항].
- 은행나무 銀杏 은 은, 살구 행. (명사) :

  ᄋ=ginkgo tree ('gɪŋkoʊ triː) [깅코 트리].

  ᄋ=イチョウ (いちょう, ichō)[이초오].

  ᄋ=银杏树 (yínxìngshù)[인싱슈].
- 음 (감탄사) : ᄋ=um, hmm (ʌm, hm) [음, 흠].

  ᄋ=うーん (うーん, ūn) [우운]. ᄋ=嗯 (ǹg) [응].
- 음력 陰曆 그늘 음, 책력 력. (명사) :

  ᄋ=lunar calendar ('luːnər 'kælɪndər) [루너 캘린더].

  ᄋ=陰暦 (いんれき, inreki) [인레키]. ᄋ=阴历 (yīnlì) [인리].
- 음료 飮料 마실 음, 헤아릴 료. (명사) :

  ᄋ=beverage, drink ('bɛvərɪdʒ, drɪŋk) [베버리지, 드링크].

  ᄋ=飲料 (いんりょう, inryō) [인료오]. ᄋ=饮料 (yǐnliào) [인리아오].

• 음료수 飮料水 마실 음, 헤아릴 료, 물 수. (명사) :
　㉠=drinking water, beverage ('drɪŋkɪŋ 'wɔːtər, 'bɛvərɪdʒ) [드링킹 워터, 베버리지].
　㉡=飮料水 (いんりょうすい, inryōsui) [인료오스이].
　㉢=饮料水 (yǐnliàoshuǐ) [인리아오슈이].
• 음반 音盤 소리 음, 쟁반 반. (명사) :
　㉠=music album ('mjuːzɪk 'ælbəm) [뮤직 앨범].
　㉡=音盤 (おんばん, onban) [온반].　㉢=唱片 (chàngpiàn) [창피엔].
• 음성 音聲 소리 음, 소리 성. (명사) :
　㉠=voice, audio (vɔɪs, 'ɔːdioʊ) [보이스, 오디오].
　㉡=音声 (おんせい, onsei) [온세이].　㉢=音声 (yīnshēng) [인셩].
• 음식 飮食 마실 음, 먹을 식. (명사) :　㉠=food (fuːd) [푸드].
　㉡=飮食 (いんしょく, inshoku) [인쇼쿠].　㉢=饮食 (yǐnshí) [인스].
• 음식물 飮食物 마실 음, 먹을 식, 물건 물. (명사) :
　㉠=food and drink (fuːd ənd drɪŋk) [푸드 앤 드링크].
　㉡=飮食物 (いんしょくぶつ, inshokubutsu) [인쇼쿠부츠].
　㉢=饮食物 (yǐnshíwù) [인스우].
• 음식점 飮食店 마실 음, 먹을 식, 가게 점. (명사) :
　㉠=restaurant ('rɛstərənt) [레스토랑].
　㉡=飮食店 (いんしょくてん, inshokuten)[인쇼쿠텐].
　㉢=餐厅 (cāntīng)[찬팅].
• 음악 音樂 소리 음, 즐거울 악. (명사) :　㉠=music ('mjuːzɪk) [뮤직]. ㉡=音楽 (おんがく, ongaku) [온가쿠].　㉢=音乐 (yīnyuè) [인위에].
• 음악가 音樂家 소리 음, 즐거울 악, 집 가. (명사) :
　㉠=musician (mju'zɪʃən)[뮤지션].
　㉡=音楽家 (おんがくか, ongakuka)[온가쿠카].
　㉢=音乐家 (yīnyuèjiā) [인위에쟈].
• 음주 飮酒 마실 음, 술 주. (명사) :
　㉠=drinking alcohol ('drɪŋkɪŋ 'ælkəhɔːl) [드링킹 앨커홀].
　㉡=飮酒 (いんしゅ, inshu) [인슈].　㉢=饮酒 (yǐnjiǔ) [인지우].
• 응 (감탄사) :
　㉠=yes, yeah (jɛs, jɛə) [예스, 예아].
　㉡=うん (うん, un) [운].　㉢=嗯 (ǹg) [응].

- 응답하다 應答- 응할 응, 대답 답. (동사) :
  영=respond, reply (rɪ'spɑːnd, rɪ'plaɪ) [리스폰드, 리플라이].
  일=応答する (おうとうする, ōtō suru) [오오토오 스류].
  중=应答 (yìngdá) [잉다].
- 의견 意見 뜻 의, 볼 견. (명사) : 영=opinion (ə'pɪnjən) [어피니언].
  일=意見 (いけん, iken) [이켄].　중=意见 (yìjiàn) [이젠].
- 의논 議論 의논할 의, 논할 론. (명사) : 영=discussion (dɪ'skʌʃən)[디스커션]. 일=議論 (ぎろん, giron) [기론].　중=议论 (yìlùn) [이룬].
- 의논하다 議論- 의논할 의, 논할 론. (동사) : 영=discuss (dɪ'skʌs) [디스커스]. 일=議論する (ぎろんする, giron suru)[기론 스류].　중=议论 (yìlùn)[이룬].
- 의도 意圖 뜻 의, 그림 도. (명사) : 영=intention (ɪn'tɛnʃən) [인텐션].
  일=意図 (いと, ito) [이토].　중=意图 (yìtú) [이투].
- 의도적 意圖的 뜻 의, 그림 도, 과녁 적. (명사) :
  영=intentional (ɪn'tɛnʃənəl) [인텐셔널].
  일=意図的 (いとてき, itoteki)[이토테키].
  중=有意的 (yǒuyì de)[요우이 데].
- 의류 衣類 옷 의, 무리 류. (명사) : 영=clothing ('kloʊðɪŋ) [클로딩].
  일=衣類 (いるい, irui) [이루이].　중=衣类 (yīlèi) [이레이].
- 의무 義務 옳을 의, 힘쓸 무. (명사) :
  영=duty, obligation ('duːti, ˌɑːblɪ'geɪʃən) [듀티, 오블리게이션].
  일=義務 (ぎむ, gimu) [기무].　중=义务 (yìwù) [이우].
- 의문 疑問 의심할 의, 물을 문. (명사) :
  영=question, doubt ('kwɛstʃən, daʊt) [퀘스천, 다우트].
  일=疑問 (ぎもん, gimon) [기몬].　중=疑问 (yíwèn) [이웬].
- 의미 意味 뜻 의, 맛 미. (명사) : 영=meaning ('miːnɪŋ) [미닝].
  일=意味 (いみ, imi) [이미].　중=意义 (yìyì) [이이].
- 의미하다 意味- 뜻 의, 맛 미. (동사) :
  영=mean, signify (miːn, 'sɪgnɪfaɪ) [민, 시그니파이].
  일=意味する (いみする, imi suru)[이미 스류].
  중=意味着 (yìwèizhe) [이웨이제].
- 의복 衣服 옷 의, 옷 복. (명사) :
  영=clothes, garment (kloʊðz, 'gɑːrmənt) [클로즈, 가먼트].
  일=衣服 (いふく, ifuku) [이후쿠].　중=衣服 (yīfú) [이푸].

- 의사 意思 뜻 의, 생각 사. (명사) :
  - 영=intention, will (ɪn'tɛnʃən, wɪl) [인텐션, 윌].
  - 일=意思 (いし, ishi) [이시].　중=意思 (yìsi) [이스].
- 의사 醫師 의원 의, 스승 사. (명사) :
  - 영=doctor ('dɑːktər) [닥터].
  - 일=医師 (いし, ishi) [이시].　중=医生 (yīshēng) [이셩].
- 의식 儀式 거동 의, 법 식. (명사) :
  - 영=ceremony, ritual ('sɛrəmoʊni, 'rɪtʃuəl) [세러모니, 리추얼].
  - 일=儀式 (ぎしき, gishiki) [기시키].　중=仪式 (yíshì) [이스].
- 의식 意識 뜻 의, 알 식. (명사) :
  - 영=consciousness ('kɑːnʃəsnəs) [컨셔스니스].
  - 일=意識 (いしき, ishiki) [이시키].　중=意识 (yìshí) [이스].
- 의식하다 意識- 뜻 의, 알 식. (동사) :
  - 영=be conscious of (bi 'kɑːnʃəs əv) [비 컨셔스 어브].
  - 일=意識する (いしきする, ishiki suru) [이시키 스루].
  - 중=意识到 (yìshídào) [이스다오].
- 의심 疑心 의심할 의, 마음 심. (명사) :
  - 영=doubt, suspicion (daʊt, sə'spɪʃən) [다우트, 서스피션].
  - 일=疑心 (ぎしん, gishin) [기신].　중=疑心 (yíxīn) [이신].
- 의심하다 疑心- 의심할 의, 마음 심. (동사) :
  - 영=doubt, suspect (daʊt, sə'spɛkt) [다우트, 서스펙트].
  - 일=疑う (うたがう, utagau) [우타가우].　중=怀疑 (huáiyí) [화이이].
- 의외로 意外- 뜻 의, 바깥 외. (부사) :
  - 영=unexpectedly (ˌʌnɪk'spɛktɪdli) [어닉스펙티들리].
  - 일=意外に (いがいに, igai ni) [이가이니].
  - 중=意外地 (yìwài de) [이와이 더].
- 의욕 意欲 뜻 의, 하고자 할 욕. (명사) :
  - 영=desire, enthusiasm (dɪ'zaɪər, ɪn'θuːziæzəm) [디자이어, 인수지애즘].
  - 일=意欲 (いよく, iyoku) [이요쿠].　중=意欲 (yìyù) [이위].
- 의원 議員 의논할 의, 인원 원. (명사) :
  - 영=assembly member (ə'sɛmbli 'mɛmbər) [어셈블리 멤버].
  - 일=議員 (ぎいん, giin) [기인].
  - 중=议员 (yìyuán) [이위안].

•의자 椅子 의자 의, 아들 자. (명사) : [영]=chair (tʃɛər) [체어].
[일]=椅子 (いす, isu) [이스]. [중]=椅子 (yǐzi) [이쯔].

•의존하다 依存- 의지할 의, 있을 존. (동사) :
[영]=depend on (dɪˈpɛnd ɑːn) [디펜드 온].
[일]=依存する (いぞんする, izon suru) [이존 스루].
[중]=依存 (yīcún) [이춘].

•의지 意志 뜻 의, 뜻 지. (명사) :
[영]=will, intention (wɪl, ɪnˈtɛnʃən) [윌, 인텐션].
[일]=意志 (いし, ishi) [이시]. [중]=意志 (yìzhì) [이즈].

•의지하다 依支- 의지할 의, 지탱할 지. (동사) :
[영]=rely on (rɪˈlaɪ ɑːn) [릴라이 온].
[일]=頼る (たよる, tayoru) [타요루]. [중]=依靠 (yīkào) [이카오].

•의하다 依- 의지할 의. (동사) :
[영]=be based on, according to (bi beɪst ɑːn, əˈkɔːrdɪŋ tə)
[비 베이스트 온, 어코딩 투].
[일]=依る (よる, yoru) [요루]. [중]=依 (yī) [이].

•의학 醫學 의원 의, 배울 학. (명사) : [영]=medicine (ˈmɛdɪsɪn)[메디슨].
[일]=医学 (いがく, igaku) [이가쿠]. [중]=医学 (yīxué) [이쉬에].

•이 (관형사) : [영]=this (ðɪs) [디스].
[일]=この (この, kono) [코노]. [중]=这 (zhè) [저].

•이 (대명사) : [영]=this (ðɪs)[디스].
[일]=これ (これ, kore)[코레]. [중]=这 (zhè)[저].

•이 (명사) 신체 : [영]=tooth (tuːθ) [투스].
[일]=歯 (は, ha) [하]. [중]=牙齿 (yáchǐ) [야츠].

•이 (의존명사) : [영]=this, person (ðɪs, ˈpɜːrsən) [디스, 퍼슨].
[일]=人 (ひと, hito) [히토]. [중]=人 (rén) [런].

•이 二 두 이. (수사) : [영]=two (tuː) [투].
[일]=二 (に, ni) [니]. [중]=二 (èr) [얼].

•이같이 (부사) : [영]=like this, thus (laɪk ðɪs, ðʌs) [라이크 디스, 더스].
[일]=このように (このように, kono yō ni)[코노요오니]. [중]=如此 (rúcǐ) [루츠].

•이거 (대명사) :
[영]=this thing (ðɪs θɪŋ) [디스 씽].
[일]=これ (これ, kore) [코레]. [중]=这个 (zhège) [저거].

- 이것 (대명사) : 영=this (ðɪs) [디스].
  일=これ (これ, kore) [코레].　중=这个 (zhège) [저거].
- 이것저것 (명사) : 영=this and that (ðɪs ənd ðæt) [디스 앤 댓].
  일=あれこれ (あれこれ, arekore) [아레코레].
  중=这个那个 (zhège nàge) [저거 나거].
- 이곳 (대명사) : 영=here, this place (hɪər, ðɪs pleɪs)[히어, 디스 플레이스].
  일=ここ (ここ, koko) [코코].　중=这里 (zhèlǐ) [절리].
- 이곳저곳 (명사) : 영=here and there (hɪər ənd ðɛər) [히어 앤 데어].
  일=あちこち (あちこち, achikochi) [아치코치].
  중=这里那里 (zhèlǐ nàlǐ) [절리 날리].
- 이기다 적에게 ~ (동사) : 영=win, defeat (wɪn, dɪˈfiːt) [윈, 디피트].
  일=勝つ (かつ, katsu) [카츠].　중=赢 (yíng) [잉].
- 이끌다 (동사) : 영=lead, guide (liːd, gaɪd) [리드, 가이드].
  일=導く (みちびく, michibiku) [미치비쿠].　중=带领 (dàilǐng) [다이링].
- 이날 (명사) : 영=this day (ðɪs deɪ) [디스 데이].
  일=この日 (このひ, kono hi)[코노히].　중=这一天 (zhè yì tiān)[저이티엔].
- 이내 (부사) : 영=soon, immediately (suːn, ɪˈmiːdiətli) [순, 이미디엇리].
  일=すぐに (すぐに, suguni) [스구니].　중=马上 (mǎshàng) [마샹].
- 이내 以內 써 이, 안 내. (명사) : 영=within (wɪˈðɪn) [위딘].
  일=以内 (いない, inai) [이나이].　중=以内 (yǐnèi) [이네이].
- 이념 理念 다스릴 이, 생각 념. (명사) : 영=ideology, concept
  　　　　　　　(aɪdɪˈɑːlədʒi, ˈkɑːnsɛpt) [아이디얼러지, 콘셉트].
  일=理念 (りねん, rinen) [리넨].　중=理念 (lǐniàn) [리녠].
- 이놈 (대명사) : 영=this guy, this fellow
  　　　　　　　(ðɪs gaɪ, ðɪs ˈfɛloʊ) [디스 가이, 디스 펠로우].
  일=こいつ (こいつ, koitsu)[코이츠].
  중=这家伙 (zhè jiāhuo) [저쟈후어].
- 이다음 (명사) :
  영=next time, later (nɛkst taɪm, ˈleɪtər) [넥스트 타임, 레이터].
  일=この次 (このつぎ, kono tsugi) [코노 츠기].　중=下次 (xiàcì) [샤츠].
- 이달 (명사) : 영=this month (ðɪs mʌnθ) [디스 먼스].
  일=今月 (こんげつ, kongetsu) [콘게츠].
  중=本月 (běnyuè) [번위에].

- 이대로 (부사) : 영=as it is, like this
  (æz ɪt ɪz, laɪk ðɪs) [애즈 잇 이즈, 라이크 디스].
  일=このまま (このまま, kono mama) [코노 마마].
  중=就这样 (jiù zhèyàng) [지우 저양].
- 이데올로기 Ideologie (명사) :
  영=ideology (ˌaɪdiˈɑːlədʒi)[아이디얼러지].
  일=イデオロギー (いでおろぎー, ideorogī) [이데오로기이].
  중=意识形态 (yìshí xíngtài) [이스 싱타이].
- 이동 移動 옮길 이, 움직일 동. (명사) :
  영=movement, transfer (ˈmuːvmənt, ˈtrænsfər) [무브먼트, 트랜스퍼].
  일=移動 (いどう, idō) [이도오]. 중=移动 (yídòng) [이똥].
- 이동하다 移動- 옮길 이, 움직일 동. (동사) :
  영=move, transfer (muːv, ˈtrænsfər) [무브, 트랜스퍼].
  일=移動する (いどうする, idō suru) [이도오 스루]. 중=移动 (yídòng) [이똥].
- 이따가 (부사) :
  영=later, after a while (ˈleɪtər, ˈæftər ə waɪl) [레이터, 애프터 어 와일].
  일=あとで (あとで, atode) [아토데]. 중=一会儿 (yíhuìr) [이후얼].
- 이따금 (부사) : 영=sometimes, occasionally
  (ˈsʌmtaɪmz, əˈkeɪʒənəli)[썸타임즈, 어케이저널리].
  일=たまに (たまに, tamani) [타마니]. 중=偶尔 (ǒu'ěr) [어우얼].
- 이때 (명사) : 영=at this moment, this time
  (ət ðɪs ˈmoʊmənt, ðɪs taɪm) [앳 디스 모먼트, 디스 타임].
  일=この時 (このとき, kono toki) [코노 토키].
  중=这时 (zhèshí) [저스].
- 이래 以來 써 이, 올 래. (의존명사) :
  영=since, after (sɪns, ˈæftər) [신스, 애프터].
  일=以来 (いらい, irai) [이라이]. 중=以来 (yǐlái) [이라이].
- 이래서 이리하여서 (붑) : 영=thus, therefore (ðʌs, ˈðɛərfɔːr)[더스, 데어포어].
  일=こうして (こうして, kōshite) [코오시테]. 중=因此 (yīncǐ) [인츠].
- 이러다 (동사) : 영=do this, act this way
  (du ðɪs, ækt ðɪs weɪ) [두 디스, 액트 디스 웨이].
  일=こうする (こうする, kō suru) [코오 스루].
  중=这样做 (zhèyàng zuò) [저양 쭈오].

•이러하다 (형용사) : [영]=be like this (bi laɪk ðɪs) [비 라이크 디스].
[일]=このようだ (このようだ, kono yō da) [코노요오다].
[중]=这样的 (zhèyàng de) [저양 더].
•이런 (관형사) : [영]=this kind of (ðɪs kaɪnd əv) [디스 카인드 어브].
[일]=こんな (こんな, konna) [콘나]. [중]=这样的 (zhèyàng de) [저양 더].
•이런저런 (관형사) : [영]=this and that, various
(ðɪs ənd ðæt, ˈvɛəriəs)[디스 앤 댓, 베리어스].
[일]=あれこれの (あれこれの, arekore no) [아레코레노].
[중]=各种各样的 (gèzhǒng gèyàng de) [거쫑 거양 더].
•이렇게 이러하게 (불) : [영]=like this, in this way
(laɪk ðɪs, ɪn ðɪs weɪ)[라이크 디스, 인 디스 웨이].
[일]=このように (このように, kono yō ni) [코노요오니].
[중]=这样地 (zhèyàng de) [저양 더].
•이렇다 (형용사) : [영]=be this way, be like this
(bi ðɪs weɪ, bi laɪk ðɪs) [비 디스 웨이, 비 라이크 디스].
[일]=こうだ (こうだ, kō da) [코오다]. [중]=这样 (zhèyàng) [저양].
•이력서 履歷書 밟을 이, 지날 력, 글 서. (명사) :
[영]=resume, CV (ˈrɛzjumeɪ, ˌsiːˈviː) [레쥬메이, 씨브이].
[일]=履歴書 (りれきしょ, rirekisho)[리레키쇼]. [중]=简历 (jiǎnlì)[지앤리].
•이론적 理論的 다스릴 이, 논할 론, 과녁 적. (명사) :
[영]=theoretical (ˌθiːəˈrɛtɪkəl) [씨어레티컬].
[일]=理論的 (りろんてき, rironteki)[리론테키]. [중]=理论的 (lǐlùnde)[리룬더].
•이롭다 利- 이로울 리. (형용사) : [영]=beneficial, advantageous
(ˌbɛnəˈfɪʃəl, ˌædvənˈteɪdʒəs)[베너피셜, 애드번테이저스].
[일]=有益だ (ゆうえきだ, yūeki da)[유에키다]. [중]=有利 (yǒulì)[요우리].
•이루다 (동사) :
[영]=achieve, accomplish (əˈtʃiːv, əˈkɑːmplɪʃ) [어치브, 어컴플리시].
[일]=成し遂げる(なしとげる,nashitogeru)[나시토게루].
[중]=实现 (shíxiàn)[스시엔].
•이루어지다 (동사) : [영]=be achieved, come true
(bi əˈtʃiːvd, kʌm truː)[비 어치브드, 컴 트루].
[일]=叶う (かなう, kanau) [카나우].
[중]=实现 (shíxiàn) [스시엔].

- 이룩하다 (동사) : 영=achieve, build (əˈtʃiːv, bɪld) [어치브, 빌드].
  일=築く (きずく, kizuku) [키즈쿠].　중=建立 (jiànlì) [지엔리].
- 이뤄지다 (동사) : 영=be accomplished, realized
  　　　　　　(bi əˈkɑːmplɪʃt, ˈriːəlaɪzd) [비 어컴플리시트, 리얼라이즈드].
  일=成り立つ (なりたつ, naritatsu)[나리타츠].　중=达成 (dáchéng)[다청].
- 이르다 도착하다 (동사) : 영=arrive, reach (əˈraɪv, riːtʃ)[어라이브, 리치].
  일=到着する (とうちゃくする, tōchaku suru) [토오챠쿠 스루].
  중=到达 (dàodá) [다오다].
- 이르다 말하다 (동사) : 영=say, tell (seɪ, tɛl) [세이, 텔].
  일=言う (いう, iu) [이우].　중=说 (shuō) [슈오].
- 이르다 빠르다 (형용사) : 영=early (ˈɜːrli) [얼리].
  일=早い (はやい, hayai) [하야이].　중=早 (zǎo) [자오].
- 이름 (명사) : 영=name (neɪm) [네임].
  일=名前 (なまえ, namae) [나마에].　중=名字 (míngzi) [밍쯔].
- 이리 ~ 오너라 (부사) : 영=this way, here (ðɪs weɪ, hɪər)[디스 웨이, 히어].
  일=こっち (こっち, kocchi) [콧치].　중=这边 (zhèbiān) [저비엔].
- 이리저리 ~ 돌아다니다 (부사) :
  영=here and there (hɪər ənd ðɛər) [히어 앤 데어].
  일=あちこち (あちこち, achikochi)[아치코치].　중=到处 (dàochù)[다오추].
- 이마 (명사) : 영=forehead (ˈfɔːrhed) [포헤드].
  일=額 (ひたい, hitai) [히타이].　중=额头 (étóu) [어터우].
- 이모 姨母 이모 이, 어머니 모. (명사) : 영=aunt (ænt) [앤트].
  일=おば (おば, oba) [오바].　중=姨妈 (yímā) [이마].
- 이미 (부사) : 영=already (ɔːlˈredi) [올레디].
  일=すでに (すでに, sudeni) [스데니].　중=已经 (yǐjīng) [이징].
- 이미지 image (명사) : 영=image (ˈɪmɪdʒ) [이미지].
  일=イメージ (いめーじ, imēji) [이메지].　중=形象 (xíngxiàng) [싱샹].
- 이민 移民 옮길 이, 백성 민. (명사) : 영=immigration, emigration
  　　　　　　(ˌɪmɪˈgreɪʃən, ˌɛmɪˈgreɪʃən) [이미그레이션, 에미그레이션].
  일=移民 (いみん, imin) [이민].　중=移民 (yímín) [이민].
- 이발소 理髮所 다스릴 이, 터럭 발, 바 소. (명사) :
  영=barbershop (ˈbɑːrbərʃɑːp) [바버샵].
  일=理髪店 (りはつてん, rihatsuten)[리하츠텐].　중=理发店 (lǐfàdiàn)[리파뎬].

- 이번 -番 차례 번. (명사) : 영=this time (ðɪs taɪm) [디스 타임].
  일=今度 (こんど, kondo) [콘도]. 중=这次 (zhècì) [저츠].
- 이별 離別 떠날 이, 나눌 별. (명사) :
  영=farewell, parting (fɛərˈwɛl, ˈpɑːrtɪŋ) [페어웰, 파팅].
  일=別れ (わかれ, wakare) [와카레]. 중=离别 (líbié) [리비에].
- 이분 (대명사) : 영=this person (ðɪs ˈpɜːrsən) [디스 퍼슨].
  일=この方 (このかた, kono kata)[코노카타]. 중=这位 (zhè wèi)[저 웨이].
- 이불 (명사) : 영=blanket, bedding (ˈblæŋkɪt, ˈbɛdɪŋ) [블랭킷, 베딩].
  일=布団 (ふとん, futon) [후톤]. 중=被子 (bèizi) [베이쯔].
- 이빨 (명사) : 영=teeth (tiːθ)[티쓰]. 일=歯 (は, ha)[하]. 중=牙 (yá) [야].
- 이사 移徙 옮길 이, 옮길 사. (명사) :
  영=move, relocation (muːv, ˌriːloʊˈkeɪʃən) [무브, 리로케이션].
  일=引っ越し (ひっこし, hikkoshi) [힛코시]. 중=搬家 (bānjiā) [반쟈].
- 이사장 理事長 다스릴 이, 일 사, 긴 장. (명사) :
  영=chairperson, president (ˈtʃɛrpɜːrsən, ˈprɛzɪdənt)[체어퍼슨, 프레지던트].
  일=理事長 (りじちょう, rijichō)[리지초오]. 중=理事长 (lǐshìzhǎng)[리쓰쟝].
- 이사하다 移徙- 옮길 이, 옮길 사. (동사) :
  영=move, relocate (muːv, ˌriːloʊˈkeɪt) [무브, 리로케이트].
  일=引っ越す (ひっこす, hikkosu) [힛코스]. 중=搬家 (bānjiā) [반쟈].
- 이상 理想 다스릴 이, 생각 상. (명사) : 영=ideal (aɪˈdiːəl) [아이디얼].
  일=理想 (りそう, risō) [리소오]. 중=理想 (lǐxiǎng) [리샹].
- 이상 異常 다를 이, 떳떳할 상. (명사) : 영=abnormality, unusualness (ˌæbnɔːrˈmæləti, ʌnˈjuːʒuəlnəs)[앱노말러티, 언유주얼니스].
  일=異常 (いじょう, ijō) [이죠오]. 중=异常 (yìcháng) [이챵].
- 이상 以上 써 이, 위 상. (명사) :
  영=more than, above (mɔːr ðæn, əˈbʌv) [모어댄, 어버브].
  일=以上 (いじょう, ijō) [이죠오]. 중=以上 (yǐshàng) [이샹].
- 이상적 理想的 다스릴 이, 생각 상, 과녁 적. (명사) :
  영=idealistic (aɪˌdiːəˈlɪstɪk) [아이디얼리스틱].
  일=理想的 (りそうてき, risōteki)[리소오테키]. 중=理想的 (lǐxiǎng de)[리샹 데].
- 이상하다 異常- 다를 이, 떳떳할 상. (형용사) :
  영=strange, unusual (streɪndʒ, ʌnˈjuːʒuəl) [스트레인지, 언유주얼].
  일=異常だ (いじょうだ, ijō da)[이죠오다]. 중=奇怪 (qíguài)[치과이].

- 이성 理性 다스릴 이, 성품 성. (명사) :
  - 영=reason, rationality ('riːzən, ˌræʃə'næliti) [리즌, 래셔낼러티].
  - 일=理性 (りせい, risei) [리세이].　　중=理性 (lǐxìng) [리싱].
- 이성 異性 다를 이, 성품 성. (명사) :
  - 영=opposite sex ('ɑːpəzɪt sɛks) [어퍼짓 섹스].
  - 일=異性 (いせい, isei) [이세이].　　중=异性 (yìxìng) [이싱].
- 이슬 (명사) : 영=dew (duː) [듀].
  - 일=露 (つゆ, tsuyu) [츠유].　　중=露水 (lùshuǐ) [루슈이].
- 이십 二十 두 이, 열 십. (수사) : 영=twenty ('twɛnti) [트웬티].
  - 일=二十 (にじゅう, nijū) [니쥬우].　　중=二十 (èrshí) [얼스].
- 이야기 (명사) : 영=story, talk ('stɔːri, tɔːk) [스토리, 토크].
  - 일=話 (はなし, hanashi) [하나시].　　중=故事 (gùshi) [구스].
- 이야기하다 (동사) :
  - 영=talk, tell (tɔːk, tɛl) [토크, 텔].
  - 일=話す (はなす, hanasu) [하나스]. 중=讲故事 (jiǎng gùshi) [장 구스].
- 이어 (부사) :
  - 영=consecutively, subsequently (kən'sɛkjətɪvli, 'sʌbsɪkwəntli) [컨세큐티블리, 섭시퀀틀리].
  - 일=続けて (つづけて, tsuzukete) [츠즈케테]. 중=接着 (jiēzhe) [지에저].
- 이어서 (부사) : 영=continuously, subsequently (kən'tɪnjuəsli, 'sʌbsɪkwəntli) [컨티뉴어슬리, 섭시퀀틀리].
  - 일=引き続き (ひきつづき, hikitsuzuki) [히키츠즈키]. 중=继续 (jìxù) [지쉬].
- 이어지다 (동사) : 영=be continued, connected (bi kən'tɪnjuːd, kə'nɛktɪd) [비 컨티뉴드, 커넥티드].
  - 일=続く (つづく, tsuzuku) [츠즈쿠].
  - 중=连接 (liánjiē) [롄지에].
- 이외 以外 써 이, 바깥 외. (명사) :
  - 영=except, besides (ɪk'sɛpt, bɪ'saɪdz) [익셉트, 비사이즈].
  - 일=以外 (いがい, igai) [이가이].　　중=以外 (yǐwài) [이와이].
- 이용 利用 이로울 이, 쓸 용. (명사) :
  - 영=use, utilization (juːz, ˌjuːtələ'zeɪʃən) [유즈, 유틸러제이션].
  - 일=利用 (りよう, riyō) [리요오].
  - 중=利用 (lìyòng) [리용].

- 이용되다 利用- 이로울 이, 쓸 용. (동사) : 영=be used, be utilized (bi juːzd, bi ˈjuːtəlaɪzd)[비 유즈드, 비 유틸라이즈드]. 일=利用される (りようされる, riyō sareru) [리요오 사레루]. 중=被利用 (bèi liyòng) [베이 리용].
- 이용자 利用者 이로울 이, 쓸 용, 놈 자. (명사) : 영=user (ˈjuːzər) [유저]. 일=利用者 (りようしゃ, riyōsha) [리요오샤]. 중=用户 (yònghù) [용후].
- 이용하다 利用- 이로울 이, 쓸 용. (동사) : 영=use, utilize (juːz, ˈjuːtəlaɪz) [유즈, 유틸라이즈]. 일=利用する (りようする, riyō suru)[리요오 스루]. 중=利用 (liyòng) [리용].
- 이웃 (명사) : 영=neighbor (ˈneɪbər) [네이버]. 일=隣 (となり, tonari) [토나리]. 중=邻居 (línjū) [린쥐].
- 이웃집 (명사) : 영=neighbor's house (ˈneɪbərz haʊs) [네이버즈 하우스]. 일=隣の家 (となりのいえ, tonari no ie)[토나리노 이에]. 중=邻居家 (línjū jiā)[린쥐 쟈].
- 이월 二月 두 이, 달 월. (명사) : 영=February (ˈfɛbruəri)[페브루어리]. 일=二月 (にがつ, nigatsu) [니가츠]. 중=二月 (èryuè) [얼위에].
- 이유 理由 다스릴 이, 말미암을 유. (명사) : 영=reason (ˈriːzən)[리즌]. 일=理由 (りゆう, riyū) [리유]. 중=理由 (lǐyóu) [리요우].
- 이윽고 (부사) : 영=soon afterward, before long (suːn ˈæftərwərd, brˈfɔːr lɔːŋ) [순 애프터워드, 비포어 롱]. 일=やがて (やがて, yagate) [야가테]. 중=不久 (bùjiǔ) [부지우].
- 이익 利益 이로울 이, 더할 익. (명사) : 영=profit, benefit (ˈprɑːfɪt, ˈbɛnɪfɪt) [프로핏, 베니핏]. 일=利益 (りえき, rieki) [리에키]. 중=利益 (liyì) [리이].
- 이자 利子 이로울 이, 아들 자. (명사) : 영=interest (ˈɪntrəst) [인터레스트]. 일=利子 (りし, rishi) [리시]. 중=利息 (lìxī) [리시].
- 이전 以前 써 이, 앞 전. (명사) : 영=before, previously (bɪˈfɔːr, ˈpriːviəsli) [비포어, 프리비어슬리]. 일=以前 (いぜん, izen) [이젠]. 중=以前 (yǐqián) [이치엔].
- 이제 (명사) : 영=now (naʊ) [나우]. 일=今 (いま, ima) [이마]. 중=现在 (xiànzài) [시엔자이].
- 이제 (부사) : 영=now, from now on (naʊ, frəm naʊ ɑːn) [나우, 프럼 나우 원]. 일=もう (もう, mō) [모오]. 중=现在 (xiànzài) [시엔자이].

● 이제야 (부사) : ㉠=only now, just now
('oʊnli naʊ, dʒʌst naʊ)[온리 나우, 저스트 나우].
㉡=今やっと (いまやっと, ima yatto) [이마 얏토].
㉢=才刚刚 (cái gānggāng) [차이 강강].
● 이중 二重 두 이, 무거울 중. (명사) :
㉠=double, dual (dʌbəl, 'duːəl) [더블, 듀얼].
㉡=二重 (にじゅう, nijū) [니쥬우].
㉢=双重 (shuāngchóng) [슈앙충].
● 이쪽 (대명사) : ㉠=this side, this way
(ðɪs saɪd, ðɪs weɪ) [디스 사이드, 디스 웨이].
㉡=こちら (こちら, kochira) [코치라]. ㉢=这边 (zhèbiān) [저비엔].
● 이튿날 (명사) : ㉠=next day, following day
(nɛkst deɪ, 'fɑːloʊɪŋ deɪ)[넥스트 데이, 팔로잉 데이].
㉡=翌日 (よくじつ, yokujitsu)[요쿠지츠]. ㉢=第二天 (dì'èr tiān)[디얼 티엔].
● 이틀 (명사) : ㉠=two days (tuː deɪz) [투 데이즈].
㉡=二日 (ふつか, futsuka) [후츠카]. ㉢=两天 (liǎngtiān) [량티엔].
● 이하 以下 써 이, 아래 하. (명사) :
㉠=below, less than (bɪ'loʊ, lɛs ðæn) [빌로우, 레스 댄].
㉡=以下 (いか, ika) [이카]. ㉢=以下 (yǐxià) [이샤].
● 이해 理解 다스릴 이, 풀 해. (명사) :
㉠=understanding (ˌʌndər'stændɪŋ) [언더스탠딩].
㉡=理解 (りかい, rikai) [리카이]. ㉢=理解 (lǐjiě) [리제].
● 이해 利害 이로울 리, 해할 해. (명사) : ㉠=interests, gains and losses
('ɪntrəsts, geɪnz ənd lɔːsɪz) [인터레스츠, 게인즈 앤 로시즈].
㉡=利害 (りがい, rigai) [리가이]. ㉢=利害 (lìhài) [리하이].
● 이해관계 利害關係 이로울 리, 해할 해, 빗장 관, 맬 계. (명사) :
㉠=interests, stake ('ɪntrəsts, steɪk) [인터레스츠, 스테이크].
㉡=利害関係 (りがいかんけい, rigai kankei) [리가이 칸케이].
㉢=利害关系 (lìhài guānxi) [리하이 관시].
● 이해되다 理解- 다스릴 이, 풀 해. (동사) :
㉠=be understood (bi ˌʌndər'stʊd) [비 언더스투드].
㉡=理解される (りかいされる, rikai sareru) [리카이 사레루].
㉢=被理解 (bèi lǐjiě) [베이 리제].

●이해하다 理解- 다스릴 이, 풀 해. (동사) :
  영=understand (ˌʌndərˈstænd) [언더스탠드].
  일=理解する (りかいする, rikai suru)[리카이 스루]. 중=理解 (lǐjiě)[리제].
●이혼 離婚 떠날 이, 혼인할 혼. (명사) : 영=divorce (dɪˈvɔːrs) [디보스].
  일=離婚 (りこん, rikon) [리콘]. 중=离婚 (líhūn) [리훈].
●이혼하다 離婚- 떠날 이, 혼인할 혼. (동사) :
  영=get divorced (gɛt dɪˈvɔːrst) [겟 디보스드].
  일=離婚する (りこんする, rikon suru)[리콘 스루]. 중=离婚 (líhūn)[리훈].
●이후 以後 써 이, 뒤 후. (명사) :
  영=after, since then (ˈæftər, sɪns ðɛn) [애프터, 신스 덴].
  일=以後 (いご, igo) [이고]. 중=以后 (yǐhòu) [이호우].
●익다 (동사) 감이 ~ : 영=ripen, mature (ˈraɪpən, məˈtʃʊr)[라이픈, 머추어].
  일=熟す (じゅくす, jukusu) [쥬쿠스]. 중=成熟 (chéngshú) [청수].
●익다 (형용사) 손에 ~ :
  영=familiar, skilled (fəˈmɪljər, skɪld) [퍼밀리어, 스킬드].
  일=慣れている (なれている, narete iru) [나레테 이루].
  중=熟练 (shúliàn) [수리엔].
●익숙하다 (형용사) : 영=familiar, accustomed
          (fəˈmɪljər, əˈkʌstəmd) [퍼밀리어, 어커스텀드].
  일=慣れている (なれている, narete iru) [나레테 이루].
  중=熟悉 (shúxī) [수시].
●익숙해지다 (동사) :
  영=get used to (gɛt juːzd tuː) [겟 유즈드 투].
  일=慣れる (なれる, nareru)[나레루].
  중=变得熟悉 (biànde shúxī)[비엔더 수시].
●익히다 (동사) 고기를 ~ : 영=cook thoroughly (kʊk ˈθɜːrəli)[쿡 써러리].
  일=よく火を通す (よくひをとおす, yoku hi o tōsu) [요쿠 히 오 토오스].
  중=煮熟 (zhǔshú) [주수].
●익히다 (동사) 기술을 ~ : 영=learn, master (lɜːrn, ˈmæstər)[런, 매스터].
  일=身につける (みにつける, mi ni tsukeru)[미니츠케루].
  중=掌握 (zhǎngwò) [장워].
●인 人 사람 인. (명사) : 영=person (ˈpɜːrsən) [퍼슨].
  일=人 (ひと, hito) [히토]. 중=人 (rén) [런].

- 인간 人間 사람 인, 사이 간. (명사) :
  영=human, mankind (ˈhjuːmən, mænˈkaɪnd) [휴먼, 맨카인드].
  일=人間 (にんげん, ningen) [닌겐].　　중=人间 (rénjiān) [런지엔].
- 인간관계 人間關係 사람 인, 사이 간, 빗장 관, 맬 계. (명사) :
  영=human relationship (ˈhjuːmən rɪˈleɪʃənʃɪp) [휴먼 릴레이션쉽].
  일=人間関係 (にんげんかんけい, ningen kankei) [닌겐 칸케이].
  중=人际关系 (rénjì guānxi) [런지 관시].
- 인간성 人間性 사람 인, 사이 간, 성품 성. (명사) :
  영=humanity, human nature (hjuːˈmænəti, ˈhjuːmən ˈneɪtʃər)
  　　　　　　　　　　　　　　　　　　　　　[휴매너티, 휴먼 네이처].
  일=人間性 (にんげんせい, ningensei)[닌겐세이].　중=人性 (rénxìng)[런싱].
- 인간적 人間的 사람 인, 사이 간, 과녁 적. (명사) :
  영=humane, human-like (hjuːˈmeɪn, ˈhjuːmən laɪk)[휴메인, 휴먼 라이크].
  일=人間的 (にんげんてき, ningenteki)[닌겐테키].
  중=人性化 (rénxìnghuà)[런싱화].
- 인격 人格 사람 인, 격식 격. (명사) :
  영=personality, character (ˌpɜːrsəˈnæləti, ˈkærəktər) [퍼서낼리티, 캐릭터].
  일=人格 (じんかく, jinkaku) [진카쿠].　　중=人格 (réngé) [런거].
- 인공 人工 사람 인, 장인 공. (명사) :　영=artificial (ˌɑːrtɪˈfɪʃəl)[아티피셜].
  일=人工 (じんこう, jinkō) [진코오].　　중=人工 (réngōng) [런꿍].
- 인구 人口 사람 인, 입 구. (명사) :　영=population (ˌpɑːpjəˈleɪʃən) [파퓰레이션].
  일=人口 (じんこう, jinkō) [진코오].　　중=人口 (rénkǒu) [런커우].
- 인근 隣近 이웃 인, 가까울 근. (명사) :
  영=nearby area, neighborhood
  　　　　　　(ˈnɪərbaɪ ˈɛəriə, ˈneɪbərˌhʊd) [니어바이 에어리어, 네이버후드].
  일=近隣 (きんりん, kinrin) [킨린].　　중=邻近 (línjìn) [린진].
- 인기 人氣 사람 인, 기운 기. (명사) :
  영=popularity (ˌpɑːpjəˈlærəti) [파퓰래러티].
  일=人気 (にんき, ninki) [닌키].　　중=人气 (rénqì) [런치].
- 인도 보도 (명사) :　영=sidewalk, pavement
  　　　　　　　　　(ˈsaɪdwɔːk, ˈpeɪvmənt) [사이드워크, 페이브먼트].
  일=歩道 (ほどう, hodō) [호도오].
  중=人行道 (rénxíngdào) [런싱다오].

- 인류 人類 사람 인, 무리 류. (명사) : 영=humanity, mankind (hjuːˈmænɪti, mænˈkaɪnd)[휴매니티, 맨카인드].
  일=人類 (じんるい, jinrui) [진루이].　중=人类 (rénlèi) [런레이].
- 인물 人物 사람 인, 물건 물. (명사) :
  영=person, figure (ˈpɜːrsən, ˈfɪɡjər) [퍼슨, 피겨].
  일=人物 (じんぶつ, jinbutsu) [진부츠].　중=人物 (rénwù) [런우].
- 인분 人分 사람 인, 나눌 분. 3~ (의존명사) :
  영=portion for ~ people (ˈpɔːrʃən fər ~ ˈpiːpəl) [포션 퍼 ~ 피플].
  일=人前 (にんまえ, ninmae) [닌마에].　중=人份 (rénfèn) [런펀].
- 인사 人士 사람 인, 선비 사. (명사) : 영=figure, prominent person (ˈfɪɡjər, ˈprɑːmɪnənt ˈpɜːrsən)[피겨, 프라머넌트 퍼슨].
  일=人士 (じんし, jinshi) [진시].　중=人士 (rénshì) [런스].
- 인사 人事 사람 인, 일 사. (명사) :
  영=human resources, personnel matters (ˈhjuːmən rɪˈsɔːrsɪz, ˌpɜːrsəˈnel ˈmætərz) [휴먼 리소시즈, 퍼서넬 매터즈].
  일=人事 (じんじ, jinji) [진지].　중=人事 (rénshì) [런스].
- 인사말 人事- 사람 인, 일 사, 말씀 말. (명사) : 영=greeting (ˈɡriːtɪŋ) [그리팅].
  일=挨拶 (あいさつ, aisatsu) [아이사츠].　중=问候语 (wènhòuyǔ) [원허우위].
- 인사하다 人事- 사람 인, 일 사. (동사) :
  영=greet, say hello (ɡriːt, seɪ həˈloʊ) [그리트, 세이 헬로우].
  일=挨拶する (あいさつする, aisatsu suru) [아이사츠 스루].
  중=打招呼 (dǎ zhāohu) [다 자오후].
- 인삼 人蔘 사람 인, 삼 삼. (명사) :
  영=ginseng (ˈdʒɪnsɛŋ) [진셍].
  일=人参 (にんじん, ninjin) [닌진].　중=人参 (rénshēn) [런선].
- 인삼차 人蔘茶 사람 인, 삼 삼, 차 차. (명사) :
  영=ginseng tea (ˈdʒɪnsɛŋ tiː)[진셍 티].
  일=人参茶 (にんじんちゃ, ninjincha) [닌진챠].
  중=人参茶 (rénshēnchá) [런선차].
- 인상 引上 끌 인, 위 상. (명사) :
  영=increase, raise (ˈɪnkriːs, reɪz) [인크리스, 레이즈].
  일=引き上げ (ひきあげ, hikiage)[히키아게].
  중=上涨 (shàngzhǎng)[샹장].

•인상 印象 도장 인, 코끼리 상. (명사) : [영]=impression (ɪm'prɛʃən) [임프레션].
[일]=印象 (いんしょう, inshō) [인쇼오]. [중]=印象 (yìnxiàng) [인샹].
•인상 人相 사람 인, 서로 상. (명사) : [영]=facial appearance, physiognomy ('feɪʃəl ə'pɪərəns, ˌfɪzi'ɑːnəmi) [페이셜 어피어런스, 피지아너미].
[일]=人相 (にんそう, ninsō) [닌소오]. [중]=面相 (miànxiàng) [미엔샹].
•인상적 印象的 도장 인, 코끼리 상, 과녁 적. (명사) :
[영]=impressive (ɪm'prɛsɪv) [임프레시브].
[일]=印象的 (いんしょうてき, inshōteki) [인쇼오테키].
[중]=印象深刻 (yìnxiàng shēnkè) [인샹 션커].
•인생 人生 사람 인, 날 생. (명사) : [영]=life (laɪf) [라이프].
[일]=人生 (じんせい, jinsei) [진세이]. [중]=人生 (rénshēng) [런셩].
•인쇄 印刷 도장 인, 인쇄할 쇄. (명사) : [영]=printing ('prɪntɪŋ)[프린팅].
[일]=印刷 (いんさつ, insatsu) [인사츠]. [중]=印刷 (yìnshuā) [인솨].
•인식하다 認識- 알 인, 알 식. (동사) : [영]=recognize, perceive ('rɛkəgnaɪz, pər'siːv) [레커그나이즈, 퍼시브].
[일]=認識する (にんしきする, ninshiki suru) [닌시키 스루].
[중]=认识 (rènshi) [런스].
•인연 因緣 인할 인, 인연 연. (명사) :
[영]=connection, relationship, fate
(kə'nɛkʃən, rɪ'leɪʃənʃɪp, feɪt) [커넥션, 릴레이션쉽, 페이트].
[일]=縁 (えん, en) [엔]. [중]=缘分 (yuánfèn) [위안펀].
•인원 人員 사람 인, 인원 원. (명사) :
[영]=personnel, number of people
(ˌpɜːrsə'nɛl, 'nʌmbər əv 'piːpəl) [퍼서넬, 넘버 오브 피플].
[일]=人員 (じんいん, jinin) [지닌]. [중]=人员 (rényuán) [런위안].
•인재 人材 사람 인, 재목 재. (명사) : [영]=talented person, talent ('tæləntɪd 'pɜːrsən, 'tælənt)[탤런티드 퍼슨, 탤런트].
[일]=人材 (じんざい, jinzai) [진자이]. [중]=人才 (réncái) [런차이].
•인정되다 認定- 알 인, 정할 정. (동사) :
[영]=be recognized, be acknowledged
(bi 'rɛkəgnaɪzd, bi ək'nɑːlɪdʒd) [비 레커그나이즈드, 비 어크놀리쥐드].
[일]=認定される (にんていされる, nintei sareru) [닌테이 사레루].
[중]=被认可 (bèi rènkě) [베이 런커].

- 인정받다 認定- 알 인, 정할 정. (동사) :
  - 영=be acknowledged, gain recognition (bi əkˈnɑːlɪdʒd, geɪn ˌrɛkəgˈnɪʃən) [비 어크놀리쥐드, 게인 레커그니션].
  - 일=認められる (みとめられる, mitomerareru) [미토메라레루].
  - 중=获得认可 (huòdé rènkě) [훠더 런커].
- 인정하다 認定- 알 인, 정할 정. (동사) :
  - 영=acknowledge, admit (əkˈnɑːlɪdʒ, ədˈmɪt) [어크놀리쥐, 어드밋].
  - 일=認める (みとめる, mitomeru) [미토메루]. 중=认可 (rènkě) [런커].
- 인제 (명사) : 영=now, at this moment (naʊ, ət ðɪs ˈmoʊmənt)[나우, 앳 디스 모먼트].
  - 일=今 (いま, ima) [이마]. 중=现在 (xiànzài) [시엔자이].
- 인제 (부사) : 영=now, finally (naʊ, ˈfaɪnəli) [나우, 파이널리].
  - 일=もう (もう, mō) [모오]. 중=终于 (zhōngyú) [쭁위].
- 인종 人種 사람 인, 씨 종. (명사) :
  - 영=race, ethnic group (reɪs, ˈɛθnɪk gruːp) [레이스, 에스닉 그룹].
  - 일=人種 (じんしゅ, jinshu) [진슈]. 중=人种 (rénzhǒng) [런쫑].
- 인천 仁川 어질 인, 내 천. (고유명사) : 영=Incheon (ˈɪn.tʃʌn) [인천].
  - 일=仁川 (インチョン, Inchon) [인촌]. 중=仁川 (Rénchuān) [런촨].
- 인천공항 仁川空港 어질 인, 내 천, 빌 공, 항구 항. (고유명사) :
  - 영=Incheon Airport (ˈɪn.tʃʌn ˈɛərpɔːrt) [인천 에어포트].
  - 일=仁川空港 (インチョンくうこう, Inchon kūkō) [인촌 쿠우코오].
  - 중=仁川机场 (Rénchuān jīchǎng) [런촨 지창].
- 인체 人體 사람 인, 몸 체. (명사) :
  - 영=human body (ˈhjuːmən ˈbɑːdi) [휴먼 바디].
  - 일=人体 (じんたい, jintai) [진타이]. 중=人体 (réntǐ) [런티].
- 인터넷 internet (명사) : 영=internet (ˈɪntɜrnɛt) [인터넷].
  - 일=インターネット (intānetto)[인타넷토]. 중=互联网 (hùliánwǎng)[후롄왕].
- 인터뷰 interview (명사) : 영=interview (ˈɪntərvjuː) [인터뷰].
  - 일=インタビュー (intabyū) [인타뷰우]. 중=采访 (cǎifǎng) [차이팡].
- 인하 引下 끌 인, 아래 하. (명사) :
  - 영=reduction, decrease (rɪˈdʌkʃən, dɪˈkriːs) [리덕션, 디크리스].
  - 일=引き下げ (ひきさげ, hikisage)[히키사게].
  - 중=下调 (xiàtiáo)[샤티아오].

•인하다 因- 인할 인. (동사) : [영]=be caused by, due to (bi kɔːzd baɪ, djuː tuː) [비 커즈드 바이, 듀 투].
[일]=原因する (げんいんする, gen'in suru) [겐인 스루].
[중]=由于 (yóuyú) [요우위].
•인형 人形 사람 인, 모양 형. (명사) : [영]=doll (dɑːl) [돌].
[일]=人形 (にんぎょう, ningyō) [닌교오]. [중]=人偶 (rénǒu) [런어우].
•일 (명사) : [영]=work, job (wɜːrk, dʒɑːb) [워크, 잡].
[일]=仕事 (しごと, shigoto) [시고토]. [중]=工作 (gōngzuò) [공쭈오].
•일 一 한 일 (수사) : [영]=one (wʌn) [원].
[일]=一 (いち, ichi) [이치]. [중]=一 (yī) [이].
•일 하루 (의존명사) : [영]=day (deɪ) [데이].
[일]=一日 (いちにち, ichinichi) [이치니치]. [중]=一天 (yìtiān) [이티엔].
•일곱 (수사) : [영]=seven ('sɛvən) [세븐].
[일]=七 (なな, nana) [나나]. [중]=七 (qī) [치].
•일기 日記 날 일, 기록할 기. (명사) :
[영]=diary, journal ('daɪəri, 'dʒɜːrnl) [다이어리, 저널].
[일]=日記 (にっき, nikki) [닉키]. [중]=日记 (rìjì) [르지].
•일기 日氣 날 일, 기운 기. (명사) : [영]=weather ('wɛðər) [웨더].
[일]=天気 (てんき, tenki) [텐키]. [중]=天气 (tiānqì) [티엔치].
•일단 一旦 한 일, 아침 단. (부사) :
[영]=first, for now (fɜːrst, fər naʊ) [퍼스트, 퍼 나우].
[일]=一旦 (いったん, ittan) [잇탄]. [중]=一旦 (yídàn) [이단].
•일대 一大 한 일, 큰 대. (관형사) :
[영]=great, extensive (ɡreɪt, ɪk'stɛnsɪv) [그레이트, 익스텐시브].
[일]=一大 (いちだい, ichidai) [이치다이]. [중]=一大 (yídà) [이다].
•일등 一等 한 일, 등급 등. (명사) :
[영]=first place, first class (fɜːrst pleɪs, fɜːrst klæs) [퍼스트 플레이스, 퍼스트 클래스].
[일]=一等 (いっとう, ittō) [잇토오]. [중]=一等 (yīděng) [이덩].
•일반 一般 한 일, 일반 반. (명사) :
[영]=general, common ('dʒɛnərəl, 'kɑːmən) [제너럴, 커먼].
[일]=一般 (いっぱん, ippan) [잇판].
[중]=一般 (yìbān) [이반].

- 일반인 一般人 한 일, 일반 반, 사람 인. (명사) :
  영=ordinary person, general public
  (ˈɔːrdəneri ˈpɜːrsən, ˈdʒɛnərəl ˈpʌblɪk) [오더너리 퍼슨, 제너럴 퍼블릭].
  일=一般人 (いっぱんじん, ippanjin)[잇판진]. 중=普通人 (pǔtōngrén)[푸통런].
- 일반적 一般的 한 일, 일반 반, 과녁 적. (명사) :
  영=general, usual (ˈdʒɛnərəl, ˈjuːʒuəl) [제너럴, 유주얼].
  일=一般的 (いっぱんてき, ippanteki) [잇판테키].
  중=一般的 (yībānde) [이반더].
- 일본 日本 날 일, 근본 본. (고유명사) : 영=Japan (dʒəˈpæn) [저팬].
  일=日本 (にほん, Nihon) [니혼]. 중=日本 (Rìběn) [르번].
- 일본어 日本語 날 일, 근본 본, 말씀 어. (명사) :
  영=Japanese language (ˌdʒæpəˈniːz ˈlæŋɡwɪdʒ) [재퍼니즈 랭귀지].
  일=日本語 (にほんご, Nihongo) [니혼고]. 중=日语 (Rìyǔ) [르위].
- 일부 一部 한 일, 떼 부. (명사) : 영=part, portion (pɑːrt, ˈpɔːrʃən) [파트, 포션].
  일=一部 (いちぶ, ichibu) [이치부]. 중=一部分 (yībùfen) [이부펀].
- 일부러 (부사) : 영=intentionally, deliberately
  (ɪnˈtɛnʃənəli, dɪˈlɪbərətli) [인텐셔널리, 딜리버러틀리].
  일=わざと (wazato) [와자토]. 중=故意地 (gùyìde) [구이더].
- 일상 日常 날 일, 항상 상. (명사) : 영=everyday, daily life
  (ˈɛvrɪdeɪ, ˈdeɪli laɪf)[에브리데이, 데일리 라이프].
  일=日常 (にちじょう, nichijō) [니치죠오]. 중=日常 (rìcháng) [르창].
- 일상생활 日常生活 날 일, 항상 상, 살 생, 살 활. (명사) :
  영=daily life (ˈdeɪli laɪf) [데일리 라이프].
  일=日常生活 (にちじょうせいかつ, nichijō seikatsu) [니치죠오 세이카츠].
  중=日常生活 (rìcháng shēnghuó) [르창 성후오].
- 일상적 日常的 날 일, 항상 상, 과녁 적. (명사) :
  영=routine, daily (ruːˈtiːn, ˈdeɪli) [루틴, 데일리].
  일=日常的 (にちじょうてき, nichijōteki) [니치죠오테키].
  중=日常的 (rìcháng de) [르창 더].
- 일생 一生 한 일, 날 생. (명사) :
  영=lifetime, one's entire life (ˈlaɪftaɪm, wʌnz ɪnˈtaɪər laɪf)
  [라이프타임, 원즈 인타이어 라이프].
  일=一生 (いっしょう, isshō) [잇쇼오]. 중=一生 (yìshēng) [이셩].

- 일손 (명사) : ㉠=worker, manpower ('wɜːrkər, 'mæn,paʊər)[워커, 맨파워].
  ㉣=働き手 (はたらきて, hatarakite)[하타라키테]. ㉢=人手 (rényi)[런서우].
- 일시적 一時的 한 일, 때 시, 과녁 적. (명사) :
  ㉠=temporary ('tɛmpəreri) [템퍼러리].
  ㉣=一時的 (いちじてき, ichijiteki)[이치지테키]. ㉢=一时的 (yìshíde)[이스더].
- 일식 日食 날 일, 먹을 식. 일본 음식. (명사) :
  ㉠=solar eclipse; Japanese cuisine ('soʊlər ɪ'klɪps, dʒæpə'niːz kwɪ'ziːn) [솔러 이클립스, 재퍼니즈 퀴진].
  ㉣=日食・日本食 (にっしょく・にほんしょく, nisshoku・nihonshoku) [닛쇼쿠, 니혼쇼쿠].
  ㉢=日食・日本料理 (rìshí・rìběn liàolǐ) [르스, 르번 랴오리].
- 일쑤 (명사) :
  ㉠=habitual occurrence (hə'bɪtʃuəl ə'kɜːrəns) [허비추얼 어커런스].
  ㉣=常 (つね, tsune) [츠네]. ㉢=常事 (chángshì) [창스].
- 일어나다 (동사) : ㉠=get up, occur (gɛt ʌp, ə'kɜːr) [겟 업, 어커].
  ㉣=起きる (おきる, okiru) [오키루].
  ㉢=起来・发生 (qǐlai・fāshēng) [치라이, 파셩].
- 일어서다 (동사) : ㉠=stand up, rise (stænd ʌp, raɪz)[스탠드 업, 라이즈].
  ㉣=立ち上がる (たちあがる, tachiagaru) [타치아가루].
  ㉢=站起来 (zhàn qǐlai) [잔 치라이].
- 일요일 日曜日 날 일, 빛날 요, 날 일. (명사) : ㉠=Sunday ('sʌndeɪ) [선데이].
  ㉣=日曜日 (にちようび, nichiyōbi) [니치요오비].
  ㉢=星期日 (xīngqīrì) [싱치르].
- 일월 一月 한 일, 달 월. (명사) : ㉠=January ('dʒænju,ɛri) [재뉴에리].
  ㉣=一月 (いちがつ, ichigatsu) [이치가츠]. ㉢=一月 (yīyuè) [이위에].
- 일으키다 (동사) : ㉠=raise, cause (reɪz, kɔːz) [레이즈, 커즈].
  ㉣=起こす (おこす, okosu) [오코스]. ㉢=引起 (yǐnqǐ) [인치].
- 일일이. (부사) : ㉠=one by one, individually
  (wʌn baɪ wʌn, ,ɪndɪ'vɪdʒuəli) [원 바이 원, 인디비쥬얼리].
  ㉣=いちいち (ichiichi) [이치이치]. ㉢=一一 (yīyī) [이이].
- 일자 日子 날 일, 아들 자. (명사) :
  ㉠=date, day (deɪt, deɪ)[데이트, 데이].
  ㉣=日付 (ひづけ, hizuke) [히즈케]. ㉢=日子 (rìzi) [르쯔].

- 일자리 (명사) :
    - 영=job, employment (dʒɑːb, ɪmˈplɔɪmənt) [잡, 임플로이먼트].
    - 일=勤め口 (つとめぐち, tsutomeguchi) [츠토메구치].
    - 중=工作岗位 (gōngzuò gǎngwèi) [공쭈오 강웨이].
- 일정 日程 날 일, 한도 정. (명사) :
    - 영=schedule, itinerary (ˈskɛdʒuːl, aɪˈtɪnəreri) [스케쥴, 아이티너레리].
    - 일=日程 (にってい, nittei) [닛테이]. 중=日程 (rìchéng) [르쳥].
- 일정하다 一定- 한 일, 정할 정. (형용사) :
    - 영=fixed, regular (fɪkst, ˈrɛɡjələr) [픽스트, 레귤러].
    - 일=一定している (いっていしている, ittei shite iru) [잇테이 시테 이루].
    - 중=一定的 (yídìng de) [이딩 더].
- 일종 一種 한 일, 씨 종. (명사) : 영=a kind of, a sort of
    (ə kaɪnd əv, ə sɔːrt əv) [어 카인드 어브, 어 소트 어브].
    - 일=一種 (いっしゅ, isshu) [잇슈]. 중=一种 (yìzhǒng) [이종].
- 일주일 一週日 한 일, 돌 주, 날 일. (명사) : 영=one week (wʌn wiːk) [원 위크].
    - 일=一週間 (いっしゅうかん, isshūkan)[잇슈우칸]. 중=一周 (yìzhōu)[이저우].
- 일찍 (부사) : 영=early (ˈɜːrli) [얼리].
    - 일=早く (はやく, hayaku) [하야쿠]. 중=早 (zǎo) [자오].
- 일찍이 (부사) :
    - 영=earlier, previously (ˈɜːrliər, ˈpriːviəsli) [얼리어, 프리비어슬리].
    - 일=かつて (katsute) [카츠테]. 중=曾经 (céngjīng) [청징].
- 일체 一切 한 일, 온통 체. (명사) :
    - 영=everything, entirety (ˈɛvriθɪŋ, ɪnˈtaɪərəti) [에브리씽, 인타이어러티].
    - 일=一切 (いっさい, issai) [잇사이]. 중=一切 (yíqiè) [이치에].
- 일치 一致 한 일, 이를 치. (명사) : 영=agreement, coincidence
    (əˈɡriːmənt, koʊˈɪnsɪdəns)[어그리먼트, 코인시던스].
    - 일=一致 (いっち, icchi) [잇치]. 중=一致 (yízhì) [이즈].
- 일치하다 一致- 한 일, 이를 치. (동사) : 영=coincide, correspond
    (ˌkoʊɪnˈsaɪd, ˌkɔːrəˈspɑːnd)[코인사이드, 코러스판드].
    - 일=一致する (いっちする, icchi suru)[잇치 스루]. 중=一致 (yízhì)[이즈].
- 일하다 (동사) :
    - 영=work (wɜːrk) [워크].
    - 일=働く (はたらく, hataraku) [하타라쿠]. 중=工作 (gōngzuò) [공쭈오].

- 일행 一行 한 일, 다닐 행. (명사) :
  영=party, group ('pɑːrti, gruːp) [파티, 그룹].
  일=一行 (いっこう, ikkō) [잇코오].　중=一行人 (yixíngrén) [이싱런].
- 일회용 一回用 한 일, 돌아올 회, 쓸 용. (명사) :　영=single-use, disposable ('sɪŋgəl juːs, dɪ'spoʊzəbl)[싱글 유스, 디스포저블].
  일=使い捨て (つかいすて, tsukaisute)[츠카이스테].　중=一次性 (yícìxìng) [이츠싱].
- 일회용품 一回用品 한 일, 돌아올 회, 쓸 용, 물건 품. (명사) :
  영=disposable goods (dɪ'spoʊzəbl gʊdz) [디스포저블 굿즈].
  일=使い捨て用品 (つかいすてようひん, tsukaisute yōhin) [츠카이스테 요힌].
  중=一次性用品 (yícìxìng yòngpǐn)[이츠싱 용핀].
- 일흔 (수사) :
  영=seventy ('sɛvənti) [세븐티].
  일=七十 (ななじゅう, nanajū) [나나쥬우].　중=七十 (qīshí) [치스].
- 읽다 (동사) :　영=read (riːd) [리드].
  일=読む (よむ, yomu) [요무].　중=读 (dú) [두].
- 읽히다 ('읽다'의 피동사) (동사) :
  영=be read (bi rɛd) [비 레드].
  일=読まれる (よまれる, yomareru)[요마레루].　중=被读 (bèidú)[베이두].
- 잃다 (동사) :　영=lose (luːz) [루즈].
  일=失う (うしなう, ushinau) [우시나우].　중=失去 (shīqù) [스취].
- 잃어버리다 (동사) :　영=lose completely (luːz kəm'pliːtli) [루즈 컴플리틀리].
  일=なくしてしまう (nakushite shimau)[나쿠시테 시마우].
  중=丢失 (diūshī)[디오스].
- 임금 (명사) :　영=king, monarch (kɪŋ, 'mɑːnərk) [킹, 모나크].
  일=王 (おう, ō) [오오].　중=国王 (guówáng) [궈왕].
- 임금 賃金 품삯 임, 쇠 금. (명사) :
  영=wage, salary (weɪdʒ, 'sæləri) [웨이지, 샐러리].
  일=賃金 (ちんぎん, chingin) [친긴].　중=工资 (gōngzī) [공쯔].
- 임무 任務 맡길 임, 힘쓸 무. (명사) :　영=mission, duty ('mɪʃən, 'duːti) [미션, 듀티].
  일=任務 (にんむ, ninmu) [닌무].　중=任务 (rènwu) [런우].
- 임시 臨時 임할 임, 때 시. (명사) :　영=temporary, provisional ('tɛmpəreri, prə'vɪʒənəl)[템퍼러리, 프로비저널].
  일=臨時 (りんじ, rinji) [린지].　중=临时 (línshí) [린스].

- 임신 妊娠 아이 밸 임, 아이 밸 신. (명사) :
  영=pregnancy ('prɛgnənsi) [프레그넌시].
  일=妊娠 (にんしん, ninshin) [닌신]. 중=怀孕 (huáiyùn) [화이윈].
- 임신부 妊娠婦 아이 밸 임, 아이 밸 신, 지어미 부. (명사) :
  영=pregnant woman ('prɛgnənt 'wʊmən) [프레그넌트 우먼].
  일=妊婦 (にんぷ, ninpu) [닌푸]. 중=孕妇 (yùnfù) [윈푸].
- 임신하다 妊娠- 아이 밸 임, 아이 밸 신. (동사) :
  영=be pregnant (bi 'prɛgnənt) [비 프레그넌트].
  일=妊娠する (にんしんする, ninshin suru)[닌신 스루].
  중=怀孕 (huáiyùn)[화이윈].
- 입 (명사) : 영=mouth (maʊθ) [마우스].
  일=口 (くち, kuchi) [쿠치]. 중=嘴 (zuǐ) [쭈이].
- 입구 入口 들 입, 입 구. (명사) : 영=entrance ('ɛntrəns) [엔트런스].
  일=入口 (いりぐち, iriguchi) [이리구치]. 중=入口 (rùkǒu) [루커우].
- 입국 入國 들 입, 나라 국. (명사) :
  영=entry into a country ('ɛntri 'ɪntu ə 'kʌntri)[엔트리 인투 어 컨트리].
  일=入国 (にゅうこく, nyūkoku) [뉴우코쿠]. 중=入境 (rùjìng) [루징].
- 입다 옷을 ~ (동사) : 영=wear, put on (wɛər, pʊt ɑːn) [웨어, 풋 온].
  일=着る (きる, kiru) [키루]. 중=穿 (chuān) [촨].
- 입대 入隊 들 입, 무리 대. (명사) : 영=enlistment (ɪn'lɪstmənt)[인리스트먼트].
  일=入隊 (にゅうたい, nyūtai) [뉴우타이]. 중=入伍 (rùwǔ) [루우].
- 입력 入力 들 입, 힘 력. (명사) : 영=input, entry ('ɪnpʊt, 'ɛntri)[인풋, 엔트리].
  일=入力 (にゅうりょく, nyūryoku) [뉴우료쿠]. 중=输入 (shūrù) [슈루].
- 입력하다 入力- 들 입, 힘 력. (동사) :
  영=to input, enter (tu 'ɪnpʊt, 'ɛntər) [투 인풋, 엔터].
  일=入力する (にゅうりょくする, nyūryoku suru) [뉴우료쿠 스루].
  중=输入 (shūrù) [슈루].
- 입맛 (명사) : 영=appetite, taste ('æpɪtaɪt, teɪst)[애피타이트, 테이스트].
  일=口当たり (くちあたり, kuchiatari)[쿠치아타리].
  중=胃口 (wèikǒu) [웨이커우].
- 입사 入社 들 입, 모일 사. (명사) :
  영=joining a company ('dʒɔɪnɪŋ ə 'kʌmpəni) [조이닝 어 컴퍼니].
  일=入社 (にゅうしゃ, nyūsha) [뉴우샤]. 중=入职 (rùzhí) [루즈].

- 입사하다 入社- 들 입, 모일 사. (동사) :
  영=to join a company (tu dʒɔɪn ə ˈkʌmpəni) [투 조인 어 컴퍼니].
  일=入社する (にゅうしゃする, nyūsha suru) [뉴우샤 스루].
  중=入职 (rùzhí) [루즈].
- 입술 (명사) : 영=lips (lɪps) [립스].
  일=唇 (くちびる, kuchibiru) [쿠치비루]. 중=嘴唇 (zuǐchún) [쮸이춘].
- 입시 入試 들 입, 시험 시. (명사) :
  영=entrance exam (ˈɛntrəns ɪɡˈzæm) [엔트런스 이그잼].
  일=入試 (にゅうし, nyūshi) [뉴우시].
  중=入学考试 (rùxué kǎoshì) [루쉐 카오스].
- 입원 入院 들 입, 집 원. (명사) :
  영=hospitalization (ˌhɑːspɪtələˈzeɪʃən) [하스피털라이제이션].
  일=入院 (にゅういん, nyūin) [뉴우인].
  중=住院 (zhùyuàn) [주위엔].
- 입원하다 入院- 들 입, 집 원. (동사) :
  영=to be hospitalized (tu bi ˈhɑːspɪtəlaɪzd)[투 비 하스피털라이즈드].
  일=入院する (にゅういんする, nyūin suru) [뉴우인 스루].
  중=住院 (zhùyuàn) [주위엔].
- 입장 立場 설 립, 마당 장. (명사) :
  영=position, standpoint (pəˈzɪʃən, ˈstændpɔɪnt)[퍼지션, 스탠드포인트].
  일=立場 (たちば, tachiba) [타치바]. 중=立场 (lìchǎng) [리창].
- 입학 入學 들 입, 배울 학. (명사) :
  영=school admission (skuːl ədˈmɪʃən) [스쿨 어드미션].
  일=入学 (にゅうがく, nyūgaku) [뉴우가쿠]. 중=入学 (rùxué) [루쉐].
- 입학하다 入學- 들 입, 배울 학. (동사) : 영=to enter school, be admitted (tu ˈɛntər skuːl, bi ədˈmɪtɪd) [투 엔터 스쿨, 비 어드미티드].
  일=入学する (にゅうがくする, nyūgaku suru)[뉴우가쿠 스루].
  중=入学 (rùxué)[루쉐].
- 입히다 (동사) : 영=dress someone, put clothes on someone (drɛs ˈsʌmwʌn, pʊt kloʊðz ɑːn ˈsʌmwʌn) [드레스 썸원, 풋 클로즈 온 썸원].
  일=着せる (きせる, kiseru) [키세루]. 중=给穿 (gěi chuān) [게이촨].
- 잇다 (동사) : 영=connect, join (kəˈnɛkt, dʒɔɪn) [커넥트, 조인].
  일=つなぐ (tsunagu) [츠나구]. 중=连接 (liánjiē) [렌지에].

- 잇따르다 (동사) :
    영=follow in succession ('fɑːloʊ ɪn sək'sɛʃən) [팔로우 인 석세션].
    일=相次ぐ (あいつぐ, aitsugu) [아이츠구]. 중=接连 (jiēlián) [지에롄].
- 있다 (동사) : 영=exist, be, have (ɪɡ'zɪst, bi, hæv)[이그지스트, 비, 해브].
    일=ある・いる (aru/iru) [아루/이루]. 중=有・在 (yǒu/zài) [요우/짜이].
- 있다 (보조동사) : 영=be (continuous aspect) (bi) [비].
    일=〜ている (te iru) [테 이루]. 중=着 (zhe) [저].
- 있다 (형용사) : 영=exist, have (ɪɡ'zɪst, hæv) [이그지스트, 해브].
    일=ある (aru) [아루]. 중=有 (yǒu) [요우].
- 잊다 (동사) : 영=forget (fər'ɡɛt) [퍼겟].
    일=忘れる (わすれる, wasureru) [와스레루]. 중=忘记 (wàngjì) [왕지].
- 잊어버리다 (동사) : 영=forget completely (fər'ɡɛt kəm'pliːtli)[퍼겟 컴플리틀리].
    일=忘れてしまう (わすれてしまう, wasurete shimau)[와스레테 시마우].
    중=忘掉 (wàngdiào) [왕댜오].
- 잊혀지다 (동사) :
    영=be forgotten (bi fər'ɡɑːtn) [비 퍼가튼].
    일=忘れられる (わすれられる, wasurerareru) [와스레라레루].
    중=被遗忘 (bèi yíwàng) [베이 이왕].
- 잎 (명사) :
    영=leaf (liːf) [리프].
    일=葉 (は, ha) [하].
    중=叶子 (yèzi) [예쯔].

자. 자 부

弘益홍익(널리 이로울) 광고란
신백훈 정익학당 추천 애국민 필독서 **[중세지향, 퇴행사회] 홍승기 저**

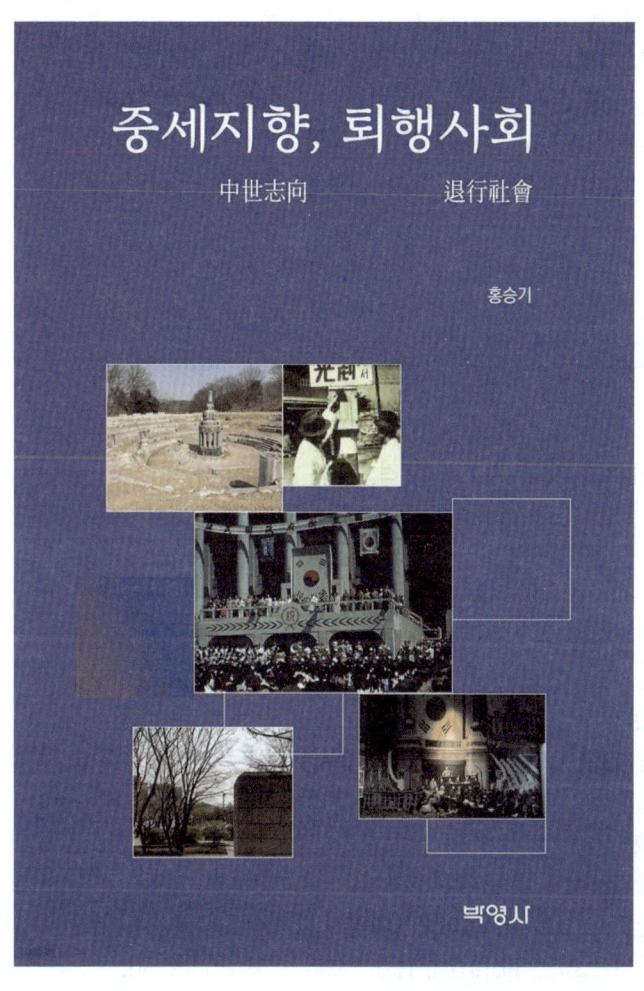

♣♣♣
- 자 (~로 재다) (명사) : ㉢=ruler ('ruːlər) [룰러].
㉠=定規 (じょうぎ, jōgi) [죠오기]. ㉥=尺子 (chǐzi) [츠쯔].
- 자 (감탄사) : ㉢=well, now (wɛl, naʊ) [웰, 나우].
㉠=さあ (sā) [사아]. ㉥=来吧 (láiba) [라이바].
- 자 者 놈 자. (의존명사) :
㉢=person, one who~ ('pɜːrsən, wʌn huː) [퍼슨, 원 후].
㉠=者 (もの, mono) [모노]. ㉥=者 (zhě) [저].
- 자 字 이름 석 ~ (명사) :
㉢=character, letter ('kærɪktər, 'lɛtər) [캐릭터, 레터].
㉠=字 (じ, ji) [지]. ㉥=字 (zì) [쯔].
- 자가용 自家用 스스로 자, 집 가, 쓸 용. (명사) :
㉢=private use, private car ('praɪvɪt juːs, 'praɪvɪt kɑːr) [프라이빗 유스, 프라이빗 카].
㉠=自家用 (じかよう, jikayō) [지카요오]. ㉥=私家 (sījiā) [스쟈].
- 자격 資格 재물 자, 격식 격. (명사) :
㉢=qualification (ˌkwɑːlɪfɪ'keɪʃən) [퀄리피케이션].
㉠=資格 (しかく, shikaku) [시카쿠]. ㉥=资格 (zīgé) [즈거].
- 자격증 資格證 재물 자, 격식 격, 증거 증. (명사) :
㉢=certificate, license (sərˈtɪfɪkət, 'laɪsəns) [서티피컷, 라이선스].
㉠=資格証 (しかくしょう, shikakushō) [시카쿠쇼오].
㉥=资格证 (zīgézhèng) [즈거정].
- 자극 刺戟 찌를 자, 창 극. (명사) : ㉢=stimulus, stimulation ('stɪmjələs, ˌstɪmjə'leɪʃən) [스티뮬러스, 스티뮬레이션].
㉠=刺激 (しげき, shigeki) [시게키]. ㉥=刺激 (cìjī) [츠지].
- 자극하다 刺戟- 찌를 자, 창 극. (동사) :
㉢=stimulate ('stɪmjəleɪt) [스티뮬레이트].
㉠=刺激する (しげきする, shigeki suru) [시게키 스루].
㉥=刺激 (cìjī) [츠지].
- 자기 自己 스스로 자, 몸 기. (대명사) : ㉢=oneself (wʌnˈsɛlf) [원셀프].
㉠=自分 (じぶん, jibun) [지분]. ㉥=自己 (zìjǐ) [쯔지].
- 자기 自己 스스로 자, 몸 기. (명사) : ㉢=self (sɛlf) [셀프].
㉠=自己 (じこ, jiko) [지코]. ㉥=自己 (zìjǐ) [쯔지].

- 자꾸 (부사) : 영=repeatedly, frequently (rɪˈpiːtɪdli, ˈfriːkwəntli) [리피티들리, 프리퀀틀리].
  일=しきりに (shikirini) [시키리니]. 중=总是 (zǒngshì) [쭝스].
- 자꾸만 (부사) : 영=again and again, constantly (əˈgɛn ənd əˈgɛn, ˈkɑːnstəntli) [어젠 앤 어젠, 컨스턴틀리].
  일=しつこく (shitsukoku) [시츠코쿠]. 중=一直 (yìzhí) [이즈].
- 자네 (대명사) :
  영=you (casual, older speaking to younger) (juː) [유].
  일=君 (きみ, kimi) [키미]. 중=你 (nǐ) [니].
- 자녀 子女 아들 자, 계집 녀. (명사) :
  영=children, offspring (ˈtʃɪldrən, ˈɔːfsprɪŋ) [칠드런, 오프스프링].
  일=子供 (こども, kodomo) [코도모]. 중=子女 (zǐnǚ) [쯔뉘].
- 자다 (동사) : 영=sleep (sliːp) [슬립].
  일=寝る (ねる, neru) [네루]. 중=睡觉 (shuìjiào) [슈이자오].
- 자동 自動 스스로 자, 움직일 동. (명사) :
  영=automatic (ˌɔːtəˈmætɪk) [오토매틱].
  일=自動 (じどう, jidō) [지도오]. 중=自动 (zìdòng) [쯔동].
- 자동차 自動車 스스로 자, 움직일 동, 수레 차. (명사) :
  영=car, automobile (kɑːr, ˌɔːtəmoʊˈbiːl) [카, 오토모빌].
  일=自動車 (じどうしゃ, jidōsha) [지도오샤]. 중=汽车 (qìchē) [치처].
- 자라나다 (동사) : 영=grow up (groʊ ʌp) [그로우 업].
  일=育つ (そだつ, sodatsu) [소다츠]. 중=成长 (chéngzhǎng) [청장].
- 자라다 커지다 (동사) :
  영=grow, get bigger (groʊ, gɛt ˈbɪgər) [그로우, 겟 비거].
  일=成長する (せいちょうする, seichō suru) [세이초오 스루].
  중=长大 (zhǎngdà) [장다].
- 자랑 (명사) :
  영=boast, pride (boʊst, praɪd) [보스트, 프라이드].
  일=自慢 (じまん, jiman) [지만]. 중=自豪 (zìháo) [쯔하오].
- 자랑스럽다 (형용사) :
  영=proud (praʊd) [프라우드].
  일=誇らしい (ほこらしい, hokorashii) [호코라시이].
  중=自豪的 (zìháode) [쯔하오더].

- 자랑하다 (동사) : ㈎=brag, boast (bræg, boʊst) [브래그, 보스트].
  ㈑=自慢する (じまんする, jiman suru) [지만 스루].
  ㈜=炫耀 (xuànyào) [쉬엔야오].
- 자료 資料 재물 자, 헤아릴 료. (명사) :
  ㈎=data, material ('deɪtə, mə'tɪəriəl) [데이터, 머티어리얼].
  ㈑=資料 (しりょう, shiryō) [시료오]. ㈜=资料 (zīliào) [쯔랴오].
- 자르다 (동사) : ㈎=cut (kʌt) [컷].
  ㈑=切る (きる, kiru) [키루]. ㈜=切断 (qiēduàn) [치에똰].
- 자리 (~가 없다) (명사) : ㈎=space, room (speɪs, ruːm) [스페이스, 룸].
  ㈑=席 (せき, seki) [세키]. ㈜=位置 (wèizhì) [웨이즈].
- 자리 (~를 깔다) (명사) : ㈎=mat, seat (mæt, siːt) [매트, 시트].
  ㈑=敷物 (しきもの, shikimono) [시키모노]. ㈜=垫子 (diànzi) [디엔쯔].
- 자매 姉妹 손윗누이 자, 누이 매. (명사) : ㈎=sisters ('sɪstərz) [시스터즈].
  ㈑=姉妹 (しまい, shimai) [시마이]. ㈜=姐妹 (jiěmèi) [지에메이].
- 자부심 自負心 스스로 자, 질 부, 마음 심. (명사) :
  ㈎=self-esteem, pride (sɛlfɪ'stiːm, praɪd) [셀프이스팀, 프라이드].
  ㈑=自負心 (じふしん, jifushin) [지후신]. ㈜=自负心 (zìfùxīn) [쯔푸신].
- 자살 自殺 스스로 자, 죽일 살. (명사) : ㈎=suicide ('suːɪsaɪd) [수이사이드].
  ㈑=自殺 (じさつ, jisatsu) [지사츠]. ㈜=自杀 (zìshā) [쯔샤].
- 자살하다 自殺- 스스로 자, 죽일 살. (동사) :
  ㈎=commit suicide (kə'mɪt 'suːɪsaɪd) [커밋 수이사이드].
  ㈑=自殺する (じさつする, jisatsu suru) [지사츠 스루].
  ㈜=自杀 (zìshā) [쯔샤].
- 자세 姿勢 모양 자, 형세 세. (명사) : ㈎=posture ('pɑːstʃər) [파스처].
  ㈑=姿勢 (しせい, shisei) [시세이]. ㈜=姿势 (zīshì) [즈스].
- 자세하다 仔細- 자세할 자, 가늘 세. (형용사) :
  ㈎=detailed (dɪ'teɪld) [디테일드].
  ㈑=詳しい (くわしい, kuwashii) [쿠와시이]. ㈜=详细 (xiángxì) [샹시].
- 자세히 仔細 자세할 자, 가늘 세. (부사) :㈎=in detail (ɪn dɪ'teɪl) [인 디테일].
  ㈑=詳しく (くわしく, kuwashiku) [쿠와시쿠]. ㈜=详细地 (xiángxide) [샹시데].
- 자식 子息 아들 자, 쉴 식. (명사) :
  ㈎=children, offspring ('tʃɪldrən, 'ɔːfsprɪŋ) [칠드런, 오프스프링].
  ㈑=子供 (こども, kodomo) [코도모]. ㈜=子女 (zǐnǚ) [쯔뉘].

•자신 自身 스스로 자, 몸 신. (명사) : [영]=oneself (wʌn'sɛlf) [원셀프].
[일]=自身 (じしん, jishin) [지신]. [중]=自身 (zìshēn) [쯔션].
•자신 自信 스스로 자, 믿을 신. (명사) :
[영]=self-confidence ('sɛlf 'kɑːnfɪdəns) [셀프 컨피던스].
[일]=自信 (じしん, jishin) [지신]. [중]=自信 (zìxìn) [쯔신].
•자신감 自信感 스스로 자, 믿을 신, 느낄 감. (명사) :
[영]=self-confidence ('sɛlf 'kɑːnfɪdəns) [셀프 컨피던스].
[일]=自信感 (じしんかん, jishinkan) [지신칸].
[중]=自信感 (zìxìngǎn) [쯔신간].
•자연 自然 스스로 자, 그럴 연. (명사) : [영]=nature ('neɪtʃər) [네이처].
[일]=自然 (しぜん, shizen) [시젠]. [중]=自然 (zìrán) [쯔란].
•자연스럽다 自然- 스스로 자, 그럴 연. (형용사) :
[영]=natural ('nætʃərəl) [내추럴].
[일]=自然だ (しぜんだ, shizen da) [시젠다]. [중]=自然的 (zìránde) [쯔란더].
•자연적 自然的 스스로 자, 그럴 연, 과녁 적. (명사) :
[영]=natural ('nætʃərəl) [내추럴].
[일]=自然的 (しぜんてき, shizenteki) [시젠테키]. [중]=自然的 (zìrán de) [쯔란 더].
•자연현상 自然現象 스스로 자, 그럴 연, 나타날 현, 코끼리 상. (명사) :
[영]=natural phenomenon ('nætʃərəl fɪ'nɑːmɪnən) [내추럴 피나미닌].
[일]=自然現象 (しぜんげんしょう, shizen genshō) [시젠 겐쇼오].
[중]=自然现象 (zìrán xiànxiàng) [쯔란 셴샹].
•자연환경 自然環境 스스로 자, 그럴 연, 고리 환, 지경 경. (명사) :
[영]=natural environment ('nætʃərəl ɪn'vaɪrənmənt) [내추럴 인바이런먼트].
[일]=自然環境 (しぜんかんきょう, shizen kankyō) [시젠 칸쿄오].
[중]=自然环境 (zìrán huánjìng) [쯔란 환징].
•자연히 自然- 스스로 자, 그럴 연 (부사) : [영]=naturally ('nætʃərəli) [내추럴리].
[일]=自然に (しぜんに, shizen ni) [시젠니]. [중]=自然地 (zìrán de) [쯔란 더].
•자원 資源 재물 자, 근원 원. (명사) : [영]=resource ('riːsɔːrs) [리소스].
[일]=資源 (しげん, shigen) [시겐]. [중]=资源 (zīyuán) [쯔위안].
•자유 自由 스스로 자, 말미암을 유. (명사) :
[영]=freedom, liberty ('friːdəm, 'lɪbərti) [프리덤, 리버티].
[일]=自由 (じゆう, jiyū) [지유우]. [중]=自由 (zìyóu) [쯔요우].

•자유롭다 自由- 스스로 자, 말미암을 유. (형용사) : [영]=free (friː) [프리].
[일]=自由だ (じゆうだ, jiyū da) [지유우다].
[중]=自由的 (zìyóude) [쯔요우더].
•자율 自律 스스로 자, 법 율. (명사) : [영]=autonomy, self-control (ɔːˈtɑːnəmi, ˌsɛlf kənˈtroʊl) [오타너미, 셀프 컨트롤].
[일]=自律 (じりつ, jiritsu) [지리츠]. [중]=自律 (zìlǜ) [쯔뤼].
•자장면 炸醬麵 튀길 자, 된장 장, 국수 면. (명사) :
[영]=Zhajiangmian (ˈʒɑːˈdʒjɑːŋmiən) [자장미엔], noodles with soybean paste (ˈnuːdlz wɪð ˈsɔɪbiːn peɪst) [누들즈 위드 소이빈 페이스트].
[일]=ジャージャー麺 (jājāmen) [자자멘].
[중]=炸酱面 (zhájiàngmiàn) [자장미엔].
•자전거 自轉車 스스로 자, 구를 전, 수레 거. (명사) :
[영]=bicycle (ˈbaɪsɪkl) [바이시클].
[일]=自転車 (じてんしゃ, jitensha) [지텐샤]. [중]=自行车 (zìxíngchē) [쯔싱처].
•자정 子正 아들 자, 바를 정. (명사) :
[영]=midnight (ˈmɪdnaɪt) [미드나이트].
[일]=真夜中 (まよなか, mayonaka) [마요나카]. [중]=午夜 (wǔyè) [우예].
•자존심 自尊心 스스로 자, 높을 존, 마음 심. (명사) :
[영]=pride, self-esteem (praɪd, ˌsɛlfɪˈstiːm) [프라이드, 셀프이스팀].
[일]=自尊心 (じそんしん, jisonshin) [지손신].
[중]=自尊心 (zìzūnxīn) [쯔쭌신].
•자주 (부사) :
[영]=often, frequently (ˈɔːfən, ˈfriːkwəntli) [오픈, 프리퀀틀리].
[일]=よく (yoku) [요쿠]. [중]=经常 (jīngcháng) [징창].
•자체 自體 스스로 자, 몸 체. (명사) :
[영]=itself, oneself (ɪtˈsɛlf, wʌnˈsɛlf) [잇셀프, 원셀프].
[일]=自体 (じたい, jitai) [지타이]. [중]=本身 (běnshēn) [번션].
•자취 (명사) 남긴 표시나 자리 : [영]=trace (treɪs) [트레이스].
[일]=跡 (あと, ato) [아토]. [중]=痕迹 (hénjì) [헌지].
•자취 自炊 스스로 자, 불 땔 취. (명사) :
[영]=self-catering (ˌselfˈkeɪtərɪŋ) [셀프케이터링].
[일]=自炊 (じすい, jisui) [지스이].
[중]=自炊 (zìchuī) [쯔추이].

- 자판 字板 글자 자, 널빤지 판. (명사) : ㉢=keyboard ('kiːbɔːrd) [키보드].
  ㉥=キーボード (kībōdo) [키이보오도]. ㉦=键盘 (jiànpán) [젠판].
- 자판기 自販機 스스로 자, 팔 판, 기계 기. (명사) :
  ㉢=vending machine (vɛndɪŋ məʃiːn) [벤딩 머신].
  ㉥=自販機 (じはんき, jihanki) [지한키].
  ㉦=自动售货机 (zìdòng shòuhuòjī) [쯔똥 쇼우후어지].
- 작가 作家 지을 작, 집 가. (명사) :
  ㉢=author, writer ('ɔːθər, 'raɪtər) [오써, 라이터].
  ㉥=作家 (さっか, sakka) [삭캬]. ㉦=作家 (zuòjiā) [쭈어쟈].
- 작년 昨年 어제 작, 해 년 (명사) : ㉢=last year (læst jɪər) [라스트 이어].
  ㉥=去年 (きょねん, kyonen) [쿄넨]. ㉦=去年 (qùnián) [취니엔].
- 작다 (형용사) : ㉢=small, little (smɔːl, 'lɪtl) [스몰, 리틀].
  ㉥=小さい (ちいさい, chiisai) [치이사이]. ㉦=小 (xiǎo) [샤오].
- 작성 作成 지을 작, 이룰 성. (명사) : ㉢=creation, preparation
  (kri'eɪʃən, ˌprɛpə'reɪʃən) [크리에이션, 프레퍼레이션].
  ㉥=作成 (さくせい, sakusei) [사쿠세이]. ㉦=制作 (zhìzuò) [즈쭈어].
- 작성하다 作成- 지을 작, 이룰 성. (동사) :
  ㉢=prepare, create (prɪ'pɛər, kri'eɪt) [프리페어, 크리에이트].
  ㉥=作成する (さくせいする, sakusei suru) [사쿠세이 스루].
  ㉦=制作 (zhìzuò) [즈쭈어].
- 작아지다 (동사) : ㉢=become smaller, shrink
  (bɪ'kʌm 'smɔːlər, ʃrɪŋk) [비컴 스몰러, 슈링크].
  ㉥=小さくなる (ちいさくなる, chiisaku naru) [치이사쿠 나루].
  ㉦=变小 (biàn xiǎo) [비엔 샤오].
- 작업 作業 지을 작, 업 업 (명사) : ㉢=work, task (wɜːrk, tæsk) [워크, 태스크].
  ㉥=作業 (さぎょう, sagyō) [사교오]. ㉦=作业 (zuòyè) [쭈어예].
- 작용 作用 지을 작, 쓸 용. (명사) : ㉢=function, action, effect
  ('fʌŋkʃən, 'ækʃən, ɪ'fɛkt) [펑션, 액션, 이펙트].
  ㉥=作用 (さよう, sayō) [사요오]. ㉦=作用 (zuòyòng) [쭈어용].
- 작용하다 作用- 지을 작, 쓸 용. (동사) :
  ㉢=function, act ('fʌŋkʃən, ækt) [펑션, 액트].
  ㉥=作用する (さようする, sayō suru) [사요오 스루].
  ㉦=起作用 (qǐ zuòyòng) [치 쭈어용].

- 작은딸 (명사) : 영=younger daughter (ˈjʌŋgər ˈdɔːtər) [영거 도터].
  일=次女 (じじょ, jijo) [지죠]. 중=小女儿 (xiǎo nǚér) [샤오 뉘얼].
- 작은아들 (명사) : 영=younger son (ˈjʌŋgər sʌn) [영거 선].
  일=次男 (じなん, jinan) [지난]. 중=小儿子 (xiǎo érzi) [샤오 얼쯔].
- 작은아버지 (명사) : 영=uncle (father's younger brother) (ˈʌŋkl) [엉클].
  일=叔父 (おじ, oji) [오지]. 중=叔叔 (shūshu) [슈슈].
- 작은어머니 (명사) :
  영=aunt (father's younger brother's wife) (ænt) [앤트].
  일=叔母 (おば, oba) [오바]. 중=婶婶 (shěnshen) [션션].
- 작품 作品 지을 작, 물건 품. (명사) :
  영=work, piece (wɜːrk, piːs) [워크, 피스].
  일=作品 (さくひん, sakuhin) [사쿠힌]. 중=作品 (zuòpǐn) [쭈어핀].
- 잔 盞 잔 잔. (명사) : 영=cup (kʌp) [컵].
  일=杯 (はい, hai) [하이]. 중=杯子 (bēizi) [베이쯔].
- 잔디 (명사) : 영=grass, lawn (græs, lɔːn) [그래스, 론].
  일=芝生 (しばふ, shibafu) [시바후]. 중=草坪 (cǎopíng) [차오핑].
- 잔디밭 (명사) : 영=lawn (lɔːn) [론].
  일=芝生の庭 (しばふのにわ, shibafu no niwa) [시바후노 니와].
  중=草坪 (cǎopíng) [차오핑].
- 잔뜩 (부사) : 영=fully, heavily (ˈfʊli, ˈhɛvɪli) [풀리, 헤빌리].
  일=たくさん (takusan) [타쿠산]. 중=满满地 (mǎnmǎnde) [만만더].
- 잔치 (명사) : 영=party, feast (ˈpɑːrti, fiːst) [파티, 피스트].
  일=宴会 (えんかい, enkai) [엔카이]. 중=宴会 (yànhui) [옌후이].
- 잘 (부사) : 영=well (wɛl) [웰].
  일=よく (yoku) [요쿠]. 중=好 (hǎo) [하오].
- 잘나다 (형용사) :
  영=handsome, excellent (ˈhænsəm, ˈɛksələnt) [핸섬, 엑설런트].
  일=優れている (すぐれている, sugurete iru) [스구레테 이루].
  중=了不起 (liǎobuqǐ) [랴오부치].--了(liǎo): 마치다, 不(bu): 부정 표현 (~않다) 起(qǐ): 일어나다. 즉, '끝낼 수 없을 정도로 뛰어난', 즉 '매우 뛰어난' 의미
- 잘되다 (동사) : 영=go well, succeed (goʊ wɛl, səkˈsiːd) [고우 웰, 석시드].
  일=うまくいく (umaku iku) [우마쿠 이쿠]. 중=顺利 (shùnli) [슌리].

- 380 -

•잘리다 (동사) :
[영]=be cut, be fired (bi kʌt, bi ˈfaɪərd) [비 컷, 비 파이어드].
[일]=切られる · クビになる
(きられる · くびになる, kirareru · kubininaru) [키라레루, 쿠비니나루].
[중]=被剪断 · 被解雇 (bèi jiǎnduàn, bèi jiěgù) [베이 젠돤, 베이 지에구].
•잘못 (명사) : [영]=mistake, fault (mɪˈsteɪk, fɔːlt) [미스테이크, 폴트].
[일]=間違い (まちがい, machigai) [마치가이]. [중]=错误 (cuòwù) [추어우].
•잘못 (부사) :
[영]=wrongly, mistakenly (ˈrɔːŋli, mɪˈsteɪkənli) [롱리, 미스테이큰리].
[일]=誤って (あやまって, ayamatte) [아야맛테].
[중]=错误地 (cuòwù de) [추어우 더].
•잘못되다 (동사) : [영]=go wrong (ɡoʊ rɔːŋ) [고우 롱].
[일]=間違う (まちがう, machigau) [마치가우].
[중]=出错 (chūcuò) [추추어].
•잘못하다 (동사) :
[영]=make a mistake (meɪk ə mɪˈsteɪk) [메이크 어 미스테이크].
[일]=間違える (まちがえる, machigaeru) [마치가에루].
[중]=做错 (zuòcuò) [쭈어추어].
•잘살다 (동사) :
[영]=live well, be wealthy (lɪv wɛl, bi ˈwɛlθi) [리브 웰, 비 웰씨].
[일]=裕福に暮らす (ゆうふくにくらす, yūfuku ni kurasu)[유우후쿠니 쿠라스].
[중]=过得好 (guò de hǎo) [궈 더 하오].
•잘생기다 (형용사) :
[영]=handsome, good-looking (ˈhænsəm, ˌɡʊdˈlʊkɪŋ) [핸섬, 굿루킹].
[일]=ハンサムだ (hansamu da) [한사무다].
[중]=长得帅 (zhǎng de shuài) [장 더 슈아이].
•잘하다 (동사) :
[영]=do well, be good at (du wɛl, bi ɡʊd æt) [두 웰, 비 굿 앳].
[일]=上手だ (じょうずだ, jōzu da) [죠오즈다].
[중]=擅长 (shàncháng) [산창].
•잠 (명사) : [영]=sleep (sliːp) [슬립].
[일]=眠り (ねむり, nemuri) [네무리].
[중]=睡眠 (shuìmián) [슈이멘].

•잠그다 서랍을 ~ (동사) : [영]=lock (lɑːk) [락].
[일]=鍵をかける (かぎをかける, kagi wo kakeru) [카기오 카케루].
[중]=锁上 (suǒshàng) [쑤어샹].
•잠기다 물에 ~ (동사) : [영]=sink, be submerged
(sɪŋk, bi səb'mɜːrdʒd) [싱크, 비 서브멀지드].
[일]=沈む · 浸かる (しずむ · つかる, shizumu · tsukaru) [시즈무, 츠카루].
[중]=淹没 (yānmò) [옌모].
•잠깐 (명사) : [영]=a moment (ə 'moʊmənt) [어 모먼트].
[일]=一瞬 (いっしゅん, isshun) [잇슌]. [중]=片刻 (piànkè) [피엔커].
•잠깐 (부사) : [영]=for a moment, briefly
(fɔːr ə 'moʊmənt, 'briːfli) [포 어 모먼트, 브리플리].
[일]=ちょっと (chotto) [춋토]. [중]=一会儿 (yíhuìr) [이훨].
•잠들다 (동사) : [영]=fall asleep (fɔːl ə'sliːp) [폴 어슬립].
[일]=寝入る (ねいる, neiru) [네이루]. [중]=入睡 (rùshuì) [루슈이].
•잠바 jumper (명사) :
[영]=jumper, jacket ('dʒʌmpər, 'dʒækɪt) [점퍼, 재킷].
[일]=ジャンパー (janpā) [잔파아]. [중]=夹克 (jiákè) [쟈커].
•잠수함 潛水艦 잠길 잠, 물 수, 큰 배 함. (명사) :
[영]=submarine (ˌsʌbmə'riːn) [서브머린].
[일]=潜水艦 (せんすいかん, sensuikan) [센스이칸].
[중]=潜水艇 (qiánshuǐtǐng) [치엔슈이팅].
•잠시 暫時 잠깐 잠, 때 시. (명사) :
[영]=a short time (ə ʃɔːrt taɪm) [어 쇼트 타임].
[일]=しばらく (shibaraku) [시바라쿠]. [중]=暂时 (zànshí) [잔스].
•잠시 暫時 잠깐 잠, 때 시. (부사) :
[영]=briefly, for a while ('briːfli, fər ə waɪl) [브리플리, 퍼 어 와일].
[일]=しばらく (shibaraku) [시바라쿠]. [중]=暂时 (zànshí) [잔스].
•잠옷 (명사) :
[영]=pajamas (pə'dʒɑːməz) [퍼자머즈].
[일]=パジャマ (pajama) [파자마]. [중]=睡衣 (shuìyī) [슈이이].
•잠자다 (동사) :
[영]=sleep (sliːp) [슬립].
[일]=眠る (ねむる, nemuru) [네무루]. [중]=睡觉 (shuìjiào) [슈이자오].

•잠자리 (~를 바꾸다) (명사) : [영]=bed, sleeping place
(bɛd, ˈsliːpɪŋ pleɪs) [베드, 슬리핑 플레이스].
[일]=寝床 (ねどこ, nedoko) [네도코].
[중]=睡觉的地方 (shuìjiào de dìfang) [슈이자오 더 디팡].
•잠자리 곤충 (명사) : [영]=dragonfly (ˈdræɡənflaɪ) [드래건플라이].
[일]=トンボ (tonbo) [톤보]. [중]=蜻蜓 (qīngtíng) [칭팅].
•잡다 (동사) : [영]=catch, grab (kætʃ, ɡræb) [캐치, 그래브].
[일]=つかむ (tsukamu) [츠카무]. [중]=抓 (zhuā) [쭈아].
•잡수다 (동사) : [영]=eat (honorific) (iːt) [이트].
[일]=召し上がる (めしあがる, meshiagaru) [메시아가루].
[중]=吃(敬语) (chī) [츠].
•잡수시다 (동사) : [영]=eat (honorific) (iːt) [이트].
[일]=召し上がる (めしあがる, meshiagaru) [메시아가루].
[중]=吃(敬语) (chī) [츠].
•잡아당기다 (동사) : [영]=pull (pʊl) [풀].
[일]=引っ張る (ひっぱる, hipparu) [힛파루]. [중]=拉扯 (lāchě) [라처].
•잡아먹다 (동사) :
[영]=catch and eat, prey on (kætʃ ænd iːt, preɪ ɑːn)
[캐치 앤드 잇, 프레이 온].
[일]=捕って食べる (とってたべる, totte taberu) [톳테 타베루].
[중]=捕食 (bǔshí) [부스].
•잡지 雜誌 섞일 잡, 기록할 지. (명사) : [영]=magazine (ˌmæɡəˈziːn) [매거진].
[일]=雑誌 (ざっし, zasshi) [잣시]. [중]=杂志 (zázhì) [자즈].
•잡히다 ('잡다'의 피동사) (동사) : [영]=be caught (bi kɔːt) [비 코트].
[일]=捕まる (つかまる, tsukamaru) [츠카마루].
[중]=被抓 (bèi zhuā) [베이 쭈아].
•장 章 글 장. (명사) : [영]=chapter (ˈtʃæptər) [챕터].
[일]=章 (しょう, shō) [쇼오]. [중]=章 (zhāng) [장].
•장 張 베풀 장. 종이 한 ~ (의존명사) : [영]=sheet (ʃiːt) [시트].
[일]=枚 (まい, mai) [마이]. [중]=张 (zhāng) [장].
•장가 (~가다) (명사) : [영]=marriage (for men) (ˈmærɪdʒ) [매리지].
[일]=嫁をもらう (よめをもらう, yome wo morau) [요메오 모라우].
[중]=娶妻 (qǔ qī) [취치].

- 장갑 掌匣 손바닥 장, 갑 갑. (명사) : 영=glove (glʌv) [글러브].
  일=手袋 (てぶくろ, tebukuro) [테부쿠로].
  중=手套 (shǒutào) [셔우타오].
- 장관 長官 길 장, 벼슬 관. (명사) : 영=minister ('mɪnɪstər) [미니스터].
  일=長官 (ちょうかん, chōkan) [쵸오칸]. 중=部长 (bùzhǎng) [부장].
- 장군 將軍 장수 장, 군사 군. (명사) : 영=general ('dʒenərəl) [제너럴].
  일=将軍 (しょうぐん, shōgun) [쇼오군]. 중=将军 (jiāngjūn) [쟝쥔].
- 장기간 長期間 길 장, 기약할 기, 사이 간. (명사) :
  영=long-term, extended period (lɔːŋ'tɜːrm, ɪk'stɛndɪd 'pɪriəd) [롱텀, 익스텐디드 피리어드].
  일=長期間 (ちょうきかん, chōkikan) [쵸오키칸].
  중=长期 (chángqī) [창치].
- 장기적 長期的 길 장, 기약할 기, 과녁 적. (명사) :
  영=long-term (lɔːŋ'tɜːrm) [롱텀].
  일=長期的 (ちょうきてき, chōkiteki) [쵸오키테키].
  중=长期的 (chángqī de) [창치 더].
- 장난 (명사) : 영=joke, prank (dʒoʊk, præŋk) [조크, 프랭크].
  일=いたずら (itazura) [이타즈라]. 중=玩笑 (wánxiào) [완샤오].
- 장난감 (명사) : 영=toy (tɔɪ) [토이].
  일=おもちゃ (omocha) [오모챠]. 중=玩具 (wánjù) [완쥐].
- 장남 長男 긴 장, 사내 남. (명사) :
  영=eldest son (ɛldəst sʌn) [엘더스트 선].
  일=長男 (ちょうなん, chōnan) [쵸오난]. 중=长子 (zhǎngzǐ) [장쯔].
- 장래 將來 장차 장, 올 래. (명사) : 영=future ('fjuːtʃər) [퓨처].
  일=将来 (しょうらい, shōrai) [쇼오라이]. 중=将来 (jiānglái) [쟝라이].
- 장례 葬禮 장사지낼 장, 예도 례. (명사) : 영=funeral ('fjuːnərəl) [퓨너럴].
  일=葬式 (そうしき, sōshiki) [소오시키]. 중=葬礼 (zànglǐ) [짱리].
- 장례식 葬禮式 장사지낼 장, 예도 례, 법 식. (명사) :
  영=funeral ceremony ('fjuːnərəl 'sɛrəmoʊni) [퓨너럴 세러모니].
  일=葬儀式 (そうぎしき, sōgishiki) [소오기시키].
  중=葬礼仪式 (zànglǐ yíshì) [짱리 이스].
- 장르 genre (명사) : 영=genre ('ʒɑːnrə) [장르].
  일=ジャンル (janru) [쟝루]. 중=类型 (lèixíng) [레이싱].

- 장마 (명사) : 영=rainy season ('reɪni 'siːzn) [레이니 시즌].
  일=梅雨 (つゆ, tsuyu) [츠유]. 중=梅雨 (méiyǔ) [메이위].
- 장면 場面 마당 장, 낯 면. (명사) : 영=scene (siːn) [씬].
  일=場面 (ばめん, bamen) [바멘]. 중=场面 (chǎngmiàn) [창미엔].
- 장모 丈母 어른 장, 어머니 모. (명사) : 영=mother-in-law (husband's mother-in-law) ('mʌðərɪn,lɔː) [머더 인 로].
  일=妻の母 (つまのはは, tsuma no haha) [츠마노 하하].
  중=丈母娘 (zhàngmuniáng) [짱무녕].
- 장모님 丈母- 어른 장, 어머니 모. (명사, 존칭) :
  영=mother-in-law (honorific) ('mʌðərɪn,lɔː) [머더 인 로].
  일=お義母さん (おかあさん, okāsan) [오카아상].
  중=丈母娘(尊称) (zhàngmuniáng) [짱무녕].
- 장미 薔薇 장미 장, 장미 미. (명사) : 영=rose (roʊz) [로즈].
  일=バラ (bara) [바라]. 중=玫瑰 (méigui) [메이구이].
- 장비 裝備 꾸밀 장, 갖출 비. (명사) :
  영=equipment (ɪ'kwɪpmənt) [이큅먼트].
  일=装備 (そうび, sōbi) [소오비]. 중=装备 (zhuāngbèi) [쫭베이].
- 장사 (명사) : 영=business, trade ('bɪznəs, treɪd) [비즈니스, 트레이드].
  일=商売 (しょうばい, shōbai) [쇼오바이]. 중=生意 (shēngyi) [셩이].
- 장사꾼 (명사) :
  영=merchant, trader ('mɜːrtʃənt, 'treɪdər) [머천트, 트레이더].
  일=商人 (しょうにん, shōnin) [쇼오닌]. 중=商人 (shāngrén) [샹런].
- 장소 場所 마당 장, 바 소. (명사) :
  영=place, location (pleɪs, loʊ'keɪʃən) [플레이스, 로케이션].
  일=場所 (ばしょ, basho) [바쇼]. 중=场所 (chǎngsuǒ) [창쑤어].
- 장수 사과~ (명사) : 영=seller, vendor ('sɛlər, 'vɛndər) [셀러, 벤더].
  일=商人 (しょうにん, shōnin) [쇼오닌]. 중=商贩 (shāngfàn) [샹판].
- 장식 裝飾 꾸밀 장, 꾸밀 식. (명사) : 영=decoration (,dɛkə'reɪʃən) [데코레이션].
  일=装飾 (そうしょく, sōshoku) [소오쇼쿠]. 중=装饰 (zhuāngshi) [쫭스].
- 장애인 障碍人 막을 장, 거리낄 애, 사람 인. (명사) :
  영=disabled person (dɪs'eɪbəld 'pɜːrsən) [디스에이블드 퍼슨].
  일=障害者 (しょうがいしゃ, shōgaisha) [쇼오가이샤.
  중=残疾人 (cánjírén) [찬지런].

•장인 丈人 어른 장, 사람 인. (명사) :
[영]=father-in-law (wife's father) ('fɑːðər ɪn lɔː) [파더 인 로].
[일]=義父 (ぎふ, gifu) [기후]. [중]=岳父 (yuèfù) [위에푸].
•장점 長點 길 장, 점 점. (명사) : [영]=advantage, strength (əd'væntɪdʒ, strɛŋkθ) [어드밴티지, 스트렝스].
[일]=長所 (ちょうしょ, chōsho) [쵸오쇼]. [중]=优点 (yōudiǎn) [요우디엔].
•장차 將次 장차 장, 버금 차. (부사) :
[영]=in the future (ɪn ðə 'fjuːtʃər) [인 더 퓨처].
[일]=将来 (しょうらい, shōrai) [쇼오라이]. [중]=将来 (jiānglái) [쟝라이].
•장학금 奬學金 장려할 장, 배울 학, 쇠 금. (명사) :
[영]=scholarship ('skɑːlərʃɪp) [스칼러쉽].
[일]=奨学金 (しょうがくきん, shōgakukin) [쇼오가쿠킨].
[중]=奖学金 (jiǎngxuéjīn) [쟝쉐진].
•잦다 왕래가 ~ (형용사) : [영]=frequent ('friːkwənt) [프리퀀트].
[일]=頻繁だ (ひんぱんだ, hinpanda) [힌판다]. [중]=频繁 (pínfán) [핀판].
•재능 才能 재주 재, 능할 능. (명사) :
[영]=talent, ability ('tælənt, ə'bɪləti) [탤런트, 어빌리티].
[일]=才能 (さいのう, sainō) [사이노오]. [중]=才能 (cáinéng) [차이넝].
•재다 저울로 ~ (동사) :
[영]=measure, weigh ('mɛʒər, weɪ) [메저, 웨이].
[일]=量る (はかる, hakaru) [하카루]. [중]=称 (chēng) [청].
•재료 材料 재목 재, 헤아릴 료. (명사) : [영]=material, ingredient (mə'tɪriəl, ɪn'griːdiənt) [머티리얼, 인그리디언트].
[일]=材料 (ざいりょう, zairyō) [자이료오]. [중]=材料 (cáiliào) [차이랴오].
•재미 (명사) : [영]=fun, interest (fʌn, 'ɪntrəst) [펀, 인터레스트].
[일]=楽しさ (たのしさ, tanoshisa) [타노시사]. [중]=乐趣 (lèqù) [러취].
•재미없다 (형용사) : [영]=boring, not fun ('bɔːrɪŋ, nɑːt fʌn) [보링, 낫 펀].
[일]=つまらない (tsumaranai) [츠마라나이]. [중]=没意思 (méi yìsi) [메이 이쓰].
•재미있다 (형용사) :
[영]=fun, interesting (fʌn, 'ɪntrəstɪŋ) [펀, 인터레스팅].
[일]=面白い (おもしろい, omoshiroi) [오모시로이].
[중]=有意思 (yǒu yìsi) [요우 이쓰].

- 재밌다 재미있다 (형용사) : ㉠=fun (fʌn) [펀].
  ㉢=面白い (おもしろい, omoshiroi) [오모시로이].
  ㉣=有趣 (yǒuqù) [요우취].
- 재빨리 (부사) : ㉠=quickly, rapidly ('kwɪkli, 'ræpɪdli) [퀵클리, 래피들리].
  ㉢=素早く (すばやく, subayaku) [스바야쿠].
  ㉣=迅速地 (xùnsù de) [쉰수 더].
- 재산 財産 재물 재, 낳을 산. (명사) :
  ㉠=property, assets ('prɑːpərti, 'æsɛts) [프라퍼티, 애셋츠].
  ㉢=財産 (ざいさん, zaisan) [자이산]. ㉣=财产 (cáichǎn) [차이찬].
- 재생 再生 다시 재, 날 생. (명사) : ㉠=regeneration, recycling (rɪˌdʒɛnəˈreɪʃən, riːˈsaɪklɪŋ) [리제너레이션, 리사이클링].
  ㉢=再生 (さいせい, saisei) [사이세이]. ㉣=再生 (zàishēng) [자이셩].
- 재수 財數 재물 재, 셈 수. (명사) : ㉠=luck, fortune (lʌk, 'fɔːrtʃən) [럭, 포쳔].
  ㉢=運 (うん, un) [운]. ㉣=运气 (yùnqi) [윈치].
- 재우다 고기를 양념에 ~ (동사) : ㉠=marinate ('mærɪneɪt) [매리네이트].
  ㉢=漬ける (つける, tsukeru) [츠케루]. ㉣=腌制 (yānzhì) [옌즈].
- 재작년 再昨年 다시 재, 어제 작, 해 년. (명사) :
  ㉠=the year before last (ðə jɪər bɪˈfɔːr læst) [더 이어 비포 라스트].
  ㉢=一昨年 (おととし, ototoshi) [오토토시]. ㉣=前年 (qiánnián) [치엔니엔].
- 재정 財政 재물 재, 정사 정. (명사) : ㉠=finance ('faɪnæns) [파이낸스].
  ㉢=財政 (ざいせい, zaisei) [자이세이]. ㉣=财政 (cáizhèng) [차이정].
- 재주 (명사) : ㉠=skill, talent (skɪl, 'tælənt) [스킬, 탤런트].
  ㉢=才能 (さいのう, sainō) [사이노오]. ㉣=才艺 (cáiyì) [차이이].
- 재즈 jazz (명사) : ㉠=jazz (dʒæz) [재즈].
  ㉢=ジャズ (jazu) [자즈]. ㉣=爵士乐 (juéshìyuè) [쥐에스위에].
- 재채기 (명사) : ㉠=sneeze (sniːz) [스니즈].
  ㉢=くしゃみ (kushami) [쿠샤미]. ㉣=打喷嚏 (dǎ pēntì) [다 펀티].
- 재판 裁判 마를 재, 판단할 판. (명사) :
  ㉠=trial, judgment ('traɪəl, 'dʒʌdʒmənt) [트라이얼, 저지먼트].
  ㉢=裁判 (さいばん, saiban) [사이반]. ㉣=裁判 (cáipàn) [차이판].
- 재학 在學 있을 재, 배울 학. (명사) :
  ㉠=being enrolled ('biːɪŋ ɪn'roʊld) [빙 인롤드].
  ㉢=在学 (ざいがく, zaigaku) [자이가쿠]. ㉣=在学 (zàixué) [자이쉐].

- 재활용 再活用 다시 재, 살 활, 쓸 용. (명사) :
  영=recycling (riːˈsaɪklɪŋ) [리사이클링].
  일=リサイクル (risaikuru) [리사이쿠류]. 중=再利用 (zài liyòng) [자이 리용].
- 재활용품 再活用品 다시 재, 살 활, 쓸 용, 물건 품. (명사) :
  영=recyclable goods (riːˈsaɪkləbl gʊdz) [리사이클러블 굿즈].
  일=再利用品 (さいりようひん, sairiyōhin) [사이리요힌].
  중=可回收物品 (kě huíshōu wùpǐn) [커 후이쇼우 우핀].
- 쟤 저 아이 (불) : 영=that kid (ð æt kɪd) [댓 키드].
  일=あの子 (あのこ, anoko) [아노코].
  중=那孩子 (nà háizi) [나 하이쯔].
- 저 (감탄사) : 영=um..., well... (əm, wɛl) [음, 웰].
  일=あのー (anō) [아노오]. 중=呃 (è) [어].
- 저 (관형사, 멀리 있는 대상) : 영=that (ð æt) [댓].
  일=あの (ano) [아노]. 중=那 (nà) [나].
- 저 (대명사, 멀리 있는 대상) : 영=that (ð æt) [댓].
  일=あれ (are) [아레]. 중=那个 (nàge) [나거].
- 저 (일인칭 대명사) : 영=I (humble form) (aɪ) [아이].
  일=私 (わたくし, watakushi) [와타쿠시]. 중=我(谦称) (wǒ) [워].
- 저거 (대명사) : 영=that one (ð æt wʌn) [댓 원].
  일=あれ (are) [아레]. 중=那个 (nàge) [나거].
- 저것 (대명사) : 영=that thing (ð æt θɪŋ) [댓 씽].
  일=あれ (are) [아레]. 중=那个 (nàge) [나거].
- 저고리 (명사) : 영=Korean traditional jacket
  (kəˈriən trəˈdɪʃənl ˈdʒækɪt) [코리언 트러디셔널 재킷].
  일=チョゴリ (chogori) [초고리].
  중=韩服上衣 (hánfú shàngyī) [한푸 상이].
- 저곳 (대명사) : 영=that place (ð æt pleɪs) [댓 플레이스].
  일=あそこ (asoko) [아소코]. 중=那里 (nàli) [나리].
- 저기 (감탄사) :
  영=hey, excuse me (heɪ, ɪkˈskjuːz mi) [헤이, 익스큐즈 미].
  일=あの (ano) [아노]. 중=喂 (wèi) [웨이].
- 저기 (대명사) : 영=there (ð ɛər) [데어].
  일=あそこ (asoko) [아소코]. 중=那里 (nàli) [나리].

- 저녁 (명사) : 영=evening, dinner ('iːvnɪŋ, 'dɪnər) [이브닝, 디너].
  일=夕方·夕食 (ゆうがた·ゆうしょく, yūgata·yūshoku)[유가타·유쇼쿠].
  중=晚上·晚饭 (wǎnshang·wǎnfàn) [완샹·완판].
- 저녁때 (명사) : 영=evening time ('iːvnɪŋ taɪm) [이브닝 타임].
  일=夕方 (ゆうがた, yūgata) [유가타].
  중=傍晚时分 (bàngwǎn shífèn) [방완 스펀].
- 저러다 (동사) : 영=do like that, behave that way (duː laɪk ðæt, bɪ'heɪv ðæt weɪ) [두 라이크 댓, 비헤이브 댓 웨이].
  일=ああする (aasuru) [아아스루].
  중=那样做 (nàyàng zuò) [나양 쭈어].
- 저런 (감탄사) : 영=oh no, dear me (oʊ noʊ, dɪər miː) [오 노, 디어 미].
  일=あらら (arara) [아라라].   중=哎呀 (āiyā) [아이야].
- 저런 (관형사) : 영=such (sʌtʃ) [서치].
  일=あんな (anna) [안나].   중=那样的 (nàyàng de) [나양 더].
- 저렇게 저러하게 (부사) : 영=like that (laɪk ðæt) [라이크 댓].
  일=ああして (aashite) [아아시테].   중=那样地 (nàyàng de) [나양 더].
- 저렇다 (형용사) : 영=be like that (bi laɪk ðæt) [비 라이크 댓].
  일=ああだ (aada) [아아다].   중=那样 (nàyàng) [나양].
- 저리 저곳으로 (부사) : 영=over there (oʊvər ðɛər) [오버 데어].
  일=あちらへ (achira e) [아치라에].   중=往那里 (wǎng nàli) [왕 나리].
- 저마다 (부사) :
  영=each, respectively (iːtʃ, rɪ'spɛktɪvli) [이치, 리스펙티블리].
  일=それぞれ (sorezore) [소레조레].   중=各自 (gèzì) [꺼쯔].
- 저번 這番 이 저, 차례 번. (명사) :
  영=last time (læst taɪm) [라스트 타임].
  일=この前 (このまえ, konomae) [코노마에].
  중=上次 (shàngcì) [샹츠].
- 저울 (명사) : 영=scale (skeɪl) [스케일].
  일=はかり (hakari) [하카리].   중=秤 (chèng) [청].
- 저자 著者 나타낼 저, 사람 자. (명사) :
  영=author ('ɔːθər) [오써].
  일=著者 (ちょしゃ, chosha) [쵸샤].
  중=作者 (zuòzhě) [쭈어저].

- 저절로 (부사) : 영=by itself, naturally
  (baɪ ɪtˈsɛlf, ˈnætʃrəli) [바이 잇셀프, 내추럴리].
  일=自然に (しぜんに, shizen ni) [시젠니].
  중=自动地 (zìdòng de) [쯔동 더].
- 저지르다 (동사) :
  영=commit, make (mistake) (kəˈmɪt, meɪk) [커밋, 메이크].
  일=しでかす (shidekasu) [시데카스]. 중=闯祸 (chuǎnghuò) [촹훠].
- 저쪽 (대명사) : 영=that side, over there
  (ðæt saɪd, ˈoʊvər ðɛər) [댓 사이드, 오버 데어].
  일=あちら (achira) [아치라]. 중=那边 (nàbiān) [나비엔].
- 저축 貯蓄 쌓을 저, 쌓을 축. (명사) : 영=savings (ˈseɪvɪŋz) [세이빙즈].
  일=貯蓄 (ちょちく, chochiku) [쵸치쿠]. 중=储蓄 (chǔxù) [추쉬].
- 저편 -便 이 저, 편할 편. (대명사) : 영=that side (ðæt saɪd) [댓 사이드].
  일=向こう側 (むこうがわ, mukōgawa) [무코오가와].
  중=那一边 (nà yìbiān) [나 이비엔].
- 저희 (대명사) : 영=we (humble form) (wiː) [위].
  일=私ども (わたくしども, watakushi domo) [와타쿠시 도모].
  중=我们(谦称) (wǒmen) [워먼].
- 적 (의존명사) : 영=when, in the time of
  (wɛn, ɪn ðə taɪm əv) [웬, 인 더 타임 어브].
  일=とき (toki) [토키]. 중=时候 (shíhou) [스허우].
- 적 敵 원수 적. (명사) : 영=enemy (ˈɛnəmi) [에너미].
  일=敵 (てき, teki) [테키]. 중=敌人 (dírén) [디런].
- 적극 積極 쌓을 적, 극진할 극. (명사) :
  영=positive attitude (ˈpɑːzətɪv ˈætɪtuːd) [파지티브 애티튜드].
  일=積極 (せっきょく, sekkyoku) [셋쿄쿠].
  중=积极 (jījí) [지지].
- 적극적 積極的 쌓을 적, 극진할 극, 과녁 적. (명사) :
  영=positive, active (ˈpɑːzətɪv, ˈæktɪv) [파지티브, 액티브].
  일=積極的 (せっきょくてき, sekkyokuteki) [셋쿄쿠테키].
  중=积极的 (jījí de) [지지 더].
- 적다 (형용사) 경험이 ~ : 영=few (fjuː) [퓨], little (ˈlɪtl) [리틀].
  일=少ない (すくない, sukunai) [스쿠나이]. 중=少 (shǎo) [샤오].

•적다 답을 ~ (동사) : [영]=write down (raɪt daʊn) [라이트 다운].
[일]=書き留める (かきとめる, kakitomeru) [카키토메루].
[중]=写下来 (xiě xiàlái) [시에 샤라이].
•적당하다 適當 맞을 적､마땅할 당､ (형용사) :
[영]=appropriate (ə'proʊpriət) [어프로프리엇].
[일]=適当だ (てきとうだ, tekitōda) [테키토다]. [중]=适当 (shìdàng) [스땅].
•적당히 適當 맞을 적､마땅할 당､ (부사) :
[영]=appropriately (ə'proʊpriətli) [어프로프리엇리].
[일]=適当に (てきとうに, tekitōni) [테키토니].
[중]=适当地 (shìdàngde) [스땅더].
•적성 適性 맞을 적､성품 성､ (명사) :
[영]=aptitude ('æptɪtuːd) [앱티튜드].
[일]=適性 (てきせい, tekisei) [테키세이]. [중]=适性 (shìxìng) [스씽].
•적어도 (부사) : [영]=at least (ət liːst) [앳 리스트].
[일]=少なくとも (すくなくとも, sukunakutomo) [스쿠나쿠토모].
[중]=至少 (zhìshǎo) [즈샤오].
•적어지다 (동사) : [영]=decrease (dɪ'kriːs) [디크리스].
[일]=少なくなる (すくなくなる, sukunakunaru) [스쿠나쿠나루].
[중]=减少 (jiǎnshǎo) [지앤샤오].
•적용 適用 맞을 적､쓸 용､ (명사) :
[영]=application (ˌæplɪ'keɪʃn) [애플리케이션].
[일]=適用 (てきよう, tekiyō) [테키요]. [중]=适用 (shìyòng) [스용].
•적용되다 適用 맞을 적､쓸 용､ (동사) :
[영]=be applied (bi ə'plaɪd) [비 어플라이드].
[일]=適用される (てきようされる, tekiyō sareru) [테키요 사레루].
[중]=适用 (shìyòng) [스용].
•적용하다 適用 맞을 적､쓸 용､ (동사) :
[영]=apply (ə'plaɪ) [어플라이].
[일]=適用する (てきようする, tekiyō suru) [테키요 스루].
[중]=适用 (shìyòng) [스용].
•적응 適應 맞을 적､응할 응､ (명사) :
[영]=adaptation (ˌædæp'teɪʃn) [애댑테이션].
[일]=適応 (てきおう, tekiō) [테키오]. [중]=适应 (shìyìng) [스잉].

- 적응하다 適應 맞을 적, 응할 응, (동사) : 영=adapt (əˈdæpt) [어댑트].
  일=適応する (てきおうする, tekiō suru) [테키오 스루].
  중=适应 (shìyìng) [스잉].
- 적절하다 適切 맞을 적, 끊을 절, (형용사) : 영=proper (ˈprɑːpər) [프라퍼], appropriate (əˈproʊpriət) [어프로프리엇].
  일=適切だ (てきせつだ, tekisetsuda) [테키세츠다].
  중=适切 (shìqiè) [스치에].
- 적합하다 適合 맞을 적, 합할 합, (형용사) :
  영=suitable (ˈsuːtəbl) [수터블].
  일=適合する (てきごうする, tekigō suru) [테키고 스루].
  중=适合 (shìhé) [스허].
- 적히다 (동사) : 영=be written (bi ˈrɪtn) [비 리튼].
  일=書かれる (かかれる, kakareru) [카카레루].
  중=被写下 (bèi xiěxià) [베이 셰샤].
- 전 前 앞 전, (관형사) :
  영=former (ˈfɔːrmər) [포머], previous (ˈpriːviəs) [프리비어스].
  일=前の (まえの, maeno) [마에노]. 중=前 (qián) [치앤].
- 전 前 앞 전, (명사) :
  영=before (bɪˈfɔːr) [비포], front (frʌnt) [프런트].
  일=前 (まえ, mae) [마에]. 중=前面 (qiánmiàn) [치앤미앤].
- 전 全 온전할 전, (관형사) 全. ~ 국민 :
  영=whole (hoʊl) [홀], entire (ɪnˈtaɪər) [인타이어].
  일=全 (ぜん, zen) [젠]. 중=全 (quán) [취앤].
- 전개 展開 펼 전, 열 개, (명사) : 영=development (dɪˈveləpmənt) [디벨럽먼트], unfolding (ʌnˈfoʊldɪŋ) [언폴딩].
  일=展開 (てんかい, tenkai) [텐카이]. 중=展开 (zhǎnkāi) [잔카이].
- 전개되다 展開 펼 전, 열 개, (동사) : 영=be unfolded (bi ʌnˈfoʊldɪd) [비 언폴디드], develop (dɪˈveləp) [디벨럽].
  일=展開される (てんかいされる, tenkai sareru) [텐카이 사레루].
  중=展开 (zhǎnkāi) [잔카이].
- 전개하다 展開 (동사) : 영=unfold (ʌnˈfoʊld) [언폴드], develop (dɪˈveləp) [디벨럽].
  일=展開する (てんかいする, tenkai suru) [텐카이 스루].
  중=展开 (zhǎnkāi) [잔카이].

•전공 專攻 오로지 전, 칠 공, (명사) :
  영=major ('meɪdʒər) [메이저], specialty ('speʃəlti) [스페셜티].
  일=專攻 (せんこう, senkō) [센코]. 중=专业 (zhuānyè) [쭈안예].
•전공하다 專攻 오로지 전, 칠 공, (동사) :
  영=major in ('meɪdʒər ɪn) [메이저 인],
    specialize ('speʃəlaɪz) [스페셜라이즈].
  일=專攻する (せんこうする, senkō suru) [센코 스루].
  중=专攻 (zhuāngōng) [쭈안꽁].
•전구 電球 번개 전, 공 구, (명사) :
  영=light bulb (laɪt bʌlb) [라이트 벌브].
  일=電球 (でんきゅう, denkyū) [덴큐]. 중=灯泡 (dēngpào) [떵파오].
•전국 全國 온전할 전, 나라 국, (명사) : 영=whole country
  (hoʊl 'kʌntri) [홀 컨트리], nationwide (,neɪʃn'waɪd) [네이션와이드].
  일=全国 (ぜんこく, zenkoku) [젠코쿠]. 중=全国 (quánguó) [취앤궈].
•전국적 全國的 온전할 전, 나라 국, 과녁 적, (명사) :
  영=nationwide (,neɪʃn'waɪd) [네이션와이드], national ('næʃnl) [내셔널].
  일=全国的 (ぜんこくてき, zenkokuteki) [젠코쿠테키].
  중=全国的 (quánguó de) [취앤궈 더].
•전기 電氣 번개 전, 기운 기, (명사) :
  영=electricity (ɪˌlek'trɪsəti) [일렉트리서티].
  일=電気 (でんき, denki) [덴키]. 중=电气 (diànqì) [띠앤치].
•전기 前期 앞 전, 기약할 기, (명사) :
  영=earlier period ('ɜːrliər 'pɪriəd) [얼리어 피리어드].
  일=前期 (ぜんき, zenki) [젠키].
  중=前期 (qiánqī) [치앤치].
•전기 傳記 전할 전, 기록할 기, (명사) :
  영=biography (baɪ'ɑːgrəfi) [바이아그래피].
  일=伝記 (でんき, denki) [덴키].
  중=传记 (zhuànjì) [쭈안지].
•전기밥솥 (명사) :
  영=electric rice cooker (ɪ'lektrɪk raɪs 'kʊkər) [일렉트릭 라이스 쿠커].
  일=炊飯器 (すいはんき, suihanki) [스이한키].
  중=电饭锅 (diànfànguō) [띠앤판궈].

•전날 前- 앞 전, (명사) : [영]=previous day ('priːviəs deɪ) [프리비어스 데이], day before (deɪ bɪ'fɔːr) [데이 비포].
[일]=前日 (ぜんじつ, zenjitsu) [젠지츠].
[중]=前一天 (qián yìtiān) [치앤 이티앤].
•전달 傳達 전할 전, 통달할 달, (명사) :
[영]=delivery (dɪ'lɪvəri) [딜리버리],
conveyance (kən'veɪəns) [컨베이언스].
[일]=伝達 (でんたつ, dentatsu) [덴타츠]. [중]=传达 (chuándá) [츄안다].
•전달되다 傳達 전할 전, 통달할 달, (동사) : [영]=be delivered (bi dɪ'lɪvərd) [비 딜리버드], be conveyed (bi kən'veɪd) [비 컨베이드].
[일]=伝達される (でんたつされる, dentatsu sareru) [덴타츠 사레루].
[중]=被传达 (bèi chuándá) [베이 츄안다].
•전달하다 傳達 전할 전, 통달할 달, (동사) :
[영]=deliver (dɪ'lɪvər) [딜리버], convey (kən'veɪ) [컨베이].
[일]=伝達する (でんたつする, dentatsu suru) [덴타츠 스루].
[중]=传达 (chuándá) [츄안다].
•전라도 全羅道 온전할 전, 벌일 라, 길 도, (고유명사) :
[영]=Jeollado Province (ˌdʒʌl'lɑːdoʊ 'prɑːvɪns) [전라도 프로빈스].
[일]=全羅道 (ぜんらどう, zenradō) [젠라도].
[중]=全罗道 (Quánluódào) [취앤뤄다오].
•전망 展望 펼 전, 바랄 망, (명사) :
[영]=prospect ('prɑːspekt) [프라스펙트], outlook ('aʊtlʊk) [아웃룩].
[일]=展望 (てんぼう, tenbō) [텐보].
[중]=展望 (zhǎnwàng) [잔왕].
•전망하다 展望 펼 전, 바랄 망, (동사) :
[영]=forecast ('fɔːrkæst) [포캐스트], look out (lʊk aʊt) [룩 아웃].
[일]=展望する (てんぼうする, tenbō suru) [텐보 스루].
[중]=展望 (zhǎnwàng) [잔왕].
•전문 專門 오로지 전, 문 문, (명사) :
[영]=specialty ('speʃəlti) [스페셜티],
expertise (ˌekspɜːr'tiːz) [엑스퍼티즈].
[일]=専門 (せんもん, senmon) [센몬].
[중]=专门 (zhuānmén) [쭈안먼].

- 전문가 專門家 오로지 전, 문 문, 집 가, (명사) :
  영=expert ('ekspɜːrt) [엑스퍼트], specialist ('speʃəlɪst) [스페셜리스트].
  일=專門家 (せんもんか, senmonka) [센몬카].
  중=专家 (zhuānjiā) [쭈안지아].
- 전문적 專門的 오로지 전, 문 문, 과녁 적, (명사) :
  영=professional (prəˈfeʃənl) [프로페셔널].
  일=專門的 (せんもんてき, senmonteki) [센몬테키].
  중=专业的 (zhuānyède) [쭈안예 더].
- 전문점 專門店 오로지 전, 문 문, 가게 점, (명사) :
  영=specialty store ('speʃəlti stɔːr) [스페셜티 스토어].
  일=專門店 (せんもんてん, senmonten) [센몬텐].
  중=专卖店 (zhuānmàidiàn) [쭈안마이뗴].
- 전문직 專門職 오로지 전, 문 문, 직분 직, (명사) :
  영=professional occupation (prəˈfeʃənl ˌɑːkjuˈpeɪʃn) [프로페셔널 아큐페이션].
  일=專門職 (せんもんしょく, senmonshoku) [센몬쇼쿠].
  중=专业职务 (zhuānyè zhíwù) [쭈안예 즈우].
- 전반 全般 온전할 전, 돌 반, (명사) :
  영=whole (hoʊl) [홀], general ('dʒenrəl) [제너럴].
  일=全般 (ぜんぱん, zenpan) [젠판]. 중=全盘 (quánpán) [취앤판].
- 전반적 全般的 온전할 전, 돌 반, 과녁 적, (명사) :
  영=overall (ˌoʊvərˈɔːl) [오버올], general ('dʒenrəl) [제너럴].
  일=全般的 (ぜんぱんてき, zenpanteki) [젠판테키].
  중=全面的 (quánmiàn de) [취앤미앤 더].
- 전부 全部 온전할 전, 떼 부, (명사) :
  영=all (ɔːl) [올], entire (ɪnˈtaɪər) [인타이어].
  일=全部 (ぜんぶ, zenbu) [젠부]. 중=全部 (quánbù) [취앤뿌].
- 전부 全部 온전할 전, 떼 부, (부사) : 영=entirely (ɪnˈtaɪərli) [인타이어리], completely (kəmˈpliːtli) [컴플리틀리].
  일=全部 (ぜんぶ, zenbu) [젠부]. 중=全部 (quánbù) [취앤뿌].
- 전선 戰線 싸움 전, 줄 선, (명사) : 영=front line (frʌnt laɪn) [프런트 라인], battle line ('bætl laɪn) [배틀 라인].
  일=戰線 (せんせん, sensen) [센센]. 중=战线 (zhànxiàn) [잔씨앤].

•전설 傳說 전할 전, 말씀 설, (명사) : [영]=legend (ˈledʒənd) [레전드].
[일]=伝説 (でんせつ, densetsu) [덴세츠]. [중]=传说 (chuánshuō) [츄안슈오].
•전세 傳貰 전할 전, 세낼 세, (명사) : [영]=lease by deposit (liːs baɪ dɪˈpɑːzɪt) [리스 바이 디파짓], jeonse (dʒʌnseɪ) [전세].
[일]=チョンセ (ちょんせ, chonse) [촌세]. [중]=传贳 (chuánshì) [츄안스].
•전시 展示 펼 전, 보일 시, (명사) : [영]=exhibition (ˌeksɪˈbɪʃn) [엑시비션], display (dɪˈspleɪ) [디스플레이].
[일]=展示 (てんじ, tenji) [텐지]. [중]=展示 (zhǎnshì) [잔스].
•전시되다 展示 펼 전, 보일 시, (동사) :
[영]=be exhibited (bi ɪɡˈzɪbɪtɪd) [비 이그지비티드],
be displayed (bi dɪˈspleɪd) [비 디스플레이드].
[일]=展示される (てんじされる, tenji sareru) [텐지 사레루].
[중]=展示 (zhǎnshì) [잔스].
•전시장 展示場 펼 전, 보일 시, 마당 장, (명사) :
[영]=exhibition hall (ˌeksɪˈbɪʃn hɔːl) [엑시비션 홀].
[일]=展示場 (てんじじょう, tenjijō) [텐지죠].
[중]=展厅 (zhǎntīng) [잔팅].
•전시하다 展示 펼 전, 보일 시, (동사) :
[영]=exhibit (ɪɡˈzɪbɪt) [이그지빗], display (dɪˈspleɪ) [디스플레이].
[일]=展示する (てんじする, tenji suru) [텐지 스루]. [중]=展示 (zhǎnshì) [잔스].
•전시회 展示會 펼 전, 보일 시, 모일 회, (명사) :
[영]=exhibition (ˌeksɪˈbɪʃn) [엑시비션], expo (ˈekspoʊ) [엑스포].
[일]=展示会 (てんじかい, tenjikai) [텐지카이].
[중]=展览会 (zhǎnlǎnhuì) [잔란후이].
•전용 專用 오로지 전, 쓸 용, (명사) :
[영]=exclusive use (ɪkˈskluːsɪv juːs) [익스클루시브 유스].
[일]=専用 (せんよう, senyō) [센요]. [중]=专用 (zhuānyòng) [쭈안용].
•전자 電子 번개 전, 아들 자, (명사) : [영]=electron (ɪˈlektrɑːn) [일렉트론], electronic (ɪˌlekˈtrɑːnɪk) [일렉트로닉].
[일]=電子 (でんし, denshi) [덴시]. [중]=电子 (diànzǐ) [띠앤쯔].
•전쟁 戰爭 싸울 전, 다툴 쟁, (명사) :
[영]=war (wɔːr) [워].
[일]=戦争 (せんそう, sensō) [센소]. [중]=战争 (zhànzhēng) [잔정].

- 전주 全州 온전할 전, 고을 주, (고유명사) : ⑨=Jeonju ('dʒʌndʒuː) [전주].
  ⑨=全州 (ぜんしゅう, zenshū) [젠슈]. ⑧=全州 (Quánzhōu) [취앤저우].
- 전철 電鐵 번개 전, 쇠 철, (명사) : ⑨=subway ('sʌbweɪ) [서브웨이],
  electric railway (ɪ'lektrɪk 'reɪlweɪ) [일렉트릭 레일웨이].
  ⑨=電鉄 (でんてつ, dentetsu) [덴테츠]. ⑧=电铁 (diàntiě) [띠앤티에].
- 전체 全體 온전할 전, 몸 체, (명사) :
  ⑨=whole (hoʊl) [홀], entirety (ɪn'taɪərəti) [인타이어러티].
  ⑨=全体 (ぜんたい, zentai) [젠타이]. ⑧=整体 (zhěntǐ) [전티].
- 전체적 全體的 온전할 전, 몸 체, 과녁 적, (명사) : ⑨=overall (,oʊvər'ɔːl) [오버올].
  ⑨=全体的 (ぜんたいてき, zentaiteki) [젠타이테키].
  ⑧=整体的 (zhěntǐ de) [전티 더].
- 전통 傳統 전할 전, 거느릴 통, (명사) : ⑨=tradition (trə'dɪʃn) [트러디션].
  ⑨=伝統 (でんとう, dentō) [덴토]. ⑧=传统 (chuántǒng) [츄안통].
- 전통문화 傳統文化 전할 전, 거느릴 통, 글월 문, 될 화, (명사) :
  ⑨=traditional culture (trə'dɪʃənl 'kʌltʃər) [트러디셔널 컬처].
  ⑨=伝統文化 (でんとうぶんか, dentō bunka) [덴토분카].
  ⑧=传统文化 (chuántǒng wénhuà) [츄안통 원화].
- 전통적 傳統的 전할 전, 거느릴 통, 과녁 적, (명사) :
  ⑨=traditional (trə'dɪʃənl) [트러디셔널].
  ⑨=伝統的 (でんとうてき, dentōteki) [덴토테키].
  ⑧=传统的 (chuántǒng de) [츄안통 더].
- 전하다 傳- 전할 전, (동사) :
  ⑨=convey (kən'veɪ) [컨베이], deliver (dɪ'lɪvər) [딜리버].
  ⑨=伝える (つたえる, tsutaeru) [츠타에루]. ⑧=传达 (chuándá) [츄안다].
- 전해지다 傳- 전할 전, (동사) : ⑨=be conveyed (bi kən'veɪd)
  [비 컨베이드], be passed down (bi pæst daʊn) [비 패스트 다운].
  ⑨=伝わる (つたわる, tsutawaru) [츠타와루].
  ⑧=流传 (liúchuán) [리우츄안].
- 전혀 全- 온전할 전, (부사) : ⑨=not at all (nɑːt ət ɔːl) [낫 앳 올].
  ⑨=全く (まったく, mattaku) [맛타쿠]. ⑧=完全 (wánquán) [완취앤].
- 전화 電話 번개 전, 말씀 화, (명사) :
  ⑨=telephone ('telɪfoʊn) [텔리폰], call (kɔːl) [콜].
  ⑨=電話 (でんわ, denwa) [덴와]. ⑧=电话 (diànhuà) [띠앤화].

- 전화기 電話機 번개 전、말씀 화、틀 기、(명사) : ㉙=telephone set
  ('telɪfoʊn set) [텔리폰 셋], telephone ('telɪfoʊn) [텔리폰].
  ㉚=電話機 (でんわき, denwaki) [뎅와키]. ㉛=电话机 (diànhuàjī) [띠앤화지].
- 전화번호 電話番號 번개 전、말씀 화、차례 번、부호 호、(명사) :
  ㉙=phone number (foʊn 'nʌmbər) [폰 넘버].
  ㉚=電話番号 (でんわばんごう, denwa bangō) [뎅와 반고].
  ㉛=电话号码 (diànhuà hàomǎ) [띠앤화 하오마].
- 전화하다 電話- 번개 전、말씀 화、(동사) :
  ㉙=call (kɔːl) [콜], telephone ('telɪfoʊn) [텔리폰].
  ㉚=電話する (でんわする, denwa suru) [뎅와 스루].
  ㉛=打电话 (dǎ diànhuà) [다 띠앤화].
- 전환 轉換 구를 전、바꿀 환、(명사) :
  ㉙=conversion (kən'vɜːrʒn) [컨버젼], switch (swɪtʃ) [스위치].
  ㉚=転換 (てんかん, tenkan) [뎅칸]. ㉛=转换 (zhuǎnhuàn) [쭈안환].
- 전환하다 轉換- 구를 전、바꿀 환、(동사) :
  ㉙=convert (kən'vɜːrt) [컨버트], switch (swɪtʃ) [스위치].
  ㉚=転換する (てんかんする, tenkan suru) [뎅칸 스루].
  ㉛=转换 (zhuǎnhuàn) [쭈안환].
- 전후 前後 앞 전、뒤 후、(명사) : ㉙=before and after
  (bɪ'fɔːr ænd 'æftər) [비포 앤 애프터], around (ə'raʊnd) [어라운드].
  ㉚=前後 (ぜんご, zengo) [젱고]. ㉛=前后 (qiánhòu) [치앤호우].
- 절 (명사) ~을 하다 : ㉙=bow (baʊ) [바우].
  ㉚=お辞儀 (おじぎ, ojigi) [오지기]. ㉛=鞠躬 (jūgōng) [쥐꿍].
- 절 (명사) 사찰 : ㉙=temple ('templ) [템플].
  ㉚=寺 (てら, tera) [테라]. ㉛=寺庙 (sìmiào) [쓰먀오].
- 절 節 마디 절、(명사) :
  ㉙=section ('sekʃn) [섹션], paragraph ('pærəgræf) [패러그래프].
  ㉚=節 (せつ, setsu) [세츠]. ㉛=节 (jié) [지에].
- 절대 絕對 끊을 절、대할 대、(명사) : ㉙=absolute ('æbsəluːt) [앱설루트].
  ㉚=絶対 (ぜったい, zettai) [젯타이]. ㉛=绝对 (juéduì) [쥐에뚜이].
- 절대 絕對 끊을 절、대할 대、(부사) :
  ㉙=absolutely ('æbsəluːtli) [앱설루틀리].
  ㉚=絶対 (ぜったい, zettai) [젯타이]. ㉛=绝对 (juéduì) [쥐에뚜이].

•절대로 絶對- 끊을 절, 대할 대, (부사) : [영]=never ('nevər) [네버], absolutely not ('æbsəlu:tli nɑ:t) [앱설루틀리 낫].
[일]=絶対に (ぜったいに, zettai ni) [젯타이니].
[중]=绝对不 (juéduì bù) [쥐에뚜이 뿌].

•절대적 絶對的 끊을 절, 대할 대, 과녁 적, (명사) :
[영]=absolute ('æbsəlu:t) [앱설루트].
[일]=絶対的 (ぜったいてき, zettaiteki) [젯타이테키].
[중]=绝对的 (juéduì de) [쥐에뚜이 더].

•절망 絶望 끊을 절, 바랄 망, (명사) : [영]=despair (dɪ'sper) [디스페어].
[일]=絶望 (ぜつぼう, zetsubō) [제츠보]. [중]=绝望 (juéwàng) [쥐에왕].

•절반 折半 꺾을 절, 반 반, (명사) : [영]=half (hæf) [해프].
[일]=折半 (せっぱん, seppan) [셋판]. [중]=对半 (duìbàn) [뚜이빤].

•절약 節約 마디 절, 맺을 약, (명사) : [영]=saving ('seɪvɪŋ) [세이빙], economizing (ɪ'kɑ:nəmaɪzɪŋ) [이코너마이징].
[일]=節約 (せつやく, setsuyaku) [세츠야쿠]. [중]=节约 (jiéyuē) [지에위에].

•절약하다 節約- 마디 절, 맺을 약, (동사) :
[영]=save (seɪv) [세이브], economize (ɪ'kɑ:nəmaɪz) [이코너마이즈].
[일]=節約する (せつやくする, setsuyaku suru) [세츠야쿠 스루].
[중]=节约 (jiéyuē) [지에위에].

•절차 節次 마디 절, 버금 차, (명사) :
[영]=procedure (prə'si:dʒər) [프로시저], process ('prɑ:ses) [프로세스].
[일]=手続き (てつづき, tetsuzuki) [테츠즈키]. [중]=程序 (chéngxù) [청쉬].

•젊다 (형용사) : [영]=young (jʌŋ) [영].
[일]=若い (わかい, wakai) [와카이]. [중]=年轻 (niánqīng) [니앤칭].

•젊은이 (명사) :
[영]=young person (jʌŋ 'pɜ:rsn) [영 퍼슨], youth (ju:θ) [유쓰].
[일]=若者 (わかもの, wakamono) [와카모노].
[중]=年轻人 (niánqīngrén) [니앤칭런].

•젊음 (명사) : [영]=youth (ju:θ) [유쓰].
[일]=若さ (わかさ, wakasa) [와카사]. [중]=青春 (qīngchūn) [칭춘].

•점 點 점 점, (명사) :
[영]=spot (spɑ:t) [스팟], point (pɔɪnt) [포인트].
[일]=点 (てん, ten) [텐]. [중]=点 (diǎn) [디앤].

- 점 點 점 점、(의존명사) : 영=point (pɔɪnt) [포인트].
  일=点 (てん, ten) [텐]. 중=点 (diǎn) [디앤].
- 점검 點檢 점 점、검사할 검、(명사) :
  영=inspection (ɪnˈspekʃn) [인스펙션], check (tʃek) [체크].
  일=点検 (てんけん, tenken) [텐켄]. 중=检查 (jiǎnchá) [지앤차].
- 점수 點數 점 점、셀 수、(명사) :
  영=score (skɔːr) [스코어], point (pɔɪnt) [포인트].
  일=点数 (てんすう, tensū) [텐수]. 중=分数 (fēnshù) [펀슈].
- 점심 點心 점 점、마음 심、(명사) : 영=lunch (lʌntʃ) [런치].
  일=昼食 (ちゅうしょく, chūshoku) [츄쇼쿠]. 중=午饭 (wǔfàn) [우판].
- 점심때 點心- 점 점、마음 심、(명사) :
  영=lunchtime (ˈlʌntʃtaɪm) [런치타임].
  일=昼時 (ひるどき, hirudoki) [히루도키].
  중=午饭时间 (wǔfàn shíjiān) [우판 스지앤].
- 점심시간 點心時間 점 점、마음 심、때 시、사이 간、(명사) :
  영=lunchtime (ˈlʌntʃtaɪm) [런치타임], lunch hour (lʌntʃ ˈaʊər) [런치 아워].
  일=昼休み (ひるやすみ, hiruyasumi) [히루야스미].
  중=午休时间 (wǔxiū shíjiān) [우시우 스지앤].
- 점원 店員 가게 점、인원 원、(명사) :
  영=clerk (klɜːrk) [클러크], salesperson (ˈseɪlzpɜːrsn) [세일즈퍼슨].
  일=店員 (てんいん, ten'in) [텐인]. 중=店员 (diànyuán) [띠앤위앤].
- 점잖다 (형용사) :
  영=gentle (ˈdʒentl) [젠틀], dignified (ˈdɪɡnɪfaɪd) [디그니파이드].
  일=上品だ (じょうひんだ, jōhinda) [죠힌다]. 중=稳重 (wěnzhòng) [원중].
- 점점 漸漸 점점 점、(부사) :
  영=gradually (ˈɡrædʒuəli) [그래쥬얼리].
  일=だんだん (dandan) [단단]. 중=渐渐 (jiànjiàn) [지앤지앤].
- 점차 漸次 점점 점、버금 차、(부사) : 영=gradually (ˈɡrædʒuəli)
       [그래쥬얼리], little by little (ˈlɪtl baɪ ˈlɪtl) [리틀 바이 리틀].
  일=次第に (しだいに, shidaini) [시다이니]. 중=渐次 (jiàncì) [지앤츠].
- 접근 接近 이을 접、가까울 근、(명사) :
  영=approach (əˈproʊtʃ) [어프로치], access (ˈækses) [액세스].
  일=接近 (せっきん, sekkin) [셋킨]. 중=接近 (jiējìn) [지에진].

- 접근하다 接近- (동사) :
  - 영=approach (əˈproʊtʃ) [어프로치].
  - 일=接近する (せっきんする, sekkin suru) [셋킨스루].
  - 중=接近 (jiējìn) [지에진].
- 접다 (동사) : 영=fold (foʊld) [폴드].
  - 일=畳む (たたむ, tatamu) [타타무]. 중=折叠 (zhédié) [저뎨].
- 접시 (명사) : 영=dish (dɪʃ) [디쉬], plate (pleɪt) [플레이트].
  - 일=皿 (さら, sara) [사라]. 중=盘子 (pánzi) [판쯔].
- 접촉 接觸 닿을 접, 닿을 촉. (명사) : 영=contact (ˈkɑːntækt) [콘택트].
  - 일=接触 (せっしょく, sesshoku) [셋쇼쿠]. 중=接触 (jiēchù) [지에추].
- 접하다 接- 닿을 접. (동사) : 영=encounter (ɪnˈkaʊntər) [인카운터], come into contact [컴 인투 콘택트].
  - 일=接する (せっする, sessuru) [셋스루]. 중=接触 (jiēchù) [지에추].
- 젓가락 (명사) :
  - 영=chopsticks (ˈtʃɑːpstɪks) [찹스틱스].
  - 일=箸 (はし, hashi) [하시]. 중=筷子 (kuàizi) [콰이쯔].
- 젓다 (동사) : 영=stir (stɜːr) [스터].
  - 일=かき混ぜる (かきまぜる, kakimazeru) [카키마제루].
  - 중=搅拌 (jiǎobàn) [지아오빤].
- 정 情 뜻 정. (명사) :
  - 영=affection (əˈfɛkʃən) [어펙션], sentiment (ˈsɛntɪmənt) [센티먼트].
  - 일=情 (じょう, jō) [죠]. 중=情 (qíng) [칭].
- 정거장 停車場 머무를 정, 수레 차, 마당 장. (명사) :
  - 영=station (ˈsteɪʃən) [스테이션].
  - 일=停車場 (ていしゃじょう, teishajō) [테이샤죠].
  - 중=车站 (chēzhàn) [처짠].
- 정기 定期 정할 정, 기약할 기. (명사) :
  - 영=fixed term (fɪkst tɜːrm) [픽스트 텀], regular (ˈrɛɡjələr) [레귤러].
  - 일=定期 (ていき, teiki) [테이키]. 중=定期 (dìngqī) [띵치].
- 정기적 定期的 정할 정, 기약할 기, 과녁 적. (명사) :
  - 영=periodic (ˌpɪriˈɑːdɪk) [피리오딕], regular (ˈrɛɡjələr) [레귤러].
  - 일=定期的 (ていきてき, teikiteki) [테이키테키].
  - 중=定期的 (dìngqīde) [띵치더].

- 정답 正答 바를 정, 대답 답. (명사) :
  영=correct answer (kəˈrɛkt ˈænsər) [커렉트 앤서].
  일=正答 (せいとう, seitō) [세이토].
  중=正确答案 (zhèngquè dá'àn) [정취에 다안].
- 정당 政黨 정사 정, 무리 당. (명사) :
  영=political party (pəˈlɪtɪkəl ˈpɑːrti) [폴리티컬 파티].
  일=政党 (せいとう, seitō) [세이토].
  중=政党 (zhèngdǎng) [정당].
- 정도 程度 길 정, 법도 도. (명사) :
  영=degree (dɪˈgriː) [디그리], extent (ɪkˈstɛnt) [익스텐트].
  일=程度 (ていど, teido) [테이도]. 중=程度 (chéngdù) [청뚜].
- 정류장 停留場 머무를 정, 머무를 류, 마당 장. (명사) :
  영=stop (stɑːp) [스탑], bus stop [버스 스탑].
  일=停留所 (ていりゅうじょ, teiryūjo) [테이류죠].
  중=车站 (chēzhàn) [처짠].
- 정리 整理 가지런할 정, 다스릴 리. (명사) : 영=arrangement (əˈreɪndʒmənt) [어레인지먼트], organization (ˌɔːrgənəˈzeɪʃən) [오거나제이션].
  일=整理 (せいり, seiri) [세이리]. 중=整理 (zhěnglǐ) [정리].
- 정리되다 整理- 가지런할 정, 다스릴 리. (동사) :
  영=be arranged [비 어레인지드], be organized [비 오거나이즈드].
  일=整理される (せいりされる, seiri sareru) [세이리 사레루].
  중=被整理 (bèi zhěnglǐ) [뻬이 정리].
- 정리하다 整理- 가지런할 정, 다스릴 리. (동사) :
  영=arrange (əˈreɪndʒ) [어레인지], organize (ˈɔːrgənaɪz) [오거나이즈].
  일=整理する (せいりする, seiri suru) [세이리 스루].
  중=整理 (zhěnglǐ) [정리].
- 정말 正- 바를 정. (감탄사) :
  영=really! (ˈriːəli) [리얼리], indeed! (ɪnˈdiːd) [인디드].
  일=本当！(ほんとう, hontō) [혼토]. 중=真的！(zhēn de) [쩐 더].
- 정말 正- 바를 정. (명사) :
  영=truth (truːθ) [트루스], sincerity (sɪnˈsɛrəti) [신세러티].
  일=本当 (ほんとう, hontō) [혼토]. 중=真话 (zhēnhuà) [쩐화].

- 정말 正- 바를 정. (부사) :
  - 영=really ('riːəli) [리얼리], truly ('truːli) [트룰리].
  - 일=本当に (ほんとうに, hontō ni) [혼토니]. 중=真的 (zhēnde) [쩐더].
- 정말로 正- 바를 정. (부사) :
  - 영=really ('riːəli) [리얼리], truly ('truːli) [트룰리].
  - 일=本当に (ほんとうに, hontō ni) [혼토니]. 중=真的 (zhēnde) [쩐더].
- 정면 正面 바를 정, 낯 면. (명사) :
  - 영=front (frʌnt) [프런트], facade (fə'sɑːd) [퍼사드].
  - 일=正面 (しょうめん, shōmen) [쇼멘]. 중=正面 (zhèngmiàn) [정미앤].
- 정문 正門 바를 정, 문 문. (명사) :
  - 영=main gate (meɪn ɡeɪt) [메인 게이트], front gate [프런트 게이트].
  - 일=正門 (せいもん, seimon) [세이몬]. 중=正门 (zhèngmén) [정먼].
- 정반대 正反對 바를 정, 돌이킬 반, 대할 대. (명사) :
  - 영=exact opposite (ɪɡ'zækt 'ɑːpəzɪt) [이그잭트 어포짓].
  - 일=正反対 (せいはんたい, seihantai) [세이한타이].
  - 중=正相反 (zhèng xiāngfǎn) [정 샹판].
- 정보 情報 뜻 정, 알릴 보. (명사) :
  - 영=information (ˌɪnfər'meɪʃən) [인포메이션].
  - 일=情報 (じょうほう, jōhō) [죠호]. 중=信息 (xìnxī) [씬시].
- 정보화 情報化 뜻 정, 알릴 보, 될 화. (명사) :
  - 영=informatization (ɪnˌfɔːrmətɪ'zeɪʃən) [인포머티제이션].
  - 일=情報化 (じょうほうか, jōhōka) [죠호카].
  - 중=信息化 (xìnxīhuà) [씬시화].
- 정부 政府 정사 정, 관청 부. (명사) :
  - 영=government ('ɡʌvərnmənt) [거번먼트].
  - 일=政府 (せいふ, seifu) [세이후]. 중=政府 (zhèngfǔ) [정푸].
- 정비 整備 가지런할 정, 갖출 비. (명사) :
  - 영=maintenance ('meɪntənəns) [메인터넌스].
  - 일=整備 (せいび, seibi) [세이비]. 중=整备 (zhěngbèi) [정뻬이].
- 정상 正常 바를 정, 떳떳할 상. (명사) :
  - 영=normal ('nɔːrməl) [노멀], usual ('juːʒuəl) [유주얼].
  - 일=正常 (せいじょう, seijō) [세이죠].
  - 중=正常 (zhèngcháng) [정창].

- 정상 頂上 정수리 정, 윗 상. (명사) :
  - 영=top (tɑːp) [탑], summit ('sʌmɪt) [서밋].
  - 일=頂上 (ちょうじょう, chōjō) [쵸죠]. 중=顶峰 (dǐngfēng) [딩펑].
- 정상적 正常的 바를 정, 떳떳할 상, 과녁 적. (명사) :
  - 영=normal ('nɔːrməl) [노멀], regular ('rɛgjələr) [레귤러].
  - 일=正常的 (せいじょうてき, seijōteki) [세이죠테키].
  - 중=正常的 (zhèngcháng de) [정창 더].
- 정성 精誠 정할 정, 정성 성. (명사) :
  - 영=sincerity (sɪn'serəti) [신세러티], devotion (dɪ'voʊʃən) [디보션].
  - 일=精誠 (せいせい, seisei) [세이세이]. 중=精诚 (jīngchéng) [징청].
- 정식 正式 바를 정, 법 식. (명사) :
  - 영=formal ('fɔːrməl) [포멀], official (ə'fɪʃəl) [어피셜].
  - 일=正式 (せいしき, seishiki) [세이시키]. 중=正式 (zhèngshi) [정스].
- 정신 精神 정할 정, 귀신 신. (명사) :
  - 영=spirit ('spɪrɪt) [스피릿], mind (maɪnd) [마인드].
  - 일=精神 (せいしん, seishin) [세이신]. 중=精神 (jīngshén) [징션].
- 정신과 精神科 정할 정, 귀신 신, 과목 과. (명사) :
  - 영=psychiatry (saɪ'kaɪətri) [사이카이어트리].
  - 일=精神科 (せいしんか, seishinka) [세이신카].
  - 중=精神科 (jīngshénkē) [징션커].
- 정신없이 精神- 정할 정, 귀신 신. (부사) :
  - 영=frantically ('fræntɪkli) [프랜티클리], hectically [헥티클리].
  - 일=夢中で (むちゅうで, muchū de) [무츄데].
  - 중=精神恍惚地 (jīngshén huǎnghū de) [징션 황후 더].
- 정신적 精神的 정할 정, 귀신 신, 과녁 적. (명사) : 영=mental ('mentəl) [멘탈], psychological (ˌsaɪkə'lɑːdʒɪkəl) [사이컬로지컬].
  - 일=精神的 (せいしんてき, seishinteki) [세이신테키].
  - 중=精神的 (jīngshén de) [징션 더].
- 정오 正午 바를 정, 낮 오. (명사) :
  - 영=noon (nuːn) [눈], midday (ˌmɪd'deɪ) [미드데이].
  - 일=正午 (しょうご, shōgo) [쇼고]. 중=正午 (zhèngwǔ) [정우].
- 정원 庭園 뜰 정, 동산 원. (명사) : 영=garden ('gɑːrdn) [가든].
  - 일=庭園 (ていえん, teien) [테이엔]. 중=庭园 (tíngyuán) [팅위앤].

- 정장 正裝 바를 정, 꾸밀 장. (명사) :
  영=formal suit (ˈfɔːrməl suːt) [포멀 슈트], suit (suːt) [슈트].
  일=正装 (せいそう, seisō) [세이소]. 중=正装 (zhèngzhuāng) [정쫭].
- 정지 停止 머무를 정, 그칠 지. (명사) :
  영=stop (stɑːp) [스탑], halt (hɔːlt) [홀트].
  일=停止 (ていし, teishi) [테이시]. 중=停止 (tíngzhǐ) [팅즈].
- 정직하다 正直- 바를 정, 곧을 직. (형용사) :
  영=honest (ˈɑːnɪst) [아니스트].
  일=正直だ (しょうじきだ, shōjiki da) [쇼지키다].
  중=正直 (zhèngzhi) [정즈].
- 정치 政治 정사 정, 다스릴 치. (명사) : 영=politics (ˈpɑːlətɪks) [폴러틱스].
  일=政治 (せいじ, seiji) [세이지]. 중=政治 (zhèngzhi) [정즈].
- 정치권 政治權 정사 정, 다스릴 치, 권세 권. (명사) :
  영=political circles [폴리티컬 서클스].
  일=政界 (せいかい, seikai) [세이카이]. 중=政界 (zhèngjiè) [정지에].
- 정치인 政治人 정사 정, 다스릴 치, 사람 인. (명사) :
  영=politician (ˌpɑːləˈtɪʃən) [폴러티션].
  일=政治家 (せいじか, seijika) [세이지카].
  중=政治家 (zhèngzhìjiā) [정즈지아].
- 정치적 政治的 정사 정, 다스릴 치, 과녁 적. (명사) :
  영=political (pəˈlɪtɪkəl) [폴리티컬].
  일=政治的 (せいじてき, seijiteki) [세이지테키].
  중=政治的 (zhèngzhì de) [정즈 더].
- 정치학 政治學 정사 정, 다스릴 치, 배울 학. (명사) :
  영=political science (pəˈlɪtɪkəl ˈsaɪəns) [폴리티컬 사이언스].
  일=政治学 (せいじがく, seijigaku) [세이지가쿠].
  중=政治学 (zhèngzhìxué) [정즈쉬에].
- 정하다 定- 정할 정. (동사) :
  영=decide (dɪˈsaɪd) [디사이드], set (sɛt) [셋].
  일=決める (きめる, kimeru) [키메루]. 중=定 (dìng) [띵].
- 정해지다 定- 정할 정. (동사) :
  영=be decided [비 디사이디드], be determined [비 디터민드].
  일=決まる (きまる, kimaru) [키마루]. 중=被定 (bèidìng) [뻬이띵].

- 정확하다 正確- 바를 정, 굳을 확. (형용사) :
  영=accurate ('ækjərət) [애큐러트], precise (prɪ'saɪs) [프리사이스].
  일=正確だ (せいかくだ, seikaku da) [세이카쿠다].
  중=正确 (zhèngquè) [정취에].
- 정확히 正確- 바를 정, 굳을 확. (부사) : 영=accurately ('ækjərətli) [애큐러틀리], precisely (prɪ'saɪsli) [프리사이슬리].
  일=正確に (せいかくに, seikaku ni) [세이카쿠니].
  중=正确地 (zhèngquè de) [정취에 더].
- 젖 (명사) : 영=milk (mɪlk) [밀크], breast milk [브레스트 밀크].
  일=乳 (ちち, chichi) [치치]. 중=奶 (nǎi) [나이].
- 젖다 (동사) : 영=get wet [겟 웻], be soaked [비 쏘크드].
  일=濡れる (ぬれる, nureru) [누레루]. 중=湿 (shī) [스].
- 제거하다 除去- 덜 제, 갈 거. (동사) :
  영=remove (rɪ'muːv) [리무브], eliminate (ɪ'lɪməneɪt) [일리미네이트].
  일=除去する (じょきょする, jokyo suru) [조쿄스루]. 중=除去 (chúqù) [추취].
- 제공 提供 끌 제, 바칠 공. (명사) :
  영=offer ('ɔːfər) [오퍼], provision (prə'vɪʒən) [프러비전].
  일=提供 (ていきょう, teikyō) [테이쿄]. 중=提供 (tígōng) [티공].
- 제공하다 提供- 끌 제, 바칠 공. (동사) :
  영=offer ('ɔːfər) [오퍼], provide (prə'vaɪd) [프러바이드].
  일=提供する (ていきょうする, teikyō suru) [테이쿄스루].
  중=提供 (tígōng) [티공].
- 제과점 製菓店 지을 제, 과자 과, 가게 점. (명사) :
  영=bakery ('beɪkəri) [베이커리], pastry shop [페이스트리 숍].
  일=菓子屋 (かしや, kashiya) [카시야].
  중=糕点店 (gāodiǎndiàn) [가오디앤디앤].
- 제대로 (부사) :
  영=properly ('prɑːpərli) [프라퍼리], correctly (kə'rɛktli) [커렉틀리].
  일=ちゃんと (chanto) [찬토]. 중=好好地 (hǎohǎode) [하오하오 더].
- 제대하다 除隊- 덜 제, 무리 대. (동사) : 영=be discharged [비 디스차지드], leave the military [리브 더 밀리터리].
  일=除隊する (じょたいする, jotai suru) [조타이스루].
  중=退伍 (tuìwǔ) [투이우].

- 제도적 制度的 절제할 제, 법도 도, 과녁 적. (명사) :
  영=institutional (ˌɪnstɪˈtuːʃənəl) [인스티튜셔널].
  일=制度的 (せいどてき, seidoteki) [세이도테키]. 중=制度的 (zhìdù de) [즈뚜 데].
- 제목 題目 제목 제, 눈 목. (명사) : 영=title (ˈtaɪtl) [타이틀].
  일=題目 (だいもく, daimoku) [다이모쿠]. 중=題目 (tímù) [티무].
- 제발 (부사) : 영=please (pliːz) [플리즈].
  일=どうか (dōka) [도카]. 중=拜托 (bàituō) [바이퉈].
- 제법 (부사) : 영=quite (kwaɪt) [콰이트], rather (ˈræðər) [래더].
  일=なかなか (nakanaka) [나카나카]. 중=相当 (xiāngdāng) [샹당].
- 제비 (명사) 동물 : 영=swallow (ˈswɑːloʊ) [스왈로우].
  일=ツバメ (つばめ, tsubame) [츠바메]. 중=燕子 (yànzi) [옌쯔].
- 제사 祭祀 제사 제, 제사 사. (명사) :
  영=ancestral rites (ænˈsɛstrəl raɪts) [앤세스트럴 라이츠].
  일=祭祀 (さいし, saishi) [사이시]. 중=祭祀 (jìsì) [지쓰].
- 제삿날 祭祀- 제사 제, 제사 사. (명사) : 영=memorial day
  (məˈmɔːriəl deɪ) [메모리얼 데이], day of ancestral rites.
  일=祭日 (さいじつ, saijitsu) [사이짓츠]. 중=祭日 (jìrì) [지르].
- 제시 提示 끌 제, 보일 시. (명사) : 영=presentation (ˌprɛznˈteɪʃən)
  [프레젠테이션], suggestion (səˈdʒɛstʃən) [서제스천].
  일=提示 (ていじ, teiji) [테이지]. 중=提示 (tíshì) [티스].
- 제시되다 提示- 끌 제, 보일 시. (동사) :
  영=be presented [비 프리젠티드], be suggested [비 서제스티드].
  일=提示される (ていじされる, teiji sareru) [테이지 사례루].
  중=被提示 (bèi tíshì) [뻬이 티스].
- 제시하다 提示- 끌 제, 보일 시. (동사) :
  영=present (prɪˈzɛnt) [프리젠트], suggest (səˈdʒɛst) [서제스트].
  일=提示する (ていじする, teiji suru) [테이지 스루]. 중=提示 (tíshì) [티스].
- 제안 提案 끌 제, 책상 안. (명사) : 영=proposal (prəˈpoʊzl) [프로포절].
  일=提案 (ていあん, teian) [테이안]. 중=提案 (tíˈàn) [티안].
- 제안하다 提案- 끌 제, 책상 안. (동사) :
  영=propose (prəˈpoʊz) [프로포즈], suggest (səˈdʒɛst) [서제스트].
  일=提案する (ていあんする, teian suru) [테이안 스루].
  중=提议 (tíyì) [티이].

•제약 制約 절제할 제, 맺을 약. (명사) : [영]=restriction (rɪ'strɪkʃən) [리스트릭션], constraint (kən'streɪnt) [컨스트레인트].
[일]=制約 (せいやく, seiyaku) [세이야쿠]. [중]=制约 (zhìyuē) [즈위에].

•제외되다 除外- 덜 제, 바깥 외. (동사) :
[영]=be excluded [비 익스클루디드].
[일]=除外される (じょがいされる, jogai sareru) [조가이 사레루].
[중]=被除外 (bèi chúwài) [뻬이 추와이].

•제외하다 除外- 덜 제, 바깥 외. (동사) :
[영]=exclude (ɪk'sklu:d) [익스클루드].
[일]=除外する (じょがいする, jogai suru) [조가이 스루].
[중]=除外 (chúwài) [추와이].

•제의 提議 끌 제, 의논할 의. (명사) :
[영]=suggestion (sə'dʒɛstʃən) [서제스천], proposal (prə'poʊzl) [프로포절].
[일]=提議 (ていぎ, teigi) [테이기]. [중]=提议 (tíyì) [티이].

•제의하다 提議- 끌 제, 의논할 의. (동사) :
[영]=suggest (sə'dʒɛst) [서제스트], propose (prə'poʊz) [프로포즈].
[일]=提議する (ていぎする, teigi suru) [테이기 스루].
[중]=提议 (tíyì) [티이].

•제일 第一 차례 제, 한 일. (명사) :
[영]=first (fɜ:rst) [퍼스트], number one.
[일]=第一 (だいいち, daiichi) [다이이치]. [중]=第一 (dìyī) [띠이].

•제자 弟子 아우 제, 아들 자. (명사) :
[영]=disciple (dɪ'saɪpl) [디사이플], pupil ('pju:pl) [퓨플].
[일]=弟子 (でし, deshi) [데시]. [중]=弟子 (dìzǐ) [띠즈].

•제자리 (명사) 원래 있던 자리 :
[영]=original place [어리지널 플레이스], same place [세임 플레이스].
[일]=元の場所 (もとのばしょ, moto no basho) [모토노 바쇼].
[중]=原地 (yuándì) [위안띠].

•제작 製作 지을 제, 지을 작. (명사) : [영]=production (prə'dʌkʃən) [프로덕션], manufacture (ˌmænju'fæktʃər) [매뉴팩처].
[일]=製作 (せいさく, seisaku) [세이사쿠].
[중]=制作 (zhìzuò) [즈쭈어].

•제작하다 製作- 지을 제, 지을 작. (동사) :
[영]=produce (prə'duːs) [프로듀스],
manufacture (ˌmænju'fæktʃər) [매뉴팩처].
[일]=製作する (せいさくする, seisaku suru) [세이사쿠 스루].
[중]=制作 (zhìzuò) [즈쭈어].
•제주도 濟州島 건널 제, 고을 주, 섬 도. (고유명사) :
[영]=Jeju Island ('dʒedʒuː 'aɪlənd) [제주 아일랜드].
[일]=済州島 (さいしゅうとう, Saishūtō) [사이슈토].
[중]=济州岛 (Jìzhōudǎo) [지저우다오].
•제출 提出 끌 제, 날 출. (명사) :
[영]=submission (səb'mɪʃən) [서브미션].
[일]=提出 (ていしゅつ, teishutsu) [테이슈츠].
[중]=提交 (tíjiāo) [티지아오].
•제출하다 提出- 끌 제, 날 출. (동사) :
[영]=submit (səb'mɪt) [서브밋], present (prɪ'zɛnt) [프리젠트].
[일]=提出する (ていしゅつする, teishutsu suru) [테이슈츠 스루].
[중]=提交 (tíjiāo) [티지아오].
•제품 製品 지을 제, 물건 품. (명사) :
[영]=product ('prɑːdʌkt) [프라덕트].
[일]=製品 (せいひん, seihin) [세이힌]. [중]=产品 (chǎnpǐn) [찬핀].
•제한 制限 절제할 제, 한할 한. (명사) :
[영]=limit ('lɪmɪt) [리밋], restriction (rɪ'strɪkʃən) [리스트릭션].
[일]=制限 (せいげん, seigen) [세이겐]. [중]=限制 (xiànzhì) [시엔즈].
•제한되다 制限- 절제할 제, 한할 한. (동사) :
[영]=be limited [비 리미티드], be restricted [비 리스트릭티드].
[일]=制限される (せいげんされる, seigen sareru) [세이겐 사레루].
[중]=受限制 (shòu xiànzhì) [쇼우 시엔즈].
•제한하다 制限- 절제할 제, 한할 한. (동사) :
[영]=limit ('lɪmɪt) [리밋], restrict (rɪ'strɪkt) [리스트릭트].
[일]=制限する (せいげんする, seigen suru) [세이겐 스루].
[중]=限制 (xiànzhì) [시엔즈].
•조 條 가지 조 (의존명사) : [영]=article ('ɑːrtɪkl) [아티클], clause (klɔːz) [클로즈].
[일]=条 (じょう, jō) [죠]. [중]=条 (tiáo) [티아오].

•조 組 짤 조. (명사) : [영]=group (gruːp) [그룹], team (tiːm) [팀].
[일]=組 (くみ, kumi) [쿠미]. [중]=组 (zǔ) [쭈].
•조 組 짤 조. (의존명사) : [영]=group (gruːp) [그룹], team (tiːm) [팀].
[일]=組 (くみ, kumi) [쿠미]. [중]=组 (zǔ) [쭈].
•조각 (명사) 얼음 한 조각 :
[영]=piece (piːs) [피스], fragment (ˈfrægmənt) [프래그먼트].
[일]=欠片 (かけら, kakera) [카케라]. [중]=碎片 (suìpiàn) [쑤이피앤].
•조각 彫刻 새길 조, 새길 각. (명사) :
[영]=sculpture (ˈskʌlptʃər) [스컬프처], carving (ˈkɑːrvɪŋ) [카빙].
[일]=彫刻 (ちょうこく, chōkoku) [쵸코쿠].
[중]=雕刻 (diāokè) [디아오커].
•조개 (명사) 동물 : [영]=shellfish (ˈʃelfɪʃ) [셸피쉬], clam (klæm) [클램].
[일]=貝 (かい, kai) [카이]. [중]=贝壳 (bèiké) [뻬이커].
•조건 條件 가지 조, 물건 건. (명사) : [영]=condition (kənˈdɪʃən) [컨디션], requirement (rɪˈkwaɪərmənt) [리콰이어먼트].
[일]=条件 (じょうけん, jōken) [죠켄]. [중]=条件 (tiáojiàn) [티아오지앤].
•조그마하다 (형용사) : [영]=small (smɔːl) [스몰], tiny (ˈtaɪni) [타이니].
[일]=小さい (ちいさい, chiisai) [치이사이].
[중]=小小的 (xiǎoxiǎode) [샤오샤오 더].
•조그맣다 (형용사) : [영]=tiny (ˈtaɪni) [타이니], little (ˈlɪtl) [리틀].
[일]=ちっぽけだ (chippoke da) [칫포케다].
[중]=小小的 (xiǎoxiǎode) [샤오샤오 더].
•조금 (명사) : [영]=a bit [어 빗], a little [어 리틀].
[일]=少量 (しょうりょう, shōryō) [쇼료]. [중]=一点 (yìdiǎn) [이디앤].
•조금 (부사) : [영]=a little [어 리틀], slightly (ˈslaɪtli) [슬라이틀리].
[일]=少し (すこし, sukoshi) [스코시]. [중]=稍微 (shāowēi) [샤오웨이].
•조금씩 (부사) : [영]=little by little [리틀 바이 리틀], gradually (ˈgrædʒuəli) [그래주얼리].
[일]=少しずつ (すこしずつ, sukoshi zutsu) [스코시즈츠].
[중]=一点一点地 (yìdiǎn yìdiǎn de) [이디앤 이디앤 더].
•조기 早期 이를 조, 기약할 기. (명사) :
[영]=early stage (ˈɜːrli steɪdʒ) [얼리 스테이지].
[일]=早期 (そうき, sōki) [소키]. [중]=早期 (zǎoqī) [자오치].

- 조깅 (명사) jogging : 영=jogging ('dʒɑːgɪŋ) [자깅].
  일=ジョギング (jogingu) [조깅구]. 중=慢跑 (mànpǎo) [만파오].
- 조르다 (동사) 요구하다 : 영=pester ('pestər) [페스터], beg (bɛg) [베그].
  일=ねだる (nedaru) [네다루]. 중=纠缠 (jiūchán) [지우챤].
- 조명 照明 비출 조, 밝을 명. (명사) : 영=lighting ('laɪtɪŋ) [라이팅],
  illumination (ɪˌluːmɪ'neɪʃən) [일루미네이션].
  일=照明 (しょうめい, shōmei) [쇼메이]. 중=照明 (zhàomíng) [자오밍].
- 조미료 調味料 고를 조, 맛 미, 헤아릴 료. (명사) :
  영=seasoning ('siːzənɪŋ) [시즈닝], condiment ('kɑːndɪmənt) [콘디먼트].
  일=調味料 (ちょうみりょう, chōmiryō) [쵸미료].
  중=调味料 (tiáowèiliào) [티아오웨이랴오].
- 조사 調査 고를 조, 조사할 사. (명사) : 영=investigation
  (ɪnˌvestɪ'geɪʃəl)[인베스티게이션], survey ('sɜːrveɪ)[서베이].
  일=調査 (ちょうさ, chōsa) [쵸사]. 중=调查 (diàochá) [디아오챠].
- 조사하다 調査- 고를 조, 조사할 사. (동사) : 영=investigate
  (ɪn'vestɪgeɪt) [인베스티게이트], survey (sər'veɪ) [서베이].
  일=調査する (ちょうさする, chōsa suru) [쵸사스루].
  중=调查 (diàochá) [디아오챠].
- 조상 祖上 할아버지 조, 위 상. (명사) :
  영=ancestor ('ænsestər) [앤세스터],
  forefather ('fɔːrfɑːðər) [포파더].
  일=祖先 (そせん, sosen) [소센]. 중=祖先 (zǔxiān) [쭈시앤].
- 조선 朝鮮 아침 조, 고울 선 (고유명사) :
  영=Joseon ('dʒoʊsʌn) [조선].
  일=朝鮮 (ちょうせん, Chōsen) [쵸센]. 중=朝鲜 (Cháoxiǎn) [차오시앤].
- 조심스럽다 操心- 잡을 조, 마음 심. (형용사) :
  영=careful ('kerfl) [케어풀], cautious ('kɔːʃəs) [코셔스].
  일=慎重だ (しんちょうだ, shinchō da) [신쵸다].
  중=小心的 (xiǎoxīn de) [샤오신 더].
- 조심하다 操心- 잡을 조, 마음 심. (동사) :
  영=be careful [비 케어풀], take care [테이크 케어].
  일=気をつける (きをつける, ki o tsukeru) [키오 츠케루].
  중=小心 (xiǎoxīn) [샤오신].

- 조용하다 (형용사) :
    - 영=quiet ('kwaɪət) [콰이어트], silent ('saɪlənt) [사일런트].
    - 일=静かだ (しずかだ, shizuka da) [시즈카다].
    - 중=安静 (ānjìng) [안징].
- 조용히 (부사) :
    - 영=quietly ('kwaɪətli) [콰이어틀리], silently ('saɪləntli) [사일런틀리].
    - 일=静かに (しずかに, shizuka ni) [시즈카니].
    - 중=安静地 (ānjìng de) [안징 데].
- 조절 調節 고를 조, 마디 절. (명사) : 영=control (kən'troʊl) [컨트롤], adjustment (ə'dʒʌstmənt) [어저스트먼트].
    - 일=調節 (ちょうせつ, chōsetsu) [쵸세츠].
    - 중=调节 (tiáojié) [티아오지에].
- 조절하다 調節- 고를 조, 마디 절. (동사) :
    - 영=control (kən'troʊl) [컨트롤], adjust (ə'dʒʌst) [어저스트].
    - 일=調節する (ちょうせつする, chōsetsu suru) [쵸세츠 스루].
    - 중=调节 (tiáojié) [티아오지에].
- 조정 調整 고를 조, 가지런할 정. (명사) :
    - 영=adjustment (ə'dʒʌstmənt) [어저스트먼트], coordination (koʊˌɔːrdɪ'neɪʃən) [코오디네이션].
    - 일=調整 (ちょうせい, chōsei) [쵸세이].
    - 중=调整 (tiáozhěng) [티아오정].
- 조정하다 調整- 고를 조, 가지런할 정. (동사) : 영=adjust (ə'dʒʌst) [어저스트], coordinate (koʊ'ɔːrdɪneɪt) [코오디네이트].
    - 일=調整する (ちょうせいする, chōsei suru) [쵸세이스루].
    - 중=调整 (tiáozhěng) [티아오정].
- 조직 組織 짤 조, 짤 직. (명사) :
    - 영=organization (ˌɔːrgənə'zeɪʃən) [오거나제이션].
    - 일=組織 (そしき, soshiki) [소시키].
    - 중=组织 (zǔzhī) [쭈즈].
- 조카 (명사) :
    - 영=nephew ('nefjuː) [네퓨], niece (niːs) [니스].
    - 일=甥・姪 (おい・めい, oi・mei) [오이・메이].
    - 중=侄子・侄女 (zhízi・zhínǚ) [즈쯔・즈뉘].

- 조화되다 調和- 고를 조, 화할 화. (동사) :
  영=harmonize ('hɑːrmənaɪz) [하머나이즈].
  일=調和する (ちょうわする, chōwa suru) [쵸와 스루].
  중=调和 (tiáohé) [티아오허].
- 존경하다 尊敬- 높을 존, 공경 경. (동사) :
  영=respect (rɪ'spɛkt) [리스펙트], esteem (ɪ'stiːm) [이스팀].
  일=尊敬する (そんけいする, sonkei suru) [손케이 스루].
  중=尊敬 (zūnjìng) [쭌징].
- 존댓말 尊待- 높을 존, 대할 대. (명사) :
  영=honorific (ɑːnə'rɪfɪk) [아너리픽], polite speech [폴라이트 스피치].
  일=敬語 (けいご, keigo) [케이고]. 중=敬语 (jìngyǔ) [징위].
- 존재 存在 있을 존, 있을 재. (명사) :
  영=existence (ɪɡ'zɪstəns) [이그지스턴스], presence ('prɛzəns) [프레전스].
  일=存在 (そんざい, sonzai) [손자이]. 중=存在 (cúnzài) [춘짜이]].
- 존재하다 存在- 있을 존, 있을 재. (동사) :
  영=exist (ɪɡ'zɪst) [이그지스트].
  일=存在する (そんざいする, sonzai suru) [손자이 스루].
  중=存在 (cúnzài) [춘짜이].
- 존중하다 尊重- 높을 존, 무거울 중. (동사) :
  영=respect (rɪ'spɛkt) [리스펙트], value ('væljuː) [밸류].
  일=尊重する (そんちょうする, sonchō suru) [손쵸 스루].
  중=尊重 (zūnzhòng) [쭌중].
- 졸다 (동사) : 영=doze (doʊz) [도즈], nod off [나드 오프].
  일=居眠りする (いねむりする, inemuri suru) [이네무리 스루].
  중=打盹 (dǎdǔn) [다둔].
- 졸리다 (동사) 자고 싶다 :
  영=be sleepy [비 슬리피], feel drowsy (fiːl 'draʊzi) [필 드라우지].
  일=眠い (ねむい, nemui) [네무이]. 중=困 (kùn) [쿤].
- 졸업 卒業 마칠 졸, 업 업. (명사) :
  영=graduation (ˌɡrædʒu'eɪʃən) [그래쥬에이션].
  일=卒業 (そつぎょう, sotsugyō) [소츠교].
  중=毕业 (bìyè) [비예].

•졸업생 卒業生 마칠 졸, 업 업, 날 생. (명사) :
[영]=graduate (ˈɡrædʒuət) [그래쥬엇].
[일]=卒業生 (そつぎょうせい, sotsugyōsei) [소츠교세이].
[중]=毕业生 (bìyèshēng) [비예셩].
•졸업하다 卒業- 마칠 졸, 업 업. (동사) :
[영]=graduate (ˈɡrædʒueɪt) [그래쥬에이트].
[일]=卒業する (そつぎょうする, sotsugyō suru) [소츠교 스루].
[중]=毕业 (bìyè) [비예].
•졸음 (명사) : [영]=sleepiness (ˈsliːpinəs) [슬리피니스], drowsiness (ˈdraʊzinəs) [드라우지니스].
[일]=眠気 (ねむけ, nemuke) [네무케]. [중]=睡意 (shuìyì) [슈이이].
•좀 (부사) 조금 : [영]=a bit [어 빗], a little [어 리틀].
[일]=ちょっと (chotto) [춋토]. [중]=一点儿 (yìdiǎnr) [이디알].
•좁다 (형용사) : [영]=narrow (ˈnæroʊ) [내로우].
[일]=狭い (せまい, semai) [세마이]. [중]=窄 (zhǎi) [자이].
•좁히다 (동사) : [영]=narrow down [내로우 다운], make narrow.
[일]=狭める (せばめる, sebameru) [세바메루].
[중]=缩小 (suōxiǎo) [쑤어샤오].
•종 鐘 쇠북 종. (명사) : [영]=bell (bɛl) [벨].
[일]=鐘 (かね, kane) [카네]. [중]=钟 (zhōng) [쫑].
•종 種 씨 종. (명사) : [영]=kind (kaɪnd) [카인드], type (taɪp) [타입].
[일]=種 (しゅ, shu) [슈]. [중]=种 (zhǒng) [쫑].
•종교 宗教 마루 종, 가르칠 교. (명사) : [영]=religion (rɪˈlɪdʒən) [릴리전].
[일]=宗教 (しゅうきょう, shūkyō) [슈쿄]. [중]=宗教 (zōngjiào) [쫑지아오].
•종교적 宗教的 마루 종, 가르칠 교, 과녁 적. (명사) :
[영]=religious (rɪˈlɪdʒəs) [릴리저스].
[일]=宗教的 (しゅうきょうてき, shūkyōteki) [슈쿄테키].
[중]=宗教的 (zōngjiàode) [쫑지아오 더].
•종로 鍾路 쇠북 종, 길 로. (고유명사) : [영]=Jongno [종로].
[일]=鍾路 (チョンノ, Chonno) [촌노]. [중]=钟路 (Zhōnglù) [쫑루].
•종류 種類 씨 종, 무리 류. (명사) :
[영]=type (taɪp) [타입], kind (kaɪnd) [카인드].
[일]=種類 (しゅるい, shurui) [슈루이]. [중]=种类 (zhǒnglèi) [쫑레이].

- 종소리 鐘- 쇠북 종. (명사) :
  영=bell sound (bɛl saʊnd) [벨 사운드], chime (tʃaɪm) [차임].
  일=鐘の音 (かねのね, kane no ne) [카네노네].
  중=钟声 (zhōngshēng) [쫑셩].
- 종업원 從業員 좇을 종, 업 업, 인원 원. (명사) :
  영=employee (ɪmˈplɔɪiː) [임플로이], staff (stæf) [스태프].
  일=従業員 (じゅうぎょういん, jūgyōin) [쥬교인].
  중=服务员 (fúwùyuán) [푸우위앤].
- 종이 (명사) : 영=paper (ˈpeɪpər) [페이퍼].
  일=紙 (かみ, kami) [카미]. 중=纸 (zhǐ) [즈].
- 종이컵 -cup (명사) : 영=paper cup [페이퍼 컵].
  일=紙コップ (かみコップ, kami koppu) [카미콧푸].
  중=纸杯 (zhǐbēi) [즈뻬이].
- 종일 終日 마칠 종, 날 일. (명사) : 영=all day (ɔːl deɪ) [올 데이].
  일=終日 (しゅうじつ, shūjitsu) [슈지츠]. 중=整天 (zhěngtiān) [정티앤].
- 종종 種種 씨 종, 씨 종 (~ 놀러 오세요). (부사) : 영=sometimes (ˈsʌmtaɪmz) [섬타임즈], occasionally (əˈkeɪʒənəli) [어케이저널리].
  일=時々 (ときどき, tokidoki) [토키도키]. 중=时常 (shícháng) [스챵].
- 종합 綜合 모을 종, 합할 합. (명사) : 영=synthesis (ˈsɪnθəsɪs) [신쎄시스], integration (ɪntɪˈgreɪʃən) [인티그레이션].
  일=総合 (そうごう, sōgō) [소고]. 중=综合 (zōnghé) [쭝허].
- 종합하다 綜合- 모을 종, 합할 합. (동사) : 영=synthesize (ˈsɪnθəsaɪz) [신쎄사이즈], integrate (ˈɪntɪgreɪt) [인티그레이트].
  일=総合する (そうごうする, sōgō suru) [소고 스루].
  중=综合 (zōnghé) [쭝허].
- 좋다 (형용사) : 영=good (gʊd) [굿], nice (naɪs) [나이스].
  일=良い (よい, yoi) [요이]. 중=好 (hǎo) [하오].
- 좋아 (감탄사) : 영=great! (greɪt) [그레이트], nice! (naɪs) [나이스].
  일=いいね！(ii ne) [이이네]. 중=好啊！(hǎo a) [하오아].
- 좋아지다 (동사) :
  영=get better [겟 베터], improve (ɪmˈpruːv) [임프루브].
  일=良くなる (よくなる, yoku naru) [요쿠 나루].
  중=变好 (biànhǎo) [삐앤하오].

- 좋아하다 (동사) : 영=like (laɪk) [라이크], love (lʌv) [러브].
  일=好きだ (すきだ, suki da) [스키다]. 중=喜欢 (xǐhuan) [시환].
- 좌석 座席 자리 좌, 자리 석. (명사) : 영=seat (siːt) [시트].
  일=座席 (ざせき, zaseki) [자세키]. 중=座位 (zuòwèi) [쭈어웨이].
- 좌우 左右 왼 좌, 오른 우. (명사) :
  영=left and right [레프트 앤 라이트].
  일=左右 (さゆう, sayū) [사유]. 중=左右 (zuǒyòu) [쭈오요우].
- 죄 罪 허물 죄. (명사) : 영=sin (sɪn) [신], guilt (gɪlt) [길트].
  일=罪 (つみ, tsumi) [츠미]. 중=罪 (zuì) [쭈이].
- 죄송하다 罪悚- 허물 죄, 두려울 송. (형용사) :
  영=sorry (ˈsɑːri) [쏘리], apologize (əˈpɑːlədʒaɪz) [어팔러자이즈].
  일=申し訳ない (もうしわけない, mōshiwakenai) [모시와케나이].
  중=抱歉 (bàoqiàn) [바오치앤].
- 죄인 罪人 허물 죄, 사람 인. (명사) :
  영=criminal (ˈkrɪmɪnəl) [크리미널], sinner (ˈsɪnər) [시너].
  일=罪人 (ざいにん, zainin) [자이닌]. 중=罪人 (zuìrén) [쭈이런].
- 주 週 돌 주. (명사) : 영=week (wiːk) [위크].
  일=週 (しゅう, shū) [슈]. 중=周 (zhōu) [쪼우].
- 주 週 돌 주. (의존명사) : 영=week (wiːk) [위크].
  일=週 (しゅう, shū) [슈]. 중=周 (zhōu) [쪼우].
- 주 主 임금 주 (~고객). (관형사) :
  영=main (meɪn) [메인], principal (ˈprɪnsəpəl) [프린서플].
  일=主な (おもな, omona) [오모나]. 중=主 (zhǔ) [쥬].
- 주거 住居 살 주, 살 거. (명사) :
  영=residence (ˈrezɪdəns) [레지던스], housing (ˈhaʊzɪŋ) [하우징].
  일=住居 (じゅうきょ, jūkyo) [쥬쿄]. 중=住居 (zhùjū) [주쥐].
- 주고받다 (동사) : 영=exchange (ɪksˈtʃeɪndʒ) [익스체인지].
  일=やり取りする (やりとりする, yaritori suru) [야리토리 스루].
  중=交換 (jiāohuàn) [지아오환].
- 주관적 主觀的 임금 주, 볼 관, 과녁 적. (명사) :
  영=subjective (səbˈdʒɛktɪv) [서브젝티브].
  일=主観的 (しゅかんてき, shukanteki) [슈칸테키].
  중=主观的 (zhǔguānde) [쥬관 더].

- 주년 周年 두루 주, 해 년. (의존명사) :
  영=anniversary (ˌænɪˈvɜːrsəri) [애니버서리].
  일=周年 (しゅうねん, shūnen) [슈넨]. 중=周年 (zhōunián) [쪼우니앤].
- 주다 (동사) : 영=give (gɪv) [기브].
  일=与える (あたえる, ataeru) [아타에루]. 중=给 (gěi) [게이].
- 주다 (보조동사) : 영=give (gɪv) [기브].
  일=あげる (ageru) [아게루], くれる (kureru) [쿠레루].
  중=给 (gěi) [게이].
- 주로 主- 임금 주. (부사) :
  영=mainly (ˈmeɪnli) [메인리], mostly (ˈmoʊstli) [모슬리].
  일=主に (おもに, omoni) [오모니]. 중=主要 (zhǔyào) [쥬야오].
- 주름 (명사) : 영=wrinkle (ˈrɪŋkl) [링클], crease (kriːs) [크리스].
  일=皺 (しわ, shiwa) [시와]. 중=皱纹 (zhòuwén) [조우원].
- 주름살 (명사) : 영=wrinkles (ˈrɪŋklz) [링클즈].
  일=皺 (しわ, shiwa) [시와]. 중=皱纹 (zhòuwén) [조우원].
- 주말 週末 돌 주, 끝 말. (명사) :
  영=weekend (ˈwiːkend) [위켄드].
  일=週末 (しゅうまつ, shūmatsu) [슈마츠]. 중=周末 (zhōumò) [쪼우모].
- 주머니 (명사) : 영=pocket (ˈpɑːkɪt) [파킷], pouch (paʊtʃ) [파우치].
  일=ポケット (poketto) [포켓토]. 중=口袋 (kǒudài) [코우다이].
- 주먹 (명사) : 영=fist (fɪst) [피스트].
  일=拳 (こぶし, kobushi) [코부시]. 중=拳头 (quántou) [취앤터우].
- 주무시다 (동사) : 영=sleep (honorific) [슬립], rest [레스트].
  일=お休みになる (おやすみになる, oyasumi ni naru) [오야스미니나루].
  중=睡觉 (敬语) (shuìjiào) [슈이찌아오].
- 주문 注文 부을 주, 글월 문. (명사) : 영=order (ˈɔːrdər) [오더].
  일=注文 (ちゅうもん, chūmon) [츄몬]. 중=订购 (dìnggòu) [띵고우].
- 주문 呪文 빌 주, 글월 문. (명사) :
  영=spell (spɛl) [스펠], incantation (ˌɪnkænˈteɪʃən) [인캔테이션].
  일=呪文 (じゅもん, jumon) [쥬몬]. 중=咒语 (zhòuyǔ) [조우위].
- 주문하다 注文- 부을 주, 글월 문. (동사) : 영=order (ˈɔːrdər) [오더].
  일=注文する (ちゅうもんする, chūmon suru) [츄몬스루].
  중=订购 (dìnggòu) [띵고우].

- 주민 住民 살 주, 백성 민. (명사) : ㉠=resident ('rezɪdənt) [레지던트], inhabitant (ɪnˈhæbɪtənt) [인해비턴트].
 ㉡=住民 (じゅうみん, jūmin) [쥬민]. ㉢=居民 (jūmín) [쥐민].
- 주방 廚房 부엌 주, 방 방. (명사) : ㉠=kitchen (ˈkɪtʃɪn) [키친].
 ㉡=厨房 (ちゅうぼう, chūbō) [츄보]. ㉢=厨房 (chúfáng) [추팡].
- 주변 周邊 두루 주, 가 변. (명사) : ㉠=surroundings (səˈraʊndɪŋz) [서라운딩즈], vicinity (vəˈsɪnəti) [비시니티].
 ㉡=周辺 (しゅうへん, shūhen) [슈헨]. ㉢=周边 (zhōubiān) [쪼우삐앤].
- 주부 主婦 임금 주, 며느리 부. (명사) :
 ㉠=housewife (ˈhaʊswaɪf) [하우스와이프].
 ㉡=主婦 (しゅふ, shufu) [슈후]. ㉢=主妇 (zhǔfù) [쥬푸].
- 주사 注射 부을 주, 쏠 사. (명사) :
 ㉠=injection (ɪnˈdʒɛkʃən) [인젝션], shot (ʃɑːt) [샷].
 ㉡=注射 (ちゅうしゃ, chūsha) [츄샤]. ㉢=注射 (zhùshè) [쥬셔].
- 주소 住所 살 주, 곳 소. (명사) : ㉠=address (əˈdrɛs) [어드레스].
 ㉡=住所 (じゅうしょ, jūsho) [쥬쇼]. ㉢=地址 (dìzhǐ) [띠즈].
- 주스 juice (명사) : ㉠=juice (dʒuːs) [쥬스].
 ㉡=ジュース (jūsu) [쥬스]. ㉢=果汁 (guǒzhī) [궈즈].
- 주식 株式 그루 주, 법 식. (명사) :
 ㉠=stock (stɑːk) [스탁], share (ʃer) [셰어].
 ㉡=株式 (かぶしき, kabushiki) [카부시키].
 ㉢=股票 (gǔpiào) [구피아오].
- 주어지다 (동사) :
 ㉠=be given [비 기븐], be provided [비 프로바이디드].
 ㉡=与えられる (あたえられる, ataerareru) [아타에라레루].
 ㉢=被给予 (bèi jǐyǔ) [뻬이 지위].
- 주요 主要 임금 주, 요긴할 요. (명사) :
 ㉠=main (meɪn) [메인], principal (ˈprɪnsəpəl) [프린서플].
 ㉡=主要 (しゅよう, shuyō) [슈요]. ㉢=主要 (zhǔyào) [쥬야오].
- 주요하다 主要- 임금 주, 요긴할 요. (형용사) :
 ㉠=main (meɪn) [메인], principal (ˈprɪnsəpəl) [프린서플].
 ㉡=主要だ (しゅようだ, shuyō da) [슈요다].
 ㉢=主要 (zhǔyào) [쥬야오].

•주위 周圍 두루 주, 둘레 위. (명사) : [영]=surroundings (sə'raʊndɪŋz) [서라운딩즈], perimeter (pə'rɪmɪtər) [퍼리미터].
[일]=周囲 (しゅうい, shūi) [슈이]. [중]=周围 (zhōuwéi) [쪼우웨이].

•주의 注意 부을 주, 뜻 의. (명사) :
[영]=attention (ə'tɛnʃən) [어텐션], caution ('kɔːʃən) [코션].
[일]=注意 (ちゅうい, chūi) [츄이]. [중]=注意 (zhùyì) [쥬이].

•주의하다 注意- 부을 주, 뜻 의. (동사) :
[영]=pay attention [페이 어텐션], be cautious [비 코셔스].
[일]=注意する (ちゅういする, chūi suru) [츄이 스루].
[중]=注意 (zhùyì) [쥬이].

•주인 主人 임금 주, 사람 인. (명사) :
[영]=owner ('oʊnər) [오너], master ('mæstər) [매스터].
[일]=主人 (しゅじん, shujin) [슈진]. [중]=主人 (zhǔrén) [쥬런].

•주인공 主人公 임금 주, 사람 인, 공평할 공. (명사) :
[영]=main character (meɪn 'kærɪktər) [메인 캐릭터], protagonist (prə'tægənɪst) [프로태거니스트].
[일]=主人公 (しゅじんこう, shujinkō) [슈진코]. [중]=主人公 (zhǔréngōng) [쥬런궁].

•주일 週日 돌 주, 날 일. (의존명사) : [영]=week [위크].
[일]=週間 (しゅうかん, shūkan) [슈칸]. [중]=周 (zhōu) [쪼우].

•주장 主張 임금 주, 베풀 장. (명사) :
[영]=claim (kleɪm) [클레임], assertion (ə'sɜːrʃən) [어설션].
[일]=主張 (しゅちょう, shuchō) [슈쵸]. [중]=主张 (zhǔzhāng) [쥬장].

•주장하다 主張- 임금 주, 베풀 장. (동사) :
[영]=claim (kleɪm) [클레임], assert (ə'sɜːrt) [어설트].
[일]=主張する (しゅちょうする, shuchō suru) [슈쵸 스루].
[중]=主张 (zhǔzhāng) [쥬장].

•주저앉다 (동사) : [영]=sit down abruptly [싯 다운 어브럽틀리], collapse (kə'læps) [콜랩스].
[일]=座り込む (すわりこむ, suwarikomu) [스와리코무].
[중]=瘫坐 (tānzuò) [탄쭈어].

•주전자 酒煎子 술 주, 달일 전, 아들 자. (명사) :
[영]=kettle ('ketl) [케틀], teapot ('tiːpɑːt) [티팟].
[일]=やかん (yakan) [야칸]. [중]=壶 (hú) [후].

- 주제 主題 임금 주, 제목 제. (명사) :
  영=theme (θiːm) [띰], subject ('sʌbdʒekt) [서브젝트].
  일=主題 (しゅだい, shudai) [슈다이]. 중=主题 (zhǔtí) [쥬티].
- 주차 駐車 머무를 주, 수레 차. (명사) :
  영=parking ('pɑːrkɪŋ) [파킹].
  일=駐車 (ちゅうしゃ, chūsha) [츄샤]. 중=停车 (tíngchē) [팅쳐].
- 주차장 駐車場 머무를 주, 수레 차, 마당 장. (명사) :
  영=parking lot ('pɑːrkɪŋ lɑːt) [파킹랏].
  일=駐車場 (ちゅうしゃじょう, chūshajō) [츄샤죠].
  중=停车场 (tíngchēchǎng) [팅쳐창].
- 주차하다 駐車- 머무를 주, 수레 차. (동사) : 영=park (pɑːrk) [파크].
  일=駐車する (ちゅうしゃする, chūsha suru) [츄샤 스루].
  중=停车 (tíngchē) [팅쳐].
- 주택 住宅 살 주, 집 택. (명사) :
  영=house (haʊs) [하우스], residence ('rezɪdəns) [레지던스].
  일=住宅 (じゅうたく, jūtaku) [쥬타쿠]. 중=住宅 (zhùzhái) [주자이].
- 주한 駐韓 머무를 주, 한국 한. (명사) :
  영=stationed in Korea [스테이션드 인 코리아].
  일=駐韓 (ちゅうかん, chūkan) [츄칸].
  중=驻韩 (zhùhán) [쥬한].
- 죽 (부사) 줄을 ~ 긋다 :
  영=in a straight line [인 어 스트레이트 라인].
  일=ずっと (zutto) [즛토]. 중=直直地 (zhízhí de) [즈즈 더].
- 죽 粥 죽 죽. (명사) : 영=porridge ('pɔːrɪdʒ) [포리지].
  일=粥 (かゆ, kayu) [카유]. 중=粥 (zhōu) [쪼우].
- 죽다 (동사) 굶어 ~ : 영=starve to death [스타브 투 데스].
  일=餓死する (がしする, gashi suru) [가시 스루]. 중=饿死 (èsǐ) [어쓰].
- 죽다 (보조동사) 심심해 ~ :
  영=extremely (ɪk'striːmli) [익스트림리], to death [투 데스].
  일=死ぬほど (しぬほど, shinu hodo) [시누 호도].
  중=极了 (jíle) [지러].
- 죽음 (명사) : 영=death (dɛθ) [데스].
  일=死 (し, shi) [시]. 중=死亡 (sǐwáng) [쓰왕].

- 죽이다 (동사) 굶겨 ~ :
  - 영=starve (someone) (stɑːrv) [스타브], kill by starving.
  - 일=餓死させる (がしさせる, gashi saseru) [가시 사세루].
  - 중=饿死 (èsǐ) [어쓰].
- 준비 準備 준할 준, 갖출 비. (명사) :
  - 영=preparation (ˌprepəˈreɪʃən) [프레퍼레이션].
  - 일=準備 (じゅんび, junbi) [준비]. 중=准备 (zhǔnbèi) [준베이].
- 준비되다 準備- 준할 준, 갖출 비. (동사) :
  - 영=be prepared [비 프리페어드], be ready [비 레디].
  - 일=準備される (じゅんびされる, junbi sareru) [준비 사레루].
  - 중=准备好 (zhǔnbèi hǎo) [준베이 하오].
- 준비물 準備物 준할 준, 갖출 비, 물건 물. (명사) :
  - 영=supplies (səˈplaɪz) [서플라이즈],
    things to prepare [띵스 투 프리페어].
  - 일=準備物 (じゅんびぶつ, junbibutsu) [준비부츠].
  - 중=准备物品 (zhǔnbèi wùpǐn) [준베이 우핀].
- 준비하다 準備- 준할 준, 갖출 비. (동사) :
  - 영=prepare (prɪˈper) [프리페어], make ready.
  - 일=準備する (じゅんびする, junbi suru) [준비 스루].
  - 중=准备 (zhǔnbèi) [준베이].
- 줄 (명사) ~로 감다 : 영=rope (roʊp) [로프], cord (kɔːrd) [코드].
  - 일=紐 (ひも, himo) [히모]. 중=绳子 (shéngzi) [셩쯔].
- 줄 (의존명사) 방법 : 영=way (weɪ) [웨이], method (ˈmɛθəd) [메써드].
  - 일=すべ (sube) [스베], 方法 (ほうほう, hōhō) [호호].
  - 중=方法 (fāngfǎ) [팡파].
- 줄거리 (명사) :
  - 영=plot (plɑːt) [플랏], storyline (ˈstɔːrilaɪn) [스토리라인].
  - 일=あらすじ (arasuji) [아라스지]. 중=梗概 (gěnggài) [겅가이].
- 줄곧 (부사) :
  - 영=continuously (kənˈtɪnjuəsli) [컨티뉴어슬리], all along [올 얼롱].
  - 일=ずっと (zutto) [즛토]. 중=一直 (yìzhí) [이즈].
- 줄기 (명사) : 영=stem (stɛm) [스템], stalk (stɔːk) [스토크].
  - 일=茎 (くき, kuki) [쿠키]. 중=茎 (jīng) [징].

- 줄다 (동사) :
  영=decrease (dɪˈkriːs) [디크리스], diminish (dɪˈmɪnɪʃ) [디미니쉬].
  일=減る (へる, heru) [헤루]. 중=减少 (jiǎnshǎo) [지앤샤오].
- 줄무늬 (명사) : 영=stripe (straɪp) [스트라이프], pattern of stripes.
  일=縞模様 (しまもよう, shimamoyō) [시마모요].
  중=条纹 (tiáowén) [티아오웬].
- 줄어들다 (동사) :
  영=decrease (dɪˈkriːs) [디크리스], shrink (ʃrɪŋk) [슈링크].
  일=減る (へる, heru) [헤루], 縮む (ちぢむ, chijimu) [치지무].
  중=减少 (jiǎnshǎo) [지앤샤오], 缩小 (suōxiǎo) [쑤어샤오].
- 줄이다 (동사) : 영=reduce (rɪˈduːs) [리듀스], shorten (ˈʃɔːrtn) [쇼튼].
  일=減らす (へらす, herasu) [헤라스], 短くする
  (みじかくする, mijikaku suru) [미지카쿠 스루].
  중=减少 (jiǎnshǎo) [지앤샤오], 缩短 (suōduǎn) [쑤어돤].
- 줍다 (동사) : 영=pick up [픽 업], gather (ˈgæðər) [개더].
  일=拾う (ひろう, hirou) [히로우]. 중=捡 (jiǎn) [지앤].
- 중 中 가운데 중. (의존명사) :
  영=middle (ˈmɪdl) [미들], during (ˈdʊrɪŋ) [듀링].
  일=中 (ちゅう, chū) [츄]. 중=中 (zhōng) [쫑].
- 중간 中間 가운데 중, 사이 간. (명사) :
  영=middle (ˈmɪdl) [미들], halfway (ˌhæfweɪ) [해프웨이].
  일=中間 (ちゅうかん, chūkan) [츄칸]. 중=中间 (zhōngjiān) [쫑지앤].
- 중계방송 中繼放送 가운데 중, 이을 계, 놓을 방, 보낼 송. (명사) :
  영=relay broadcast (ˈriːleɪ ˈbrɔːdkæst) [릴레이 브로드캐스트].
  일=中継放送 (ちゅうけいほうそう, chūkei hōsō) [츄케이 호소].
  중=转播 (zhuǎnbō) [쭈안뽀].
- 중국 中國 가운데 중, 나라 국. (고유명사) :
  영=China (ˈtʃaɪnə) [차이나].
  일=中国 (ちゅうごく, Chūgoku) [츄고쿠]. 중=中国 (Zhōngguó) [쫑궈].
- 중국어 中國語 가운데 중, 나라 국, 말씀 어. (명사) :
  영=Chinese (ˌtʃaɪˈniːz) [차이니즈].
  일=中国語 (ちゅうごくご, chūgokugo) [츄고쿠고].
  중=中文 (Zhōngwén) [쫑원].

- 중국집 中國- 가운데 중, 나라 국. (명사) :
  - 영=Chinese restaurant (ˌtʃaɪˈniːz ˈrestrɑːnt) [차이니즈 레스토랑].
  - 일=中華料理店 (ちゅうかりょうりてん, chūka ryōriten) [츄카료리텐].
  - 중=中餐馆 (zhōngcānguǎn) [쫑찬관].
- 중년 中年 가운데 중, 해 년. (명사) :
  - 영=middle age (ˈmɪdl eɪdʒ) [미들 에이지].
  - 일=中年 (ちゅうねん, chūnen) [츄넨]. 중=中年 (zhōngnián) [쫑니앤].
- 중단 中斷 가운데 중, 끊을 단. (명사) :
  - 영=interruption (ˌɪntəˈrʌpʃən) [인터럽션], halt (hɔːlt) [홀트].
  - 일=中断 (ちゅうだん, chūdan) [츄단]. 중=中断 (zhōngduàn) [쫑돤].
- 중단되다 中斷- 가운데 중, 끊을 단. (동사) :
  - 영=be interrupted [비 인터럽티드], be stopped.
  - 일=中断される (ちゅうだんされる, chūdan sareru) [츄단 사례루].
  - 중=被中断 (bèi zhōngduàn) [뻬이 쫑돤].
- 중단하다 中斷- 가운데 중, 끊을 단. (동사) :
  - 영=interrupt (ˌɪntəˈrʌpt) [인터럽트], halt (hɔːlt) [홀트].
  - 일=中断する (ちゅうだんする, chūdan suru) [츄단 스루].
  - 중=中断 (zhōngduàn) [쫑돤].
- 중대하다 重大- 무거울 중, 큰 대. (형용사) :
  - 영=important (ɪmˈpɔːrtənt) [임포턴트], serious (ˈsɪəriəs) [시리어스].
  - 일=重大だ (じゅうだいだ, jūdai da) [쥬다이다]. 중=重大 (zhòngdà) [쫑다].
- 중독 中毒 가운데 중, 독 독. (명사) :
  - 영=addiction (əˈdɪkʃən) [어딕션], poisoning (ˈpɔɪzənɪŋ) [포이즈닝].
  - 일=中毒 (ちゅうどく, chūdoku) [츄도쿠]. 중=中毒 (zhòngdú) [쫑두].
- 중반 中盤 가운데 중, 소반 반. (명사) :
  - 영=middle stage [미들 스테이지], mid-phase [미드 페이즈].
  - 일=中盤 (ちゅうばん, chūban) [츄반]. 중=中盘 (zhōngpán) [쫑판].
- 중부 中部 가운데 중, 떼 부. (명사) : 영=central region [센트럴 리전].
  - 일=中部 (ちゅうぶ, chūbu) [츄부]. 중=中部 (zhōngbù) [쫑부].
- 중세 中世 가운데 중, 세상 세. (명사) :
  - 영=Middle Ages (ˈmɪdl eɪdʒɪz) [미들 에이지스].
  - 일=中世 (ちゅうせい, chūsei) [츄세이].
  - 중=中世纪 (zhōngshìjì) [쫑스지].

- 중소기업 中小企業 가운데 중, 작을 소, 꾀할 기, 업 업. (명사) :
  영=small and medium-sized enterprises (SMEs).
  일=中小企業 (ちゅうしょうきぎょう, chūshō kigyō) [츄쇼 키교].
  중=中小企业 (zhōngxiǎo qǐyè) [쫑샤오 치예].
- 중순 中旬 가운데 중, 열흘 순. (명사) :
  영=middle ten days of a month.
  일=中旬 (ちゅうじゅん, chūjun) [츄쥰]. 중=中旬 (zhōngxún) [쫑쉰].
- 중식 中食 가운데 중, 밥 식. (명사) : 영=lunch (lʌntʃ) [런치].
  일=昼食 (ちゅうしょく, chūshoku) [추쇼쿠]. 중=午餐 (wǔcān) [우찬].
- 중식 中食 중국 중, 밥 식. (명사) :
  영=Chinese food (ˌtʃaɪˈniːz fuːd) [차이니즈 푸드].
  일=中華料理 (ちゅうかりょうり, chūka ryōri) [추카 료리].
  중=中餐 (zhōngcān) [쭝찬].
- 중심 中心 가운데 중, 마음 심. (명사) :
  영=center (ˈsentər) [센터], heart (haːrt) [하트].
  일=中心 (ちゅうしん, chūshin) [츄신]. 중=中心 (zhōngxīn) [쫑신].
- 중심지 中心地 가운데 중, 마음 심, 땅 지. (명사) :
  영=center (ˈsentər) [센터], central place.
  일=中心地 (ちゅうしんち, chūshinchi) [츄신치].
  중=中心地 (zhōngxīndì) [쫑신띠].
- 중앙 中央 가운데 중, 가운데 앙. (명사) :
  영=center (ˈsentər) [센터], central (ˈsentrəl) [센트럴].
  일=中央 (ちゅうおう, chūō) [츄오]. 중=中央 (zhōngyāng) [쫑양].
- 중얼거리다 (동사) : 영=mumble (ˈmʌmbl) [멈블], mutter (ˈmʌtər) [머터].
  일=つぶやく (tsubuyaku) [츠부야쿠].
  중=喃喃自语 (nánnán zìyǔ) [난난쯔위].
- 중요 重要 무거울 중, 요긴할 요. (명사) :
  영=importance (ɪmˈpɔːrtəns) [임포턴스].
  일=重要 (じゅうよう, jūyō) [쥬요]. 중=重要 (zhòngyào) [쫑야오].
- 중요성 重要性 무거울 중, 요긴할 요, 성품 성. (명사) : 영=importance
  (ɪmˈpɔːrtəns) [임포턴스], significance (sɪɡˈnɪfɪkəns) [시그니피컨스].
  일=重要性 (じゅうようせい, jūyōsei) [쥬요세이].
  중=重要性 (zhòngyàoxìng) [쫑야오씽].

- 중요시하다 重要視- 무거울 중, 요긴할 요, 볼 시. (동사) :
  - 영=regard as important [리가드 애즈 임포턴트], value (væljuː) [밸류].
  - 일=重要視する (じゅうようしする, jūyōshi suru) [쥬요시 스루].
  - 중=重视 (zhòngshì) [쫑스].
- 중요하다 重要- 무거울 중, 요긴할 요. (형용사) :
  - 영=important (ɪmˈpɔːrtənt) [임포턴트].
  - 일=重要だ (じゅうようだ, jūyō da) [쥬요다]. 중=重要 (zhòngyào) [쫑야오].
- 중학교 中學校 가운데 중, 배울 학, 학교 교. (명사) :
  - 영=middle school (ˈmɪdl skuːl) [미들 스쿨].
  - 일=中学校 (ちゅうがっこう, chūgakkō) [츄갓코].
  - 중=中学 (zhōngxué) [쫑쉐].
- 중학생 中學生 가운데 중, 배울 학, 날 생. (명사) :
  - 영=middle school student [미들 스쿨 스튜던트].
  - 일=中学生 (ちゅうがくせい, chūgakusei) [츄가쿠세이].
  - 중=中学生 (zhōngxuéshēng) [쫑쉐셩].
- 쥐 (명사) 동물 : 영=mouse (maʊs) [마우스], rat (ræt) [랫].
  - 일=ネズミ (nezumi) [네즈미]. 중=老鼠 (lǎoshǔ) [라오슈].
- 쥐다 (동사) 주먹을 ~ : 영=hold (hoʊld) [홀드], grasp (græsp) [그래습].
  - 일=握る (にぎる, nigiru) [니기루]. 중=握 (wò) [워].
- 즉 即 곧 즉. (부사) : 영=namely (ˈneɪmli) [네임리], in other words.
  - 일=すなわち (sunawachi) [스나와치]. 중=即 (jí) [지].
- 즉석 即席 곧 즉, 자리 석. (명사) :
  - 영=instant (ˈɪnstənt) [인스턴트], on the spot.
  - 일=即席 (そくせき, sokuseki) [소쿠세키]. 중=即席 (jíxí) [지시].
- 즉시 即時 곧 즉, 때 시. (명사) :
  - 영=immediately (ɪˈmiːdiətli) [이미디어틀리].
  - 일=即時 (そくじ, sokuji) [소쿠지]. 중=即时 (jíshí) [지스].
- 즐거움 (명사) : 영=joy (dʒɔɪ) [조이], pleasure (ˈpleʒər) [플레져].
  - 일=楽しみ (たのしみ, tanoshimi) [타노시미].
  - 중=快乐 (kuàilè) [콰이러].
- 즐거워하다 (동사) : 영=enjoy (ɪnˈdʒɔɪ) [인조이], take pleasure in.
  - 일=喜ぶ (よろこぶ, yorokobu) [요로코부].
  - 중=高兴 (gāoxìng) [가오씽].

- 즐겁다 (형용사) :
  - 영=pleasant ('plezənt) [플레전트], joyful ('dʒɔɪfl) [조이풀].
  - 일=楽しい (たのしい, tanoshii) [타노시이]. 중=愉快 (yúkuài) [위콰이].
- 즐기다 (동사) : 영=enjoy (ɪn'dʒɔɪ) [인조이], have fun.
  - 일=楽しむ (たのしむ, tanoshimu) [타노시무].
  - 중=享受 (xiǎngshòu) [샹쇼우].
- 증가 增加 더할 증, 더할 가. (명사) : 영=increase ('ɪnkriːs) [인크리스].
  - 일=増加 (ぞうか, zōka) [조카]. 중=增加 (zēngjiā) [쩡지아].
- 증가하다 增加- 더할 증, 더할 가. (동사) :
  - 영=increase (ɪn'kriːs) [인크리스].
  - 일=増加する (ぞうかする, zōka suru) [조카 스루].
  - 중=增加 (zēngjiā) [쩡지아].
- 증거 證據 증명할 증, 근거 거. (명사) :
  - 영=evidence ('ɛvɪdəns) [에비던스], proof (pruːf) [프루프].
  - 일=証拠 (しょうこ, shōko) [쇼코]. 중=证据 (zhèngjù) [정쥐].
- 증권 證券 증명할 증, 문서 권. (명사) :
  - 영=security (sɪ'kjʊrəti) [시큐러티], bond (baːnd) [본드].
  - 일=証券 (しょうけん, shōken) [쇼켄].
  - 중=证券 (zhèngquàn) [정취앤].
- 증권사 證券社 증명할 증, 문서 권, 모일 사. (명사) :
  - 영=securities company, brokerage firm.
  - 일=証券会社 (しょうけんがいしゃ, shōkengaisha) [쇼켄가이샤].
  - 중=证券公司 (zhèngquàn gōngsī) [정취앤 꿍쓰].
- 증명하다 證明- 증명할 증, 밝을 명. (동사) :
  - 영=prove (pruːv) [프루브], verify ('vɛrɪfaɪ) [베리파이].
  - 일=証明する (しょうめいする, shōmei suru) [쇼메이 스루].
  - 중=证明 (zhèngmíng) [정밍].
- 증상 症狀 증세 증, 형상 상. (명사) : 영=symptom ('sɪmptəm) [심텀].
  - 일=症状 (しょうじょう, shōjō) [쇼죠].
  - 중=症状 (zhèngzhuàng) [정좡].
- 증세 症勢 증세 증, 기세 세. (명사) :
  - 영=condition (kən'dɪʃən) [컨디션], symptoms ('sɪmptəmz) [심텀즈].
  - 일=症勢 (しょうせい, shōsei) [쇼세이]. 중=病情 (bìngqíng) [삥칭].

- 지 (의존명사) 만난 지 오래되다 :
  영=time since [타임 신스], duration (dʊˈreɪʃən) [듀레이션].
  일=以来 (いらい, irai) [이라이]. 중=以来 (yǐlái) [이라이].
- 지각 知覺 알 지, 깨달을 각. (명사) :
  영=perception (pərˈsepʃən) [퍼셉션],
    awareness (əˈwernəs) [어웨어니스].
  일=知覚 (ちかく, chikaku) [치카쿠]. 중=知觉 (zhījué) [즈쥐에].
- 지갑 紙匣 종이 지, 갑 갑. (명사) : 영=wallet (ˈwɑːlɪt) [왈릿].
  일=財布 (さいふ, saifu) [사이후]. 중=钱包 (qiánbāo) [치앤바오].
- 지겹다 (형용사) : 영=tedious (ˈtiːdiəs) [티디어스], boring (ˈbɔːrɪŋ) [보링].
  일=うんざりだ (unzari da) [운자리다]. 중=厌烦 (yànfán) [옌판].
- 지경 地境 땅 지, 지경 경. (의존명사) :
  영=situation (ˌsɪtʃuˈeɪʃən) [시추에이션], extent (ɪkˈstent) [익스텐트].
  일=境地 (きょうち, kyōchi) [쿄치]. 중=地步 (dìbù) [띠부].
- 지구 地球 땅 지, 공 구. (명사) : 영=Earth (ɜːrθ) [어스].
  일=地球 (ちきゅう, chikyū) [치큐]. 중=地球 (dìqiú) [띠치우].
- 지구 地區 땅 지, 구역 구. (명사) :
  영=area (ˈeriə) [에어리어], region (ˈriːdʒən) [리전].
  일=地区 (ちく, chiku) [치쿠]. 중=地区 (dìqū) [띠취].
- 지극히 至極- 이를 지, 극진할 극. (부사) :
  영=extremely (ɪkˈstriːmli) [익스트림리],
    exceedingly (ɪkˈsiːdɪŋli) [익시딩리].
  일=至極 (しごく, shigoku) [시고쿠]. 중=极其 (jíqí) [지치].
- 지금 只今 다만 지, 이제 금. (명사) :
  영=now (naʊ) [나우], the present moment.
  일=ただいま (tadaima) [타다이마]. 중=现在 (xiànzài) [시앤짜이].
- 지금 只今 다만 지, 이제 금. (부사) :
  영=now (naʊ) [나우], right now.
  일=ただいま (tadaima) [타다이마]. 중=现在 (xiànzài) [시앤짜이].
- 지금껏 只今- 다만 지, 이제 금. (부사) :
  영=until now [언틸 나우], up to now.
  일=今まで (いままで, ima made) [이마마데].
  중=至今 (zhìjīn) [즈진].

- 지급 支給 지탱할 지, 줄 급. (명사) :
  - 영=payment (ˈpeɪmənt) [페이먼트], supply (səˈplaɪ) [서플라이].
  - 일=支給 (しきゅう, shikyū) [시키우]. 중=支付 (zhīfù) [즈푸].
- 지급하다 支給- 지탱할 지, 줄 급. (동사) :
  - 영=pay (peɪ) [페이], provide (prəˈvaɪd) [프러바이드].
  - 일=支給する (しきゅうする, shikyū suru) [시키우 스루].
  - 중=支付 (zhīfù) [즈푸].
- 지나가다 (동사) : 영=pass by [패스 바이], go by.
  - 일=通り過ぎる (とおりすぎる, tōrisugiru) [토리스기루].
  - 중=经过 (jīngguò) [징궈].
- 지나다 (동사) : 영=pass (pæs) [패스], elapse (ɪˈlæps) [일랩스].
  - 일=過ぎる (すぎる, sugiru) [스기루]. 중=过去 (guòqù) [궈취].
- 지나치다 (동사) : 영=pass by [패스 바이], overlook (ˌoʊvərˈlʊk) [오버룩].
  - 일=通り過ぎる (とおりすぎる, tōrisugiru) [토리스기루].
  - 중=路过 (lùguò) [루궈].
- 지나치다 (형용사) : 영=excessive (ɪkˈsesɪv) [익세시브], extreme (ɪkˈstriːm) [익스트림].
  - 일=度が過ぎる (どがすぎる, do ga sugiru) [도가스기루].
  - 중=过分 (guòfèn) [궈펀].
- 지난날 (명사) :
  - 영=the past [더 패스트], old days.
  - 일=過ぎ去った日々 (すぎさったひび, sugisatta hibi) [스기삿타 히비].
  - 중=过去的日子 (guòqù de rìzi) [궈취 더 르쯔].
- 지난달 (명사) : 영=last month [라스트 먼스].
  - 일=先月 (せんげつ, sengetsu) [센게츠].
  - 중=上个月 (shàngge yuè) [샹거 위에].
- 지난번 -番 차례 번. (명사) :
  - 영=last time [라스트 타임], previous time.
  - 일=この前 (このまえ, kono mae) [코노 마에].
  - 중=上次 (shàngcì) [샹츠].
- 지난주 -週 돌 주. (명사) : 영=last week [라스트 위크].
  - 일=先週 (せんしゅう, senshū) [센슈].
  - 중=上周 (shàngzhōu) [샹쪼우].

•지난해 (명사) : [영]=last year [라스트 이어].
[일]=去年 (きょねん, kyonen) [쿄넨]. [중]=去年 (qùnián) [취니앤].
•지내다 (동사) : [영]=spend (time) [스펜드], live (lɪv) [리브].
[일]=過ごす (すごす, sugosu) [스고스]. [중]=度过 (dùguò) [뚜궈].
•지능 知能 알 지, 능할 능. (명사) :
[영]=intelligence (ɪn'telɪdʒəns) [인텔리전스].
[일]=知能 (ちのう, chinō) [치노]. [중]=智能 (zhìnéng) [즈넝].
•지니다 (동사) : [영]=carry ('kæri) [캐리], possess (pə'zes) [퍼제스].
[일]=持つ (もつ, motsu) [모츠]. [중]=携带 (xiédài) [시에다이].
•지다 (동사) 그늘이 ~ : [영]=be shaded [비 쉐이디드], cast (shadow).
[일]=陰る (かげる, kageru) [카게루]. [중]=遮阴 (zhēyīn) [저인].
•지다 (동사) 등에 ~ : [영]=carry on one's back [캐리 온 원즈 백].
[일]=背負う (せおう, seou) [세오우]. [중]=背负 (bēifù) [뻬이푸].
•지다 (동사) 전쟁에 ~ : [영]=lose (luːz) [루즈], be defeated.
[일]=負ける (まける, makeru) [마케루]. [중]=失败 (shībài) [스바이].
•지다 (동사) 해가 ~ : [영]=set (sunset) [셋].
[일]=沈む (しずむ, shizumu) [시즈무]. [중]=落下 (luòxià) [루오샤].
•지대 地帶 땅 지, 띠 대. (명사) :
[영]=zone (zoʊn) [존], region ('riːdʒən) [리전].
[일]=地帯 (ちたい, chitai) [치타이]. [중]=地带 (dìdài) [띠다이].
•지도 指導 가리킬 지, 이끌 도. (명사) : [영]=guidance ('gaɪdəns) [가이던스], instruction (ɪn'strʌkʃən) [인스트럭션].
[일]=指導 (しどう, shidō) [시도]. [중]=指导 (zhǐdǎo) [즈다오].
•지도 地圖 땅 지, 그림 도. (명사) : [영]=map (mæp) [맵].
[일]=地図 (ちず, chizu) [치즈]. [중]=地图 (dìtú) [띠투].
•지도자 指導者 가리킬 지, 이끌 도, 사람 자. (명사) :
[영]=leader ('liːdər) [리더].
[일]=指導者 (しどうしゃ, shidōsha) [시도샤].
[중]=领导者 (lǐngdǎozhě) [링다오저].
•지도하다 指導- 가리킬 지, 이끌 도. (동사) :
[영]=guide (gaɪd) [가이드], instruct (ɪn'strʌkt) [인스트럭트].
[일]=指導する (しどうする, shidō suru) [시도 스루].
[중]=指导 (zhǐdǎo) [즈다오].

- 지루하다 (형용사) :
  - ㉠=boring ('bɔːrɪŋ) [보링], tedious ('tiːdiəs) [티디어스].
  - ㉡=退屈だ (たいくつだ, taikutsu da) [타이쿠츠다].
  - ㉢=无聊 (wúliáo) [우리아오].
- 지르다 (동사) 소리를 ~ : ㉠=shout (ʃaʊt) [샤우트], yell (jel) [옐].
  - ㉡=叫ぶ (さけぶ, sakebu) [사케부]. ㉢=喊叫 (hǎnjiào) [한지아오].
- 지름길 (명사) : ㉠=shortcut (ʃɔːrtkʌt) [숏컷].
  - ㉡=近道 (ちかみち, chikamichi) [치카미치]. ㉢=捷径 (jiéjìng) [지에징].
- 지리산 智異山 슬기 지, 다를 이, 뫼 산. (고유명사) :
  - ㉠=Jirisan Mountain [지리산 마운틴].
  - ㉡=智異山 (ちいさん, Chiisan) [치이산]. ㉢=智异山 (Zhìyìshān) [즈이샨].
- 지방 脂肪 기름 지, 기름 방. (명사) :
  - ㉠=fat (fæt) [팻], lipid ('lɪpɪd) [리피드].
  - ㉡=脂肪 (しぼう, shibō) [시보]. ㉢=脂肪 (zhīfáng) [즈팡].
- 지방 地方 땅 지, 모 방. (명사) :
  - ㉠=region ('riːdʒən) [리전], province ('prɑːvɪns) [프로빈스].
  - ㉡=地方 (ちほう, chihō) [치호]. ㉢=地方 (dìfāng) [띠팡].
- 지배하다 支配- 지탱할 지, 나눌 배. (동사) :
  - ㉠=dominate ('dɑːmɪneɪt) [도미네이트], control (kən'troʊl) [컨트롤].
  - ㉡=支配する (しはいする, shihai suru) [시하이 스류]. ㉢=支配 (zhīpèi) [즈페이].
- 지불하다 支拂- 지탱할 지, 떨칠 불. (동사) :
  - ㉠=pay (peɪ) [페이], make payment.
  - ㉡=支払う (しはらう, shiharau) [시하라우]. ㉢=支付 (zhīfù) [즈푸].
- 지붕 (명사) : ㉠=roof (ruːf) [루프].
  - ㉡=屋根 (やね, yane) [야네]. ㉢=屋顶 (wūdǐng) [우딩].
- 지속되다 持續- 가질 지, 이을 속. (동사) :
  - ㉠=continue (kən'tɪnjuː) [컨티뉴], last (læst) [래스트].
  - ㉡=持続する (じぞくする, jizoku suru) [지조쿠 스류].
  - ㉢=持续 (chíxù) [츠쉬].
- 지속적 持續的 가질 지, 이을 속, 과녁 적. (명사) : ㉠=continuous (kən'tɪnjuəs) [컨티뉴어스], persistent (pər'sɪstənt) [퍼시스턴트].
  - ㉡=持続的 (じぞくてき, jizokuteki) [지조쿠테키].
  - ㉢=持续的 (chíxùde) [츠쉬 더].

•지시 指示 가리킬 지, 보일 시. (명사) : [영]=instruction (ɪn'strʌkʃən) [인스트럭션], direction (də'rekʃən) [디렉션].
[일]=指示 (しじ, shiji) [시지]. [중]=指示 (zhǐshì) [즈스].

•지시하다 指示- 가리킬 지, 보일 시. (동사) :
[영]=instruct (ɪn'strʌkt) [인스트럭트], direct (də'rekt) [디렉트].
[일]=指示する (しじする, shiji suru) [시지 스루].
[중]=指示 (zhǐshì) [즈스].

•지식 知識 알 지, 알 식. (명사) :
[영]=knowledge ('nɑːlɪdʒ) [날리지].
[일]=知識 (ちしき, chishiki) [치시키]. [중]=知识 (zhīshì) [즈스].

•지식인 知識人 알 지, 알 식, 사람 인. (명사) :
[영]=intellectual (ˌɪntə'lektʃuəl) [인텔렉추얼].
[일]=知識人 (ちしきじん, chishikijin) [치시키진].
[중]=知识分子 (zhīshi fènzǐ) [즈스 펀쯔].

•지역 地域 땅 지, 지경 역. (명사) :
[영]=area ('eriə) [에어리어], region ('riːdʒən) [리전].
[일]=地域 (ちいき, chiiki) [치이키]. [중]=地域 (dìyù) [띠위].

•지우개 (명사) :
[영]=eraser (ɪ'reɪsər) [이레이서].
[일]=消しゴム (けしゴム, keshigomu) [케시고무].
[중]=橡皮擦 (xiàngpícā) [샹피차].

•지우다 (동사) 낙서를 ~ :
[영]=erase (ɪ'reɪs) [이레이스], remove (rɪ'muːv) [리무브].
[일]=消す (けす, kesu) [케스]. [중]=擦掉 (cādiào) [차댜오].

•지우다 (동사) 짐을 ~ :
[영]=carry ('kæri) [캐리], bear (ber) [베어].
[일]=背負う (せおう, seou) [세오우]. [중]=背负 (bēifù) [뻬이푸].

•지워지다 (동사) :
[영]=be erased [비 이레이스드], disappear (ˌdɪsə'pɪr) [디서피어].
[일]=消える (きえる, kieru) [키에루]. [중]=被擦掉 (bèi cādiào) [뻬이 차댜오].

•지원 支援 지탱할 지, 도울 원. (명사) :
[영]=support (sə'pɔːrt) [서포트], assistance (ə'sɪstəns) [어시스턴스].
[일]=支援 (しえん, shien) [시엔]. [중]=支援 (zhīyuán) [즈위앤].

- 지원하다 支援- 지탱할 지, 도울 원. (동사) :
  영=support (səˈpɔːrt) [서포트], assist (əˈsɪst) [어시스트].
  일=支援する (しえんする, shien suru) [시엔 스루].
  중=支援 (zhīyuán) [즈위앤].
- 지위 地位 땅 지, 자리 위. (명사) :
  영=position (pəˈzɪʃən) [포지션], status (ˈsteɪtəs) [스테이터스].
  일=地位 (ちい, chii) [치이]. 중=地位 (dìwèi) [띠웨이].
- 지저분하다 (형용사) :
  영=messy (ˈmesi) [메시], dirty (ˈdɜːrti) [더티].
  일=汚い (きたない, kitanai) [키타나이].
  중=乱七八糟 (luàn qī bā zāo) [루안치빠짜오].
- 지적 指摘 가리킬 지, 딸 적. (명사) :
  영=pointing out, indication (ˌɪndɪˈkeɪʃən) [인디케이션].
  일=指摘 (してき, shiteki) [시테키]. 중=指出 (zhǐchū) [즈추].
- 지적 知的 알 지, 과녁 적. (명사) :
  영=intellectual (ˌɪntəˈlektʃuəl) [인텔렉추얼].
  일=知的 (ちてき, chiteki) [치테키]. 중=知性的 (zhīxìngde) [즈싱 더].
- 지적되다 指摘- 가리킬 지, 딸 적. (동사) :
  영=be pointed out, be indicated.
  일=指摘される (してきされる, shiteki sareru) [시테키 사레루].
  중=被指出 (bèi zhǐchū) [뻬이 즈추].
- 지적하다 指摘- 가리킬 지, 딸 적. (동사) :
  영=point out [포인트 아웃], indicate (ˈɪndɪkeɪt) [인디케이트].
  일=指摘する (してきする, shiteki suru) [시테키 스루].
  중=指出 (zhǐchū) [즈추].
- 지점 地點 땅 지, 점 점. (명사) :
  영=spot (spɑːt) [스팟], location (loʊˈkeɪʃən) [로케이션].
  일=地点 (ちてん, chiten) [치텐]. 중=地点 (dìdiǎn) [띠디앤].
- 지점 支店 지탱할 지, 가게 점. (명사) : 영=branch (bræntʃ) [브랜치].
  일=支店 (してん, shiten) [시텐]. 중=分店 (fēndiàn) [펀디앤].
- 지지 支持 지탱할 지, 가질 지. (명사) :
  영=support (səˈpɔːrt) [서포트], backing (ˈbækɪŋ) [배킹].
  일=支持 (しじ, shiji) [시지]. 중=支持 (zhīchí) [즈츠].

- 지진 地震 땅 지, 벼락 진. (명사) :
  영=earthquake ('ɜːrθkweɪk) [어스퀘이크].
  일=地震 (じしん, jishin) [지신]. 중=地震 (dìzhèn) [띠쩐].
- 지출 支出 지탱할 지, 날 출. (명사) : 영=expenditure (ɪk'spendɪtʃər) [익스펜디처], expense (ɪk'spens) [익스펜스].
  일=支出 (ししゅつ, shishutsu) [시슈츠]. 중=支出 (zhīchū) [즈추].
- 지치다 (동사) 일에 ~ : 영=get tired [겟 타이어드], be exhausted (ɪɡ'zɔːstɪd) [이그저스티드].
  일=疲れる (つかれる, tsukareru) [츠카레루]. 중=疲劳 (píláo) [피라오].
- 지켜보다 (동사) :
  영=watch over [와치 오버], observe (əb'zɜːrv) [어브저브].
  일=見守る (みまもる, mimamoru) [미마모루]. 중=关注 (guānzhù) [관주].
- 지키다 (동사) :
  영=keep (kiːp) [킵], protect (prə'tekt) [프로텍트].
  일=守る (まもる, mamoru) [마모루]. 중=守护 (shǒuhù) [쇼우후].
- 지폐 紙幣 종이 지, 화폐 폐. (명사) : 영=bill (bɪl) [빌], paper money.
  일=紙幣 (しへい, shihei) [시헤이]. 중=纸币 (zhǐbì) [즈삐].
- 지하 地下 땅 지, 아래 하. (명사) : 영=underground ('ʌndərɡraʊnd) [언더그라운드], basement ('beɪsmənt) [베이스먼트].
  일=地下 (ちか, chika) [치카]. 중=地下 (dìxià) [띠샤].
- 지하도 地下道 땅 지, 아래 하, 길 도. (명사) :
  영=underpass ('ʌndərpæs) [언더패스].
  일=地下道 (ちかどう, chikadō) [치카도].
  중=地下通道 (dìxià tōngdào) [띠샤 통다오].
- 지하철 地下鐵 땅 지, 아래 하, 쇠 철. (명사) :
  영=subway ('sʌbweɪ) [서브웨이], metro ('metroʊ) [메트로].
  일=地下鉄 (ちかてつ, chikatetsu) [치카테츠].
  중=地铁 (dìtiě) [띠티에].
- 지혜 智慧 슬기 지, 슬기로울 혜. (명사) : 영=wisdom (wɪzdəm) [위즈덤].
  일=知恵 (ちえ, chie) [치에]. 중=智慧 (zhìhuì) [즈후이].
- 직선 直線 곧을 직, 줄 선. (명사) : 영=straight line [스트레이트 라인].
  일=直線 (ちょくせん, chokusen) [쵸쿠셴].
  중=直线 (zhíxiàn) [즈시앤].

- 직업 職業 직분 직, 업 업. (명사) :
  - ㉭=job (dʒɑːb) [잡], occupation (ˌɑːkjuˈpeɪʃən) [아큐페이션].
  - ㉲=職業 (しょくぎょう, shokugyō) [쇼쿠교]. ㉦=职业 (zhíyè) [즈예].
- 직원 職員 직분 직, 인원 원. (명사) :
  - ㉭=employee (ɪmˈplɔɪiː) [임플로이], staff (stæf) [스태프].
  - ㉲=職員 (しょくいん, shokuin) [쇼쿠인].
  - ㉦=职员 (zhíyuán) [즈위앤].
- 직장 職場 직분 직, 마당 장. (명사) :
  - ㉭=workplace (ˈwɜːrkpleɪs) [워크플레이스].
  - ㉲=職場 (しょくば, shokuba) [쇼쿠바]. ㉦=职场 (zhíchǎng) [즈창].
- 직장인 職場人 직분 직, 마당 장, 사람 인. (명사) :
  - ㉭=office worker [오피스 워커].
  - ㉲=会社員 (かいしゃいん, kaishain) [카이샤인].
  - ㉦=职场人 (zhíchǎngrén) [즈창런].
- 직전 直前 곧을 직, 앞 전. (명사) :
  - ㉭=right before [라이트 비포어], just before.
  - ㉲=直前 (ちょくぜん, chokuzen) [쵸쿠젠]. ㉦=之前 (zhíqián) [즈치앤].
- 직접 直接 곧을 직, 접할 접. (명사) : ㉭=direct (dəˈrekt) [디렉트].
  - ㉲=直接 (ちょくせつ, chokusetsu) [쵸쿠세츠].
  - ㉦=直接 (zhíjiē) [즈지에].
- 직접 直接 곧을 직, 접할 접. (부사) : ㉭=directly (dɪˈrektli) [디렉틀리].
  - ㉲=直接 (ちょくせつ, chokusetsu) [쵸쿠세츠]. ㉦=直接 (zhíjiē) [즈지에].
- 직접적 直接的 곧을 직, 접할 접, 과녁 적. (명사) :
  - ㉭=direct (dəˈrekt) [디렉트].
  - ㉲=直接的 (ちょくせつてき, chokusetsuteki) [쵸쿠세츠테키].
  - ㉦=直接的 (zhíjiē de) [즈지에 더].
- 직후 直後 곧을 직, 뒤 후. (명사) :
  - ㉭=right after [라이트 애프터], immediately after.
  - ㉲=直後 (ちょくご, chokugo) [쵸쿠고].
  - ㉦=之后 (zhíhòu) [즈허우].
- 진급 進級 나아갈 진, 등급 급. (명사) : ㉭=promotion (prəˈmoʊʃən) [프로모션], advancement (ədˈvænsmənt) [어드밴스먼트].
  - ㉲=進級 (しんきゅう, shinkyū) [신큐]. ㉦=晋级 (jìnjí) [진지].

- 진단 診斷 진찰할 진, 끊을 단. (명사) :
    - 영=diagnosis (daɪəɡˈnoʊsɪs) [다이어그노시스].
    - 일=診斷 (しんだん, shindan) [신단]. 중=诊断 (zhěnduàn) [전돤].
- 진단하다 診斷- 진찰할 진, 끊을 단. (동사) :
    - 영=diagnose (ˌdaɪəɡˈnoʊs) [다이어그노스].
    - 일=診斷する (しんだんする, shindan suru) [신단 스루].
    - 중=诊断 (zhěnduàn) [전돤].
- 진달래 (명사) : 영=azalea (əˈzeɪliə) [아젤리아].
    - 일=ツツジ (tsutsuji) [츠츠지].
    - 중=杜鹃花 (dùjuānhuā) [뚜쥐앤화].
- 진동 振動 떨칠 진, 움직일 동. (명사) :
    - 영=vibration (vaɪˈbreɪʃən) [바이브레이션].
    - 일=振動 (しんどう, shindō) [신도]. 중=振动 (zhèndòng) [쩐똥].
- 진로 進路 나아갈 진, 길 로. (명사) :
    - 영=career path [커리어 패스], future direction.
    - 일=進路 (しんろ, shinro) [신로]. 중=前途 (qiántú) [치앤투].
- 진료 診療 진찰할 진, 고칠 료. (명사) :
    - 영=medical treatment [메디컬 트리트먼트].
    - 일=診療 (しんりょう, shinryō) [신료]. 중=诊疗 (zhěnliáo) [전랴오].
- 진리 眞理 참 진, 다스릴 리. (명사) : 영=truth (truːθ) [트루스].
    - 일=真理 (しんり, shinri) [신리]. 중=真理 (zhēnlǐ) [쩐리].
- 진실 眞實 참 진, 열매 실. (명사) :
    - 영=truth (truːθ) [트루스], reality (riˈæləti) [리앨러티].
    - 일=真実 (しんじつ, shinjitsu) [신지츠].
    - 중=真实 (zhēnshí) [쩐스].
- 진실로 眞實- 참 진, 열매 실. (부사) :
    - 영=truly (truːli) [트룰리], sincerely (sɪnˈsɪrli) [신시얼리].
    - 일=真実に (しんじつに, shinjitsu ni) [신지츠니].
    - 중=真实地 (zhēnshí de) [쩐스 더].
- 진실하다 眞實- 참 진, 열매 실. (형용사) :
    - 영=true (truː) [트루], sincere (sɪnˈsɪr) [신시어].
    - 일=真実だ (しんじつだ, shinjitsu da) [신지츠다].
    - 중=真实 (zhēnshí) [쩐스].

• 진심 眞心 참 진, 마음 심. (명사) :
　영=sincerity (sɪnˈserəti) [신세러티], genuine feeling.
　일=真心 (まごころ, magokoro) [마고코로].
　중=真心 (zhēnxīn) [쩐신].
• 진지하다 眞摯- 참 진, 잡을 지. (형용사) :
　영=serious (ˈsɪriəs) [시리어스], earnest (ˈɜːrnɪst) [어니스트].
　일=真摯だ (しんしだ, shinshi da) [신시다].
　중=真挚 (zhēnzhì) [쩐즈].
• 진짜 眞- 참 진. (명사) : 영=real thing [리얼 씽], genuine article.
　일=本物 (ほんもの, honmono) [혼모노]. 중=真的 (zhēnde) [쩐 더].
• 진짜 眞- 참 진. (부사) :
　영=really (ˈriːəli) [리얼리], truly (ˈtruːli) [트룰리].
　일=本当に (ほんとうに, hontō ni) [혼토니].
　중=真的 (zhēnde) [쩐 더].
• 진찰 診察 진찰할 진, 살필 찰. (명사) :
　영=medical examination [메디컬 이그재미네이션].
　일=診察 (しんさつ, shinsatsu) [신사츠]. 중=诊察 (zhěnchá) [전차].
• 진출 進出 나아갈 진, 날 출. (명사) :
　영=advance (ədˈvæns) [어드밴스], entry (ˈentri) [엔트리].
　일=進出 (しんしゅつ, shinshutsu) [신슈츠]. 중=进出 (jìnchū) [진추].
• 진출하다 進出- 나아갈 진, 날 출. (동사) :
　영=advance (ədˈvæns) [어드밴스], enter (ˈentər) [엔터].
　일=進出する (しんしゅつする, shinshutsu suru) [신슈츠 스루].
　중=进出 (jìnchū) [진추].
• 진통 陣痛 진칠 진, 아플 통. (명사) :
　영=labor pains [레이버 페인즈], contractions [컨트랙션즈].
　일=陣痛 (じんつう, jintsū) [진츠]. 중=阵痛 (zhèntòng) [쩐통].
• 진하다 津- 나루 진. (형용사) :
　영=dark (color), strong (taste/smell).
　일=濃い (こい, koi) [코이]. 중=浓 (nóng) [농].
• 진행 進行 나아갈 진, 갈 행. (명사) :
　영=progress (ˈprɑːɡres) [프로그레스].
　일=進行 (しんこう, shinkō) [신코]. 중=进行 (jìnxíng) [진싱].

- 진행되다 進行- 나아갈 진, 갈 행. (동사) :
  - 영=be progressed, proceed (prəˈsiːd) [프로시드].
  - 일=進行される (しんこうされる, shinkō sareru) [신코 사레루].
  - 중=进行 (jìnxíng) [진싱].
- 진행자 進行者 나아갈 진, 갈 행, 사람 자. (명사) :
  - 영=host (hoʊst) [호스트], moderator (ˈmɑːdəreɪtər) [모더레이터].
  - 일=進行者 (しんこうしゃ, shinkōsha) [신코샤].
  - 중=主持人 (zhǔchírén) [주츠런].
- 진행하다 進行- 나아갈 진, 갈 행. (동사) :
  - 영=proceed (prəˈsiːd) [프로시드], conduct (kənˈdʌkt) [컨덕트].
  - 일=進行する (しんこうする, shinkō suru) [신코 스루].
  - 중=进行 (jìnxíng) [진싱].
- 질 質 바탕 질. (명사) : 영=quality (ˈkwɑːləti) [퀄러티].
  - 일=質 (しつ, shitsu) [시츠]. 중=质量 (zhìliàng) [즈량].
- 질문 質問 바탕 질, 물을 문. (명사) :
  - 영=question (ˈkwestʃən) [퀘스천].
  - 일=質問 (しつもん, shitsumon) [시츠몬]. 중=问题 (wèntí) [원티].
- 질문하다 質問- 바탕 질, 물을 문. (동사) :
  - 영=ask (æsk) [애스크], question (ˈkwestʃən) [퀘스천].
  - 일=質問する (しつもんする, shitsumon suru) [시츠몬 스루].
  - 중=提问 (tíwèn) [티원].
- 질병 疾病 병 질, 병 병. (명사) :
  - 영=disease (dɪˈziːz) [디지즈], illness (ˈɪlnəs) [일니스].
  - 일=疾病 (しっぺい, shippei) [십페이]. 중=疾病 (jíbìng) [지빙].
- 질서 秩序 차례 질, 차례 서. (명사) : 영=order (ˈɔːrdər) [오더].
  - 일=秩序 (ちつじょ, chitsujo) [치츠조]. 중=秩序 (zhìxù) [즈쉬].
- 질적 質的 바탕 질, 과녁 적. (명사) :
  - 영=qualitative (ˈkwɑːləteɪtɪv) [퀄러테이티브].
  - 일=質的 (しつてき, shitsuteki) [시츠테키].
  - 중=质的 (zhì de) [즈 더].
- 짐 (명사) : 영=load (loʊd) [로드], luggage (ˈlʌɡɪdʒ) [러기지].
  - 일=荷物 (にもつ, nimotsu) [니모츠].
  - 중=行李 (xíngli) [싱리].

- 437 -

- 짐작 斟酌 짐작할 짐, 술 따를 작. (명사) :
  영=guess (ges) [게스], conjecture (kənˈdʒektʃər) [컨젝처].
  일=推測 (すいそく, suisoku) [스이소쿠]. 중=斟酌 (zhēnzhuó) [쩐주어].
- 짐작하다 斟酌- 짐작할 짐, 술 따를 작. (동사) :
  영=guess (ges) [게스], suppose (səˈpoʊz) [서포즈].
  일=推測する (すいそくする, suisoku suru) [스이소쿠 스루].
  중=斟酌 (zhēnzhuó) [쩐주어].
- 집 (명사) : 영=house (haʊs) [하우스], home (hoʊm) [홈].
  일=家 (いえ, ie) [이에]. 중=家 (jiā) [지아].
- 집다 (동사) : 영=pick up [픽 업], grab (græb) [그랩].
  일=つまむ (tsumamu) [츠마무]. 중=拿起 (náqǐ) [나치].
- 집단 集團 모을 집, 둥글 단. (명사) :
  영=group (gruːp) [그룹], collective (kəˈlektɪv) [컬렉티브].
  일=集団 (しゅうだん, shūdan) [슈단]. 중=集团 (jítuán) [지투안].
- 집단적 集團的 모을 집, 둥글 단, 과녁 적. (명사) :
  영=collective (kəˈlektɪv) [컬렉티브], group [그룹].
  일=集団的 (しゅうだんてき, shūdanteki) [슈단테키].
  중=集团的 (jítuán de) [지투안 데].
- 집안 (명사) :
  영=household (ˈhaʊshoʊld) [하우스홀드], family (ˈfæməli) [패밀리].
  일=家庭内 (かていない, katei nai) [카테이나이]. 중=家里 (jiāli) [지아리].
- 집안일 (명사) :
  영=housework (ˈhaʊswɜːrk) [하우스워크], chores (tʃɔːrz) [초어즈].
  일=家事 (かじ, kaji) [카지]. 중=家务 (jiāwù) [지아우].
- 집어넣다 (동사) : 영=put in [풋 인], insert (ɪnˈsɜːrt) [인서트].
  일=入れる (いれる, ireru) [이레루]. 중=放进去 (fàngjìnqù) [팡진취].
- 집중 集中 모을 집, 가운데 중. (명사) :
  영=concentration (kɑːnsənˈtreɪʃən) [콘센트레이션].
  일=集中 (しゅうちゅう, shūchū) [슈츄]. 중=集中 (jízhōng) [지쫑].
- 집중되다 集中- 모을 집, 가운데 중. (동사) :
  영=be concentrated, gather.
  일=集中される (しゅうちゅうされる, shūchū sareru) [슈츄 사레루].
  중=被集中 (bèi jízhōng) [뻬이 지쫑].

- 집중적 集中的 모을 집, 가운데 중, 과녁 적. (명사) :
  - 영=intensive (ɪn'tensɪv) [인텐시브], concentrated.
  - 일=集中的 (しゅうちゅうてき, shūchūteki) [슈츄테키].
  - 중=集中的 (jízhōng de) [지쫑 더].
- 집중하다 集中- 모을 집, 가운데 중. (동사) :
  - 영=concentrate ('kɑːnsəntreɪt) [콘센트레이트], focus ('foʊkəs) [포커스].
  - 일=集中する (しゅうちゅうする, shūchū suru) [슈츄 스루].
  - 중=集中 (jízhōng) [지쫑].
- 짓 (명사) :
  - 영=act (ækt) [액트], deed (diːd) [디드].
  - 일=行い (おこない, okonai) [오코나이]. 중=行为 (xíngwéi) [싱웨이].
- 짓다 (동사) :
  - 영=build (bɪld) [빌드], make (meɪk) [메이크].
  - 일=建てる (たてる, tateru) [타테루]. 중=建造 (jiànzào) [지앤자오].
- 짙다 (형용사) : 영=dark (dɑːrk) [다크], thick (θɪk) [씩].
  - 일=濃い (こい, koi) [코이]. 중=浓 (nóng) [농].
- 짚다 (동사) : 영=touch (tʌtʃ) [터치], point out.
  - 일=指摘する (してきする, shiteki suru) [시테키 스루].
  - 중=指出 (zhǐchū) [즈추].
- 짜다 (동사) 관을 ~ :
  - 영=weave (wiːv) [위브], assemble (ə'sembl) [어셈블].
  - 일=組み立てる (くみたてる, kumitateru) [쿠미타테루].
  - 중=编织 (biānzhī) [삐앤즈].
- 짜다 (동사) 빨래를 ~ :
  - 영=wring (rɪŋ) [링], squeeze (skwiːz) [스퀴즈].
  - 일=絞る (しぼる, shiboru) [시보루]. 중=拧 (níng) [닝].
- 짜다 (형용사) 음식이 ~ : 영=salty ('sɔːlti) [솔티].
  - 일=塩辛い (しおからい, shiokarai) [시오카라이].
  - 중=咸 (xián) [시앤].
- 짜증 (명사) : 영=irritation (ɪrɪ'teɪʃən) [이리테이션], annoyance (ə'nɔɪəns) [어노이언스].
  - 일=苛立ち (いらだち, iradachi) [이라다치].
  - 중=烦躁 (fánzào) [판짜오].

- 짜증스럽다 (형용사) :
  - 영=annoying (əˈnɔɪɪŋ) [어노잉], irritating (ˈɪrɪteɪtɪŋ) [이리테이팅].
  - 일=苛立たしい (いらだたしい, iradatashii) [이라다타시이].
  - 중=烦人的 (fánrénde) [판런 더].
- 짝 (명사) ~이 맞다 : 영=pair (per) [페어], match (mætʃ) [매치].
  - 일=ペア (pea) [페아], 相棒 (あいぼう, aibō) [아이보].
  - 중=一对 (yíduì) [이뛔이].
- 짧다 (형용사) : 영=short (ʃɔːrt) [쇼트].
  - 일=短い (みじかい, mijikai) [미지카이]. 중=短 (duǎn) [돤].
- 짧아지다 (동사) : 영=shorten (ʃɔːrtn) [쇼튼], become short.
  - 일=短くなる (みじかくなる, mijikaku naru) [미지카쿠 나루].
  - 중=变短 (biànduǎn) [삐앤돤].
- 쩔쩔매다 (동사) :
  - 영=be flustered [비 플러스터드], struggle (ˈstrʌgl) [스트러글].
  - 일=あたふたする (atafuta suru) [아타후타 스루].
  - 중=手忙脚乱 (shǒumáng jiǎoluàn) [쇼우망지아오루안].
- 쪽 (명사) 면 : 영=side (saɪd) [사이드], page (peɪdʒ) [페이지].
  - 일=面 (めん, men) [멘]. 중=面 (miàn) [미앤].
- 쪽 (의존명사) 방향 :
  - 영=direction (dəˈrekʃən) [디렉션], way (weɪ) [웨이].
  - 일=方 (ほう, hō) [호]. 중=方向 (fāngxiàng) [팡샹].
- 쪽 (의존명사) 부분 : 영=part (pɑːrt) [파트], portion (ˈpɔːrʃən) [포션].
  - 일=部分 (ぶぶん, bubun) [부분]. 중=部分 (bùfen) [부펀].
- 쫓겨나다 (동사) : 영=be expelled [비 익스펠드], be kicked out.
  - 일=追い出される (おいだされる, oidasareru) [오이다사레루].
  - 중=被赶出 (bèi gǎnchū) [뻬이 간추].
- 쫓기다 (동사) :
  - 영=be chased [비 체이스트], be pursued (pərˈsuːd) [퍼수드].
  - 일=追われる (おわれる, owareru) [오와레루].
  - 중=被追赶 (bèi zhuīgǎn) [뻬이 쮀이간].
- 쫓다 (동사) :
  - 영=chase (tʃeɪs) [체이스], pursue (pərˈsuː) [퍼수].
  - 일=追う (おう, ou) [오우]. 중=追赶 (zhuīgǎn) [쮀이간].

- 쭉 (부사) : ㉠=straight (streɪt) [스트레이트],
  continuously (kənˈtɪnjuəsli) [컨티뉴어슬리].
  ㉢=まっすぐ (massugu) [맛스구]. ㉡=一直 (yìzhí) [이즈].
- 찌개 (명사) : ㉠=stew (stuː) [스튜], jjigae.
  ㉢=チゲ (chige) [치게]. ㉡=炖菜 (dùncài) [뚠차이].
- 찌꺼기 (명사) :
  ㉠=residue (ˈrezɪduː) [레지듀], dregs (dregz) [드레그즈].
  ㉢=かす (kasu) [카스]. ㉡=残渣 (cánzhā) [찬자].
- 찌다 (동사) 떡을 ~ : ㉠=steam (stiːm) [스팀].
  ㉢=蒸す (むす, musu) [무스]. ㉡=蒸 (zhēng) [쩡].
- 찌다 (동사) 살이 ~ : ㉠=gain weight [게인 웨이트].
  ㉢=太る (ふとる, futoru) [후토루]. ㉡=发胖 (fāpàng) [파팡].
- 찌르다 (동사) : ㉠=stab (stæb) [스태브], poke (poʊk) [포크].
  ㉢=刺す (さす, sasu) [사스]. ㉡=刺 (cì) [츠].
- 찍다 (동사) 서류에 도장을 ~ :
  ㉠=stamp (stæmp) [스탬프], seal (siːl) [씰].
  ㉢=押す (おす, osu) [오스]. ㉡=盖章 (gàizhāng) [가이장].
- 찍히다 (동사) 도장이 ~ : ㉠=be stamped [비 스탬프드].
  ㉢=押される (おされる, osareru) [오사레루].
  ㉡=被盖章 (bèi gàizhāng) [뻬이 가이장].
- 찢다 (동사) : ㉠=tear (ter) [테어], rip (rɪp) [립].
  ㉢=破る (やぶる, yaburu) [야부루]. ㉡=撕 (sī) [쓰].
- 찢어지다 (동사) : ㉠=be torn [비 톤], get ripped.
  ㉢=破れる (やぶれる, yabureru) [야부레루].
  ㉡=被撕裂 (bèi sīliè) [뻬이 쓰리에].

차. 차 부

弘益홍익(널리 이로울) 광고란
신백훈 정익학당 추천 애국민 필독서
[숨결이 혁명 될 때] 조우석 17명

♣♣♣
- 차 次 버금 차. (의존명사) :

  영=order ('ɔːrdər) [오더], sequence ('siːkwəns) [시퀀스].

  일=次 (つぎ, tsugi) [츠기]. 중=次 (cì) [츠].
- 차 車 수레 차. (명사) : 영=car (kɑːr) [카].

  일=車 (くるま, kuruma) [쿠루마]. 중=车 (chē) [처].
- 차 差 어긋날 차. (명사) :

  영=difference ('dɪfrəns) [디퍼런스], gap (ɡæp) [갭].

  일=差 (さ, sa) [사]. 중=差 (chā) [차].
- 차 茶 차 차. (명사) : 영=tea (tiː) [티].

  일=茶 (ちゃ, cha) [차]. 중=茶 (chá) [차].
- 차갑다 (형용사) : 영=cold (koʊld) [콜드], chilly ('tʃɪli) [칠리].

  일=冷たい (つめたい, tsumetai) [츠메타이].

  중=冰冷 (bīnglěng) [빙렁].
- 차남 次男 버금 차, 사내 남. (명사) : 영=second son [세컨드 썬].

  일=次男 (じなん, jinan) [지난]. 중=次子 (cìzǐ) [츠쯔].
- 차다 (동사) 가득 ~ : 영=fill (fɪl) [필], become full.

  일=満ちる (みちる, michiru) [미치루]. 중=充满 (chōngmǎn) [충만].
- 차다 (동사) 공을 ~ : 영=kick (kɪk) [킥].

  일=蹴る (ける, keru) [케루]. 중=踢 (tī) [티].
- 차다 (동사) 시계를 ~ : 영=wear (wer) [웨어], put on.

  일=はめる (hameru) [하메루]. 중=戴 (dài) [다이].
- 차다 (형용사) 날씨가 ~ : 영=cold (koʊld) [콜드].

  일=寒い (さむい, samui) [사무이]. 중=冷 (lěng) [렁].
- 차라리 (부사) : 영=rather ('ræðər) [래더], instead (ɪn'sted) [인스테드].

  일=むしろ (mushiro) [무시로]. 중=倒不如 (dàobùrú) [다오부루].
- 차량 車輛 수레 차, 수레 량. (명사) : 영=vehicle ('viːɪkl) [비히클].

  일=車両 (しゃりょう, sharyō) [샤료]. 중=车辆 (chēliàng) [처량].
- 차례 次例 버금 차, 법식 례. (명사) : 영=turn (tɜːrn) [턴], order ('ɔːrdər) [오더].

  일=順番 (じゅんばん, junban) [준반]. 중=次序 (cìxù) [츠쉬].
- 차리다 (동사) : 영=set (set) [셋], prepare (prɪ'per) [프리페어].

  일=整える (ととのえる, totonoeru) [토토노에루].

  중=准备 (zhǔnbèi) [준베이].

- 444 -

- 차림 (명사) : 영=outfit ('aʊtfɪt) [아웃핏], dress (dres) [드레스].
  일=身なり (みなり, minari) [미나리]. 중=穿着 (chuānzhuó) [촨주어].
- 차마 (부사) : 영=cannot bear to [캐낫 베어 투].
  일=とても~できない (totemo ~ dekinai) [토테모 데키나이].
  중=不忍心 (bù rěnxīn) [부 런신].
- 차별 差別 어긋날 차, 나눌 별. (명사) :
  영=discrimination (dɪˌskrɪmɪ'neɪʃən) [디스크리미네이션].
  일=差別 (さべつ, sabetsu) [사베츠]. 중=差別 (chābié) [차비에].
- 차선 車線 수레 차, 줄 선. (명사) : 영=lane (leɪn) [레인].
  일=車線 (しゃせん, shasen) [샤센]. 중=车道 (chēdào) [처다오].
- 차이 差異 어긋날 차, 다를 이. (명사) : 영=difference ('dɪfrəns) [디퍼런스].
  일=差異 (さい, sai) [사이]. 중=差异 (chāyì) [차이].
- 차이점 差異點 어긋날 차, 다를 이, 점 점. (명사) :
  영=difference ('dɪfrəns) [디퍼런스], distinction (dɪ'stɪŋkʃən) [디스팅션].
  일=相違点 (そういてん, sōiten) [소이텐].
  중=差异点 (chāyìdiǎn) [차이디앤].
- 차차 次次 버금 차, 버금 차. (부사) :
  영=gradually ('grædʒuəli) [그래주얼리].
  일=次第に (しだいに, shidaini) [시다이니].
  중=渐渐 (jiànjiàn) [찌앤찌앤].
- 차창 車窓 수레 차, 창 창. (명사) :
  영=car window [카 윈도우], train window.
  일=車窓 (しゃそう, shasō) [샤소]. 중=车窗 (chēchuāng) [처촹].
- 차츰 (부사) :
  영=gradually ('grædʒuəli) [그래주얼리], slowly ('sloʊli) [슬로울리].
  일=徐々に (じょじょに, jojo ni) [조조니]. 중=逐渐 (zhújiàn) [주찌앤].
- 착각 錯覺 어긋날 착, 깨달을 각. (명사) : 영=illusion (ɪ'luːʒən)
  [일루전], misunderstanding (ˌmɪsʌndər'stændɪŋ) [미스언더스탠딩].
  일=錯覚 (さっかく, sakkaku) [삿카쿠]. 중=错觉 (cuòjué) [추어쥐에].
- 착각하다 錯覺- 어긋날 착, 깨달을 각. (동사) :
  영=misunderstand (ˌmɪsʌndər'stænd) [미스언더스탠드].
  일=錯覚する (さっかくする, sakkaku suru) [삿카쿠 스루].
  중=误会 (wùhuì) [우후이].

•착하다 (형용사) : [영]=kind (kaɪnd) [카인드], nice (naɪs) [나이스].
[일]=優しい (やさしい, yasashii) [야사시이]. [중]=善良 (shànliáng) [샨량].
•찬물 (명사) : [영]=cold water [콜드 워터].
[일]=冷たい水 (つめたいみず, tsumetai mizu) [츠메타이 미즈].
[중]=凉水 (liángshuǐ) [량쉐이].
•찬성 贊成 도울 찬, 이룰 성. (명사) :
[영]=approval (ə'pruːvl) [어프루블], agreement (ə'griːmənt) [어그리먼트].
[일]=賛成 (さんせい, sansei) [산세이]. [중]=赞成 (zànchéng) [짠청].
•찬성하다 贊成- 도울 찬, 이룰 성. (동사) :
[영]=approve (ə'pruːv) [어프루브], agree (ə'griː) [어그리].
[일]=賛成する (さんせいする, sansei suru) [산세이 스루].
[중]=赞成 (zànchéng) [짠청].
•참 (감탄사) 이것 ~ : [영]=oh (oʊ) [오], really [리얼리].
[일]=いやはや (iyahaya) [이야하야]. [중]=哎呀 (āiyā) [아이야].
•참 (부사) 참으로 : [영]=really ('riːəli) [리얼리], truly ('truːli) [트룰리].
[일]=本当に (ほんとうに, hontō ni) [혼토니]. [중]=真的 (zhēnde) [쩐 더].
•참 (의존명사) 집에 가던 ~에 :
[영]=at the moment [앳 더 모먼트].
[일]=ところ (tokoro) [토코로]. [중]=时候 (shíhou) [스허우].
•참가 參加 참여할 참, 더할 가. (명사) :
[영]=participation (pɑːrˌtɪsɪ'peɪʃən) [파티시페이션].
[일]=参加 (さんか, sanka) [산카]. [중]=参加 (cānjiā) [찬지아].
•참가하다 參加- 참여할 참, 더할 가. (동사) :
[영]=participate (pɑːr'tɪsɪpeɪt) [파티시페이트].
[일]=参加する (さんかする, sanka suru) [산카 스루].
[중]=参加 (cānjiā) [찬지아].
•참고하다 參考- 참여할 참, 상고할 고. (동사) :
[영]=refer (rɪ'fɜːr) [리퍼], consult (kən'sʌlt) [컨설트].
[일]=参考する (さんこうする, sankō suru) [산코 스루].
[중]=参考 (cānkǎo) [찬카오].
•참기름 (명사) : [영]=sesame oil ('sesəmi ɔɪl) [세서미 오일].
[일]=ごま油 (ごまあぶら, goma abura) [고마아부라].
[중]=香油 (xiāngyóu) [샹요우].

- 참다 (동사) :
  - 영=endure (ɪnˈdʊr) [인듀어], tolerate (ˈtɑːləreɪt) [톨러레이트].
  - 일=我慢する (がまんする, gaman suru) [가만 스루].
  - 중=忍耐 (rěnnài) [런나이].
- 참되다 (형용사) : 영=true (truː) [트루], genuine (ˈdʒenjuɪn) [제뉴인].
  - 일=真実だ (しんじつだ, shinjitsu da) [신지츠다].
  - 중=真诚 (zhēnchéng) [쩐청].
- 참새 (명사) 동물 : 영=sparrow (ˈspæroʊ) [스패로우].
  - 일=雀 (すずめ, suzume) [스즈메]. 중=麻雀 (máquè) [마췌].
- 참석 參席 참여할 참, 자리 석. (명사) :
  - 영=attendance (əˈtendəns) [어텐던스], presence (ˈprezns) [프레즌스].
  - 일=出席 (しゅっせき, shusseki) [슛세키]. 중=出席 (chūxí) [추시].
- 참석자 參席者 참여할 참, 자리 석, 사람 자. (명사) :
  - 영=attendee (əˌtenˈdiː) [어텐디], participant [파티시펀트].
  - 일=出席者 (しゅっせきしゃ, shussekisha) [슛세키샤].
  - 중=出席者 (chūxízhě) [추시저].
- 참석하다 參席- 참여할 참, 자리 석. (동사) :
  - 영=attend (əˈtend) [어텐드].
  - 일=出席する (しゅっせきする, shusseki suru) [슛세키 스루].
  - 중=出席 (chūxí) [추시].
- 참여 參與 참여할 참, 더불 여. (명사) :
  - 영=participation (pɑːrˌtɪsɪˈpeɪʃən) [파티시페이션].
  - 일=参与 (さんよ, sanyo) [산요]. 중=参与 (cānyù) [찬위].
- 참여하다 參與- 참여할 참, 더불 여. (동사) :
  - 영=participate (pɑːrˈtɪsɪpeɪt) [파티시페이트], join (dʒɔɪn) [조인].
  - 일=参与する (さんよする, sanyo suru) [산요 스루].
  - 중=参与 (cānyù) [찬위].
- 참외 (명사) 식물 : 영=Korean melon [코리안 멜론].
  - 일=マクワウリ (makuwauri) [마쿠와우리]. 중=香瓜 (xiāngguā) [샹과].
- 참으로 (부사) : 영=truly (ˈtruːli) [트룰리], indeed (ɪnˈdiːd) [인디드].
  - 일=本当に (ほんとうに, hontō ni) [혼토니]. 중=真的 (zhēnde) [쩐 더].
- 참조 參照 참여할 참, 비칠 조. (명사) : 영=reference (ˈrefrəns) [레퍼런스].
  - 일=参照 (さんしょう, sanshō) [산쇼]. 중=参照 (cānzhào) [찬자오].

- 찻잔 茶盞 차 차, 잔 잔. (명사) : 영=teacup ('tiːkʌp) [티컵].
  일=茶碗 (ちゃわん, chawan) [차완]. 중=茶杯 (chábēi) [차베이].
- 창 窓 창 창. (명사) : 영=window ('wɪndoʊ) [윈도우].
  일=窓 (まど, mado) [마도]. 중=窗 (chuāng) [촹].
- 창가 窓- 창 창, 가 변. (명사) :
  영=by the window [바이 더 윈도우].
  일=窓際 (まどぎわ, madogiwa) [마도기와].
  중=窗边 (chuāngbiān) [촹삐앤].
- 창고 倉庫 곳집 창, 창고 고. (명사) :
  영=warehouse ('werhaʊs) [웨어하우스], storage ('stɔːrɪdʒ) [스토리지].
  일=倉庫 (そうこ, sōko) [소코]. 중=仓库 (cāngkù) [창쿠].
- 창구 窓口 창 창, 입 구. (명사) :
  영=counter ('kaʊntər) [카운터], window.
  일=窓口 (まどぐち, madoguchi) [마도구치].
  중=窗口 (chuāngkǒu) [촹커우].
- 창문 窓門 창 창, 문 문. (명사) :
  영=window ('wɪndoʊ) [윈도우].
  일=窓 (まど, mado) [마도]. 중=窗户 (chuānghu) [촹후].
- 창밖 窓- 창 창, 밖. (명사) :
  영=outside the window [아웃사이드 더 윈도우].
  일=窓の外 (まどのそと, mado no soto) [마도노 소토].
  중=窗外 (chuāngwài) [촹와이].
- 창작 創作 비롯할 창, 지을 작. (명사) :
  영=creation (krɪ'eɪʃən) [크리에이션].
  일=創作 (そうさく, sōsaku) [소사쿠]. 중=创作 (chuàngzuò) [촹쭈어].
- 창조 創造 비롯할 창, 지을 조. (명사) :
  영=creation (krɪ'eɪʃən) [크리에이션].
  일=創造 (そうぞう, sōzō) [소조].
  중=创造 (chuàngzào) [촹짜오].
- 창조적 創造的 비롯할 창, 지을 조, 과녁 적. (명사) :
  영=creative (krɪ'eɪtɪv) [크리에이티브].
  일=創造的 (そうぞうてき, sōzōteki) [소조테키].
  중=创造的 (chuàngzàode) [촹짜오 더].

- 창조하다 創造- 비롯할 창, 지을 조. (동사) : ㉠=create (kriˈeɪt) [크리에이트].
  ㉥=創造する (そうぞうする, sōzō suru) [소조 스루].
  ㉦=创造 (chuàngzào) [촹짜오].
- 창피하다 猖披- 미쳐 날뛸 창, 헤칠 피. (형용사) :
  ㉠=embarrassed (ɪmˈbærəst) [임배러스트], ashamed (əˈʃeɪmd) [어셰임드].
  ㉥=恥ずかしい (はずかしい, hazukashii) [하즈카시이].
  ㉦=丢脸 (diūliǎn) [디오리앤].
- 찾다 (동사) : ㉠=find (faɪnd) [파인드], search (sɜːrtʃ) [서치].
  ㉥=探す (さがす, sagasu) [사가스]. ㉦=寻找 (xúnzhǎo) [쉰자오].
- 찾아가다 (동사) : ㉠=visit (vɪzɪt) [비짓], go see.
  ㉥=訪ねる (たずねる, tazuneru) [타즈네루].
  ㉦=去找 (qù zhǎo) [취자오].
- 찾아내다 (동사) :
  ㉠=find out [파인드 아웃], discover (dɪˈskʌvər) [디스커버].
  ㉥=見つけ出す (みつけだす, mitsukedasu) [미츠케다스].
  ㉦=找出 (zhǎochū) [자오추].
- 찾아다니다 (동사) : ㉠=look around [룩 어라운드], search about.
  ㉥=探し回る (さがしまわる, sagashimawaru) [사가시마와루].
  ㉦=到处寻找 (dàochù xúnzhǎo) [다오추 쉰자오].
- 찾아보다 (동사) : ㉠=look up [룩 업], search (sɜːrtʃ) [서치].
  ㉥=調べる (しらべる, shiraberu) [시라베루].
  ㉦=查找 (cházhǎo) [차자오].
- 찾아오다 (동사) :
  ㉠=come to see [컴 투 씨], visit (vɪzɪt) [비짓].
  ㉥=訪ねて来る (たずねてくる, tazunete kuru) [타즈네테 쿠루].
  ㉦=来找 (lái zhǎo) [라이자오].
- 채 (부사) 말이 ~ 끝나기도 전에 :
  ㉠=before (bɪˈfɔːr) [비포어], hardly... when.
  ㉥=～うちに (～うちに, ~uchi ni) [우치니].
  ㉦=还没…就 (háiméi...jiù) [하이메이…지우].
- 채 (의존명사) 옷을 입은 ~로 : ㉠=while dressed.
  ㉥=着たまま (きたまま, kita mama) [키타마마].
  ㉦=穿着 (chuānzhe) [촨저].

- 채 (의존명사) 집 한 ~ : ㉠=house counter [하우스 카운터].
  ㉡=軒 (けん, ken) [켄].　㉢=栋 (dòng) [똥].
- 채널 (명사) channel : ㉠=channel (tʃænl) [채널].
  ㉡=チャンネル (channeru) [찬네루].　㉢=频道 (píndào) [핀다오].
- 채소 菜蔬 나물 채, 나물 소 (명사) : ㉠=vegetable (ˈvedʒtəbl) [베지터블].
  ㉡=野菜 (やさい, yasai) [야사이].　㉢=蔬菜 (shūcài) [슈차이].
- 채우다 (동사) 자리를 ~ : ㉠=fill (fɪl) [필], occupy (ˈɑːkjupaɪ) [아큐파이].
  ㉡=埋める (うめる, umeru) [우메루].　㉢=填满 (tiánmǎn) [티엔만].
- 채점 採點 캘 채, 점 점. (명사) :
  ㉠=grading (ˈgreɪdɪŋ) [그레이딩], marking (ˈmɑːrkɪŋ) [마킹].
  ㉡=採点 (さいてん, saiten) [사이텐].　㉢=评分 (píngfēn) [핑펀].
- 책 冊 책 책. (명사) : ㉠=book (bŏk) [북].
  ㉡=本 (ほん, hon) [혼].　㉢=书 (shū) [슈].
- 책가방 冊- 책 책, 가방. (명사) :
  ㉠=school bag (skuːl bæg) [스쿨 백], bookbag [북백].
  ㉡=かばん (kaban) [카반], ランドセル (randoseru) [란도세루].
  ㉢=书包 (shūbāo) [슈바오].
- 책방 冊房 책 책, 방 방. (명사) :
  ㉠=bookstore (ˈbŏkstɔːr) [북스토어].
  ㉡=本屋 (ほんや, honya) [혼야].　㉢=书店 (shūdiàn) [슈디앤].
- 책상 冊床 책 책, 평상 상. (명사) : ㉠=desk (desk) [데스크].
  ㉡=机 (つくえ, tsukue) [츠쿠에].　㉢=书桌 (shūzhuō) [슈주어].
- 책임 責任 꾸짖을 책, 맡길 임. (명사) :
  ㉠=responsibility (rɪˌspɑːnsəˈbɪləti) [리스판서빌러티].
  ㉡=責任 (せきにん, sekinin) [세키닌].　㉢=责任 (zérèn) [저런].
- 책임감 責任感 꾸짖을 책, 맡길 임, 느낄 감. (명사) :
  ㉠=sense of responsibility [센스 오브 리스판서빌러티].
  ㉡=責任感 (せきにんかん, sekininkan) [세키닌칸].
  ㉢=责任感 (zérèngǎn) [저런간].
- 책임자 責任者 꾸짖을 책, 맡길 임, 사람 자. (명사) :
  ㉠=person in charge [퍼슨 인 차지], responsible person.
  ㉡=責任者 (せきにんしゃ, sekininsha) [세키닌샤].
  ㉢=负责人 (fùzérén) [푸저런].

- 책임지다 (동사) : 영=take responsibility [테이크 리스판서빌러티].
  일=責任を負う (せきにんをおう, sekinin o ou) [세키닌오 오우].
  중=负责 (fùzé) [푸저].
- 챔피언 (명사) champion : 영=champion ('tʃæmpiən) [챔피언].
  일=チャンピオン (chanpion) [챤피온]. 중=冠军 (guànjūn) [관쥔].
- 챙기다 (동사) : 영=pack (pæk) [팩], take care of.
  일=取りまとめる (とりまとめる, torimatomeru) [토리마토메루].
  중=收拾 (shōushi) [쇼우스].
- 처녀 處女 곳 처, 여자 녀. (명사) :
  영=maiden ('meɪdn) [메이든], virgin (vɜːrdʒɪn) [버진].
  일=処女 (しょじょ, shojo) [쇼조]. 중=处女 (chǔnǚ) [추뉘].
- 처리 處理 곳 처, 다스릴 리. (명사) :
  영=handling ('hændlɪŋ) [핸들링], processing ('prɑːsesɪŋ) [프로세싱].
  일=処理 (しょり, shori) [쇼리]. 중=处理 (chǔlǐ) [추리].
- 처벌 處罰 곳 처, 벌할 벌. (명사) :
  영=punishment ('pʌnɪʃmənt) [퍼니쉬먼트].
  일=処罰 (しょばつ, shobatsu) [쇼바츠]. 중=处罚 (chǔfá) [추파].
- 처음 (명사) :
  영=first time [퍼스트 타임], beginning (bɪ'gɪnɪŋ) [비기닝].
  일=初めて (はじめて, hajimete) [하지메테].
  중=第一次 (dì yī cì) [띠이츠].
- 처지 處地 곳 처, 땅 지. (명사) : 영=situation (ˌsɪtʃuˈeɪʃən)
  [시츄에이션], circumstances ('sɜːrkəmstænsɪz) [서컴스탠시즈].
  일=立場 (たちば, tachiba) [타치바]. 중=处境 (chǔjìng) [추징].
- 척 (의존명사) 못 이기는 ~ :
  영=pretending to [프리텐딩 투].
  일=ふり (furi) [후리]. 중=装作 (zhuāngzuò) [쫭쭈오].
- 척 隻 외짝 척. (의존명사) :
  영=unit for ships [유닛 포 쉽스].
  일=隻 (せき, seki) [세키]. 중=艘 (sōu) [써우].
- 척하다 (보) : 영=pretend (prɪ'tend) [프리텐드].
  일=ふりをする (furi o suru) [후리오 스루].
  중=假装 (jiǎzhuāng) [지아쫭].

- 천 (명사) 실로 짠 물건 :
  영=cloth (klɔːθ) [클로스], fabric ('fæbrɪk) [패브릭].
  일=布 (ぬの, nuno) [누노]. 중=布 (bù) [부].
- 천 千 일천 천. (관형사) : 영=thousand ('θaʊzənd) [싸우전드].
  일=千の (せんの, sen no) [센노]. 중=千 (qiān) [치앤].
- 천 千 일천 천. (수사) : 영=thousand ('θaʊzənd) [싸우전드].
  일=千 (せん, sen) [센]. 중=千 (qiān) [치앤].
- 천국 天國 하늘 천, 나라 국. (명사) :
  영=heaven ('hevən) [헤븐], paradise ('pærədaɪs) [패러다이스].
  일=天国 (てんごく, tengoku) [텐고쿠]. 중=天国 (tiānguó) [티앤궈].
- 천둥 (명사) : 영=thunder ('θʌndər) [썬더].
  일=雷 (かみなり, kaminari) [카미나리]. 중=雷 (léi) [레이].
- 천장 天障 하늘 천, 막을 장. (명사) : 영=ceiling ('siːlɪŋ) [실링].
  일=天井 (てんじょう, tenjō) [텐죠].
  중=天花板 (tiānhuābǎn) [티앤화반].
- 천재 天才 하늘 천, 재주 재. (명사) :
  영=genius ('dʒiːniəs) [지니어스].
  일=天才 (てんさい, tensai) [텐사이]. 중=天才 (tiāncái) [티앤차이].
- 천천히 (부사) : 영=slowly ('sloʊli) [슬로울리].
  일=ゆっくり (yukkuri) [윳쿠리]. 중=慢慢地 (mànmàn de) [만만 더].
- 철 (명사) ~이 들다 : 영=maturity (mə'tʃʊrəti) [머츄러티].
  일=分別 (ふんべつ, funbetsu) [훈베츠]. 중=懂事 (dǒngshì) [동스].
- 철 (명사) 계절 :
  영=season ('siːzn) [시즌], period ('pɪəriəd) [피어리어드].
  일=季節 (きせつ, kisetsu) [키세츠]. 중=季节 (jìjié) [지지에].
- 철 鐵 쇠 철. (명사) : 영=iron ('aɪərn) [아이언].
  일=鉄 (てつ, tetsu) [테츠]. 중=铁 (tiě) [티에].
- 철도 鐵道 쇠 철, 길 도. (명사) : 영=railway ('reɪlweɪ) [레일웨이].
  일=鉄道 (てつどう, tetsudō) [테츠도]. 중=铁路 (tiělù) [티에루].
- 철저하다 徹底- 통할 철, 밑 저. (형용사) :
  영=thorough ('θɜːroʊ) [써로우], exhaustive (ɪg'zɔːstɪv) [익조스티브].
  일=徹底的だ (てっていてきだ, tetteiteki da) [텟테이테키다].
  중=彻底 (chèdǐ) [쳐디].

- 철저히 徹底- 통할 철, 밑 저. (부사) :
  - 영=thoroughly (ˈθɜːrəli) [쎠럴리].
  - 일=徹底的に (てっていてきに, tetteiteki ni) [텟테이테키니].
  - 중=彻底地 (chèdǐ de) [처디 더].
- 철학 哲學 밝을 철, 배울 학. (명사) :
  - 영=philosophy (fɪˈlɑːsəfi) [필라서피].
  - 일=哲学 (てつがく, tetsugaku) [테츠가쿠].
  - 중=哲学 (zhéxué) [저쉬에].
- 철학자 哲學者 밝을 철, 배울 학, 사람 자. (명사) :
  - 영=philosopher (fɪˈlɑːsəfər) [필라서퍼].
  - 일=哲学者 (てつがくしゃ, tetsugakusha) [테츠가쿠샤].
  - 중=哲学家 (zhéxuéjiā) [저쉬에지아].
- 철학적 哲學的 밝을 철, 배울 학, 과녁 적. (명사) :
  - 영=philosophical (ˌfɪləˈsɑːfɪkl) [필러사피컬].
  - 일=哲学的 (てつがくてき, tetsugakuteki) [테츠가쿠테키].
  - 중=哲学的 (zhéxué de) [저쉬에 더].
- 첫 (관형사) : 영=first (fɜːrst) [퍼스트].
  - 일=初めての (はじめての, hajimete no) [하지메테노].
  - 중=第一 (dì yī) [띠 이].
- 첫날 (명사) : 영=first day [퍼스트 데이].
  - 일=初日 (しょにち, shonichi) [쇼니치].
  - 중=第一天 (dì yī tiān) [띠 이 티앤].
- 첫째 (관형사) : 영=first (fɜːrst) [퍼스트].
  - 일=第一の (だいいちの, daiichi no) [다이이치노]. 중=第一 (dì yī) [띠 이].
- 첫째 (수사) : 영=first (fɜːrst) [퍼스트].
  - 일=一番目 (いちばんめ, ichibanme) [이치반메]. 중=第一 (dì yī) [띠 이].
- 청년 靑年 푸를 청, 해 년. (명사) :
  - 영=youth (juːθ) [유스], young adult.
  - 일=青年 (せいねん, seinen) [세이넨].
  - 중=青年 (qīngnián) [칭니앤].
- 청바지 靑- 푸를 청, 바지. (명사) :
  - 영=jeans (dʒiːnz) [진즈].
  - 일=ジーンズ (jīnzu) [진즈]. 중=牛仔裤 (niúzǎikù) [니우자이쿠].

•청소 清掃 맑을 청, 쓸 소. (명사) : [영]=cleaning (ˈkliːnɪŋ) [클리닝].
[일]=掃除 (そうじ, sōji) [소지]. [중]=清扫 (qīngsǎo) [칭사오].
•청소기 清掃機 맑을 청, 쓸 소, 기계 기. (명사) :
[영]=vacuum cleaner (ˈvækjuːm ˈkliːnər) [배큠 클리너].
[일]=掃除機 (そうじき, sōjiki) [소지키].
[중]=吸尘器 (xīchénqì) [시천치].
•청소년 青少年 푸를 청, 적을 소, 해 년. (명사) :
[영]=youth (juːθ) [유스], teenager (ˈtiːneɪdʒər) [틴에이저].
[일]=青少年 (せいしょうねん, seishōnen) [세이쇼넨].
[중]=青少年 (qīngshàonián) [칭샤오니앤].
•청소하다 清掃- 맑을 청, 쓸 소. (동사) :
[영]=clean (kliːn) [클린].
[일]=掃除する (そうじする, sōji suru) [소지 스루].
[중]=清扫 (qīngsǎo) [칭사오].
•청춘 青春 푸를 청, 봄 춘. (명사) :
[영]=youth (juːθ) [유스].
[일]=青春 (せいしゅん, seishun) [세이슌]. [중]=青春 (qīngchūn) [칭춘].
•청하다 請- 청할 청. (동사) :
[영]=request (rɪˈkwest) [리퀘스트], invite (ɪnˈvaɪt) [인바이트].
[일]=請う (こう, kō) [코우]. [중]=请求 (qǐngqiú) [칭치우].
•체계적 體系的 몸 체, 맬 계, 과녁 적. (명사) :
[영]=systematic (ˌsɪstəˈmætɪk) [시스터매틱].
[일]=体系的 (たいけいてき, taikeiteki) [타이케이테키].
[중]=系统的 (xìtǒng de) [시통 더].
•체력 體力 몸 체, 힘 력. (명사) :
[영]=physical strength [피지컬 스트렝스].
[일]=体力 (たいりょく, tairyoku) [타이료쿠]. [중]=体力 (tǐlì) [티리].
•체온 體溫 몸 체, 따뜻할 온. (명사) :
[영]=body temperature [바디 템퍼러처].
[일]=体温 (たいおん, taion) [타이온]. [중]=体温 (tǐwēn) [티원].
•체육 體育 몸 체, 기를 육. (명사) :
[영]=physical education [피지컬 에듀케이션], PE.
[일]=体育 (たいいく, taiiku) [타이이쿠]. [중]=体育 (tǐyù) [티위].

- 체육관 體育館 몸 체, 기를 육, 집 관. (명사) :
  영=gymnasium (dʒɪmˈneɪziəm) [짐네이지엄], gym [짐].
  일=体育館 (たいいくかん, taiikukan) [타이이쿠칸].
  중=体育馆 (tǐyùguǎn) [티위관].
- 체조 體操 몸 체, 잡을 조. (명사) :
  영=gymnastics (dʒɪmˈnæstɪks) [짐내스틱스].
  일=体操 (たいそう, taisō) [타이소]. 중=体操 (tǐcāo) [티차오].
- 체중 體重 몸 체, 무거울 중. (명사) : 영=weight (weɪt) [웨이트].
  일=体重 (たいじゅう, taijū) [타이쥬]. 중=体重 (tǐzhòng) [티중].
- 체하다 (보) : 영=pretend (prɪˈtend) [프리텐드], feign (feɪn) [페인].
  일=ふりをする (furi o suru) [후리오 스루]. 중=装 (zhuāng) [좡].
- 체험 體驗 몸 체, 시험할 험. (명사) :
  영=experience (ɪkˈspɪəriəns) [익스피리언스].
  일=体験 (たいけん, taiken) [타이켄]. 중=体验 (tǐyàn) [티옌].
- 체험하다 體驗- 몸 체, 시험할 험. (동사) :
  영=experience (ɪkˈspɪəriəns) [익스피리언스].
  일=体験する (たいけんする, taiken suru) [타이켄 스루].
  중=体验 (tǐyàn) [티옌].
- 쳐다보다 (동사) : 영=look at [룩 앳], stare (ster) [스테어].
  일=見つめる (みつめる, mitsumeru) [미츠메루].
  중=盯着看 (dīngzhe kàn) [딩저 칸].
- 초 秒 까끄라기 초. (의존명사) :
  영=second (ˈsekənd) [세컨드].
  일=秒 (びょう, byō) [뵤]. 중=秒 (miǎo) [먀오].
- 초 初 처음 초. (의존명사) : 영=beginning [비기닝], early.
  일=初め (はじめ, hajime) [하지메]. 중=初 (chū) [추].
- 초기 初期 처음 초, 기약할 기. (명사) :
  영=early stage [얼리 스테이지], initial period [이니셜 피어리어드].
  일=初期 (しょき, shoki) [쇼키]. 중=初期 (chūqī) [추치].
- 초대 招待 부를 초, 기다릴 대. (명사) :
  영=invitation (ˌɪnvɪˈteɪʃən) [인비테이션].
  일=招待 (しょうたい, shōtai) [쇼타이].
  중=招待 (zhāodài) [자오다이].

- 초대 初代 처음 초, 대신할 대. (명사) :
  영=first generation [퍼스트 제너레이션].
  일=初代 (しょだい, shodai) [쇼다이]. 중=初代 (chūdài) [추다이].
- 초대하다 招待- 부를 초, 기다릴 대. (동사) :
  영=invite (ɪn'vaɪt) [인바이트].
  일=招待する (しょうたいする, shōtai suru) [쇼타이 스루].
  중=招待 (zhāodài) [자오다이].
- 초등학교 初等學校 처음 초, 무리 등, 배울 학, 학교 교. (명사) :
  영=elementary school [엘리멘터리 스쿨].
  일=小学校 (しょうがっこう, shōgakkō) [쇼갓코].
  중=小学 (xiǎoxué) [샤오쉐].
- 초등학생 初等學生 처음 초, 무리 등, 배울 학, 날 생. (명사) :
  영=elementary student [엘리멘터리 스튜던트].
  일=小学生 (しょうがくせい, shōgakusei) [쇼가쿠세이].
  중=小学生 (xiǎoxuéshēng) [샤오쉐에셩].
- 초록색 草綠色 풀 초, 푸를 록, 빛 색. (명사) :
  영=green (ɡriːn) [그린].
  일=緑色 (みどりいろ, midori iro) [미도리이로]. 중=绿色 (lǜsè) [뤼쎄].
- 초반 初盤 처음 초, 소반 반. (명사) :
  영=early stage [얼리 스테이지], beginning [비기닝].
  일=序盤 (じょばん, joban) [조반]. 중=初期 (chūqī) [추치].
- 초밥 醋- 초 초, 밥. (명사) :
  영=sushi (suːʃi) [스시].
  일=寿司 (すし, sushi) [스시].
  중=寿司 (shòusī) [쇼우쓰].
- 초보 初步 처음 초, 걸음 보. (명사) :
  영=beginner (bɪ'ɡɪnər) [비기너], basics [베이식스].
  일=初心者 (しょしんしゃ, shoshinsha) [쇼신샤].
  중=初步 (chūbù) [추부].
- 초보자 初步者 처음 초, 걸음 보, 사람 자. (명사) :
  영=beginner (bɪ'ɡɪnər) [비기너].
  일=初心者 (しょしんしゃ, shoshinsha) [쇼신샤].
  중=初学者 (chūxuézhě) [추쉐에제].

- 초상화 肖像畵 닮을 초, 형상 상, 그림 화. (명사) :
  영=portrait ('pɔːrtrət) [포트리트].
  일=肖像画 (しょうぞうが, shōzōga) [쇼조가].
  중=肖像画 (xiàoxiànghuà) [샤오샹화].
- 초순 初旬 처음 초, 열흘 순. (명사) :
  영=early part of the month [얼리 파트 오브 더 먼스].
  일=初旬 (しょじゅん, shojun) [쇼준].
  중=上旬 (shàngxún) [샹쉰].
- 초여름 初- 처음 초, 여름. (명사) : 영=early summer [얼리 써머].
  일=初夏 (しょか, shoka) [쇼카]. 중=初夏 (chūxià) [추샤].
- 초원 草原 풀 초, 근원 원. (명사) :
  영=grassland ('græslænd) [그래스랜드], meadow ('medoʊ) [메도우].
  일=草原 (そうげん, sōgen) [소겐]. 중=草原 (cǎoyuán) [차오위안].
- 초저녁 初- 처음 초, 저녁. (명사) : 영=early evening [얼리 이브닝].
  일=宵の口 (よいのくち, yoi no kuchi) [요이노쿠치].
  중=傍晚 (bàngwǎn) [방완].
- 초점 焦點 탈 초, 점 점. (명사) :
  영=focus ('foʊkəs) [포커스].
  일=焦点 (しょうてん, shōten) [쇼텐]. 중=焦点 (jiāodiǎn) [자오디앤].
- 초조하다 焦燥- 탈 초, 마를 조. (형용사) :
  영=anxious ('æŋkʃəs) [앵셔스], nervous ('nɜːrvəs) [너버스].
  일=焦る (あせる, aseru) [아세루].
  중=焦躁 (jiāozào) [자오짜오].
- 초청 招請 부를 초, 청할 청. (명사) :
  영=invitation (ˌɪnvɪ'teɪʃən) [인비테이션].
  일=招請 (しょうせい, shōsei) [쇼세이]. 중=邀请 (yāoqǐng) [야오칭].
- 초청장 招請狀 부를 초, 청할 청, 문서 장. (명사) :
  영=invitation card [인비테이션 카드].
  일=招待状 (しょうたいじょう, shōtaijō) [쇼타이죠].
  중=邀请函 (yāoqǐnghán) [야오칭한].
- 초청하다 招請- 부를 초, 청할 청. (동사) : 영=invite (ɪn'vaɪt) [인바이트].
  일=招請する (しょうせいする, shōsei suru) [쇼세이 스루].
  중=邀请 (yāoqǐng) [야오칭].

• 초콜릿 (명사) chocolate : 영=chocolate ('tʃɔːklət) [초콜릿].
  일=チョコレート (chokorēto) [초코레토]. 중=巧克力 (qiǎokèlì) [챠오커리].
• 촌스럽다 村- 마을 촌. (형용사) :
  영=rustic ('rʌstɪk) [러스틱], unfashionable [언패셔너블].
  일=田舎臭い (いなかくさい, inakakusai) [이나카쿠사이].
  중=土气 (tǔqi) [투치].
• 촛불 (명사) : 영=candlelight ('kændllaɪt) [캔들라이트].
  일=ろうそくの火 (ろうそくのひ, rōsoku no hi) [로소쿠노히].
  중=烛光 (zhúguāng) [주광].
• 총 總 모두 총. (관형사) :
  영=total ('toʊtl) [토탈], overall (,oʊvər'ɔːl) [오버올].
  일=総 (そう, sō) [소]. 중=总 (zǒng) [쫑].
• 총 銃 총 총. (명사) : 영=gun (gʌn) [건].
  일=銃 (じゅう, jū) [쥬]. 중=枪 (qiāng) [치앙].
• 총각 總角 모두 총, 뿔 각. (명사) : 영=bachelor ('bætʃələr) [배철러].
  일=独身男性 (どくしんだんせい, dokushin dansei) [도쿠신 단세이].
  중=未婚男子 (wèihūn nánzǐ) [웨이훈 난쯔].
• 총리 總理 모두 총, 다스릴 리. (명사) :
  영=prime minister (,praɪm 'mɪnɪstər) [프라임 미니스터].
  일=総理 (そうり, sōri) [소리]. 중=总理 (zǒnglǐ) [쫑리].
• 총장 總長 모두 총, 길 장. (명사) :
  영=president (of university) [프레지던트].
  일=総長 (そうちょう, sōchō) [소쵸]. 중=校长 (xiàozhǎng) [샤오장].
• 촬영 撮影 찍을 촬, 그림자 영. (명사) :
  영=filming ('fɪlmɪŋ) [필밍], shooting ('ʃuːtɪŋ) [슈팅].
  일=撮影 (さつえい, satsuei) [사츠에이]. 중=摄影 (shèyǐng) [서잉].
• 최고 最高 가장 최, 높을 고. (명사) :
  영=best (best) [베스트], highest ('haɪɪst) [하이이스트].
  일=最高 (さいこう, saikō) [사이코]. 중=最高 (zuìgāo) [쭈이가오].
• 최고급 最高級 가장 최, 높을 고, 등급 급. (명사) : 영=highest quality [하이이스트 퀄리티], premium ('priːmiəm) [프리미엄].
  일=最高級 (さいこうきゅう, saikōkyū) [사이코큐].
  중=最高级 (zuìgāojí) [쭈이가오지].

- 최근 最近 가장 최, 가까울 근. (명사) :
  - 영=recently (ˈriːsntli) [리슨틀리], lately [레잇리].
  - 일=最近 (さいきん, saikin) [사이킨]. 중=最近 (zuìjìn) [쭈이진].
- 최대 最大 가장 최, 클 대. (명사) :
  - 영=maximum (ˈmæksɪməm) [맥시멈].
  - 일=最大 (さいだい, saidai) [사이다이]. 중=最大 (zuìdà) [쭈이다].
- 최대한 最大限 가장 최, 클 대, 한계 한. (명사) :
  - 영=maximum (ˈmæksɪməm) [맥시멈], as much as possible.
  - 일=最大限 (さいだいげん, saidaigen) [사이다이겐].
  - 중=最大限度 (zuìdà xiàndù) [쭈이다 셴두].
- 최상 最上 가장 최, 위 상. (명사) : 영=the best [더 베스트], top (tɑːp) [탑].
  - 일=最上 (さいじょう, saijō) [사이조]. 중=最上 (zuìshàng) [쭈이샹].
- 최선 最善 가장 최, 착할 선. (명사) : 영=one's best [원즈 베스트].
  - 일=最善 (さいぜん, saizen) [사이젠]. 중=最佳 (zuìjiā) [쭈이지아].
- 최소 最小 가장 최, 작을 소 (명사) : 영=minimum (ˈmɪnɪməm) [미니멈].
  - 일=最小 (さいしょう, saishō) [사이쇼]. 중=最小 (zuìxiǎo) [쭈이샤오].
- 최소한 最小限 가장 최, 작을 소, 한계 한. (명사) :
  - 영=minimum (ˈmɪnɪməm) [미니멈], at least.
  - 일=最小限 (さいしょうげん, saishōgen) [사이쇼겐].
  - 중=最少 (zuìshǎo) [쭈이샤오].
- 최신 最新 가장 최, 새 신. (명사) :
  - 영=newest (ˈnuːɪst) [뉴이스트], latest [레이트스트].
  - 일=最新 (さいしん, saishin) [사이신]. 중=最新 (zuìxīn) [쭈이신].
- 최악 最惡 가장 최, 나쁠 악. (명사) : 영=worst (wɜːrst) [워스트].
  - 일=最悪 (さいあく, saiaku) [사이아쿠]. 중=最坏 (zuìhuài) [쭈이화이].
- 최저 最低 가장 최, 낮을 저. (명사) :
  - 영=lowest (ˈloʊɪst) [로이스트], minimum (ˈmɪnɪməm) [미니멈].
  - 일=最低 (さいてい, saitei) [사이테이].
  - 중=最低 (zuìdī) [쭈이디].
- 최종 最終 가장 최, 끝날 종. (명사) :
  - 영=final (ˈfaɪnl) [파이널], last [라스트].
  - 일=最終 (さいしゅう, saishū) [사이슈].
  - 중=最终 (zuìzhōng) [쭈이중].

- 최초 最初 가장 최, 처음 초. (명사) :
  - 영=the first [더 퍼스트], initial (ɪˈnɪʃl) [이니셜].
  - 일=最初 (さいしょ, saisho) [사이쇼]. 중=最初 (zuìchū) [쭈이추].
- 최후 最後 가장 최, 뒤 후. (명사) :
  - 영=the last [더 라스트], end (end) [엔드].
  - 일=最後 (さいご, saigo) [사이고]. 중=最后 (zuìhòu) [쭈이호우].
- 추가 追加 쫓을 추, 더할 가. (명사) :
  - 영=addition (əˈdɪʃən) [어디션].
  - 일=追加 (ついか, tsuika) [츠이카]. 중=追加 (zhuījiā) [쭈이지아].
- 추가되다 追加- 쫓을 추, 더할 가. (동사) :
  - 영=be added [비 애디드].
  - 일=追加される (ついかされる, tsuika sareru) [츠이카 사레루].
  - 중=被追加 (bèi zhuījiā) [베이 쭈이지아].
- 추가하다 追加- 쫓을 추, 더할 가. (동사) : 영=add (æd) [애드].
  - 일=追加する (ついかする, tsuika suru) [츠이카 스루].
  - 중=追加 (zhuījiā) [쭈이지아].
- 추다 (동사) 춤을 ~ : 영=dance (dæns) [댄스].
  - 일=踊る (おどる, odoru) [오도루]. 중=跳舞 (tiàowǔ) [티아오우].
- 추석 秋夕 가을 추, 저녁 석. (명사) :
  - 영=Chuseok (Korean Thanksgiving) [추석].
  - 일=秋夕 (チュソク, chusoku) [추소쿠].
  - 중=中秋节 (zhōngqiūjié) [중치우지에].
- 추억 追憶 쫓을 추, 생각할 억. (명사) : 영=memory (ˈmeməri) [메모리].
  - 일=追憶 (ついおく, tsuioku) [츠이오쿠]. 중=回忆 (huíyi) [후이이].
- 추위 (명사) : 영=cold (koʊld) [콜드], coldness.
  - 일=寒さ (さむさ, samusa) [사무사]. 중=寒冷 (hánlěng) [한렁].
- 추진 推進 밀 추, 나아갈 진. (명사) : 영=propulsion (prəˈpʌlʃən) [프로펄션], promotion (prəˈmoʊʃən) [프로모션].
  - 일=推進 (すいしん, suishin) [스이신]. 중=推进 (tuījìn) [투이진].
- 추진하다 推進- 밀 추, 나아갈 진. (동사) :
  - 영=push forward [푸쉬 포워드], promote (prəˈmoʊt) [프로모트].
  - 일=推進する (すいしんする, suishin suru) [스이신 스루].
  - 중=推进 (tuījìn) [투이진].

- 추천 推薦 밀 추, 천거할 천. (명사) :
  - 영=recommendation (ˌrekəmenˈdeɪʃən) [레커멘데이션].
  - 일=推薦 (すいせん, suisen) [스이셴]. 중=推荐 (tuījiàn) [투이지앤].
- 추천하다 推薦- 밀 추, 천거할 천. (동사) :
  - 영=recommend (ˌrekəˈmend) [레커멘드].
  - 일=推薦する (すいせんする, suisen suru) [스이셴 스루].
  - 중=推荐 (tuījiàn) [투이지앤].
- 추측 推測 밀 추, 헤아릴 측. (명사) :
  - 영=guess (ges) [게스], speculation (ˌspekjuˈleɪʃən) [스페큘레이션].
  - 일=推測 (すいそく, suisoku) [스이소쿠]. 중=推测 (tuīcè) [투이처].
- 축구 蹴球 찰 축, 공 구. (명사) :
  - 영=soccer (ˈsɑːkər) [사커], football (fʊtbɔːl) [풋볼].
  - 일=サッカー (sakkā) [삿카]. 중=足球 (zúqiú) [쭈치우].
- 축구공 蹴球- 찰 축, 공 구. (명사) :
  - 영=soccer ball (ˈsɑːkər bɔːl) [사커볼].
  - 일=サッカーボール (sakkābōru) [삿카보루]. 중=足球 (zúqiú) [쭈치우].
- 축구장 蹴球場 찰 축, 공 구, 마당 장. (명사) :
  - 영=soccer field (ˈsɑːkər fiːld) [사커 필드].
  - 일=サッカー場 (サッカーじょう, sakkājō) [삿카죠].
  - 중=足球场 (zúqiúchǎng) [쭈치우창].
- 축소 縮小 줄일 축, 작을 소. (명사) :
  - 영=reduction (rɪˈdʌkʃən) [리덕션], shrinkage (ˈʃrɪŋkɪdʒ) [슈링키지].
  - 일=縮小 (しゅくしょう, shukushō) [슈쿠쇼].
  - 중=缩小 (suōxiǎo) [쑤오샤오].
- 축제 祝祭 빌 축, 제사 제. (명사) : 영=festival (ˈfestɪvl) [페스티벌].
  - 일=祭り (まつり, matsuri) [마츠리]. 중=庆典 (qìngdiǎn) [칭디앤].
- 축하 祝賀 빌 축, 하례 하. (명사) :
  - 영=celebration (ˌselɪˈbreɪʃən) [셀러브레이션], congratulations [컨그래츄레이션스].
  - 일=祝賀 (しゅくが, shukuga) [슈쿠가]. 중=祝贺 (zhùhè) [쭈허].
- 축하하다 祝賀- 빌 축, 하례 하. (동사) :
  - 영=congratulate (kənˈɡrætʃuleɪt) [컨그래츄레이트].
  - 일=祝う (いわう, iwau) [이와우]. 중=祝贺 (zhùhè) [쭈허].

- **출구** 出口 날 출, 입 구. (명사) :
  영=exit (ˈeksɪt) [엑싯].
  일=出口 (でぐち, deguchi) [데구치]. 중=出口 (chūkǒu) [추커우].
- **출국** 出國 날 출, 나라 국. (명사) :
  영=departure from country [디파처 프롬 컨트리].
  일=出国 (しゅっこく, shukkoku) [슛코쿠]. 중=出国 (chūguó) [추궈].
- **출근** 出勤 날 출, 부지런할 근. (명사) : 영=going to work [고잉 투 워크].
  일=出勤 (しゅっきん, shukkin) [슛킨]. 중=上班 (shàngbān) [샹반].
- **출근하다** 出勤- 날 출, 부지런할 근. (동사) :
  영=go to work [고 투 워크].
  일=出勤する (しゅっきんする, shukkin suru) [슛킨 스루].
  중=上班 (shàngbān) [샹반].
- **출발** 出發 날 출, 필 발. (명사) :
  영=departure (dɪˈpɑːrtʃər) [디파처].
  일=出発 (しゅっぱつ, shuppatsu) [슛파츠]. 중=出发 (chūfā) [추파].
- **출발점** 出發點 날 출, 필 발, 점 점. (명사) :
  영=starting point [스타팅 포인트].
  일=出発点 (しゅっぱつてん, shuppatsuten) [슛파츠텐].
  중=出发点 (chūfādiǎn) [추파디앤].
- **출발하다** 出發- 날 출, 필 발. (동사) :
  영=depart (dɪˈpɑːrt) [디파트].
  일=出発する (しゅっぱつする, shuppatsu suru) [슛파츠 스루].
  중=出发 (chūfā) [추파].
- **출산** 出産 날 출, 낳을 산. (명사) :
  영=childbirth (ˈtʃaɪldbɜːrθ) [차일드버스], birth [버스].
  일=出産 (しゅっさん, shussan) [슛산]. 중=分娩 (fēnmiǎn) [펀미앤].
- **출석하다** 出席- 날 출, 자리 석. (동사) : 영=attend (əˈtend) [어텐드].
  일=出席する (しゅっせきする, shusseki suru) [슛세키 스루].
  중=出席 (chūxí) [추시]].
- **출신** 出身 날 출, 몸 신. (명사) :
  영=origin (ˈɔːrɪdʒɪn) [오리진], background [백그라운드].
  일=出身 (しゅっしん, shusshin) [슛신].
  중=出身 (chūshēn) [추션].

•출연 出演 날 출, 펼칠 연. (명사) :
[영]=appearance (ə'pɪrəns) [어피런스], performance [퍼포먼스].
[일]=出演 (しゅつえん, shutsuen) [슈츠엔]. [중]=出演 (chūyǎn) [추옌].
•출연하다 出演- 날 출, 펼칠 연. (동사) :
[영]=appear (ə'pɪər) [어피어], perform [퍼폼].
[일]=出演する (しゅつえんする, shutsuen suru) [슈츠엔 스루].
[중]=出演 (chūyǎn) [추옌].
•출입 出入 날 출, 들 입. (명사) :
[영]=entry and exit [엔트리 앤 엑싯].
[일]=出入り (でいり, deiri) [데이리]. [중]=出入 (chūrù) [추루].
•출입국 出入國 날 출, 들 입, 나라 국. (명사) :
[영]=immigration (ˌɪmɪ'greɪʃən) [이미그레이션].
[일]=出入国 (しゅつにゅうこく, shutsunyūkoku) [슈츠뉴코쿠].
[중]=出入境 (chūrùjìng) [추루징].
•출입문 出入門 날 출, 들 입, 문 문. (명사) :
[영]=entrance door [엔트런스 도어], doorway [도어웨이].
[일]=出入り口 (でいりぐち, deiriguchi) [데이리구치].
[중]=出入口 (chūrùkǒu) [추루커우].
•출장 出張 날 출, 베풀 장. (명사) : [영]=business trip [비즈니스 트립].
[일]=出張 (しゅっちょう, shutchō) [슛쵸]. [중]=出差 (chūchāi) [추차이].
•출퇴근 出退勤 날 출, 물러날 퇴, 부지런할 근. (명사) :
[영]=commute (kə'mjuːt) [커뮤트].
[일]=通勤 (つうきん, tsūkin) [츠킨]. [중]=上下班 (shàng xià bān) [샹샤반].
•출판 出版 날 출, 판목 판. (명사) :
[영]=publication (ˌpʌblɪ'keɪʃən) [퍼블리케이션].
[일]=出版 (しゅっぱん, shuppan) [슛판]. [중]=出版 (chūbǎn) [추반].
•출판사 出版社 판목 판. (명사) : [영]=publisher ('pʌblɪʃər) [퍼블리셔].
[일]=出版社 (しゅっぱんしゃ, shuppansha) [슛판샤].
[중]=出版社 (chūbǎnshè) [추반셔].
•출현하다 出現- 날 출, 나타날 현. (동사) :
[영]=appear (ə'pɪər) [어피어], emerge (ɪ'mɜːrdʒ) [이머지].
[일]=出現する (しゅつげんする, shutsugen suru) [슈츠겐 스루].
[중]=出现 (chūxiàn) [추시앤].

•춤 (명사) : [영]=dance (dæns) [댄스].
[일]=踊り (おどり, odori) [오도리]. [중]=舞蹈 (wǔdǎo) [우다오].
•춤추다 (동사) : [영]=dance (dæns) [댄스].
[일]=踊る (おどる, odoru) [오도루]. [중]=跳舞 (tiàowǔ) [티아오우].
•춥다 (형용사) : [영]=cold (koʊld) [콜드].
[일]=寒い (さむい, samui) [사무이]. [중]=冷 (lěng) [렁].
•충격 衝擊 찌를 충, 부딪힐 격. (명사) :
[영]=shock (ʃɑːk) [샥], impact (ˈɪmpækt) [임팩트].
[일]=衝撃 (しょうげき, shōgeki) [쇼게키]. [중]=冲击 (chōngjī) [충지].
•충격적 衝擊的 찌를 충, 부딪힐 격, 과녁 적. (명사) :
[영]=shocking (ˈʃɑːkɪŋ) [샤킹].
[일]=衝撃的 (しょうげきてき, shōgekiteki) [쇼게키테키].
[중]=冲击的 (chōngjī de) [충지 더].
•충고 忠告 충성 충, 고할 고. (명사) :
[영]=advice (ədˈvaɪs) [어드바이스].
[일]=忠告 (ちゅうこく, chūkoku) [츄코쿠]. [중]=忠告 (zhōnggào) [중가오].
•충돌 衝突 찌를 충, 부딪힐 돌. (명사) :
[영]=collision (kəˈlɪʒən) [컬리전], conflict (ˈkɑːnflɪkt) [컨플릭트].
[일]=衝突 (しょうとつ, shōtotsu) [쇼토츠]. [중]=冲突 (chōngtū) [충투].
•충돌하다 衝突- 찌를 충, 부딪힐 돌. (동사) : [영]=collide (kəˈlaɪd) [컬라이드].
[일]=衝突する (しょうとつする, shōtotsu suru) [쇼토츠 스루].
[중]=冲突 (chōngtū) [충투].
•충분하다 充分- 채울 충, 나눌 분. (형용사) :
[영]=enough (ɪˈnʌf) [이너프], sufficient (səˈfɪʃənt) [서피션트].
[일]=十分だ (じゅうぶんだ, jūbunda) [쥬분다]. [중]=充分 (chōngfèn) [충펀].
•충분히 充分- 채울 충, 나눌 분. (부사) :
[영]=enough (ɪˈnʌf) [이너프], sufficiently (səˈfɪʃəntli) [서피션틀리].
[일]=十分に (じゅうぶんに, jūbun ni) [쥬분니].
[중]=充分地 (chōngfèn de) [충펀 더].
•충청도 忠清道 충성 충, 맑을 청, 길 도. (고) :
[영]=Chungcheong-do [충청도].
[일]=忠清道 (ちゅうせいどう, Chūseidō) [츄세이도].
[중]=忠清道 (Zhōngqīngdào) [중칭다오].

- 취미 趣味 뜻 취, 맛 미. (명사) : 영=hobby ('hɑːbi) [하비].
  일=趣味 (しゅみ, shumi) [슈미]. 중=爱好 (àihào) [아이하오].
- 취소 取消 가질 취, 사라질 소. (명사) :
  영=cancellation (,kænsə'leɪʃən) [캔슬레이션].
  일=取消 (とりけし, torikeshi) [토리케시]. 중=取消 (qǔxiāo) [취샤오].
- 취소하다 取消- 가질 취, 사라질 소. (동사) :
  영=cancel ('kænsl) [캔슬].
  일=取消す (とりけす, torikesu) [토리케스]. 중=取消 (qǔxiāo) [취샤오].
- 취업 就業 나아갈 취, 업 업. (명사) :
  영=employment (ɪm'plɔɪmənt) [임플로이먼트].
  일=就業 (しゅうぎょう, shūgyō) [슈교]. 중=就业 (jiùyè) [지우예].
- 취재 取材 가질 취, 재료 재. (명사) :
  영=news coverage [뉴스 커버리지], reporting (rɪ'pɔːrtɪŋ) [리포팅].
  일=取材 (しゅざい, shuzai) [슈자이]. 중=采访 (cǎifǎng) [차이팡].
- 취직 就職 나아갈 취, 직업 직. (명사) : 영=getting a job [게팅 어 잡], employment (ɪm'plɔɪmənt) [임플로이먼트].
  일=就職 (しゅうしょく, shūshoku) [슈쇼쿠]. 중=就职 (jiùzhí) [지우즈].
- 취하다 取- 가질 취. (동사) : 영=take (teɪk) [테이크].
  일=取る (とる, toru) [토루]. 중=采取 (cǎiqǔ) [차이취].
- 취하다 醉- 취할 취. (동사) : 영=get drunk [겟 드렁크].
  일=酔う (よう, yō) [요]. 중=醉 (zuì) [쭈이].
- 취향 趣向 뜻 취, 향할 향. (명사) :
  영=taste (teɪst) [테이스트], preference ('prefərəns) [프레퍼런스].
  일=趣向 (しゅこう, shukō) [슈코]. 중=趣向 (qùxiàng) [취샹].
- 층 層 층 층. (명사) : 영=floor (flɔːr) [플로어], layer ('leɪər) [레이어].
  일=階 (かい, kai) [카이]. 중=层 (céng) [청].
- 치과 齒科 이 치, 과목 과. (명사) :
  영=dentistry ('dentɪstri) [덴티스트리].
  일=歯科 (しか, shika) [시카]. 중=牙科 (yákē) [야커].
- 치다 (동사) 그물을 ~ :
  영=cast (kæst) [캐스트].
  일=網を打つ (あみをうつ, ami o utsu) [아미오 우츠].
  중=撒网 (sǎ wǎng) [싸왕].

- 치다 (동사) 셈을 맞추다 :
  - 영=settle accounts [세틀 어카운츠], calculate [캘큘레이트].
  - 일=精算する (せいさんする, seisan suru) [세이산 스루].
  - 중=结算 (jiésuàn) [지에쑤안].
- 치다 (동사) 얼굴을 ~ :
  - 영=hit (hɪt) [히트], strike (straɪk) [스트라이크].
  - 일=打つ (うつ, utsu) [우츠]. 중=打 (dǎ) [다].
- 치다 (동사) 폭풍우가 ~ : 영=storm (stɔːrm) [스톰].
  - 일=吹き荒れる (ふきあれる, fukiareru) [후키아레루]. 중=刮 (guā) [과].
- 치료 治療 다스릴 치, 고칠 료. (명사) :
  - 영=treatment ('triːtmənt) [트리트먼트].
  - 일=治療 (ちりょう, chiryō) [치료]. 중=治疗 (zhìliáo) [즈리아오].
- 치료법 治療法 다스릴 치, 고칠 료, 법 법. (명사) :
  - 영=therapy ('θerəpi) [테러피].
  - 일=治療法 (ちりょうほう, chiryōhō) [치료호].
  - 중=治疗法 (zhìliáofǎ) [즈리아오파].
- 치료하다 治療- 다스릴 치, 고칠 료. (동사) :
  - 영=treat (triːt) [트리트].
  - 일=治療する (ちりょうする, chiryō suru) [치료 스루].
  - 중=治疗 (zhìliáo) [즈리아오].
- 치르다 (동사) :
  - 영=pay (peɪ) [페이], undergo [언더고].
  - 일=払う (はらう, harau) [하라우], 行う (おこなう, okonau) [오코나우].
  - 중=付出 (fùchū) [푸추].
- 치마 (명사) : 영=skirt (skɜːrt) [스커트].
  - 일=スカート (sukāto) [스카토]. 중=裙子 (qúnzi) [췬즈].
- 치아 齒牙 이 치, 어금니 아. (명사) :
  - 영=teeth (tiːθ) [티쓰].
  - 일=歯 (は, ha) [하]. 중=牙齿 (yáchǐ) [야츠].
- 치약 齒藥 이 치, 약 약. (명사) :
  - 영=toothpaste ('tuːθpeɪst) [투쓰페이스트].
  - 일=歯磨き粉 (はみがきこ, hamigakiko) [하미가키코].
  - 중=牙膏 (yágāo) [야가오].

•치우다 (동사) : [영]=clean up [클린업], clear [클리어].
[일]=片付ける (かたづける, katazukeru) [카타즈케루].
[중]=收拾 (shōushi) [쇼우스].
•치우다 (보조동사) : [영]=finish [피니쉬], complete [컴플리트].
[일]=してしまう (shite shimau) [시테시마우]. [중]=完 (wán) [완].
•치즈 (명사) cheese : [영]=cheese (tʃiːz) [치즈].
[일]=チーズ (chīzu) [치즈]. [중]=奶酪 (nǎilào) [나이라오].
•친구 親舊 친할 친, 옛 구. (명사) : [영]=friend (frend) [프렌드].
[일]=友達 (ともだち, tomodachi) [토모다치].
[중]=朋友 (péngyou) [펑요우].
•친절 親切 친할 친, 끊을 절. (명사) :
[영]=kindness (ˈkaɪndnəs) [카인드니스].
[일]=親切 (しんせつ, shinsetsu) [신세츠]. [중]=亲切 (qīnqiè) [친치에].
•친절하다 親切- 친할 친, 끊을 절. (형용사) : [영]=kind (kaɪnd) [카인드].
[일]=親切だ (しんせつだ, shinsetsuda) [신세츠다].
[중]=亲切 (qīnqiè) [친치에].
•친정 親庭 친할 친, 뜰 정. (명사) :
[영]=woman's parental home [우먼즈 퍼렌털 홈].
[일]=実家 (じっか, jikka) [짓카]. [중]=娘家 (niángjiā) [니앙지아].
•친척 親戚 친할 친, 겨레 척. (명사) :
[영]=relative (ˈrelətɪv) [렐러티브].
[일]=親戚 (しんせき, shinseki) [신세키]. [중]=亲戚 (qīnqi) [친치].
•친하다 親- 친할 친. (형용사) :
[영]=close (kloʊs) [클로스], intimate (ˈɪntɪmət) [인티멋].
[일]=親しい (したしい, shitashii) [시타시이]. [중]=亲近 (qīnjìn) [친진].
•친해지다 親- 친할 친. (동사) : [영]=become close [비컴 클로스].
[일]=親しくなる (したしくなる, shitashiku naru) [시타시쿠 나루].
[중]=变亲近 (biàn qīnjìn) [비엔 친진].
•칠 七 일곱 칠. (수사) : [영]=seven (ˈsevən) [세븐].
[일]=七 (なな, nana/しち, shichi) [나나/시치]. [중]=七 (qī) [치].
•칠십 七十 일곱 칠, 열 십. (수사) :
[영]=seventy (ˈsevnti) [세븐티].
[일]=七十 (ななじゅう, nanajū) [나나쥬]. [중]=七十 (qīshí) [치스].

•칠월 七月 일곱 칠, 달 월. (명사) : [영]=July (dʒu'laɪ) [줄라이].
[일]=七月 (しちがつ, shichigatsu) [시치가츠].
[중]=七月 (qīyuè) [치위에].
•칠판 漆板 옻 칠, 널 판. (명사) : [영]=blackboard ('blækbɔːrd) [블랙보드].
[일]=黒板 (こくばん, kokuban) [코쿠반]. [중]=黑板 (hēibǎn) [헤이반].
•칠하다 漆- 옻 칠. (동사) : [영]=paint (peɪnt) [페인트].
[일]=塗る (ぬる, nuru) [누루]. [중]=涂 (tú) [투].
•침 (명사) ~을 뱉다 : [영]=saliva (sə'laɪvə) [설라이버], spit (spɪt) [스핏].
[일]=つば (tsuba) [츠바]. [중]=唾液 (tuòyè) [투어예].
•침대 寢臺 잘 침, 대 대. (명사) : [영]=bed (bed) [베드].
[일]=ベッド (beddo) [벳도]. [중]=床 (chuáng) [촹].
•침묵 沈默 잠길 침, 말없을 묵. (명사) : [영]=silence ('saɪləns) [사일런스].
[일]=沈黙 (ちんもく, chinmoku) [친모쿠]. [중]=沉默 (chénmò) [천모].
•침실 寢室 잘 침, 방 실. (명사) : [영]=bedroom ('bedruːm) [베드룸].
[일]=寝室 (しんしつ, shinshitsu) [신시츠]. [중]=卧室 (wòshì) [워스].
•침착하다 沈着- 잠길 침, 붙을 착. (형용사) :
[영]=calm (kɑːm) [캄], composed (kəm'poʊzd) [컴포즈드].
[일]=沈着だ (ちんちゃくだ, chinchakuda) [친차쿠다].
[중]=沉着 (chénzhuó) [천줘].
•칫솔 齒- 이 치. (명사) : [영]=toothbrush ('tuːθbrʌʃ) [투쓰브러쉬].
[일]=歯ブラシ (はブラシ, haburashi) [하브라시].
[중]=牙刷 (yáshuā) [야슈아].
•칭찬 稱讚 일컬을 칭, 기릴 찬. (명사) :
[영]=praise (preɪz) [프레이즈].
[일]=称賛 (しょうさん, shōsan) [쇼산].
[중]=称赞 (chēngzàn) [청짠].
•칭찬하다 稱讚- 일컬을 칭, 기릴 찬. (동사) :
[영]=praise (preɪz) [프레이즈].
[일]=称賛する (しょうさんする, shōsan suru) [쇼산 스루].
[중]=称赞 (chēngzàn) [청짠].

카. 카 부

弘益홍익(널리 이로울) 광고란
신백훈 정익학당 추천 애국민 필독서
자기계발서 [다큐소설 여로] 지만원 저

♣♣♣

- 카드 (명사) card : 영=card (kɑːrd) [카드].
  일=カード (kādo) [카도]. 중=卡片 (kǎpiàn) [카피엔].
- 카레 (명사) curry : 영=curry ('kɜːri) [커리].
  일=カレー (karē) [카레]. 중=咖喱 (gālí) [가리].
- 카메라 (명사) camera : 영=camera ('kæmərə) [카메라].
  일=カメラ (kamera) [카메라]. 중=相机 (xiàngjī) [샹지].
- 카운터 (명사) 계산대 : 영=counter ('kaʊntər) [카운터].
  일=カウンター (kauntā) [카운타]. 중=柜台 (guìtái) [궤이타이].
- 카페 (명사) cafe : 영=cafe (kæ'feɪ) [카페].
  일=カフェ (kafe) [카페]. 중=咖啡馆 (kāfēiguǎn) [카페이관].
- 칸 (명사) :
  영=compartment (kəm'pɑːrtmənt) [컴파트먼트], space (speɪs) [스페이스].
  일=間 (ま, ma) [마]. 중=格子 (gézi) [거즈].
- 칼 (명사) 베는 도구 : 영=knife (naɪf) [나이프].
  일=ナイフ (naifu) [나이후]. 중=刀 (dāo) [다오].
- 칼국수 (명사) : 영=knife-cut noodles [나이프컷 누들스].
  일=カルグクス (karugukusu) [카루구쿠스].
  중=刀切面 (dāoqiēmiàn) [다오치에미엔].
- 캄캄하다 (형용사) : 영=very dark [베리 다크], pitch-black [피치블랙].
  일=真っ暗だ (まっくらだ, makkura da) [막쿠라다].
  중=漆黑 (qīhēi) [치헤이].
- 캐나다 (고) Canada : 영=Canada ('kænədə) [캐나다].
  일=カナダ (kanada) [카나다]. 중=加拿大 (Jiānádà) [지아나다].
- 캐릭터 (명사) character : 영=character ('kærəktər) [캐릭터].
  일=キャラクター (kyarakutā) [캬라쿠타]. 중=角色 (juésè) [쥐에써].
- 캠퍼스 (명사) campus : 영=campus ('kæmpəs) [캠퍼스].
  일=キャンパス (kyanpasu) [캼파스]. 중=校园 (xiàoyuán) [샤오위앤].
- 캠페인 (명사) campaign : 영=campaign (kæm'peɪn) [캠페인].
  일=キャンペーン (kyanpēn) [캼펜]. 중=运动 (yùndòng) [윈동].
- 커다랗다 (형용사) : 영=huge (hjuːdʒ) [휴지], very big [베리 빅].
  일=巨大だ (きょだいだ, kyodai da) [쿄다이다].
  중=巨大的 (jùdà de) [쥐다 더].

- 커지다 (동사) :
  - 영=get bigger [겟 비거], enlarge [ɪnˈlɑːrdʒ] [인라지].
  - 일=大きくなる (おおきくなる, ōkiku naru) [오키쿠 나루].
  - 중=变大 (biàndà) [비엔다].
- 커튼 (명사) curtain : 영=curtain [ˈkɜːrtn] [커튼].
  - 일=カーテン (kāten) [카텐]. 중=窗帘 (chuānglián) [촹리엔].
- 커피 (명사) coffee : 영=coffee [ˈkɔːfi] [커피].
  - 일=コーヒー (kōhī) [코히]. 중=咖啡 (kāfēi) [카페이].
- 컨디션 (명사) condition : 영=condition [kənˈdɪʃn] [컨디션].
  - 일=コンディション (kondishon) [콘디숀].
  - 중=状态 (zhuàngtài) [좡타이].
- 컬러 (명사) color : 영=color [ˈkʌlər] [컬러].
  - 일=カラー (karā) [카라]. 중=颜色 (yánsè) [옌써].
- 컴퓨터 (명사) computer : 영=computer [kəmˈpjuːtər] [컴퓨터].
  - 일=コンピューター (konpyūtā) [콘퓨타].
  - 중=电脑 (diànnǎo) [디앤나오].
- 컵 (명사) cup : 영=cup [kʌp] [컵].
  - 일=カップ (kappu) [캅푸]. 중=杯子 (bēizi) [베이즈].
- 케첩 (명사) ketchup : 영=ketchup [ˈketʃəp] [케첩].
  - 일=ケチャップ (kechappu) [케챳푸].
  - 중=番茄酱 (fānqiéjiàng) [판치에쟝].
- 켜다 (동사) 성냥을 ~ : 영=light [laɪt] [라이트].
  - 일=つける (tsukeru) [츠케루]. 중=点 (diǎn) [디엔].
- 켜지다 (동사) : 영=turn on [턴 온], be lit [비 릿].
  - 일=つく (tsuku) [츠쿠]. 중=开 (kāi) [카이].
- 코 (명사) : 영=nose [noʊz] [노즈].
  - 일=鼻 (はな, hana) [하나]. 중=鼻子 (bízi) [비즈].
- 코끝 (명사) : 영=tip of the nose [팁 오브 더 노즈].
  - 일=鼻先 (はなさき, hanasaki) [하나사키]. 중=鼻尖 (bíjiān) [비지앤].
- 코끼리 (명사) : 영=elephant [ˈelɪfənt] [엘리펀트].
  - 일=象 (ぞう, zō) [조]. 중=大象 (dàxiàng) [따샹].
- 코너 (명사) corner : 영=corner [ˈkɔːrnər] [코너].
  - 일=コーナー (kōnā) [코나]. 중=角落 (jiǎoluò) [지아오루오].

- 코드 (명사) code : 영=code (koʊd) [코드].
  일=コード (kōdo) [코도]. 중=代码 (dàimǎ) [다이마].
- 코미디 (명사) comedy : 영=comedy (ˈkɑːmədi) [코미디].
  일=コメディー (komedī) [코메디]. 중=喜剧 (xǐjù) [시쥐].
- 코스 (명사) course : 영=course (kɔːrs) [코스].
  일=コース (kōsu) [코스]. 중=课程 (kèchéng) [커청].
- 코스모스 (명사) cosmos : 영=cosmos (ˈkɑːzmoʊs) [코스모스].
  일=コスモス (kosumosu) [코스모스]. 중=宇宙 (yǔzhòu) [위저우].
- 코치 (명사) coach : 영=coach (koʊtʃ) [코치].
  일=コーチ (kōchi) [코치]. 중=教练 (jiàoliàn) [지아오리엔].
- 코트 (명사) court : 영=court (kɔːrt) [코트].
  일=コート (kōto) [코토]. 중=球场 (qiúchǎng) [치우창].
- 코피 (명사) : 영=nosebleed (ˈnoʊzbliːd) [노즈블리드].
  일=鼻血 (はなぢ, hanaji) [하나지]. 중=鼻血 (bíxiě) [비시에].
- 콘서트 (명사) concert : 영=concert (ˈkɑːnsərt) [콘서트].
  일=コンサート (konsāto) [콘사토]. 중=音乐会 (yīnyuèhuì) [인위에후이].
- 콜라 (명사) cola : 영=cola (ˈkoʊlə) [콜라].
  일=コーラ (kōra) [코라]. 중=可乐 (kělè) [커러].
- 콤플렉스 (명사) complex :
  영=complex (ˈkɑːmpleks) [콤플렉스].
  일=コンプレックス (konpurekkusu) [콘푸렉쿠스].
  중=情结 (qíngjié) [칭지에].
- 콩 (명사) : 영=bean (biːn) [빈]. 일=豆 (まめ, mame) [마메].
  중=豆子 (dòuzi) [도우즈].
- 콩나물 (명사) : 영=bean sprouts [빈 스프라우츠].
  일=豆もやし (まめもやし, mamemoyashi) [마메모야시].
  중=豆芽 (dòuyá) [도우야].
- 쾌감 快感 쾌할 쾌, 느낄 감. (명사) :
  영=pleasant feeling [플레전트 필링], pleasure (ˈpleʒər) [플레저].
  일=快感 (かいかん, kaikan) [카이칸]. 중=快感 (kuàigǎn) [콰이간].
- 쿠데타 (명사) :
  영=coup d'état (ˌkuː deɪˈtɑː) [쿠데타].
  일=クーデター (kūdetā) [쿠데타]. 중=政变 (zhèngbiàn) [정비엔].

- 크기 (명사) : ⑬=size (saɪz) [사이즈].
  ⑭=大きさ (おおきさ, ōkisa) [오키사]. ⑮=大小 (dàxiǎo) [따샤오].
- 크다 (동사) : ⑬=grow (groʊ) [그로우].
  ⑭=大きくなる (おおきくなる, ōkiku naru) [오키쿠 나루].
  ⑮=长大 (zhǎngdà) [장따].
- 크다 (형용사) : ⑬=big (bɪg) [빅], large (lɑːrdʒ) [라지].
  ⑭=大きい (おおきい, ōkii) [오키이]. ⑮=大 (dà) [따].
- 크리스마스 (명사) Christmas :
  ⑬=Christmas (ˈkrɪsməs) [크리스마스].
  ⑭=クリスマス (kurisumasu) [쿠리스마스].
  ⑮=圣诞节 (shèngdànjié) [셩딴지에].
- 크림 (명사) cream : ⑬=cream (kriːm) [크림].
  ⑭=クリーム (kurīmu) [쿠리무]. ⑮=奶油 (nǎiyóu) [나이요우].
- 큰길 (명사) : ⑬=main street [메인 스트리트].
  ⑭=大通り (おおどおり, ōdōri) [오도리]. ⑮=大路 (dàlù) [따루].
- 큰딸 (명사) : ⑬=eldest daughter [엘디스트 도터].
  ⑭=長女 (ちょうじょ, chōjo) [쵸조]. ⑮=大女儿 (dà nǚ'ér) [따 뉘얼].
- 큰소리 (명사) : ⑬=loud voice [라우드 보이스].
  ⑭=大声 (おおごえ, ogoe) [오고에]. ⑮=大声 (dàshēng) [따셩].
- 큰아들 (명사) : ⑬=eldest son [엘디스트 선].
  ⑭=長男 (ちょうなん, chōnan) [쵸난]. ⑮=大儿子 (dà érzi) [따 얼즈].
- 큰아버지 (명사) : ⑬=father's elder brother [파더스 엘더 브라더].
  ⑭=伯父 (おじ, oji) [오지]. ⑮=伯父 (bófù) [보푸].
- 큰어머니 (명사) : ⑬=wife of father's elder brother
              [와이프 오브 파더스 엘더 브라더].
  ⑭=伯母 (おば, oba) [오바]. ⑮=伯母 (bómǔ) [보무].
- 큰일 (명사) 중대한 일 :
  ⑬=big trouble [빅 트러블], serious matter [시리어스 매터].
  ⑭=大変なこと (たいへんなこと, taihenna koto) [타이헨나 코토].
  ⑮=大事 (dàshì) [따스].
- 큰절 (명사) : ⑬=deep bow [딥 바우].
  ⑭=深いお辞儀 (ふかいおじぎ, fukai ojigi) [후카이 오지기].
  ⑮=大礼 (dàlǐ) [따리].

- 클래식 (명사) classic :
  영=classic ('klæsɪk) [클래식].
  일=クラシック (kurashikku) [쿠라싯쿠]. 중=古典 (gǔdiǎn) [구디엔].
- 클럽 (명사) club : 영=club (klʌb) [클럽].
  일=クラブ (kurabu) [쿠라부]. 중=俱乐部 (jùlèbù) [쥐러부].
- 키 (명사) 신장 :
  영=height (haɪt) [하이트].
  일=背 (せ, se) [세]. 중=身高 (shēngāo) [션가오].
- 키스 (명사) kiss : 영=kiss (kɪs) [키스].
  일=キス (kisu) [키스]. 중=吻 (wěn) [원].
- 키우다 (동사) : 영=raise (reɪz) [레이즈], bring up [브링 업].
  일=育てる (そだてる, sodateru) [소다테루].
  중=养育 (yǎngyù) [양위].
- 킬로 (의존명사) kilo : 영=kilo ('kiːloʊ) [킬로].
  일=キロ (kiro) [키로]. 중=公斤 (gōngjīn) [꽁진].
- 킬로그램 (의존명사) kilogram :
  영=kilogram ('kɪləgræm) [킬러그램].
  일=キログラム (kiroguramu) [키로구라무]. 중=公斤 (gōngjīn) [꽁진].
- 킬로미터 (의존명사) kilometer :
  영=kilometer (kɪˈlɑːmɪtər) [킬러미터].
  일=キロメートル (kirométoru) [키로메토루].
  중=公里 (gōnglǐ) [꽁리].

타. 타 부

弘益홍익(널리 이로울) 광고란
신백훈 정익학당 추천 애국민 필독서
[壺공산당 선언] 고성국 저

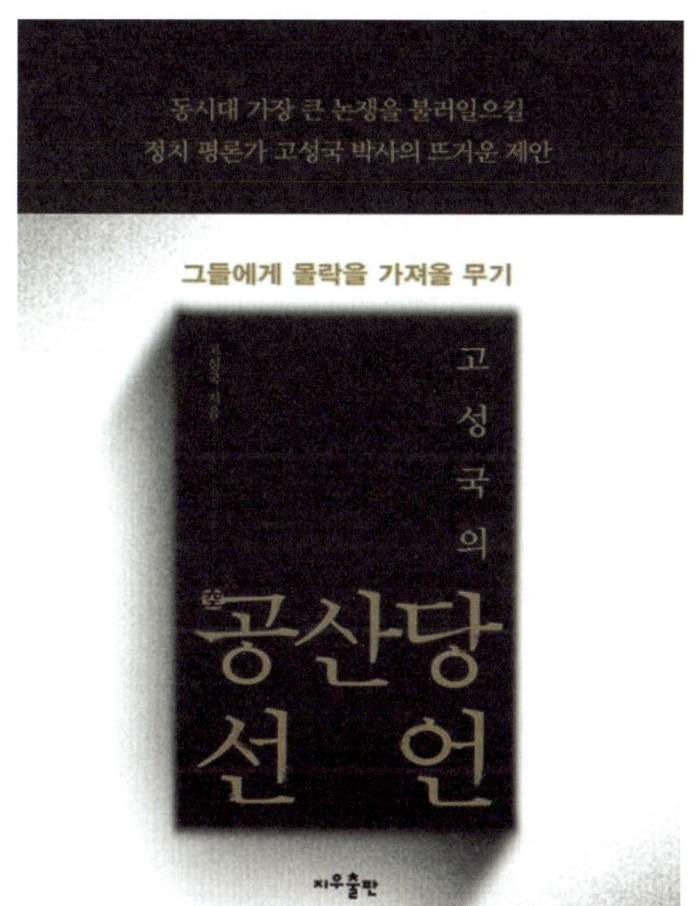

♣♣♣
- 타고나다 (동사) : 영=be born with [비 본 위드], innate [인네이트].
  일=生まれつく (うまれつく, umaretsuku) [우마레츠쿠].
  중=天生 (tiānshēng) [티엔셩].
- 타다 (동사) 물에 ~ : 영=mix (mɪks) [믹스], dissolve (dɪˈzɑːlv) [디졸브].
  일=溶ける (とける, tokeru) [토케루]. 중=溶解 (róngjiě) [룽지에].
- 타다 (동사) 버스에 ~ : 영=get on [겟 온], ride (raɪd) [라이드].
  일=乗る (のる, noru) [노루]. 중=乘坐 (chéngzuò) [청쭈오].
- 타다 (동사) 월급을 ~ :
  영=get paid [겟 페이드], receive salary [리시브 샐러리].
  일=もらう (morau) [모라우]. 중=领取 (lǐngqǔ) [링취].
- 타다 (동사) 장작이 ~ : 영=burn (bɜːrn) [번].
  일=燃える (もえる, moeru) [모에루]. 중=燃烧 (ránshāo) [란샤오].
- 타락 堕落 떨어질 타, 떨어질 락. (명사) :
  영=corruption (kəˈrʌpʃn) [커럽션], depravity [디프래버티].
  일=堕落 (だらく, daraku) [다라쿠]. 중=堕落 (duòluò) [뚜어뤄].
- 타오르다 (동사) :
  영=blaze (bleɪz) [블레이즈], burn up [번 업].
  일=燃え上がる (もえあがる, moeagaru) [모에아가루].
  중=燃烧起来 (ránshāo qǐlái) [란샤오 치라이].
- 타입 (명사) type : 영=type (taɪp) [타입].
  일=タイプ (taipu) [타이푸]. 중=类型 (lèixíng) [레이싱].
- 타자기 打字機 칠 타, 글자 자, 기계 기. (명사) :
  영=typewriter (ˈtaɪpraɪtər) [타이프라이터].
  일=タイプライター (taipuraitā) [타이프라이타].
  중=打字机 (dǎzìjī) [다쯔지].
- 탁 (부사) :
  영=with a snap [위드 어 스냅], sharply [샤플리].
  일=ぱっと (patto) [팟토]. 중=啪地 (pāde) [파더].
- 탁구 卓球 높을 탁, 공 구. (명사) :
  영=table tennis (ˈteɪbl ˌtenɪs) [테이블 테니스], ping-pong [핑퐁]. 일
  =卓球 (たっきゅう, takkyū) [탁큐].
  중=乒乓球 (pīngpāngqiú) [핑팡치우].

— 476 —

- 탁월하다 卓越- 높을 탁, 넘을 월. (형용사) :
  영=excellent ('eksələnt) [엑설런트], outstanding [아웃스탠딩].
  일=卓越している (たくえつしている, takuetsu shiteiru) [타쿠에츠 시테이루].
  중=卓越 (zhuóyuè) [쥐위에].
- 탁자 卓子 높을 탁, 아들 자. (명사) : 영=table ('teɪbl) [테이블].
  일=テーブル (tēburu) [테부루]. 중=桌子 (zhuōzi) [쮜어즈].
- 탄생 誕生 낳을 탄, 날 생. (명사) : 영=birth (bɜːrθ) [버스].
  일=誕生 (たんじょう, tanjō) [탄죠]. 중=诞生 (dànshēng) [딴셩].
- 탄생하다 誕生- 낳을 탄, 날 생. (동사) : 영=be born [비 본].
  일=誕生する (たんじょうする, tanjō suru) [탄죠 스루].
  중=诞生 (dànshēng) [딴셩].
- 탈출하다 脫出- 벗을 탈, 날 출. (동사) : 영=escape (ɪ'skeɪp) [이스케입].
  일=脱出する (だっしゅつする, dasshutsu suru) [닷슈츠 스루].
  중=逃脱 (táotuō) [타오투어].
- 탑 塔 탑 탑. (명사) :
  영=tower ('taʊər) [타워], pagoda (pə'goʊdə) [파고다].
  일=塔 (とう, tō) [토]. 중=塔 (tǎ) [타].
- 탓 (명사) : 영=fault (fɔːlt) [폴트], blame (bleɪm) [블레임].
  일=せい (sei) [세이]. 중=过错 (guòcuò) [궈춰].
- 태권도 跆拳道 밟을 태, 주먹 권, 길 도. (명사) :
  영=taekwondo (taɪkwɒn'doʊ) [태권도].
  일=テコンドー (tekondō) [테콘도].
  중=跆拳道 (táiquándào) [타이취엔다오].
- 태도 態度 모습 태, 법도 도. (명사) :
  영=attitude ('ætɪtuːd) [애티튜드].
  일=態度 (たいど, taido) [타이도]. 중=态度 (tàidù) [타이뚜].
- 태아 胎兒 아이 밸 태, 아이 아. (명사) : 영=fetus ('fiːtəs) [피터스].
  일=胎児 (たいじ, taiji) [타이지]. 중=胎儿 (tāi'ér) [타이얼].
- 태양 太陽 클 태, 볕 양. (명사) : 영=sun (sʌn) [썬].
  일=太陽 (たいよう, taiyō) [타이요]. 중=太阳 (tàiyáng) [타이양].
- 태어나다 (동사) : 영=be born [비 본].
  일=生まれる (うまれる, umareru) [우마레루].
  중=出生 (chūshēng) [추셩].

- 태우다 (동사) 쓰레기를 ~ : ⓔ=burn (bɜːrn) [번].
  ⓙ=燃やす (もやす, moyasu) [모야스]. ⓒ=烧 (shāo) [샤오].
- 태우다 (동사) 차에 ~ : ⓔ=give a ride [기브 어 라이드].
  ⓙ=乗せる (のせる, noseru) [노세루]. ⓒ=载 (zài) [짜이].
- 태풍 颱風 태풍 태, 바람 풍. (명사) : ⓔ=typhoon (taɪˈfuːn) [타이푼].
  ⓙ=台風 (たいふう, taifū) [타이후]. ⓒ=台风 (táifēng) [타이펑].
- 택시 (명사) taxi : ⓔ=taxi (ˈtæksi) [택시].
  ⓙ=タクシー (takushī) [타쿠시]. ⓒ=出租车 (chūzūchē) [추주처].
- 택하다 擇- 가릴 택. (동사) : ⓔ=choose (tʃuːz) [추즈].
  ⓙ=選ぶ (えらぶ, erabu) [에라부]. ⓒ=选择 (xuǎnzé) [쉬앤저].
- 탤런트 (명사) talent : ⓔ=talent (ˈtælənt) [탤런트].
  ⓙ=タレント (tarento) [타렌토].
  ⓒ=艺人 (yìrén) [이런], 才能 (cáinéng) [차이넝].
- 터 (명사) : ⓔ=site (saɪt) [사이트], ground [그라운드].
  ⓙ=敷地 (しきち, shikichi) [시키치]. ⓒ=地基 (dìjī) [디지].
- 터 (의존명사) : ⓔ=moment [모먼트], when [웬].
  ⓙ=ところ (tokoro) [토코로]. ⓒ=时刻 (shíkè) [스커].
- 터널 (명사) tunnel : ⓔ=tunnel (ˈtʌnl) [터널].
  ⓙ=トンネル (tonneru) [톤네루]. ⓒ=隧道 (suìdào) [쑤이다오].
- 터뜨리다 (동사) : ⓔ=explode (ɪkˈsploʊd) [익스플로드], burst [버스트].
  ⓙ=爆発させる (ばくはつさせる, bakuhatsu saseru) [바쿠하츠 사세루].
  ⓒ=弄爆 (nòngbào) [농바오].
- 터미널 (명사) terminal : ⓔ=terminal (ˈtɜːrmɪnl) [터미널].
  ⓙ=ターミナル (tāminaru) [타미나루].
  ⓒ=终点站 (zhōngdiǎnzhàn) [중디엔잔].
- 터지다 (동사) :
  ⓔ=explode (ɪkˈsploʊd) [익스플로드], burst [버스트]. ⓙ=爆発する (ばくはつする, bakuhatsu suru) [바쿠하츠 스루].
  ⓒ=爆炸 (bàozhà) [바오자].
- 턱 (명사) 신체의 일부 : ⓔ=chin (tʃɪn) [친], jaw (dʒɔː) [조].
  ⓙ=あご (ago) [아고]. ⓒ=下巴 (xiàba) [샤바].
- 턱 (의존명사) 알 ~이 없다 : ⓔ=reason (ˈriːzn) [리즌], way [웨이].
  ⓙ=わけ (wake) [와케]. ⓒ=道理 (dàolǐ) [다오리].

- 털 (명사) :
  - 영=hair (her) [헤어], fur (fɜːr) [퍼].
  - 일=毛 (け, ke) [케]. 중=毛 (máo) [마오].
- 털다 (동사) : 영=shake off [셰이크 오프], rob [랍].
  - 일=はたく (hataku) [하타쿠]. 중=掸 (dǎn) [단], 抖 (dǒu) [더우].
- 텅 (부사) ~ 비다 :
  - 영=completely empty [컴플리틀리 엠프티].
  - 일=がらんと (garanto) [가란토]. 중=空荡荡 (kōngdàngdàng) [콩당당]
- 테니스 (명사) tennis : 영=tennis ('tenɪs) [테니스].
  - 일=テニス (tenisu) [테니스]. 중=网球 (wǎngqiú) [왕치우].
- 테러 (명사) terror : 영=terror ('terər) [테러].
  - 일=テロ (tero) [테로]. 중=恐怖 (kǒngbù) [콩부].
- 테스트 (명사) test : 영=test (test) [테스트].
  - 일=テスト (tesuto) [테스토]. 중=测试 (cèshì) [처스].
- 테이블 (명사) table : 영=table ('teɪbl) [테이블].
  - 일=テーブル (tēburu) [테부루]. 중=桌子 (zhuōzi) [쭈어즈].
- 테이프 (명사) tape : 영=tape (teɪp) [테이프].
  - 일=テープ (tēpu) [테퓨].
  - 중=磁带 (cídài) [츠따이], 胶带 (jiāodài) [지아오따이].
- 텍스트 (명사) text : 영=text (tekst) [텍스트].
  - 일=テキスト (tekisuto) [테키스토]. 중=文本 (wénběn) [원번].
- 텔레비전 (명사) television :
  - 영=television ('telɪvɪʒn) [텔리비전].
  - 일=テレビ (terebi) [테레비]. 중=电视 (diànshì) [뎬스].
- 토끼 (명사) :
  - 영=rabbit ('ræbɪt) [래빗].
  - 일=うさぎ (usagi) [우사기]. 중=兔子 (tùzi) [투즈].
- 토대 土臺 흙 토, 대 대. (명사) :
  - 영=foundation (faʊnˈdeɪʃn) [파운데이션].
  - 일=土台 (どだい, dodai) [도다이]. 중=基础 (jīchǔ) [지추].
- 토론 討論 칠 토, 논할 론. (명사) :
  - 영=discussion (dɪˈskʌʃn) [디스커션], debate [디베이트].
  - 일=討論 (とうろん, tōron) [토론]. 중=讨论 (tǎolùn) [타오룬].

- 토론자 討論者 칠 토, 논할 론, 사람 자. (명사) :
    영=debater (dɪˈbeɪtər) [디베이터], discussant [디스커선트].
    일=討論者 (とうろんしゃ, tōronsha) [토론샤].
    중=讨论者 (tǎolùnzhě) [타오룬저].
- 토론하다 討論- 칠 토, 논할 론. (동사) :
    영=discuss (dɪˈskʌs) [디스커스], debate (dɪˈbeɪt) [디베이트].
    일=討論する (とうろんする, tōron suru) [토론 스루].
    중=讨论 (tǎolùn) [타오룬].
- 토론회 討論會 칠 토, 논할 론, 모일 회. (명사) :
    영=discussion meeting [디스커션 미팅], forum [포럼].
    일=討論会 (とうろんかい, tōronkai) [토론카이].
    중=讨论会 (tǎolùnhuì) [타오룬후이].
- 토마토 (명사) tomato : 영=tomato (təˈmeɪtoʊ) [토메이토].
    일=トマト (tomato) [토마토]. 중=番茄 (fānqié) [판치에].
- 토요일 土曜日 흙 토, 빛날 요, 날 일. (명사) :
    영=Saturday (ˈsætərdeɪ) [새터데이].
    일=土曜日 (どようび, doyōbi) [도요비].
    중=星期六 (xīngqīliù) [싱치리우].
- 토하다 吐- 토할 토. (동사) : 영=vomit (ˈvɑːmɪt) [바밋].
    일=吐く (はく, haku) [하쿠]. 중=吐 (tù) [투].
- 톤 (의존명사) ton : 영=ton (tʌn) [턴].
    일=トン (ton) [톤]. 중=吨 (dūn) [뚠].
- 통 桶 통 통. (명사) : 영=bucket (ˈbʌkɪt) [버킷], barrel [배럴].
    일=桶 (おけ, oke) [오케]. 중=桶 (tǒng) [통].
- 통 通 통할 통. (의존명사) :
    영=message (ˈmesɪdʒ) [메시지], call [콜]. 일=通 (つう, tsū) [츠]. 중=通 (tōng) [통].
- 통계 統計 거느릴 통, 셀 계. (명사) :
    영=statistics (stəˈtɪstɪks) [스태티스틱스].
    일=統計 (とうけい, tōkei) [토케이]. 중=统计 (tǒngjì) [통지].
- 통과 通過 통할 통, 지날 과. (명사) :
    영=passage (ˈpæsɪdʒ) [패시지]. 일=通過 (つうか, tsūka) [츠카]. 중=通过 (tōngguò) [통궈].

- 통과하다 通過- 통할 통, 지날 과. (동사) : 영=pass (pæs) [패스].
  일=通過する (つうかする, tsūka suru) [츠카 스루].
  중=通过 (tōngguò) [통궈].
- 통로 通路 통할 통, 길 로. (명사) :
  영=passageway (ˈpæsɪdʒweɪ) [패시지웨이], aisle [아일].
  일=通路 (つうろ, tsūro) [츠로]. 중=通道 (tōngdào) [통다오].
- 통신 通信 통할 통, 믿을 신. (명사) :
  영=communication (kəˌmjuːnɪˈkeɪʃn) [커뮤니케이션].
  일=通信 (つうしん, tsūshin) [츠신]. 중=通信 (tōngxìn) [통신].
- 통역 通譯 통할 통, 번역할 역. (명사) :
  영=interpretation (ɪnˌtɜːrprɪˈteɪʃn) [인터프리테이션].
  일=通訳 (つうやく, tsūyaku) [츠야쿠]. 중=口译 (kǒuyì) [커우이].
- 통일 統一 거느릴 통, 한 일. (명사) :
  영=unification (ˌjuːnɪfɪˈkeɪʃn) [유니피케이션].
  일=統一 (とういつ, tōitsu) [토이츠]. 중=统一 (tǒngyī) [통이].
- 통일하다 統一- 거느릴 통, 한 일. (동사) : 영=unify (ˈjuːnɪfaɪ) [유니파이].
  일=統一する (とういつする, tōitsu suru) [토이츠 스루].
  중=统一 (tǒngyī) [통이].
- 통장 通帳 통할 통, 장부 장. (명사) :
  영=bankbook (ˈbæŋkbʊk) [뱅크북], passbook [패스북].
  일=通帳 (つうちょう, tsūchō) [츠쵸]. 중=存折 (cúnzhé) [춘저].
- 통제 統制 거느릴 통, 억제할 제. (명사) : 영=control (kənˈtroʊl) [컨트롤].
  일=統制 (とうせい, tōsei) [토세이]. 중=控制 (kòngzhì) [콩쯔].
- 통증 痛症 아플 통, 증세 증. (명사) : 영=pain (peɪn) [페인].
  일=痛み (いたみ, itami) [이타미]. 중=疼痛 (téngtòng) [텅통].
- 통하다 通- 통할 통. (동사) :
  영=pass through [패스 쓰루], communicate [커뮤니케이트].
  일=通じる (つうじる, tsūjiru) [츠지루]. 중=通 (tōng) [통].
- 통합 統合 거느릴 통, 합할 합. (명사) :
  영=integration (ˌɪntɪˈgreɪʃn) [인티그레이션].
  일=統合 (とうごう, tōgō) [토고]. 중=统合 (tǒnghé) [통허].
- 통화 通話 통할 통, 말할 화. (명사) : 영=telephone call [텔레폰 콜].
  일=通話 (つうわ, tsūwa) [츠와]. 중=通话 (tōnghuà) [통화].

- 통화 通貨 통할 통, 재화 화. (명사) :
  영=currency ('kɜːrənsi) [커런시].
  일=通貨 (つうか, tsūka) [츠카]. 중=通货 (tōnghuò) [통후어].
- 퇴근 退勤 물러날 퇴, 부지런할 근. (명사) : 영=leaving work [리빙 워크].
  일=退勤 (たいきん, taikin) [타이킨]. 중=下班 (xiàbān) [샤반].
- 퇴근하다 退勤- 물러날 퇴, 부지런할 근. (동사) :
  영=leave work [리브 워크].
  일=退勤する (たいきんする, taikin suru) [타이킨 스루].
  중=下班 (xiàbān) [샤반].
- 퇴원 退院 물러날 퇴, 집 원. (명사) : 영=discharge [디스차지].
  일=退院 (たいいん, taiin) [타이인]. 중=出院 (chūyuàn) [추위안].
- 퇴원하다 退院- 물러날 퇴, 집 원. (동사) :
  영=be discharged [비 디스차지드], leave hospital [리브 하스피털].
  일=退院する (たいいんする, taiin suru) [타이인 스루].
  중=出院 (chūyuàn) [추위안].
- 퇴직금 退職金 물러날 퇴, 직분 직, 쇠 금. (명사) :
  영=retirement allowance [리타이어먼트 얼라우언스],
  severance pay [세버런스 페이].
  일=退職金 (たいしょくきん, taishokukin) [타이쇼쿠킨].
  중=退休金 (tuìxiūjīn) [투이슈진].
- 투명하다 透明- 통할 투, 밝을 명. (형용사) :
  영=transparent (trænsˈpærənt) [트랜스패런트].
  일=透明だ (とうめいだ, tōmeida) [토메이다].
  중=透明 (tòumíng) [터우밍].
- 투자 投資 던질 투, 재물 자. (명사) :
  영=investment (ɪnˈvestmənt) [인베스트먼트].
  일=投資 (とうし, tōshi) [토시]. 중=投资 (tóuzī) [터우쯔].
- 투표 投票 던질 투, 표 표. (명사) :
  영=voting (ˈvoʊtɪŋ) [보팅], ballot (ˈbælət) [밸럿].
  일=投票 (とうひょう, tōhyō) [토효]. 중=投票 (tóupiào) [터우퍄오].
- 튀기다 물방울을 ~ (동사) :
  영=splash (splæʃ) [스플래시].
  일=はじく (hajiku) [하지쿠]. 중=溅 (jiàn) [지앤].

- 튀김 (명사) : ㉠=fried food [프라이드 푸드], tempura [템푸라].
  ㉡=天ぷら (てんぷら, tenpura) [템푸라].
  ㉢=油炸食品 (yóuzhá shípǐn) [요우자 스핀].
- 튀다 (동사) :
  ㉠=jump (dʒʌmp) [점프], spring (sprɪŋ) [스프링].
  ㉡=跳ねる (はねる, haneru) [하네루].
  ㉢=弹跳 (tántiào) [탄티아오].
- 튀어나오다 (동사) :
  ㉠=pop out [팝 아웃], protrude (prəˈtruːd) [프로트루드].
  ㉡=飛び出す (とびだす, tobidasu) [토비다스].
  ㉢=冒出来 (màochūlái) [마오출라이].
- 트럭 (명사) truck : ㉠=truck (trʌk) [트럭].
  ㉡=トラック (torakku) [토랏쿠]. ㉢=卡车 (kǎchē) [카처].
- 트이다 (동사) : ㉠=open up [오픈 업], clear [클리어].
  ㉡=開ける (ひらける, hirakeru) [히라케루].
  ㉢=开阔 (kāikuò) [카이쿠어].
- 특급 特級 특별할 특, 등급 급. (명사) :
  ㉠=special class [스페셜 클래스].
  ㉡=特級 (とっきゅう, tokkyū) [톳큐]. ㉢=特级 (tèjí) [터지].
- 특별 特別 특별할 특, 다를 별. (명사) :
  ㉠=special (ˈspeʃl) [스페셜].
  ㉡=特別 (とくべつ, tokubetsu) [토쿠베츠]. ㉢=特别 (tèbié) [터비에].
- 특별하다 特別- 특별할 특, 다를 별 (형용사) : ㉠=special (ˈspeʃl) [스페셜].
  ㉡=特別だ (とくべつだ, tokubetsuda) [토쿠베츠다].
  ㉢=特别 (tèbié) [터비에].
- 특별히 特別- 특별할 특, 다를 별. (부사) :
  ㉠=especially (ɪˈspeʃəli) [이스페셜리].
  ㉡=特別に (とくべつに, tokubetsu ni) [토쿠베츠니].
  ㉢=特别地 (tèbié de) [터비에 더].
- 특성 特性 특별할 특, 성품 성. (명사) :
  ㉠=characteristic (ˌkærəktəˈrɪstɪk) [캐릭터리스틱].
  ㉡=特性 (とくせい, tokusei) [토쿠세이].
  ㉢=特性 (tèxìng) [터싱].

- 특수 特殊 특별할 특, 다를 수. (명사) :

    영=specialty ('speʃəlti) [스페셜티].

    일=特殊 (とくしゅ, tokushu) [토쿠슈]. 중=特殊 (tèshū) [터슈].
- 특수성 特殊性 특별할 특, 다를 수, 성품 성. (명사) :

    영=specificity (ˌspesɪ'fɪsəti) [스페시피시티].

    일=特殊性 (とくしゅせい, tokushusei) [토쿠슈세이].

    중=特殊性 (tèshūxìng) [터슈싱].
- 특이하다 特異- 특별할 특, 다를 이. (형용사) :

    영=unusual (ʌn'juːʒuəl) [언유주얼].

    일=特異だ (とくいだ, tokuida) [토쿠이다]. 중=特异 (tèyi) [터이]].
- 특정하다 特定- 특별할 특, 정할 정. (형용사) :

    영=specific (spə'sɪfɪk) [스페시픽].

    일=特定する (とくていする, tokutei suru) [토쿠테이 스루].

    중=特定 (tèdìng) [터띵].
- 특징 特徵 특별할 특, 부를 징. (명사) :

    영=feature ('fiːtʃər) [피쳐], characteristic [캐릭터리스틱].

    일=特徵 (とくちょう, tokuchō) [토쿠쵸]. 중=特征 (tèzhēng) [터정].
- 특히 特- 특별할 특. (부사) :

    영=especially (ɪ'speʃəli) [이스페셜리].

    일=特に (とくに, tokuni) [토쿠니]. 중=尤其 (yóuqí) [요우치].
- 튼튼하다 (형용사) :

    영=strong (strɔːŋ) [스트롱], sturdy ('stɜːrdi) [스터디].

    일=丈夫だ (じょうぶだ, jōbuda) [죠부다]. 중=结实 (jiēshi) [지에스].
- 튼튼히 (부사) :

    영=strongly ('strɔːŋli) [스트롱리], firmly ('fɜːrmli) [펌리].

    일=丈夫に (じょうぶに, jōbu ni) [죠부니].

    중=牢固地 (láogù de) [라오구 데].
- 틀 (명사) : 영=frame (freɪm) [프레임], mold (moʊld) [몰드].

    일=型 (かた, kata) [카타]. 중=框架 (kuàngjià) [쾅지아].
- 틀다 (동사) :

    영=twist (twɪst) [트위스트], turn on [턴 온].

    일=ひねる (hineru) [히네루], つける (tsukeru) [츠케루].

    중=拧 (níng) [닝], 打开 (dǎkāi) [다카이]].

•틀리다 답이 ~ (동사) : [영]=be wrong (rɔːŋ) [롱].
[일]=間違える (まちがえる, machigaeru) [마치가에루].
[중]=错 (cuò) [추어].

•틀림없다 (형용사) :
[영]=undoubtedly (ʌn'daʊtɪdli) [언다우티들리], certain ('sɜːrtn) [서튼].
[일]=間違いない (まちがいない, machigainai) [마치가이나이].
[중]=无误 (wúwù) [우우].

•틀림없이 (부사) :
[영]=certainly ('sɜːrtnli) [서튼리], definitely ('defɪnətli) [데피니틀리].
[일]=間違いなく (まちがいなく, machigainaku) [마치가이나쿠].
[중]=一定 (yídìng) [이띵].

•틈 (명사) :
[영]=gap (gæp) [갭], crack (kræk) [크랙].
[일]=隙間 (すきま, sukima) [스키마]. [중]=缝隙 (fèngxì) [펑시].

•티브이 (명사) TV :
[영]=television ('telɪvɪʒn) [텔레비전].
[일]=テレビ (terebi) [테레비]. [중]=电视 (diànshì) [디앤스].

•티셔츠 (명사) T-shirts :
[영]=T-shirt ('tiːʃɜːrt) [티셔트].
[일]=Tシャツ (tīshatsu) [티샤츠]. [중]=T恤衫 (tīxùshān) [티쉬산].

•팀 (명사) team : [영]=team (tiːm) [팀].
[일]=チーム (chīmu) [치무]. [중]=团队 (tuánduì) [투안두이].

파. 파 부

弘益홍익(널리 이로울) 광고란

신백훈 정익학당 추천 애국민 필독서
[제주4.3사건 문과 답] 김영중 저, 신백훈 편저

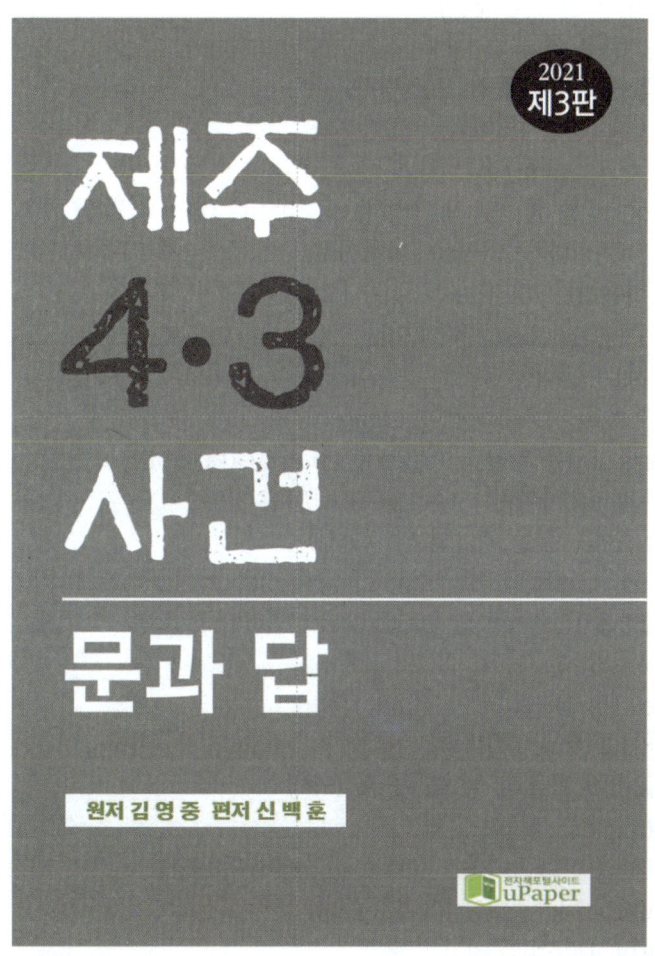

♣♣♣

•파 식물. (명사) : [영]=green onion [그린 어니언], leek [리크].
[일]=ねぎ (negi) [네기]. [중]=葱 (cōng) [총].

•파괴하다 破壞- 깨뜨릴 파, 무너질 괴. (동사) :
[영]=destroy (dɪˈstrɔɪ) [디스트로이].
[일]=破壊する (はかいする, hakai suru) [하카이 스루].
[중]=破坏 (pòhuài) [포화이].

•파다 (동사) : [영]=dig (dɪɡ) [디그].
[일]=掘る (ほる, horu) [호루]. [중]=挖 (wā) [와].

•파도 波濤 물결 파, 물결 도. (명사) :
[영]=wave (weɪv) [웨이브].
[일]=波 (なみ, nami) [나미]. [중]=波浪 (bōlàng) [보랑].

•파란색 -色 푸를 파, 빛 색. (명사) : [영]=blue (bluː) [블루].
[일]=青色 (あおいろ, aoiro) [아오이로]. [중]=蓝色 (lánsè) [란써].

•파랗다 (형용사) : [영]=blue (bluː) [블루].
[일]=青い (あおい, aoi) [아오이]. [중]=蓝 (lán) [란].

•파리 (명사) : [영]=fly (flaɪ) [플라이]. [일]=ハエ (hae) [하에].
[중]=苍蝇 (cāngying) [창잉].

•파리 Paris. (고유명사) : [영]=Paris (ˈpærɪs) [패리스].
[일]=パリ (pari) [파리]. [중]=巴黎 (Bālí) [발리].

•파악하다 把握- 잡을 파, 쥘 악. (동사) :
[영]=grasp (ɡræsp) [그래스프], understand (ˌʌndərˈstænd) [언더스탠드].
[일]=把握する (はあくする, haaku suru) [하아쿠 스루].
[중]=把握 (bǎwò) [바워].

•파일 file. (명사) : [영]=file (faɪl) [파일].
[일]=ファイル (fairu) [파일]. [중]=文件 (wénjiàn) [원지앤].

•파출소 派出所 보낼 파, 날 출, 곳 소 (명사) :
[영]=police box [폴리스 박스].
[일]=派出所 (はしゅつじょ, hashutsujo) [하슈츠죠].
[중]=派出所 (pàichūsuǒ) [파이추쑤어].

•파티 party. (명사) :
[영]=party (ˈpɑːrti) [파티].
[일]=パーティー (pātī) [파티]. [중]=派对 (pàiduì) [파이뚜이].

- 판 ~이 벌어지다. (명사) :
  - 영=scene (siːn) [신], situation (ˌsɪtʃuˈeɪʃn) [시츄에이션].
  - 일=場面 (ばめん, bamen) [바멘]. 중=场面 (chǎngmiàn) [창미앤].
- 판 마지막 ~. (의존명사) :
  - 영=round (raʊnd) [라운드], match (mætʃ) [매치].
  - 일=局 (きょく, kyoku) [쿄쿠]. 중=局 (jú) [쥐].
- 판 板 널빤지 판. (명사) : 영=board (bɔːrd) [보드].
  - 일=板 (いた, ita) [이타]. 중=板 (bǎn) [반].
- 판 版 판본 판. (명사) : 영=edition (ɪˈdɪʃn) [이디션].
  - 일=版 (はん, han) [한]. 중=版 (bǎn) [반].
- 판결 判決 판단할 판, 결단할 결. (명사) :
  - 영=judgment (ˈdʒʌdʒmənt) [저지먼트], decision (dɪˈsɪʒn) [디시전].
  - 일=判決 (はんけつ, hanketsu) [한케츠]. 중=判决 (pànjué) [판줴].
- 판단 判斷 판단할 판, 끊을 단. (명사) :
  - 영=judgment (ˈdʒʌdʒmənt) [저지먼트], decision (dɪˈsɪʒn) [디시전].
  - 일=判断 (はんだん, handan) [한다운]. 중=判断 (pànduàn) [판두안].
- 판단하다 判斷- (동사) :
  - 영=judge (dʒʌdʒ) [저지], decide (dɪˈsaɪd) [디사이드].
  - 일=判断する (はんだんする, handan suru) [한나 스루].
  - 중=判断 (pànduàn) [판두안].
- 판매 販賣 팔 판, 팔 매. (명사) : 영=sale (seɪl) [세일].
  - 일=販売 (はんばい, hanbai) [한바이]. 중=贩卖 (fànmài) [판마이].
- 판매되다 販賣- (동사) : 영=be sold (biː soʊld) [비 솔드].
  - 일=販売される (はんばいされる, hanbai sareru) [한바이 사레루].
  - 중=出售 (chūshòu) [추쇼우].
- 판매하다 販賣- (동사) : 영=sell (sel) [셀].
  - 일=販売する (はんばいする, hanbai suru) [한바이 스루].
  - 중=贩卖 (fànmài) [판마이].
- 판사 判事 판단할 판, 일 사. (명사) :
  - 영=judge (dʒʌdʒ) [저지].
  - 일=判事 (はんじ, hanji) [한지]. 중=法官 (fǎguān) [파관].
- 팔 신체의 일부. (명사) : 영=arm (ɑːrm) [암].
  - 일=腕 (うで, ude) [우데]. 중=胳膊 (gēbo) [거보].

- 팔 八 여덟 팔. (수사) : 영=eight (eɪt) [에잇].
  일=八 (はち, hachi) [하치]. 중=八 (bā) [빠].
- 팔다 (동사) : 영=sell (sel) [셸].
  일=売る (うる, uru) [우루]. 중=卖 (mài) [마이].
- 팔리다 (동사) : 영=be sold (biː soʊld) [비 솔드].
  일=売れる (うれる, ureru) [우레루]. 중=卖掉 (màidiào) [마이띠아오].
- 팔십 八十 여덟 팔, 열 십. (수사) : 영=eighty ('eɪti) [에이티].
  일=八十 (はちじゅう, hachijū) [하치쥬]. 중=八十 (bāshí) [빠스].
- 팔월 八月 여덟 팔, 달 월. (명사) : 영=August ('ɔːgəst) [오거스트].
  일=八月 (はちがつ, hachigatsu) [하치가츠].
  중=八月 (bāyuè) [빠위에].
- 팝송 pop song. (명사) : 영=pop song (pɑːp sɔːŋ) [팝 송].
  일=ポップソング (poppu songu) [폽푸 송구].
  중=流行歌曲 (liúxíng gēqǔ) [리우싱 거취].
- 패션 fashion. (명사) : 영=fashion ('fæʃn) [패션].
  일=ファッション (fasshon) [팟숀]. 중=时尚 (shíshàng) [스샹].
- 팩 pack. (명사) : 영=pack (pæk) [팩].
  일=パック (pakku) [팍쿠]. 중=包 (bāo) [빠오].
- 팩스 fax. (명사) : 영=fax (fæks) [팩스].
  일=ファックス (fakkusu) [팍쿠스]. 중=传真 (chuánzhēn) [촨전].
- 팩시밀리 facsimile. (명사) : 영=facsimile (fæk'sɪməli) [팩시멀리].
  일=ファクシミリ (fakushimiri) [파쿠시미리].
  중=传真机 (chuánzhēnjī) [촨전지].
- 팬 pan. (명사) : 영=pan (pæn) [팬].
  일=フライパン (furaipan) [후라이판]. 중=平底锅 (píngdǐguō) [핑디궈].
- 팬 애호가. (명사) : 영=fan (fæn) [팬].
  일=ファン (fan) [환]. 중=粉丝 (fěnsī) [펀쓰].
- 팬티 panties. (명사) : 영=panties ('pæntiz) [팬티즈].
  일=パンティー (pantī) [판티]. 중=内裤 (nèikù) [네이쿠].
- 퍼센트 percent. (의존명사) : 영=percent (pər'sent) [퍼센트].
  일=パーセント (pāsento) [파센토]. 중=百分之 (bǎifēnzhī) [바이펀즈].
- 퍼지다 (동사) : 영=spread (spred) [스프레드].
  일=広がる (ひろがる, hirogaru) [히로가루]. 중=扩散 (kuòsàn) [쿠어싼].

- 퍽 ~ 궁금하다. (부사) :
  영=very ('veri) [베리], quite (kwaɪt) [콰이트].
  일=ずいぶん (zuibun) [즈이분].　중=很 (hěn) [헌].
- 페인트 paint. (명사) : 영=paint (peɪnt) [페인트].
  일=ペンキ (penki) [펜키]. 중=油漆 (yóuqī) [여우치].
- 펴내다 (동사) : 영=publish ('pʌblɪʃ) [퍼블리쉬].
  일=出版する (しゅっぱんする, shuppan suru) [슙판 스루].
  중=出版 (chūbǎn) [추반].
- 펴다 (동사) : 영=open ('oʊpən) [오픈], unfold (ʌn'foʊld) [언폴드].
  일=開く (ひらく, hiraku) [히라쿠]. 중=打开 (dǎkāi) [다카이].
- 편 기차 ~. (의존명사) :
  영=service ('sɜːrvɪs) [서비스], flight (flaɪt) [플라이트].
  일=便 (びん, bin) [빈]. 중=班 (bān) [반].
- 편 바람이 부는 ~. (의존명사) : 영=side (saɪd) [사이드].
  일=方 (ほう, hō) [호]. 중=方 (fāng) [팡].
- 편 篇 책 편. (의존명사) : 영=piece (piːs) [피스].
  일=篇 (へん, hen) [헨]. 중=篇 (piān) [피앤].
- 편견 偏見 치우칠 편, 볼 견. (명사) :
  영=prejudice ('predʒudɪs) [프레쥬디스], bias ('baɪəs) [바이어스].
  일=偏見 (へんけん, henken) [헨켄]. 중=偏见 (piānjiàn) [피앤지앤].
- 편리하다 便利- 편할 편, 이로울 리. (형용사) :
  영=convenient (kən'viːnjənt) [컨비니언트].
  일=便利だ (べんりだ, benri da) [벤리다]. 중=便利 (biànlì) [비앤리].
- 편안하다 便安- 편할 편, 편안 안. (형용사) :
  영=comfortable ('kʌmftəbl) [컴프터블].
  일=安らかだ (やすらかだ, yasuraka da) [야스라카다].
  중=舒适 (shūshi) [슈스].
- 편의 便宜 편할 편, 마땅 의. (명사) :
  영=convenience (kən'viːniəns) [컨비니언스].
  일=便宜 (べんぎ, bengi) [벤기]. 중=便利 (biànlì) [비앤리].
- 편의점 便宜店 편할 편, 마땅 의, 가게 점. (명사) :
  영=convenience store (kən'viːniəns stɔːr) [컨비니언스 스토어].
  일=コンビニ (konbini) [콘비니]. 중=便利店 (biànlìdiàn) [비앤리뗀].

•편지 便紙 편할 편, 종이 지. (명사) : [영]=letter ('letər) [레터].
[일]=手紙 (てがみ, tegami) [테가미]. [중]=信 (xìn) [씬].
•편하다 便- 편할 편. (형용사) : [영]=convenient (kən'viːnjənt) [컨비니언트], comfortable ('kʌmftəbl) [컴프터블].
[일]=楽だ (らくだ, rakuda) [라쿠다]. [중]=方便 (fāngbiàn) [팡비앤].
•편히 便- 편할 편. (부사) : [영]=comfortably ('kʌmftəbli) [컴프터블리].
[일]=楽に (らくに, raku ni) [라쿠니]. [중]=舒服地 (shūfu de) [슈푸더].
•펼쳐지다 (동사) :
[영]=spread (spred) [스프레드], unfold (ʌn'foʊld) [언폴드].
[일]=広がる (ひろがる, hirogaru) [히로가루].
[중]=展开 (zhǎnkāi) [잔카이].
•평 坪 평 평. (의존명사) : [영]=pyeong (unit of area) (pjʌŋ) [평].
[일]=坪 (つぼ, tsubo) [츠보]. [중]=坪 (píng) [핑].
•평 評 평할 평. (명사) : [영]=review (rɪ'vjuː) [리뷰].
[일]=評 (ひょう, hyō) [효]. [중]=评价 (píngjià) [핑지아].
•평가 評價 평할 평, 값 가. (명사) :
[영]=evaluation (ɪˌvælju'eɪʃn) [이밸류에이션].
[일]=評価 (ひょうか, hyōka) [효카]. [중]=评价 (píngjià) [핑지아].
•평가되다 評價- 평할 평, 값 가. (동사) :
[영]=be evaluated (ɪ'væljueɪtɪd) [이밸류에이티드].
[일]=評価される (ひょうかされる, hyōka sareru) [효카사레루].
[중]=被评价 (bèi píngjià) [베이 핑지아].
•평가하다 評價- 평할 평, 값 가. (동사) :
[영]=evaluate (ɪ'væljueɪt) [이밸류에이트].
[일]=評価する (ひょうかする, hyōka suru) [효카스루].
[중]=评价 (píngjià) [핑지아].
•평균 平均 평평할 평, 고를 균. (명사) :
[영]=average ('ævərɪdʒ) [애버리지].
[일]=平均 (へいきん, heikin) [헤이킨]. [중]=平均 (píngjūn) [핑쥔].
•평범하다 平凡- 평평할 평, 무릇 범. (형용사) :
[영]=ordinary ('ɔːrdneri) [오디너리].
[일]=平凡だ (へいぼんだ, heibon da) [헤이본다].
[중]=平凡 (píngfán) [핑판].

- 평상시 平常時 평평할 평, 항상 상, 때 시. (명사) :
  영=usually ('juːʒuəli) [유쥬얼리], ordinary times.
  일=平常時 (へいじょうじ, heijōji) [헤이죠지]. 중=平时 (píngshí) [핑스].
- 평생 平生 평평할 평, 날 생. (명사) :
  영=lifetime ('laɪftaɪm) [라이프타임].
  일=一生 (いっしょう, isshō) [잇쇼]. 중=一生 (yìshēng) [이셩].
- 평소 平素 평평할 평, 본디 소. (명사) : 영=usual ('juːʒuəl) [유쥬얼].
  일=普段 (ふだん, fudan) [후단]. 중=平常 (píngcháng) [핑챵].
- 평양 平壤 평평할 평, 흙 양. (고유명사) :
  영=Pyongyang (ˌpjʌŋˈjæŋ) [평양].
  일=平壤 (ピョンヤン, pyonyan) [편양]. 중=平壤 (Píng rǎng) [핑랑].
- 평일 平日 평평할 평, 날 일. (명사) : 영=weekday ('wiːkdeɪ) [위크데이].
  일=平日 (へいじつ, heijitsu) [헤이지츠]. 중=平日 (píngrì) [핑르].
- 평화 平和 평평할 평, 화할 화. (명사) : 영=peace (piːs) [피스].
  일=平和 (へいわ, heiwa) [헤이와]. 중=和平 (hépíng) [허핑].
- 평화롭다 平和- 평평할 평, 화할 화. (형용사) :
  영=peaceful ('piːsfl) [피스풀].
  일=平和だ (へいわだ, heiwa da) [헤이와다].
  중=和平的 (hépíng de) [허핑더].
- 폐지 廢止 폐할 폐, 그칠 지. (명사) :
  영=abolition (ˌæbəˈlɪʃn) [애벌리션].
  일=廃止 (はいし, haishi) [하이시]. 중=废止 (fèizhǐ) [페이즈].
- 포근하다 (형용사) : 영=warm (wɔːrm) [웜], cozy ('koʊzi) [코지].
  일=暖かい (あたたかい, atatakai) [아타타카이].
  중=温暖 (wēnnuǎn) [원누안].
- 포기하다 抛棄- 던질 포, 버릴 기. (동사) :
  영=give up (ɡɪv ʌp) [기브업], abandon (əˈbændən) [어밴던].
  일=放棄する (ほうきする, hōki suru) [호키스루].
  중=放弃 (fàngqì) [팡치].
- 포도 葡萄 포도 포, 포도 도. (명사) : 영=grape (ɡreɪp) [그레이프].
  일=葡萄 (ぶどう, budō) [부도]. 중=葡萄 (pútáo) [푸타오].
- 포도주 葡萄酒 포도 포, 포도 도, 술 주. (명사) : 영=wine (waɪn) [와인].
  일=ワイン (wain) [와인]. 중=葡萄酒 (pútáojiǔ) [푸타오지우].

- 포스터 poster (명사) : ㉠=poster ('poʊstər) [포스터].
  ㉡=ポスター (posutā) [포스타]. ㉢=海报 (hǎibào) [하이바오].
- 포인트 point (명사) : ㉠=point (pɔɪnt) [포인트].
  ㉡=ポイント (pointo) [포인토]. ㉢=要点 (yàodiǎn) [야오뎬].
- 포장 包裝 쌀 포, 꾸밀 장. (명사) : ㉠=packaging ('pækɪdʒɪŋ) [패키징].
  ㉡=包装 (ほうそう, hōsō) [호소]. ㉢=包装 (bāozhuāng) [바오좡].
- 포장마차 布帳馬車 베 포, 장막 장, 말 마, 수레 차. (명사) :
  ㉠=food cart (fuːd kɑːrt) [푸드 카트], street food stall.
  ㉡=屋台 (やたい, yatai) [야타이]. ㉢=路边摊 (lùbiāntān) [루비앤탄].
- 포크 fork (명사) : ㉠=fork (fɔːrk) [포크].
  ㉡=フォーク (fōku) [포쿠]. ㉢=叉子 (chāzi) [차즈].
- 포함 包含 쌀 포, 머금을 함. (명사) : ㉠=inclusion (ɪnˈkluːʒn) [인클루전].
  ㉡=包含 (ほうがん, hōgan) [호간]. ㉢=包含 (bāohán) [바오한].
- 포함되다 包含- 쌀 포, 머금을 함. (동사) :
  ㉠=be included (ɪnˈkluːdɪd) [인클루디드].
  ㉡=含まれる (ふくまれる, fukumareru) [후쿠마레루].
  ㉢=包括在内 (bāokuò zàinèi) [바오쿠오 짜이네이].
- 포함하다 包含- 쌀 포, 머금을 함. (동사) : ㉠=include (ɪnˈkluːd) [인클루드].
  ㉡=含む (ふくむ, fukumu) [후쿠무]. ㉢=包括 (bāokuò) [바오쿠오].
- 폭 幅 폭 폭. (명사) : ㉠=width (wɪdθ) [위드스].
  ㉡=幅 (はば, haba) [하바]. ㉢=幅度 (fúdù) [푸두].
- 폭넓다 幅- 폭 폭, 넓을 넓. (형용사) :
  ㉠=wide (waɪd) [와이드], extensive (ɪkˈstensɪv) [익스텐시브].
  ㉡=幅広い (はばひろい, habahiroi) [하바히로이].
  ㉢=宽广 (kuānguǎng) [콴광].
- 폭력 暴力 사나울 폭, 힘 력. (명사) : ㉠=violence (ˈvaɪələns) [바이얼런스].
  ㉡=暴力 (ぼうりょく, bōryoku) [보료쿠]. ㉢=暴力 (bàolì) [빠오리].
- 표 表 겉 표. (명사) : ㉠=table (teɪbl) [테이블], chart (tʃɑːrt) [차트].
  ㉡=表 (ひょう, hyō) [효]. ㉢=表 (biǎo) [뱌오].
- 표 票 표 표. (명사) : ㉠=ticket (ˈtɪkɪt) [티킷].
  ㉡=票 (ひょう, hyō) [효]. ㉢=票 (piào) [퍄오].
- 표면 表面 겉 표, 낯 면. (명사) : ㉠=surface (ˈsɜːrfɪs) [서피스].
  ㉡=表面 (ひょうめん, hyōmen) [효멘]. ㉢=表面 (biǎomiàn) [뱌오미앤].

- 표시 表示 겉 표, 보일 시. (명사) :
  영=indication (ˌɪndɪˈkeɪʃn) [인디케이션].
  일=表示 (ひょうじ, hyōji) [효지]. 중=表示 (biǎoshi) [뱌오스].
- 표시하다 表示- 겉 표, 보일 시. (동사) :
  영=indicate (ˈɪndɪkeɪt) [인디케이트].
  일=表示する (ひょうじする, hyōji suru) [효지스루].
  중=表示 (biǎoshi) [뱌오스].
- 표정 表情 겉 표, 뜻 정. (명사) : 영=expression (ɪkˈspreʃn) [익스프레션].
  일=表情 (ひょうじょう, hyōjō) [효죠]. 중=表情 (biǎoqíng) [뱌오칭].
- 표준 標準 표할 표, 법도 준. (명사) : 영=standard (ˈstændərd) [스탠더드].
  일=標準 (ひょうじゅん, hyōjun) [효준]. 중=标准 (biāozhǔn) [뱌오준].
- 표현 表現 겉 표, 나타날 현. (명사) :
  영=expression (ɪkˈspreʃn) [익스프레션].
  일=表現 (ひょうげん, hyōgen) [효겐].
  중=表现 (biǎoxiàn) [뱌오시앤].
- 표현되다 表現- 겉 표, 나타날 현. (동사) :
  영=be expressed (ɪkˈsprest) [익스프레스트].
  일=表現される (ひょうげんされる, hyōgen sareru) [효겐사레루].
  중=被表现 (bèi biǎoxiàn) [베이 뱌오시앤].
- 표현하다 表現- 겉 표, 나타날 현. (동사) :
  영=express (ɪkˈspres) [익스프레스].
  일=表現する (ひょうげんする, hyōgen suru) [효겐스루].
  중=表现 (biǎoxiàn) [뱌오시앤].
- 푸다 (동사) : 영=scoop (skuːp) [스쿱].
  일=汲む (くむ, kumu) [쿠무]. 중=舀 (yǎo) [야오].
- 푸르다 (형용사) : 영=blue (bluː) [블루], green (griːn) [그린].
  일=青い (あおい, aoi) [아오이]. 중=青 (qīng) [칭].
- 푹 (부사) : 영=deeply (ˈdiːpli) [딥리], soundly (ˈsaʊndli) [사운들리].
  일=ぐっすり (gussuri) [굿스리]. 중=熟睡地 (shúshuì de) [수쉐이더].
- 풀 (명사) ~을 바르다 : 영=glue (gluː) [글루], paste (peɪst) [페이스트].
  일=のり (nori) [노리]. 중=胶水 (jiāoshuǐ) [지아오슈이].
- 풀 (명사) ~을 베다 : 영=grass (græs) [그래스].
  일=草 (くさ, kusa) [쿠사]. 중=草 (cǎo) [차오].

- 풀다 (동사) : 영=untie (ʌnˈtaɪ) [언타이], solve (sɑːlv) [살브].
  일=解く (とく, toku) [토쿠]. 중=解开 (jiěkāi) [지에카이].
- 풀리다 (동사) : 영=come untied, get solved.
  일=解ける (とける, tokeru) [토케루]. 중=解开 (jiěkāi) [지에카이].
- 풀어지다 (동사) : 영=loosen (ˈluːsn) [루슨].
  일=緩む (ゆるむ, yurumu) [유루무]. 중=松开 (sōngkāi) [송카이].
- 품 (명사) 옷이 ~이 크다 : 영=bust (bʌst) [버스트], chest area.
  일=身幅 (みはば, mihaba) [미하바].
  중=衣服胸围 (yīfú xiōngwéi) [이푸숑웨이].
- 품다 (동사) 가슴에 ~ :
  영=hold (hoʊld) [홀드], harbor (ˈhɑːrbər) [하버].
  일=抱く (いだく, idaku) [이다쿠]. 중=怀有 (huáiyǒu) [화이요우].
- 품목 品目 물건 품, 눈 목. (명사) :
  영=item (ˈaɪtəm) [아이템], goods (gʊdz) [굿즈].
  일=品目 (ひんもく, hinmoku) [힌모쿠]. 중=品目 (pǐnmù) [핀무].
- 품질 品質 물건 품, 바탕 질. (명사) : 영=quality (ˈkwɑːləti) [퀄러티].
  일=品質 (ひんしつ, hinshitsu) [힌시츠]. 중=品质 (pǐnzhì) [핀즈].
- 풍경 風景 바람 풍, 볕 경. (명사) : 영=scenery (ˈsiːnəri) [시너리].
  일=風景 (ふうけい, fūkei) [후케이]. 중=风景 (fēngjǐng) [펑징].
- 풍부하다 豊富- 풍년 풍, 부유할 부. (형용사) :
  영=abundant (əˈbʌndənt) [어번던트].
  일=豊富だ (ほうふだ, hōfu da) [호후다]. 중=丰富 (fēngfù) [펑푸].
- 풍속 風俗 바람 풍, 풍속 속. (명사) :
  영=customs (ˈkʌstəmz) [커스텀즈].
  일=風俗 (ふうぞく, fūzoku) [후조쿠]. 중=风俗 (fēngsú) [펑수].
- 풍습 風習 바람 풍, 익힐 습. (명사) : 영=custom (ˈkʌstəm) [커스텀].
  일=風習 (ふうしゅう, fūshū) [후슈]. 중=风习 (fēngxí) [펑시].
- 프랑스 (고) France : 영=France (fræns) [프랜스].
  일=フランス (Furansu) [후란스]. 중=法国 (Fǎguó) [파궈].
- 프로 (명사) professional : 영=professional (prəˈfeʃənl) [프로페셔널].
  일=プロ (puro) [푸로]. 중=专业人士 (zhuānyè rénshi) [좐예런스].
- 프로 (명사) program : 영=program (ˈproʊɡræm) [프로그램].
  일=プログラム (puroguramu) [푸로구라무]. 중=程序 (chéngxù) [청쉬].

•프로그램 (명사) program : [영]=program (ˈproʊgræm) [프로그램].
[일]=プログラム (puroguramu) [푸로구라무]. [중]=程序 (chéngxù) [청쉬].
•프린터 (명사) printer : [영]=printer (ˈprɪntər) [프린터].
[일]=プリンター (purintā) [푸린타]. [중]=打印机 (dǎyìnjī) [다인지].
•플라스틱 (명사) plastic : [영]=plastic (ˈplæstɪk) [플래스틱].
[일]=プラスチック (purasuchikku) [푸라스칫쿠].
[중]=塑料 (sùliào) [수랴오].
•피 (명사) ~를 흘리다 : [영]=blood (blʌd) [블러드].
[일]=血 (ち, chi) [치]. [중]=血 (xuè) [쉐].
•피곤 疲困 피곤할 피, 곤할 곤. (명사) : [영]=fatigue (fəˈtiːg) [퍼티그].
[일]=疲れ (つかれ, tsukare) [츠카레]. [중]=疲困 (píkùn) [피쿤].
•피곤하다 疲困- 피곤할 피, 곤할 곤. (형용사) : [영]=tired (ˈtaɪərd) [타이어드].
[일]=疲れる (つかれる, tsukareru) [츠카레루]. [중]=疲困 (píkùn) [피쿤].
•피다 (동사) 꽃이 ~ : [영]=bloom (bluːm) [블룸].
[일]=咲く (さく, saku) [사쿠]. [중]=开花 (kāihuā) [카이화].
•피디 (명사) PD : [영]=producer (prəˈduːsər) [프로듀서].
[일]=PD (ピーディー, pīdī) [피디]. [중]=制作人 (zhìzuòrén) [즈줘런].
•피로 疲勞 피곤할 피, 힘쓸 로. (명사) : [영]=fatigue (fəˈtiːg) [퍼티그].
[일]=疲労 (ひろう, hirō) [히로]. [중]=疲劳 (píláo) [필라오].
•피로하다 疲勞- 피곤할 피, 힘쓸 로. (형용사) :
[영]=fatigued (fəˈtiːgd) [퍼티그드].
[일]=疲労する (ひろうする, hirō suru) [히로스루].
[중]=疲劳 (píláo) [필라오].
•피망 (명사) piment : [영]=bell pepper (bel ˈpepər) [벨페퍼].
[일]=ピーマン (pīman) [피만]. [중]=青椒 (qīngjiāo) [칭자오].
•피부 皮膚 가죽 피, 살갗 부. (명사) : [영]=skin (skɪn) [스킨].
[일]=皮膚 (ひふ, hifu) [히후]. [중]=皮肤 (pífū) [피푸].
•피시 (명사) PC : [영]=PC (ˌpiː ˈsiː) [피씨].
[일]=パソコン (pasokon) [파소콘]. [중]=电脑 (diànnǎo) [덴나오].
•피아노 (명사) piano : [영]=piano (piˈænoʊ) [피애노].
[일]=ピアノ (piano) [피아노]. [중]=钢琴 (gāngqín) [강친].
•피우다 (동사) : [영]=smoke (smoʊk) [스모크].
[일]=吸う (すう, suu) [스우]. [중]=抽 (chōu) [초우].

- 피자 (명사) pizza :
  - 영=pizza ('piːtsə) [피자].
  - 일=ピザ (piza) [피자]. 중=比萨 (bǐsà) [비싸].
- 피하다 避- 피할 피. (동사) : 영=avoid (ə'vɔɪd) [어보이드].
  - 일=避ける (さける, sakeru) [사케루]. 중=避开 (bìkāi) [비카이].
- 피해 被害 입을 피, 해할 해. (명사) :
  - 영=damage ('dæmɪdʒ) [대미지].
  - 일=被害 (ひがい, higai) [히가이]. 중=被害 (bèihài) [베이하이].
- 피해자 被害者 입을 피, 해할 해 놈 자. (명사) : 영=victim ('vɪktɪm) [빅팀].
  - 일=被害者 (ひがいしゃ, higaisha) [히가이샤].
  - 중=受害者 (shòuhàizhě) [쇼하이저].
- 필름 (명사) film : 영=film (fɪlm) [필름].
  - 일=フィルム (firumu) [피루무].
  - 중=胶片 (jiāopiàn) [쟈오피엔].
- 필수 必須 반드시 필, 모름지기 수. (명사) :
  - 영=necessity (nə'sesəti) [너세서티].
  - 일=必須 (ひっす, hissu) [힛스]. 중=必须 (bìxū) [비쉬].
- 필수적 必須的 반드시 필, 모름지기 수, 과녁 적. (명사) :
  - 영=essential (ɪ'senʃl) [이센셜].
  - 일=必須的 (ひっすてき, hissuteki) [힛스테키].
  - 중=必须的 (bìxū de) [비쉬더].
- 필연적 必然的 반드시 필, 그럴 연, 과녁 적. (명사) :
  - 영=inevitable (ɪn'evɪtəbl) [이네비터블].
  - 일=必然的 (ひつぜんてき, hitsuzenteki) [히츠젠테키].
  - 중=必然的 (bìrán de) [비란더].
- 필요 必要 반드시 필, 요긴할 요. (명사) :
  - 영=need (niːd) [니드].
  - 일=必要 (ひつよう, hitsuyō) [히츠요].
  - 중=需要 (xūyào) [쉬야오].
- 필요성 必要性 반드시 필, 요긴할 요, 성품 성. (명사) :
  - 영=necessity (nə'sesəti) [너세서티].
  - 일=必要性 (ひつようせい, hitsuyōsei) [히츠요세이].
  - 중=必要性 (bìyàoxìng) [비야오싱].

- 필요하다 必要- 반드시 필, 요긴할 요. (형용사) :
    영=necessary ('nesəseri) [네서세리].
    일=必要だ (ひつようだ, hitsuyō da) [히츠요다].
    중=必要 (bìyào) [비야오].
- 필자 筆者 붓 필, 놈 자. (명사) :
    영=author ('ɔːθər) [오서].
    일=筆者 (ひっしゃ, hissha) [힛샤]. 중=作者 (zuòzhě) [쭈오저].
- 필통 筆筒 붓 필, 통 통. (명사) :
    영=pencil case ('pensl keɪs) [펜슬 케이스].
    일=筆箱 (ふでばこ, fudebako) [후데바코].
    중=笔筒 (bǐtǒng) [비통].
- 핑계 (명사) :
    영=excuse (ɪk'skjuːs) [익스큐스].
    일=言い訳 (いいわけ, iiwake) [이이와케].
    중=借口 (jièkǒu) [지에커우].

하. 하 부

弘益홍익(널리 이로울) 광고란
신백훈 정익학당 추천 애국민 필독서
[호학자 에릭호퍼] 신백훈 편저

♣♣♣
- 하 下 아래 하. (명사) : 영=below (bɪ'loʊ) [빌로우].
  일=下 (した, shita) [시타]. 중=下 (xià) [샤].
- 하긴 (부사) : 영=indeed (ɪn'diːd) [인디드].
  일=確かに (たしかに, tashika ni) [타시카니].
  중=确实 (quèshí) [취에스].
- 하나 (명사) : 영=one (wʌn) [원].
  일=一つ (ひとつ, hitotsu) [히토츠]. 중=一 (yī) [이].
- 하나 (수사) : 영=one (wʌn) [원].
  일=一つ (ひとつ, hitotsu) [히토츠]. 중=一 (yī) [이].
- 하나님 (명사) : 영=God (gɑːd) [갓].
  일=神様 (かみさま, kamisama) [카미사마]. 중=上帝 (shàngdì) [샹디].
- 하나하나 (명사) : 영=each one (iːtʃ wʌn) [이치 원].
  일=一つ一つ (ひとつひとつ, hitotsu hitotsu) [히토츠 히토츠].
  중=一个一个 (yīge yīge) [이거 이거].
- 하나하나 (부사) : 영=one by one (wʌn baɪ wʌn) [원 바이 원].
  일=一つずつ (ひとつずつ, hitotsu zutsu) [히토츠즈츠].
  중=一个一个地 (yīge yīge de) [이거 이거 데].
- 하느님 (명사) : 영=God (gɑːd) [갓].
  일=神 (かみ, kami) [카미]. 중=天主 (tiānzhǔ) [티앤주].
- 하늘 (명사) : 영=sky (skaɪ) [스카이].
  일=空 (そら, sora) [소라]. 중=天空 (tiānkōng) [티앤콩].
- 하다 (동사) : 영=do (duː) [두].
  일=する (suru) [스루]. 중=做 (zuò) [쭈오].
- 하다 (보조 동사) : 영=do (duː) [두].
  일=する (suru) [스루]. 중=做 (zuò) [쭈오].
- 하도 (부사) : 영=so much (soʊ mʌtʃ) [소 머치].
  일=あまりにも (amari ni mo) [아마리 니 모]. 중=太 (tài) [타이].
- 하드웨어 (명사) hardware : 영=hardware ('hɑːrdwer) [하드웨어].
  일=ハードウェア (hādowea) [하도웨어]. 중=硬件 (yìngjiàn) [잉젠].
- 하루 (명사) :
  영=one day (wʌn deɪ) [원 데이].
  일=一日 (いちにち, ichinichi) [이치니치]. 중=一天 (yītiān) [이티앤].

- 하룻밤 (명사) : ⓔ=one night (wʌn naɪt) [원 나이트].
  ⓙ=一晩 (ひとばん, hitoban) [히토반]. ⓒ=一晚 (yī wǎn) [이완].
- 하반기 下半期 아래 하, 반 반, 기약할 기. (명사) :
  ⓔ=second half ('sekənd hæf) [세컨드 해프].
  ⓙ=下半期 (しもはんき, shimohanki) [시모한키].
  ⓒ=下半年 (xiàbànnián) [샤반니엔].
- 하숙집 下宿- 아래 하, 잘 숙. (명사) :
  ⓔ=boarding house ('bɔːrdɪŋ haʊs) [보딩 하우스].
  ⓙ=下宿屋 (げしゅくや, geshukuya) [게슈쿠야].
  ⓒ=寄宿处 (jìsùchù) [지수추].
- 하순 下旬 아래 하, 열흘 순. (명사) :
  ⓔ=last ten days (of the month) (læst ten deɪz) [라스트 텐 데이즈].
  ⓙ=下旬 (げじゅん, gejun) [게준]. ⓒ=下旬 (xiàxún) [샤쉰].
- 하얀색 -色 빛 색. (명사) : ⓔ=white color (waɪt 'kʌlər) [화이트 컬러].
  ⓙ=白色 (しろいろ, shiroiro) [시로이로]. ⓒ=白色 (báisè) [바이써].
- 하얗다 (형용사) : ⓔ=white (waɪt) [화이트].
  ⓙ=白い (しろい, shiroi) [시로이]. ⓒ=白 (bái) [바이].
- 하여튼 何如- 어찌 하, 같을 여. (부사) : ⓔ=anyway ('eniweɪ) [애니웨이].
  ⓙ=とにかく (tonikaku) [토니카쿠]. ⓒ=反正 (fǎnzhèng) [판정].
- 하지만 (부사) : ⓔ=however (haʊ'evər) [하우에버].
  ⓙ=しかし (shikashi) [시카시]. ⓒ=但是 (dànshi) [딴스].
- 하천 河川 물 하, 내 천. (명사) : ⓔ=river ('rɪvər) [리버].
  ⓙ=河川 (かせん, kasen) [카셴]. ⓒ=河川 (héchuān) [허촨].
- 하품 (명사) : ⓔ=yawn (jɔːn) [욘].
  ⓙ=あくび (akubi) [아쿠비]. ⓒ=哈欠 (hāqian) [하치앤].
- 하필 何必 어찌 하, 반드시 필. (부사) :
  ⓔ=why (on earth) (waɪ) [와이].
  ⓙ=よりによって (yoriniyotte) [요리니욧테]. ⓒ=何必 (hébì) [허비].
- 하하 (부사) : ⓔ=ha ha (hɑːhɑː) [하하].
  ⓙ=はは (haha) [하하]. ⓒ=哈哈 (hāhā) [하하].
- 학과 學科 배울 학, 과정 과. (명사) :
  ⓔ=department (dɪ'pɑːrtmənt) [디파트먼트].
  ⓙ=学科 (がっか, gakka) [갓카]. ⓒ=学科 (xuékē) [쉐커].

•학교 學校 배울 학, 학교 교. (명사) : [영]=school (sku:l) [스쿨].
[일]=学校 (がっこう, gakkō) [갓코]. [중]=学校 (xuéxiào) [쉐샤오].
•학교생활 學校生活 배울 학, 학교 교, 날 생, 살 활. (명사) :
[영]=school life (sku:l laɪf) [스쿨 라이프].
[일]=学校生活 (がっこうせいかつ, gakkō seikatsu) [갓코 세이카츠].
[중]=学校生活 (xuéxiào shēnghuó) [쉐샤오 셩후어].
•학급 學級 배울 학, 등급 급. (명사) : [영]=class (klæs) [클래스].
[일]=学級 (がっきゅう, gakkyū) [갓큐]. [중]=班级 (bānjí) [반지].
•학기 學期 배울 학, 기약할 기. (명사) : [영]=semester (sɪˈmestər) [시메스터].
[일]=学期 (がっき, gakki) [갓키]. [중]=学期 (xuéqī) [쉐치].
•학년 學年 배울 학, 해 년. (명사) :
[영]=school year, grade (sku:l jɪər, ɡreɪd) [스쿨 이어, 그레이드].
[일]=学年 (がくねん, gakunen) [가쿠넨]. [중]=学年 (xuénián) [쉐니앤].
•학력 學歷 배울 학, 지낼 력. (명사) : [영]=academic background
(ˌækəˈdemɪk ˈbækɡraʊnd) [아카데믹 백그라운드].
[일]=学歴 (がくれき, gakureki) [가쿠레키]. [중]=学历 (xuélì) [쉐리].
•학번 學番 배울 학, 차례 번. (명사) :
[영]=student ID number
(ˈstu:dnt aɪˈdi: ˈnʌmbər) [스튜던트 아이디 넘버].
[일]=学籍番号 (がくせきばんごう, gakusekibangō) [가쿠세키반고].
[중]=学号 (xuéhào) [쉐하오].
•학부모 學父母 배울 학, 아버지 부, 어머니 모. (명사) :
[영]=parents of students
(ˈperənts əv ˈstu:dənts) [페어런츠 오브 스튜던츠].
[일]=保護者 (ほごしゃ, hogosha) [호고샤].
[중]=学生家长 (xuéshēng jiāzhǎng) [쉐셩 지아장].
•학비 學費 배울 학, 쓸 비. (명사) :
[영]=tuition (tuˈɪʃn) [튜이션].
[일]=学費 (がくひ, gakuhi) [가쿠히]. [중]=学费 (xuéfèi) [쉐페이].
•학생 學生 배울 학, 날 생. (명사) :
[영]=student (ˈstu:dənt) [스튜던트].
[일]=学生 (がくせい, gakusei) [가쿠세이].
[중]=学生 (xuéshēng) [쉐셩].

- 학생증 學生證 배울 학, 날 생, 증거 증. (명사) :
  영=student ID ('stuːdənt aɪ'diː) [스튜던트 아이디].
  일=学生証 (がくせいしょう, gakuseishō) [가쿠세이쇼].
  중=学生证 (xuéshēngzhèng) [쉐셩정].
- 학술 學術 배울 학, 재주 술. (명사) : 영=scholarship, academic ('skɑːlərʃɪp, ˌækə'demɪk) [스칼러십, 아카데믹].
  일=学術 (がくじゅつ, gakujutsu) [가쿠주츠]. 중=学术 (xuéshù) [쉐슈].
- 학습 學習 배울 학, 익힐 습. (명사) : 영=learning ('lɜːrnɪŋ) [러닝].
  일=学習 (がくしゅう, gakushū) [가쿠슈]. 중=学习 (xuéxí) [쉐시].
- 학용품 學用品 배울 학, 쓸 용, 물품 품. (명사) :
  영=school supplies (skuːl sə'plaɪz) [스쿨 서플라이즈].
  일=学用品 (がくようひん, gakuyōhin) [가쿠요힌].
  중=学习用品 (xuéxí yòngpǐn) [쉐시 용핀].
- 학원 學院 배울 학, 집 원. (명사) :
  영=academy, institute (ə'kædəmi, 'ɪnstɪtuːt) [아카데미, 인스티튜트].
  일=学院 (がくいん, gakuin) [가쿠인]. 중=学院 (xuéyuàn) [쉐위앤].
- 학위 學位 배울 학, 자리 위. (명사) :
  영=academic degree (ˌækə'demɪk dɪ'griː) [아카데믹 디그리].
  일=学位 (がくい, gakui) [가쿠이]. 중=学位 (xuéwèi) [쉐웨이].
- 학자 學者 배울 학, 사람 자. (명사) :
  영=scholar ('skɒlər) [스칼러].
  일=学者 (がくしゃ, gakusha) [가쿠샤]. 중=学者 (xuézhě) [쉐저].
- 학점 學點 배울 학, 점 점. (명사) :
  영=credit, grade ('kredɪt, greɪd) [크레딧, 그레이드].
  일=単位 (たんい, tan'i) [탄이]. 중=学分 (xuéfēn) [쉐펀].
- 한 (관형사) : 영=one (wʌn) [원].
  일=ある (aru) [아루]. 중=某 (mǒu) [모우].
- 한 限 한계 한. (명사) : 영=limit ('lɪmɪt) [리밋].
  일=限り (かぎり, kagiri) [카기리]. 중=限度 (xiàndù) [시앤두].
- 한 恨 한할 한. (명사) :
  영=resentment, grudge (rɪ'zentmənt, grʌdʒ) [리젠트먼트, 그러지].
  일=恨み (うらみ, urami) [우라미].
  중=怨恨 (yuànhèn) [위안헌].

•한가운데 (명사) : ㊀=the very middle (ðə 'veri 'mɪdl) [더 베리 미들].
　㊁=真ん中 (まんなか, mannaka) [만나카].
　㊂=正中央 (zhèngzhōngyāng) [정중양].
•한가하다 閑暇 한가할 한, 틈 가. (형용사) :
　㊀=free, idle (friː, 'aɪdl) [프리, 아이들].
　㊁=暇だ (ひまだ, himada) [히마다]. ㊂=清闲 (qīngxián) [칭시앤].
•한강 漢江 한나라 한, 강 강. (고유명사) :
　㊀=Han River (haːn 'rɪvər) [한 리버].
　㊁=漢江 (かんこう, Kankō) [칸코]. ㊂=汉江 (Hànjiāng) [한지앙].
•한겨울 (명사) : ㊀=midwinter (ˌmɪd'wɪntər) [미드윈터].
　㊁=真冬 (まふゆ, mafuyu) [마후유]. ㊂=隆冬 (lóngdōng) [롱둥].
•한결 (부사) : ㊀=much more (mʌtʃ mɔːr) [머치 모어].
　㊁=いっそう (issō) [잇소우]. ㊂=更加 (gèngjiā) [껑지아].
•한계 限界 한계 한, 지경 계. (명사) :
　㊀=limit, boundary ('lɪmɪt, 'baʊndəri) [리밋, 바운더리].
　㊁=限界 (げんかい, genkai) [겐카이]. ㊂=限界 (xiànjiè) [시앤지에].
•한구석 (명사) : ㊀=corner, nook ('kɔːrnər, nʊk) [코너, 눅].
　㊁=片隅 (かたすみ, katasumi) [카타스미]. ㊂=一角 (yījiǎo) [이자오].
•한국 韓國 나라 한, 나라 국. (고유명사) :
　㊀=Korea (kə'riːə) [코리아].
　㊁=韓国 (かんこく, Kankoku) [칸코쿠]. ㊂=韩国 (Hánguó) [한궈].
•한국말 韓國- 나라 한, 나라 국, 말. (명사) :
　㊀=Korean (language) (kə'riːən) [코리언].
　㊁=韓国語 (かんこくご, kankokugo) [칸코쿠고].
　㊂=韩国话 (Hánguóhuà) [한궈화].
•한국어 韓國語 나라 한, 나라 국, 말 어. (명사) :
　㊀=Korean (language) (kə'riːən) [코리언].
　㊁=韓国語 (かんこくご, kankokugo) [칸코쿠고].
　㊂=韩语 (Hányǔ) [한위].
•한국적 韓國的 나라 한, 나라 국, 과녁 적. (명사) :
　㊀=Korean (style) (kə'riːən) [코리언].
　㊁=韓国的 (かんこくてき, kankokuteki) [칸코쿠테키].
　㊂=韩国的 (Hánguó de) [한궈 더].

•한글 (명사) : [영]=Hangeul, Korean alphabet (ˈhɑːnɡuːl) [한글].
[일]=ハングル (hanguru) [한구루]. [중]=韩字 (Hánzì) [한즈].
•한글날 (명사) : [영]=Hangeul Day (ˈhɑːnɡuːl deɪ) [한글 데이].
[일]=ハングルの日 (hanguru no hi) [한구루 노 히].
[중]=韩文节 (Hánwén jié) [한원 지에].
•한꺼번에 (부사) :
[영]=at once, all at once (æt wʌns) [앳 원스].
[일]=一度に (いちどに, ichido ni) [이치도니].
[중]=一下子 (yīxiàzi) [이샤즈].
•한낮 (명사) :
[영]=midday, noon (ˌmɪdˈdeɪ, nuːn) [미드데이, 눈].
[일]=真昼 (まひる, mahiru) [마히루]. [중]=正午 (zhèngwǔ) [정우].
•한눈 (명사) :
[영]=at a glance; fall for (æt ə ɡlæns; fɔːl fər) [앳 어 글랜스; 폴 포].
[일]=一目 (ひとめ, hitome) [히토메].
[중]=一眼、一见钟情 (yīyǎn, yījiànzhōngqíng) [이옌, 이젠중칭].
•한데 (부사) : [영]=but, however (bʌt, haʊˈevər) [벗, 하우에버].
[일]=ところが (tokoroga) [토코로가]. [중]=可是 (kěshì) [커스].
•한동안 (명사) : [영]=for a while (fər ə waɪl) [퍼 어 와일].
[일]=しばらく (shibaraku) [시바라쿠]. [중]=一阵子 (yīzhènzi) [이젠즈].
•한두 (관형사) : [영]=one or two (wʌn ɔːr tuː) [원 오어 투].
[일]=一、二 (ひとつふたつ, hitotsu futatsu) [히토츠 후타츠].
[중]=一两个 (yīliǎng gè) [이량거].
•한둘 (수사) : [영]=one or two (wʌn ɔːr tuː) [원 오어 투].
[일]=一人や二人 (ひとりやふたり, hitoriya futari) [히토리야 후타리].
[중]=一两个 (yīliǎng gè) [이량거].
•한때 (명사) :
[영]=once, at one time (wʌns, æt wʌn taɪm) [원스, 앳 원 타임].
[일]=一時 (いちじ, ichiji) [이치지]. [중]=一度 (yīdù) [이두].
•한라산 漢拏山 한나라 한, 잡을 라, 뫼 산. (고유명사) :
[영]=Hallasan Mountain (ˈhɑːləsɑːn ˈmaʊntən) [한라산 마운튼].
[일]=漢拏山 (ハルラサン, Harurasan) [하루라산].
[중]=汉拿山 (Hànnáshān) [한나산].

•한마디 (명사) : [영]=one word (wʌn wɜːrd) [원 워드].
[일]=一言 (ひとこと, hitokoto) [히토코토].
[중]=一句话 (yījù huà) [이쥐화].
•한문 漢文 한나라 한, 글월 문. (명사) :
[영]=Classical Chinese (ˈklæsɪkl ˌtʃaɪˈniːz) [클래시컬 차이니즈].
[일]=漢文 (かんぶん, kanbun) [칸분]. [중]=文言文 (wényánwén) [원옌원].
•한반도 韓半島 나라 한, 반 반, 섬 도. (고유명사) :
[영]=Korean Peninsula (kəˈriːən pəˈnɪnsjələ) [코리언 페닌슐라].
[일]=韓半島 (かんはんとう, kanhantō) [칸한토우].
[중]=韩半岛 (Hánbàndǎo) [한반다오].
•한밤중 -中 밤 중. (명사) :
[영]=middle of the night (ˈmɪdl əv ðə naɪt) [미들 어브 더 나이트].
[일]=真夜中 (まよなか, mayonaka) [마요나카]. [중]=深夜 (shēnyè) [선예].
•한번 -番 차례 번. (명사) :
[영]=once, one time (wʌns, wʌn taɪm) [원스, 원 타임].
[일]=一度 (いちど, ichido) [이치도]. [중]=一次 (yīcì) [이츠].
•한복 韓服 나라 한, 옷 복. (명사) :
[영]=Hanbok, Korean traditional clothes (ˈhɑːnbɒk) [한복].
[일]=韓服 (かんふく, kanfuku) [칸후쿠]. [중]=韩服 (Hánfú) [한푸].
•한순간 -瞬間 눈 깜짝일 순, 사이 간. (명사) :
[영]=a moment, instant (ə ˈmoʊmənt, ˈɪnstənt) [어 모먼트, 인스턴트].
[일]=一瞬間 (いっしゅんかん, isshunkan) [잇슌칸].
[중]=一瞬间 (yīshùnjiān) [이슌젠].
•한숨 (명사) : [영]=a sigh, rest (ə saɪ, rest) [어 사이, 레스트].
[일]=ため息 (ためいき, tameiki) [타메이키].
[중]=叹息、一口气 (tànxī, yīkǒuqì) [탄시, 이코우치].
•한식 韓食 나라 한, 먹을 식. (명사) : [영]=Korean food,
Korean cuisine (kəˈriːən fuːd, kwɪˈziːn) [코리언 푸드, 퀴진].
[일]=韓国料理 (かんこくりょうり, kankokuryōri) [칸코쿠료리].
[중]=韩餐 (Háncān) [한찬].
•한여름 (명사) :
[영]=midsummer (ˌmɪdˈsʌmər) [미드서머].
[일]=真夏 (まなつ, manatsu) [마나츠]. [중]=盛夏 (shèngxià) [셩시아].

- 한자 漢字 한나라 한, 글자 자. (명사) :
  - 영=Chinese characters (ˌtʃaɪˈniːz ˈkærɪktərz) [차이니즈 캐릭터즈].
  - 일=漢字 (かんじ, kanji) [칸지]. 중=汉字 (Hànzi) [한쯔].
- 한잔 -盞 잔 잔. (명사) :
  - 영=a drink, a cup (ə drɪŋk, ə kʌp) [어 드링크, 어 컵].
  - 일=一杯 (いっぱい, ippai) [잇빠이]. 중=一杯 (yībēi) [이베이].
- 한잔하다 -盞- 잔 잔. (동사) :
  - 영=to have a drink (tə hæv ə drɪŋk) [투 해브 어 드링크].
  - 일=一杯やる (いっぱいやる, ippai yaru) [잇빠이 야루].
  - 중=喝一杯 (hè yībēi) [허 이베이].
- 한정되다 限定- 한할 한, 정할 정. (동사) :
  - 영=be limited (biː ˈlɪmɪtɪd) [비 리미티드].
  - 일=限定される (げんていされる, gentei sareru) [겐테이 사레루].
  - 중=被限定 (bèi xiàndìng) [베이 셴딩].
- 한정하다 限定- 한할 한, 정할 정. (동사) :
  - 영=to limit (tə ˈlɪmɪt) [투 리미트].
  - 일=限定する (げんていする, gentei suru) [겐테이 스루].
  - 중=限定 (xiàndìng) [셴딩].
- 한쪽 (명사) : 영=one side (wʌn saɪd) [원 사이드].
  - 일=片方 (かたほう, katahō) [카타호].
  - 중=一边 (yībiān) [이볜].
- 한참 (명사) :
  - 영=a good while (ə gʊd waɪl) [어 굿 와일].
  - 일=しばらくの間 (しばらくのあいだ, shibaraku no aida) [시바라쿠 노 아이다].
  - 중=好一阵子 (hǎo yī zhènzi) [하오 이젠즈].
- 한창 (부사) :
  - 영=at the peak (æt ðə piːk) [앳 더 피크].
  - 일=盛んに (さかんに, sakan ni) [사칸니].
  - 중=正当时 (zhèng dāngshí) [정 당스].
- 한층 -層 층 층. (부사) :
  - 영=more, even more (mɔːr, ˈiːvn mɔːr) [모어, 이븐 모어].
  - 일=一層 (いっそう, issō) [잇소우].
  - 중=更加 (gèngjiā) [겅쟈].

- 한편 -便 편할 편. (명사) :
  - 영=one side, one party (wʌn saɪd, wʌn ˈpɑːrti) [원 사이드, 원 파티].
  - 일=一方 (いっぽう, ippō) [잇포].
  - 중=一方、一派 (yīfāng, yīpài) [이팡, 이파이].
- 한편 -便 편할 편. (부사) : 영=meanwhile, on the other hand (ˈmiːnwaɪl, ɑːn ðə ˈʌðər hænd) [민와일, 온 디 아더 핸드].
  - 일=一方 (いっぽう, ippō) [잇포].
  - 중=另一方面 (lìng yī fāngmiàn) [링이팡미옌].
- 한평생 -平生 평평할 평, 날 생. (명사) : 영=lifetime, one's whole life (ˈlaɪftaɪm, wʌnz hoʊl laɪf) [라이프타임, 원즈 홀 라이프].
  - 일=一生 (いっしょう, isshō) [잇쇼]. 중=一辈子 (yībèizi) [이베이즈].
- 한하다 限- 한할 한. (동사) : 영=to limit, be restricted to (tə ˈlɪmɪt, biː rɪˈstrɪktɪd tə) [투 리미트, 비 리스트릭티드 투].
  - 일=限る (かぎる, kagiru) [카기루]. 중=限于 (xiànyú) [셴위].
- 할머니 (명사) : 영=grandmother (ˈɡrænmʌðər) [그랜마더].
  - 일=おばあさん (おばあさん, obāsan) [오바상].
  - 중=奶奶 (nǎinai) [나이나이].
- 할아버지 (명사) : 영=grandfather (ˈɡrænfɑːðər) [그랜파더].
  - 일=おじいさん (おじいさん, ojīsan) [오지상].
  - 중=爷爷 (yéye) [예예].
- 할인 割引 벨 할, 끌 인. (명사) : 영=discount (ˈdɪskaʊnt) [디스카운트].
  - 일=割引 (わりびき, waribiki) [와리비키]. 중=折扣 (zhékòu) [저코우].
- 함께 (부사) : 영=together (təˈɡɛðər) [투게더].
  - 일=一緒に (いっしょに, isshoni) [잇쇼니]. 중=一起 (yīqǐ) [이치].
- 함께하다 (동사) : 영=to do together (tə du təˈɡɛðər) [투 두 투게더].
  - 일=一緒にする (いっしょにする, isshoni suru) [잇쇼니 스루].
  - 중=一起做 (yīqǐ zuò) [이치 쭤].
- 함부로 (부사) : 영=carelessly, recklessly (ˈkɛrləsli, ˈrɛkləsli) [케어리스리, 레클리스리]. 일=むやみに (muyami ni) [무야미니].
  - 중=随便地 (suíbiàn de) [쑤이볜 더].
- 합격 合格 합할 합, 격식 격. (명사) :
  - 영=pass, success (pæs, səkˈsɛs) [패스, 석세스].
  - 일=合格 (ごうかく, gōkaku) [고카쿠]. 중=合格 (hégé) [허거].

•합격하다 合格- 합할 합, 격식 격. (동사) :
[영]=to pass, qualify (tə pæs, ˈkwɑːlɪfaɪ) [투 패스, 퀄리파이].
[일]=合格する (ごうかくする, gōkaku suru) [고카쿠 스루].
[중]=合格 (hégé) [허거].
•합리적 合理的 합할 합, 다스릴 리, 과녁 적. (명사) :
[영]=rational, reasonable (ˈræʃənl, ˈriːznəbl) [래셔널, 리즈너블].
[일]=合理的 (ごうりてき, gōriteki) [고리테키].
[중]=合理的 (hélǐ de) [허리 더].
•합치다 合- 합할 합. (동사) :
[영]=combine, unite (kəmˈbaɪn, juˈnaɪt) [컴바인, 유나이트].
[일]=合わせる (あわせる, awaseru) [아와세루].
[중]=合并 (hébìng) [허빙].
•합하다 合- 합할 합. (동사) : [영]=combine (kəmˈbaɪn) [컴바인].
[일]=合わせる (あわせる, awaseru) [아와세루]. [중]=合并 (hébìng) [허빙].
•항공 航空 배 항, 빌 공. (명사) :
[영]=aviation (ˌeɪviˈeɪʃn) [에이비에이션].
[일]=航空 (こうくう, kōkū) [코쿠]. [중]=航空 (hángkōng) [항콩].
•항공기 航空機 배 항, 빌 공, 틀 기. (명사) :
[영]=aircraft (ˈɛərkræft) [에어크래프트].
[일]=航空機 (こうくうき, kōkūki) [코쿠키]. [중]=飞机 (fēijī) [페이지].
•항구 港口 항구 항, 입 구. (명사) :
[영]=port, harbor (pɔːrt, ˈhɑːrbər) [포트, 하버].
[일]=港 (みなと, minato) [미나토]. [중]=港口 (gǎngkǒu) [강커우].
•항상 恒常 항상 항, 떳떳할 상. (부사) : [영]=always (ˈɔːlweɪz) [올웨이즈].
[일]=いつも (itsumo) [이츠모]. [중]=总是 (zǒngshì) [쫑스].
•항의 抗議 막을 항, 의논할 의. (명사) : [영]=protest (ˈproʊtɛst) [프로테스트].
[일]=抗議 (こうぎ, kōgi) [코기]. [중]=抗议 (kàngyì) [캉이].
•해 (명사) : [영]=sun (sʌn) [선].
[일]=太陽 (たいよう, taiyō) [타이요]. [중]=太阳 (tàiyáng) [타이양].
•해 (의존명사) : [영]=year (jɪər) [이어].
[일]=年 (ねん, nen) [넨]. [중]=年 (nián) [니엔].
•해 害 해할 해. (명사) : [영]=harm (hɑːrm) [함].
[일]=害 (がい, gai) [가이]. [중]=害 (hài) [하이].

- 해결 解決 풀 해, 결단할 결. (명사) :
  - 영=solution (səˈluːʃn) [솔루션].
  - 일=解決 (かいけつ, kaiketsu) [카이케츠]. 중=解决 (jiějué) [지에쥐에].
- 해결되다 解決- 풀 해, 결단할 결. (동사) :
  - 영=to be solved (tə bi sɒlvd) [투 비 솔브드].
  - 일=解決される (かいけつされる, kaiketsu sareru) [카이케츠 사레루].
  - 중=被解决 (bèi jiějué) [베이 지에쥐에].
- 해결하다 解決- 풀 해, 결단할 결. (동사) : 영=solve (sɒlv) [솔브].
  - 일=解決する (かいけつする, kaiketsu suru) [카이케츠 스루].
  - 중=解决 (jiějué) [지에쥐에].
- 해군 海軍 바다 해, 군사 군. (명사) : 영=navy (ˈneɪvi) [네이비].
  - 일=海軍 (かいぐん, kaigun) [카이군].
  - 중=海军 (hǎijūn) [하이쥔].
- 해내다 (동사) :
  - 영=achieve, accomplish (əˈtʃiːv, əˈkʌmplɪʃ) [어치브, 어컴플리쉬].
  - 일=やり遂げる (やりとげる, yaritogeru) [야리토게루].
  - 중=完成 (wánchéng) [완청].
- 해답 解答 풀 해, 대답 답. (명사) :
  - 영=answer, solution (ˈænsər, səˈluːʃn) [앤서, 솔루션].
  - 일=解答 (かいとう, kaitō) [카이토].
  - 중=解答 (jiědá) [지에다].
- 해당 該當 갖출 해, 마땅할 당. (명사) : 영=correspondence, applicable (ˌkɒrəˈspɒndəns, əˈplɪkəbl) [코레스폰던스, 어플리커블].
  - 일=該当 (がいとう, gaitō) [가이토].
  - 중=该当 (gāidāng) [가이당].
- 해당되다 該當- 갖출 해, 마땅할 당. (동사) : 영=to correspond, to apply to (tə ˌkɒrəˈspɒnd, tə əˈplaɪ tə) [투 코레스폰드, 투 어플라이 투].
  - 일=該当する (がいとうする, gaitō suru) [가이토 스루].
  - 중=符合 (fúhé) [푸허].
- 해당하다 該當- 갖출 해, 마땅할 당. (동사) : 영=correspond, apply (ˌkɒrəˈspɒnd, əˈplaɪ) [코레스폰드, 어플라이].
  - 일=該当する (がいとうする, gaitō suru) [가이토 스루].
  - 중=相当于 (xiāngdāng yú) [샹당위].

- 해롭다 害- 해할 해. (형용사) : ㉢=harmful ('hɑːrmfl) [함플].
  ㉠=害がある (がいがある, gai ga aru) [가이가 아루].
  ㉡=有害 (yǒuhài) [요우하이].
- 해마다 (부사) :
  ㉢=every year, annually ('ɛvri jɪər, 'ænjuəli) [에브리 이어, 애뉴얼리].
  ㉠=毎年 (まいとし, maitoshi) [마이토시].
  ㉡=每年 (měinián) [메이니엔].
- 해물 海物 바다 해, 물건 물. (명사) : ㉢=seafood ('siːfuːd) [씨푸드].
  ㉠=海産物 (かいさんぶつ, kaisanbutsu) [카이산부츠].
  ㉡=海鲜 (hǎixiān) [하이시엔].
- 해석 解析 풀 해, 쪼갤 석. (명사) 사물이나 현상 분석:
  ㉢=analysis (ə'næləsɪs) [어낼러시스].
  ㉠=解析 (かいせき, kaiseki) [카이세키]. ㉡=解析 (jiěxī) [지에시].
- 해석 解釋 풀 해, 풀 석. (명사) 의미 해석:
  ㉢=interpretation (ɪn,tɜːrprəˈteɪʃn) [인터프리테이션].
  ㉠=解釈 (かいしゃく, kaishaku) [카이샤쿠].
  ㉡=解释 (jiěshì) [지에스].
- 해석하다 解釋- 풀 해, 풀 석. (동사) :
  ㉢=interpret (ɪn'tɜːrprət) [인터프릿].
  ㉠=解釈する (かいしゃくする, kaishaku suru) [카이샤쿠 스루].
  ㉡=解释 (jiěshì) [지에스].
- 해설 解說 풀 해, 말씀 설. (명사) : ㉢=commentary, explanation ('kɒməntəri, ˌɛkspləˈneɪʃn) [커멘터리, 엑스플러네이션].
  ㉠=解説 (かいせつ, kaisetsu) [카이세츠].
  ㉡=解说 (jiěshuō) [지에슈오].
- 해소 解消 풀 해, 사라질 소. (명사) :
  ㉢=relief, resolution (rɪ'liːf, ˌrɛzə'luːʃən) [릴리프, 레졸루션].
  ㉠=解消 (かいしょう, kaishō) [카이쇼].
  ㉡=消除 (xiāochú) [샤오추].
- 해소하다 解消- 풀 해, 사라질 소. (동사) :
  ㉢=resolve, relieve (rɪ'zɒlv, rɪ'liːv) [리졸브, 릴리브].
  ㉠=解消する (かいしょうする, kaishō suru) [카이쇼 스루].
  ㉡=消除 (xiāochú) [샤오추].

- 해수욕장 海水浴場 바다 해, 물 수, 목욕할 욕, 마당 장. (명사) :
  - 영=beach, bathing resort (biːtʃ, 'beɪðɪŋ rɪ'zɔːrt) [비치, 베이딩 리조트].
  - 일=海水浴場 (かいすいよくじょう, kaisuiyokujō) [카이스이요쿠죠].
  - 중=海水浴场 (hǎishuǐ yùchǎng) [하이수이 위창].
- 해안 海岸 바다 해, 언덕 안. (명사) :
  - 영=coast, seaside (koʊst, 'siːsaɪd) [코스트, 씨사이드].
  - 일=海岸 (かいがん, kaigan) [카이간].
  - 중=海岸 (hǎi àn) [하이안].
- 해외 海外 바다 해, 바깥 외. (명사) :
  - 영=overseas, abroad (ˌoʊvər'siːz, ə'brɔːd) [오버시즈, 어브로드].
  - 일=海外 (かいがい, kaigai) [카이가이].
  - 중=海外 (hǎiwài) [하이와이].
- 해외여행 海外旅行 바다 해, 바깥 외, 나그네 려, 다닐 행. (명사) :
  - 영=overseas travel (ˌoʊvər'siːz 'trævəl) [오버시즈 트래블].
  - 일=海外旅行 (かいがいりょこう, kaigai ryokō) [카이가이 료코].
  - 중=海外旅行 (hǎiwài lǚxíng) [하이와이 뤼싱].
- 핵 核 씨 핵. (명사) :
  - 영=nucleus, core ('njuːkliəs, kɔːr) [뉴클리어스, 코어].
  - 일=核 (かく, kaku) [카쿠]. 중=核 (hé) [허].
- 핵심 核心 씨 핵, 마음 심. (명사) :
  - 영=core, essence (kɔːr, 'ɛsns) [코어, 에센스].
  - 일=核心 (かくしん, kakushin) [카쿠신]. 중=核心 (héxīn) [허신].
- 핸드백 handbag (명사) : 영=handbag ('hændbæg) [핸드백].
  - 일=ハンドバッグ (handobaggu) [한도밧구].
  - 중=手提包 (shǒutíbāo) [쇼우티바오].
- 핸드폰 hand phone (명사) :
  - 영=cellphone, mobile phone ('sɛlfoʊn, 'moʊbl foʊn) [셀폰, 모블 폰].
  - 일=携帯電話 (けいたいでんわ, keitai denwa) [케이타이 덴와].
  - 중=手机 (shǒujī) [쇼우지].
- 햄 ham (명사) :
  - 영=ham (hæm) [햄].
  - 일=ハム (hamu) [하무]. 중=火腿 (huǒtuǐ) [후어투이].

- 햄버거 hamburger (명사) : 영=hamburger ('hæmbɜːrgər) [햄버거].
  일=ハンバーガー (hanbāgā) [한바가].
  중=汉堡包 (hànbǎobāo) [한바오바오].
- 햇볕 (명사) :
  영=sunlight, sunshine ('sʌnlaɪt, 'sʌnʃaɪn) [선라이트, 선샤인].
  일=日差し (ひざし, hizashi) [히자시]. 중=阳光 (yángguāng) [양광].
- 햇빛 (명사) : 영=sunlight ('sʌnlaɪt) [선라이트].
  일=日光 (にっこう, nikkō) [닛코]. 중=日光 (rìguāng) [르광].
- 햇살 (명사) : 영=sunlight, sunbeam
  ('sʌnlaɪt, 'sʌnbiːm) [선라이트, 선빔].
  일=日差し (ひざし, hizashi) [히자시]. 중=阳光 (yángguāng) [양광].
- 행동 行動 다닐 행, 움직일 동. (명사) : 영=action ('ækʃn) [액션].
  일=行動 (こうどう, kōdō) [코도]. 중=行动 (xíngdòng) [싱둥].
- 행동하다 行動- 다닐 행, 움직일 동. (동사) : 영=act (ækt) [액트].
  일=行動する (こうどうする, kōdō suru) [코도 스루].
  중=行动 (xíngdòng) [싱둥].
- 행복 幸福 다행 행, 복 복. (명사) : 영=happiness ('hæpinəs) [해피니스].
  일=幸福 (こうふく, kōfuku) [코후쿠].
  중=幸福 (xìngfú) [싱푸].
- 행복하다 幸福- 다행 행, 복 복. (형용사) : 영=happy ('hæpi) [해피].
  일=幸福だ (こうふくだ, kōfuku da) [코후쿠다].
  중=幸福 (xìngfú) [싱푸].
- 행사 行使 다닐 행, 부릴 사. (명사) :
  영=exercise, use ('ɛksərsaɪz, juːs) [엑서사이즈, 유스].
  일=行使 (こうし, kōshi) [코시]. 중=行使 (xíngshǐ) [싱스].
- 행사 行事 다닐 행, 일 사. (명사) :
  영=event, ceremony ('ɪvɛnt, 'sɛrɪməni) [이벤트, 세리머니].
  일=行事 (ぎょうじ, gyōji) [교지].
  중=活动 (huódòng) [후어둥].
- 행운 幸運 다행 행, 옮길 운. (명사) :
  영=luck, fortune (lʌk, 'fɔːrtʃən) [럭, 포춘].
  일=幸運 (こううん, kōun) [코운].
  중=幸运 (xìngyùn) [싱윈].

- 행위 行爲 다닐 행, 할 위. (명사) :
  - 영=act, behavior (ækt, bɪˈheɪvjər) [액트, 비헤이비어].
  - 일=行爲 (こうい, kōi) [코이]. 중=行为 (xíngwéi) [싱웨이].
- 행하다 行- 다닐 행. (동사) :
  - 영=perform, conduct (pərˈfɔːrm, kənˈdʌkt) [퍼폼, 컨덕트].
  - 일=行う (おこなう, okonau) [오코나우]. 중=实行 (shíxíng) [스싱].
- 행해지다 行- 다닐 행. (동사) :
  - 영=be done, be conducted (bi dʌn, bi kənˈdʌktɪd) [비 던, 비 컨덕티드].
  - 일=行われる (おこなわれる, okonawareru) [오코나와레루].
  - 중=被实行 (bèi shíxíng) [베이스싱].
- 향 香 향기 향. (명사) :
  - 영=scent, fragrance (sɛnt, ˈfreɪgrəns) [센트, 프레이그런스].
  - 일=香り (かおり, kaori) [카오리]. 중=香味 (xiāngwèi) [샹웨이].
- 향기 香氣 향기 향, 기운 기. (명사) :
  - 영=fragrance, aroma (ˈfreɪgrəns, əˈroʊmə) [프레이그런스, 어로마].
  - 일=香り (かおり, kaori) [카오리]. 중=香气 (xiāngqi) [샹치].
- 향상 向上 향할 향, 위 상. (명사) :
  - 영=improvement (ɪmˈpruːvmənt) [임프루브먼트].
  - 일=向上 (こうじょう, kōjō) [코죠]. 중=提高 (tígāo) [티가오].
- 향상되다 向上- 향할 향, 위 상. (동사) :
  - 영=improve (ɪmˈpruːv) [임프루브].
  - 일=向上する (こうじょうする, kōjō suru) [코죠 스루].
  - 중=提高 (tígāo) [티가오].
- 향수 香水 향기 향, 물 수. (명사) : 영=perfume (pərˈfjuːm) [퍼퓸].
  - 일=香水 (こうすい, kōsui) [코스이].
  - 중=香水 (xiāngshuǐ) [샹수이].
- 향하다 向- 향할 향. (동사) :
  - 영=face, head toward (feɪs, hɛd təˈwɔːrd) [페이스, 헤드 투워드].
  - 일=向かう (むかう, mukau) [무카우].
  - 중=朝向 (cháoxiàng) [차오샹].
- 허가 許可 허락할 허, 옳을 가. (명사) :
  - 영=permission (pərˈmɪʃən) [퍼미션].
  - 일=許可 (きょか, kyoka) [쿄카]. 중=许可 (xǔkě) [쉬커].

- 허락 許諾 허락할 허, 허락할 락. (명사) :
  - 영=consent, permission (kən'sɛnt, pərˈmɪʃən) [컨센트, 퍼미션].
  - 일=許諾 (きょだく, kyodaku) [쿄다쿠]. 중=允许 (yǔnxǔ) [윈쉬].
- 허락하다 許諾- 허락할 허, 허락할 락. (동사) :
  - 영=allow, permit (əˈlaʊ, pərˈmɪt) [얼라우, 퍼밋].
  - 일=許す (ゆるす, yurusu) [유루스]. 중=允许 (yǔnxǔ) [윈쉬].
- 허리 (명사) : 영=waist (weɪst) [웨이스트].
  - 일=腰 (こし, koshi) [코시]. 중=腰 (yāo) [야오].
- 허용 許容 허락할 허, 얼굴 용. (명사) :
  - 영=permission, allowance (pərˈmɪʃən, əˈlaʊəns) [퍼미션, 얼라우언스].
  - 일=許容 (きょよう, kyoyō) [쿄요]. 중=容许 (róngxǔ) [룽쉬].
- 허용되다 許容- 허락할 허, 얼굴 용. (동사) :
  - 영=be allowed (bi əˈlaʊd) [비 얼라우드].
  - 일=許容される (きょようされる, kyoyō sareru) [쿄요사레루].
  - 중=被容许 (bèi róngxǔ) [베이 룽쉬].
- 허용하다 許容- 허락할 허, 얼굴 용. (동사) :
  - 영=permit, allow (pərˈmɪt, əˈlaʊ) [퍼밋, 얼라우].
  - 일=許容する (きょようする, kyoyō suru) [쿄요 스루].
  - 중=容许 (róngxǔ) [룽쉬].
- 허허 (부사) : 영=emptily (ˈɛmptɪli) [엠프틸리].
  - 일=はは (haha) [하하]. 중=呵呵 (hēhē) [허허].
- 헌 (관형사) : 영=old, worn-out (oʊld, wɔːrn aʊt) [올드, 원아웃].
  - 일=古い (ふるい, furui) [후루이]. 중=旧的 (jiù de) [지우 더].
- 헤매다 (동사) :
  - 영=wander, roam (ˈwɑːndər, roʊm) [완더, 로움].
  - 일=迷う (まよう, mayou) [마요우]. 중=徘徊 (páihuái) [파이화이].
- 헤아리다 (동사) : 영=consider, guess (kənˈsɪdər, gɛs) [컨시더, 게스].
  - 일=推し量る (おしはかる, oshihakaru) [오시하카루].
  - 중=揣测 (chuǎicè) [촤이처].
- 헤어지다 (동사) :
  - 영=part, separate (pɑːrt, ˈsɛpəreɪt) [파트, 세퍼레이트].
  - 일=別れる (わかれる, wakareru) [와카레루].
  - 중=分手 (fēnshǒu) [펀쇼우].

- 헬기 helicopter機 (명사) :
  영=helicopter (ˈhɛlɪkɑːptər) [헬리콥터].
  일=ヘリコプター (herikoputā) [헤리코푸타].
  중=直升机 (zhíshēngjī) [즈성지].
- 혀 (명사) : 영=tongue (tʌŋ) [텅].
  일=舌 (した, shita) [시타].
  중=舌头 (shétou) [서터우].
- 현 現 나타날 현. (관형사) :
  영=current, present (ˈkɜːrənt, ˈprɛzənt) [커런트, 프레전트].
  일=現 (げん, gen) [겐]. 중=现 (xiàn) [시앤].
- 현관 玄關 검을 현, 빗장 관. (명사) :
  영=entrance, porch (ˈɛntrəns, pɔːrtʃ) [엔트런스, 포치].
  일=玄関 (げんかん, genkan) [겐칸]. 중=玄关 (xuánguān) [쉬안관].
- 현관문 玄關門 검을 현, 빗장 관, 문 문. (명사) :
  영=front door (frʌnt dɔːr) [프런트 도어].
  일=玄関ドア (げんかんどあ, genkan doa) [겐칸 도아].
  중=玄关门 (xuánguānmén) [쉬안관먼].
- 현금 現金 나타날 현, 쇠 금. (명사) : 영=cash (kæʃ) [캐시].
  일=現金 (げんきん, genkin) [겐킨]. 중=现金 (xiànjīn) [시앤진].
- 현대 現代 나타날 현, 대신할 대. (명사) :
  영=modern times (ˈmɑːdərn taɪmz) [모던 타임즈].
  일=現代 (げんだい, gendai) [겐다이]. 중=现代 (xiàndài) [시앤다이].
- 현대인 現代人 나타날 현, 대신할 대, 사람 인. (명사) :
  영=modern person (ˈmɑːdərn ˈpɜːrsn) [모던 퍼슨].
  일=現代人 (げんだいじん, gendaijin) [겐다이진].
  중=现代人 (xiàndàirén) [시앤다이런].
- 현대적 現代的 나타날 현, 대신할 대, 과녁 적. (명사) :
  영=modern (ˈmɑːdərn) [모던].
  일=現代的 (げんだいてき, gendaiteki) [겐다이테키].
  중=现代的 (xiàndàide) [시앤다이더].
- 현상 現象 나타날 현, 코끼리 상. (명사) :
  영=phenomenon (fəˈnɑːmɪnən) [퍼나미넌].
  일=現象 (げんしょう, genshō) [겐쇼]. 중=现象 (xiànxiàng) [시앤샹].

•현실 現實 나타날 현, 열매 실. (명사) : [영]=reality (ri'æləti) [리앨러티].
[일]=現実 (げんじつ, genjitsu) [겐지츠]. [중]=现实 (xiànshí) [시앤스].
•현실적 現實的 나타날 현, 열매 실, 과녁 적. (명사) :
[영]=realistic (ˌriːə'lɪstɪk) [리얼리스틱].
[일]=現実的 (げんじつてき, genjitsuteki) [겐지츠테키].
[중]=现实的 (xiànshíde) [시앤스더].
•현장 現場 나타날 현, 마당 장. (명사) :
[영]=scene, site (siːn, saɪt) [신, 사이트].
[일]=現場 (げんば, genba) [겐바]. [중]=现场 (xiànchǎng) [시앤창].
•현재 現在 나타날 현, 있을 재. (명사) : [영]=present ('prɛzənt) [프레전트].
[일]=現在 (げんざい, genzai) [겐자이]. [중]=现在 (xiànzài) [시앤짜이].
•현재 現在 나타날 현, 있을 재. (부사) :
[영]=now, currently (naʊ, 'kɜːrəntli) [나우, 커런틀리].
[일]=現在 (げんざい, genzai) [겐자이]. [중]=现在 (xiànzài) [시앤짜이].
•현지 現地 나타날 현, 땅 지. (명사) :
[영]=local, on-site ('loʊkl, ɑːn saɪt) [로컬, 온사이트].
[일]=現地 (げんち, genchi) [겐치]. [중]=当地 (dāngdì) [당디].
•혈액 血液 피 혈, 진 액. (명사) : [영]=blood (blʌd) [블러드].
[일]=血液 (けつえき, ketsueki) [케츠에키]. [중]=血液 (xuèyè) [쉐예].
•협력 協力 화합할 협, 힘 력. (명사) :
[영]=cooperation (koʊˌɑːpə'reɪʃən) [코아퍼레이션].
[일]=協力 (きょうりょく, kyōryoku) [쿄료쿠]. [중]=协力 (xiélì) [시에리].
•형 型 모형 형. (명사) : [영]=type, model (taɪp, 'mɑːdl) [타입, 모델].
[일]=型 (かた, kata) [카타]. [중]=型 (xíng) [싱].
•형 兄 형 형. (명사) :
[영]=older brother ('oʊldər 'brʌðər) [올더 브러더].
[일]=兄 (あに, ani) [아니]. [중]=哥哥 (gēge) [거거].
•형님 兄- 형 형. (명사) :
[영]=older brother, sir ('oʊldər 'brʌðər, sɜːr) [올더 브러더, 서].
[일]=兄さん (にいさん, nīsan) [니상]. [중]=兄长 (xiōngzhǎng) [숑장].
•형부 兄夫 형 형, 지아비 부. (명사) :
[영]=brother-in-law ('brʌðər ɪn lɔː) [브러더 인 로].
[일]=義兄 (ぎけい, gikei) [기케이]. [중]=姐夫 (jiěfu) [지에푸].

- 형사 刑事 형벌 형, 일 사. (명사) : ㊀=detective (dɪˈtɛktɪv) [디텍티브].
  ㊁=刑事 (けいじ, keiji) [케이지]. ㊂=刑警 (xíngjǐng) [싱징].
- 형성 形成 모양 형, 이룰 성. (명사) :
  ㊀=formation (fɔːrˈmeɪʃən) [포메이션].
  ㊁=形成 (けいせい, keisei) [케이세이].
  ㊂=形成 (xíngchéng) [싱청].
- 형성되다 形成- 모양 형, 이룰 성. (동사) :
  ㊀=be formed (bi fɔːrmd) [비 폼드].
  ㊁=形成される (けいせいされる, keisei sareru) [케이세이 사레루].
  ㊂=形成 (xíngchéng) [싱청].
- 형성하다 形成- 모양 형, 이룰 성. (동사) : ㊀=form (fɔːrm) [폼].
  ㊁=形成する (けいせいする, keisei suru) [케이세이 스루].
  ㊂=形成 (xíngchéng) [싱청].
- 형수 兄嫂 형 형, 형수 수. (명사) :
  ㊀=sister-in-law (ˈsɪstər ɪn lɔː) [시스터 인 로].
  ㊁=兄嫁 (あによめ, aniyome) [아니요메]. ㊂=嫂子 (sǎozi) [사오쯔].
- 형식 形式 모양 형, 법 식. (명사) :
  ㊀=form, format (fɔːrm, ˈfɔːrmæt) [폼, 포맷].
  ㊁=形式 (けいしき, keishiki) [케이시키]. ㊂=形式 (xíngshì) [싱스].
- 형식적 形式的 모양 형, 법 식, 과녁 적. (명사) :
  ㊀=formal (ˈfɔːrməl) [포멀].
  ㊁=形式的 (けいしきてき, keishikiteki) [케이시키테키].
  ㊂=形式的 (xíngshì de) [싱스 더].
- 형제 兄弟 형 형, 아우 제. (명사) :
  ㊀=brothers, siblings (ˈbrʌðərz, ˈsɪblɪŋz) [브러더즈, 시블링즈].
  ㊁=兄弟 (きょうだい, kyōdai) [쿄다이].
  ㊂=兄弟 (xiōngdì) [슝디].
- 형태 形態 모양 형, 모습 태. (명사) :
  ㊀=form, shape (fɔːrm, ʃeɪp) [폼, 셰이프].
  ㊁=形態 (けいたい, keitai) [케이타이]. ㊂=形态 (xíngtài) [싱타이].
- 형편 形便 모양 형, 편할 편. (명사) : ㊀=situation, circumstances (ˌsɪtʃuˈeɪʃən, ˈsɜːrkəmstænsɪz) [시추에이션, 서컴스탠시즈].
  ㊁=状況 (じょうきょう, jōkyō) [조쿄]. ㊂=情况 (qíngkuàng) [칭쾅].

•혜택 惠澤 은혜 혜, 못 택. (명사) : [영]=benefit (ˈbɛnɪfɪt) [베니핏].
[일]=恵沢 (けいたく, keitaku) [케이타쿠]. [중]=惠泽 (huìzé) [후이쩌].
•호 號 이름 호. (의존명사) : [영]=number (ˈnʌmbər) [넘버].
[일]=号 (ごう, gō) [고]. [중]=号 (hào) [하오].
•호기심 好奇心 좋을 호, 기이할 기, 마음 심. (명사) :
[영]=curiosity (ˌkjʊəriˈɒsəti) [큐리어서티].
[일]=好奇心 (こうきしん, kōkishin) [코키신].
[중]=好奇心 (hàoqíxīn) [하오치신].
•호남 湖南 호수 호, 남녘 남. (명사) :
[영]=Honam region (ˈhoʊnæm ˈriːdʒən) [호남 리전].
[일]=湖南 (こなん, konan) [코난]. [중]=湖南 (Húnán) [후난].
•호랑이 虎狼- 범 호, 이리 랑. (명사) : [영]=tiger (ˈtaɪgər) [타이거].
[일]=虎 (とら, tora) [토라]. [중]=老虎 (lǎohǔ) [라오후].
•호박 (명사) : [영]=pumpkin (ˈpʌmpkɪn) [펌킨].
[일]=カボチャ (かぼちゃ, kabocha) [카보차]. [중]=南瓜 (nánguā) [난과].
•호선 號線 이름 호, 줄 선. (의존명사) :
[영]=line number (laɪn ˈnʌmbər) [라인 넘버].
[일]=号線 (ごうせん, gōsen) [고센].
[중]=号线 (hàoxiàn) [하오시엔].
•호수 湖水 호수 호, 물 수. (명사) : [영]=lake (leɪk) [레이크].
[일]=湖水 (こすい, kosui) [코스이]. [중]=湖水 (húshuǐ) [후쉐이].
•호실 號室 이름 호, 방 실. (명사) :
[영]=room number (ruːm ˈnʌmbər) [룸 넘버].
[일]=号室 (ごうしつ, gōshitsu) [고시츠]. [중]=号室 (hàoshì) [하오스].
•호주 濠洲 해자 호, 고을 주. (고유명사) :
[영]=Australia (ɒˈstreɪliə) [오스트레일리아].
[일]=豪州 (ごうしゅう, gōshū) [고슈]. [중]=澳洲 (Àozhōu) [아오저우].
•호주머니 胡- 오랑캐 호. (명사) : [영]=pocket (ˈpɒkɪt) [포킷].
[일]=ポケット (poketto) [포켓토]. [중]=口袋 (kǒudài) [코우다이].
•호텔 hotel (명사) : [영]=hotel (hoʊˈtɛl) [호텔].
[일]=ホテル (hoteru) [호테루]. [중]=酒店 (jiǔdiàn) [지우뎬].
•호흡 呼吸 부를 호, 숨 쉴 흡. (명사) : [영]=breathing (ˈbriːðɪŋ) [브리딩].
[일]=呼吸 (こきゅう, kokyū) [코큐]. [중]=呼吸 (hūxī) [후시].

- 혹시 或是 혹 혹, 옳을 시. (부사) :
  - 영=perhaps, possibly (pərˈhæps, ˈpɒsəbli) [퍼햅스, 파서블리].
  - 일=もしかして (moshikashite) [모시카시테].
  - 중=或许 (huòxǔ) [훠쉬].
- 혹은 或- 혹 혹. (부사) : 영=or (ɔːr) [오어].
  - 일=あるいは (aruiwa) [아루이와]. 중=或者 (huòzhě) [훠저].
- 혼나다 魂- 넋 혼. (동사) :
  - 영=get scolded, have a hard time (gɛt skoʊldɪd) [겟 스콜디드].
  - 일=ひどい目に遭う (hidoi me ni au) [히도이 메니 아우].
  - 중=挨训 (áixùn) [아이쉰].
- 혼자 (명사) : 영=alone, by oneself (əˈloʊn) [얼론].
  - 일=一人 (ひとり, hitori) [히토리]. 중=一个人 (yígè rén) [이거 런].
- 혼잣말 (명사) :
  - 영=talking to oneself, monologue (ˈmɒnəlɒɡ) [모놀로그].
  - 일=独り言 (ひとりごと, hitorigoto) [히토리고토].
  - 중=自言自语 (zì yán zì yǔ) [쯔옌 쯔위].
- 홀로 (부사) : 영=alone, solely (əˈloʊn, ˈsoʊlli) [얼론, 솔리].
  - 일=一人で (ひとりで, hitoride) [히토리데]. 중=独自 (dúzì) [두쯔].
- 홈페이지 homepage (명사) : 영=homepage (ˈhoʊmpeɪdʒ) [홈페이지].
  - 일=ホームページ (hōmupēji) [호무페이지]. 중=主页 (zhǔyè) [주예].
- 홍보 弘報 넓을 홍, 알릴 보. (명사) :
  - 영=promotion, publicity (prəˈmoʊʃən, pʌbˈlɪsɪti) [프로모션, 퍼블리시티].
  - 일=広報 (こうほう, kōhō) [코호]. 중=宣传 (xuānchuán) [쉬안촨].
- 홍수 洪水 큰물 홍, 물 수. (명사) :
  - 영=flood (flʌd) [플러드].
  - 일=洪水 (こうずい, kōzui) [코즈이]. 중=洪水 (hóngshuǐ) [홍쉐이].
- 홍차 紅茶 붉을 홍, 차 차. (명사) : 영=black tea (blæk tiː) [블랙티].
  - 일=紅茶 (こうちゃ, kōcha) [코챠]. 중=红茶 (hóngchá) [홍차].
- 화 (~를 내다) (명사) : 영=anger (ˈæŋɡər) [앵거].
  - 일=怒り (いかり, ikari) [이카리]. 중=火气 (huǒqì) [훠치].
- 화가 畵家 그림 화, 집 가. (명사) :
  - 영=painter, artist (ˈpeɪntər, ˈɑːtɪst) [페인터, 아티스트].
  - 일=画家 (がか, gaka) [가카]. 중=画家 (huàjiā) [화쟈].

•화나다 火- 불 화. (동사) : ㉠=get angry (gɛt ˈæŋgri) [겟 앵그리].
　㉡=怒る (おこる, okoru) [오코루]. ㉢=生气 (shēngqì) [셩치].
•화려하다 華麗- 빛날 화, 고울 려. (형용사) :
　㉠=gorgeous, fancy (ˈgɔːrdʒəs, ˈfænsi) [고저스, 팬시].
　㉡=華麗だ (かれいだ, kareida) [카레이다]. ㉢=华丽 (huáli) [화리].
•화면 畵面 그림 화, 낯 면. (명사) :
　㉠=screen, display (skriːn, dɪˈspleɪ) [스크린, 디스플레이].
　㉡=画面 (がめん, gamen) [가멘]. ㉢=画面 (huàmiàn) [화미앤].
•화분 花盆 꽃 화, 동이 분. (명사) : ㉠=flowerpot (ˈflaʊərpɒt) [플라워팟].
　㉡=植木鉢 (うえきばち, uekibachi) [우에키바치].
　㉢=花盆 (huāpén) [화편].
•화살 (명사) : ㉠=arrow (ˈærəʊ) [애로우].
　㉡=矢 (や, ya) [야]. ㉢=箭 (jiàn) [지앤].
•화요일 火曜日 불 화, 빛날 요, 날 일. (명사) :
　㉠=Tuesday (ˈtjuːzdeɪ) [튜즈데이].
　㉡=火曜日 (かようび, kayōbi) [카요비].
　㉢=星期二 (xīngqīèr) [싱치얼].
•화장 化粧 될 화, 단장할 장. (명사) :
　㉠=make-up (ˈmeɪkʌp) [메이크업].
　㉡=化粧 (けしょう, keshō) [케쇼].
　㉢=化妆 (huàzhuāng) [화좡].
•화장실 化粧室 될 화, 단장할 장, 방 실. (명사) :
　㉠=restroom, bathroom (rɛstruːm, ˈbɑːθruːm) [레스트룸, 배쓰룸].
　㉡=化粧室 (けしょうしつ, keshōshitsu) [케쇼시츠].
　㉢=洗手间 (xǐshǒujiān) [시셔우지앤].
•화장지 化粧紙 될 화, 단장할 장, 종이 지. (명사) :
　㉠=toilet paper (ˈtɔɪlət ˈpeɪpər) [토일렛 페이퍼].
　㉡=トイレットペーパー (toiretto pēpā) [토이렛토 페이파].
　㉢=卫生纸 (wèishēngzhǐ) [웨이셩즈].
•화장품 化粧品 될 화, 단장할 장, 물건 품. (명사) :
　㉠=cosmetics (kɒzˈmɛtɪks) [코즈메틱스].
　㉡=化粧品 (けしょうひん, keshōhin) [케쇼힌].
　㉢=化妆品 (huàzhuāngpǐn) [화좡핀].

• 화재 火災 불 화, 재앙 재. (명사) :
  영=fire, conflagration (faɪər, ˌkɒnfləˈgreɪʃən) [파이어, 컨플러그레이션].
  일=火災 (かさい, kasai) [카사이].
  중=火灾 (huǒzāi) [훠짜이].
• 화제 話題 말씀 화, 제목 제. (명사) :
  영=topic, subject (ˈtɒpɪk, ˈsʌbdʒɛkt) [토픽, 서브젝트].
  일=話題 (わだい, wadai) [와다이]. 중=话题 (huàtí) [화티].
• 화학 化學 될 화, 배울 학. (명사) : 영=chemistry (ˈkɛmɪstri) [케미스트리].
  일=化学 (かがく, kagaku) [카가쿠].
  중=化学 (huàxué) [화쉐].
• 확 (부사) :
  영=exactly, suddenly (ɪgˈzæktli, ˈsʌdənli) [이그잭틀리, 서든리].
  일=ぐっと (gutto) [굿토]. 중=一下子 (yīxiàzi) [이샤즈].
• 확대 擴大 넓힐 확, 클 대. (동사) :
  영=expand, enlarge (ɪkˈspænd, ɪnˈlɑːrdʒ) [익스팬드, 인라지].
  일=拡大する (かくだいする, kakudai suru) [카쿠다이 스루].
  중=扩大 (kuòdà) [쿠오다].
• 확대되다 擴大- 넓힐 확, 클 대. (동사) :
  영=be expanded, enlarged (bi ɪkˈspændɪd) [비 익스팬디드].
  일=拡大される (かくだいされる, kakudai sareru) [카쿠다이 사레루].
  중=扩大 (kuòdà) [쿠오다].
• 확립하다 確立 굳을 확, 설 립. (동사) :
  영=establish (ɪˈstæblɪʃ) [이스태블리쉬].
  일=確立する (かくりつする, kakuritsu suru) [카쿠리츠 스루].
  중=确立 (quèlì) [취에리].
• 확보 確保 굳을 확, 지킬 보. (명사) :
  영=secure, ensure (sɪˈkjʊər, ɪnˈʃʊər) [시큐어, 인슈에].
  일=確保 (かくほ, kakuho) [카쿠호].
  중=确保 (quèbǎo) [취에바오].
• 확산되다 擴散 넓힐 확, 흩을 산. (동사) :
  영=spread, diffuse (sprɛd, dɪˈfjuːz) [스프레드, 디퓨즈].
  일=拡散される (かくさんされる, kakusan sareru) [카쿠산 사레루].
  중=扩散 (kuòsàn) [쿠오싼].

- 확신 確信 굳을 확, 믿을 신. (명사) :
  영=conviction, certainty (kənˈvɪkʃən, ˈsɜːrtənti) [컨빅션, 서튼티].
  일=確信 (かくしん, kakushin) [카쿠신].
  중=确信 (quèxìn) [취에신].
- 확신하다 確信 굳을 확, 믿을 신. (동사) :
  영=be sure, be certain
  (bi ʃʊər, bi ˈsɜːrtən) [비 슈어, 비 서튼].
  일=確信する (かくしんする, kakushin suru) [카쿠신 스루].
  중=确信 (quèxìn) [취에신].
- 확실하다 確實 굳을 확, 열매 실. (형용사) :
  영=be clear, be certain (bi klɪər, bi ˈsɜːrtən) [비 클리어, 비 서튼].
  일=確実だ (かくじつだ, kakujitsu da) [카쿠지츠다].
  중=确实 (quèshí) [취에스].
- 확실히 確實 굳을 확, 열매 실. (부사) :
  영=certainly, definitely (ˈsɜːrtnli, ˈdɛfɪnətli) [서튼리, 데피닛리].
  일=確実に (かくじつに, kakujitsu ni) [카쿠지츠니].
  중=确实地 (quèshí de) [취에스 더].
- 확인 確認 굳을 확, 알 인. (명사) :
  영=confirmation, check (ˌkɒnfərˈmeɪʃən, tʃɛk) [컨퍼메이션, 체크].
  일=確認 (かくにん, kakunin) [카쿠닌].
  중=确认 (quèrèn) [취에런].
- 확인되다 確認 굳을 확, 알 인. (동사) :
  영=be confirmed (bi kənˈfɜːmd) [비 컨펌드].
  일=確認される (かくにんされる, kakunin sareru) [카쿠닌 사레루].
  중=被确认 (bèi quèrèn) [베이 취에런].
- 확인하다 確認 굳을 확, 알 인. (동사) :
  영=confirm, check (kənˈfɜːrm, tʃɛk) [컨펌, 체크].
  일=確認する (かくにんする, kakunin suru) [카쿠닌 스루].
  중=确认 (quèrèn) [취에런].
- 확장 擴張 넓힐 확, 베풀 장. (명사) :
  영=expansion, extension (ɪkˈspænʃən, ɪkˈstɛnʃən) [익스팬션, 익스텐션].
  일=拡張 (かくちょう, kakuchō) [카쿠초].
  중=扩张 (kuòzhāng) [쿠오장].

•확정 確定 굳을 확, 정할 정. (명사) : [영]=decision, confirmation (dɪ'sɪʒən, ˌkɒnfər'meɪʃən) [디시전, 컨퍼메이션].
[일]=確定 (かくてい, kakutei) [카쿠테이]. [중]=确定 (quèdìng) [취에딩].

•환갑 還甲 돌아올 환, 첫째 천간 갑. (명사) :
[영]=sixtieth birthday ('sɪkstiəθ 'bɜːrθdeɪ) [식스티어스 버쓰데이].
[일]=還暦 (かんれき, kanreki) [칸레키]. [중]=花甲 (huājiǎ) [화지아].

•환경 環境 고리 환, 지경 경. (명사) :
[영]=environment (ɪn'vaɪrənmənt) [인바이런먼트].
[일]=環境 (かんきょう, kankyō) [칸쿄]. [중]=环境 (huánjìng) [환징].

•환경오염 環境汚染 고리 환, 지경 경, 더러울 오, 물들 염. (명사) :
[영]=environmental pollution
(ɪnˌvaɪərən'mɛntl pə'luːʃən) [인바이어런멘틀 폴루션].
[일]=環境汚染 (かんきょうおせん, kankyō osen) [칸쿄 오센].
[중]=环境污染 (huánjìng wūrǎn) [환징 우란].

•환영 歡迎 기쁠 환, 맞이할 영. (명사) : [영]=welcome ('wɛlkəm) [웰컴].
[일]=歓迎 (かんげい, kangei) [칸게이].
[중]=欢迎 (huānyíng) [환잉].

•환영하다 歡迎 기쁠 환, 맞이할 영. (동사) : [영]=welcome ('wɛlkəm) [웰컴].
[일]=歓迎する (かんげいする, kangei suru) [칸게이 스루].
[중]=欢迎 (huānyíng) [환잉].

•환율 換率 바꿀 환, 비율 율. (명사) :
[영]=exchange rate (ɪks'tʃeɪndʒ reɪt) [익스체인지 레이트].
[일]=為替レート (かわせレート, kawase rēto) [카와세 레토].
[중]=汇率 (huìlǜ) [후이뤼].

•환자 患者 근심 환, 놈 자. (명사) : [영]=patient ('peɪʃənt) [페이션트].
[일]=患者 (かんじゃ, kanja) [칸자]. [중]=患者 (huànzhě) [환저].

•환하다 형용사 : [영]=bright (braɪt) [브라이트].
[일]=明るい (あかるい, akarui) [아카루이]. [중]=明亮 (míngliàng) [밍량].

•활기 活氣 살 활, 기운 기. (명사) : [영]=vitality (vaɪ'tæləti) [바이탤러티].
[일]=活気 (かっき, kakki) [캇키]. [중]=活力 (huólì) [후어리].

•활동 活動 살 활, 움직일 동. (명사) :
[영]=activity (æk'tɪvəti) [액티비티].
[일]=活動 (かつどう, katsudō) [카츠도]. [중]=活动 (huódòng) [후어동].

- 활동하다 活動 살 활, 움직일 동. (동사) :
  영=be active (bi ˈæktɪv) [비 액티브].
  일=活動する (かつどうする, katsudō suru) [카츠도 스루].
  중=活动 (huódòng) [후어동].
- 활발하다 活潑 살 활, 물 뿌릴 발. (형용사) :
  영=lively, active (ˈlaɪvli, ˈæktɪv) [라이블리, 액티브].
  일=活発だ (かっぱつだ, kappatsu da) [캇파츠다].
  중=活泼 (huópō) [후어포].
- 활발해지다 活潑 살 활, 물 뿌릴 발. (동사) :
  영=become active (bɪˈkʌm ˈæktɪv) [비컴 액티브].
  일=活発になる (かっぱつになる, kappatsu ni naru) [캇파츠니 나루].
  중=活跃起来 (huóyuè qǐlái) [후어웨 치라이]].
- 활발히 活潑 살 활, 물 뿌릴 발. (부사) :
  영=actively, vigorously (ˈæktɪvli, ˈvɪgərəsli) [액티블리, 비거러스리].
  일=活発に (かっぱつに, kappatsu ni) [캇파츠니].
  중=活泼地 (huópō de) [후어포 데].
- 활용 活用 살 활, 쓸 용. (명사) :
  영=utilization, usage (ˌjuːtəlaɪˈzeɪʃən, ˈjuːsɪdʒ) [유틸라이제이션, 유시지].
  일=活用 (かつよう, katsuyō) [카츠요].
  중=活用 (huóyòng) [후어용].
- 활용하다 活用 살 활, 쓸 용. (동사) :
  영=use, utilize (juːz, ˈjuːtəlaɪz) [유즈, 유틸라이즈].
  일=活用する (かつようする, katsuyō suru) [카츠요 스루].
  중=活用 (huóyòng) [후어용].
- 활짝 (부사) :
  영=wide open, broadly (waɪd ˈoʊpən, ˈbrɔːdli) [와이드 오픈, 브로드리].
  일=ぱっと (patto) [팟토]. 중=大大地 (dàdà de) [다다 데].
- 회 回 돌아올 회 (의존명사) : 영=time, round (taɪm, raʊnd) [타임, 라운드].
  일=回 (かい, kai) [카이]. 중=回 (huí) [후이].
- 회견 會見 모일 회, 볼 견. (명사) : 영=interview, press conference (ˈɪntərvjuː, prɛs ˈkɒnfərəns) [인터뷰, 프레스 컨퍼런스].
  일=会見 (かいけん, kaiken) [카이켄].
  중=会见 (huìjiàn) [후이젠].

•회관 會館 모일 회, 집 관. (명사) :
[영]=hall, assembly hall (hɔːl, əˈsɛmbli hɔːl) [홀, 어셈블리 홀].
[일]=会館 (かいかん, kaikan) [카이칸].
[중]=会馆 (huìguǎn) [후이관].

•회복 回復 돌아올 회, 회복할 복. (명사) :
[영]=recovery, restoration (rɪˈkʌvəri, ˌrɛstəˈreɪʃən)
[리커버리, 레스토레이션].
[일]=回復 (かいふく, kaifuku) [카이후쿠]. [중]=恢复 (huīfù) [후이푸].

•회복되다 回復 돌아올 회, 회복할 복. (동사) :
[영]=recover, be restored (rɪˈkʌvər, bi rɪˈstɔːrd) [리커버, 비 리스토드].
[일]=回復される (かいふくされる, kaifuku sareru) [카이후쿠 사레루].
[중]=恢复 (huīfù) [후이푸].

•회복하다 回復 돌아올 회, 회복할 복. (동사) :
[영]=recover, restore (rɪˈkʌvər, rɪˈstɔːr) [리커버, 리스토어].
[일]=回復する (かいふくする, kaifuku suru) [카이후쿠 스루].
[중]=恢复 (huīfù) [후이푸].

•회사 會社 모일 회, 모일 사. (명사) :
[영]=company (ˈkʌmpəni) [컴퍼니].
[일]=会社 (かいしゃ, kaisha) [카이샤]. [중]=公司 (gōngsī) [궁쓰].

•회색 灰色 재 회, 빛 색. (명사) : [영]=gray (ɡreɪ) [그레이].
[일]=灰色 (はいいろ, haiiro) [하이이로]. [중]=灰色 (huīsè) [후이써].

•회원 會員 모일 회, 인원 원. (명사) :
[영]=member (ˈmɛmbər) [멤버].
[일]=会員 (かいいん, kaiin) [카이인]. [중]=会员 (huìyuán) [후이위안].

•회의 會議 모일 회, 의논할 의. (명사) :
[영]=meeting, conference (ˈmiːtɪŋ, ˈkɒnfərəns) [미팅, 컨퍼런스].
[일]=会議 (かいぎ, kaigi) [카이기]. [중]=会议 (huìyì) [후이이].

•회의 懷疑 품을 회, 의심할 의. (명사) : [영]=doubt (daʊt) [다우트].
[일]=懐疑 (かいぎ, kaigi) [카이기]. [중]=怀疑 (huáiyí) [화이이].

•회장 會長 모일 회, 길 장. (명사) :
[영]=chairman, president (ˈtʃɛərmən, ˈprɛzɪdənt) [체어맨, 프레지던트].
[일]=会長 (かいちょう, kaichō) [카이초].
[중]=会长 (huìzhǎng) [후이장].

- 회전 回轉 돌아올 회, 구를 전. (명사) :
  영=rotation (roʊˈteɪʃən) [로테이션].
  일=回転 (かいてん, kaiten) [카이텐]. 중=回转 (huízhuǎn) [후이좐].
- 회화 繪畵 그림 회, 그림 화. (명사) : 영=painting (ˈpeɪntɪŋ) [페인팅].
  일=絵画 (かいが, kaiga) [카이가]. 중=绘画 (huìhuà) [후이화].
- 횟수 回數 돌아올 회, 셀 수. (명사) :
  영=number of times (ˈnʌmbər əv taɪmz) [넘버 오브 타임즈].
  일=回数 (かいすう, kaisū) [카이스]. 중=次数 (cìshù) [츠수].
- 횡단보도 橫斷步道 가로 횡, 끊을 단, 걸음 보, 길 도. (명사) :
  영=crosswalk (ˈkrɔːswɔːk) [크로스워크].
  일=横断歩道 (おうだんほどう, ōdan hodō) [오단호도].
  중=人行横道 (rénxíng héngdào) [런싱 헝다오].
- 효과 效果 본받을 효, 열매 과. (명사) : 영=effect (ɪˈfɛkt) [이펙트].
  일=効果 (こうか, kōka) [코카]. 중=效果 (xiàoguǒ) [샤오궈].
- 효과적 效果的 본받을 효, 열매 과, 과녁 적. (명사) :
  영=effective (ɪˈfɛktɪv) [이펙티브].
  일=効果的 (こうかてき, kōkateki) [코카테키].
  중=有效的 (yǒuxiào de) [요우샤오 더].
- 효도 孝道 효도 효, 길 도. (명사) :
  영=filial piety (ˈfɪliəl ˈpaɪəti) [필리얼 파이어티].
  일=孝道 (こうどう, kōdō) [코도]. 중=孝道 (xiàodào) [샤오다오].
- 효도하다 孝道 효도 효, 길 도. (동사) :
  영=be filial (bi ˈfɪliəl) [비 필리얼].
  일=親孝行する (おやこうこうする, oyakōkō suru) [오야코코 스루].
  중=尽孝 (jìn xiào) [진 샤오].
- 효율적 效率的 본받을 효, 비율 율, 과녁 적. (명사) :
  영=efficient (ɪˈfɪʃənt) [이피션트].
  일=効率的 (こうりつてき, kōritsuteki) [코리츠테키].
  중=效率的 (xiàolǜ de) [샤오뤼 더].
- 효자 孝子 효도 효, 아들 자. (명사) :
  영=filial son (ˈfɪliəl sʌn) [필리얼 선].
  일=孝行息子 (こうこうむすこ, kōkō musuko) [코코 무스코].
  중=孝子 (xiàozǐ) [샤오쯔].

- 후 後 뒤 후. (명사) : 영=after ('æftər) [애프터].
  일=後 (あと, ato) [아토]. 중=后 (hòu) [허우].
- 후기 後期 뒤 후, 기약할 기. (명사) :
  영=latter period ('lætər 'pɪəriəd) [래터 피어리어드].
  일=後期 (こうき, kōki) [코키]. 중=后期 (hòuqī) [허우치].
- 후반 後半 뒤 후, 반 반. (명사) : 영=latter half ('lætər hæf) [래터 해프].
  일=後半 (こうはん, kōhan) [코한]. 중=后半 (hòubàn) [허우반].
- 후배 後輩 뒤 후, 무리 배. (명사) : 영=junior ('dʒuːniər) [주니어].
  일=後輩 (こうはい, kōhai) [코하이]. 중=后辈 (hòubèi) [허우베이].
- 후보 候補 기후 후, 기울 보. (명사) :
  영=candidate ('kændɪdeɪt) [캔디데이트].
  일=候補 (こうほ, kōho) [코호]. 중=候补 (hòubǔ) [허우부].
- 후춧가루 (명사) : 영=pepper powder ('pɛpər 'paʊdər) [페퍼 파우더].
  일=こしょう粉 (こしょうこ, koshōko) [코쇼코].
  중=胡椒粉 (hújiāofěn) [후자오펀].
- 후회 後悔 뒤 후, 뉘우칠 회. (명사) : 영=regret (rɪ'grɛt) [리그렛].
  일=後悔 (こうかい, kōkai) [코카이].
  중=后悔 (hòuhuǐ) [허우후이].
- 후회하다 後悔 뒤 후, 뉘우칠 회. (동사) : 영=regret (rɪ'grɛt) [리그렛].
  일=後悔する (こうかいする, kōkai suru) [코카이 스루].
  중=后悔 (hòuhuǐ) [허우후이].
- 훈련 訓鍊 가르칠 훈, 익힐 련 (명사) : 영=training ('treɪnɪŋ) [트레이닝].
  일=訓練 (くんれん, kunren) [쿤렌].
  중=训练 (xùnliàn) [쉰롄].
- 훌륭하다 (형용사) : 영=excellent ('ɛksələnt) [엑설런트].
  일=立派だ (りっぱだ, rippada) [립파다]. 중=优秀 (yōuxiù) [요우슈].
- 훔치다 물건을 ~ (동사) : 영=steal (stiːl) [스틸].
  일=盗む (ぬすむ, nusumu) [누스무]. 중=偷 (tōu) [토우].
- 훨씬 (부사) : 영=much, far (mʌtʃ, fɑːr) [머치, 파].
  일=はるかに (haruka ni) [하루카니]. 중=更加 (gèngjiā) [겅쟈].
- 휴가 休暇 쉴 휴, 틈 가. (명사) :
  영=vacation (və'keɪʃən) [버케이션].
  일=休暇 (きゅうか, kyūka) [큐카]. 중=休假 (xiūjià) [슈쟈].

- 휴식 休息 쉴 휴, 숨쉴 식. (명사) : 영=rest (rɛst) [레스트].
  일=休息 (きゅうそく, kyūsoku) [큐소쿠]. 중=休息 (xiūxi) [슈시].
- 휴일 休日 쉴 휴, 날 일. (명사) : 영=holiday (ˈhɒlɪdeɪ) [홀리데이].
  일=休日 (きゅうじつ, kyūjitsu) [큐지츠]. 중=休日 (xiūrì) [슈르].
- 휴지 休紙 쉴 휴, 종이 지. (명사) : 영=tissue (ˈtɪʃuː) [티슈].
  일=ティッシュ (tisshu) [티슈]. 중=纸巾 (zhǐjīn) [즈진].
- 휴지통 休紙桶 쉴 휴, 종이 지, 통 통. (명사) :
  영=wastebasket (ˈweɪstbɑːskɪt) [웨이스트바스킷].
  일=くずかご (kuzukago) [쿠즈카고].
  중=废纸篓 (fèizhǐlǒu) [페이즈러우].
- 흉내 (명사) : 영=imitation (ˌɪmɪˈteɪʃən) [이미테이션].
  일=まね (mane) [마네]. 중=模仿 (mófǎng) [모팡].
- 흐려지다 (동사) : 영=become blurred (bɪˈkʌm blɜːrd) [비컴 블러드].
  일=ぼやける (boyakeru) [보야케루].
  중=变模糊 (biàn móhu) [비엔 모후].
- 흐르다 (동사) : 영=flow (floʊ) [플로우].
  일=流れる (ながれる, nagareru) [나가레루]. 중=流 (liú) [리우].
- 흐름 (명사) : 영=flow (floʊ) [플로우].
  일=流れ (ながれ, nagare) [나가레]. 중=流动 (liúdòng) [리우동].
- 흐리다 날이 ~ (형용사) : 영=cloudy (ˈklaʊdi) [클라우디].
  일=曇る (くもる, kumoru) [쿠모루]. 중=阴 (yīn) [인].
- 흐리다 물을 ~ (동사) : 영=make muddy (meɪk ˈmʌdi) [메이크 머디].
  일=濁す (にごす, nigosu) [니고스]. 중=弄浑 (nòng hún) [농훈].
- 흑백 黑白 검을 흑, 흰 백. (명사) :
  영=black and white (blæk ænd waɪt) [블랙 앤드 화이트].
  일=白黒 (しろくろ, shirokuro) [시로쿠로].
  중=黑白 (hēibái) [헤이바이].
- 흑인 黑人 검을 흑, 사람 인. (명사) :
  영=black person (blæk ˈpɜːrsən) [블랙 퍼슨].
  일=黒人 (こくじん, kokujin) [코쿠진]. 중=黑人 (hēirén) [헤이런].
- 흔들다 (동사) : 영=shake (ʃeɪk) [셰이크].
  일=振る (ふる, furu) [후루].
  중=摇动 (yáodòng) [야오동].

•흔들리다 (동사) : [영]=be shaken (bi ˈʃeɪkən) [비 셰이큰].
[일]=揺れる (ゆれる, yureru) [유레루].
[중]=摇晃 (yáohuàng) [야오황].
•흔적 痕跡 흔적 흔, 자취 적. (명사) : [영]=trace (treɪs) [트레이스].
[일]=痕跡 (こんせき, konseki) [콘세키]. [중]=痕迹 (hénjì) [헌지].
•흔하다 (형용사) : [영]=common (ˈkɒmən) [커먼].
[일]=ありふれる (arifureru) [아리후레루]. [중]=常见 (chángjiàn) [창젠].
•흔히 (부사) : [영]=commonly (ˈkɒmənli) [커먼리].
[일]=よく (yoku) [요쿠]. [중]=经常 (jīngcháng) [징창].
•흘러가다 (동사) : [영]=flow by (floʊ baɪ) [플로우 바이].
[일]=流れて行く (ながれていく, nagareteiku) [나가레테이쿠].
[중]=流走 (liúzǒu) [리우저우].
•흘러나오다 (동사) : [영]=flow out (floʊ aʊt) [플로우 아웃].
[일]=流れ出る (ながれでる, nagarederu) [나가레데루].
[중]=流出 (liúchū) [리우추].
•흘러내리다 (동사) : [영]=run down (rʌn daʊn) [런 다운].
[일]=流れ落ちる (ながれおちる, nagareochiru) [나가레오치루].
[중]=流下来 (liú xiàlái) [리우 샤라이].
•흘리다 (동사) : [영]=shed, drop (ʃɛd, drɒp) [셰드, 드롭].
[일]=流す (ながす, nagasu) [나가스]. [중]=流 (liú) [리우].
•흙 (명사) : [영]=soil (sɔɪl) [소일].
[일]=土 (つち, tsuchi) [츠치]. [중]=土 (tǔ) [투].
•흥미 興味 일 흥, 맛 미. (명사) :
[영]=interest (ˈɪntrɪst) [인트러스트].
[일]=興味 (きょうみ, kyōmi) [쿄미]. [중]=兴趣 (xìngqù) [싱취].
•흥미롭다 興味- 일 흥, 맛 미. (형용사) :
[영]=interesting (ˈɪntrəstɪ ŋ) [인터레스팅].
[일]=興味深い (きょうみぶかい, kyōmibukai) [쿄미부카이].
[중]=有趣 (yǒuqù) [요우취].
•흥분 興奮 일 흥, 떨칠 분. (명사) :
[영]=excitement (ɪkˈsaɪtmənt) [익사이트먼트].
[일]=興奮 (こうふん, kōfun) [코훈].
[중]=兴奋 (xīngfèn) [싱펀].

- 흥분하다 興奮- 일 흥, 떨칠 분. (동사) :
  - 영=be excited (bi ɪkˈsaɪtɪd) [비 익사이티드].
  - 일=興奮する (こうふんする, kōfun suru) [코훈스루].
  - 중=兴奋 (xīngfèn) [싱펀].
- 흩어지다 (동사) :
  - 영=scatter (ˈskætər) [스캐터].
  - 일=散る (ちる, chiru) [치루]. 중=散开 (sànkāi) [산카이].
- 희곡 戲曲 놀이 희, 가락 곡. (명사) :
  - 영=play, drama (pleɪ, ˈdrɑːmə) [플레이, 드라마].
  - 일=戲曲 (ぎきょく, gikyoku) [기쿄쿠]. 중=戏剧 (xìjù) [시쥐].
- 희다 (형용사) : 영=white (waɪt) [화이트].
  - 일=白い (しろい, shiroi) [시로이]. 중=白 (bái) [바이]].
- 희망 希望 바랄 희, 바랄 망. (명사) :
  - 영=hope (hoʊp) [호프].
  - 일=希望 (きぼう, kibō) [키보].
  - 중=希望 (xīwàng) [시왕].
- 희망하다 希望- 바랄 희, 바랄 망. (동사) :
  - 영=hope (hoʊp) [호프].
  - 일=希望する (きぼうする, kibō suru) [키보스루].
  - 중=希望 (xīwàng) [시왕].
- 희생 犧牲 희생 희, 희생 생. (명사) :
  - 영=sacrifice (ˈsækrɪfaɪs) [새크리파이스].
  - 일=犧牲 (ぎせい, gisei) [기세이]. 중=牺牲 (xīshēng) [시셩].
- 희생하다 犧牲- 희생 희, 희생 생. (동사) :
  - 영=sacrifice (ˈsækrɪfaɪs) [새크리파이스].
  - 일=犧牲にする (ぎせいにする, gisei ni suru) [기세이 니 스루].
  - 중=牺牲 (xīshēng) [시셩].
- 흰색 -色 흰 흰, 빛 색. (명사) :
  - 영=white color (waɪt ˈkʌlər) [화이트 컬러].
  - 일=白色 (はくしょく, hakushoku) [하쿠쇼쿠].
  - 중=白色 (báisè) [바이스어].
- 힘 (명사) : 영=strength, power (strɛŋθ, ˈpaʊər) [스트렝스, 파워].
  - 일=力 (ちから, chikara) [치카라]. 중=力量 (lìliang) [리량].

- 힘겹다 (형용사) : ㉠=arduous ('ɑːdʒuəs) [아듀어스].
  ㉡=苦しい (くるしい, kurushii) [쿠루시이]. ㉢=吃力 (chīli) [츠리].
- 힘껏 (부사) :
  ㉠=with all one's might (wɪð ɔːlz maɪt) [위드 올즈 마이트].
  ㉡=力いっぱい (ちからいっぱい, chikara ippai) [치카라 잇파이].
  ㉢=用力地 (yònglì de) [융리 데].
- 힘들다 (형용사) :
  ㉠=hard, tough (hɑːrd, tʌf) [하드, 터프].
  ㉡=大変だ (たいへんだ, taihenda) [타이헨다]. ㉢=辛苦 (xīnkǔ) [신쿠].
- 힘들어하다 (동사) :
  ㉠=struggle ('strʌgəl) [스트러글].
  ㉡=苦しがる (くるしがる, kurushigaru) [쿠루시가루].
  ㉢=感到辛苦 (gǎndào xīnkǔ) [간다오 신쿠].
- 힘쓰다 (동사) :
  ㉠=make an effort (meɪk ən 'ɛfərt) [메이크 언 에퍼트].
  ㉡=努める (つとめる, tsutomeru) [츠토메루]. ㉢=努力 (nǔlì) [누리].
- 힘없이 (부사) :
  ㉠=feebly, weakly ('fiːbli, 'wiːkli) [피블리, 위클리].
  ㉡=力なく (ちからなく, chikaranaku) [치카라나쿠].
  ㉢=无力地 (wúlì de) [우리 데].
- 힘차다 (형용사) :
  ㉠=powerful, vigorous ('paʊərfəl, 'vɪgərəs) [파워풀, 비거러스].
  ㉡=力強い (ちからづよい, chikarazuyoi) [치카라즈요이].
  ㉢=充满力量 (chōngmǎn lìliàng) [충만 리량].

부록

가. 영어 발음 기호표
나. 일본어 오십음도표
다. 중국어 병음 발음표

가. 영어 발음 기호표

영어 발음기호 (자음+모음) 1. 자음 (Consonants)

IPA 기호	한글 발음	예시 단어	예시 발음 (IPA)	한글 발음
/p/	ㅍ	pen	/pɛn/	펜
/b/	ㅂ	bag	/bæg/	백
/t/	ㅌ	tot	/tɑt/	탓
/d/	ㄷ	dog	/dɔːg/	독
/k/	ㅋ	cup	/kʌp/	컵
/g/	ㄱ	green	/griːn/	그린
/f/	ㅍ(아랫입술)	fan	/fæn/	팬
/v/	ㅂ(아랫입술)	van	/væn/	밴
/θ/	ㅆ(혀끝)	think	/θɪŋk/	씽크
/ð/	ㄷ(혀끝)	this	/ðɪs/	디스
/s/	ㅅ	see	/siː/	씨
/z/	ㅈ	zoo	/zuː/	주
/ʃ/	쉬	shoe	/ʃuː/	슈
/ʒ/	즈(혀말기)	measure	/ˈmɛʒər/	메저
/h/	ㅎ	hat	/hæt/	햇
/tʃ/	츠	cheese	/tʃiːz/	치즈
/dʒ/	즈	juice	/dʒuːs/	주스
/m/	ㅁ	man	/mæn/	맨
/n/	ㄴ	net	/nɛt/	넷
/ŋ/	ㅇ	song	/sɔːŋ/	쏭
/l/	ㄹ	let	/lɛt/	렛
/r/	ㄹ(혀굴림)	red	/rɛd/	레드
/w/	우	wet	/wɛt/	웻
/j/	이	yes	/jɛs/	예스

모음 (Vowels)

IPA 기호	한글 발음	예시 단어	예시 발음 (IPA)	한글 발음
/iː/	이	see	/siː/	씨
/ɪ/	이(짧게)	bit	/bɪt/	빗
/e/	에	bed	/bed/	베드
/æ/	애	cat	/kæt/	캣
/ɑː/	아(길게)	car	/kɑːr/	카
/ʌ/	어(짧게)	cup	/kʌp/	컵
/ɒ/	오(짧게)	pot	/pɒt/	폿
/ɔː/	오(길게)	saw	/sɔː/	쏘
/ʊ/	우(짧게)	book	/bʊk/	북
/uː/	우(길게)	boot	/buːt/	붓
/ə/	으(약하게)	about	/əˈbaʊt/	어바웃
/ɜːr/	얼	bird	/bɜːrd/	버드
/eɪ/	에이	say	/seɪ/	세이
/aɪ/	아이	my	/maɪ/	마이
/ɔɪ/	오이	boy	/bɔɪ/	보이
/aʊ/	아우	how	/haʊ/	하우
/əʊ/	오우	go	/gəʊ/	고우
/ɪə/	이어	ear	/ɪə/	이어
/eə/	에어	air	/eə/	에어
/ʊə/	우어	tour	/tʊə/	투어

나. 일본어 오십음도표

발음	히라가나	가타카나	발음	히라가나	가타카나
아-a	安-あ	阿-ア	하-ha	波-は	八-ハ
이-i	以-い	伊-イ	히-hi	比-ひ	比-ヒ
우-u	宇-う	宇-ウ	후-hu	不-ふ	不-フ
에-e	衣-え	江-エ	헤-he	部-へ	部-ヘ
오-o	於-お	於-オ	호-ho	保-ほ	保-ホ
카-ka	加-か	加-カ	마-ma	末-ま	万-マ
키-ki	幾-き	幾-キ	미-mi	美-み	三-ミ
쿠-ku	久-く	久-ク	무-mu	武-む	牟-ム
케-ke	計-け	介-ケ	메-me	女-め	女-メ
코-ko	己-こ	己-コ	모-mo	毛-も	毛-モ
사-sa	左-さ	散-サ			
시-si	之-し	之-シ	야-ya	也-や	也-ヤ
스-su	寸-す	須-ス	유-yu	由-ゆ	由-ユ
세-se	世-せ	世-セ	요-yo	与-よ	与-ヨ
소-so	曽-そ	曽-ソ			
타-ta	太-た	多-タ	라-ra	良-ら	良-ラ
찌(치)-chi	知-ち	千-チ	리-ri	利-り	利-リ
쯔(츠)-tsu	川-つ	川-ツ	루-ru	留-る	流-ル
테-te	天-て	天-テ	레-re	礼-れ	礼-レ
토-to	止-と	止-ト	로-ro	呂-ろ	呂-ロ
나-na	奈-な	奈-ナ			
니-ni	仁-に	二-ニ	와-wa	和-わ	和-ワ
누-nu	奴-ぬ	奴-ヌ	오-wo	遠-を	乎-ヲ
네-ne	袮-ね	袮-ネ			
노-no	乃-の	乃-ノ	응-ŋ	无-ん	尔-ン

다. 중국어 병음 발음표

중국어 병음별 한글발음표 (A-Z, 로마자 적색)

A - a 아, ai 아이, an 안, ang 앙, ao 아오
B - ba 바, bai 바이, ban 반, bang 방, bao 바오, bei 베이, ben 번, beng 벙, bi 비, bian 볜, biao 뱌오, bie 볘, bin 빈, bing 빙, bo 보, bu 부
C - ca 차, cai 차이, can 찬, cang 창, cao 차오, ce 처, cen 천, ceng 청, cha 차, chai 차이, chan 찬, chang 창, chao 차오, che 처, chen 천, cheng 청, chi 츠, chong 충, chou 처우, chu 추, chua 촤, chuai 촤이, chuan 촨, chuang 촹, chui 추이, chun 춘, chuo 춰, ci 츠, cong 충, cou 처우, cu 추, cuan 촨, cui 추이, cun 춘, cuo 춰
D - da 다, dai 다이, dan 단, dang 당, dao 다오, de 더, dei 데이, den 던, deng 덩, di 디, dian 뎬, diao 댜오, die 뎨, ding 딩, diu 듀, dong 둥, dou 더우, du 두, duan 돤, dui 두이, dun 둔, duo 둬
E - e 어, ei 에이, en 언, eng 엉, er 얼
F - fa 파, fan 판, fang 팡, fei 페이, fen 펀, feng 펑, fo 포, fou 퍼우, fu 푸
G - ga 가, gai 가이, gan 간, gang 강, gao 가오, ge 거, gei 게이, gen 건, geng 겅, gong 궁, gou 거우, gu 구, gua 과, guai 과이, guan 관, guang 광, gui 구이, gun 군, guo 궈
H - ha 하, hai 하이, han 한, hang 항, hao 하오, he 허, hei 헤이, hen 헌, heng 헝, hong 훙, hou 허우, hu 후, hua 화, huai 화이, huan 환, huang 황, hui 후이, hun 훈, huo 훠
J - ji 지, jia 쟈, jian 젠, jiang 쟝, jiao 쟈오, jie 졔, jin 진, jing 징, jiong 중, jiu 주, ju 쥐, juan 쥐안, jue 쥐, jun 쥔
K - ka 카, kai 카이, kan 칸, kang 캉, kao 카오, ke 커, ken 컨, keng 컹, kong 쿵, kou 커우, ku 쿠, kua 콰, kuai 콰이, kuan 콴, kuang 쾅, kui 쿠이, kun 쿤, kuo 쿼
L - la 라, lai 라이, lan 란, lang 랑, lao 라오, le 러, lei 레이, leng 렁, li 리, lia 랴, lian 롄, liang 량, liao 랴오, lie 례, lin 린, ling 링, liu 류, lo 로, long 룽, lou 러우, lu 루, luan 롼, lü 뤼, lüan 뤼안, lüe 뤠, lun 룬, lün 륀, luo 뤄
M - ma 마, mai 마이, man 만, mang 망, mao 마오, me 머, mei 메이, men 먼, meng 멍, mi 미, mian 몐,

miao 먀오, mie 몌, min 민, ming 밍, miu 뮤, mo 모, mou 머우, mu 무
N - na 나, nai 나이, nan 난, nang 낭, nao 나오, ne 너, nei 네이, nen 넌, neng 넝, ni 니, nia 냐, nian 녠, niang 냥, niao 냐오, nie 녜, nin 닌, ning 닝, niu 뉴, nong 눙, nou 너우, nu 누, nü 뉘, nuan 놘, nue 눼, nun 눈, nuo 눠
O - ou 어우
P - pa 파, pai 파이, pan 판, pang 팡, pao 파오, pei 페이, pen 펀, peng 펑, pi 피, pian 폔, piao 퍄오, pie 폐, pin 핀, ping 핑, po 포, pou 퍼우, pu 푸
Q - qi 치, qia 챠, qian 첸, qiang 챵, qiao 챠오, qie 체, qin 친, qing 칭, qiong 츙, qiu 추, qu 취, quan 취안, que 췌, qun 췬
R - ran 란, rang 랑, rao 라오, re 러, ren 런, reng 렁, ri 르, rong 룽, rou 러우, ru 루, ruan 롼, rui 루이, run 룬, ruo 뤄
S - sa 싸, sai 싸이, san 싼, sang 쌍, sao 싸오, se 써, sei 쎄이, sen 썬, seng 썽, sha 사, shai 사이, shan 산, shang 상, shao 사오, she 서, shei 세이, shen 선, sheng 성, shi 스, shong 숭, shou 서우, shu 수, shua 솨, shuai 솨이, shuan 솬, shuang 솽, shui 수이, shun 순, shuo 숴, si 쓰, song 쏭, sou 써우, su 쑤, suan 쏸, sui 쑤이, sun 쑨, suo 쒀
T - ta 타, tai 타이, tan 탄, tang 탕, tao 타오, te 터, teng 텅, ti 티, tian 톈, tiao 탸오, tie 톄, ting 팅, tong 퉁, tou 터우, tu 투, tuan 퇀, tui 투이, tun 툰, tuo 퉈
W - wa 와, wai 와이, wan 완, wang 왕, wei 웨이, wen 원, weng 웡, wo 워, wu 우
X - xi 시, xia 샤, xian 셴, xiang 샹, xiao 샤오, xie 셰, xin 신, xing 싱, xiong 슝, xiu 슈, xu 쉬, xuan 쉬안, xue 쉐, xun 쉰
Y - ya 야, yai 아이, yan 옌, yang 양, yao 야오, ye 예, yi 이, yin 인, ying 잉, yong 융, you 유, yu 위, yuan 위안, yue 웨, yun 윈
Z - za 짜, zai 짜이, zan 짠, zang 짱, zao 짜오, ze 쩌, zei 쩨이, zen 쩐, zeng 쩡, zha 자, zhai 자이, zhan 잔, zhang 장, zhao 자오, zhe 저, zhei 제이, zhen 전, zheng 정, zhi 즈, zhong 중, zhou 저우, zhu 주, zhua 좌, zhuai 좌이, zhuan 좐, zhuang 좡, zhui 주이, zhun 준, zhuo 줘, zi 쯔, zong 쭝, zou 쩌우, zu 쭈, zuan 쫜, zui 쭈이, zun 쭌, zuo 쭤

외국어 공부가 치매예방[1)

✅ 과학적 연구 근거

1. 이중언어(bilingualism)와 치매 발병 지연
- **York University (캐나다)**의 신경과학자 엘렌 비알리스톡(Ellen Bialystok) 박사 연구:
- "두 개 이상의 언어를 사용하는 사람은 단일 언어 사용자보다 **알츠하이머 증상 발현 시점이 평균 4~5년 늦다.**"
- 출처: *Neurology, 2007* / 2011년 후속 연구

2. 뇌의 회백질(gray matter) 증가
- 외국어 학습자는 **기억, 집중력, 문제해결 능력**을 담당하는 **뇌의 전전두엽, 측두엽, 해마부분**이 더 활성화됨.
- 특히 **서로 다른 언어 구조(예: 한자 vs 알파벳)**를 가진 언어들을 공부하면 **뇌의 다양한 부위가 동시에 자극됨**.

3. 다중언어(multilingualism)는 뇌의 신경회로를 강화
- 런던 대학교 연구 결과:
- "3개국어 이상을 사용하는 사람은 뇌의 백질(white matter) 구조가 더 탄탄하며, 이는 **신경 퇴화 속도를 늦추는 데 기여**한다."
- 출처: *Annals of Neurology, 2014*

4개국어 학습의 특별한 효과

언어	특성	뇌 자극 부위
한국어	음소 기반, 조사·어순 구조 다양	언어처리 중심 좌뇌
영어	라틴어계 어휘, 어순 강조	전전두엽 활성화
일본어	히라가나·가타카나·한자 혼합	좌·우뇌 교차 사용
중국어	성조와 병음, 시각·청각 통합	청각 피질, 시각 중심 자극

[1) 출처 ChatGPT가 제공한 내용